從明末到清初的那些事

閻崇年自選集

閻崇年 著

目錄

自序 5

森林文化之千年變局 7

清朝歷史的文化記憶 24

論努爾哈赤 43

皇太極經略索倫辨 55

順治繼位之謎新解 71

康熙：千年一帝 82

明珠論 96

于謙六百年祭 109

論戚繼光 121

論袁崇煥 136

論寧遠爭局 156

袁崇煥固守寧遠之揚搉 180

論覺華島之役 196

論大凌河之戰 208

論明末北京保衛戰 227

遼西爭局兵略分析 242

論滿學 258

滿洲神桿及祀神考源 279

後金都城佛阿拉駁議 291

清宮建築的滿洲特色 296

滿洲初期文化滿蒙二元性解析 311

張吉午與《康熙順天府志》 321

清鄭各莊行宮、王府與城池考 341

雍正理王府址考 355

《無圈點老檔》及乾隆鈔本名稱詮釋 370

于謙《石灰吟》考疑 392

明永樂帝遷都北京述議 417

京師慈壽寺塔考 434

【後記】 450

北京宮苑的民族特徵 454

感謝辭 466

《閻崇年自選集》編輯札記 467

參考文獻 474

自序

閻崇年

《閻崇年自選集》的緣起，始於九年前的一件小事。時任出版社編輯室主任李勇先生，自己花錢買了《明亡清興六十年》，通讀全文，提出疏誤。我知道後，即奉寄給先生《明亡清興六十年》彩圖本一部，表示敬謝。隨之，黃憲華社長找我約稿，鑒於已經出版二十五卷本的《閻崇年集》，擬議出版《閻崇年自選集》。於是，從《閻崇年集》內五本論文集——《燕步集》《燕史集》《袁崇煥研究論集》《滿學論集》和《清史論集》中，初擬選目，多次切磋，並同美國耶魯大學法學院博士閻天討論，最後從一百一十三篇拙文中，選取二十七篇，增加新作兩篇，結成本集。

本集二十九篇文章，分為六組：第一組《森林文化之千年變局》等二篇，為綜論類；第二組《論努爾哈赤》等八篇，為人物類；第三組《論寧遠爭局》等六篇，為戰史類；第四組《論滿學》等五篇，為滿學類；第五組《張吉午與〈康熙順天府志〉》等五篇，為考據類；第六組《明永樂帝遷都北京述議》等三篇，為京華類。

青絲意氣涉獵多，白髮素心羹獻少。學術研究，貴在恆久。一個歷史學者，窮其畢生精力，做學術論文，一年兩三篇，總算不過數十篇而已，除去應時、應景、應急、應命之作外，真正能夠觀點新、資料新、論述新、語言新的新作、力作、佳作、名作，會有幾篇？而論文中，幾年之後，幾十年後，幾百年後，讀之有用，品之有味，又會有幾篇？著名清史學家孟森先生的《明清史論著集刊》收文，上冊十九篇，下冊二十五篇，續編四十五篇，合計八十九篇。時過近百年，先生學術著述，仍具學術價值。這說明學術論著應經得起歷史的、地域的、學術的、國際的檢驗。

求真求理，史法自然，這是我治史的旨趣。研究歷史，最難之處，在於兩點：說別人沒有說過的義理，用別人沒有用過的史料。

自序

　　一生顛簸,志在於學。學術之路,漫長曲折,求真求理,篤志彌堅。吾二十歲後步入史學領域,五十歲始於清史領域攀登,六十歲始於滿洲學中開拓,七十歲始於影視史學探索,八十歲始於森林文化研究。借用屈原《離騷》中文字作為本序結語:「路曼曼其修遠兮,吾將上下而求索。」

　　是為自序。

森林文化之千年變局

中國的森林文化,從歷史學的視角,就其在中華文化演進中的歷史變局,茲格物,求致知,同探討,增共識。

一

白壽彝先生論道:「中國的歷史,是中華人民共和國國土上現有的和曾經有過的民族共同創造的歷史。」[1]研究中國的歷史,可以按一朝一代地研究,也可以從文化類型去研究,還可以有其他。中華文化,既統一,又多元,文化類型不同,彼此聚合交融。

在中華文明五千年發展進程中,以其不同生存空間為依託,逐漸形成多種經濟文化類型。就其基本特徵進行考察,可以概括為五種經濟文化類型,即中原農耕文化、西北草原文化、東北森林文化、西部高原文化和沿海及其島嶼的海洋文化等。在中華文明五千年演進中,從甲骨文算起,以文字記載的歷史有三千多年。這三千多年的歷史,按千年分段,考察其文化變遷,主要發生了三個千年變局。在中華文化三個千年變局中,於中國大一統皇朝,中原農耕文化、西北草原文化、東北森林文化,都時間或長或短地占據過主導或主體的地位,而高原文化和海洋文化雖都很重要,卻沒有占據過主導或主體的地位。在占據過主導或主體地位的上述三種文化類型中,中原農耕文化的存在與意義,學界早已取得共識;西北草原文化的存在與意義,學界也已取得共識;至於東北森林文化,就相對比較而言,過去史料少、踏查少、研討少、著述少、交流少、關注也少,因而從歷史學的視角對森林文化進行論述,經過初步檢索,至今沒有見到專題論文,也沒有見到學術專著。

森林文化在中國暨在東北亞空間上是客觀存在的,其在不同歷史時段、不同地域範圍,都影響著中華歷史發展,影響著東亞歷史格局,也影響著世界歷史進程。因此,本文的旨趣在於,闡述森林文化的稱謂、輿地、語言、歷史、特徵、經濟、文化、聚合、交融、演變及其在中華一體多元文化中的地位及影響。

森林文化之千年變局

森林文化的研究，有從林學、生態學、人類學、宗教學等學科角度進行研究，特別是從林學角度進行研究，已經取得一系列的成果。如鄭小賢的《森林文化內涵及其價值》，蘇祖榮、蘇孝同、鄭小賢合著的《森林文化及其在中華文化體系中的地位》[2]等，均著眼於林學研究範疇，不在本文討論範圍之內。本文是從歷史學的視角對森林文化進行探討和研究。

東北森林文化，因居住人群的生存環境不同，其生活資源、生產方式、獲取手段、居生樣式、社會組織和文化習俗等也不同。東北的森林文化，範圍頗為廣泛，不能逐一涉及，本文討論有六：一是文化稱謂，二是歷史地圖，三是語言特徵，四是漁獵經濟，五是文化宗教，六是歷史傳承。茲於下面，分別闡述。

文化稱謂。中國在明清盛時，長城以北、大興安嶺以東至大海，外興安嶺到貝加爾湖以南的廣袤地域，從有文字記載以來，三千年間，其地域文化特徵，如何進行學術稱謂？就地方史研究，已見不全資料，主要有十二說：（1）關東文化；（2）東北文化；（3）關外文化；（4）邊外文化；（5）松嫩文化；（6）遼海文化；（7）長白文化；（8）北方文化；（9）三江文化；（10）黑水文化；（11）龍江文化；（12）白山黑水文化等[3]。就民族史學、文化史學、社會史學等而言，對其經濟文化類型的概括，或為牧獵文化、或為漁獵文化、或為遊牧文化、或為草原文化等，存在不同的稱謂。

上述人文社會科學的不同概括，雖各有其道理，也各有其優長，但似有其不足——或於生存方式闡述、或於地理區位界定、或於歷史時段描述、或於語言文化詮釋，均沒有突出森林文化的生存環境及其歷史文化特徵，也沒有概括其文化內涵。因此，有待商榷，值得研究。

由是，我將東北地域的文化，總稱之為「森林文化」。這樣稱謂的一個理由是，古代森林文化人們的生存環境，東北地區森林莽莽、樹海無際，而東北的「森林」同中原的「農耕」、西北的「草原」相對舉，以顯現其生存地理環境、地域經濟文化類型的特徵。當然，任何概括都有侷限，學者各自表述，不必強求劃一；但是，大家取得共識，便於學術交流。

歷史地圖　中國在明清盛時，農耕、草原、森林、高原、海洋文化的地理範圍，按生存環境，繪歷史地圖，雖較粗略，亦欠準確，但做比較，冀求討論。

中原農耕文化，分佈很廣，但其重心在長城以南的中原地區，主要地區包括黃河、長江、珠江中下游地帶等，其現今面積：北京（1.64）[4]、天津（1.19）、上海（0.6）、重慶（8.24）、河北（19）、山西（16）、河南（17）、山東（15.7）、陝西（20）、甘肅（45）、寧夏（6.6）、江蘇（10）、浙江（10.18）、安徽（14）、江西（17）、福建（12）、湖南（21）、湖北（19）、廣東（18）、廣西（24）、四川（48.6）等二十一個省市區，約三百四十五萬平方公里，其中如川西北主要是高原，其面積約近四十萬平方公里。因此，黃河、長江、珠江流域等地區中原農耕文化核心地域面積約三百多萬平方公里。

西北草原文化，分佈極為廣闊，其主要地區東起大興安嶺，南臨燕山、長城和天山一線，西迄巴爾喀什湖地帶，北達外興安嶺至貝加爾湖一線。中國盛清時草原文化的面積：漠南蒙古即今內蒙古（118），漠北喀爾喀蒙古即今外蒙古（156.5），以上內外蒙古面積共近二百七十五萬平方公里。還有天山以北漠西的厄魯特蒙古（西蒙古）地區等。總之，中國盛清時西北草原文化區域的面積，合計約為三百多萬平方公里。

東北森林文化，分佈極為遼闊，中國盛清時主要範圍，包括大興安嶺以東，長城一線以北，東達大海，北到貝加爾湖、外興安嶺、庫頁島（今薩哈林島）一線的廣闊地域。包括：今遼寧省（15）、吉林省（19）、黑龍江省（47），共約八十萬平方公里；明清盛時烏蘇里江以東至濱海地區約為四十萬平方公里，黑龍江以北、外興安嶺以南約六十萬平方公里，還有貝加爾湖以東以南等地域，其面積總數約為三百萬平方公里。

西部高原文化，主要包括今西藏（123）、青海（72）、雲南（39）、貴州（18），總面積約二百五十二萬平方公里，還有川西高原等；另從高原地域看，青藏高原（257）、雲貴高原（50），總數亦約為三百萬平方公里。

森林文化之千年變局

　　東南海洋文化，明清盛時的地理範圍，包括今黑、吉、遼、冀、津、魯、蘇、滬、浙、閩、粵、桂，即從鄂霍次克海、韃靼海峽、日本海、渤海、黃海、東海到南海的沿海地域，及今臺灣島（3.6）、海南島（3.5）、香港特區（0.11）、澳門特區（0.0033），以及南海諸島嶼——東沙群島、西沙群島、中沙群島、南沙群島等，南至曾母暗沙。海島及沿海的海洋文化，其領土與海疆的面積，本文不做統計[5]。海洋文化雖非常重要，卻從來沒有在中央政權占據主導或主體的地位，而農耕、草原、森林文化又缺乏海洋文化基因，海洋文化是中國兩千多年皇朝史上的文化短板，成為後來屢敗於從海上打來的西方列強的一個重要文化原因。

　　由上可見，森林文化就其歷史地圖而言，在中華歷史文化中的重要份量與重要地位，可謂：舉足輕重，牽動華夏。

　　語言特徵　森林文化地域居民的語言，基本上屬於阿爾泰語系滿—通古斯語族。中華民族語言文化圈，南部主要屬於漢藏語系等，北部主要屬於阿爾泰語系等。漢藏語系主要包括漢語、藏語、苗語、瑤語、壯語、土家語、彝語等；阿爾泰語系主要包括突厥語族、蒙古語族和滿—通古斯語族。蒙古語族主要分佈在西北草原文化地域，包括今蒙古語、達斡爾語、布里亞特語、土族語、東鄉語、裕固語（東部）等；滿—通古斯語族則主要分佈在東北森林文化地域，包括滿語、錫伯語、鄂溫克語、鄂倫春語、赫哲語等。蒙古語族與滿—通古斯語族的地理界限，大致以大興安嶺為界（語言分區不是絕對的）——大興安嶺以東到海、外興安嶺以南到長城，主要是滿—通古斯語族的森林文化範圍。他們彼此之間的語言雖有差異，但彼此基本可以聽懂。有人經常問：皇太極的一後四妃都是蒙古人，他們怎麼溝通、怎樣交流呢？他們的語言都屬於阿爾泰語系，語法相同，藉詞亦多，彼此之間，大體聽得懂。總之，東北森林文化的語言，主要屬於阿爾泰語系的滿—通古斯語族。當然，也不是那樣純粹單一。

　　漁獵經濟　森林文化的早期居民，居住地的選擇是：面朝河流，背靠山林，生活資源為漁獵所獲。主要的生活資源——衣、食、住、行、用、貢，多取自於森林。其衣，以獸皮或魚皮縫製，被稱為「魚皮韃子」；其食，吃

獸肉、魚肉或野果，也是來自於森林、河湖；其住，撮羅子（又稱仙人柱），以樺木和樺樹皮為主要建築材料；其行，爬犁是木結構的，船是用樹木和樺樹皮做的；其用，椀筷、器皿、搖車、箱簍、盒包，漁獵器具等也多是木製品或皮製品；其貢，主要朝貢楛矢、人參、貂皮、明珠等，則都是木製、採集和漁獵的產品。所謂「使犬部」「使鹿部」，也是森林文化的產物。隨著經濟文化的發展和跟外域經濟文化的交流，森林經濟逐漸多元化，包括採集、漁獵、畜牧、農耕等。但在元明清時期，森林文化的基本經濟形態是漁獵經濟，這是同草原文化以遊牧為主，農耕文化以耕織為主的重大區別。直到滿洲崛興之初，《滿洲實錄》記載：「本地所產，有明珠、人參、黑狐、元狐、紅狐、貂鼠、猞猁猻、虎、豹、海獺、水獺、青鼠、黃鼠等皮，以備國用；撫順、清河、寬奠、璦陽四處關口，互市交易，以通商賈，因此滿洲民殷國富。」[6] 這說明森林文化的採集、捕魚、狩獵，仍是滿洲的重要經濟基礎。

　　文化宗教　森林文化的一個特徵是對森林、對大木的崇拜。《後漢書·東夷列傳》記載：「常以五月田竟祭鬼神，晝夜酒會，群聚歌舞，舞輒數十人相隨，蹋地為節。十月農功畢，亦復如之。諸國邑各以一人主祭天神，號為『天君』。又立蘇塗，建大木，以縣鈴鼓，事鬼神。」[7] 這裡的「大木」，《晉書·四夷列傳》記載，肅慎氏視之為「神樹」[8]。直到清朝皇族的堂子祭祀，仍然是「堂子立桿大祭」。史載：「每歲春、秋二季，堂子立桿大祭，所用之松木神桿，……砍取松樹一株，長二丈，圍徑五寸，樹梢留枝葉九節，余俱削去，製為神桿。」[9] 從堂子祭祀圖可見，就像是一幅森林的畫圖。《滿洲源流考》也記載：「我朝自發祥肇始，即恭設堂子，立桿以祀天。」[10] 甚至在北京大內坤寧宮前也立神桿以祭神祭天。而在古代的日本，森林覆蓋大地，寺廟祭祀的是「御柱祭」。這裡的「御柱」就是樹木，象徵著森林。日本的寺廟，有的沒有神，只有樹木。有書記載：「日本的神社裡有森林。在日本，可以有沒有森林的寺廟，不可能想像神社裡會沒有森林。」[11] 森林文化的宗教，同草原文化等一樣，阿爾泰語系諸族在古代都信奉薩滿教，鮮卑、突厥、契丹、女真、蒙古、達斡爾、鄂溫克、鄂倫春、赫哲、滿洲等都亦然。其教名「薩滿」，就是從滿語「saman」的音譯而來的。阿爾泰語系的滿—通古斯語族，從晚明至清，其文字為滿文，明萬曆二十七年（1599年），由

努爾哈赤主持、額爾德尼和噶蓋創製[12]。滿文系借用蒙古文的字母，來拼寫滿語。滿文為拼音文字，同漢文方塊字不一樣。西方人學滿文，因都屬拼音文字，比漢人學滿文更容易一些。漢語則屬於漢藏語系，二者在語言與文字上有較大的差異。

歷史傳承　森林文化，歷史悠久。考古資料表明，早在一萬年前的新石器時代，東北森林文化就已經產生。《後漢書》首列「東夷列傳」，記載中原王朝與四周民族的關係，特別記載中原王朝與肅慎的關係：「及武王滅紂，肅慎來獻石砮、楛矢。」[13] 先秦時肅慎、秦漢時挹婁、魏晉時勿吉、隋唐時靺鞨、宋遼金時女直、元明時女真，以及清初的滿洲，一脈相承，連綿不斷。

綜上所述，中國東北森林文化作為一個歷史文化範疇，既有其自身的文化特點，則應有其學術文化的稱謂，從而有利於學術研究。

二

中國東北森林文化的歷史，有文字記載以前的考古資料和口碑傳說，本文不做討論。在中國有文字記載的三千多年歷史演進中，其興盛衰亡、分合遷徙的文明史，從殷商到清末（1911 年），大體分作三個階段，發生三個千年變局。

第一個千年　主要是商、周。這段歷史的一個特點是最高君主稱王，如殷紂王、周文王、周武王等。東、西周八百年，加上殷商，大數算一千多年。我把這段千年歷史稱作王制或王國時期的歷史。周朝的政治中心，雖然諸侯名義上共尊周天子為國君，但西周天子在鎬京、東周天子在洛陽——春秋五霸、戰國七雄等，「尊王攘夷」、各自為政、相互兼併、彼此殺伐，實際上是政治多中心的。

這個時期文化發展的主要特徵是：中原地區農耕文化的內部關係，在爭變中融合，在融合中爭變。中原的農耕文化，以農作為食，以桑麻為衣，農桑為衣食之源。雖然還有畜牧業、手工業等多元經濟，但是以農耕經濟為主。

商周活動的中心區域，殷主要在今河南，周主要在今陝西。周先祖名棄，號后稷，《史記》記載：棄好耕農，種稼穡，被帝堯舉為農師。殷與周，兩大文化板塊進行碰撞與交匯。周武王會八百諸侯於河南孟津，討伐殷紂王。牧野之戰，紂王發兵七十萬，結果殷兵大敗。紂登鹿臺，赴火而死[14]。殷亡周興，崛起於西北的周族，進入中原，確立統治。「周雖舊邦，其命維新」[15]。周朝初期，封諸侯、建藩國、行世襲、食采邑，社會的權力與財產，既照顧先朝舊貴族的利益，更擴張當朝新貴族的權益，除舊調整，重新分配。

周從殷紂滅亡，到周平王東遷，周的都城，因在西部，史稱西周。西周末年，社會動盪，內亂外禍，政局不安，遷都到洛邑。從平王東遷，到秦的統一，周的都城，因在東部，史稱東周。從此，周朝政治中心東移，文化中心也隨之東移。在東周時期，春秋也好，戰國也罷，既是社會經濟大發展的時期，也是社會文化大融合的時期。這段歷史時期的一個特點是：強凌弱，眾暴寡，戰爭頻繁，動盪不安。春秋五霸，各國之間，今日為盟邦，明日則為敵國。戰國七雄，或合縱，或連橫，「七雄虓鬭，龍戰虎爭」[16]。春秋五霸，戰國七雄，其立國自存，其圖強爭霸，關鍵所繫，文化之爭。

從文化來說，第一個千年歷史，主要是中原農耕文化內部的交融。西周的戰亂，東周的紛爭，主要是八個文化圈，即北方的齊魯文化、燕趙文化、河洛文化、秦晉文化，南方的吳越文化、楚湘文化、巴蜀文化、南粵文化，在衝突、融合、對話、交流。上千年的交融，出現一個結果：秦統一六國，「六王畢，四海一」[17]，車同軌，書同文，中原農耕文化一統，成為中華文化的主體與核心。新統合的民族本應稱為秦族，嬴秦短祚，劉氏立漢，且秦始皇焚書坑儒，得罪儒生，而儒生又有話語權，中原人開始不稱秦人，而自稱漢人，代表著漢民族形成。

這一千年，殷商甲骨文、周朝鐘鼎文、商周青銅器、西周石鼓文等，都是這個時期的華夏珍寶。孔子的《論語》，老子的《道德經》，《詩經》的情志，《周易》的智慧，《孫子兵法》，屈原《離騷》，諸子百家，競相爭鳴，思想精華，令人驚嘆！這不僅在中國，而且在世界，放射出人類文明史上的璀璨光華。但是，在這場文化大交融中，也付出了沉重代價。周殷牧野之戰，

「血流漂杵」[18]。秦趙長平之戰，秦武安君白起斬級、坑殺趙軍四十五萬人[19]，可謂慘烈之極！這段歷史，極不平靜。付出與收穫，碰撞與融合，陰陽交替，相輔相成。司馬遷在《報任安書》中說：「蓋文王拘，而演《周易》；仲尼厄，而作《春秋》；屈原放逐，乃賦《離騷》；左丘失明，厥有《國語》；孫子臏腳，《兵法》修列；不韋遷蜀，世傳《呂覽》；韓非囚秦，《說難》《孤憤》；《詩》三百篇，大底聖賢發憤之所為作也。」[20]中原農耕文化融匯的艱難歷程表明：歷史在曲折演進，歡歌伴隨著悲愴。

這個時期，東北森林文化的肅慎，已同中原王朝有往來。《尚書》《大戴禮記》《國語·魯語》《山海經》《竹書紀年》《漢書·五行志》等都有「肅慎」或「息慎」同中原王朝來往的記載。《尚書》裡說：「武王既伐東夷，肅慎來賀，王俾榮伯作《賄肅慎之命》。」[21]《史記·五帝本紀》儘管有傳說的元素，但有肅慎的傳說和記載。書裡的「息慎」，其「集解」引鄭玄曰：「息慎，或謂之肅慎，東北夷也。」[22]肅慎又稱稷慎，《逸周書·王會解》曰：「西面者正北方，稷慎大麈。」孔晁註：「稷慎，肅慎也。」但是，《史記》和《漢書》雖都留下美妙動人的故事[23]，卻沒有為肅慎列傳，直到《後漢書》才出現《挹婁傳》。這說明此期森林文化在中華文化圈裡，雖有交往、屢見記載，卻因山河阻隔，尚處邊緣狀態。

第二個千年　從秦始皇二十六年（前221年），到後梁貞明二年即遼太祖神冊元年（916年），共1138年，大數算也是千年。這個千年間，除中原地區農耕文化繼續交融外，農耕文化與草原文化交融——秦漢與匈奴、隋唐與突厥的交融是一個突出的文化現象。這個時期文化衝突，一個重要特點是農耕文化與草原文化的衝突，前期對匈奴，後期對突厥——都是漢藏語系文化與阿爾泰語系突厥語族和蒙古語族文化間的衝突與融合。

這個千年，《史記》有《匈奴列傳》，《漢書》有《匈奴傳》《西域傳》（各上下兩卷）共列五十一節，《後漢書》則有《西域傳》《南匈奴列傳》，這些說明匈奴與西域在此期歷史上的重要地位。

此期有個歷史現象值得注意：出現西漢、東漢、西晉、隋和唐五個統一的朝代。當朝的政治中心，秦都咸陽，西漢都長安，東漢都洛陽，都城的變遷，沿著黃河中游、渭河幹流地域在東西擺動，但擺動的重心在長安（今西安）。

秦始皇連接六國長城而為萬里長城，派蒙恬率三十萬大軍守長城，又派公子扶蘇監兵，主要是防匈奴。秦亡的直接原因是農民軍的揭竿而起，間接原因則是勞民修長城、重兵防匈奴。否則，蒙恬率大軍對付陳勝、吳廣，扶蘇在始皇身側，那麼，陳勝之兵與趙高之謀，恐均難以遂其所願，歷史會是另種局面。所以，從某種意義上說，秦亡於匈奴。秦亡漢興，亦有悲歌：「高祖忍平城之恥，呂后棄慢書之詬。」[24] 這說明當時農耕文化與草原文化衝突之激烈。西漢，漢武帝時衛青、霍去病大戰匈奴；東漢，「匈奴嘗以萬騎入漁陽（今北京郊區），（張）堪率數千騎奔擊，大破之，郡界以靜」[25]。漢設立西域都護府，唐設立安西都護府和北庭都護府，都是農耕文化與草原文化交融的政治之果。

這一千年，文化繁榮，氣勢博大，世人震撼。萬里長城、阿房宮殿、秦陵兵馬俑、漢墓馬王堆，司馬遷的《史記》，司馬相如的漢賦，張騫出使西域，白馬馱經東傳，王羲之的書法，閻立本的繪畫，李杜的詩篇，大唐的宮殿，敦煌壁畫，龍門石窟，玄奘西行，鑒真東渡，都向世界展示：中華文化盛大光明，東西交流景況空前。這不僅在中國，而且在世界，放射出人類文明史上的又一璀璨光華。但是，在這場文化大交融中，也付出了沉重代價。王昭君的出塞和親，蔡文姬的《胡笳十八拍》，木蘭從軍的傳說，文成公主的故事，既奏著民族融合的樂章，也含著貴門閨秀的悲歌。東晉時的衰微，南北朝的離亂，也都是這場融合的記憶。

蒙古草原文化與中原農耕文化，經過千年的文化衝突、聚合，草原文化衝突風浪雖暫時平靜，森林文化衝突卻波瀾又起。

早在漢代，史有記載：「挹婁，古肅慎之國也。在夫余東北千餘里，東濱大海，南與北沃沮接，不知其北所極。土地多山險，人形似夫余，而言語各異。有五穀、麻布，出赤玉、好貂。無君長，其邑落各有大人。」[26] 今黑龍江省雙鴨山地區，挹婁村落遺址，村屯房屋，星布遍地。幾乎每個小山丘，

就是一個村落[27]。雖文獻記載不足,但可以看出一個文化發展的脈絡來,就是這個文化從肅慎、挹婁、勿吉、靺鞨、女真、滿洲,這麼一線承緒下來的。

此期,兩漢、三國、魏晉南北朝、隋、唐、五代十國,有大量的記載,如《淮南子》《三國志·魏書》《北齊書》《隋書》等。這個時期,由於森林文化的重要,相繼在《後漢書東夷列傳挹婁傳》、《三國志魏書挹婁傳》《晉書四夷列傳·肅慎氏傳》《魏書·勿吉傳》《北史·勿吉傳》以及《隋書·東夷列傳·靺鞨傳》《舊唐書·北狄列傳·渤海靺鞨傳》《新唐書·北狄列傳·黑水靺鞨傳》等均有專門記載。

這個千年,森林文化與農耕文化的交融,有三件大事值得關注:

其一,慕容儁在薊城建都。鮮卑人居於大興安嶺到遼河流域,當屬森林文化,亦或森林文化與草原文化的交匯區。西晉時,曾封鮮卑慕容部酋長為將軍、都督。慕容部人皮膚細白,晉士族多買其婦女作婢妾,就連東晉明帝司馬紹的母親荀氏也是慕容部人。東晉永和六年(350 年),前燕主慕容儁從龍城(今遼寧朝陽)向南進兵,奪得幽州,攻入薊城。東晉永和八年即前燕元璽元年(352 年),慕容儁即皇帝位,定薊城為國都,並修宮殿、建太廟、冊皇后、立太子,是為北京史上少數民族首次在北京建都。慕容儁想組成一支一百五十萬人的大軍,南進爭雄,未果身死,在位十一年[28]。薊城作為前燕國都,僅六年。前燕鮮卑人慕容儁遷都薊城,是森林文化民族第一次在關內北京建都。這是東北森林文化進入中原政治舞臺的歷史信號。

其二,大祚榮建立渤海政權。粟末靺鞨部首領大祚榮,唐初時,率眾徙居營州(今遼寧朝陽)。武則天時,又率部北居古挹婁之地。唐聖歷元年(698 年),在今吉林敦化地區,自立政權,初稱震(一作振)國,後稱渤海。後都上京龍泉府(今黑龍江寧安渤海鎮)。唐先天二年(713 年),唐遣使冊大祚榮為左驍衛大將軍,並冊封為渤海郡王。祚榮遣子入侍,後每歲遣使朝貢[29],轄區盛時達五京、十五府、六十二州。渤海政權,書載:「渤海諸王,受唐封號,朝貢不絕。」[30] 後唐天成元年(926 年)被遼所滅。渤海政權雄踞一隅,存在二百一十四年,表明森林文化內涵力量之強大所在。

其三，安祿山在範陽建大都。唐天寶十四載（755），任範陽、平盧、河東三鎮節度使的安祿山，從範陽（幽州）起兵反唐。安祿山起兵範陽（幽州），擁十五萬眾，號二十萬，步騎南進，煙塵千里，所過州縣，望風瓦解。不久占領東京洛陽。第二年，安祿山自稱大燕皇帝，年號聖武，以範陽為大都。這是北京稱大都之始。安祿山分兵攻入西京長安，唐玄宗偕楊貴妃倉皇出逃。安祿山次子安慶緒殺安祿山後，自立為燕帝。唐軍收復長安，東擊洛陽。安慶緒敗棄洛陽後，被安祿山部將史思明所殺。史思明自立為大燕皇帝，並以範陽為燕京。史思明奪取洛陽後，又被其長子史朝義所殺。史朝義再自立為燕帝，兵敗後退回範陽。寶應二年（763 年），史朝義的範陽守將李懷仙等降唐，史朝義兵敗途窮，「縊死醫巫閭祠下」[31]。歷時八年的「安史之亂」戰火，由範陽點燃，又在範陽熄滅。此後，藩鎮割據，直至唐亡。

鮮卑人慕容儁建南燕，發其端；靺鞨人大祚榮建渤海政權，繼其後；東胡人安祿山建大燕，破長安。森林文化，跨越黃河，抵達長安，影響深遠。

以上慕容儁、大祚榮、安祿山發出的三個歷史信號表明：東北森林文化要進入中原，同中原農耕文化進行較量、聚合與交融。

三

第三個千年　從北宋、遼、南宋、金、西夏、元、明、清，歷經八代九十帝，共 996 年，大數算也是千年。中原農耕文化、西北草原文化繼續融合，東北森林文化登上中原歷史舞臺。清朝的建立，代表著森林文化在中原文化中取得主導或主體的地位。先是森林文化的契丹、女真，占有半壁山河。而後，蒙古崛起，鐵騎勁旅，馳騁歐亞，入主中原，建立大都。朱元璋以「驅逐胡虜，恢復中華」[32] 相號召，建立了明朝，明後又衰落。努爾哈赤舉著「七大恨」告天的旗子起兵，滿洲崛興，定鼎燕京，則是這次文化大碰撞的集中展現。這個時期，政治中心南北擺動，北宋都汴梁（今河南開封），南宋都臨安（今浙江杭州），遼都上京（今內蒙古巴林左旗菠蘿城），金都先在上京（今黑龍江哈爾濱阿城區），後遷中都（今北京），元先在上都（今內蒙古錫林郭勒盟正藍旗境），後遷大都（今北京），明初都金陵（今江蘇南京），

後遷都北京，清初都盛京（今遼寧瀋陽），後遷都北京，南北擺動，但以北京為重心。中國兩千多年皇朝歷史政治中心的擺動，先是東西擺動，後是南北擺動，從而呈現出大「十」字形擺動的特點。北京處於農耕、草原、森林與海洋文化的接合部，最終成為農耕、草原、森林、高原和海洋文化之聚合與交流的中心。

千年文化，發生巨變。大碰撞，大融合，大代價，大發展。活字印刷，天祿琳瑯，《冊府元龜》，《永樂大典》，《古今圖書集成》，《四庫全書》，《皇輿全覽圖》，宋元善本古籍，內閣大庫檔案，《清明上河圖》，《姑蘇繁華圖》，明清宮殿，京杭運河，三山五園，避暑山莊，元青花瓷，明宣德爐，清琺琅彩，奇寶異珍，爭相鬥艷，競放奇葩。為此付出了沉重的代價：「文天祥之丹心，朱元璋之義旗，袁崇煥之磔死，史可法之壯烈，顧炎武之氣節，張煌言之英魂，以及『揚州十日』『嘉定三屠』之悲劇，還有《桃花扇》之血淚，都是這段悲壯歷史的血淚實錄。」[33]

歷史是勝利者與失敗者、融化者與被化者，共同參與、共同創造的。中華文化是中國各民族共同創造的。中國各個民族之間，中原農耕文化與西北草原文化、東北森林文化，漢藏語系與阿爾泰語系，多元文化相互交融，中原核心，一統政體，出現了中華大一統局面。具體映現，略舉五例：

第一，國家版圖一統。中華版圖出現漢、唐、元、明、清等朝的大一統局面。其中，漢唐時期的千年，主要是農耕文化與草原文化的交融，森林文化或短暫、或局部地登上中華歷史舞臺一隅，但沒在全國政治舞臺上占主體或主導地位。元、明時期雖然也有草原文化參與，但總體說來，處於過渡狀態，即農耕文化與草原文化、農耕文化與森林文化的交替、過渡階段。清代森林文化登上中華文明舞臺，出現版圖大一統的新局面。

清朝時期，中華農耕文化、草原文化、森林文化的大融合，中華版圖空前大一統，並由中央政府有效控制。版圖大致是：東起大海，東北到庫頁島（今薩哈林島），北自外興安嶺、貝加爾湖一線，西北到巴爾喀什湖，西達帕米爾高原，西南到喜馬拉雅山，南至曾母暗沙，東南到臺灣及其以東島嶼，南北跨緯度約五十度，東西跨經度約七十度，總面積約為一千四百萬平方公

里，比歐洲還大些。中央政權對所轄版圖，任命官員、駐紮軍隊、巡邊卡倫、徵收賦稅、科舉應試、定期朝覲等，都是大一統的例證。

第二，民族多元一體。清朝民族認定，比較粗疏，大凡現今中華五十六個民族，清朝時都生息在中華大地上。清廷的民族與宗教政策，在中華皇朝史上是比較得當的，各民族更加聚合、交融。

早在漢代，中原地域農耕民眾，稱謂漢族。經過魏晉南北朝，到隋唐重新統一，出現中華的新概念。如唐太宗說：「自古皆貴中華，賤夷狄，朕獨愛之如一，故其部落皆依朕如父母。」[34]

匈奴、蒙古的歷史難題，一直困擾著中原王朝的君主。元蒙短暫統一，不久退回大漠。明朝蒙古強大時，正統己巳和嘉靖庚戌，兩度叩打京師大門，又飲馬鴨綠江，遊牧天山西。其時女真人也受蒙古貴族的統治或奴役。森林文化主導中華大地後，天命和崇德時期的漠南蒙古（內蒙古），康熙時期的喀爾喀蒙古（外蒙古），乾隆時期的厄魯特蒙古（西蒙古），繁難蒙古問題，得到較好解決。康熙帝說：「昔秦興土石之工，修築長城。我朝施恩於喀爾喀，使之防備朔方，較長城更為堅固。」[35] 明朝修長城為防禦蒙古，清朝蒙古則成為抵禦外來侵略的長城。「明修長城清修廟」。康熙帝說：「柔遠能邇之道，漢人全不理會。本朝不設邊防，賴有蒙古部落為之屏藩耳。若有變動，或在中國，蒙古斷無此慮。」[36]

清末民初，外蒙古有人要鬧獨立，蒙古賢達指出：「蒙古疆域，向與中國腹地，唇齒相依，數百年來，漢蒙久成一家。……我蒙同系中華民族，自宜一體出力，維持民國，與時推移。」[37]

新疆雖自西漢張騫通西域，唐朝設安西都護府，但清朝先設伊犁將軍，實行軍府管轄，繼設新疆省，同內地一體管轄，用制度維繫多民族的一體化。

西藏至晚於元已然歸屬朝廷，繼明之後，清廷冊封達賴喇嘛、班禪額爾德尼，設駐藏大臣，在西藏駐軍，實行金奔巴瓶掣簽制，藏民融入華庭。

其他西北、西南、東南諸少數民族，經改土歸流，行文化融合，也都融冶在多元一體的中華大家庭中。

總之，中國各個民族，儘管語系不同、族群不同、地域不同、生態不同、歷史不同、宗教不同、文化不同、習俗不同，但是經過三千多年的三個時期的變局，到清末民初，已經形成統一的中華民族。

第三，語言兩系一構。前已述及，中華五十六個民族概要地分屬於兩大語系，即漢藏語系和阿爾泰語系—突厥語族、蒙古語族、滿—通古斯語族。在清代隨著森林文化的入主中原，不同語系、不同語族的人民，都生活在大中華之內，彼此交融，相互影響。乾隆時編修的《五體清文鑒》[38]，即滿文、藏文、蒙古文、維吾爾文、漢文五種文字對照合編，就是一個多民族文化融匯的佳證。

第四，文化多元融合。滿洲入主中原後，極力學習漢文化，促進滿漢文化融合。由於都城文化是中華文化的一個展示臺，所以多民族文化融合集中表現在都城文化上，下舉四例，以做證明。

第一例，蒙古都城規劃特色。元建大都，把蒙古草原文化帶到大都，並體現在大都城的規劃上。其一，太液為主，宮殿為客。大都城的佈局，中心是太液池，其東岸為大內（皇宮），西岸南為隆福宮、北為興聖宮，三組宮殿環圍太液池而鼎足布設。這種格局的文化原因是，對遊牧民族來說，「不待蠶而衣，不待耕而食」[39]，隨四時遷徙，逐水草移居，所以蒙古人視水草如生命，蒙古包選地也多在水邊。明朝農耕文化的北京宮殿則相反：宮殿為主，太液為客。將皇宮用高牆圍成紫禁城，西苑只是作為帝后遊憩、娛樂之地。其二，宮殿建築，取圍帳式。蒙古人居住的蒙古包，有單體式、集合式和院心式等類型。王公貴族居住的蒙古包，呈院心式——中心設大帳，環列設小帳，再外有圍垣。這種建築形式映現在宮廷主要建築上，宮與殿之間，加築圍廊和角樓，形成周廡角樓制[40]。史載：大明殿「周廡一百二十間，高三十五尺，四隅角樓四間，重檐」；延春閣「周廡一百七十二間，四隅角樓四間」[41]。這表明元代主要宮殿都有周廡及角樓。大都宮殿周廡角樓之制，既是中原農耕文化宮闕廊廡傳統的繼承，又是蒙古草原氈帳行止在宮殿建築上的反映。其三，建築裝飾，崇尚綠色。如紫檀殿，「草色髹漆」；宮殿丹墀，種植青草；興聖宮「丹墀皆萬年枝」，就是種松樹；典型的是北京北海萬歲

山（今瓊華島），山綠、水綠、樹綠、草綠、石綠、殿綠，成為一片綠色世界——這是蒙古草原文化在大都宮苑建築色彩上的鮮麗體現。

第二例，滿洲改變宮殿規制。以皇宮坤寧宮為例。坤寧宮在明代是皇后寢居的正宮，共九間。清將其按照盛京（瀋陽）清寧宮的格局加以改建，使中部和西部成為薩滿祭神的場所。正門開在偏東一間，其東北角隔出一小間，裡面安置煮肉的三口大鍋，外面有殺豬、打糕（供品）的用具；宮內東邊兩間暖閣留作皇帝大婚臨時居住的洞房；中間四間為祭神場所，北、西、南三面有連通大炕；西邊一間存放佛像、神像、祖宗板子及祭祀用品；兩端各有通道一間。窗戶改明代菱花格窗為滿洲式直棱吊窗，窗紙糊在窗外。門前有祭天神桿（索羅桿子）。祀日，在宮內殺豬、煮肉、獻禮。奉豬頸骨及豬膽、肉、米於索羅桿頂的斗內。禮成，帝、後等坐在炕上受胙肉。宮殿的西暖閣後牆外，按關外習俗，矗立起煙囪，為煮祭肉時出煙之用。

第三例，興建皇家園林。清朝開國帝王，長期生活在關外，過著森林文化生活。他們喜動不喜靜，耐寒不耐熱。攝政王多爾袞曾說過：北京春秋尚可，暑夏溽熱難耐[42]。他要在塞外建避暑的喀喇城，既能避暑，又能狩獵。但是，事未成，身先死。順治帝在位時間較短，常在南苑狩獵，或到京東遊幸。到康熙、雍正、乾隆三朝，社會比較安定，府庫財力充裕，造園經驗豐富，滿洲崇尚騎射，開闢木蘭圍場，興建避暑、狩獵、遊樂、理政的皇家園林，從而使京師皇家園林有新的開拓，尤其是「三山五園」的建設，成為中國古典園林史上的明珠。承德避暑山莊，則成為清代多民族文化融合的一個政治象徵。

第四例，整合中華文化。以軍事征服文化者，而被其文化所征服。滿洲入主中原，提供新的實例。清滿洲以弓馬得天下，又被農耕文化所融合。清康、雍、乾、嘉等朝，集中全國文萃，彙集京師，整理編纂冊籍，敕撰百餘種，十萬餘卷。其中，辭書《佩文韻府》（444卷）、志書《一統志》（560卷）、《全唐詩》（900卷）、《全唐文》（1000卷）、《古今圖書集成》（10000卷），還有《滿文大藏經》《四庫全書》《皇輿全覽圖》《乾隆京城全圖》《五體清文鑒》等。整理《無圈點老檔》（又稱《滿文老檔》《舊滿洲檔》《滿

文原檔》），其原本四十冊，現藏臺北故宮博物院。清廷敕編《八旗通志》《滿洲源流考》《欽定滿洲祭神祭天典禮》等。

這樣中原農耕文化與西北草原文化、東北森林文化經過三千年交融，其漢藏語系與阿爾泰語系進一步交融，出現中華大一統的局面。

但交融中也有衝突。滿洲文化推崇「國語騎射」，也推行滿洲服裝與髮型。這就發生「留頭不留髮、留髮不留頭」的文化衝突。所以滿漢文化有融合面也有衝突面。開始，努爾哈赤是強力推行滿洲文化，遇到強烈反抗，如往井裡投毒、暗殺、民變。皇太極時做了一些調整，多爾袞時矛盾又突出。康熙時才逐漸緩和。有人說：世界四大文明古國，只有中國文明沒有中斷、得以延續，清朝的文化政策有其積極的一面。

第五，經濟多元一主。滿洲能夠在中原站住腳，跟其文化多元性特點有關。滿洲的漁獵經濟，在黑龍江中下游地區融合赫哲、鄂倫春等民族，並建立起鞏固的統治；滿洲的牧業經濟，跟蒙古有共同的文化基礎，還屬於共同語系，建立起滿蒙婚姻、軍事、政治與文化的聯盟；滿洲的農耕經濟，到了中原地區跟漢族農耕文化結合，始能穩住，後能鞏固，長達二百六十八年。

中國到清朝康雍乾時代，出現農耕文化、草原文化、森林文化、高原文化和海洋文化的中華文化空前大融合。在明清盛時，中原農耕文化核心地區面積約三百多萬平方公里，而草原文化、森林文化、高原文化其面積也各約三百萬平方公里。再加上沿海地區及島嶼，還有其他地區，展現了總面積達一千四百萬平方公里的大中華版圖。中華文化以強大的包容性，融匯了上述五種文化形態，「你中有我，我中有你」，既保證了中華文化綿延五千年而未中斷，也為與世界其他文化交流儲存了豐富的中華元素。大長城、大運河、大故宮則是中華文化分別在三個千年變局中，向世界文明貢獻的三大厚禮。偉大的中華人，自強不息、厚德載物——中華文化將多種文化的江河，匯聚成為中華文化的海洋。

總之，中國有文字記載三千多年歷史，經過三個千年大變局，進行三次文化大交融——第一次主要是農耕文化內部的交融，森林文化處於邊緣狀態；第二次主要是農耕文化與草原文化的交融，森林文化發出進入中原的歷史信

號，同時農耕文化內部也在交融；第三次主要是森林文化入主中原，農耕文化與森林文化、草原文化、高原文化的大交融。農耕文化、草原文化、森林文化在兩種語言體系交融中，亦霸道、亦王道，亦友好、亦爭鬥，友好並不排斥爭鬥存在，爭鬥也不阻隔交匯融合，呈現著文化的包容性、吸納性、多元性和創新性，開出中華文化之花，結出中華文化之果。三個千年變局的實質是由變而合，由合而大，最終統合為大中華文化，生生不息，駸駸健行。三個千年變局所形成統一多民族的持久穩固的中華文化共同體，屹立於世界民族文化之林。

清朝歷史的文化記憶

從努爾哈赤建元到溥儀遜位二百九十六年的全清史，按文化演變、文化自信和文化糾結三個方面，舉其綱，擇其要，分別闡析，略作論述。

一、清朝歷史的文化演變

清朝二百九十六年的歷史，可以概括為「興、盛、衰、亡」四個時期。清朝十二帝，三帝一階段，對應清朝興、盛、衰、亡四個時期。

清朝四個時期總共有多少年？清朝歷史的起始時間，學界現有三種算法：

第一種，從天命元年（1616年）到宣統三年（1911年），共二百九十六年，全清史就是清朝二百九十六年興盛衰亡的歷史。

第二種，從崇德元年（1636年）到宣統三年（1911年），共二百七十六年。因崇德元年皇太極改金為清，故有學者主張清朝以此為始。

第三種，從順治元年（1644年）到宣統三年（1911年），共二百六十八年，這是通史的算法，也是共識的算法。

下面就全清史興、盛、衰、亡的四個時期，文化演變，分開闡述。

興，「天天順」，就是天命（努爾哈赤）、天聰和崇德（皇太極）、順治（福臨）三朝。其中，皇太極改年號天聰為崇德，所以「清朝十二帝」卻有「清宮十三朝」的說法，為著簡括，就以天聰為標識。

清朝興起花了多少年的時間？學界有四種說法：

一是二十八年說，就是從天命元年（明萬曆四十四年，1616年），到清崇德八年（崇禎十六年，1643年），共二十八年（1616—1643年）。

二是六十年說，就是從明萬曆十一年（1583年）努爾哈赤起兵，到崇德八年（明崇禎十六年，1643年），共六十年（1583—1643年）。

三是八十年說，就是從明萬曆十一年（1583 年）努爾哈赤起兵，到清順治十八年十二月初三日（1662 年 1 月 22 日）南明永曆帝被俘，「永曆既獲，疆圉底定」，[43] 共八十年（1583—1662 年）。

四是一百年說，就是從明萬曆十一年（1583 年）努爾哈赤起兵，到清康熙二十二年（1683 年）統一臺灣，共一百年（1583—1683 年）。

我主張是六十年，因為從努爾哈赤起兵，創建八旗、建立政權，到清軍入關、定鼎中原，共六十年，取得全國政權，基本穩定下來，代表清朝興起。

盛，「康雍乾」，就是康熙、雍正、乾隆三朝。康熙六十一年、雍正十三年、乾隆六十年，合計一百三十四年（1662—1795 年）。清朝經過開國六十年的興起、奠基，進入鞏固、強盛的時期。康熙朝是處在清朝歷史承前啟後的關節點上。康熙帝之前，清朝實際上是努爾哈赤、皇太極、多爾袞、福臨四代，康熙帝實際是大清帝國的第五代君主。康熙帝重大歷史貢獻是開啟了清朝強盛的局面。

清朝強盛的主要代表是：（1）國家空前統一，（2）疆域空前廣大，（3）民族空前協合，（4）文化空前融合，（5）人口空前眾多，（6）經濟空前發展，（7）社會空前安定，（8）萬國空前來朝。

衰，「嘉道咸」，就是嘉慶、道光、咸豐三朝。嘉慶二十五年、道光三十年、咸豐十一年，合計六十六年（1796—1861 年）。嘉道咸三朝清朝由盛轉衰的主要代表是：嘉慶朝的民變，外有五省白蓮教大規模的農民起義，內有天理教民攻入紫禁城；道光朝的鴉片戰爭，西方殖民侵略者第一次從海上叩開中華帝國的大門，中國第一次同外國簽訂不平等的中英《南京條約》，從此中國一步一步淪為半殖民地國家；咸豐朝內有太平天國攻占南京，外有英法聯軍攻入中華帝國首都北京。這些都足以表明大清帝國衰落了！

亡，「同光宣」，就是同治、光緒、宣統三朝。同治十三年、光緒三十四年、宣統三年，合計五十年（1862—1911 年）。且這三位幼帝繼位之時，同治六歲，光緒四歲，宣統三歲，一個比一個年幼，這也是大清帝國日薄西山，後繼無人的哀象。其間，雖有短暫「同治中興」，但載淳早亡、「叔

嫂」不和，而曇花一現，未扭轉頹勢。在此期間，外有八國聯軍侵入北京、甲午海戰失敗，內有戊戌變法破產、辛亥革命成功——大清帝國覆亡，中華民國建立。

清朝歷史也有其文化自信的一面。

二、清朝歷史的文化自信

清朝經過開國六十年的歷史積累，到康雍乾，臻於鼎盛。清朝歷史的文化自信，主要代表是版圖統合、民族協合、文化融合。

第一，版圖統合。中國自秦始皇到宣統帝的帝制時期，共兩千一百三十二年。其中皇朝國祚滿二百年的大一統皇朝，只有西漢（214年）、唐（289年）、明（276年）、清（268年）四個朝代。中國版圖，在上述四朝中，哪朝最大？有說漢，有說唐，有說明，也有說清。漢、唐雖大，但穩固控制、實際管轄的時間較短；明朝雖大，但對新疆、蒙古地區基本不能實行完全有效長期穩固的控制，如《明史》將《韃靼傳》和《瓦剌傳》列為外國傳。這並不表明韃靼和瓦剌是屬於外國，而是表徵明朝不能完全對其控制。在這裡，皇朝版圖與中華版圖，既有聯繫，又有區別，應當將皇朝版圖與中華版圖加以區別。清朝的疆域，既繼承元明版圖，又進行實際管轄。清朝的一大貢獻是將滿、蒙、疆、藏、臺地域，完全有效地置於中央政權管轄之下。清朝盛時版圖，同歷代相比，列入版籍、實際控制、長期管轄、有效統治之面積為最大。康雍乾強盛時期的版圖，北部自庫頁島（今薩哈林島）、廟街（今尼古拉耶夫斯克）、外興安嶺山脊、貝加爾湖、唐努烏梁海、鏗格爾圖喇等一線，東起大海，西北到巴爾喀什湖，西至帕米爾高原，西南到喜馬拉雅山，南達曾母暗沙，總面積約一千四百萬平方公里。因此，就縱向來說，在上述四個大一統皇朝中清朝版圖是最大的；就橫向來說，在當時世界上中華版圖是最大的。康熙朝時，俄國並沒有完全控制西伯利亞，美利堅合眾國還沒有誕生，大英不列顛不是「日不落帝國」，法國沒有發生大革命，德意志也沒有實現統一，日本更沒有出現明治維新，且其國土面積都不算大。

二、清朝歷史的文化自信

　　清朝強盛時的版圖，僅新疆面積約有二百一十五萬平方公里[44]，而現在英國（24.4萬平方公里）、法國（55.1萬平方公里）、德國（35.6萬平方公里）、義大利（30.1萬平方公里）、奧地利（8.3萬平方公里）、西班牙（50.4萬平方公里）、葡萄牙（9.2萬平方公里）七國面積的總和為二百一十三點一萬平方公里。也就是說，新疆面積比今英、法、德、意、奧、西、葡七國面積之總和還要大一些[45]。在清朝，森林文化的東北滿洲地域等約三百多萬平方公里，草原文化的西北地域等約三百多萬平方公里，高原文化的西部藏區等約三百多萬平方公里，以上森林、草原、高原文化面積就有約九百多萬平方公里。清朝盛時國土總面積一千四百萬平方公里，不僅是中國歷史上四個大統一皇朝中版圖最大的，而且是當時世界上版圖最大的。

　　康熙時有一項文化工程，就是測量並編繪《皇輿全覽圖》。先在各地，進行實測，按照近代方法，進行繪圖，再做全省，最後整合，成為全國的地圖，名《皇輿全覽圖》。這是當時世界上第一份經過實測繪製出來的全中國疆域地圖，雍正、乾隆加以調整、訂補。後來亞洲地圖的中國版圖、世界地圖繪製中國部分都是以《皇輿全覽圖》為基礎，並用銅版印刷，一直傳承至今。中國今天南海那些問題，有大量的文獻證據、檔案證據、輿圖證據、考古證據，表明那些島嶼都是中國的。清朝盛時的版圖，以北京為中心，往北到黑龍江入海口的廟街（今尼古拉耶夫斯克）約五千公里，往南到曾母暗沙也約五千公里，中華版圖南北距離是一萬公里。東西的距離，僅從今江蘇連雲港到今新疆霍爾果斯是五千公里，還有其迤西一段。清朝鼎盛時期出現了一個萬國來朝的局面。

　　版圖屬於國家核心利益，尺土不讓，寸土必爭。早在清入關前的努爾哈赤時，葉赫向建州索要土地，清太祖努爾哈赤回答葉赫貝勒納林布祿說：「土地非牛馬比，豈可割裂分給？」[46]康熙朝，清朝全權代表索額圖在赴尼布楚與俄國代表談判行前，康熙帝在御門聽政時指示：「朕以為尼布潮（尼布楚）、雅克薩、黑龍江上下，及通此江之一河一溪，皆我所屬之地，不可少棄之於鄂羅斯。……否則爾等即還，不便更與彼議和矣。」[47]然而，後來清朝衰落，列強槍炮威逼，道、咸、光三朝，割給俄國土地約一百五十萬平方公里。民

國時期失去外蒙古一百五十六點六五萬平方公里。這些歷史教訓，後人應當銘記。

第二，民族協合。清朝一個巨大的文化成就是處理民族問題的寶貴經驗。在帝制時代，清朝的民族問題之處理，可以說是皇朝歷史上最好的。滿洲既是主體民族、又是少數民族，清朝處理民族問題的經驗，繼承了從周朝以來兩千多年民族問題的經驗，從而不斷豐富，不斷完善，不斷調整，集其大成。

中國歷代民族問題，以縱向考察，從時間來看，非常之重要。從秦始皇到清朝，歷朝興衰分合的一個關鍵就是民族問題。秦朝滅亡的原因，歷史教科書說是陳勝、吳廣起義。這沒有錯。研究歷史，不僅要研究歷史人物、歷史事件產生、演變的原因，還要研究其原因之原因。秦始皇連接六國長城而為萬里長城，命蒙恬帶領三十萬軍隊戍守長城，又派公子扶蘇前去監蒙恬守長城之軍，結果他自己在東巡途中死了。如果公子扶蘇當時在場，胡亥就不能即位，趙高「指鹿為馬」的故事也就烏有；如果沒有修長城等繁苛徭役，陳勝、吳廣可能不會揭竿而起，即使發生，秦有蒙恬指揮的三十萬正規軍在咸陽附近，集中對付揭竿而起的農民，陳勝、吳廣難以取勝。所以，秦朝滅亡的一個深層原因是匈奴問題。這也應了《圖書》的讖言：「亡秦者胡也！」[48] 西漢、東漢、魏晉南北朝還是這個問題。漢高祖劉邦之平城（今山西大同境內）被圍七天七夜，漢武帝劉徹派衛青、霍去病出征西域，都是因匈奴問題。唐朝之衰落，開始是突厥，後來是安祿山（胡人）攻陷長安，唐朝從此一蹶不振。後來就是五代十國。至於宋朝，北宋與契丹建立的遼朝，南宋與女真建立的金朝，南北對峙，半壁山河。滅了南宋的蒙古，還是民族問題。朱元璋「驅逐胡虜，恢復中華」[49] 的旗幟就是明證。明朝滅亡最根本的問題，既是李自成、張獻忠起義，也是滿洲崛起——六十年的戰爭消耗，把它掏空、拖垮。所以，從秦始皇算起，到清朝的二千年間，中國最重要、中央政權最頭疼的政治難題之一，就是處理民族問題。

中國歷代民族問題，以橫向考察，從空間來看，非常之重要。以地理而言，舉滿、蒙、疆、藏、臺五個地域為例。清朝盛時之疆域，滿洲發祥地的東北地區，約三百多萬平方公里；蒙古，今內蒙古一百一十八萬平方公里、

今外蒙古一百五十六點六五萬平方公里、共二百七十四點六五萬平方公里，還有天山以北、唐努烏梁海地域的蒙古地區，貝加爾湖以南布里亞特蒙古地區，總數也約三百多萬平方公里；新疆在清朝盛時版圖約二百一十五萬平方公里；今西藏一百二十三萬平方公里，以上共約九百三十八萬平方公里。還有青海的海南、甘肅的甘南等地的藏區，雲南、貴州的少數民族地區。以上總面積約一千萬平方公里[50]。在清代盛時，中原農耕文化核心地域約三百多萬平方公里，滿、蒙、疆、藏、臺五地約一千萬平方公里，其他地域約一百萬平方公里。從這個數字可以看出，清代的民族問題，非同小可，極其重要！

由上可見，民族地域的管理，歷史經驗，值得重視。所以，中國歷代，尤其是清代的民族經驗值得研究。中華人民共和國成立六十六年，從歷史長河看，時間還不算長。清朝民族經驗積累，從萬曆十一年（1583年）努爾哈赤起兵，到康熙二十二年（1683年）臺灣統一，花了一百年的時間，才把國家真正穩定下來。從康熙二十二年（1683年）開始，到乾隆八十歲時，大致算來又是一百年，清朝邊疆民族宗教管理經驗的積累，花了近兩百年時間。所以，中華人民共和國用六十多年的時間，民族與邊疆形勢，已經相當穩定，成績遠超明清。中華人民共和國還要不斷地積累經驗，不斷地完善民族的理論、民族的政策、民族的管理、民族的協合。

因此，要研究中國歷史上治理民族、宗教、邊疆方面的經驗，凡是已成功的經驗，應儘量借鑒，凡是不成功的教訓，應儘量殷鑒。

清朝處理民族問題的經驗，是今天應當認真研究、酌情參考的。承德避暑山莊和外八廟，提供的文物和史例，是一個具有歷史價值的範本。總的說來，清朝處理民族關係，實行分層次、分區域、分類型、分特點的管理，採取了許多措施，諸如冊封、賜爵、俸祿、賞賚、聯姻、編旗、朝覲、圍獵、劃地、年班、建寺、興學、賑濟、優恤等等。清廷頒布《蒙古律例》《回部則例》《番部則例》等，禮法並行，恩威兼施，加強了對各民族的管理。清朝管理民族工作的政策、經驗，有六點值得重視、思考和借鑒。

第一，重教尊俗。重視宗教信仰，尊重民族風習。在清朝，藏族、蒙古族都是全族信奉喇嘛教的，維吾爾族、回族都是全族信奉伊斯蘭教的，既有

久遠歷史，又有深厚根基。世界是複雜的，歷史是多元的，宗教信仰，應當尊重，既不要盲目干預，更不要強加於人。清朝滿洲信奉薩滿教。清入關之後，如何對待其他民族的宗教信仰？擺在清帝面前的對策：一個辦法是在全國推行薩滿教，所有民族都必須信奉薩滿教，滿洲是統治民族，滿洲文化具有主體地位，君主掌握皇權，皇帝掌控八旗，強行推，武力推，全面推，舉國推，輕率對待，任性妄行，但他們沒有這麼做。清廷面臨薩滿教、喇嘛教、伊斯蘭教、佛教、道教等宗教系統，怎樣處理其間的關係？清廷在宗教問題上尊重民族宗教信仰，並採取了二元政策：

其一，在皇宮裡尊奉薩滿教，如坤寧宮設薩滿煮肉大鍋，每天宰豬祭祀，完全是薩滿教典禮；滿洲貴族，在北京設堂子，按薩滿教祭祀；在滿洲八旗家庭，庭院東南角設立索羅桿子，進行薩滿祭祀。整個滿洲——從皇室到貴族再到平民，都信奉薩滿教。同時，在旗人中強調「國語騎射」，保持滿洲的語言、文字、騎射、服飾、宗教、習俗，保留自己民族的文化傳統。

其二，對其他民族，尊重其原有的宗教信仰。宗教問題和民族問題是直接關聯的，比如漢族信奉佛教、道教，藏族、蒙古族信奉喇嘛教，維吾爾族、回族信奉伊斯蘭教等等。歷史表明，從努爾哈赤到乾隆帝，首要的是重教，就是尊重其宗教信仰。康熙帝、雍正帝、乾隆帝的御製文集、諭旨，表明清朝皇帝既尊崇又敬奉喇嘛教。

重教，舉一個例證。孝莊太皇太后要修《龍藏經》，錢從哪裡來？當時國庫拮据，太皇太后用私房錢、變賣陪嫁品；不夠，就跟娘家兄弟、侄子等籌集，他們捐出牛羊賣了資助；還不夠，康熙帝把私房錢捐出來，后妃宮眷也捐出私房錢；仍不夠，有一部分王公大臣主動捐一點，錢湊夠了，書修成了，名《內府泥金寫本藏文龍藏經》，簡稱《龍藏經》，是藏傳佛教三寶之一，在僧人和信眾中有崇高的地位。它每函三百至五百頁，共一百零八函，五萬葉，十萬面，重約五十公斤。全書分為十層：一是磁青籤經葉，二是內護經板，三是外護經板，四是黃、紅、綠、藍、白五層經簾，五是哈達，六是黃絹經衣，七是黃布經衣，八是七彩捆經帶，九是五彩捆經繩，十是保護全函的黃棉袱包。每函鑲嵌寶石一百三十三顆，共一萬四千三百六十四顆，有彩繪佛

像七百五十六尊[51]。這部《龍藏經》充分體現出了皇家氣派，富麗輝煌，精美極致，書籍之最。現藏臺北故宮博物院，我曾有幸看到原物。世上或沒有比此書更漂亮的書了。這部《龍藏經》修成之後，對西藏、蒙古，影響巨大。雍正帝學過佛經，編著《御選語錄》，是費了大心思的，在佛光山圖書館可以看到。乾隆帝通滿、蒙古、藏、漢文，不是一般的懂，而是精深的通。乾隆帝更是親自逐字逐句逐段斟酌、審定佛經滿、蒙、藏文的翻譯，所以乾隆帝精通佛經文義。

2013年，我在西藏拉薩布達拉宮西大殿東壁，看了《五世達賴喇嘛覲見順治帝圖》，在三界殿看了供奉的長生牌位，用藏、漢、滿、蒙四體文書寫的「當今皇帝萬歲萬萬歲」。「當今皇帝」指的是康熙皇帝。這不是個簡單牌位，而是個政治性代表。布達拉宮珍藏著順治帝給五世達賴喇嘛、康熙帝給六世班禪額爾德尼的金冊、金印、敕誥等。這說明西藏達賴喇嘛、班禪額爾德尼，都是大清國的臣民，西藏是中國的一部分，西藏完全屬於清朝。清朝滿洲信奉薩滿教，但是也尊重別人的宗教，藏族、蒙古族的喇嘛教也好，維吾爾族、回族的伊斯蘭教也好，漢族的佛教、道教也好，都受到應有的尊重。這一點，值得體察，認真反思。

尊俗，就是尊重民族的文化傳統和風俗習慣。如伊斯蘭教，雍正帝時，署安徽按察使魯國華，上奏說伊斯蘭教戴白帽、做禮拜、還把齋，請「嚴行禁革」。雍正帝御批：「回民之在中國，其來已久。伊既為國家編氓，即皆為國家赤子也。朕臨御天下，一視同仁，豈忍令回民獨處德化之外？……至回民之自為一教，乃其先代相沿之土俗，亦猶中國之大，五方風氣不齊，習尚因之各異，其來久矣。歷觀前代，亦未通行禁約，強其畫一也。」雍正帝以魯國華此奏，「欲惑亂國政，著將魯國華交部嚴加議處」[52]。但在此前，清攝政睿親王多爾袞占領北京後，勝利沖昏頭腦，不尊重漢族習俗，強力推行「剃髮易服」政策，出現了「留頭不留髮、留髮不留頭」的歷史亂象，演出了「揚州十日」「嘉定三屠」的歷史悲劇，留下無窮的後患。不僅在民國，而且在當代，提及此事，民眾之情，溢於言表。

清朝歷史的文化記憶

第二，多元管理。清朝盛時，民族管理，不一刀切，具體情況，具體對待。清朝十八個省所轄府、州、縣歸中央政府直接治理。這是清朝最主要、最基本的行政區。但是，在邊疆民族地區或其他少數民族聚居地區的管理，既統一，又多元，因為「一個國家實行多種體制制度，有益於中央政府對邊疆的治理和疆域的穩定，有益於對少數民族政策的落實，它的前提是承認、尊重少數民族的傳統與習慣，這是它的歷史意義之所在」[53]。在有清一代，於民族地區的管轄，如滿、蒙、疆、藏、臺等地域的管理，列舉史例，分析如下。

於滿洲等地區，東北地區是滿洲的崛興之地，實行軍府、八旗、民政、部落等多元管理制。如盛京，既有將軍、副都統、協領的軍事駐防系統，又在部分地區有府、州、縣、廳等民事管理系統。吉林、黑龍江則不設州、縣，由將軍下轄的都統、副都統、參贊大臣、辦事大臣等兼管民事。在烏蘇里江、黑龍江下游以及庫頁島等地區，實行部落酋長、族長、姓長、屯長制。光緒三十三年（1907年），分別設奉天省、吉林省、黑龍江省，行政區劃與內地統一。

於蒙古地區，漠南蒙古（內蒙古）四十九旗，其東部如科爾沁等部，分別編入八旗蒙古，實行八旗制，管理如同八旗滿洲；其西部如「六盟」地區，多實行盟旗制，由理藩院直接管轄。漠南蒙古（內蒙古）的察哈爾部，編為八旗，黃紅白藍，各分正鑲，進行管理。喀爾喀蒙古（外蒙古）設立定邊左副將軍，駐烏里雅蘇臺，維護喀爾喀蒙古（外蒙古）各部的安定。實行扎薩克制，盟長、旗扎薩克由皇帝任命，直屬於理藩院。厄魯特（衛拉特）蒙古（西蒙古），另行管理，詳見下文。

於新疆地區，設立伊犁將軍，實行軍府制，下轄都統、參贊大臣、辦事大臣、協辦大臣、領隊大臣等，但又實行多元體制：有北疆伊犁地區八旗制（如滿洲營、錫伯營、索倫營、厄魯特營和察哈爾營）；有厄魯特蒙古（西蒙古）地區的盟旗制和扎薩克制；有混合地區的軍府制；有東疆巴裡坤等地區的府、廳、州、縣制；有南疆地區的伯克制，任命維吾爾族大小首領為伯克（官名），不能世襲，政教分離，「各率其屬，不相兼併」[54]，各地伯克的任職，分別照例迴避[55]；並制定《回疆條例》。到清光緒十年（1884年），清廷頒布諭旨，

設立新疆省[56]，授劉錦棠為第一任新疆巡撫。從此，實現了天山南北行政體制的畫一，也實現了新疆同內地省份行政體制的劃一。

於西藏地區，在前藏（衛）、後藏（藏）、康（喀木）、拉里（喇里）等地區的管理，既一元，又區別。如前藏冊封達賴喇嘛、後藏冊封班禪額爾德尼，設駐藏大臣與達賴喇嘛、班禪額爾德尼等共同管理：凡涉外事、活佛轉世等由駐藏大臣報朝廷決策；其內部事務實行達賴喇嘛、班禪額爾德尼為政教首領的政教合一制，駐藏大臣不加干涉前藏和後藏的相關事務，管理有所區別。

於臺灣地區，對臺灣實行府縣制，但對「生番」和「熟番」區別對待，如對「熟番」設土官，由朝廷任命。光緒十一年（1885年）九月，正式建立臺灣行省，劉銘傳為第一任臺灣巡撫。

於青海地區，設西寧辦事大臣，區別管理：青海厄魯特蒙古等二十九旗，與內蒙古的盟旗制相同；玉樹等四十土司，與西南土司制大體相同。

於西南地區，對雲、貴、川、湘西等民族地區也不一樣，用土司制和流官制兩種辦法：有的實行土司制，有的實行流官制。

總之，清朝對邊疆民族實行統一多元的管理，包括八旗制、府縣制、軍府制、盟旗制、扎薩克制、政教合一制、伯克制、流官制、土司制、土官制、部落制以及姓長制等，至少有十二種管理形式。這種多元管理體制的根本因素在於，既繼承歷史傳統，又加以文化損益——因歷史、文化、民族、宗教、地域、習俗的不同，而實行的管理體制也不同。在清代，一個滿洲，不同管理；一個蒙古，區別對待；一個新疆，多元管轄；一個西藏，也有區別。蒙古的漠南蒙古（內蒙古）、喀爾喀蒙古（外蒙古）、厄魯特蒙古（西蒙古）管理不一樣，就是漠南蒙古（內蒙古）的東部與西部、東部的各部也不完全一樣，新疆的蒙古又不一樣。具體問題，具體分析，這是辯證法的靈魂。對待民族地區管理，不同情況，區別對待，不一刀切，忌單一化，這樣才有利於民族的管理，有利於社會的安定。

第三，權益平衡。就是維護和保持權力與利益的均衡。如西藏的前藏和後藏，新疆的南疆和北疆，蒙古的漠南蒙古（內蒙古）、喀爾喀蒙古（外蒙古）和厄魯特蒙古（西蒙古）等，都是區別不同情況，進行不同管理。在滿、蒙、疆、藏四個區域，清廷怎麼去平衡利益？西藏有問題了，借助蒙古和維吾爾來平衡；維吾爾有問題了，這邊是藏，那邊是蒙，互相制約，控制平衡；蒙古有問題了，用藏、維、蒙（其他部）來平衡；喀爾喀蒙古的四個部中一個部有問題了，用其他三個部去平衡，總體上保持一個地域權力與利益的平衡，也保持此地域與彼地域之間的平衡。

蒙古更是如此。漠南蒙古（內蒙古）和喀爾喀蒙古（外蒙古）要保持一個平衡，喀爾喀蒙古（外蒙古）是三個部——土謝圖汗部、車臣汗部、扎薩克圖汗部（後析置賽因諾顏部），三四個部之間，不採取一部獨大的辦法，如土謝圖汗部過大而分其為兩個部，並用另幾個部去平衡。那麼，新疆的厄魯特蒙古（西蒙古）和喀爾喀（外蒙古）之間又不平衡了，就在彼此間，再進行平衡。朝廷的職責是調動各個方面力量、運用相關策略，保持不同地區、不同民族、不同宗教、不同部門之間權力與利益的平衡。不平衡的地方要力求平衡，朝廷在必要時，派出八旗軍隊，平息地方叛亂，維護國家統一。

第四，分枝直屬。喀爾喀蒙古（外蒙古），先有三個部——土謝圖汗部、車臣汗部、扎薩克圖汗部，雍正三年（1725年），從土謝圖汗部中析分出賽因諾顏部，成為四個部，「喀爾喀有四部，自此始」[57]。在其四部之間，各自獨立，互不統屬，直隸中央。明朝治理東北女真族的策略是「分其枝，離其勢，各自雄長，不相統屬」，清朝治理蒙古也借鑑了這條經驗，又加以變通。這樣做有利於分別管理，有利於各部發展，有利於中央集權，有利於社會安定。

第五，恩待「雙首」。就是施恩善待政、教的首領。有句俗話叫「頭頭抓，抓頭頭」。當時，康熙帝、雍正帝、乾隆帝都是「頭頭抓、抓頭頭」，皇帝親自抓，讓大頭頭再去抓小頭頭。蒙古、新疆、西藏歷史上問題太複雜了，康熙、雍正、乾隆諸帝怎麼解決？

於喇嘛教四大活佛：達賴喇嘛、班禪額德尼、章嘉呼圖克圖、哲布尊丹巴呼圖克圖，既恩待，又善處：

其一，前藏達賴喇嘛。透過各個方面、採取各種措施，處理好中央與達賴喇嘛的關係，透過達賴喇嘛，還有駐藏大臣、駐軍等其他元素，來處理西藏的問題，保持西藏的穩定。

其二，後藏班禪額爾德尼。乾隆帝對六世班禪到避暑山莊給自己七十歲生日祝釐之重視，是因為透過處理和六世班禪的關係——一塊唸經、一起修行，三天三夜，促膝探討，既談佛經，又談管理，促使達賴喇嘛、班禪額爾德尼心悅誠服地歸附清朝，維護一片國土，保護一方平安。

其三，章嘉呼圖克圖。青海地區（包括海南、甘南地區）等的活佛首領就是章嘉呼圖克圖。乾隆皇帝和章嘉呼圖克圖是亦君亦臣、亦師亦友、亦僧亦俗的關係，正式朝覲時朕是君王、爾是臣工，私下里章嘉呼圖克圖是乾隆帝的禪師，教他佛法、佛典，又是師友，喝茶、作詩，關係非同一般。乾隆帝給章嘉呼圖克圖以奏事權，使其成為參議、顧問。透過章嘉呼圖克圖控制、管理青海的海南、甘肅的甘南等藏區，及內蒙古等。善用別人智慧，化為自己智慧，這是乾隆皇帝的高明之處。

其四，哲布尊丹巴呼圖克圖。哲布尊丹巴呼圖克圖關係到解決喀爾喀蒙古四部之間的問題，哲布尊丹巴呼圖克圖受籠絡了，就有利於解決喀爾喀蒙古問題。

清朝用了很大的精力、財力、物力、時間和智慧，來處理皇帝與四大活佛的關係，這四大活佛就是抓頭頭，抓住了，基本上或有助於穩定前藏、後藏、青海、喀爾喀蒙古、內蒙古的問題。抓幾大活佛、幾大首領就是抓頭頭，再依靠幾大活佛、幾大首領這些「頭頭」去抓下面。牽牛不去牽牛鼻子，而去牽牛尾巴，這不是高明的辦法。總之，清帝對各地民族行政首領，也是一個首領、一個首領地做工作。清廷處理民族首領的關係，從下面康熙帝對蒙古土謝圖汗「棋看四步」的事例中可見一斑。

第六，棋看四步。舉一個史例。當時喀爾喀蒙古（外蒙古）有三個部——土謝圖汗部、車臣汗部、扎薩克圖汗部，他們都是成吉思汗的後裔，三個部之間鬧糾紛，其中土謝圖汗部的汗將扎薩克圖汗沙喇殺了，兩部戰爭，一觸即發。康熙帝沒有採取誰正義支持誰的做法，而是把三部首領請到內蒙古多倫諾爾（今錫林郭勒盟多倫縣多倫淖爾鎮）會盟。康熙帝帶領理藩院尚書等官員、八旗官兵前去赴盟。康熙帝跟土謝圖汗說，你把扎薩克圖汗沙喇殺了，對嗎？土謝圖汗說我不對。康熙帝說你寫個《認罪書》，我會妥善處理的。土謝圖汗書寫的《認罪書》既誠懇，又認真。康熙帝看了後，給被殺扎薩克圖汗沙喇之弟策妄扎卜覽閱，他覺得《認罪書》雖寫得誠懇，但人被殺了，寫個檢討怎能了事，要賠償。康熙帝說，我賜封你繼承你兄長的汗位，還給你賞賜。他自然高興，氣也就消了。之前準備工作做得充分、細緻，然後大家坐在一塊盟會。在會上，土謝圖汗先念《認罪書》，言辭誠懇，雙方和解。接著就封賜頒賞，宴會喝酒，文藝表演，騎馬射箭。康熙帝親自彎射，十發九中，威武風采。康熙帝讓各王騎射，那些蒙古王多年不打仗了，吃得肥胖，扶著上馬，幾王騎射都一箭沒中，慚愧地給康熙帝叩頭。爾後是八旗軍大檢閱，陣容整齊，氣勢昂揚。透過多倫會盟，喀爾喀蒙古諸部都誠心誠意地歸附清朝，一直到清朝結束，喀爾喀蒙古沒鬧獨立。從此，喀爾喀蒙古和平相處一百五十年，和平安定，牧民高興。

「棋看四步」是說康熙帝頗有遠見，在選擇政教「雙首」時，不是看一步、兩步，而是看三步、四步。他認為喀爾喀蒙古三部——土謝圖汗部、車臣汗部、扎薩克圖汗部，關鍵是位置居中、實力最強的土謝圖汗部。為此，著手解決喀爾喀蒙古三部政教首領事宜，既要解決該部汗位的繼承，又要解決哲布尊丹巴呼圖克圖的轉世。康熙帝在會盟時看到土謝圖汗察琿多爾濟年老，他的兒子噶勒丹多爾濟歲數較大，便著眼培養他的孫子敦多布多爾濟，再寄望於其重孫子。這就是四代！怎麼培養呢？康熙帝把自己親生女兒四公主（恪靖公主），下嫁給察琿多爾濟汗的孫子敦多布多爾濟，時額駙十六歲、公主十三歲[58]。公主府建在今呼和浩特（今呼和浩特市博物館址），這是清朝僅存一座完整的公主府。後察琿多爾濟病逝，其子噶勒丹多爾濟也不久病逝，孫子敦多布多爾濟繼承汗位。敦多布多爾濟是康熙帝的額駙。這位額駙的兒

子後來做了哲布尊丹巴呼圖克圖。由是，土謝圖汗是康熙帝的額駙，哲布尊丹巴呼圖克圖則是康熙帝的外孫，政和教巧妙地黏合在一起。康熙帝棋看四步，即爺爺、兒子、孫子、重孫四代。其時，在喀爾喀蒙古，康熙帝的政治佈局：一個是土謝圖汗部的行政首領，一個是喀爾喀蒙古哲布尊丹巴呼圖克圖宗教首領，將其政、教兩個首領選定抓住，就在總體上穩定了喀爾喀蒙古的大局，並影響到新疆和西藏的軍政大局。

此外，清廷，特別是康雍乾三帝，在撫綏民族地區之時，對於少數民族上層個別分裂分子，勾結境外勢力，挑起武裝叛亂，擾害社會安定，破壞居民生存，則先行招撫，繼之以武力，措施果斷，加以平定，既有利於國家統一，也有利於部民生計。

總之，中國二千年來帝制時代沒有解決的匈奴、突厥、蒙古難題，在清朝得到解決。康熙帝說：「昔秦興土石之工，修築長城。我朝施恩於喀爾喀，使之防備朔方，較長城更為堅固。」[59]民諺說：「明修長城清修廟。」清朝不修長城。在清朝，由原來長城是防禦蒙古的，變為以蒙古作為中國北部防禦外來侵略的長城。可以說，從秦始皇以降兩千多年沒有解決的匈奴、蒙古問題，清朝解決了！這是一個重大的歷史功績，也是一個重要的歷史經驗。

歷史經驗表明，民族問題始終是中原皇朝最傷腦筋、最為頭痛的一道難題。近千年來，唐玄宗的民族問題沒有處理好，發生「安史之亂」。唐朝雖然將變亂平息，卻從此一蹶不振，後裂變為五代十國。宋太祖趙匡胤民族問題沒有處理好，相繼出現北宋與遼、南宋與金的對峙局面，大宋皇朝始終是半壁山河，而沒有金甌一統。元朝滅亡金和南宋統一天下之後，民族問題沒有處理好，被朱元璋「驅逐胡虜、恢復中華」所推翻。明朝又是民族問題沒有處理好，努爾哈赤以「七大恨」告天起兵，最後取代明朝。清朝雖然滿洲同其他少數民族關係處理得較好，但同漢族的關係沒有處理妥帖，重滿抑漢、地域封禁、旗民隔離、分城居住等舉措，凸顯民族問題，最終被孫中山以「驅除韃虜、恢復中華」[60]為綱領所推翻。歷史啟示：中國民族問題是國家與民族興衰分合的一大樞機。

第三，文化融合。在世界四大文明古國中，古印度文明中斷了，古埃及文明中斷了，古巴比倫文明中斷了，只有中華文明沒有中斷，從甲骨文到現在沒間斷過，一直延續下來。中國保存的公藏古籍善本就達三千七百萬冊，為全世界古籍最豐富、最繁多、最系統、最完整的國家。中國編年的歷史從公元前841年到現在，近三千年不間斷，全世界只有中國。

清朝建立，滿洲入關，成為主體民族，其文化成為主導文化，對待其他文化採取什麼政策？清廷有三種選擇：

第一種選擇是，完全滿化，排斥儒家文化。強調「國語騎射」即滿語滿文、騎馬射箭唯一、獨大，排斥、限制其他文化。一代不行兩代，兩代不行三代，三代不行四代。這樣會產生嚴重的文化斷裂。

第二種選擇是，完全漢化，放棄「國語騎射」。這樣做的結果是滿洲文化完全被融化，滿洲八旗喪失森林文化騎射民族的進取銳氣，就難以出現後來疆域大一統的康雍乾強盛局面。

第三種選擇是，實行「一主多元」的文化政策，就是以中華傳統文化為主，各民族多元文化並存、融合。滿洲的語言是滿語，文字是滿文。滿語屬於阿爾泰語系，和漢藏語系的漢語不是一個語系。清朝規定：官方語言文字是滿語滿文、漢語漢文。在其他民族聚居地區，還兼行以該民族的語言或文字。

首先，清朝從努爾哈赤就開始了滿漢文化融合的過程。努爾哈赤的師傅是浙江紹興漢人龔正陸，用漢文起草文書，別人再翻譯成蒙古文。努爾哈赤讓這個漢人老師給他的兒子們教漢語。努爾哈赤創製滿文，是滿、蒙、漢文化融合的一大貢獻。皇太極就更明確了，皇子既要學滿語滿文，又要學漢語漢文。開始舉行科舉考試，凡是漢人儒生給八旗貝勒家為奴的，一律可以參加考試，合格者給官做。皇太極規定，考取的漢人，再給該貝勒家補上一人。這樣考取了一批秀才、舉人，後來又考進士，成立了內秘書院（翰林院）。

其次，清入關之後加快了文化融合的進程。范文程給睿親王多爾袞上書：「治天下在得民心。士為秀民，士心得，則民心得矣！」[61] 多爾袞採納，實

行科舉考試。康熙時開博學弘詞科，山西傅山（字青主）很有名望，不來應試，抬著他來，抬到大清門前，躺在地上不走。後來送回去，給他一個官員待遇，讓他有飯吃、有尊嚴。康熙帝開始自己帶頭讀儒家經典——《大學》《中庸》《論語》《孟子》，去曲阜祭孔，去紹興祭大禹。康熙帝祭孔不只是個儀式、是個姿態，而是國家政策的轉變，所以他寫了「萬世師表」匾，全國、全世界孔廟裡面的「萬世師表」匾都是康熙帝御筆。在臺灣臺南、臺北的孔廟，一律懸掛康熙帝的御匾。

滿族比較虛心地吸納了漢族文化，自己民族文化也得到了提升，這是個非常重要的歷史經驗。康熙帝有虛心學習、勤奮讀書的習慣，使得中華五千年的文明沒有在清朝中斷。應當說，康熙朝在這個文化融合問題上，決策正確，執行有力。康熙大帝在延續中華傳統文化、滿漢文化融合問題上算是英明！

再次，清朝文化融合的文化工程。康熙帝及其以後諸帝，漢文化修養都不錯。康熙帝寫詩一千一百四十七首，乾隆帝寫詩四萬三千六百三十首，這比唐朝二百八十九年二千多詩人所寫詩的總和還多。儘管詩的水平不算太高，人人能記住的詩幾乎一首也沒有，但表明其是融合滿漢文化的。有人認為乾隆帝的詩是別人代筆的。最近在故宮博物院倉庫裡，發現乾隆帝詩作的硃筆手稿若干箱。這說明乾隆御製詩是他親力親為的（其中也有同別人潤色的）。清朝巨大的文化工程《全唐詩》九百卷，《全唐文》一千卷，《古今圖書集成》一萬卷，《四庫全書》收入書三千四百六十一種、七萬九千三百零九卷[62]，《皇輿全覽圖》《十三經刻石》等都是中華文化融合的實證。

複次，清朝對漢、蒙、藏、維、回等族的語言文字、民族文化，一律尊重。乾隆時纂修了《五體清文鑒》《滿文大藏經》等都是例證。

總之，中華傳統文化在清朝不僅沒有中斷，而且吸收國內各族、域外多國的文化營養——農耕文化的仁義智略、草原文化的博大高遠、森林文化的勇敢進取、高原文化的吃苦耐勞等，出現中華文明大融合的新時期，從而豐富、發展了中華傳統文化。

三、清朝歷史的文化糾結

清朝由興造成覆亡二百九十六年的歷史，有些什麼文化糾結，值得後人思考和鑒戒呢？清朝值得鑒戒的文化癥結很多，擇其要，舉三點。

第一，八旗制度，雖是創造，但不改革，終成頑疾。清朝能夠取代明朝，又能夠鞏固統治，主要原因，列舉三條：一是八旗制度，二是滿蒙聯盟，三是文化融合。在這裡簡析八旗制度。八旗制度是清太祖努爾哈赤的一個創造，前世未有，後世也無。八旗制度是亦兵亦獵、且耕且戰的兵民合一、軍政合一的社會制度。八旗制度創立於戰爭時期，適合於戰爭需要。清朝在全國確立統治後，如何使八旗制度適應新的社會形態，並具有可持續性，既是一個重大現實課題，又是一個重大歷史課題。八旗制度像一把雙刃劍——清朝興也八旗，清朝亡也八旗。我在《正說清朝十二帝》中說過：「清太祖努爾哈赤既播下了康乾盛世的種子，也埋下了光宣哀世的基因。」這個基因主要是八旗制度。清朝多爾袞（順治）、康熙、雍正、乾隆四代，倡廉反貪、處理大案，做了許多工作，也頗有成效，但對八旗制度的弊端——如定旗分、定土地、定錢糧、定世襲，不務農、不做工、不經商等，堅持「首崇滿洲」[63]的祖制，沒有進行大膽切實的改革，以至於積重難返，終成頑疾，結果異化八旗子弟，出現大清覆亡悲劇。

第二，民族協和，卓有成效，也有問題，後成死結。中國歷史上的民族問題，對漢族君主來說，主要是處理同少數民族的關係；對少數民族君主來說，主要是處理同漢族的關係。清朝的民族問題，一方面是滿族同其他少數民族的關係，另一方面是滿族同漢族的關係，前者雖有成效，也有問題，後者雖有問題，也有成效——「按下葫蘆，浮起了瓢。」清朝的民族問題，關鍵在於處理滿漢關係，特別是清朝對待漢族問題上，沒有處理好。諸如「首崇滿洲」、地域封禁、旗民分居、優待八旗等，都逐漸加劇了民族矛盾。以清廷核心人員組成來說，我做過統計，康熙朝有一段時間大學士全是滿人，漢人一個沒有；滿人裡全屬上三旗，下五旗的一個也沒有；領侍衛內大臣六人，全屬滿洲上三旗，處理滿漢關係沒有擺平。後來的大學士、軍機大臣，大體上說，三人時滿洲人占其二，五人時滿洲人占其三，七人時滿洲人占其四，

九人時滿洲人占其五,且首輔大學士、首席軍機大臣都是滿洲人。有清一代,皇帝之下,位最高、權最重的「五大臣」——首輔大學士、首席軍機大臣、內務府總管大臣、領侍衛內大臣、御前大臣全是滿洲人。最後,辛亥革命以「驅除韃虜、恢復中華」相號召,在民族問題上大做文章,把清朝推翻了。

第三,海洋文化,是條短板,大清之敗,敗在海上。中國帝制時代,有五種基本經濟文化類型,即中原農耕文化、西北草原文化、東北森林文化、西部高原文化、沿海及島嶼海洋文化,其發展並不平衡。農耕、草原、森林三種文化,都或長或短地建立過全國性的政權,高原文化只建立過地區性政權(如南詔、吐蕃),海洋文化則連區域性政權也沒有建立過。中國農耕、草原、森林、高原文化的執政集團,都缺乏海洋文化的基因。他們既不懂、也不重視海洋文化。近世以來,鴉片戰爭、英法聯軍、八國聯軍、甲午海戰、日軍侵華,都是從海上打來的,中國力不能敵,結果吃了大虧。研究清史、近代史的學者,多從清朝統治腐敗等方面去找原因,這是對的,但不全面。我們或可變換一下視角,從文化上去探究原因。康熙帝晚年說過:「海外如西洋等國,千百年後,中國恐受其累。此朕逆料之言。」他告誡:「國家承平日久,務須安不忘危。」[64] 康熙帝的預見很可貴,但遺憾的是他既沒有在理論上、制度上做出創新思考,也沒有在政策上、措施上做出具體安排。

有人惋惜地說:如果康熙帝再往前走一步,像彼得大帝一樣,中國就可能走向資本主義。康熙帝不可能在海洋文化的路上再往前走,因為歷史時代的侷限,更因為海洋文化基因的缺失,決定了他邁不出走向海洋文化這一步。

其實,中國古代歷朝的執政君主,都缺乏海洋文化的基因。以元、明、清三朝為例。

元世祖忽必烈在至元十八年(1281年)派右丞範文虎等統帥十萬大軍,不識風候,不懂海潮,乘船航海,進攻日本。八月初一日,遭遇颶風,暴風破舟[65]。「十萬之眾,得還者三人耳」[66]。

明朝君主也缺乏海洋文化基因。有人以鄭和為例作反證。鄭和七下西洋是人類航海史上空前偉大的創舉。然而,鄭和下西洋為尋找建文帝下落,為

宣揚大明皇威，為進口香料等物品，而不是為打通海道，進行貿易，建立基地，御守海權。

清朝君主更缺乏海洋文化基因，既沒有海洋意識，也沒有海權觀念。清朝盛時東北地區有三個出海口，即黑龍江入海口、圖們江入海口、鴨綠江入海口，後來全都丟了。

到了民國時期，雖建立海軍，但不夠強大，無法在海上同日本侵略軍相抗衡。著名的淞滬決戰，本來國軍占優勢，但日軍從海上增援，在杭州灣登陸，海陸夾攻，國軍失利。淞滬之戰，從某種意義上說，中國軍隊還是輸在海上。[67]

人類歷史開始了在天上和海上開拓與發展的新紀元。中國歷史上海洋文化短板的啟示是：發展海洋文化，建立強大海軍，建設海上強國，制定海洋方略，這既是中國歷史的教訓，又是清朝歷史的殷鑒，也是中華發展的需要，更是世界奔騰的潮流。

論努爾哈赤

愛新覺羅·努爾哈赤是中國滿族封建主階級的傑出政治家。

重大的階級鬥爭和民族鬥爭會造就重要的歷史人物。努爾哈赤在階級鬥爭和民族鬥爭推動下，在統一女真各部、促進滿族由奴隸制向封建制轉變和鞏固祖國東北邊疆的歷史過程中，起了進步的歷史作用。

各個少數民族對中國的歷史都作過貢獻。努爾哈赤促進女真各部統一和社會制度轉變的政治活動，順應歷史發展趨勢，也符合各族人民意願。它的實現，不僅以女真勞動人民的生產鬥爭和階級鬥爭作前提，而且以女真勞動人民為動力。作為中華民族大家庭中光榮成員的滿族及其傑出的民族英雄努爾哈赤，就為我們統一、多民族國家的歷史發展作出了貢獻。

一

列寧曾經指出：「在分析任何一個社會問題時，馬克思主義理論的絕對要求，就是把問題提到一定的歷史範圍之內。」[68]努爾哈赤作為滿族封建主階級的政治代表，在中國女真社會歷史發展中起過進步作用，是有其歷史條件的。

滿族是中國一個歷史悠久的民族。中國東北長白山一帶和黑龍江流域是滿族的故鄉。滿族的先世是肅慎[69]，後稱挹婁、勿吉和靺鞨，唐末以後又稱女真[70]。遼時為避興宗耶律宗真名諱，改稱女直。明時女真分成三大部：即居住在黑龍江兩岸和烏蘇里江流域的黑龍江女真（又叫「野人」女真）[71]，居住在松花江流域的海西女真，居住在牡丹江和圖們江流域的建州女真。其中建州女真「居中雄長，地最要害」[72]。明廷為了加強對建州女真的統轄，永樂元年（1403年），在開元設置建州衛軍民指揮使司[73]，以阿哈出為指揮使，「給與印信，自相統屬」[74]。永樂三年（1405年），在斡木河（圖們江南岸、今朝鮮會寧）地方增置建州左衛，以努爾哈赤的先祖猛哥帖木兒為都指揮使[75]，後升為都督僉事、右都督。正統七年（1442年），又析置建

論努爾哈赤

州右衛[76]。建州女真幾經遷徙，於正統五年（1440年）聚族定居在今遼寧省渾河支流蘇子河流域一帶後，加快了本部發展的步伐。

女真社會在十六世紀末和十七世紀前半葉，處於由奴隸制向封建制過渡的變革時期。建州女真移置渾河平原之後，農器「皆以鐵為之」[77]，鐵製農具普遍推廣。「農人與牛，布散於野」[78]，牛耕廣泛採用。生產力大為提高，舊生產關係成為生產力發展的桎梏。生產力與生產關係的衝突，主要表現為奴隸與奴隸主之間的階級鬥爭。這便引發了大量的奴隸逃亡。如在一份朝鮮公文裡，就列舉了女真奴隸逃往朝鮮，經朝鮮收容後「轉解」遼東的累計達一千零三名[79]。奴隸們的鬥爭使奴隸制的經濟基礎和上層建築都趨於崩潰。階級間的鬥爭更趨激烈，部族間的戰爭愈演愈繁。「各部蜂起，皆稱王爭長，互相戰殺，甚且骨肉相殘，強凌弱，眾暴寡」[80]，就是這種女真社會大動盪局面的生動寫照。歷史提出了女真統一的任務。女真的各部統一與社會改革，是不可阻擋的歷史趨勢，也是女真人民的強烈願望。努爾哈赤在順應歷史發展趨勢，實現有明一代二百餘年未能完成的女真統一大業時，明末的政治腐敗，又為他的興起提供了客觀條件。

明初雖然設立奴兒干都司加強了對女真等地區的管轄，但明朝後期土地集中，政治腐敗，宦官擅權，武備廢弛。明廷不但實行反動的階級政策，血腥鎮壓農民起義；而且實行歧視女真的民族政策，妨礙女真的各部統一和社會改革。政治上它實行民族分裂政策，使女真諸部既「不相統屬」又「不相糾合」[81]，分而治之，影響其內部的統一與發展。經濟上，明朝在貿易中勒索納賄、多徵稅銀，又禁止市易鹽、布和鐵製農器[82]，影響女真正常經濟生活，妨礙女真農業生產發展。軍事上，明朝的文武邊官「窮奢極麗」[83]，腐敗無能，侵漁諸部，「襲殺過當」[84]。這就引起女真人的不滿，激起女真人的反抗。而女真貴族藉口反對明朝政府的壓迫，不時出兵遼東地區「犯搶」，又給遼東人民帶來災難。但總的說來，明末的階級矛盾、民族矛盾和統治集團內部矛盾極其複雜，極其尖銳，面臨著「元氣羸然，疽毒併發，……病入膏肓，而無可救」[85]的局面。明朝日趨沒落腐朽，滿族處於上升時期，這就是努爾哈赤崛起時的歷史背景。

努爾哈赤（1559—1626年），出身於建州左衛蘇克素滸河部赫圖阿拉一個沒落奴隸主的家庭。建州女真在三大部女真中實力最為強盛。努爾哈赤的先世受明冊封，為建州左衛指揮使和都督等官爵。他家勢中衰，早年喪母，繼母寡恩，「年十九，俾分居，予產獨薄」[86]。他得產微薄，不足養生，青年時曾參加勞動，採集人參、松子到撫順關市出賣，以維持生活。他曾在明遼東總兵李成梁帳下做過僕從，對明朝的封建統治比較清楚。因父祖對明朝「有殉國忠」[87]，他於萬曆十七年（1589年）被封為都督僉事[88]，萬曆二十三年（1595年）又被晉封為散階正二品[89]的龍虎將軍。他會蒙古語，也會漢語，略識漢字，喜聽《三國演義》，受漢文化的影響較深，並經常往來於建州、撫順之間，曾多次到北京，對漢族地區較為熟悉。他還任用浙江紹興儒生龔正陸「為師傅」[90]，掌管文書，參與機密。努爾哈赤的上述身世和豐富閱歷，為女真各部首領所不及。

總之，客觀的和主觀的、一般的和特殊的歷史條件，使努爾哈赤「能大有為」[91]，具有傑出的政治和軍事才能。因此，建州女真首領努爾哈赤，順應歷史發展趨勢，利用人民群眾力量，作為女真各部統一與社會改革的組織者和領導者，登上了歷史政治舞臺。

二

努爾哈赤一面做明朝政府的官吏，一面做建州女真的首領，在階級矛盾與民族矛盾中，透過四十四年的統一戰爭，實現了女真各部的統一，從而有著進步的歷史作用。

努爾哈赤統一戰爭的弓矢首先指向建州女真。萬曆十一年（1583年），努爾哈赤以父祖「遺甲十三副」[92]起兵，打敗尼堪外蘭，攻克圖倫城。他採取「順者以德服，逆者以兵臨」[93]的兩手策略，隨後相繼吞滅蘇克素滸河部、哲陳部、渾河部、董鄂部和完顏（王甲）部。五年時間，統一了建州五部。同時他建佛阿拉城[94]（今遼寧省新賓二道河子舊老城），於萬曆十七年（1589年）「稱王」[95]，建立王權。到萬曆二十一年（1593年），又先後奪取長白山三部，即訥殷部、朱舍里部和鴨綠江部。這樣，明朝建州左衛指揮使、都

論努爾哈赤

督僉事努爾哈赤，十年之間就把蜂起稱雄的環滿洲諸部，「皆削平之」[96]，統一了整個建州女真。

統一必然遇到阻力，衝破阻力才能統一。努爾哈赤統一建州女真的勝利，引起了海西女真即扈倫四部——葉赫、哈達、輝發和烏拉貝勒的恐懼。萬曆二十一年（1593年）九月，以葉赫為首，糾合九部，結成聯盟，向蘇克素滸河（蘇子河）與渾河交匯處的古勒山[97]搖山震岳而來。偵騎報警，全軍驚恐。夜間，敵軍燒飯，火密如星。但是，努爾哈赤利用遼東明軍主力援朝抗倭、葉赫失其所恃的有利條件，以逸待勞，以靜制動，設險誘敵，重點奮擊，以少勝多，大敗敵軍，斬殺葉赫貝勒布寨以下四千餘人。這就是著名的古勒山之戰。努爾哈赤自此「軍威大震，遠邇懾服」[98]。後又漸次吞併哈達（1601年）、輝發（1607年）、烏拉（1613年）、葉赫（1619年），統一了整個海西女真。

努爾哈赤統一戰爭的矛頭轉而又指向黑龍江女真諸部，接管明朝奴兒干都司的轄境而基本統一了黑龍江流域（後其子皇太極完成了對黑龍江女真的統一）。在黑龍江支流烏蘇里江流域及其以東的濱海地區，居住著「滿洲所屬瓦爾喀」[99]和渥集等部。攻取瓦爾喀部，從萬曆二十四年（1596年）始，「初征瓦爾喀，取噶嘉路」[100]。萬曆三十五年（1607年），努爾哈赤派兵在圖們江畔進行了著名的烏碣岩之戰[101]，打開了通向烏蘇里江和黑龍江下游流域的大門。這一地區出現了諸部女真「無不樂附於老酋（即努爾哈赤）」[102]的形勢。於是，萬曆三十七年（1609年），努爾哈赤派扈爾漢帶兵「完全收取」[103]呼夜衛，即今俄羅斯濱海地區瑚葉河一帶。萬曆三十八年（1610年），命額亦都率兵千人，招撫那木都魯、綏芬、寧古塔和尼馬察四路，帶回部民編戶；額亦都回師又收取雅蘭路[104]，即今俄羅斯符拉迪沃斯托克（海參崴）東北的雅蘭河一帶。萬曆三十九年（1611年），派阿巴泰等統兵擊取烏爾古宸、穆棱二路[105]，即今俄羅斯比金河與穆棱河流域。萬曆四十三年（1615年），遣將征渥集部額赫庫倫城。額赫庫倫城部民「住在東海之北」[106]，即今俄羅斯烏蘇里江以東濱海地區納赫塔赫河地方。天命十年（1625年），又「派兵二千征討東海瓦爾喀」[107]，東北之濱極北諸部「莫不懾伏」[108]。努爾哈赤先後對瓦爾喀等部用兵十二次，「太祖之兵，及於烏蘇里江東

方沿海」[109]。努爾哈赤在東起日本海，西迄松花江，南達摩洞崴灣、瀕臨圖們江口，北抵鄂倫河這一廣大疆域內，基本上統一了渥集、瓦爾喀等部，並取代明朝而實行統轄。後來皇太極又數次征撫，瓦爾喀等部「歲歲入貢」[110]，完全臣服。

居住在精奇里江（結雅河）與黑龍江匯流處以下黑龍江中游區域的虎爾哈及其以北牛滿河（布烈亞河）流域的薩哈連部[111]，努爾哈赤曾多次派兵征討。天命元年（1616年）七月，努爾哈赤命達爾漢侍衛扈爾漢、碩翁科羅巴圖魯安費揚古，帶兵二千人，乘船二百只，水陸並進，取黑龍江南北兩岸五十二屯寨[112]，招撫了薩哈連部。隨後牛滿河地區的薩哈爾察部長也歸附努爾哈赤，並成了後金的額駙。這表明後金開始統治黑龍江中游地區。此後各部相繼服屬。

居住在烏蘇里江口以下黑龍江下游地區的赫哲、費雅喀等部，他們來往行獵用犬，所以叫使犬部。為招撫使犬部，萬曆三十五年（1607年），努爾哈赤派兵「遠入數千里之外」，直「至北海之濱，並為其所有」[113]。到天命元年（1616年），再次「招服使犬路，嗣後全部內附」[114]。在統一各部女真時，努爾哈赤並沒有忘記在黑龍江口和庫頁島一帶的吉烈迷、苦夷人。他們雖地處邊陲，但有「堯舜之風」[115]。《庫頁島志略》載，努爾哈赤統一戰爭的「兵鋒所及，直抵海中庫頁島」。於是，後來庫頁內附，「每歲進貂皮，設姓長、鄉長子弟以統之」[116]。應當指出，努爾哈赤統一黑龍江女真，絕不是像麥利霍夫所謂「軍事遠征」[117]云云，而是從明廷那裡接管了對黑龍江流域的統治權，後在這一地區編丁入旗或編戶管轄，徵收貢賦，設防鎮守。這樣，努爾哈赤統一黑龍江女真的事實，證明齊赫文斯基在其著作中的黑龍江兩岸「既無滿洲人，更無中國人居住過」之言為歷史臆斷。

努爾哈赤在統一建州女真、海西女真和黑龍江女真的過程中，又對蒙古諸部採取「征撫」策略。蒙古族當時已分為漠北喀爾喀蒙古、漠西厄魯特蒙古和漠南蒙古三部分。努爾哈赤先專注於漠南蒙古的歸附。漠南蒙古的察哈爾部與明朝締結了抗禦後金的盟約。努爾哈赤為了征服明朝，就要拆散這個聯盟，解除後顧之憂，樹翼於其同部。萬曆二十二年（1594年），蒙古科爾

沁部貝勒明安等「始遣使通好」[118]。天命四年（1619年），努爾哈赤統兵大敗喀爾喀部，生擒其貝勒介賽，同時又用朝貢、封爵、賞賜、聯姻、宗教和會盟等籠絡手段，鞏固對漠南蒙古諸部的統治。萬曆三十四年（1606年）以後，「蒙古各部，每歲來朝」[119]。後進「九白年貢」[120]，表示臣服。不久，中國蒙古族居住在斡難河（鄂嫩河）與尼布楚河一帶的茂明安等部歸附[121]。此後，漠北蒙古和漠西蒙古也相繼稱臣。

努爾哈赤不僅要處理同蒙古族諸部的關係，而且要處理同明朝中央和地方政府的關係。努爾哈赤起兵之後，「忠於大明，心若金石」[122]。他在統一的女真、蒙古等族地方，忠順看邊，「保塞有功」，因而受到明朝的封官晉爵[123]。但是，像一切事物總是要在一定條件下各向著其相反方向轉化一樣，明朝和後金、漢族和滿族的中央與地方、統治與被統治的關係，也會在一定條件下發生轉化。隨著後金統一東北事業的發展和八旗軍事力量的壯大，它就要衝破隸屬關係的羅網，擺脫腐敗明朝的控制，奪取中央政權；而明朝專制主義的中央集權政府，又要維護自己的統治地位，於是明廷與後金的矛盾便尖銳起來。

後金農奴主政權的建立，表明它有「射天之志」[124]，要取代明朝的統治。萬曆四十四年（1616年），努爾哈赤在赫圖阿拉（興京）建立後金，自踐汗位。隨後，他發佈「七大恨」誓師，進兵遼瀋，勢如破竹，克撫順，下清河。敗報傳京，舉朝震動。明於萬曆四十七年（1619年），派經略楊鎬統軍十萬餘人，號稱四十七萬[125]，兵分四路，犁庭掃穴，圍攻後金政治中心赫圖阿拉。滿族傑出的軍事家努爾哈赤採取「恁他幾路來，我只一路去」[126]的戰略原則，集中六萬八旗兵，先在薩爾滸（赫圖阿拉西一百二十里）與明軍主力杜松部二萬餘人激戰。明總兵杜松陣亡，全軍覆沒，屍橫山野，血流成河。繼而後金軍逐路進擊。明軍四路出師，兩雙敗北。明軍將士死亡四萬六千二百餘人[127]。薩爾滸之戰是明清興衰史上的一個轉折點。乾隆帝說：薩爾滸一戰，使「明之國勢益削，我之武烈益揚，遂乃克遼東，取瀋陽，王基開，帝業定」[128]。這話雖然有些誇張，但說明它對後金的深遠意義。自此以後，明朝採取守勢，後金轉為攻勢。八旗軍接著下鐵嶺，取開原，奪瀋陽，破遼陽。後金遂移都東京（今遼寧遼陽），旋又遷都盛京（今遼寧瀋陽）。天命十一年（1626年），

努爾哈赤在降民不服、漢民反抗的情勢下，寧遠一戰，身負重傷，同年八月，病發死亡。其子皇太極承襲努爾哈赤的事業，於天聰九年（1635年）改族名為滿洲，次年改後金為清，並繼續統一東北。崇德七年（1642年），皇太極說：「予續承皇考太祖皇帝之業，嗣位以來，蒙天眷佑，自東北海濱（指鄂霍次克海），迄西北海濱（指貝加爾湖），其間使犬、使鹿之邦，及產黑狐、黑貂之地，不事耕種、漁獵為生之俗，厄魯特部落，以至斡難河源，遠邇諸國（部），在在臣服。」[129] 這就表明，努爾哈赤及其子皇太極，不僅統一了女真諸部，而且接管明朝東北地區的版圖。

努爾哈赤進行的統一戰爭，有著重要的歷史作用。列寧說：「歷史上常常有這樣的戰爭，它們雖然像一切戰爭一樣不可避免地帶來種種慘禍、暴行、災難和痛苦，但是它們仍然是進步的戰爭，也就是說，它們促進了人類的發展，加速地破壞極端有害的和反動的制度。」[130] 努爾哈赤領導的統一女真諸部和統一祖國東北的戰爭，就是這樣的進步戰爭。進步戰爭的根源在於人民。人民是歷史的創造者。這場統一戰爭的基本力量是奴隸、農奴和部民、農民，是人民群眾。這場統一戰爭的歷史作用在於：

第一，它使滿族成為一個民族共同體，把原來處於社會發展不同水平的各部，在較高水平上統一起來，實現了元明三百多年來未能完成的女真統一大業。

第二，它推動女真各部的奴隸從奴隸制下掙脫出來，成為封建制下的農奴，促進了生產力的發展。

第三，它有利於各族之間經濟和文化的交流。

第四，它奠下了清朝建立的根基。最後，它鞏固了祖國東北邊疆，為後來抵禦外來侵略提供了重要條件。

三

努爾哈赤統一女真諸部的進程之所以發展迅速，是因為女真各部統一的過程，就是它們封建化的過程。他利用奴隸們的力量和農奴主的勢力，順應

社會發展趨勢，在四十四年統一戰爭中，初步完成了滿族由奴隸制向封建制的轉化，從而有著進步的歷史作用。

女真奴隸制度陷於危機，封建因素已經出現，這是努爾哈赤統一女真各部、進行社會改革時社會經濟形態方面的歷史前提。女真奴隸制已有長久的歷史。滿族的直系祖先女真，在遼金時代已進入奴隸制。近年來黑龍江省遜克縣金代鐵器的考古發掘[131]和奴隸殉葬的文獻記載[132]，都證明了這一點。元時又得到「牛畜田器」[133]，奴隸制更進一步發展。明朝初期，建州女真社會已經出現封建因素。「耕田納租」[134]和「例置屯田」[135]就是明證。建州女真遷居赫圖阿拉以後，地處土壤肥沃的渾河及其支流蘇克素滸（蘇子河）谷地[136]，與撫順毗鄰，漢族高度發達的農耕經濟的影響，漢人的大量流入，以及透過「貢市」和「馬市」換回大量鐵製農具和耕牛，使女真社會生產力迅速提高。萬曆十二年（1584年）三月，女真在十七次交易中就買回鏵子四千三百八十八件。同年三月，女真在二十九次買牛貿易中，就買進耕牛四百三十頭。[137]鐵製農具和耕牛的大量輸進，對女真社會生產力提高有很大意義。同時手工業和商業也有一定發展。然而，舊生產關係成為生產力發展的障礙生產力和生產關係的矛盾，主要表現為奴隸與奴隸主之間的鬥爭，也表現為新興封建主與沒落奴隸主之間的鬥爭。這便爆發了接連不斷的奴隸逃亡和奴隸暴動。奴隸斜往「以斧擊殺」奴隸主豆裡[138]，就是其中一例。此外，沒落奴隸主也不能照樣生活下去了。如依附明朝的葉赫部奴隸主「鬻妻子、奴僕、馬牛」[139]，就說明這一點。這就使得統治階級中如努爾哈赤的一部分人，脫離奴隸主階級而歸屬於封建主階級。封建主進行改革，拋棄破壞工具、怠工、逃亡和仇殺的奴隸，轉而利用農奴生產。

努爾哈赤在統一建州女真時，社會改革的重要措施是「棄農幕」「置屯田」。「農幕」，滿語稱「拖克索」，是奴隸制莊田。萬曆二十四年（1596年），申忠一從朝鮮到佛阿拉，沿途所經八十餘處居民點中，僅見六處農幕。這些農幕規模不大，日趨衰落。如努爾哈赤要把在大吉號里越邊的童阿下農幕，「自今年永為荒棄」；他又「自今年欲置屯田」[140]。建州女真對屯田並不陌生。明朝在遼東實行「分屯所領，衛兵所耕」[141]的封建軍事屯田制。建州女真的屯田與明朝遼東的屯田有著承襲關係。女真族和漢族在政治上和

經濟上有統一不可分割的聯繫。明朝地方官員努爾哈赤在建州女真地區「置屯田」，同明朝遼東的屯田一樣，都是封建生產關係。「置屯田」「棄農幕」，這是奴隸鬥爭的結果。在努爾哈赤起兵統一建州女真的前後十餘年間，據《明世宗實錄》記載，女真逃亡奴隸僅被遼東「招還」的就達八千一百五十七人。奴隸逃亡，農幕荒棄。統治階級不得不改變剝削方法，廢棄農幕，實行屯田。

統一戰爭推動社會改革，社會改革促進女真統一。努爾哈赤在統一海西女真和黑龍江女真時，對許多歸附的部眾採取不同策略：「收取藩胡，留屯作農」[142]；「設姓長、鄉長，分戶管轄」[143]，「編入戶籍，遷之以歸」[144]；「選其壯丁，入旗披甲」[145]。這就是說，無論是自願歸附者或是戰爭降順者，都同樣編為民戶或編入八旗，不作奴隸看待，從而推動了女真諸部的封建化。如對新招撫的各路部長「授官有差」，還對其部眾給以「牛馬、田廬、衣服、器具，無室者並給以妻」[146]。同時，他在統一的女真地區，勸諭農民「宜勤耕織」[147]，又提倡「種棉以織布匹」[148]，發展男耕女織的封建自然經濟，以鞏固農奴主的統治。總之，努爾哈赤這種「招徠安集、收為羽翼」的政策，同頑固奴隸主「欲攻殺伐、俘掠家產」的政策，形成鮮明對照。那些奴隸主統治下的部民「望風爭附」[149]努爾哈赤，使得「老酋新附之眾，日益繁滿」[150]。這就表明，它符合女真社會發展的趨勢，加速了女真各部的統一，促進了封建生產關係的發展。

在女真封建生產關係發展過程中，萬曆四十一年（1613年），又在原有封建軍事屯田的基礎上，實行牛錄屯田。「每牛錄出男丁十名，牛四只，以充公差。命其於空曠的地方墾田耕種糧食，以增收穫，儲於糧庫」[151]。這裡的「男丁」，就是農奴；而奴隸，滿語則叫「aha」（阿哈），二者的身份是根本不同的。牛錄屯田是清代旗田的雛形。每牛錄三百男丁中出十名男丁，耕田種糧，糧交官倉。這種「三十稅一」的封建徭役經濟的普遍實行，代表著八旗封建土地所有制的確立。隨著八旗封建生產關係的發展，萬曆四十三年（1615年），創建「出則為兵，入則為民」[152]的八旗制度。八旗制是政治、經濟、軍事、行政合一的制度。它規定：「凡有雜物收合之用，戰鬥力役之事，奴酋令於八將，八將令於所屬柳累將，柳累將令於所屬軍卒。」[153]這顯然加強了對勞動人民兵役、賦稅和徭役的征發。因此，八旗制度是用封建軍事

等級的方法，加強農奴主的統治。此外，他還主持創立無圈點的老滿文[154]，用來記載政事，翻譯漢籍，交流思想，傳播文化，並汲取明朝封建統治術。到萬曆四十四年（1616年），後金「天地間氣化之一變」[155]，這就是帶有濃厚奴隸制殘餘的後金封建主政權的建立。後金汗努爾哈赤登極建元，黃衣稱朕，設立一整套官職，公文署印「後金天命皇帝」[156]。後金的建立，是中國滿族社會由奴隸制轉化為封建制的重要代表。

後金政權建立之後，加快了封建化的進程。天命三年（1618年），下撫順後，將降民編戶，「並全給以田廬、牛馬、衣糧、畜產、器皿，仍依明制，設大小官屬，令李永芳統轄」[157]。同時，朝鮮也有後金得遼後，降民「盡剃頭髮，如前農作」[158]的記載。後金統治者同這些降民保持著封建的生產關係。特別是在天命六年（1621年）進入遼瀋地區後，就在「例置屯田」和「牛錄屯田」的基礎上，參酌明朝遼東封建軍事屯田辦法，對住在那裡的滿族兵丁（對漢人也一樣）實行「計丁授田」制度。規定：

每一男丁，給地六日，以五日種糧，一日種棉，按口均分。……其納賦之法，每三名男丁，種官田一日。每二十名男丁中，征一叮噹兵，以一丁應公差。[159]

這個「計丁授田」制度，從法律上確立了封建土地所有制在經濟基礎中的統治地位，表明中國東北地區滿族社會封建所有制代替了奴隸所有制。封建生產關係的基礎是封建土地所有制。封建主對土地的所有權決定了農奴對封建主的人身依附關係，並決定了封建主以徭役和地租的形態，無償地占有農奴的剩餘價值。「計丁授田」的民戶，「每丁給田五日，一家衣食，凡百差徭，皆從此出」[160]。這就清楚地表明了土地所有制、人與人的相互關係和分配方式都是封建生產關係，而其基礎則是滿洲八旗封建土地所有制。

努爾哈赤在遼瀋地區，主要實行授田制，但也搞了一些莊田制（拖克索）。莊田制奴僕的身份需要進行階級的和歷史的分析。勞動者的身份是區別奴隸制和封建制的一個重要標尺。奴隸制生產關係的基礎是奴隸主不僅完全占有生產資料，並占有可以任意買賣和屠殺的奴隸；而封建生產關係的基礎是封建主占有生產資料和不完全占有剝削對象農奴。遼瀋的莊田，天命十

年（1625年）十月，後金汗在《莊田諭》中規定：「每莊十三男丁，七牛，田百日，其中二十日交納官糧，八十日自己食用。」[161] 這就可以看出，莊田制的壯丁，有自己的經濟，其身份顯然不是可以任意買賣或殺害的奴隸，而是附著在土地上為封建主納租稅、服徭役的農奴。莊田制是在滿、漢勞動人民鬥爭推動下，由「農幕」蛻變而來的。它對女真奴隸制來說，是個進步，對高度封建化的漢族來說，又是個倒退。這就必然引起漢族人民的激烈反抗。如遼東夾山河村田莊二十戶，八十口人，只種七日田，無法生活，集體逃亡[162]。在《滿文老檔》中，這類記載，比比皆是。但是，努爾哈赤隨著統一戰爭的進程，由於奴隸、農奴和漢民不斷鬥爭的推動，在滿族奴隸制向封建制轉換中的進步歷史作用，是應當加以肯定的。

「歷史上奴隸主階級、封建地主階級和資產階級，在它們取得統治權力以前和取得統治權力以後的一段時間內，它們是生氣勃勃的，是革命者，是先進者，是真老虎。」[163] 在當時的歷史條件下，以努爾哈赤為首的滿洲軍事封建貴族，就其本民族歷史發展階段來說，畢竟還是一個新興的階級，因此就帶有滿族封建制初期封建主階級的這些特點。這就是努爾哈赤利用人民群眾的力量，戰勝女真奴隸制、迅速統一女真各部的基本原因。

但是，努爾哈赤畢竟是滿族剝削階級的政治代表。由努爾哈赤及其所代表的封建主階級利益所決定，他從事的社會改革是不徹底的。他沒有、也不可能消除女真內部的階級對立和東北地區各民族之間的不平等，而是用一種新的階級剝削代替另一種階級剝削，用一種新的民族壓迫代替另一種民族壓迫。如他對女真的奴隸（阿哈），採用異常殘酷的刑罰。他的妻子死了，將「四婢殉之」[164]。這種奴隸殉葬，正說明了奴隸制殘餘的存在。他給掙脫奴隸枷鎖的女真奴隸戴上農奴桎梏雖說是個歷史的進步，但把大量漢民降作奴僕、編入莊田又是一次歷史的洄漩。他代表的農奴主階級每前進一步，都是靠剝削和壓迫奴隸與農奴來進行的。特別是他在遼瀋地區對漢人反抗鬥爭，進行了殘酷的鎮壓。如天命八年（1623年）六月二十六日，發生復州一萬一千人逃亡慘遭鎮壓的嚴重事件[165]。這些都反映出後金汗努爾哈赤的歷史、階級與民族的侷限性。前面說的社會制度轉變，主要指建州女真，因為女真各地

區、各部族的經濟文化發展是不平衡的。就是建州女真，也還有些女真人沉睡在奴隸狀態中。

我們透過評價中國滿族封建主階級政治家努爾哈赤，順應歷史發展趨勢，利用女真人民力量，統一女真諸部，進行女真社會改革，鞏固祖國東北邊疆的進步歷史作用，不僅要肯定滿族傑出領袖努爾哈赤對中國歷史發展所作的貢獻，而且要肯定滿族等少數民族對中國歷史發展做過的貢獻。

皇太極經略索倫辨

　　清太宗皇太極經略索倫，是清初統一東北地區的重大軍政舉措。在天聰、崇德年間，皇太極先後四次出兵索倫，其中兩次用兵於博穆博果爾[166]。論者謂此為平叛戰爭。本文就清太宗經略索倫事略及相關問題考辨——皇太極用兵索倫，其性質是建立在索倫地區的統治，而不是平定索倫博穆博果爾的叛亂。

一

　　明朝末年，天命時期，在黑龍江中上游地帶，貝加爾湖以東，精奇里江（今結雅河）兩岸，統稱之為索倫地區，居住著索倫部落群體。各部落以血緣為紐帶，地緣為基地，分散聚居，互不統屬。天命、天聰、崇德三朝，努爾哈赤與皇太極父子採取「懼之以兵，懷之以德」[167]的策略經略索倫，武功空前，各部居民歸屬於清。

　　先是，天命汗在同明爭奪遼東的同時，除向海西女真用兵外，還向東海女真、黑龍江女真用兵，取得巨大勝利，但黑龍江流域地區沒有完全被天命汗綏服。皇太極繼承汗位之後，加緊經略，三方用兵：

　　東指朝鮮　天聰元年（即天啟七年，1627年）正月，皇太極命大貝勒阿敏等統帥大軍三萬餘騎，東征朝鮮，過鴨綠江，下義州（今朝鮮新義州），陷平壤。與朝鮮先定「江華之盟」，後定「平壤之盟」[168]。皇太極諭曰：「天佑中國，平服朝鮮，聲名宣播。」[169]後金同朝鮮，訂立「兄弟之盟」。崇德二年（即崇禎十年，1637年），清同朝鮮又訂立「君臣之盟」。

　　南指明朝　天聰元年（1627年），皇太極乘平服朝鮮的銳氣，親自統帥大軍，發動寧錦之戰，以雪其先父寧遠兵敗之恥。但事與願違，再兵敗城下。他說：「昔皇考太祖攻寧遠，不克；今我攻錦州，又未克。似此野戰之兵，尚不能勝，其何以張中國威耶！」[170]後皇太極於天聰三年、八年、十年，或親自統軍，或遣貝勒統兵，先後三次，迂道入塞，攻打、殘毀明朝，搶劫、擄掠財富。同期，製造成紅衣大砲，並取得大凌河之戰的勝利。

皇太極經略索倫辨

西指蒙古天聰年間，皇太極對蒙古的征撫，取得巨大的成功。天聰汗不僅綏服奈曼、敖漢、喀喇沁、內喀爾喀等部，而且三征察哈爾。皇太極對蒙古的主要成績是，逼迫林丹汗西遷走死。隨之，林丹汗的三位遺孀、子額哲及其眾臣、部民，歸降了後金。這代表著天聰汗皇太極統一了漠南蒙古。

皇太極對朝鮮、明朝、蒙古三個強敵，都取得重大勝利。為此，皇太極具文上告清太祖之靈曰：「迺者，朝鮮素未輸誠，今已稱弟納貢。喀爾喀五部，舉國來歸。喀喇沁、土默特以及阿祿諸部落，無不臣服。察哈爾兄弟，其先歸附者半。後察哈爾汗攜其餘眾，避我西奔，未至湯古忒部落，殂於西喇衛古爾部落打草灘地。其執政大臣，率所屬盡來歸附。今為敵者，唯有明國耳。臣躬承皇考素志，踵而行之，撫柔震疊，大畏小懷。未成之業，俱已就緒。伏冀神靈，始終默佑，式廓疆圉，以成大業。」[171]

其時，努爾哈赤、皇太極父子軍政之影響，遠達索倫地區。到天命末年、天聰初年，有些索倫等部落首領率眾朝貢，到達瀋陽。據《清太宗實錄》記載：

天命十一年（1626年）十二月二十四日，「黑龍江人來朝，貢名犬及黑狐、元狐、紅狐皮、白猞猁猻、黑貂皮、水獺皮、青鼠皮等物」。

天聰元年（1627年）十一月十八日，「薩哈爾察部落六十人來朝，貢貂、狐、猞猁猻皮」。

天聰五年（1631年）六月二十一日，「黑龍江地方伊扎納、薩克提、伽期納、俄力喀、康柱等五頭目，來朝」。七月初二日，「黑龍江地方虎爾哈部落，托思[172]科、羌圖禮、恰克莫、插球，四頭目來朝，貢貂、狐、猞猁猻等皮」。

天聰七年（1633年）六月二十四日，「東海使犬部落額駙僧格，偕其妻，率五十二人來朝，貢方物」。十一月初四日，「薩哈爾察部落之頭目費揚古、滿代，率四十六人來朝，獻貂皮千七百六十九張。賜布二千六百三十匹」。

天聰八年（1634年）正月初三日，「黑龍江地方羌圖里、嘛爾干，率六姓六十七人來朝，貢貂皮六百六十八張」。五月初一日，「黑龍江地方頭目巴爾達齊，率四十四人來朝，貢貂皮一千八百一十八張」。十月初九日，「索

倫部長京古齊、巴爾達齊、哈拜、孔恰泰、吳都漢、訥赫徹、特白哈爾塔等，率三十五人來朝，貢貂、狐皮」。十月十八日，「阿祿毛明安部落來歸，見上。設大宴，宴之。楊古海杜棱、胡棱都喇爾、吳巴海達爾漢巴圖魯、巴特瑪額爾忻戴青、東卓爾臺吉、阿布泰臺吉等，獻貂裘，馬，駝，酌納之」。十二月初六日，「黑龍江地方杜莫訥、南地攸、賈爾機達、喀拜、郭爾敦，率從者六十九人；松阿里地方擺牙喇氏僧格額駙、喇東格，率從者五十人，來朝，貢貂皮」。

皇太極認為，儘管黑龍江地帶許多部落首領到瀋陽朝貢，但是還有不少部落不向金國朝貢稱臣，應準備向黑龍江地區大規模進兵。皇太極在汗宮中殿宴請嘛爾乾等一行時，透露出上述訊息。史載，皇太極諭之曰：「虎爾哈慢不朝貢，將發大兵往征。爾等勿混與往來，恐致誤殺。從征士卒，有相識者，可往見之。此次出師，不似從前兵少，必集大眾以行也。」諭畢，對嘛爾干、羌圖里等進行賞賜[173]。

本來，皇太極可以在第二次迂道攻明得勝之後，旋即用兵索倫。然而，天聰八年（1634年）五月，發生突然事件。皇太極在率軍第二次入塞攻明前，派伊拜等前往科爾沁噶爾珠塞特爾等部落調兵，但噶爾珠塞特爾等拒從，並聲言要征討索倫部，收取貢賦，以便自給。皇太極聞報，採取三項措施：一是爭取科爾沁部眾。遣巴克什希福及伊拜，往諭科爾沁土謝圖濟農等曰：「法律所載，叛者必誅。爾科爾沁貝勒，若獲噶爾珠塞特爾等，欲誅則誅之，若不誅而欲以之為奴者聽。」[174] 二是派兵前往追擊。調科爾沁兵土謝圖濟農巴達禮、扎薩克圖杜棱、額駙孔果爾等，率兵前往追擊。三是命巴爾達齊帶兵阻擊。巴爾達齊從命，「恐見襲急歸，護其國」[175]。此役出兵，獲得勝利。十月初九日，巴爾達齊在噶爾珠塞特爾等被擊敗後，再次到盛京朝貢，「索倫部長京古齊、巴爾達齊、哈拜、孔恰泰、吳都漢、訥赫徹、特白哈爾塔等，率三十五人來朝，貢貂、狐皮」[176]。

時在索倫地區，有已朝貢者，有未朝貢者，亦有觀望者。皇太極為了完全控制索倫地區，避免蒙古勢力滲入，獲取大量獸皮，俘降更多人口，決定

皇太極經略索倫辨

對黑龍江流域諸部，特別是上游索倫地區，征撫兼施，懾服諸部，宣揚國威，實現統一。

二

清太宗皇太極先派軍遠征黑龍江地域，拉開經略索倫諸部的序幕。

天聰八年即崇禎七年（1634年）十二月初十日，皇太極命梅勒章京霸奇蘭、甲喇章京薩穆什喀等，「率章京四十一員[177]、兵二千五百人，往征黑龍江地方」[178]。大軍出行前，皇太極發佈諭旨，明確指出：第一，攻心為上。攻略之時，向其宣明：「爾之先世，本皆我一國之人，載籍甚明。爾等向未之知，是以甘於自外。我皇上久欲遣人，詳為開示，特時有未暇耳。今日之來，蓋為爾等計也。」第二，講求策略。「俘獲之人，須用善言撫慰。飲食甘苦，一體共之。則人無疑畏，歸附必眾」[179]。第三，重用嚮導。請當地屯長喀拜、郭爾敦等為引路嚮導，「經行道路，詢彼自知」，而「其應略地方，須問嚮導人」[180]。第四，嚴明紀律。此次遠征，「奮力直前，慎勿憚勞，而稍怠也」。大軍往返索倫地方，必須「結隊而行，不可分散」。第五，規定路線。選擇最佳進軍與返回的路線，以免路遇不測。第六，意義重大。天聰汗派軍征撫索倫，主要是宣揚汗威，拓展疆土，增加人口，獲取獸皮。魏源在《聖武記》中言：「夫草昧之初，以一城一旅敵中原，必先樹羽翼於同部。故得朝鮮人十，不若得蒙古人一；得蒙古人十，不若得滿洲部落人一。族類同，則語言同，水土同，衣冠、居處同，城郭、土著、射獵、習俗同。」[181]

皇太極諭畢，命貝勒薩哈廉、杜度等官，送霸奇蘭、薩穆什喀等於二里外。按旗分列，簡選士卒，閱器械，壯軍威。而後，向出征諸將，宣讀敕諭。出征大軍，拔營起行。

由右翼五旗主帥霸奇蘭、左翼五旗主帥薩穆什喀等，統領章京四十餘員、兵二千五百人，以索倫部屯長喀拜、郭爾敦等人為嚮導，跋山涉水，進展順利。許多屯寨，紛紛歸附。後金軍取得首次進兵索倫地區的初步勝利。天聰九年（1635年）四月十四日，霸奇蘭等將領派官齎書奏捷云：「收服編戶壯丁二千四百八十有三，人口共七千三百有二。所有牲畜，馬八百五十六、

牛五百四十三、驢八。又俘獲婦女、幼稚一百十六人，馬二十四、牛十七，及貂皮、狼皮、狐皮、猞猁猻皮，並水獺、騷鼠、青鼠、白兔等皮三千一百四十有奇，皮裘十五領。」[182] 五月初六日，霸奇蘭等回到盛京，舉行慶典。天聰汗御殿，凱旋諸臣、將士朝見。次招降二千人叩見。次索倫部落朝貢頭目巴爾達齊等叩見。然後，舉行較射，並設大宴。大軍班師之後，敘出征諸臣功。初七日，皇太極對招降的七千三百人，俱賜房屋、田地、衣食、器皿等物。如此厚待，於歸附者，備受感召，作用巨大。

是役，史稱「黑龍江之役」。皇太極在給朝鮮國王李倧的文書中，稱「黑龍江之役，收穫萬餘」[183]。皇太極派軍隊到索倫地區，進行黑龍江之役，取得重要收穫，產生重大影響。後金出兵索倫的征撫，巴爾達齊的投順，索倫地區的塞布奇屯、噶爾達蘇屯、戈博爾屯、額蘇里屯、阿里撈屯、克殷屯、吳魯蘇屯、榆爾根屯、海輪屯、固濃屯、昆都輪屯、吳蘭屯等先後朝貢，歸順後金。

黑龍江之役以後，該地方部落首領紛紛到盛京朝貢。崇德二年（1637年）二月十七日，黑龍江地方額蘇里屯[184]內，俄倫扎爾固齊等率九人至盛京，奏言：「額蘇里屯東，約六日程，有從未通中國者三十九屯，今欲來貢，不知納貢禮儀，求我等同皇上使臣一人至彼，即備方物，隨使臣入貢。為此特遣人來，其所獻之物，貂、狐皮二百有六，貂、狐衣服七領。」[185] 十二月初一日，黑龍江地方羌圖禮等一百二十二人，到盛京貢貂皮。同日，遣黑龍江地方扈育布祿、納爾開、巴爾達齊弟額訥布等，六十人返歸部落。崇德三年（1638年）正月二十日，賜黑龍江朝貢羌圖禮等一百一十四人，蟒衣、帽靴、鞓帶等物，有差。四月二十二日，席北地方阿拜、阿関來朝，貢貂皮。

七月二十三日，皇太極派兵征伐額赫庫倫地方。十月十二日，初未入貢的黑龍江精格里河（精奇里江）渾秦屯內居住扈育布祿，亦率五人到盛京朝貢，獻貂皮。十一月二十二日，索倫部落透特等三人，到盛京朝貢貂皮。

三

索倫是黑龍江上中游諸部的一個泛稱，是索倫（鄂溫克）、達斡爾（達呼爾）、虎爾哈、毛明安（茂明安）、鄂倫春等部族的總稱。許多部落世代居住黑龍江地域，其「不問部族，概稱索倫。而黑龍江人，居之不疑，亦雅喜以索倫自號。說者謂『索倫驍勇聞天下，故藉其名以自壯』」[186]。隨著後金實力不斷強大，歸附的部落，陸續到盛京。皇太極在崇德年間進一步經略索倫，綏服不堅定的部落首領，拓展疆域，降服人口，收納獸皮，鞏固統治。

在黑龍江索倫部諸首領中，最為著名的是兩位頭人：一位是巴爾達齊，另一位是博穆博果爾。他們由於對待清朝皇帝態度的差異，得到的結果，卻完全相反。

巴爾達齊，天聰朝時，四次朝貢。天聰八年（1634年）五月和十月，黑龍江薩哈爾察地方索倫頭目巴爾達齊，兩次率人到達盛京，貢獻貂皮。天聰九年（1635年）四月二十三日，黑龍江索倫部落頭目巴爾達齊，率二十二人來朝，貢貂、狐皮等物。皇太極命禮部承政滿達爾漢，迎於五里外，設宴宴之。巴爾達齊在盛京住留一個多月。六月初九日，皇太極「賜薩哈爾察部落來貢貂狐皮頭目巴爾達齊、額內布、薩泰等三人，蟒緞、朝服、衣帽、玲瓏鞓帶、鞍馬、緞布有差。其從役六十三人，各衣一襲」。巴爾達齊於皇太極，「傾心內附，歲貢方物」[187]。皇太極對巴爾達齊的歸順，十分重視，倍加寵信。天聰汗皇太極以聯姻的手段，籠絡來歸的巴爾達齊。天聰十年（1636年）初，皇太極將皇室格格給巴爾達齊為妻，索倫頭目巴爾達齊成為後金的額駙。同年四月初六日，「索倫部薩哈爾察地方額駙巴爾達齊，率十四人來朝，貢貂皮」[188]，是為巴爾達齊被招為額駙後，首次到盛京。巴爾達齊歸附後金，受到皇太極的信賴，後來成了清朝索倫各部落的大首領[189]。索倫部首領巴爾達齊在清軍同博穆博果爾的鬥爭中，起了特殊重要的作用。

額駙巴爾達齊，在崇德朝時，四次親自朝貢，四次遣官朝貢。崇德二年（1637年）十月十二日，「黑龍江地方巴爾達齊，率五十七人，貢貂皮。俱令禮部官迎宴之」。十月三十日，「黑龍江地方額駙巴爾達齊，遣六十二人，來貢貂皮」。十二月初一日，「遣巴爾達齊弟額訥布等，六十人歸國。賜宴，

遣之」。崇德三年（1638年）五月初五日，「遣薩哈爾察部落額駙巴爾達齊，偕所尚公主歸。賜衣帽、玲瓏撒袋、弓矢、鞍轡、駝馬、帳房等物。仍設宴，餞巴爾達齊於禮部」。十一月二十二日，「黑龍江額駙巴爾達齊弟薩哈蓮等五十一人來朝，貢貂皮。遣官迎於演武場，賜宴，入城」。崇德五年（1640年）十月十五日，「薩哈爾察部落額駙巴爾達齊，率三十六人來朝，貢貂、狐等物」。崇德六年（1641年）正月初一日，皇太極率諸王貝勒等祭堂子，賜大宴，額駙巴爾達齊行慶賀禮。二月二十日，「遣額駙巴爾達齊及所尚格格，並額訥布、鐘嫩等三十三人還。賜各色衣服、帽靴、被縟、銀器，隨侍女子、帳房、鞍馬、甲冑、綵緞、文綺等物，仍賜宴於館舍」。十二月十三日，「薩哈爾察部落額駙巴爾達齊遣喇庫等，來貢貂皮。賜宴，賞衣帽、緞布等物有差」。崇德八年（1643年）五月十一日，「黑龍江額駙巴爾達齊來朝，遣禮部官迎至北演武場。賜宴，入城」。七月三十日，「賜黑龍江額駙巴爾達齊、公主及其從人，宴六次。仍各賜鞍馬、蟒服、緞衣、帽靴、緞布、銀器等物有差」。巴爾達齊不僅成為皇家之親戚，而且成為清朝之干城。博穆博果爾則與巴爾達齊不同。

博穆博果爾，是索倫部烏魯蘇穆丹屯長，精於騎射，驍勇善戰，才幹超群，勢力強大。時烏魯蘇穆丹、杜拉爾、敖拉、墨爾迪勒、布喇穆、塗克冬、納哈他等部落，形成部落聯盟，其首領就是博穆博果爾[190]。

先是，崇德二年（1637年）閏四月十二日，博穆博果爾到盛京，向清廷朝貢。《清太宗實錄》記載：「黑龍江索倫部落博穆博果爾，率八人來朝，貢馬匹、貂皮。」[191]是為博穆博果爾向清廷朝貢之始。博穆博果爾受到崇德帝皇太極的隆重款待，駐留盛京，時近兩月。六月初五日，博穆博果爾等離別盛京，返還故鄉。行前，皇太極予博穆博果爾「賜以鞍馬、蟒衣、涼帽、玲瓏鞓帶、撒袋、弓矢、甲冑、緞布等物有差」[192]。這些貴重物品，在當時算是最高一級的賞賜。

崇德三年（1638年）十月十七日，博穆博果爾等再次到盛京朝貢。《清太宗實錄》記載：「黑龍江博穆博果爾、瓦代、噶凌阿等來朝，貢貂皮、猞猁猻等物。」[193]是為博穆博果爾第二次到盛京朝貢。同年十二月初五日，

皇太極經略索倫辨

博穆博果爾受到崇德帝與七位貝勒的分別宴請。這八次盛宴，是博穆博果爾受到的最高禮遇。參加此宴者，有黑龍江地域各部落首領九十二人。《清太宗實錄》記載：「黑龍江額駙巴爾達齊弟薩哈蓮、戶爾布爾屯費揚古、俄勒屯吳地堪、吳魯蘇屯莽古朱等五十一人，索倫部落博穆博果爾、透特等九人，虎爾哈部落克宜克勒氏達爾漢額駙等十一人，虎習哈禮氏納木達禮等十人，巴牙喇氏滿地特喀下二人，布克圖禮等五人，賴達庫等四人，朝見。賜宴。仍命七家，各宴一次。」[194]

索倫部落重要首領博穆博果爾，兩年之間，兩到盛京朝覲崇德帝，並貢獻方物。博穆博果爾在盛京瀋陽，既看到清帝的權勢與威嚴，也窺到清廷的內情與虛實。於是，博穆博果爾對皇太極產生若附若離、亦親亦疏的複雜心理。皇太極為鞏固對黑龍江地域的控制，也為完全降服博穆博果爾，「慮其勢盛，不可制」，便對索倫部發動軍事征討。

崇德四年（1639年）十一月初八日，皇太極命索海、薩穆什喀等，率領官屬兵丁，往征索倫部落[195]。多羅貝勒多鐸、固山額真多羅額駙英俄爾岱，傳崇德帝諭曰：「爾等師行，所經屯內，有已經歸附納貢之屯，此屯內又有博穆博果爾取米之屯。恐爾等不知，誤行侵擾。特開列屯名、數目付爾，毋得違命，騷擾侵害。行軍之際，宜遣人哨探於前，防護於後。加意慎重，勿喧嘩，勿參差散亂，勿忘紀律。爾等此行，或十八牛錄新滿洲，或添補缺額牛錄之新滿洲，各固山額真、梅勒章京、甲喇章京、牛錄章京，詳加查閱。視其有兄弟及殷實者，令從征。爾等亦應親加審驗。左翼主將薩穆什喀、副將伊孫，右翼主將索海、副將葉克書，或兩翼分行，則各聽該翼將令；或同行，則總聽兩翼將令。凡事俱公同酌議行之。」[196]

清朝出兵黑龍江索倫部落，從皇太極的「諭旨」及作戰經過進行分析，可以看出：

第一，出師目的。清軍在黑龍江索倫地域，主要征附「已經歸附納貢之屯」中那些「博穆博果爾取米之屯」。

第二，區別對待。清軍所到索倫地帶、所經村屯，分為兩類：一類是「已經歸附納貢之屯」，另一類是「博穆博果爾取米之屯」。清軍要嚴加區別，而不要誤行侵擾「已經歸附納貢之屯」。

第三，明確指揮。清軍分為左右兩翼大軍，兩翼同行之時，由兩翼主將共同指揮；兩翼分行之時，由各該翼主將指揮。重大事宜，公同議商。

第四，加意謹慎。清軍遠離後方，深入索倫地區，應當「哨探於前，防護於後」，加意慎重，嚴守紀律。

索海、薩穆什喀等「領旨」之後，統率清軍，經過四個月的艱苦行軍與頑強作戰，取得一些戰果。崇德五年（1640年）三月初八日，薩穆什喀、索海等遣官呈送軍報。清軍進入索倫地區後，主要在雅克薩、鐸陳、烏庫爾、阿薩津、多金[197]諸城堡及村屯，同博穆博果爾所屬軍民爭戰。清軍在忽麻里河（今呼瑪爾河）分兵，分道前進，行四十日，而後會攻。清軍首戰雅克薩城，用火攻，克其城。二戰兀庫爾城，力戰一日，遂克取之。三戰博穆博果爾，其兵六千，兵鋒甚銳，突襲正藍旗；索海等見敵眾已寡，布設伏兵，殺敵甚眾；攻破博穆博果爾大營，博穆博果爾逃遁。四戰鐸陳、阿薩津二城，強攻不下，設伏打援，略得小勝。五戰掛喇爾屯木柵，敗屯柵內索倫兵五百。清軍共獲六千七百零四名口[198]。此次戰果，戰報疏云：「共獲男子三千一百五十四人、婦女二千七百一十三口、幼小一千八十九口，共六千九百五十六名口；馬四百二十四、牛七百有四。又先後獲貂、猞猁猻、狐、狼、青鼠、水獺等皮共五千四百有奇，貂、猞猁猻、狐、狼皮等裘共二十領。」[199]後將所獲，分隸八旗。

此次皇太極進兵索倫地區，得到額駙巴爾達齊的內應與支援。當黑龍江「南北各城屯俱附」博穆博果爾之時，巴爾達齊「審廢興，明去就，懷忠不二，以庇其族」[200]。巴爾達齊率領所屬村屯人馬，「堅壁待王師」，尋找時機，配合清軍。《清太宗實錄》記載：「額駙巴爾達齊，於三月十八日來會云：惟我多科屯人，未曾附逆。」[201]黑龍江薩哈爾察額駙巴爾達齊，為清軍統一索倫，起了積極作用，作出一定貢獻。

皇太極經略索倫辨

此次出征，沒有實現作戰目標，沒有統一索倫地區，也沒有擒獲博穆博果爾。皇太極為此，於七月四日懲處相關官員[202]。

四

皇太極對索倫博穆博果爾地區用兵，雖取得一定戰果，但博穆博果爾未擒獲。皇太極決定再次出兵索倫，二征博穆博果爾。

崇德五年（1640年）七月二十七日，皇太極遣席特庫、濟席哈等，率護軍並征外藩蒙古官屬兵丁，北征索倫部落[203]。行前，皇太極派內大臣巴圖魯詹、理藩院參政尼堪、副理事官紐黑，傳諭外藩蒙古：「所征之官屬兵丁，俱會於內齊所居地方。悉令較射，選其壯勇者，令席特庫等，將之以行。其從征官屬兵丁之數，敖漢、奈曼、吳喇忒、吳本下巴克巴海、內齊、桑噶爾下穆章，及四子部落兵，共二百四十名。令益爾公固、圖哈納、綽隆為嚮導。其從役官屬兵丁，駝馬、甲冑、器械、糗糧等物，俱命細加檢閱，遣之。」[204]

此次出兵，特點鮮明：

第一，滿官統領。派八族滿洲梅勒章京席特庫、濟席哈為統帥，及護軍四十人充機動。

第二，用蒙古兵。徵調蒙古敖漢、奈曼、吳喇忒、扎魯特、四子部落等官屬兵丁。

第三，精選壯勇。蒙古兵二百四十名，先行較射，優者選壯，壯者選勇，勇者選精。最後選取外藩蒙古兵三百五十人，另有滿洲護軍四十人，共三百九十人。

第四，選擇路線。從蒙古北邊，繞路包抄，往追擊之。第五，派出嚮導。以益爾公固、圖哈納、綽隆熟悉路徑，派為嚮導。第六，做好後勤。諸如駝馬、甲冑、器械、軍糧等，認真準備，細加檢查。第七，師行機密。此次行軍計劃，就是鄭親王濟爾哈朗、睿親王多爾袞、肅親王豪格、英郡王阿濟格、穎郡王阿達禮、貝勒多鐸等，都在事後與聞，其先均不預知。第八，巧施妙計。事後，皇太極說：「彼時朕已定計，欲令其北遁，以便擒獲。故陽言我軍將於黑龍

江地方牧馬，必擒博穆博果爾。」[205] 皇太極用「聲東擊西」之謀，虛張聲勢，網開一面，誘使博穆博果爾「北遁」，以便被席特庫等伏兵截擊。

清軍在席特庫、濟席哈統領下，沒有直線指向索倫，而是從蒙古北邊往追之。博穆博果爾聞訊，率眾「北遁」，恰中皇太極之計。席特庫、濟席哈等北行兩個月零十三日，到達甘地，追獲博穆博果爾之弟及其家屬。又前行十四日，到達齊洛臺（今俄羅斯赤塔）地方，追獲博穆博果爾及其妻子家屬。十二月十三日，出征索倫部落席特庫、濟席哈遣官報捷：「於甘地，獲男子一百七十四名，斬十一人，死者七人，逃一人。於齊洛臺地方，獲博穆博果爾，及男子八十人，斬二人，死者二人，共計見存二百三十一人，見在婦女、幼稚共七百二十五名口。二處共得馬七百一十七匹（今止存六百五十匹）、牛一百二十七頭。」[206] 此事，《清太宗實錄》記載：「命席特庫、濟席哈，率外藩蒙古兵三百五十人，從蒙古北邊，往追擊之。席特庫等越兩月十三日，至甘地，獲其弟及家屬。又越十四日，至齊洛臺地方，遂獲博穆博果爾，及其妻子家屬。共男婦幼稚九百五十六名口，馬牛八百四十四。」[207]

崇德六年（1641年）正月十六日，席特庫、濟席哈率八旗護軍及外藩蒙古兵，帶著博穆博果爾[208] 等，凱旋盛京，受到歡迎。翌日敘功，賞賚有差[209]。

黑龍江上游地區，除索倫部落外，還有毛明安部落等。皇太極統一索倫部前後，又收服毛明安部落。毛明安部落住居於貝加爾湖以東、額爾古納河以西，今滿洲里以北，東鄰索倫，在赤塔和尼布楚（今涅爾琴斯克）一帶石勒喀河及其支流地方。早在天聰八年（1634年）十月十八日，「阿祿毛明安部落來歸，見上。設大宴宴之。楊古海杜棱、胡棱都喇爾、吳巴海達爾漢巴圖魯、巴特瑪額爾忻戴青、東卓爾臺吉、阿布泰臺吉等，獻貂裘、馬、駝，酌納之」[210]。崇德二年（1637年）五月初二日，阿賴達爾漢追毛明安下逃人，直追至使鹿部落喀木尼漢地方，獲男子十八人、婦女十一口而歸。崇德三年（1638年）三月二十四日，毛明安部落巴特瑪同蒙古親王、額駙等，受到皇太極賞賜，被賜「鞍馬、貂裘、衣服等物。仍賜宴，遣歸」[211]。毛明安部歸

附清朝後，許多壯丁被編入八旗。崇德七年（1642年）九月，敘攻克塔山功，「毛明安下吳爾齊臺吉」「毛明安下阿敏臺吉」等都受到皇太極的賞賜。

綜上，皇太極對黑龍江上游地區發動大規模的軍事進攻，主要有四次：第一次，天聰八年（1634年）十二月初十日，天聰汗皇太極命梅勒章京霸奇蘭、甲喇章京薩穆什喀等，率軍進攻黑龍江地域，其原因是索倫等「慢不朝貢」，其導火索是蒙古噶爾珠塞特爾等「聲言要前往征討索倫部，收取貢賦，以便自給」。其結果是，後金軍大勝，朝貢者益眾。第二次，崇德四年（1639年）十一月初八日，皇太極命索海、薩穆什喀等，率領官屬兵丁，往征索倫部落，主要打擊博穆博果爾。第三次，崇德五年（1640年）七月二十七日，皇太極命席特庫、濟席哈等，率護軍並征外藩蒙古官屬兵丁，東征索倫部落，擒獲博穆博果爾，取得征撫索倫的勝利。第四次，崇德八年（1643年）三月十七日，皇太極命護軍統領阿爾津、哈爾噶等，率將士往征黑龍江虎爾哈部落[212]，獲得村屯、人口、貂皮、馬牛等。索倫部落、毛明安部落等臣服清朝表明，貝加爾湖以東、額爾古納河以西、大興安嶺以南廣大地區，都歸於清朝版圖。

五

皇太極遠征索倫博穆博果爾之戰，歷來學者普遍認為：這是一場平叛戰爭，博穆博果爾則是索倫叛亂之首。這個「叛」字，最早見於《清太宗實錄》載皇太極諭旨：「博穆博果爾，自叛後抗拒我軍。彼時朕已定計，欲令其北遁，以便擒獲。」[213] 魏源在《聖武記》中論道：崇德「六年[214]並征蒙古兵，征已降復叛之索倫博木果」[215]。何秋濤的《朔方備乘》[216]、蕭一山的清史著作[217]，均踵襲此說。《簡明清史》中認為皇太極「堅決反對博穆博果爾的叛亂行徑」[218]。《清代全史》也認為「崇德四年，博穆博果爾發動武裝叛亂」[219]。《清朝開國史略》認為皇太極用兵索倫是「鎮壓博穆博果爾反叛」[220]。

本文經過考辨史實後認為：皇太極用兵索倫，其性質是建立在索倫地區的統治，而不是平定索倫博穆博果爾的叛亂。

第一，博穆博果爾的索倫本不屬於清。索倫「本遼裔，遊牧精奇尼江」[221]。索倫有悠久的歷史，是黑龍江上游地域的一個「洞兕虎、跡禽獸」，驍勇強悍、嫺於騎射的部落。後隸金、元、明，在明朝索倫隸屬於奴兒干都司。清朝興起後，其勢力遠播於精奇里江索倫部。由是，清朝同索倫開始發生政治、經濟、軍事、貿易的關係。

第二，博穆博果爾曾同皇太極合作。在《清太宗實錄》中，首見博穆博果爾的記載，是在崇德二年（1637年）閏四月十二日：「黑龍江索倫部落博穆博果爾，率八人來朝，貢馬匹、貂皮。」[222] 同年六月初五日，皇太極賞賜來朝的博穆博果爾等人：「是日，遣來朝索倫部落博穆博果爾、褚庫尼等還，賜以鞍馬、蟒衣、涼帽、玲瓏鞓帶、撒袋、弓矢、甲冑、緞布等物有差。」[223] 這說明當時博穆博果爾同皇太極的關係是正常而友善的。

第三，博穆博果爾予皇太極以支持。清軍在索倫地區追擊喀木尼漢部落葉雷時，博穆博果爾給以協助。據記載：清軍托果代追捕葉雷「至博穆博果爾處，率博穆博果爾追之。行一月追及，留博穆博果爾，離一程地駐宿。爾率十人，乘夜步行潛入，驅出葉雷散馬，並所繫馬十三匹，襲而取之，共獲馬一百七十匹而還。行二十日，復至博穆博果爾處。托果代已率左翼七人先返。爾又率十人，往約會之地，歷十七晝夜，追及吳巴海、席特庫，同行至溫多河，追獲逃人葉雷等，皆殺之」[224]。這表明博穆博果爾同清軍不是敵對的。

第四，博穆博果爾兩次到盛京朝貢。博穆博果爾於崇德二年（1637年）四月十二日，首次到盛京朝貢，六月初五日返還。崇德三年（1638年）十月十七日，第二次到盛京朝貢。十二月初五日，博穆博果爾在崇政殿受到接見，三十日受到賞賜。但第二年十一月，皇太極就發兵遠征索倫。其間不到一年，不能由此說博穆博果爾「拒絕歸順清廷，不再來瀋陽朝貢」。所謂博穆博果爾「已降復叛」，此條理由，沒有史據。

第五，博穆博果爾徵收官屯之米。索倫部落已經朝貢清朝，而在其諸屯中，「又有博穆博果爾取米之屯」。博穆博果爾向清納貢僅兩年，仍有向其「取米」的傳習。皇太極可以將此作為征討博穆博果爾的理由，但不足以成為其

「叛亂」的依據。事實上，博穆博果爾的確自己感到力量強大，顯然有「不馴」之表現。

第六，博穆博果爾所謂「發動叛亂」。博穆博果爾到盛京朝貢，或是貿易行動，或是友善往來，抑或兼而有之。博穆博果爾流露出他對清廷的輕視和不馴。皇太極在其第一次派軍隊出征前的諭旨中，並沒有宣諭博穆博果爾有「叛亂」的罪名。他在第二次派軍隊出征前的諭旨中，說「叛後抗拒我軍」是給出征博穆博果爾一個政治理由。但從大量史料可知，沒有博穆博果爾叛亂的史實。

第七，皇太極發兵索倫是因為：其一，在已經歸附納貢之屯中，不許有「博穆博果爾取米之屯」。博穆博果爾向其所屬村屯「取米」，就是徵收「貢賦」。而徵收「貢賦」，就是管轄或統治權力的象徵。其二，皇太極對博穆博果爾，「慮其勢盛，不可制」[225]，而發兵征討，以顯示皇威。其三，皇太極已經在對朝鮮、蒙古、明朝作戰中取得勝利，更要將黑龍江流域（包括索倫部）完全置於清朝管轄之下。

第八，博穆博果爾並不對清構成威脅。皇太極出兵征討博穆博果爾，是因為博穆博果爾「雄於諸部」，且「勢散而力不厚」[226]，既有征討之必要，又有取勝之可能。皇太極出兵索倫之前，索倫並未臣服於後金—清。天聰八年（1634年），後金軍遠征索倫之後，巴爾達齊與博穆博果爾等都到盛京朝貢。他們二人有所不同：巴爾達齊——既向皇太極朝貢稱臣，又將其所屬村屯向清「納貢」；博穆博果爾——既向皇太極朝貢，又在其所屬村屯「取米」。所以，皇太極出兵索倫，主要不是「平叛」，而是令其「納貢」，也就是建立統治。此舉遭到博穆博果爾等索倫大小頭領的反抗，皇太極派兵平息博穆博果爾的反抗。第一次出兵，有得有失，沒有擒獲博穆博果爾，恐怕留下禍根。第二次出兵，捉獲博穆博果爾，事態平息。

清太宗皇太極兩次用兵遠征索倫部落，其旨在於確立在黑龍江上游地域對索倫部的管轄。統一索倫，確立統治，正面意義，十分重大。魏源評論道：「天命間，大兵雖一度至黑龍江下游（即混同江），未嘗至索倫。天聰、崇德，始臣絕域，際東北海。於是，遼、金部落，咸並於滿洲矣！」[227]

至此，清完成對黑龍江上游索倫地區的統一。皇太極對黑龍江廣大地域實行有效的、有特色的管理。

第一，遷民盛京。

第二，編入八旗。

第三，設官鎮守。

第四，定期朝貢。

第五，貂皮貿易。

第六，派官管理。

皇太極統一黑龍江上游索倫地區的戰略意義在於：

其一，黑龍江上游地區，完全納入清朝版圖。這是繼遼、金、元、明以來，對黑龍江上游地區（索倫、毛明安等）實行最為有效的管轄。

其二，索倫諸部歸附人口，均被編入滿洲八旗，擴充了兵源，增強了軍力，成為清軍一支勁旅。

其三，拓展了清朝在東北的基地範圍，增強了同明朝對抗的實力。

其四，索倫地區成為日後順治、康熙朝抗禦沙俄入侵的前沿陣地，並為後來雅克薩保衛戰和簽訂《尼布楚條約》準備了條件。

後來何秋濤在《朔方備乘·聖武述略》中曰：「自索倫部既平，而俄羅斯國，亦以是時略地而東。遂於順治年間，竊據雅克薩地，侵擾索倫等部，垂四十年。賴我聖祖仁皇帝，廟謨先定，築城運糧，屢奏克捷。察罕汗上書請和，立石定界。索倫諸部，遂得並臻清謐。而黑龍江之建為省會，肇基於此。」[228]

努爾哈赤、皇太極父子在統一東北的整個過程中，取得前無古人的業績。崇德七年（1642 年）六月初三日，皇太極致崇禎帝書曰：「予纘承皇考太祖皇帝之業，嗣位以來，蒙天眷佑，自東北海濱，迄西北海濱，其間使犬、使鹿之邦，及產黑狐、黑貂之地，不事耕種、漁獵為生之俗，厄魯特部落，以至斡難河源，遠邇諸國，在在臣服。」[229]

皇太極經略索倫辨

皇太極上述的這段話，概括地說明了清初的東北疆域。這表明，經過努爾哈赤、皇太極父子兩代半個世紀奮爭，終於把原屬明朝的奴兒干都司、遼東都司以及漠南蒙古管轄區域，東北起庫頁島（今薩哈林島），東臨鄂霍次克海，西北迄貝加爾湖，南至長城（遼西到寧遠），西南到宣府、大同邊外，西達青海，北跨外興安嶺[230]，全部置於清朝管轄之下。

天命、天聰、崇德三朝，前後五十年的時間，努爾哈赤、皇太極父子逐步統一了黑龍江流域及其支流烏蘇里江以東沿海地區，繼遼、金、元、明之後，重新統一了這一廣大地區並對其建立軍政之有效管轄。而經略[231]索倫地區，主要是在崇德年間。魏源在《聖武記》「開創」篇裡論道：「崇德而後，與東北之鄂倫春，奔走疏附，後先禦侮，是為黑龍江之兵。自索倫騎射聞天下，於是後編八旗之達瑚爾（達斡爾）、鄂倫春等部，世皆『索倫』呼之。而吉林一軍，則但知為新滿洲矣。『女真兵滿萬不可敵』。況傾東北海之精銳，殫兩神聖之訓練，夫何敵於天下！」[232]

天命汗努爾哈赤、崇德帝皇太極父子，以整個東北地區為基地，以八旗滿洲為骨幹——囊括東北黑龍江地域「索倫」之悍勇精銳，編制八旗蒙古之鐵騎勁旅，創設八旗漢軍之火器重軍，合成八旗滿洲、八旗蒙古、八旗漢軍，與明朝爭雄，同農民軍角逐[233]，為最終定鼎中原創造了條件。

順治繼位之謎新解

文中對清史界傳統看法即多爾袞首議順治繼位說，根據朝鮮文獻《瀋陽狀啟》和《清世祖（順治）實錄》等文獻記載，提出係由鄭親王濟爾哈朗首議福臨繼位之新見。

清太宗皇太極因患中風而猝死之後，皇位繼承在肅親王豪格同睿親王多爾袞之間角逐，結果皇位卻由第三者——六歲的福臨繼承。六歲福臨繼位，誰是經始議者？這是個清朝歷史之謎。既往論者，多認為出自睿親王多爾袞之首議。筆者提出另一粗淺看法，試做順治繼位之謎新解。

一

當代清史學界關於福臨繼位首議者的論述，王思治教授在《清代皇位繼承製度嬗變與滿洲貴族間的矛盾》論文中闡述，多爾袞在議立皇位繼承的關鍵時刻，提出讓皇九子福臨繼承皇位。他論述道：

索尼與鰲拜進入殿內，首先發言，聲稱定立皇子，多爾袞命其暫時退下，阿濟格、多鐸勸多爾袞即帝位。多爾袞猶豫未允，多鐸即毛遂自薦說：「若不允，當立我，我名在太祖遺詔。」多爾袞不同意，說：「肅親王（豪格）亦有名，不獨王也。」代善提出：豪格「帝之長子，當承大統」。以代善的地位和兩紅旗的支持，豪格以為大局已定，辭讓表示謙恭，等待勸進，虎口（豪格）曰：「福少德薄，非所堪當！」這頗像乃父皇太極當年被議立時所說「吾涼德，懼不克負荷也」。待眾人「堅請不已，然後從之」。其所言顯系固套。旋即「固辭退去」故作姿態，以效乃父。豪格離去後，多鐸又提出：「不立我，當立禮親王。」代善說：「吾以帝（皇太極）兄，常時朝政，老不預知，何可參與此議乎？」又說：「睿親王若允，中國之福，否則當立皇子。我老矣！能當此位耶？」代善的話面面俱到，但其傾向於立皇子之意則甚明。會上各執一詞，各有所立，「定策之議，未及歸一。帝之手下將領（黃旗大臣）之輩佩劍而前，曰：『吾屬食於帝，衣於帝，養育之恩與天同大，若不立帝之子，則寧死從帝於地下而已！』」以武力脅迫多爾袞擁立皇子，否則將以

死相拚。八旗中除多爾袞兄弟所將兩白旗支持自己外，兩黃旗之重要帶兵將領、代善（兩紅旗）都明確支持豪格，鑲藍旗濟爾哈朗內心實則支持擁立皇子。力量對比不利於多爾袞的嚴峻形勢，如若強自為君，勢必爆發滿洲貴族內部的大廝殺。多爾袞當機立斷，立福臨，由己攝政，而黜政敵豪格。[234]

王思治先生認為：「多爾袞當機立斷，立福臨，由己攝政，而黜政敵豪格。」於是，睿親王多爾袞的「這一方案為眾人接受」。

周遠廉教授在《順治帝傳》專著中，關於福臨繼位問題，有一段論述：

這時聰睿絕頂的睿親王多爾袞迅速地思考對策。形勢已很明顯，自己若要堅持登基，白黃四旗必然火並。勝負很難預料，且即使僥倖戰勝對方，四旗將士將大量死於血泊之中，八旗勁旅必然元氣大傷，十幾年來拚死廝殺爭取到的即將進軍中原的有利局面便會徹底喪失，代價太大了。但若屈服於黃旗大臣的壓力，尊豪格為君，自己多年以來夢寐以求地要奪回被兄長太宗搶走的君汗之位，就毀於一旦，又太可惜了。怎樣才能兩全其美，既不致引起白黃四旗火並，又不影響掌權的利益？他突然從「必立皇子」四字中找到瞭解決問題的關鍵，立即宣布：黃旗大臣的建議，是正確的。肅王既然退讓，「無繼統之意」，那就立先帝之子福臨，不過他年齡還小，「八高山軍兵，吾與右真王分掌其半，左右輔政」，待幼君年長之後，「當即歸政」，眾贊同，遂定議。[235]

周遠廉先生也認為：睿親王多爾袞首先找到瞭解決問題的關鍵，立先帝之子福臨，自己與濟爾哈朗，左右輔政，眾皆贊同，由是定議，福臨繼位。

李洵、薛虹教授在《清代全史》第一卷裡，論述皇太極遺位繼承的大衙門會議時，就福臨繼位問題闡述道：

選定皇位繼承人問題，經過一番紛爭之後，結果是出現了一種類似折衷〔中〕的方案。即選定皇太極的第九子，年僅六歲的福臨繼位。同時決定，由濟爾哈朗與多爾袞二人輔政。這個方案基本上是由多爾袞提出的。[236]

李、薛二位先生做出了福臨繼位始議者的論斷：「這個方案基本上是由多爾袞提出的。」

李鴻彬教授在《孝莊文皇后》一文中，也認為是多爾袞提出讓福臨繼位：

當時在諸王中有力量爭奪皇位的是睿親王多爾袞和皇太極的長子肅親王豪格，兩者之間鬥爭激烈。最後多爾袞感到勢單力薄，暫時作了讓步，提出立年方六歲的福臨為帝。「八高山（即固山）軍兵，吾與（右）真王（即濟爾哈朗）分掌其半，左右輔政，年長之後，當即歸政。」[237]

李鴻彬先生的結論是：「最後多爾袞感到勢單力薄，暫時作了讓步，提出立年方六歲的福臨為帝。」

此外，李格在《關於多爾袞擁立福臨問題的考察》中認為：多爾袞於皇太極死後滿洲貴族集團面臨分裂的緊急關頭，「斷然決策，擁立福臨」[238]；張玉興在《多爾袞擁立福臨考實》中也認為：皇太極突然逝世，由誰來繼位，成了大問題；多爾袞隨機應變，「而成為擁戴元勳」[239]。上述兩篇關於福臨繼承皇位的專題論文都認為：福臨之所以繼承皇位，睿親王多爾袞是擁戴的元勳。

以上六例，充分說明：當代清史界比較普遍地認為，擁立福臨繼位之議，出自睿親王多爾袞。

二

按照清太祖努爾哈赤規定的皇位繼承《汗諭》，由滿洲八旗貴族共議嗣君。時親王、郡王共有七人：禮親王代善、鄭親王濟爾哈朗、睿親王多爾袞、肅親王豪格、英郡王阿濟格、豫郡王多鐸和穎郡王阿達禮。那麼，擁立福臨繼位的首議出自誰呢？

第一，出自多爾袞之議辨析。認為福臨繼位之議，出自多爾袞的學者，其主要依據是朝鮮《瀋陽狀啟》或《沈館錄》中的一段記載。為了便於分析，全文徵引如下：

秘密狀啟，十四日，諸王皆會於大衙門，大王發言曰：「虎口，帝之長子，當承大統云。」則虎口曰：「福少德薄，非所堪當！」固辭退去。定策之議，未及歸一。帝之手下將領之輩，佩劍而前，曰：「吾屬食於帝，衣於帝，

養育之恩與天同大，若不立帝之子，則寧死從帝於地下而已。」大王曰：「吾以帝兄，常時朝政，老不預知，何可參於此議乎？」即起去。八王亦隨而去。十王默無一言，九王應之曰：「汝等之言是矣。虎口王既讓退出，無繼統之意，當立帝之第三（應作九）子。而年歲幼稚，八高山軍兵，吾與右真王，分掌其半，左右輔政，年長之後，當即歸政。」誓天而罷云。[240]

上述《秘密狀啟》，時間記為癸未年即崇德八年（1643年）八月二十六日，就是大衙門[241]秘密會議後的第十二天。文中的「大王」為禮親王代善，「虎口」為肅親王豪格，「八王」為英郡王阿濟格，「九王」為睿親王多爾袞，「十王」為豫郡王多鐸，「右真王」即「兀真王」，為鄭親王濟爾哈朗，「帝之第三（應作九）子」為福臨。

在上述的引文中，有兩句重要的話，不應該被忽視，而應當受重視。這就是：「九王應之曰」和「汝等之言是」十個字。在整段文字中，「九王應之曰」——此前為議論，此後為結論；「汝等之言是」——承上而啟下，接前而轉後。其中包含了三層意思：

其一，「九王應之曰」，就是說在九王多爾袞發表當立帝之第九子福臨以前，諸王們有一番議論，而被《秘密狀啟》的作者，或出於重點在啟報新君為誰而省略繁文，或對當時秘議不甚了了而斷簡闕載，不管出於何種原因，其前都有一番爭論。因是最高機密會議，外人不可得知其詳，這段記載，十分可貴，有所罅漏，不必苛責。

其二，「汝等之言是」，就是說在九王多爾袞發表當立帝之第九子福臨以前，諸王們有人提出立福臨，故多爾袞才「應之」「是之」，否則何應之有、何是之言！上述《秘密狀啟》，記於當時盛京。《狀啟》記載疏略，「汝等之言」斷簡，於是給人一種訊息誤導，似乎福臨繼位是由多爾袞提出的。睿親王多爾袞權勢傾朝，功勞歸於己，罪禍嫁於人，這樣，多爾袞就「翊戴擁立，國賴以安」[242]，把擁立福臨的功勞歸於自己。

其三，「九王應之曰」與「汝等之言是」，蕭一山先生《清代通史》在轉述上面引文時，做了通俗節錄：「睿親王多爾袞曰：諸將之言是也。豪格既退讓無續繼意，則當立帝之三子福臨，若以為年稚，則吾與鄭親王濟爾哈

朗分掌其半，以左右輔政，年長之後，再當歸政。因誓天而散，福臨方六歲雲。」[243] 這裡雖省略「九王應之曰」，卻將「汝等之言是」詮釋為「諸將之言是也」。

上面「九王應之曰」和「汝等之言是」中，其「應」的是什麼？其「是」的又是什麼？細加分析，共有四點：一是，豪格退讓，無意繼統；二是，擁立福臨，嗣承皇位；三是，福臨年幼，鄭、睿輔政；四是，幼主年長，當即歸政。

由上可見，福臨繼位之議，出自多爾袞，直接史料，未見一條[244]；所引《瀋陽狀啟》之記載，含糊其詞，且存疑點。

第二，出自代善之議解析。皇太極死後，各旗力量都在或明或暗地進行活動。此事，《清史列傳·索尼傳》和《清國史·索尼傳》均闕載，而《清史稿·索尼傳》有詳述：「太祖崩後五日，睿親王多爾袞詣三官廟，召索尼議冊立。索尼曰：『先帝有皇子在，必立其一，他非所知也。』是夕，巴牙喇纛章京圖賴詣索尼，告以定立皇子。黎明，兩黃旗大臣盟於大清門，令兩旗巴牙喇兵張弓挾矢，環立宮殿，率以詣崇政殿。」在崇政殿配殿議商冊立的大衙門會議，由禮親王代善主持。會上，英郡王阿濟格、豫郡王多鐸勸其胞兄睿親王多爾袞即帝位，多爾袞猶豫未允，豫郡王多鐸曰：「若不允，當立我。」睿親王不允。多鐸又曰：「不立我，論長當立禮親王。」禮親王代善曰：「睿親王若允，中國之福。否則當立皇子，我老矣，能勝此耶！乃定議奉世祖即位。」[245] 禮親王代善是議商嗣君諸王會議的重要政治力量。因為：代善是清太祖努爾哈赤次子（長子褚英已死），春秋六十一，花甲老翁，在宗室中年齡最長、有著家長的地位，此其一。代善在皇太極崇德朝為大貝勒、和碩禮親王，被朝鮮稱為「大王」，此其二。代善為正紅旗的旗主貝勒，有軍事實力，此其三。代善的子孫掌鑲紅旗，此其四。代善召集諸王大臣會議，議立嗣君，此其五。代善率領諸王、大臣、貝勒等以福臨繼位盟誓告天，此其六。所以，代善在議立嗣君的諸王會議上有著舉足輕重的影響。但是，代善知己知彼，圓融平和，進退有度，主動謙讓，以「我老矣，能勝此耶」，或「常時朝政，老不預知，何可參於此議」而堅辭。所以，定議奉福臨之繼位，

並非出自代善首議。從代善堅決辭讓、圓融建言、退席避鋒與未行攝政四事可以反證，其並未首議福臨繼位。

第三，出自豪格之議詮析。肅親王豪格繼承皇位的有利條件是：豪格為皇太極長子，三十五歲（比多爾袞年長三歲），正值壯年，有文韜武略，也有顯赫戰功，此其一。豪格的十一位弟弟中，有七位在世：四阿哥葉布舒十七歲[246]，五阿哥碩塞十六歲[247]，六阿哥高塞七歲，七阿哥常舒七歲，九阿哥福臨六歲，十阿哥五歲，十一阿哥博穆博果爾三歲，六、七、九、十、十一阿哥都年齡較小，此其二。豪格人才出眾，史稱他「容貌不凡、有弓馬才」，「英毅、多智略」，此其三。豪格在太祖時因軍功被封為貝勒，太宗即位後又因軍功被晉為和碩貝勒，崇德元年（1636 年）皇太極即皇帝位後，再被封為和碩肅親王兼攝戶部事，此其四。豪格有兩黃旗貝勒大臣的支持，其父皇太極生前親掌正黃、鑲黃和正藍三旗，而兩黃旗和正藍旗大臣擁護豪格繼位，此其五。豪格有濟爾哈朗支持，還有眾大臣擁護，如開國五大臣中額亦都、費英東、揚古利的子弟侄孫多是兩黃旗的勇將，都擁戴豪格，此其六。但是，肅親王豪格既不善上（故作虛套），也不善讓（真正辭讓），或者說既不知上，也不知讓，「因王性柔，力不能勝眾」[248]。大清皇位，失之交臂。從豪格或因故套謙恭或由憤懣退席與未行攝政兩事，可以反證其並未首議福臨繼位。

第四，出自其他諸王之議考析。參加大衙門會議的其他諸王還有英郡王阿濟格、豫郡王多鐸和穎郡王阿達禮。前已分析，英郡王阿濟格主張立胞弟多爾袞，豫郡王多鐸也主張立胞兄多爾袞。史載：英郡王阿濟格、豫郡王多鐸等「跪勸睿王，當即大位」[249]。甚至說：「若立肅王，我等俱無生理！」豫郡王多鐸還提出「當立我」即立自己，他們兄弟不會、也沒有提出擁立福臨繼位，至於多羅穎郡王阿達禮，為代善第三子薩哈廉（薩哈璘）之長子，以父死襲郡王，薩哈廉多軍功，與議政，掌禮部，同多爾袞親近。其子阿達禮多有戰功，附多爾袞，管禮部，與議政。阿達禮在皇太極死後，謀立多爾袞繼位。阿達禮、碩託（代善次子）往來於代善、多爾袞、濟爾哈朗之間，謂「眾已定議，立和碩睿親王矣」[250]！結果阿達禮以「擾政亂國」罪，被當夜「露體綁縛」「即縊殺之」[251]。阿達禮之母、碩託之妻，也同時被縊殺。

此事《清史稿·薩哈璘傳附阿達禮傳》載：「太宗崩，（阿達禮）坐與碩託謀立睿親王，譴死。」[252] 這件事情發生在禮親王代善會集諸王貝勒等為福臨繼位而「共立誓書、昭告天地」之後兩天，所以就排除多羅穎郡王阿達禮首議福臨繼位之可能。

除上之外，剩下的就是鄭親王濟爾哈朗。

三

擁立福臨繼承皇位之議，出自鄭王濟爾哈朗，依據史料，闡述如下。

第一，四大親王態度。當時最有影響的四位和碩親王——禮親王代善抱明哲保身態度，以年老多病為由，不想捲進這場政治漩渦裡面；肅親王豪格與睿親王多爾袞角立，互不相讓，雙方僵持；鄭親王有特殊地位。崇德七年（1642 年）十月二十日，皇太極「聖躬違和，肆大赦」。二十七日，皇太極原躬自裁斷的機務，「今後諸務可令和碩鄭親王、和碩睿親王、和碩肅親王、多羅武英郡王會議完結」[253]。鄭親王濟爾哈朗位居睿親王多爾袞、肅親王豪格和多羅武英郡王阿濟格之上。鄭親王濟爾哈朗是努爾哈赤胞弟舒爾哈齊之子。在這場宮廷鬥爭中扮演著重要的政治角色，比較超脫而能起協調作用。因為：一則，濟爾哈朗雖是舒爾哈齊之第六子，但自幼為伯父努爾哈赤養育宮中；二則，濟爾哈朗小皇太極七歲，兩人情誼如同胞；三則，阿敏被奪旗後，濟爾哈朗成為鑲藍旗的旗主貝勒；四則，濟爾哈朗屢經疆場，軍功顯赫；五則，濟爾哈朗年四十五，序齒僅亞於代善，比多爾袞年長十三歲；六則，濟爾哈朗受清太宗信任倚重，被封為和碩鄭親王；七則，濟爾哈朗位居「四王會議」之首；八則，濟爾哈朗既是多爾袞的兄長，又是豪格的叔輩，便於兩方協調；九則，濟爾哈朗表面憨厚而內心機敏，在關鍵時刻提出重要政議。所以，鄭親王濟爾哈朗在大衙門議商皇位繼承而陷於僵局之時，提出了一個折中方案——讓既是皇子、又不是豪格的福臨繼位。

第二，濟爾哈朗輔政。鄭親王濟爾哈朗因倡立福臨繼位之功，而得到擔任輔政王的政治回報，且其位次在睿親王多爾袞之前，輔政[254]親王的政治地位，較和碩親王更高一層。當時為何不由代善、豪格，而由濟爾哈朗輔政？

顯然，代善在這場嚴重而激烈的政治鬥爭中，沒有作出有利於勝利一方的貢獻。豪格則與多爾袞對立，如二人同時輔政，會出現兩虎相爭的局面。至於濟爾哈朗，有學者解釋說，多爾袞拉濟爾哈朗輔政，是因為他「非屬皇室直系，當然無法與多爾袞並肩，也決不會與之爭奪權勢」。在宮廷激烈鬥爭態勢下，濟爾哈朗出任輔政王，既不是情愫之事，也不是因其弱勢，而是政治勢力角逐的結果。愚以為，濟爾哈朗之所以為輔政王，主要原因是：一則，原有「謀立肅王為君，以上（福臨）為太子」之私議，當肅親王繼位受阻，退而求其次就是擁立福臨。二則，他提出了福臨繼位這一折中方案，侄子繼統，皇叔輔政，理所當然，眾王接受。三則，他因私下表示擁立豪格[255]，而為兩黃旗大臣所認同。四則，他同代善父子無惡，而為兩紅旗王大臣所認允。五則，他非帝統血胤，對多爾袞兄弟構不成政治威脅，而為兩白旗三王及其大臣所接受。六則，他執掌鑲藍旗並同正藍旗有歷史淵源。而能夠為兩藍旗大臣所服從。綜上所述，可以說，濟爾哈朗是當時皇位繼承矛盾對立兩方最合適的協調者——史載：肅親王豪格派何洛會、揚善同鄭親王密商，兩黃旗大臣曰：「定立我為君，尚須爾議。」濟爾哈朗回答道：睿親王多爾袞「尚未知，待我與眾商之」[256]。這說明鄭親王濟爾哈朗同爭位角力的兩方都能對話，他不僅有可能，而且實際上提出協調矛盾雙方的方案，而首議擁立福臨繼位。在這裡，附論立福臨的一個理由。皇太極死時，除其長子豪格和九子福臨外，還有六位在世：四阿哥葉布舒十七歲和五阿哥碩塞十六歲，均已成年，若立為君，無須輔政；六阿哥高塞和七阿哥常舒雖均比福臨年長一歲，但其生母皆為庶妃；十阿哥韜塞不僅年幼，且其生母氏族不明，地位更低；十一阿哥博穆博果爾雖生母為麟趾宮貴妃，但年僅三歲，又太幼小。然而，皇九子福臨在年齡長幼與生母身份方面均占優勢：福臨年齡不算太大（太大不便攝政），也不算太小；其生母博爾濟吉特氏既是孝端文皇后之侄女，又是永福宮莊妃，所以，僅從當時年齡與其生母身份來說，擁立福臨當是皇子中除豪格之外的最佳選擇。但是，濟爾哈朗擁立福臨後，於順治四年（1647年）二月被多爾袞罷其輔政王，一年後又被多爾袞降為郡王。這是多爾袞對濟爾哈朗不擁立自己而擁戴福臨的一個政治報復，也是多爾袞獨攬朝綱的一項舉措。

第三，睿王權衡利弊。睿親王多爾袞在兩黃、兩紅和兩藍六旗不支持的情勢下，若自己強行登極，只有兩白旗支持，明顯不占優勢，還勢必引起兩白旗與兩黃旗的火拚，其後果可能是兩敗俱傷。解決皇位繼承難題的途徑不外三條：一是強自為君，得不到兩紅、兩藍旗的贊同，還會引發兩黃旗的強烈反對；二是讓豪格登極，自己既不甘心，還怕遭到豪格報復；三是讓年幼的皇子福臨繼位，而自己同濟爾哈朗輔政，可收一石三鳥之利——打擊豪格、攝政掌權、避免內訌。顯然，在上述三種解決辦法中，以第三種解決辦法比較切實可行，兩黃、兩白、兩紅、兩藍各方都可以接受。睿親王多爾袞，能識時務，聰睿機智，權衡利弊後回應說：我贊同黃旗大臣「立皇子」的意見，而肅親王豪格既然沒有繼統之意，所以就立先帝第九子福臨；但他年齡還小，由鄭親王和我輔政，待新君年長之後「當即歸政」。眾贊同，議遂定。

第四，順治帝的肯定。福臨當時尚在沖齡，不瞭解繼位政爭內幕，後來逐漸知道當年的故事。待多爾袞病死，自己親政之後，即對皇叔濟爾哈朗表彰其當年功績，賜予其金冊金寶。對此，《清世祖實錄》記載：

> 我太祖武皇帝肇造鴻基，創業垂統，以貽子孫。太宗文皇帝繼統，混一蒙古，平定朝鮮，疆圉式廓，勛業日隆。及龍馭上賓，宗室眾兄弟，乘國有喪，肆行作亂，窺竊大寶。當時爾與兩旗大臣，堅持一心，翊戴聯躬，以定國難。……睿王心懷不軌，以爾同攝朝政，難以行私，不令輔政，無故罷為和碩親王。及朕親政後，知爾持心忠義，不改初志，故錫以金冊、金寶，封為叔和碩鄭親王。[257]

上面順治帝福臨明確諭示：濟爾哈朗在諸王議立自己為帝時，有首議之功。福臨的這番話，說出了當時的內情。鄭親王之功，在擁立福臨。細分析，有八則：一則，冊文中明白清楚地說：當太宗皇帝去世國喪之時，「宗室眾兄弟，乘國有喪，肆行作亂，窺竊大寶」。這顯然指的是皇叔睿親王多爾袞、英郡王阿濟格、豫郡王多鐸和皇侄穎郡王阿達禮。二則，在這宗社危難之時，是誰站出來翊戴福臨繼位呢？冊文裡沒有提代善，沒有提豪格，也沒有提多爾袞，與會的四大親王除前三人外，剩下的只有濟爾哈朗。三則，冊文又明白清楚地說：「當時爾與兩旗大臣，堅持一心，翊戴朕躬，以定國難。」在

這裡,「爾」即濟爾哈朗,在大衙門議立嗣君的最高貴族會議上,倡言「翊戴朕躬,以定國難」。四則,在上文,「兩旗大臣」即兩黃旗大臣。他們沒有出席大衙門議立嗣君的最高貴族會議,索尼與鰲拜雖與會,但會議剛開始不久因搶先發言就被多爾袞勒令退席,只能在會外起策應作用。五則,鄭親王濟爾哈朗翊戴福臨的倡言,得到禮親王代善、肅親王豪格等的贊同。六則,於是,睿親王多爾袞才「應之」、才贊同,即《瀋陽狀啟》中「九王應之日」和「汝等之言是」的記載。七則,至於順治元年(1644年)十月,為多爾袞「建碑立績」,那是攝政睿親王自我表彰所為。八則,順治帝對其他的親王、郡王,在決定自己繼位的功績上,都沒有進行過表彰,只對濟爾哈朗表彰此事。這就透露出當時重要的政治機密:在大衙門議立嗣君的最高貴族會議上,濟爾哈朗首先「翊戴朕躬,以定國難」。總之,順治帝親自給攝政鄭親王濟爾哈朗金冊、金寶,封他為皇叔和碩鄭親王,對其為自己繼位的功績進行表彰,這從一個側面證明濟爾哈朗在大衙門諸王貝勒會議上擁立福臨繼位的特殊歷史功勳。

第五,王公大臣同誓。禮親王代善、鄭親王濟爾哈朗、睿親王多爾袞、肅親王豪格、英郡王阿濟格、豫郡王多鐸、穎郡王阿達禮等十九位王公共同誓書、昭告天地:「不幸值先帝升遐,國不可無主,公議奉先帝子(福臨),纘承大位,嗣後有不遵先帝定製,弗殫忠誠,藐視皇上幼沖,明知欺君懷奸之人,互徇情面,不行舉發,及修舊怨,傾害無辜,兄弟讒害,私結黨羽者,天地譴之,令短折而死。」[258] 八旗大臣阿山等也立誓要竭誠事君。鄭、睿二王,特立誓辭:「今公議以濟爾哈朗、多爾袞,輔理國政。我等如有應得罪過,不自承受,及從公審斷,又不折服者,天地譴之,令短折而死。」以上三份誓詞,都有「公議」二字,表明是經過王貝勒大臣會議集體決定的。濟爾哈朗擁立福臨繼承皇位之議,最後得到諸親王、郡王、貝勒等王公大臣的認同。

綜上所述,鄭親王濟爾哈朗在大衙門諸王皇位繼承會議上,鑒於豪格與多爾袞爭奪皇位陷於僵局,能從大局出發,平衡各旗利益,提出折中方案,首議由福臨繼承皇位,得到多爾袞的回應,也得到諸王貝勒公議。清太宗皇太極遺位爭奪的結果,既不是角力一方的肅親王豪格,也不是角力另一方的

睿親王多爾袞，而是由第三者——六歲的福臨繼承。福臨繼承皇位，是當時政治與軍事、帝胤與血緣、智謀與達變、明爭與暗鬥，諸種因素相互鬥爭與相互均衡的結果。這個方案與結果，對於四位和碩親王來說——於禮親王代善無利無弊，於睿親王多爾袞有利有弊，於肅親王豪格無利有弊，於鄭親王濟爾哈朗則有利無弊。所以，皇太極遺位由福臨繼承，得益最大的四個人是：福臨、孝莊太后[259]、濟爾哈朗和多爾袞。

從此，在清代史、滿洲史上開了一個幼童繼承皇位的先例。由此，清朝皇位與皇權，產生分離的狀態。其後有八歲的康熙、六歲的同治、四歲的光緒和三歲的宣統繼承皇位，在清入關後的十帝中竟占了五位，也都是皇位與皇權分離。稚童繼位，或為親貴攝政輔政，或為皇太后垂簾聽政，論其影響，可謂深遠！

《清史稿·諸王列傳》論曰：大清皇朝，親貴用事，「以攝政始，以攝政終」。六齡稚童福臨繼位，二王攝政，燕京定鼎；三齡幼童溥儀繼位，醇王攝政，清祚覆亡。「論者謂有天焉，誠一代得失之林也」[260]。

康熙：千年一帝

一　三種評價

　　康熙帝的歷史評價，古今中外，眾說紛紜。概括說來，主要有十：

　　第一種觀點，對康熙帝歷史功過、對康熙朝歷史地位，清朝人的評價是讚揚的。清朝皇廷對康熙帝的評價，集中反映在其諡號、廟號上：「大清聖祖合天弘運文武睿哲恭儉寬裕孝敬誠信中和功德大成仁皇帝」[261]，共二十九個字[262]。這是對康熙皇帝的最高評價。康熙帝於康熙六十一年（1722年）十一月十三日賓天后，雍正帝二十日在大行皇帝梓宮前即皇帝位的當日，命禮部議「尊諡」。二十四日，雍正帝諭曰：「我皇考大行皇帝，纘繼大統，舊典本應稱宗，但經云『祖有功而宗有德』，我皇考鴻猷駿烈，冠古轢今，拓宇開疆，極於無外。且六十餘年，手定太平，德洋恩溥，萬國來王。論繼統則為守成，論勛業實為開創。朕意宜崇祖號，方副豐功。」[263]因命諸王大臣等，會同九卿詹事科道、文六品以上、武四品以上，詳考舊章，從公確議。二十八日，眾議：諡號突出「仁」，廟號突出「聖祖」。其仁，《禮記》云：「為人君，止於仁。」同心合詞，恭上尊稱，廟號為「仁皇帝」。其聖祖，古有三祖之例，諡義帝王功業隆盛得稱祖，因謂：「惟聖字，可以讚揚大行皇帝之峻德；惟祖號，可以顯彰大行皇帝之隆功。」所以，尊諡仁皇帝，廟號曰聖祖。雍正帝持針刺中指出血，將奏內「聖祖」二字圈出，康熙帝的尊諡和廟號遂定[264]。

　　第二種觀點，清史館纂修者的評價。《清史稿·聖祖本紀三》論曰：「聖祖仁孝性成，智勇天錫。早承大業，勤政愛民。經文緯武，寰宇一統。雖曰守成，實同開創焉。聖學高深，崇儒重道。幾暇格物，豁貫天人，尤為古今所未覯。而久道化成，風移俗易，天下和樂，克致太平。其雍熙景象，使後世想望流連，至於今不能已。《傳》曰：『為人君，止於仁。』又曰：『道盛德至善，民之不能忘。』於戲，何其盛歟！」[265]這比《清高宗純皇帝實錄》

對康熙帝的評價略低一些，如沒有「合天弘運」「文武睿哲」「誠信中和」「功德大成」等字樣。

第三種觀點，康熙帝自我評價。他晚年自我評價說：「朕自幼強健，筋力頗佳，能挽十五力弓，發十三握箭，用兵臨戎之事，皆所優為。然平生未嘗妄殺一人，平定三藩，掃清漠北，皆出一心運籌。戶部帑金，非用師賑饑，未敢妄費，謂此皆小民脂膏故也。所有巡狩行宮，不施彩繪，每處所費，不過一二萬金，較之河工歲費三百餘萬，尚不及百分之一。幼齡讀書，即知酒色之可戒，小人之宜防，所以至老無恙。」又說：「朕之生也，並無靈異；及其長也，亦無非常。八齡踐祚，迄今五十七年，從不許人言禎符瑞應……惟日用平常，以實心行實政而已。」[266] 康熙帝的行為，換而言之，沒有功勞，也有苦勞。這種評價與清人不乏溢美之詞的贊語相比，既更為謙遜，也更為中肯。

第四種觀點，辛亥反滿派學者的觀點，對康熙帝、對康熙朝的歷史是否定的，主要的論點說康熙朝是「封建專制」。封建君主專制從秦始皇起，到宣統帝止，期間二千一百三十二年，三百多位君主，不可一概而論，不可不加分析。歷史上的「文景之治」「貞觀之治」「洪宣之治」等，也都是「封建專制」。因此，以「封建專制」而全部否定康熙帝功績、否定康熙盛世歷史的觀點是值得商榷的。

第五種觀點，二十世紀九十年代初，香港回歸之前，香港大學要做一個歷史研究課題：論黃金時代——康乾盛世。時擬成立一個由香港、北京兩方面學者合作的課題組。但課題組主持人說：這個課題要立項，需要經過一個專家委員會審議透過。結果沒有被透過，其理由是——康乾時代不是歷史的盛世，而是專制黑暗時代。這就啟發人們思考一個嚴肅的課題：康熙朝的歷史地位怎樣評價？

第六種觀點，論者雖認同康熙朝是「輝煌」，卻是「落日的輝煌」。這個提法有道理，但值得深究。所謂日昇日落，雖可用來喻指興盛衰亡，但應當有明確的本體。如將討論限定於清朝，康熙時期將清朝推向了盛世，恰如旭日向中天攀升，顯然不能算「落日」。而如將討論擴展到兩千多年的皇朝

史,那麼所謂「落日」,就是喻指皇朝社會走向沒落的歷史大勢。清朝處於中國皇朝序列的末端,從宏觀上當然帶有皇朝社會衰落的色彩。但是,中國皇朝社會的衰落,並不自清朝始,更非自康熙始;中國與世界差距的迅速拉大,更不全是、且主要不是康熙帝的歷史責任。

第七種觀點,耶穌會士的評價。法國耶穌會士白晉在給其國王路易十四題名為《康熙帝傳》的報告中說:「他是自古以來,統治天下的帝王當中最為聖明的君主。」又說:康熙帝不僅在「國內享有絕對的尊嚴,而且以其具有高尚而賢明的品德、豐富的閱歷以及非凡的見地和誠意,受到鄰近各國國民的尊敬和頌揚,他在亞洲的所有地方是赫赫有名的」[267]。

第八種觀點,康熙五十二年(1713年)三月三十日,朝鮮謝恩兼冬至使金昌集、尹趾仁向其國王報告時,評價康熙帝說:「清皇節儉惜財,取民有制,不事土木,民皆按堵,自無愁怨。」[268]

第九種觀點,「文化大革命」時期造反派觀點,認為康熙皇帝是封建地主階級的總代表,是封建社會最大的剝削者、寄生蟲,是人民的罪人、民族的罪人。對康熙帝、康熙朝的歷史予以全面否定。

第十種觀點,贊成《清史稿·聖祖本紀三》「論曰」中的部分論斷:「早承大業,勤政愛民。經文緯武,寰宇一統。雖曰守成,實同開創焉。」這二十五個字的評價,還是比較符合歷史的。康熙帝及其子雍正帝、孫乾隆帝時期的版圖,東瀕大海,南及曾母暗沙,西接蔥嶺,西北到巴爾喀什湖,北達貝加爾湖以東、外興安嶺以南,東北至庫頁島(今薩哈林島),總面積約一千四百萬平方公里,是當時世界上幅員最為遼闊、人口最為眾多、軍事最為強盛、實力最為雄厚的大帝國。康熙大帝吸收了中華多民族的、西方多國家的、悠久而又最近、博大而又深厚的文化營養,具有其時最高的文化素養。這為他展現雄才大略、帝王才氣,實現國家一統、宏圖大業,陶冶了性格,開闊了視野,蓄聚了智慧,奠定了基礎。康熙大帝奠下了清朝興盛的根基,開創出康熙盛世的大局面。

說康熙帝是中國皇朝史上的千年一帝,不僅指其歷史功業,而且含其個人品格。康熙皇帝的個人品格,在中國封建社會後段一千年九十位君主中,

內聖外王,修養品格,嚴於律己,可謂僅見;天性好學,手不釋卷,性情仁孝,兼俱智勇,為政勤慎,敬天恤民,崇儒重道,博學精深,幾暇格物,學貫中西,八拒尊號,知行知止。一個以滿洲語為其母語的皇帝,其漢文書法,其漢文詩篇(一千一百四十七首詩),便是康熙帝人格與學養的一個例證。

目前學術界對康熙帝、康熙朝歷史的評價,主要有三種觀點:康熙朝的歷史是中國皇朝社會一個黑暗的時期;康熙朝的歷史是中國皇朝社會一個盛世的時期;康熙朝是在中國皇朝史上一個落日輝煌的時期。

古今中外的偉大人物,都有其傑出的過人之處,也都有其突出的歷史貢獻。康熙帝以其才華與天賦,智慧與膽識,勤政與謙虛,好學與著述,頑強與堅韌,寬容與簡約,在人生旅途中,克服諸多艱難,完成重大使命。康熙帝的文治與武功,學養與行事,都令人稱道,也都有特殊貢獻。他幼年登極,以智取勝,親掌朝綱;他崇儒重道,治理中國;他獎勵農桑,蠲免田賦;他重視治河,興修水利;他重視士人,協和滿漢;他提倡學術,編纂群書;他勤奮好學,工於詩書;他平定三藩,鞏固中原;他重用施琅,統一臺灣;他悉心籌劃,打敗俄軍;他善撫蒙古,安定北邊;他進兵安藏,加強管理——這是兩千年帝王文治武功所罕見的。

我個人觀點,不提「雍正盛世」,因為雍正朝十三年,時間太短;也不提「乾隆盛世」,因其「持盈保泰」[269],無視西方進步,不做社會改革,在國內外爭議較大;而認為康熙帝是中國皇朝史上的千年一帝,康熙朝是中國皇朝史上的「康熙盛世」。

我的論點的主要依據,是康熙帝的歷史貢獻。

二　主要貢獻

康熙帝(1654—1722年),姓愛新覺羅,名玄燁,是清朝自努爾哈赤起第四代君主、清入關後第二任君主。他八歲繼位,在位六十一年。其間,曾經先後智擒權臣、平定三藩、收復臺灣、打敗帝俄,還有綏服蒙古、撫安西藏,武功盛極一時,前朝無人可比。他重視個人修養,好學習武,敬孝仁愛,

手不釋卷，克己修身。他又能重視學術、弘揚文化、編纂圖書、獎勵學者，文治上的成就也很高。他畢竟還是中國歷史上難得的皇帝，占有歷史偉人之地位。

康熙帝六十一年的君主生涯，對中國歷史和世界文明的發展，作出重大貢獻。就其貢獻而言，概括說來，主要有五——中華版圖奠定、民族關係穩定、中華文化承續、經濟恢復發展、社會秩序安定。

第一，中華版圖奠定。打開中國地圖和東亞地圖，看看康熙時的清朝疆域。

在東南，征撫臺灣，金甌一統。明天啟四年（1624年），荷蘭人侵占臺灣。順治十八年十二月十三日（1662年2月1日）[270]，鄭成功從荷蘭人手中收復臺灣。鄭成功死後，兒子鄭經奉南明正朔。康熙二十二年（1683年），康熙帝抓住鄭經死後，其子鄭克塽年幼、部屬內訌、政局不穩的時機，以施琅為福建水師提督，文武兼施，征撫並用，率軍統一了臺灣。設臺灣府，隸屬於福建。臺灣府下設三縣——臺灣縣（今臺南）、鳳山縣（今高雄）、諸羅縣（今嘉義）。派總兵官一員，率官兵八千，駐防臺灣。從而加強了清廷對臺灣的管轄，並促進了臺灣經濟文化的發展。

在東北，抵禦外侵，締結和約。黑龍江地域在努爾哈赤和皇太極時已經逐漸歸屬清朝。清軍入關後，沙俄東進侵入中國黑龍江流域地區，占領雅克薩（今阿爾巴津）、尼布楚（今涅爾琴斯克）、呼瑪爾（今呼瑪）等城。康熙帝統一臺灣後，調派軍隊進行兩次雅克薩自衛反擊戰，取得勝利。康熙二十八年（1689年），同俄國在尼布楚簽訂《中俄尼布楚條約》，規定：格爾畢齊河、額爾古納河以東至海，外興安嶺以南，整個黑龍江流域、烏蘇里江以東到海地域（包括庫頁島）土地，歸中國所有。康熙帝設立黑龍江將軍衙門、吉林烏喇將軍衙門，加強了對黑龍江地區和烏蘇里江地區的管轄，初步奠定後來黑龍江和吉林等行省的規模。

在正北，會盟多倫，善治蒙古。努爾哈赤和皇太極解決了漠南蒙古問題，康熙帝則進一步解決漠北蒙古、初步解決漠西蒙古的問題（後雍正和乾隆解決漠西蒙古問題）。從秦漢匈奴到明朝蒙古，兩千年古代社會史上的北疆難

題,到康熙帝時才算真正得解。康熙帝說:「昔秦興土石之工,修築長城。我朝施恩於喀爾喀,使之防備朔方,較長城更為堅固。」[271] 秦漢以來,長城是中原農耕民族用來防禦北方南進勢力的屏障;康熙之後,蒙古是中華各民族防禦沙俄南進的長城。

在西北,三次親征,敗噶爾丹。康熙帝先後三次親征,遏制噶爾丹勢力東犯,不僅穩定了漠北喀爾喀蒙古局面,也穩定了漠南內蒙古的社會,更有利於中原地區的社會安定。

在西南,進兵高原,安定西藏。清初,順治帝冊封達賴喇嘛,康熙帝又冊封班禪額爾德尼,西藏已經完全歸屬於清朝。康熙帝派兵平定西部蒙古勢力對西藏的擾犯,維護西藏的社會安定。

康雍乾盛清時的版圖,東瀕大海,東南包括臺灣,南及曾母暗沙,西南到喜馬拉雅山,西接蔥嶺,西北到巴爾喀什湖,北達貝加爾湖、外興安嶺,東北至庫頁島(今薩哈林島),後乾隆帝底定新疆,總面積約一千四百萬平方公里。特別是對滿、蒙、疆、藏、臺地區,完全置於清廷長期、全面、有效、穩固的管轄之下。清康熙朝是當時世界上幅員最為遼闊的大帝國。

康熙朝國家一統,國力強盛,周邊國家沒有出現威脅,也沒有出現動盪,僅有的俄國侵犯亦被擊退。這既是康熙帝治國的功績,也是康熙盛世的表現。

第二,民族關係穩定。清代民族關係,從康熙朝開始,是中國皇朝史上最好的時期。在東北,打敗俄國的侵略,解決並鞏固了自遼河到黑龍江流域各民族的問題。東北的達斡爾、索倫(鄂溫克)、鄂倫春、赫哲、錫伯等,前代所謂的「邊徼」之野,在清朝則成為「龍興之地」。在北方,中國自秦、漢以來,匈奴一直是中央王朝北部的邊患。明代的蒙古問題,始終未獲徹底解決,「邊境之禍,遂與明終始云」[272]。己巳與庚戌,蒙古軍隊兩次攻打京師,明英宗皇帝甚至成為蒙古瓦剌部的俘虜。清朝興起後,對蒙古採取了既完全不同於中原漢族皇帝、也不同於金代女真皇帝的做法,先後綏服了漠南蒙古、漠北喀爾喀蒙古、漠西厄魯特蒙古。清朝對蒙古的綏服,「撫馭賓貢,夐越漢唐」[273]。在西北,對南、北疆維吾爾族、哈薩克族、蒙古族等統一。在西南,進兵安藏,加強了對西藏的統治。後乾隆《欽定西藏章程》設駐藏

大臣,在西藏駐軍,冊封達賴喇嘛和班禪額爾德尼,設立金奔巴瓶制度;西南雲、貴、川的苗、瑤、彝等,改土歸流,加強了對這個地區民族的管理。清朝實現了中國皇朝史上多民族國家新的協和。

康熙朝國家一統、國力強盛,多民族協和在一個中華民族大家庭中,沒有出現大的民族動盪、大的民族分裂。這既是康熙帝治國的功績,也是康熙盛世的表現。

第三,中華文化承續。清朝帝王為了箝制知識分子的思想、鎮壓異端、打擊政敵,實行文字獄。清代文字獄始於順治、康熙,發展於雍正,大行於乾隆,約計百起。康熙帝親政後重大文字獄,主要有一起即《南山集》案。這是應當批評的。在文化方面,康熙帝主要有幾件事情:其一,興文重教,編纂典籍。他重視文化教育,主持纂修了《康熙字典》《古今圖書集成》《佩文韻府》《律歷淵源》《全唐詩》《清文鑒》《皇輿全覽圖》等,總計六十餘種,二萬餘卷。特別值得一提的是,康熙帝下令在熙春園設「古今圖書集成館」,用銅活字印刷了一萬卷、一億六千餘萬字的《古今圖書集成》[274]。於雍正初,最後完成。其二,移天縮地,興建園林。康熙帝先後興建暢春園、避暑山莊、木蘭圍場等,雍正、乾隆又興修或擴修「三山五園」——香山靜宜園、玉泉山靜明園、萬壽山清漪園(後改名頤和園)、暢春園和圓明園等,將中國古典園林藝術推向高峰。其三,引進西學,學習科技,設立被譽為皇家科學院的蒙養齋等。李約瑟博士稱康熙帝為「科學的皇帝」。康熙帝同法國路易十四、俄國彼得大帝等,都有文化往來與交流。

世界四大文明古國——古埃及、古巴比倫、古印度和古中國,其中古埃及、古巴比倫、古印度的文明都中斷了,中華文明在清朝不僅得到薪火傳承,而且延續活力。

康熙朝國家一統、國力強盛,中華文化在交融中傳承、在曲折中發展。這既是康熙帝治國的功績,也是康熙盛世的表現。

第四,經濟恢復發展。清軍入關後,最大的弊政,莫過於圈占土地,也就是跑馬占田,任意圈奪。康熙帝頒令,停止圈地,招徠墾荒,重視耕織,恢復生產。治理黃河、淮河、運河、永定河,並興修水利。培育新的稻種,

取得很大成績。康熙四十八年（1709年）十一月，戶部庫存銀五千萬兩，「時當承平，無軍旅之費，又無土木工程，朕每年經費，極其節省，此存庫銀兩，並無別用。去年蠲免錢糧至八百餘萬兩，而所存尚多」云云[275]。上年十二月，徵銀二千七百八十萬四千五百五十三兩，加上課銀二百九十五萬零七百二十八兩，共徵銀三千零七十五萬五千二百八十一兩[276]。康熙帝既使戶部庫儲充盈，又強調藏富於民——減免天下錢糧共達五百四十五次之多，其中普免全國錢糧三次，計銀一億五千萬兩。

康熙朝國家一統、國力強盛，社會經濟在經過戰亂、災荒後，有所恢復，也有所發展。這既是康熙帝治國的功績，也是康熙盛世的表現。

第五，社會秩序安定。康熙朝社會安定，主要是指康熙二十二年（1683年）統一臺灣之後，雖然社會矛盾也有，民族糾紛也有，但沒有大的、嚴重的社會動盪。康熙帝很幸運，他生活的後四十年，中國社會處於由亂到治、由弱到強、由分到合、由動到靜的歷史時期。原有的社會衝突、原有的動亂能量已經釋放殆盡，新的社會衝突、新的民族動亂能量還沒有積聚起來。康熙朝的社會安定，茲舉三個例子：

（1）從康熙二十一年（1682年）到六十一年（1722年），中原地區四十年間，沒有大的廝殺爭戰，沒有大的社會動盪，也沒有大的社會危機。在中國兩千多年皇朝史上，統一王朝皇帝在位四十年以上的皇帝，只有六位：漢武帝在位五十四年，但有天漢民變；唐玄宗在位四十四年，但有安史之亂；明世宗嘉靖帝在位四十五年，但有庚戌之變；明神宗萬曆帝在位四十八年，但有薩爾滸大戰；清聖祖康熙帝在位六十一年，中原地區無大亂；清高宗乾隆帝在位六十年，但有王倫起義。所以，自秦始皇到宣統帝，在位期間中原地區連續四十年無戰爭的，只有康熙帝一朝。

（2）秋決死刑數字比較少。秋決死刑的案件，康熙十二年（1673年），「死犯共有八十餘名」[277]。後來「決一年之罪犯，減至二三十人」[278]。康熙十六年（1677年），終歲斷獄死刑，「不過十數人焉」[279]！當時的全國人口，當在一萬萬以上。當時全國設18個省，包括直隸、江蘇、安徽、山東、山西、河南、陝西、甘肅、福建、浙江、江西、湖廣、偏沅、四川、廣東、

廣西、雲南、貴州（以康熙六十年為例）。平均每省每年死刑不到一人。對於一個上億人口大國來說，一年死刑十餘人，數字算是很少。這就說明：當時社會，相當安定。

（3）康熙帝多次四方出巡。他三次東巡、六次南巡、五次西巡、三次北征，還四十八次去木蘭秋獮、五十三次到避暑山莊。試想：如果社會動盪，康熙帝四方出巡，則是不可能的。如康熙帝第五次南巡途經山東，民眾扶老攜幼，隨舟擁道：「夾岸黃童白叟，歡呼載道，感恩叩謝者，日有數十萬。」[280] 又如到江南，史書載：自古帝王不憚跋涉之勞、為民閱視河道，現場指示，亙古未有；縉紳士民，數十萬人，歡聲雷動，夾岸跪迎[281]。以上兩則史料，難免有官員組織民眾夾道歡呼以博得聖上喜歡，也難免有官方誇大輿情的現象[282]，但可以透露當時社會比較安定。康熙朝國家一統、國力強盛、民族協合、文化發展，社會秩序比較安定。這既是康熙治國的功績，也是康熙盛世的表現。

「盛世」的「盛」是強盛、繁盛、興盛的意思。康熙朝的後四十年，在中國皇朝史上，確是一個相對興盛、強盛、繁盛的局面──「興」，當時是東亞興隆的帝國；「強」，當時是世界上強大的帝國；「繁」，當時是比歐洲國家繁榮的帝國。

概括地說，康熙帝超越前人的重大貢獻是，在中華兩千多年皇朝史上，實現了中原農耕文化、西北草原文化、東北森林文化和西部高原文化的空前大融合。

但是，康熙大帝有缺憾、也有缺失，有疏誤、也有錯誤。這主要表現在五個問題上：於皇位傳承，立之過早，立而廢，廢而立，立而再廢，晚年失之於當斷未斷；於八旗制度，也想改革，改而停，停而改，改而再停，晚年失之於當改未改；於滿漢關係，企望合協，親滿洲，疏漢人，合而未協，晚年失之於當協未協；於吏制管理，嚮往仁善，揚清官，懲貪官，懲而不嚴，晚年失之於當嚴未嚴；於海洋文化，預見外患，嚴海禁，閉而開，開而再閉，晚年失之於當開未開。這更加導致其兒孫們主宰的大清帝國，以「天朝大國」自詡，持泰保盈，固步自封，逐漸走向衰落。

總上，康熙帝雖有缺失與過失，康熙朝雖有矛盾與危機，但總體而言，康熙帝確是中國皇朝史上的千年一帝。

三 千年一帝

康熙帝能夠成為千年一帝，是因為遇到了一個大「天時」。小天時決利鈍，大天時出明君。

在國內，康熙帝遇到的「天時」，有四個特點：

第一，金甌需要一統。從明萬曆十一年（1583年）努爾哈赤起兵，到康熙二十二年（1683年），南明最後的象徵——臺灣鄭氏延平郡王鄭克塽歸清，整整百年。這一百年間，中華大地一直處於戰爭和分裂狀態，人民最重要的歷史期待是什麼？作為帝王，最重要的歷史使命又是什麼？答案都是重新實現金甌一統。

第二，民眾需要富裕。戰爭的破壞，社會的動盪，災害的降臨，給人民生命財產造成了巨大損失：在北方，「一望極目，田地荒涼」；在中原，「滿目榛荒，人丁稀少」；在江南，「荒涼景象，殘苦難言」；在湖廣，「彌望千里，絕無人煙」；在四川，「民人死亡，十室九空」。就全國而言，國庫空虛，民生凋敝，田土拋荒，路暴白骨，村無炊煙，戶無雞鳴。民要富，家要興，族要盛，國要強。

第三，文化需要融合。自努爾哈赤以「七大恨」告天，打著反抗民族壓迫旗幟對抗明朝，到康熙帝即位，再到吳三桂反叛，滿漢之間，文化差異，異常凸顯，衝突不斷。滿洲統治者在統一中國的過程中，曾經實行鎮壓和屠殺的政策。流傳到現在的「揚州十日」「嘉定三屠」「江陰抗清」等故事，就反映了這種暴政和由此引發的漢族軍民的強烈反抗。特別是多爾袞攝政以後，在中原地區普遍推行剃髮、易服、圈地、占房、投充、捕逃「六大弊政」，更激化了族群矛盾和文化衝突。

第四，天下需要太平。一百年間，地不分南北，族不分夷夏，人不分老幼，民不分貧富，都蒙受著戰亂、屠殺、大旱、水患、瘟疫、地震等災難。黎民

康熙：千年一帝

百姓，背井離鄉，饑寒交迫，奔波流離，歷盡苦難，飽經滄桑，他們最渴望天下太平。而實現金甌一統、民眾富裕、文化融合、天下太平的民眾百年夢想，既是康熙大帝的責任，也是康熙大帝的榮光。

同時，從中國歷史規律來看，大亂之後往往有大治，短命天子之後往往有壽君皇帝。明末清初，數十年戰亂，給康熙大帝提供了一個做明君的歷史機會；從滿洲貴族集團來看，康熙帝正好處在從「打江山」到「坐江山」的轉變——滿洲雖占有中原大地，卻沒有坐穩江山，如果不能恰當處理滿漢民族關係，而使族群矛盾激化，有可能會重蹈元朝最後被趕回漠北的歷史悲劇。而如能緩和各種矛盾，成功實現「轉型」，而其「守成」之功，實同「開創」之業。

這些就是康熙皇帝成為一代「大帝」的重要「天時」條件。康熙帝利用了有利條件，做出歷史功績。那麼，怎樣評價康熙帝的歷史地位呢？

中國有確切文字記載的歷史有三千多年。秦王嬴政二十六年（前221年），嬴政自以為「德高三皇、功過五帝」，自稱始皇帝，從此中國開始有了皇帝；到清宣統三年（1911年），辛亥革命推翻清朝，帝制被廢除。這段歷史有一個特點，就是有皇帝。我將這段歷史稱作中國皇朝歷史。中國皇朝歷史，總算為二千一百三十二年。

這二千一百三十二年的皇朝歷史，有多少位皇帝呢？有人統計共三百四十九位皇帝，康熙帝讓他的大臣統計奏報說二百一十一位皇帝，再加上自康熙到宣統九位，共二百二十位。其統計數字之差異，主要是源於標準不同，這可以不管。我們重在思考這二千一百三十二年皇朝的歷史。

中國兩千多年皇朝歷史，大體可以分作前後兩段。前一段一千年，中國的政治中心主要是在西安。其間政治中心經常東西擺動——秦在咸陽，西漢在長安，東漢在洛陽，唐在長安等，但擺動中心在西安。其間，出現文景之治（文帝在位二十三年，景帝在位十六年）、貞觀之治（唐太宗在位二十三年）。《舊唐書·太宗本紀下》史臣曰：「千載可稱，一人而已。」[283] 後一段一千年，中國的政治中心主要是在北京。其間政治中心經常南北擺動——遼上京在臨潢（今內蒙古巴林左旗菠蘿城），金都先在上京（今黑龍江哈爾

濱阿城區）、後在中都（今北京），明都先在金陵（今江蘇南京）、後在北京，清都先在盛京（今遼寧瀋陽）、後在北京，就是從今哈爾濱往南，經瀋陽、北京、開封、南京，到杭州，但擺動中心在北京。從上述可以看出一個有意思的歷史現象：中國兩千多年帝國歷史政治中心的擺動，先是東西擺動，後是南北擺動，從而呈現出大「十」字形變動的特點。

就其後一千年來說，遼、北宋、金、南宋、西夏、元、明、清八朝，共九十帝，一個重要的特點是國內的民族紛爭與融合。遼—契丹、金—女真、西夏—党項、元—蒙古、清—滿洲，八朝中有五朝是少數民族建立的。明朝雖然是漢族人建立的，但朱元璋以「驅逐胡虜、恢復中華」[284]為號召，結果又被「胡虜」所替代。

這裡有一個很有意思的歷史現象。遼、北宋、金、南宋、元、明、清七朝，共有皇帝八十位。這七朝都有一個民族融和的問題。遼朝與北宋對峙，金朝與南宋對峙，元朝取代金朝，都是民族問題。朱元璋是漢人，他的口號是「驅逐胡虜、恢復中華」，帶有濃厚的民族色彩。滿洲以「七大恨告天」的民族旗號起兵，取代了明朝；民國孫中山先生又以「驅除韃虜、恢復中華」[285]為綱領而推翻滿洲人建立的清朝。

從遼太祖耶律阿保機神冊元年（916年），到清宣統三年（1911年），總算一千年。折騰來，折騰去，都離不開「民族」二字。

現在回到本題——對康熙帝的評價問題。

先從縱向比較　中國自遼金以降，千年以來，有九十帝。遼九帝、金十帝與北宋九帝、南宋九帝，半壁山河，西夏十帝偏隅一方，凡四十七帝，均不足論。元朝十五帝，太祖成吉思汗，一代天驕，打下基業，武功偉績，略輸文采，並未一統，更無盛世。元世祖忽必烈，在位二十四年，定鼎大都，武功赫赫，文治稍遜，也無盛世。其他諸帝，均不足論。明朝十六帝，太祖朱元璋，推翻元朝，一統天下，功績很大；但是，冤案煩苛，史多譏評。明成祖朱棣，雄才大略，遷都北京，派鄭和下西洋，派亦失哈下奴爾干，設奴兒干都司，然「靖難」之舉，史稱之為「篡」；蒙古難題，六次北征，死於道途，抱恨歸天。所謂「洪宣」之治，洪熙在位一年，宣德在位十年，都沒有形成

盛世的局面。至於清朝,共十二帝,可以提及的是「三祖三宗」——清太祖努爾哈赤、世祖順治、聖祖康熙、太宗皇太極、世宗雍正、高宗乾隆。「三宗」自然位在「三祖」之下。僅以「三祖」而論,清太祖努爾哈赤奠基清朝,未入主中原。順治帝雖遷都燕京,英年早逝,後期荒唐。算來算去,自遼以降,約一千年,康熙帝的前述五大貢獻,及其個人品格,邁越古人,千年以來,誰能與比?千年一帝,首推康熙!

再從橫向比較。其時,清朝的四鄰國家,比較和睦。東面的朝鮮,皇太極時已經向清朝納貢稱臣,其國王受清帝冊封。西面的哈薩克、阿富汗都比清朝經濟落後,更沒有形成氣候。南面的越南、泰國、緬甸、馬來亞、菲律賓、爪哇等,都比清朝落後、弱小。西南的印度,處於莫臥兒帝國時期,受喜馬拉雅山阻隔,也沒有同清朝發生糾紛與摩擦。清朝北面和東面後來的兩大強敵——俄國和日本,在康熙時期都還沒有崛起,俄國廢除農奴制是在 1861 年(清咸豐十一年),日本明治維新則在 1868 年(清同治七年),都是在康熙朝以後。雖然俄國有些小的動作,但都被擊敗,沒有形成大的威脅。

此時的「西方」,經濟方面,工業革命還遠沒有開始(1765 年哈格里夫斯發明珍妮紡織機,被公認為工業革命的先聲,已是康熙帝的孫子弘曆乾隆三十年的事);文藝復興以來的歐洲新科技,在明末已經傳入一些,康熙帝本人也比較重視學習,但對生產影響重大的科技突破(如蒸汽機的改良等)都發生在康熙朝之後;政治方面,其時歐洲處於民族國家形成時期,主要大國都實行君主制,只有英國在 1688 年(康熙二十七年)「光榮革命」後確立了君主立憲制。但那時英國的力量還基本達不到中國,也沒有其他國家效仿英國政體,大英帝國的海上霸主之夢更是遲至 19 世紀才實現。至於美利堅合眾國,則是康熙帝死了半個多世紀以後才建立的。所以說,給康熙帝扣上「喪失學習西方、富國強兵機遇」的帽子,是不太公平的。

康熙時代,英國尚未工業革命,而法國大革命和美利堅獨立,都是乾隆朝的事。俄國和日本的崛起,都在 19 世紀中葉。俄國的彼得大帝,法國的路易十四,與康熙同時代,他們都是當時世界上的偉大君主。但是,康熙朝是當時世界上幅員最為遼闊、人口最為眾多、經濟最為雄厚、文化最為昌盛、

軍力最為強大的大帝國。康熙大帝不僅是中國歷史上的千年一帝,而且是世界歷史上一位偉大的君主。

但是,康熙帝國有內在矛盾嗎?有。有潛存危機嗎?也有。康熙帝晚年諭曰:「海外如西洋等國,千百年後,中國恐受其累。此朕逆料之言。」[286] 雖康熙帝預見可貴,但他沒有在政策上、制度上做出安排。康熙帝留下的缺憾,致使其兒孫們主宰的大清帝國,和西方列強的差距愈拉愈大。

綜上,無論就中國歷史作縱向比較,或就世界歷史作橫向比較,都可以說康熙大帝是中國皇朝史上的千年一帝,也是世界歷史上的千年名君。他同當時俄國彼得大帝、法國太陽王路易十四,同列世界偉大的君主。

明珠論

在評價歷史人物時,要確定縱的和橫的兩個坐標。縱的坐標是指歷史人物所處的歷史條件,橫的坐標是指歷史人物所處的社會環境。這兩個坐標的交叉,予歷史人物以重要的影響;而歷史人物表現出來的主觀能動性,又影響著歷史的發展。

清代名君康熙帝的權相明珠,有輔君開拓一朝新政之功;但舊史及前論多對其抑功揚過,均不足為訓。以往對明珠的偏頗評價,是由於未能從縱的和橫的坐標去分析,即未能對其進行歷史與社會的層次分析,尤未能對其作民族的、家族的、旗分的和派別的分析,因而顧此失彼,捉襟見肘。

本文以明珠為例,著重從民族與家族、旗分與派別的分析入手,就明珠的評價及清初百年社會發展趨勢以及與之相關諸問題,略作闡述。

一

歷史人物的社會活動,既要有縱向歷史條件的坐標,又要有橫向社會環境的坐標。在這縱橫坐標組成的歷史舞臺上,展現自己所扮演的角色。

明珠政治活動的歷史條件,要做縱向的考察。自明萬曆十一年(1583年),努爾哈赤起兵,至清康熙二十二年(1683年),玄燁收復臺灣,整整一百年。這一百年間,統一多民族的封建中央集權國家,由統一而發生分裂,又由分裂而走向統一。民族戰爭、農民戰爭、捍衛民族獨立戰爭、統治集團內部戰爭,此起彼伏,相互交錯。社會的穩定局面受到戰爭的震盪,社會的發展車輪又在戰爭震盪中前進。這場巨大的社會變動,其時間、其規模、其深度、其層次,都超過了元明時期。西方與東方、塞北與江南、民族與階級、文官與軍人、皇帝與貴冑,開明與守舊,一句話,各種政治集團和社會力量,都在社會動盪的漩流中,互相衝擊,反覆較量,或升騰,或沉降。

在上述百年間,以滿洲歷史發展線索而言,大體上經歷了三個階段:其一為統一內部,立權自固。由努爾哈赤起兵至建立後金的三十餘年間,建州

朝貢明廷，統一女真，綏服蒙古，結好朝鮮，發展生產，積聚力量，創建八旗，制定滿文，形成滿族共同體。其二為統一關外，反抗明朝。後金汗黃衣稱朕，同明抗爭，先立足遼左，後伺機叩關。在天命、天聰、崇德三朝的近三十年間，後金最大的貢獻是接管了明遼東都司和奴兒干都司的轄地，綏服漠南蒙古，重新統一整個東北地區。雖然八旗軍多次入關擾明，但終未改變明主金客的政治格局。其三為統一中國，鞏固皇權。李自成農民軍攻占北京，推翻明朝，為清軍入關提供了歷史契機。從清軍入關至收復臺灣的近四十年間，清基本實現國家統一，後又多次用兵邊陲，奠定了統一多民族封建國家的版圖。

在滿洲歷史發展中，葉赫那拉氏家族與建州愛新覺羅氏家族之間親與仇的矛盾，是制約和影響明珠政治活動的一個歷史因素。明珠的始祖為明海西女真葉赫部長星根達爾漢：「滅呼倫國內納喇姓部，遂居其地，因姓納喇。後移居葉赫河，故名葉赫。」[287] 星根達爾漢五傳至太杵，太杵有二子——清佳努和揚佳努，皆稱貝勒，各據山城，能聲氣相通，與哈達爭雄。清太祖努爾哈赤早年從明遼東總兵李成梁帳下走脫，途經葉赫部，貝勒揚佳努以愛女許之。史載：「太祖如葉赫國。時上脫李成梁難而奔我，貝勒仰佳努識上為非常人，加禮優待。」[288] 後努爾哈赤迎娶之，生皇太極。清皇室愛新覺羅氏與葉赫那拉氏始結為懿親。清佳努和揚佳努死後，其子布寨和納林布祿分別繼為貝勒。但在葉赫與建州的戰爭中，努爾哈赤殺死葉赫貝勒布寨。布寨被殺後，「北關（葉赫）請卜酋（布寨）屍，奴酋（努爾哈赤）剖其半歸之。於是北關遂與奴酋為不共戴天之仇」[289]。葉赫另一貝勒納林布祿見兄被殺，憤鬱成疾，後來死去[290]。後建州進攻葉赫，破其兩山城，殺死布寨之子布揚古貝勒和納林布祿之弟金臺石貝勒。金臺石身死城陷，其子倪迓漢隨葉赫部民被遷至建州，後任佐領。倪迓漢於順治三年（1646）死，其子明珠在順治朝亦未受重用。明珠家族與清朝皇室既為懿親，又結世仇，這予明珠的政治生涯及其政治活動以重要的影響。

康熙中另一權相索額圖則與明珠相反，他的哈達赫舍里氏家族與建州愛新覺羅氏家族之間只親無仇，也是制約和影響索額圖政治活動的一個歷史因素。索額圖的父祖索尼、碩色，早在努爾哈赤時攜家歸附。後碩色直文館，索尼官一等侍衛。索尼為清初五朝重臣，兩輔幼主。皇太極死後搶攘之際，

明珠論

多爾袞詣三官廟，召索尼議冊立。索尼以「先帝有皇子在，必立其一，他非所知也」[291]，而嚴拒多爾袞對皇位的涎貪。索尼與圖賴等「不惜性命，戮力皇家」。經過激烈爭執，議立福臨即位。索尼等又盟於三官廟，誓輔幼主。順治帝死，遺詔年八歲的玄燁繼承皇位，以索尼與蘇克薩哈、遏必隆、鰲拜共同輔政。索尼輔理政務，畢殫忠悃，奏請康熙帝親政，被授為一等公。索尼子領侍衛內大臣噶布喇之女，為康熙帝孝誠仁皇后。孝誠仁皇后生子胤礽，受命立為皇太子。索額圖家族於清皇室既為勳臣，又結懿親，這不僅予索額圖的政治生涯，而且予明珠的政治活動以重要的影響。

　　同明珠政治活動密切相關的滿洲旗分政治地位變化，在這裡也略作歷史的考索。滿洲旗分的政治地位，已先後經過五次大的變動。第一次是天命十一年（1626年），努爾哈赤死後，諸子爭奪汗位。皇太極襲受汗位，親掌兩黃旗；代善在汗位角逐中失敗，所掌正紅旗及其子岳託所掌鑲紅旗處於劣勢。這是一次滿洲的黃旗對紅旗的勝利。第二次是崇德八年（1643年），皇太極死後，「國勢搶攘無主，宗室昆弟各肆行作亂，爭窺大寶」[292]。這在滿洲旗分上，主要表現為皇太極的兩黃旗與多爾袞（正白旗）及其同母弟多鐸（鑲白旗）的兩白旗之爭。為定立皇位，兩黃旗大臣在議立新汗會議之日的黎明時，盟誓於盛京大清門，並派兩黃旗巴牙喇兵張弓挾矢，環立宮殿。因黃、白兩方實力相埒，又各自讓步，由福臨登極，多爾袞攝政，兩黃旗與兩白旗暫時勢相均衡。第三次是順治七年（1650年），多爾袞死（其同母弟多鐸於上年死去），翌年定多爾袞罪，兩白旗受到沉重打擊。後正白旗歸皇帝自將，連同其原自將的兩黃旗，稱為上三旗。第四次是順治十八年（1661年），福臨死，遺詔索尼（正黃旗）、蘇克薩哈（正白旗）、遏必隆（鑲黃旗）、鰲拜（鑲黃旗）四臣輔政。雖然上三旗大體維持均衡局面，但輔臣的爭鬥也在上三旗中進行。第五次是康熙八年（1669年），下詔逮治鰲拜，並下遏必隆獄，鑲黃旗受到嚴重打擊。正白旗輔臣蘇克薩哈已先死。於是從康熙十六年（1677年）至二十七年（1688年），在滿洲大學士中，除覺羅勒德洪外，出現正黃旗獨佔的局面。這個時期朝廷權臣之爭，便在滿洲正黃旗內以明珠為代表的葉赫那拉氏家族，同以索額圖為代表的哈達赫舍里氏家族之間展開。

明珠與索額圖雖然都隸屬滿洲正黃旗,又都同清皇室結為懿親,但他們分屬於葉赫那拉氏和哈達赫舍里氏兩個不同的家族。這兩個家族同清皇室有著不同的歷史淵源關係和現實利害關係。這就使明珠與康熙帝、索額圖與康熙帝以及明珠與索額圖之間的關係,呈現出異常的複雜性。康熙帝與明珠、索額圖三方面的關係,不是簡單的三角形關係,而是以康熙帝為主體,以明珠和索額圖為兩個側翼,從而形成康熙中期,康熙帝與權相明珠和索額圖的「一體兩翼」關係。這種關係又同當時各種社會矛盾相聯結,受著階級矛盾與民族矛盾的影響和制約,組成康熙中期錯綜複雜社會矛盾的網絡。在當時的社會環境中,上述複雜矛盾表現尤為突出。

明珠政治活動的社會環境,要做橫向的考察。康熙帝登極後,「康熙初葉,主少國疑」[293],四臣輔政,鰲拜專恣。康熙帝稍長之後,擺在其御案上的主要課題是,廢去輔臣,親御政事。康熙帝欲廢鰲御政,當時只能從上三旗中尋找政治力量。其時四輔臣中,鰲拜與遏必隆屬滿洲鑲黃旗,蘇克薩哈屬滿洲正白旗,索尼屬滿洲正黃旗。鰲拜結黨遏必隆,矯旨絞死蘇克薩哈後,不僅直接威脅索尼哈達赫舍里氏家族的利益,而且嚴重影響滿洲正黃旗的利益。康熙帝擒捕輔臣鰲拜、遏必隆,便依靠滿洲正黃旗哈達赫舍里氏家族的支持。康熙八年(1669 年),索尼已死,索尼第三子[294]、皇后之叔[295]、一等侍衛索額圖,為著其赫舍里氏家族和滿洲正黃旗的利益,輔助康熙帝擒捕權臣鰲拜。索額圖雖在客觀上打擊了以鰲拜和遏必隆為首的滿洲鑲黃旗貴族保守勢力,自應肯定其積極作用;但索額圖在本質上,並未脫出滿洲正黃旗貴族中保守勢力的窠臼。

自康熙帝擒鰲拜御政後,清廷面臨著極複雜、多層次的社會矛盾。主要表現為:西方殖民東漸與清朝固疆自圉、堅持國家統一與聽任地方分裂、崇尚「國語騎射」與吸收漢族文化、繼續圈占土地與恢復農業生產、沿襲尊滿抑漢與實行重滿用漢、君主強化集權與朝臣廣結黨羽的矛盾等。以上六個方面的重大問題,都需要明確而適時地作出決策。當時康熙帝身邊的輔臣索額圖與明珠,所起的歷史作用並不完全一樣。明珠力輔青年君主康熙帝,作出重大正確決策,並組織付諸實施。相反,索額圖在協助康熙帝擒鰲拜御政(其

積極作用前文已作評述）後，自恃親貴，因循守舊，怙權貪縱，驕愚恣橫，除簽訂《尼布楚條約》外，多與明珠政見相左。

明珠利用其歷史條件及社會環境，作為康熙帝的輔臣，審時度勢，勤敏政事，為開拓一朝新政，作出了重要的貢獻。

二

康熙帝在清廷定鼎北京後的第二十六年，逮治鰲拜，御理政事。康熙帝親政時年僅十四歲，明珠則比康熙帝年長十九歲。明珠的主要貢獻在於，輔佐青年君主康熙帝，力除因循，洗刷積弊，實現清初政策轉變，開拓熙朝新政，為清朝中期的「盛世」奠下基礎，是一位傑出的政治家。

從順治帝定鼎北京至康熙帝親御政事，清朝經歷了三個重要時期：其一為多爾袞攝政時期。多爾袞率軍入關，遷鼎燕京，推翻弘光，統一中原，但制定了一些錯誤的治策。其二為順治帝親政時期。順治帝年紀尚輕，雖力圖「清賦役以革橫徵，定律令以滌冤濫」[296]；但仍未擺脫陳見，施行宏猷大政。其三為四輔臣執政時期。鰲拜等墨守成規，率守舊章，滿漢不協，未布新政。以上三個時期，清廷均未能實施重大策略轉移，使得積存的問題日多益重。

在康熙中，明珠為相。康熙帝稱其「鳳閣清才，鷥臺雅望。典章練達，服勤匪懈於寅恭；器識淵凝，顧問時資於靖獻。屬在論思之地，參機務之殷繁。每抒欽翼之忱，佐經猷於密勿」[297]。並稱讚明珠能「啟乃心以沃朕心」。[298]雖然誥封碑文難避溢美之辭，但從中可以看出明珠在輔助康熙帝實現重大政策轉變中的特殊作用。這主要表現在：

主撤三藩　明季清初，吳、尚、耿降清後，統兵入關，南進中原，分鎮滇、粵、閩。康熙初大規模抗清鬥爭平息後，三藩擁兵自重，成為政治贅疣。四輔臣柄政時，未能加以割除。清廷最怕漢官結成與滿洲貴族相抗衡的軍事政治集團，三藩撤與不撤，是擺在康熙帝親政後御案上最嚴重的課題。平南王尚可喜疏請撤藩，歸老遼東。耿精忠、吳三桂繼請。康熙帝召諸大臣徵詢方略：廷臣多主不可撤，大學士索額圖尤力；獨兵部尚書明珠、戶部尚書米思翰和

刑部尚書莫洛等主撤。撤與不撤兩議同上，康熙帝以「今日撤亦反，不撤亦反，不若先發」[299]，因詔許明珠等撤藩之議。不久，吳三桂倡反，耿精忠與尚之信同應。索額圖以撤藩激變，請誅主議撤藩諸臣，詔不許。康熙帝以明珠力主撤藩稱旨，後授其為武英殿大學士。明珠與王熙同掌兵部，日理軍機，運籌帷幄，奏報軍情，票擬諭旨，為削平三藩作出了重要貢獻。

重滿用漢，清軍入關後，推行剃髮、易服、圈地、占房、投充和捕逃六大弊政，滿、漢民族矛盾一度緊張。清初在中央衙署中，極力保持滿洲貴族特權。六部尚書，概為滿員。順治五年（1648年），多爾袞始設六部漢尚書，但部務由滿尚書主持，漢尚書「相隨畫諾，不復可否」[300]。順治帝親政後，「各衙門奏事，但有滿臣，未見漢臣」[301]。他將主張「留髮復衣冠，天下即太平」[302]的漢大學士陳名夏處死，是對漢官的一個政治打擊。四輔臣秉政時，漢官地位未見改善。其時官缺，分滿洲、蒙古、漢軍和漢員四種。偌大的漢族，其官缺僅占四分之一，且多非重官要職。到康熙十二年（1673年），吳三桂在雲南舉兵，楊起隆在京師起事，都帶有鮮明的民族色彩。康熙帝諭稱：「朕於滿漢內外，總無異視。」[303]他不僅遣御醫為滿洲大臣治病，還派侍衛率御醫到漢官、禮部尚書龔鼎孳家為其治病[304]，以示滿漢一體。明珠協佐康熙帝在平定三藩之亂過程中，緩和滿漢矛盾，重用漢族官員：開博學鴻儒，修撰《明史》，設南書房，起居注官增加漢員，內閣學士增設漢官等。特別是漢大學士王熙、李霨、馮溥和杜立德，三藩事起，參預機務。王熙專管秘本，「漢臣與聞軍機自熙始」[305]。李霨則宿值內閣，「上命將出征，凡機密詔旨，每口授霨起草，退直嘗至夜分，或留宿閣中」[306]。明珠秉政時，能體察康熙帝旨意，擺脫滿臣傲視漢臣舊習，多結納漢族士大夫，盡力籠絡漢族官員。康熙二十年（1681年），吏部題補鑲藍旗張吉午為順天府尹，因明珠阻諫而罷，後明珠同漢大學士會議由庶吉士出身的漢人熊一瀟補缺獲準，即是明珠重漢臣、選漢官的一例。雖然索額圖門下也不乏南方漢族官員文士，明珠府下亦聚集一批滿洲軍事貴族，但總的說來，明珠在漢族官員文士中，特別是在南方漢族官員文士中的關係網絡，較索額圖更廣、更密。

崇文重教，清崛興遼左，以武力定中原。滿洲重武輕文，崇尚騎射。從努爾哈赤起兵至清軍入關，遼東地區的戰爭已延續了六十年。而中原地區的

明珠論

戰爭,從陝北王二首義至削平三藩之亂,也已五十五年。爾後至白蓮教起義前的一百多年間,戰爭多發生在邊疆,中原腹地幾乎沒有大的戰爭。因此,康熙初期的中原地區處於戰爭向和平轉化的時期。早在平定三藩之戰進行中,康熙帝即指出:「今四方漸定,正宜修舉文教之時。」[307] 雖大多滿洲軍事貴族不能適應這一轉變,明珠卻獨執先鞭。明珠在滿洲正黃旗中,其政治勢力與軍事實力,均不能同索額圖相比。他要在朝中自固,只有揚長避短,以文勝武,學習漢族文化,結交漢族官員。這也是明珠適應時勢所需要,為康熙帝所信任的重要原因。明珠於康熙十年(1671年)二月,充經筵講官。後他同王熙進講《書經》中《無教逸欲有邦》之章[308],正表明其具有高深的經學素養。明珠的府邸,成為當時京師滿漢文化交流的一個熔爐。他的長子納蘭性德,交結朱彝尊、姜宸英、顧貞觀、嚴繩孫、陳維崧等文壇名流[309],所作《納蘭詞》成為清代詞苑的奇葩。他的次子揆敘,「年八歲,受業於吳江孝廉吳兆騫,讀四子經書」[310]。後官翰林院掌院學士,充經筵講官,仍於退朝之暇,手不釋卷,「咿唔不休」[311]。他的三子揆方,廣求書籍,無所不讀,「窮日夜,廢寢食,句櫛字比,鉤棘鋤蕪,無剩餘而後已」[312]。明珠則交接徐乾學、徐元文、高士奇、王鴻緒等博學碩儒。明珠的相府一時成為漢族儒士詩酒文會之所。其子納蘭性德死後,贈哀辭者滿洲八旗和蒙古八旗竟無一人,而江南、浙江、山東籍者卻占百分之八十四點六[313]。明珠鍰贖流人吳兆騫,士尤稱之。以上事實說明,明珠輔助康熙帝裁汰大批滿洲舊軍事貴族,起用一批滿洲新文職官員,為促進滿族吸收漢族文化作出了可貴的貢獻。

統一臺灣 康熙帝削平三藩後,臺灣問題又擺在議事日程上。於臺灣,廷議有兩大爭論:

第一是,臺灣要不要統一。廷議咸謂「海洋險遠,風濤莫測,馳驅制勝,難計萬全」[314]。康熙帝力排眾議,決意命將出師,統一臺灣。其時大學士索額圖已去職,明珠輔協大政,贊同並執行康熙帝統一臺灣的決策。果然,師出告捷,臺灣統一。

第二是,臺灣要不要設官鎮守。朝廷中一種意見認為,臺灣為彈丸之地,宜「遷其人,棄其地」。但施琅疏稱:臺灣雖在外島,實關四省要害[315],「棄

之必釀成大禍，留之誠永固邊疆」。疏下廷議，仍未能決。大學士李霨奏言：「棄其地，恐為外國所據；遷其人，慮有奸宄生事。」[316] 遂允施琅在臺灣設官鎮守之請。明珠在臺灣問題上，籌慮贊畫，襄成大業。此外，明珠在康熙帝三次用兵西北中，或參贊軍務、或督運軍餉、或隨駕扈從，均為國家統一報效微勞。

抗禦外敵　清軍入關後，沙俄軍在黑龍江流域不斷擾犯。康熙帝東巡時，諭寧古塔將軍巴海曰：於羅刹賊寇，「尤當加意防禦，操練士馬，整備器械，毋墮狡計」[317]。臺灣統一之後，康熙帝命明珠之子、侍衛納蘭性德，隨同副都統郎坦等以捕鹿為名，「詳視陸路近遠，沿黑龍江行圍，徑薄雅克薩城下，勘其居址形勢」[318]。納蘭性德歸京後，將雅克薩之行考察實情，詳陳相父，面奏廟堂。康熙帝決策，用兵徼北，一舉獲勝。及雅克薩捷報馳至，康熙帝由京師往避暑山莊行幄，納蘭性德已死六日。康熙帝因其嘗有勞於是役，「遣中使祔其筵，哭而告之」[319]。明珠身居相位，堅決維護國家主權和領土完整，反抗西方殖民侵略，是位愛國者。

用輔治河　御史郭琇疏劾明珠與靳輔交結，支持靳輔培高家堰，阻撓於成龍浚海口。治河及漕務事關「天庾玉粒」及國民生計，不能稍息。康熙帝嘗言：「朕聽政後，以三藩及河務、漕運為三大事，書宮中柱上。」[320] 明珠既主議撤藩，又諫任靳輔治河。早在康熙七年（1668 年），即康熙帝親政後第二年，明珠受命閱淮、揚河工，議復興化白駒場舊閘，鑿黃河北岸引河。稱旨，授刑部尚書。靳輔於康熙十六年（1677 年）任河道總督，到任之後，周度水勢，博采眾議，日上八疏。他堵決口，開中河，使明末清初「決裂之河，八載修復」[321]。但康熙二十四年（1685 年），靳輔和於成龍就屯田、下河二事，意見相左，廷辯不決。御史郭琇、陸祖修交章劾輔，並及陳潢，甚至以舜殛鯀相比。靳輔罷職，陳潢坐譴。康熙二十八年（1689 年），康熙帝南巡視河後諭曰：「朕南巡閱河，聞江、淮諸處百姓及行船伕役，俱稱頌原任總河靳輔，感念不忘。且見靳輔疏理河道及修築上河一帶堤岸，於河工似有成效，實心任事，克著勤勞。前革職屬過，可照原品致仕官例，復其從前銜級。」[322] 康熙帝肯定了靳輔治河功績，糾正了對靳輔的不當處置。後於成龍任河督，仍循靳輔治河方略。康熙帝問於成龍曰：「爾嘗短靳輔，謂

減水壩不宜開,今果何如?」成龍曰:「臣彼時妄言,今亦視輔而行。」[323] 可見郭琇以靳輔治河事參劾明珠,當屬置喙之言。

在康熙朝前期,隨著抵禦外侵的勝利,國家統一的發展,滿漢矛盾的和緩,文教之業的初興,明珠的政治抱負逐步實現,其官職也同步晉升,「初任雲麾使,二任郎中,三任內務府總管,四任內弘文院學士,五任加一級,六任刑部尚書,七任都察院左都御史,八任都察院左都御史、經筵講官,九任經筵講官、兵部尚書,十任經筵講官、兵部尚書、佐領,十一任經筵講官、吏部尚書、佐領,十二任加一級,十三任武英殿大學士兼禮部尚書、佐領,加一級,十四任今職」[324]。今職即太子太傅、武英殿大學士兼禮部尚書、佐領,加一級。明珠的官職臻於極點。

但是,月盈則虧,物極必反。郭琇彈章一上,明珠即被罷相。

三

郭琇的彈章,康熙的旨意,乾隆的上諭,成為清朝官方對明珠的政治結論。由此瑕瑜互掩,真相難辨,未能予明珠以公正的歷史評價。

對明珠功績的全面否定,始自於御史郭琇的劾疏。康熙二十七年(1688年),郭琇劾斥大學士明珠罪狀八款:指揮票擬,輕重任意;市恩立威,挾取貨賄;結黨連羽,戴德私門;督撫缺出,輾轉販鬻;學道員缺,取賄預定;交結靳輔,靡費河銀;考選科道,訂約牽制;柔言甘語,陰行鷙害[325]。此疏的真諦所在,康熙帝雖御門宣示千餘言的長諭[326],也未能加以言明。

誠然,郭琇劾斥明珠貪黷,當為屬實。貪黷是封建官員的普遍現象,但有的官員能苦節自勵,一介不取。知府陳鵬年死後,「室如懸磬」[327],御史龔翔麟歸里後,「貧至不能舉火」[328];河督楊方興「所居僅蔽風雨,布衣蔬食,四壁蕭然」[329];兩江總督兼攝江蘇、安徽兩巡撫事于成龍卒時,室內「惟笥中綈袍一襲,床頭鹽豉數器而已」[330]。明珠與上述官員相比,顯得貪婪、奢靡。但明珠的被劾,主要不是由於貪黷,而是有著複雜的政治背景。

御史郭琇疏參大學士明珠，是康熙朝政治鬥爭的產物。前已論及，從康熙十六年（1677年）至二十七年（1688年），朝廷鬥爭主要在滿洲正黃旗內進行。康熙八年（1669年），康熙帝在索額圖協助下擒鰲拜御政，旋授索額圖為大學士。索額圖兄噶布喇為一等公、領侍衛內大臣，其女為孝誠仁皇后，即皇太子胤礽的生母。索額圖之弟法保襲一等公，弟心裕為一等伯。又與朝士李光地等相結。哈達赫舍里氏為清初五朝重臣，百年望族，滿門勳貴，氣勢熏灼。左都御史魏象樞值京師大地震之機，密陳索額圖怙權貪縱劣跡。康熙帝僅書「節制謹度」榜賜戒。康熙帝以明珠能「佐經猷」「抒欽翼」，並為著保持朝廷相位天平的均衡，康熙十六年（1677年），授明珠為武英殿大學士。後明珠長子納蘭性德任一等侍衛，「御殿則在帝左右，從扈則給事起居」[331]。次子揆敘任經筵講官、翰林院掌院學士。三子揆方娶康熙帝第九子允禟之女覺羅氏為妻[332]。明珠因其家族同清皇室有世仇，為同索額圖爭局，便「務謙和，輕財好施，以招來新進」[333]，並籠絡漢族官員文士，與徐乾學等交結。於是，朝中在滿洲正黃旗內，逐漸形成以明珠為首的葉赫那拉氏家族同以索額圖為首的哈達赫舍里氏家族的角立。

康熙朝的廷爭，從始議撤藩至「龍馭賓天」，忽隱忽現，時急時緩，前後進行了半個世紀。這場鬥爭的重要題目是康熙朝的重大治策和皇位繼承，始終同明珠與索額圖有著密切的關係。康熙朝的廷爭在擒鰲拜御政之後，大體上經歷了三次浪潮。

正黃旗內，索、明相爭，是康熙朝廷爭的第一次浪潮。這次浪潮從康熙十二年（1673年）索額圖請誅建議撤藩者明珠等為始，至康熙二十七年（1688年），明珠被罷去大學士為止，其間長達十五年。康熙朝中滿洲正黃旗大臣以權位相尚者，只有索額圖與明珠。他們植黨競權，遇事牴牾，互相訐告，暗自爭局。特別是索額圖集團，在康熙十四年（1675年）胤礽被立為皇太子後，朋比徇私，更加貪黷。康熙十八年（1679年），魏象樞泣陳索額圖罪狀後，翌年解索額圖大學士任。後奪索額圖內大臣、議政大臣、太子太傅，並奪法保一等公及心裕官。康熙四十二年（1703年），以索額圖「結黨妄行，議論國事」罪，命幽禁之。並命嚴錮黨附索額圖諸臣，又命諸臣同祖子孫在部院者皆奪官。康熙帝諭稱：「索額圖誠本朝第一罪人也！」[334]以索額圖

為首的滿洲貴族保守勢力，受到沉重的打擊。但是，康熙帝去掉索額圖一翼後，不能保持滿洲正黃旗政治權力的平衡。索額圖餘黨更加攻擊明珠。講官德格勒在時值天旱，侍講《易》時，藉機語斥明珠即為一例。前述郭琇彈劾明珠，書載「實由乾學受聖祖密旨」[335]。可見康熙帝罷明珠大學士，其目的之一是為著保持滿洲正黃旗內政治權力的均衡。索額圖和明珠罷相後，廷爭仍在繼續進行。

康熙御前，朝士相爭，是康熙朝廷爭的第二次浪潮。這次浪潮從康熙二十七年（1688年），諭責日講起居注官徐乾學為始，至康熙四十七年（1708年），廢皇太子胤礽為止，是索額圖同明珠鬥爭的繼續。這個時期廷爭的鮮明特點，是在康熙帝身邊儒臣中展開。先是李光地依媚索額圖，親附皇太子胤礽，得君最專。康熙帝稱李光地「朕知之最真，知朕亦無過李光地者」[336]。而徐乾學、高士奇、王鴻緒則依恃明珠，入直南書房。徐乾學與弟元文、秉義，先後皆以鼎甲顯仕，又輕財好施，交遊甚廣。時徐乾學、王鴻緒、高士奇三家並稱，結親聯誼，通籍詞林。「徐乾學與學士張英日侍左右，凡著作之任，皆以屬之」[337]，並值經筵。高士奇以明珠薦，供奉內廷，書寫密諭，後為侍讀，充起居注官。然而，明珠與索額圖所不同的一點是，索額圖的羽翼主要為滿洲軍事貴族（也籠絡一些漢族官員文士），明珠在滿洲軍事貴族中的勢力不如索額圖，但在朝廷漢族官員文士中，卻較索額圖有更大的優勢。滿洲軍事貴族害怕漢族朝士結成與其相抗衡的勢力集團，嚴加注視。所以明珠罷相後，徐乾學、王鴻緒、高士奇等先後被劾，解任休致。雖然他們後來以修書竟業，但不能入直禁廷，參預機要。李光地則在索額圖罷相後，劾章叢集，後被解任；雖又起復，也不預機務。上述朝士的升免，除了他們捲入二相之爭外，還有一個時代的原因，就是清廷在削平三藩和統一臺灣時，調整政策，重漢崇儒，一批漢儒應運而興。但在平定三藩和統一臺灣後，清廷政權鞏固，滿洲軍事貴族勢力重新上升，他們對漢族朝士的顯赫地位不滿，傾其力以排之。主張重漢崇文的明珠，其宦海浮沉，亦與之相關。然而，前述朝士被擠下政治舞臺，同皇儲爭奪也不無關係。

廟堂之上，皇子相爭，是康熙朝廷爭的第三次浪潮。這次浪潮從康熙四十七年（1708年），廢皇太子胤礽為始，至康熙六十一年（1722年），

康熙帝死為止。康熙三十七年（1698年），分封皇長子胤禔、三子胤祉、四子胤禛、五子胤祺、七子胤祐、八子胤禩等為王、貝勒。受封諸皇子內結親貴，外招門客，植黨暗爭，謀奪嗣位。索額圖為皇太子派，罷相後活動愈力。明珠則為非皇太子派，罷相後其子揆敘等極力謀廢太子胤礽。其他皇子也結派攻擊胤礽。康熙四十七年（1708年），康熙帝到木蘭秋獮，行次布爾哈蘇臺，宣布廢皇太子胤礽，諭稱：「從前索額圖欲謀大事，朕知而誅之，今胤礽欲為復仇。朕不卜今日被鴆、明日遇害，晝夜戒慎不寧。」[338] 康熙帝且諭且泣，至於僕地。太子既廢，仍憤懣不已，六夕不安寢。二阿哥胤礽之廢，揆敘與阿靈阿攘為己力。胤礽廢后，胤禩謀代立。皇子胤禟、胤、大臣阿靈阿、揆敘、王鴻緒等，皆附胤禩。同年冬，詔諸大臣保奏儲貳，「鴻緒與內大臣阿靈阿、侍郎揆敘等謀，舉皇子允禩」[339]，受到切責。可見明珠及其子揆敘等是皇子胤禩派。胤禩蓄意大位，謀害胤礽，事發後，被鎖禁。胤禟、胤等入為營救。康熙帝大怒，出佩刀將誅胤；賴胤祺跪抱苦勸而止。後康熙帝諭稱：「日後朕躬考終，必至將朕躬置乾清宮內，爾等束甲相爭耳！」[340] 上述且諭且泣，憤懣僕地，怒拔佩刀，靈前束甲，這是一幅多麼殘酷而黑暗的爭奪嗣君的圖畫！後皇太子廢而立，立而復廢。宰輔、樞臣、朝士、皇子，互相結黨，彼此陷害。立太子，弊百端。後乾隆帝諭曰：「一立太子，眾見神器有屬，幻起百端。弟兄既多所猜嫌，宵小且從而揣測。其懦者獻媚逢迎以陷於非，其強者設機媒孽以誣其過，往往釀成禍變。遂致父子之間，慈孝兩虧，家國大計，轉滋罅隙。」[341] 這場鬥爭至雍正帝即位後，仍餘波未息。故他後來實行秘密建儲之制。

綜觀同明珠評價攸關的康熙朝廷爭，呈現出階段性、層次性、多元性和複雜性。所謂階段性，即廷爭的第一次浪潮，宰輔明珠與索額圖，在削平三藩、滿漢關係、修舉文教、用人臧否等方面，有所爭執，多相角立。就其對待重大治策的態度而言，明珠代表滿洲貴族開明派，索額圖則代表滿洲貴族保守派。廷爭的第二次浪潮，與二人相關聯的朝士被解任，特別是同明珠相聯繫的許多朝士被解職。像明珠薦入內廷的高士奇，康熙帝「得士奇，始知學問門徑」[342]，士奇也被劾解任修書。這些雖然各有其自身的原因，但表明滿漢關係出現一個歷史洄漩。廷爭的第三次浪潮，則純屬於統治集團內部的

儲貳之爭，於國計，於民生，無大關礙。所謂層次性，即廷爭由旗分，而家族，而外朝，而內廷，而東宮，最後連皇帝本人也被牽入，無力自拔，悲憤賓天。所謂多元性，即初由滿洲正黃旗內明珠與索額圖兩派的爭局，衍變為包括滿洲、漢官、覺羅、宗室在內的紛爭，後來胤礽、胤禛、胤禩等各自結黨，表現了多元性。所謂複雜性，即廷爭的成員，時有變換，更迭組合。今日的朋友，可能成為明日的敵人，而昨日的敵人，又成為今日的朋友。徐乾學初攀明珠得登高位，後見明珠將敗便嗾郭琇疏劾明珠就是佳證。

綜上，明珠作為清康熙朝的名相，在錯綜複雜的歷史條件與社會環境中，初政能小心謹慎，勤敏練達，顯露了非凡的政治才幹。繼而輔佐青年君主康熙帝，順應歷史趨勢，調整重大治國之策；抵禦外來侵擾，維護中華民族尊嚴，力削割據勢力，發展封建國家統一；擺脫滿洲陳見，提高漢族朝士地位；擺脫輕文舊俗，促進滿漢文化交流；舉薦信用賢能，興修水利發展生產。罷相後任內大臣二十年，仍備顧問，勞績西北。儘管明珠有其應劾之過，但是，明珠輔佐康熙帝，開拓康熙朝新政，奠下康雍乾百年「盛世」基石，其功績是應當肯定的。明珠不愧是中國皇朝社會史上的名相，清代傑出的滿族政治家。

于謙六百年祭

于謙（1398—1457年），字廷益，號節庵，浙江錢塘（今杭州）人，官至兵部尚書。于謙同裡後學孫高亮在章回體小說《於少保萃忠全傳》的第五回，以于謙觀石灰窯所感，口占七絕《石灰吟》[343]一首。《石灰吟》映現于謙生命歷程有著四種境界，這就是：「千錘萬擊出深山，烈火焚燒若等閒。粉骨碎身全不惜，要留清白在人間。」

一

于謙同許多英雄傑烈一樣，在其登上歷史舞臺之前，都要經過一番艱苦磨煉，方能橫空出世，扮演人傑角色。于謙是讀書人，苦讀——「千錘萬擊出深山」，是于謙生命歷程的第一種境界。

于謙出生於仕宦之家，祖父做過兵部主事，父親則「隱德不仕」。乃祖乃父誠信忠直、鄙汙輕財的品格，予少年于謙以極大熏陶。

少年英才，志向高遠。一個人在少年時期養成的素質——優良素質福益終身，劣弱素質禍殃一生。于謙在六歲時隨家人清明掃墓，路過鳳凰臺，其叔口占：「今日同上鳳凰臺」；于謙對曰：「他年獨占麒麟閣」。一日塾中讀書，學友因淘氣，塾師要懲戒。于謙請作聯對，免受責罰。先生曰：「手攀屋柱團團轉」；于謙對：「腳踏樓梯步步高」。先生又曰：「三跳跳落地」；于謙再對：「一飛飛上天」。他聰穎機智，以聯對代罰。少年于謙，不懼官宦。他十歲那年正旦，紅衣騎馬穿巷，往長親家賀歲。于謙剛從巷中衝出，不料撞上杭州巡按。巡按問道：「小子何敢衝吾節導？」于謙回答：「良驥欲上進而難收，正望前程耳。」巡按見其出言不凡，便讓他應對：「紅衣兒騎馬過橋」；于謙對曰：「赤帝子斬蛇當道。」巡按驚異，賞銀十兩[344]。他雖年少，卻抱負遠大，立下志向，信守名節：「自是書生守名節，莫慚辜負指迷人」[345]。悟到真諦，終生不渝。

晶清高節，題贊銘志。葉盛《於少保文山像贊》記載：郎中張遂持文山像求題，像上有於少保讚辭。讚辭八十八字，全文照錄如下：「嗚呼文山，

遭宋之季。殉國忘身,捨生取義。氣吞寰宇,誠感天地。陵谷變遷,世殊事異。坐臥小閣,困於羈系。正色直辭,久而愈厲。難欺者心,可畏者天。寧正而斃,弗苟而全。再向南拜,含笑九泉。孤忠大節,萬古攸傳。我瞻遺像,清風凜然。」[346] 上文又云:「於公座側,懸置此像,數十年如一日。」于謙為愛國英雄文天祥畫像所題寫的讚辭志在君民,不為身計,寧正而死,不苟而活——大志大勇,高風亮節,筆墨坦露,英雄氣概。

勤奮好學,足不出戶。于謙不僅聰穎,而且勤奮,「少讀書,手不釋卷,過目輒成誦」[347]。他讀經書,疏通大旨,見解精闢,語驚四座。他十二歲時,寄住慧安寺,專心讀經書。十六歲時,又讀書於吳山三茅觀。十七歲時,鄉試不第,遭到挫折。一個人,在挫折面前,是挺進,還是退縮?這是英雄與懦夫在性格上的分水嶺。于謙在挫折和失敗面前,不服輸,不氣餒,學益篤,志更堅。于謙後來回憶自己苦讀的經歷時說:「我昔少年時,垂髫髮如漆。銳意取功名,辛苦事紙筆。」[348] 史書也記載他發奮讀書的情景:面壁讀書,廢寢忘食,「濡首下帷,足不越戶」。二十年寒窗,千錘萬擊,二十四歲考中進士。一個讀書人,一個平常人,不歷煉千錘萬擊,不經過刻苦攻讀,是不能金榜題名的。

古今中外,英烈雄傑,只有經受千錘萬擊,磨煉慷慨剛毅大志,學養聰明才智,陶冶優良素質,才能登上歷史舞臺,做出一番恢宏事業。

于謙考中進士,表明他走出深山,邁入仕途,生命跨進一種新的境界。

二

于謙同許多英雄傑烈一樣,在其登上歷史舞臺之時,都要經過一番艱苦磨煉,方能驚世駭俗,煉化成為人傑。于謙是官宦,清官——「烈火焚燒若等閒」,是于謙生命歷程的第二種境界。

于謙從二十四歲中進士,到五十歲喪父(翌年喪母),其間二十六年,是他居官清正廉明、心受「烈火焚燒」的時期。貪官當道,做清官不僅要嚴於正身律己,而且要嚴防群小誣謗。明代另一位保衛京師的民族英雄袁崇煥

有段名言:「勇猛圖敵,敵必仇;振刷立功,眾必忌。況任勞之必任怨,蒙罪始可有功。怨不深,勞不厚;罪不大,功不成。謗書盈篋,毀言日至,從來如此。」[349] 在眾人皆貪我獨清之時,謗書盈篋,毀言日至,自古至今,概莫能外。所以,專制時代,做個清官,既要淨化自我,更要戰勝群魔。于謙為官、任事,志在撫民、鋤奸:「豺狼當道須鋤奸,餓殍盈岐在撫巡」[350];「寄語郎官勤撫字,循良衣鉢要人傳」[351]。他在河南,屢布大政,生平《行狀》,列舉十端:勸糶糧米,備物堰水,減價糶賣,誠禱祈雨,稅糧折色,種樹鑿井,分豁差遣,修築堤岸,撫賑流民,減徵糧布[352]。于謙任官江西、河南、山西時[353],昭雪冤囚、興修水利、疏解流民、落獄論死,都是在烈火中焚燒其身。

第一,昭雪冤囚,疏劾貪官。永樂十九年(1421年)于謙成進士,宣德元年(1426年)選授山西道監察御史。後出使湖廣,返京覆命,疏劾貪功冒殺將吏,永樂帝下旨切責之。他守按江西,輕騎簡從,遍歷所部,延訪父老,清理積案,厘革鄉民之疾苦,平反冤獄以百數,「雪冤囚,數百人」[354]。他疏奏陝西官校,掠民為害,詔遣御史,捕之問罪。他在山西,令「盡奪鎮將私墾田為官屯,以資邊用。威惠流行,太行伏盜皆避匿」[355]。他劾治「王府之以和買害民者,一道肅然」[356]。他還不避權貴,清理官船貨匿私鹽者,河道以清。他巡撫地方時,辦理個案,懲處貪吏,疏解積困,救民水火,「然公持重,不苟為名,凡所規畫,莫不計久遠」[357]。不圖急功近利,而求造福一方。按懲貪官,為民雪怨,「一方若滌,頌聲滿道」[358]。

第二,咨訪民隱,興修水利。于謙巡撫河南、山西,這是兩個多災的地區。以河南為例,非旱即澇,遇上河決,汪洋千里,災民遍野。山西也是十年九旱,北邊兵荒,黎民受苦。于謙上任後,「遍歷諸州縣,察時所急、事所宜興革,即草言之,一歲章數上」[359]。他還奏免山西山陵役夫一萬七千餘人。宣正年間,黃河屢決。如宣德六年(1431年),于謙疏奏:開封等府,「夏秋水溢,田多淹沒」[360]。于謙殫心竭慮,治理河患。《明史》本傳記載:「河南近河處,時有沖決。謙令厚築堤障,計里置亭,亭有長,責以督率修繕。並令種樹鑿井,榆柳夾路,道無渴者。」[361] 據方志記載:黃河決,噬汴堤,「謙躬至其地,

解所服衣以塞決口」[362]。水退民安，民眾懷念。今開封城北辛莊尚有于謙督造的「鎮河鐵犀」[363]，是其督率民眾治理黃河的歷史鐵證。

第三，賑災免賦，疏解流民。宣德間，河南、山西等地災荒，于謙受命為巡撫御史。他處理國家與農民的關係時，是兩者利益兼顧，而不是益上損下。宣德十年（1435 年），于謙疏奏：「河南連歲災傷，人民艱食，乞減半取之。」獲允[364]。正統六年（1441 年），他疏請開官倉、濟窮民：「今河南、山西，積穀各數百萬。請以每歲三月，令府、州、縣報缺食下戶，隨分支給。先菽秋，次黍麥，次稻。俟秋成償官，而免其老疾及貧不能償者。」其州、縣官吏秩滿當遷，「而預備糧儲未完者，不得離任」[365]。未完成任務者，不得異地做官。此疏詔行之。時山東、陝西流民，攜家帶眷，就食河南，二十餘萬。此事處理不當，或會釀成民變。于謙行事慎重，妥善對待：一是請發官倉積粟賑濟，二是奏令布政使授給田、牛、種，三是撫籍立鄉都十萬餘戶，四是請鄉里有司監察之。由是，化解流民，定籍耕農，疏緩民瘼，安定社會。

第四，得罪宦官，落獄論死。于謙為官正直，上不賄要，下不納賂。他每入京議事時，人問其何不囊金銀、帶土物，賄賂當路耶？謙笑而舉其兩袖曰：「吾唯有清風而已。」汴人誦其見志之詩，曰：「手帕蘑菇[366]與線香，本資民用反為殃。清風兩袖朝天去，免得閭閻話短長。」[367]《明史》本傳亦載：于謙「每議事京師，空橐以入，諸權貴人不能無望」。他痛恨貪官汙吏，將其比作吞食民羊的虎狼。其《犬》詩云：「於今多少閒狼虎，無益於民盡食羊。」[368]好人謀事，小人謀人。謀人者怠於任事，謀事者疏於防身。古往今來，莫不如此。于謙在朝在省，革積弊[369]，立新章，執法嚴，敢踬決，得罪了一些人。「太監王振持權勢，以謙無私謁，屬言官廷劾謙怨望」[370]。于謙遭到誣奏，下獄論死。但山西、河南「吏民伏闕上書，請留謙者以千數，周、晉諸王亦言之，乃赦謙以大理寺少卿復往巡撫」[371]。後得釋，遷京官。一個官員不為民做點實事好事，百姓是不會伏闕懇留的。

于謙之為官、為人，恤民公廉，品行高潔，「不以一己之利為利，而使天下受其利；不以一己之害為害，而使天下釋其害」[372]。正如元好問在《薛明府去思口號》中所說：「能吏尋常見，公廉第一難。」于謙之所以能居官

公廉，是緣於他「不辭辛苦出山林」，走出書齋，踏上仕途，便立下《詠煤炭》中的官箴偈言：「但願蒼生俱飽暖。」他一生清素，廉潔方正，「食不重味，衣不重裘，鄉廬數椽，僅蔽風雨，薄田數畝，才供粥」[373]。籍沒之時，家無餘貲。他步入仕途，眾醉獨醒，官場生涯，險象環生。二十年官宦，潔不同汙，烈火焚燒，視若等閒。一個做官人，不經烈火焚燒其身，不能成為公廉清官。

古今中外，英烈雄傑，不經過烈火焚燒，不經受三災八難，不能戰勝群魔，也就不能成佛。

于謙成為清官，百姓景仰，建祠祀之，表明他將承擔大任，生命昇華到一種新的境界。

三

于謙同許多英雄傑烈一樣，在其登上歷史舞臺之巔前，都要經過一番艱苦淬煉，方能鋒利堅剛，成為人傑。于謙官尚書，徹悟──「粉骨碎身全不惜」，是于謙生命歷程的第三種境界。

于謙臨大事，決大議，毅然果斷，莫可奪志。他生命中的最大考驗是遇上「兩變」──「土木之變」和「奪門之變」（後節論述）。蒙古瓦剌部首領也先（額森）崛興，其權力所控，西起阿爾泰山，東達鴨綠江邊，成為全蒙古的大汗。也先驕橫，屢犯塞北。正統十四年（1449年）八月，他率騎大舉南犯，兵至大同。瓦剌兵所過之處，剽掠人畜，「草房焚燒，人跡蕭疏，十室九空」[374]。時明朝已走過洪武、永樂、洪熙、宣德的興盛期。但明英宗年輕氣盛，在有著「父親、母親、老師、朋友、保姆」五重身份的太監王振慫恿下，不察敵情，毫無準備，率五十萬大軍，御駕親征。師至土木，全軍覆沒[375]。明英宗被俘，王振等皆死，「官軍人等死傷者數十萬」[376]。敗兵裸袒，爭競奔逸，「相蹈藉死，蔽野塞川」[377]。這在中國歷史上，空前絕後。朝鮮李朝世宗李祹也認為：「中國之變，千古所無。」[378]敗報傳京，舉朝大震。留守京師的兵部侍郎于謙，在社稷興亡、民族盛衰之際，顯出大智大勇、英雄壯色。于謙在歷史轉折關頭，「得失紛紛隨夢蝶，公私擾擾付蛙鳴」[379]，

于謙六百年祭

不計得失,不顧安危,大義凜然,勇擔重任,內總機宜,外修兵政,「保固京師,奠安社稷」[380]。

第一,斥遷都,懲閹奴。英宗被俘,國中無主,君出虜入,朝野惶懼。在廷議戰守之策時,「群臣聚哭於朝」,人心惶惶,明祚危危。侍講徐珵(有貞)言:「天命已去,惟南遷可以紓難。」[381] 于謙恫哭[382]斥曰:「言南遷者,可斬也!京師天下根本,一動則大勢去矣,獨不見宋南遷乎!」[383] 眾是其言,守議乃定。在朝堂之上,廷臣議請族誅王振,振黨馬順抗辯,相互擊打,朝班大亂。郕王疑懼,欲避退,大臣亦多斂避。時「謙堅立不動,掖王且留,請降旨宣諭順罪應死」[384]!於是,王宣諭曰:「順等罪當死!」眾官激情漸穩定[385],于謙袍袖,為之盡裂。以上兩事,見其膽識,時于謙僅為貳卿。明大學士葉向高評論道:「當其時,舉朝倉皇,莫知為計。至倡南遷之議,而忠肅公以一貳卿,奮然當禍變之衝,獨任天下之重,力排邪說,尊主重皇」[386],國體彌尊,宸樞再奠。

第二,立新君,主戰守。英宗被俘,社稷危難。「上北狩,廷臣間主和,謙輒曰:『社稷為重,君為輕。』」[387] 于謙等擁立郕王即位,是為景泰帝。于謙為兵部尚書[388],主持京師防守大計。他精心備戰:分派官將,嚴守九門;繕備器械,簡兵補卒;支出倉糧,堅壁清野[389]。他提督各營軍馬,列陣九門外,抵擋瓦剌也先來兵。他移檄切責主和者,由是「人人主戰守,無敢言講和者」[390]。他申約束、嚴軍令:「臨陣,將不顧軍先退者,斬其將;軍不顧將先退者,後隊斬前隊。」[391] 軍紀為之肅然,軍威因之大振。

第三,督軍民,衛京師。十月,也先率軍,挾持英宗,兵臨北京城下。于謙「躬擐甲冑,率先士卒,以死自誓,泣諭三軍」[392]。官兵皆受感奮,勇氣百倍,矢志「捐軀效死,以報國恩」[393]。于謙提督各營軍馬,鎮於九門,奮力禦守。明軍在德勝門、西直門、彰義門先後分別擊敗瓦剌軍。也先弟孛羅和平章卯那孩中炮死。也先又移軍京師北土城,「居民皆升屋,以磚瓦擲之」[394],號呼擊寇,嘩聲動天。軍民合力,奮勇打拚,激戰數日,擊退瓦剌,取得京師保衛戰的勝利。景泰元年(1450年)春夏間,敗瓦剌軍於萬全,並

加强了居庸、大同、宣府的御守。也先兵攻不勝，用間不逞，始有送還英宗之意。

第四，迎英宗，設京營。是否迎回英宗，于謙處境兩難：朝臣意見不一，景泰帝亦不悅。于謙從大局著眼，勸景泰帝奉迎太上皇。景泰帝勉強言曰：「從汝，從汝！」[395]《明史》本傳載：上皇歸，「謙力也」。這是對當時輿論界認為于謙反對迎歸英宗的辯駁。朱祁鎮回京，被安置於南宮[396]。「一時君臣自信，舊君決無反正之理」，但是，「嫌積釁開，恨深仇巨」[397]，易位之變，埋下禍根。于謙為加強皇都衛戍，改革京營舊體制，設立團營之制。先是，永樂帝遷都北京後，逐漸健全京軍三大營，即五軍營（肄營陣）、三千營（肄巡哨）、神機營（肄火器）。但土木之敗，京軍敗沒幾盡。于謙認為傳統軍制弊病在於：三大營各為教令，不相統一，臨期各地調撥，兵將互不相識。這種軍隊，不能適應新形勢禦敵之需。他整頓軍伍，嚴肅軍紀[398]，加強衛戍，奏設京營。于謙奏請：「於諸營選勝兵十萬，分十營團練。」[399]其意義在於：一是統一指揮，二是選拔精銳，三是嚴密組織，四是分明責任，五是兵將相習，六是嚴明號令。京營之制，由此一變。《明史·兵志》說：「于謙創立團營，簡精銳，一號令，兵將相習，其法頗善。」但是，英宗復辟，于謙死，團營罷。後復之，旋又罷。爾後，京營腐敗，武備廢弛，京營之軍：「官多世冑紈絝，平時占役營軍，以空名支餉，臨操則肆集市人，呼舞博笑而已。」臨陣時，「驅出城門，皆流涕不敢前，諸將領亦相顧變色」[400]。京營軍制的腐敗，後來在嘉靖庚戌之役和崇禎己巳之役，先敗於蒙古軍，後敗於滿洲軍，就是兩個例證。

于謙保衛京師的歷史意義，查繼佐將其比作朱棣的靖難之役：「而謙之再造，更光於靖難。」[401]此論偏隘。前者僅囿於帝統血胤的承續，後者則干係民族文化的盛衰。袁裘則論曰：「於公以一書生，砥礪狂瀾，屹然不動，坐使社稷，危而復安。觀其分守九門，移營城外[402]，堅壁清野，三鼓士氣，空房設伏，誘敗敵騎[403]。而喪君有君，廟算無失，專意戰守，罷黜和議，計擒喜寧，芟除禍本。故能返皇輿於絕漠，正帝座於黃屋。謀國之善，古未聞也。」[404]同上評論，如出一轍，黃宗羲在《明夷待訪錄》中揭示：「蓋天下之治亂，不在一姓之興亡，而在萬民之憂樂。」于謙率領中原軍民，抗

擊瓦剌也先南犯，其歷史意義在於：不僅是維護大明社稷、保衛皇都北京，而且是捍衛農耕文明、抵禦草原文化侵擾。于謙保衛京師之業績，實踐了其文山像讚辭：「衣間別有文山句，千載令人拭淚看。」[405]一介書生，一個官員，不經粉身碎骨的考驗，焉能成為英烈豪傑。

古今中外，不經過大悲大劫，不身歷大苦大難，絕不能建樹大功大業，蓋不能成就千古英烈。

于謙成為勳臣，國之棟樑，百姓景仰，但是，泰極否來，月盈則虧，他的生命又升入一種新的境界。

四

于謙同許多英雄傑烈一樣，在其退出歷史舞臺之後，都要經過長期歷史檢驗，受得歷史檢驗者，永留清白在人間，成仁取義薪火傳。于謙身後諡忠肅，成仁——「要留清白在人間」，是于謙生命歷程的第四種境界。

于謙真正經受粉身碎骨的考驗，是明英宗朱祁鎮的土木之變（前文已述）和奪門之變。奪門之變是一場驚心動魄的死生之爭。與謀者徐珵改名有貞，臨事訣別家人曰：「事成，社稷之福；不成，家族之禍。去矣！歸耶，人；不歸，鬼！」[406]有論者曰：于謙應在徐有貞、石亨等發動政變之前，將其陰謀粉碎，黨羽一網打盡。于謙是一位受儒家思想教育的人，忠君是其基本的理念。他當時的處境是，一僕四主——朱祁鎮及其太子見深和朱祁鈺及其太子見濟，左右不是，前後為難，易主易儲，難以兩全。朱祁鎮復辟成功後，如何處置于謙？政治鬥爭是殘酷的，既然是「奪門」，又要稱「迎駕」[407]。徐有貞說：「不殺于謙，今日之事無名。」[408]于謙無罪，以「意欲」兩字成獄，定讞謀逆，被處死刑。于謙成了朱祁鎮和朱祁鈺兄弟皇位爭奪的替罪羊。朱祁鎮是太上皇，朱祁鈺則是今上，二者你死我活，于謙站在何方？屠隆論曰：于謙「顧念身一舉事，家門可保，而兩主勢不俱全；身死則禍止一身，而兩主亡。方徐、石兵夜入南城，公悉知之，屹不為動，聽英宗復辟，景廟自全，功則歸人，禍則歸己。公蓋可以無死，而顧以一死，保全社稷者也」[409]。此種評論，頗中肯綮。在當時歷史條件下，言干天位，事關社稷，于謙作為一位正統高級

知識官員，其最佳的選擇只能是捨生取義，殺身成仁。正如陳繼儒所言，於公「敢於任死，而悶於暴名」。做社稷之忠臣，結社稷之正局。此非豪傑之勇，實乃大賢之仁。這從于謙的政治理念、生命價值、道德情操、處世原則四個方面可以得到詮釋。

于謙的政治理念是，重社稷，愛蒼生。他以「功在朝廷，澤被生民」[410]作為人生的旨歸。一個英雄的生命源泉，必有高尚之愛。愛之愈深，情操愈潔；愛之愈廣，品格愈高。于謙雖出生於官宦世家，家風勤儉清勵，乃父清介不仕，故經濟並不寬裕。他的《祭亡妻》文云：「吾家素貧，日用節儉」[411]，僅為中產，當屬實情。他居官「門第蕭然，不容私謁」[412]。他節儉的生活，樸素的思想，比較貼近平民，也容易憐憫百姓。僅據《忠肅集》粗略統計，他寫下三十四首憫農詩，占其詩作總數的近百分之十。諸如《田舍翁》《採桑婦》《收麥詩》《憫農》以及《喜雨》之作等。其《田舍翁》云：

可憐憔悴百年身，暮暮朝朝一盂粥。

田舍翁，君莫欺。

暗中胺剝民膏脂，人雖不語天自知。[413]

其《憫農》詩亦云：

無雨農怨咨，有雨農辛苦。

農夫出門荷犁鋤，村婦看家事縫補。

可憐小女年十餘，赤腳蓬頭衣藍縷。

提籃朝出暮始歸，青菜挑來半沾土。

茅檐風急火難吹，旋爇山柴帶根煮。

夜歸夫婦聊充饑，食罷相看淚如雨。

淚如雨，將奈何。有口難論辛苦多。

嗟爾縣官當撫摩。[414]

這是于謙能夠成為廉潔清官的靈魂寫照。這般高尚之人，不趨炎邀利，不乘時迎合，重名節，輕財帛。

于謙的生命價值是重名節，輕財帛。他的《無題》詩略云[415]：

名節重泰山，利慾輕鴻毛。

所以古志士，終身甘縕袍。

胡椒八百斗，千載遺腥臊。

一錢付江水，死後有餘褒。

苟圖身富貴，朘剝民脂膏。

國法縱未及，公論安所逃。

于謙淡泊名利，冀求清白，嘗以「清風一枕南窗臥，閒閱床頭幾卷書」[416]自慰。他一心任事，不怕丟官：「好在故園三畝宅，功成身退是男兒」[417]。他不擺官譜，為政清廉：「因葬親徒步還鄉，不煩輿傳」[418]。他生活簡樸，衣食清素：「衣無絮帛，食無兼味」[419]。他笑看長生，安於清貧：「修短榮枯天賦予，一官隨分樂清貧」[420]。他愛民如子，看重清名：「有司牧民當體此，愛養蒼生如赤子。庶令祿位保始終，更有清名播青史。剝民肥己天地知，國法昭昭不爾私。琴堂公暇垂簾坐，請誦老夫收麥詩。」[421]于謙重視國法，愛養蒼生，珍重名節，輕薄利慾，體現了其高尚的情操。

于謙的道德情操是志高遠，內自省。于謙有遠大的目標，寬廣的襟懷。他念蒼生，憫農夫，這在明朝腐敗官場中是十分可貴的。他以詩詞表述自己的念農情懷：「好挽銀潢作甘雨，溥沾率土潤蒼生」[422]；「安得天瓢都挽取，化為甘雨潤蒼生」[423]。他希望自己能有一把天瓢，挽取銀河之水，化作甘霖，滋潤禾苗，獲得豐年，樂安蒼生。于謙以儒家內省，嚴於律己，不斷反思。人之所以犯錯誤，多源於自是自私，而鮮於自察自省。據初步統計，于謙反思的詩如《自嘆》四首、《自咎》四首、《初度》四首，都充滿了自律、自省、自責、自咎的可貴精神。這種內心自省，不僅淨化靈魂，而且趨近自然。

于謙的處世原則是分善惡，辨正邪。君子與小人，水火不相容。明永樂十九年（1421年），于謙同科進士劉球，官翰林侍講，以直諫，觸王振。振大怒，下球獄，屬太監馬順殺之。「順深夜攜一小校至球所。球方臥，起立，大呼太祖、太宗。頸斷，體猶直。遂支解之，瘞獄戶下」[424]。于謙敬仰他的同年，作《劉侍講畫像贊》[425]。其文曰：

鐵石肝腸，冰玉精神。超然物表，不涴一塵。古之君子，今之藎臣。才足以經邦濟世，學足以尊主庇民。持正論以直言，遭奸回而弗伸。獲乎天而不獲乎人，全其道而不全其身。……噫，斯人也，正孔、孟所謂取義成仁者歟！

上述讚辭，像面鏡子，映照出一位英烈的崇高形象：鐵石肝腸、冰玉精神，全其天道，不顧爾身，捨生取義、殺身成仁，偉哉烈哉，忠肅于謙！

人生於自然，死歸於自然。于謙借煤炭喻人生：「但願蒼生俱飽暖，不辭辛苦出山林。」[426] 煤炭是無私的，它的出山，為著人間的溫暖。于謙又借孤云喻人生：「大地蒼生被甘澤，成功依舊入山林。」[427] 天雲也是無私的，它造福萬民後，不求報答，遁入山林。于謙說：「人生不滿百，常為千歲計。圖利與求名，昂昂爭意氣。晝營夜復思，顧恐力弗至。一旦壽命終，萬事皆委棄。」[428] 于謙遭誣，雖死猶生，後世民眾，立祠景仰。河南父老，建庇民祠祀之[429]。帝都北京，「公被刑日，陰霾翳天，京師婦孺，無不灑泣」[430]。後將其故居改祠，堂三楹，中塑公像，春秋享祭[431]。頌云：「廟食帝城東，巍峨天人表。」[432] 京師於少保祠[433] 成為北京歷史文化勝蹟[434]。在杭州，于謙祠墓，受到景仰。明憲宗成化帝在追錄於少保時，借用李蕡之語：「皇天后土，鑒生平忠義之心；名山大川，還萬古英靈之氣。」[435] 超然物外，一身正氣。明孝宗弘治帝以于謙「能為國家建大議、決大事而成非常之功」，諡曰「肅愍」[436]，祠額曰「旌功」[437]。明神宗萬曆帝以于謙「有鞠躬報國之節，有定傾保大之勳」，改諡曰「忠肅」[438]。後又「祠于謙『忠節』」[439]。于謙被尊稱為「於忠肅公」[440]。

古今中外，英烈雄傑，經過大苦大悲，大劫大難，成就大義大仁，大智大賢，受到百姓景仰，萬民頌傳，載諸歷史典籍，千古不朽。中國歷史上的

于謙六百年祭

　　岳飛、文天祥、于謙、袁崇煥等都是如此。他們的人生，都經歷了千錘萬擊、烈火焚燒、粉骨碎身的三種境界，最後昇華為第四種境界——留下清白在人間，完善人格，史冊永垂，為中華文明，為人類正義，增加新的財富，增添新的光彩。于謙「要留清白在人間」，是他留給中華民族優秀文化遺產中最重要的精神財富，即：其品清介，清勵忠介；其性清鯁，清素骨鯁；其官清廉，清正公廉；其人清白，清芬潔白。于謙像一顆明星從天庭中隕落，劃破黑夜的長空，給人間帶來光明。于謙之死，程敏政曰：「主於柄臣之心，和於言官之口，裁於法吏之手。」[441] 有人稱此話為公論，愚實以為不然。應當說，于謙以偉功取奇禍，死於英宗之意。在帝制時代，君為主，臣為客。黃宗羲於歷明清甲乙之際，睹君主專制腐敗，因之痛言：「為天下之大害者，君而已矣！」[442] 在君主專制時代，柄臣、言官、法吏、閹宦，都是皇帝的奴才和鷹犬。有了主子的隱示，他們便幸於迎合，鐘於忌賢，趨炎阿附，乘時邀利。應當說，于謙之冤死，主於英宗之心，出於佞臣之謀，行於群小之誣，裁於汙吏之手。真乃「此一腔血，竟灑何地！」[443] 冤死西市，蒼天悲泣。黃宗羲曾言：「殺其身以事其君，可謂之臣呼？曰：否！」然而，對于謙不能做超越時代的苛求。

　　于謙生命歷程的四種境界，是其留給後人的精神財富。于謙之死，不僅是於忠肅公的個人悲劇，而且是中華文明的一場悲劇。于謙以隕星的悲鳴，給予世界這個燭籠——雖去一條骨，卻增一路明。

論戚繼光

戚繼光（1528—1588 年），山東蓬萊人，是明代偉大的軍事家、傑出的民族英雄。

一

社會需要、個人才智、歷史機遇——三者的交錯聯結與有機統一，是一個歷史人物在社會舞臺上演出喜劇或悲劇的歷史原因。戚繼光一生中的功業與孤獨、有幸與不幸，都應當在這裡探索歷史的答案。

《明史·戚繼光傳》贊曰：「戚繼光用兵，威名震寰宇。然當張居正、譚綸任國事則成，厥後張鼎思、張希皋等居言路則廢。」[444] 誠然，戚繼光的戎績與進退，同張居正、譚綸至為攸關。但戚繼光先戍薊「防虜」，後赴浙「御倭」，其時張居正並未當國，譚綸則初官知府。《明史·戚繼光傳》的撰者，過言黨爭之事。應將戚繼光置於錯綜複雜的歷史網絡中，進行多層次、多角度的歷史考索。

倭盜騷擾海疆，明廷決意御倭，為戚繼光施展才智提供了一座軍事舞臺。

中國自近世以來，不斷受到外來勢力的侵略。這是中華民族文明史上從未出現過的新困擾。早在十四世紀初，倭盜從海上襲擾中國北部和東部沿海地區。元末，「倭人連寇瀕海郡縣」[445]，火城市，殺吏民，為害匪淺。明初，「倭數寇海上，北抵遼，南訖浙，瀕海郡邑多被害」[446]，給沿海居民生命與財產造成慘重損失。爾後，西班牙、葡萄牙、荷蘭等殖民者，從海上向中國東南與中南地區，俄國從陸上向中國東北與西北地區，進行殖民掠奪與擴張。特別是在明中後期、明清之際和清中後期，沿海地區受到三次大的殖民海盜騷擾。在反對外來侵略勢力的鬥爭中，出現了以明代戚繼光與鄭成功、清代薩布素與林則徐為代表的民族英雄。戚繼光則是中華民族發展史上最早反抗外來侵略的著名民族英雄。戚繼光以御倭而顯名，但明代的倭患需略作分析。

論戚繼光

明代的倭患,似可分為前、中,後三期。前期即明初,日本群藩割據,戰亂不已。戰敗的流浪武士與貪婪商人,到中國沿海城鄉搶掠糧食和財物,並劫掠人口,作為奴隸[447]。其時明朝國力強盛,在沿海設置衛所,以資防倭[448]。並屢挫倭犯,未釀成大患。如永樂十七年(1419年),遼東總兵官劉江在望海堝大敗倭盜,斬首千餘,生擒數百,「自是海上數十年,民各安業」[449]。

後期即萬曆朝,日本豐臣秀吉於萬曆二十年(1592年),派二十萬大軍侵略朝鮮,「攻陷王京,掠占平壤,生民塗炭,遠近騷然」[450]。倭患殃及中國,據朝鮮史書載述擄倭供言:日軍「先陷朝鮮,入據其地,然後仍犯中國」[451]。明廷鑒於同朝鮮為「唇齒之國,有急當相救」[452],出兵朝鮮,援朝抗倭。戰爭歷時七年,以日本失敗而告終。明朝前期和後期的倭患,其共同點是,同為日人肇起騷亂,又均以日人為成員;其不同點是,前者由中國地方軍民,在中國沿海地區展開抗倭鬥爭,後者則由明廷派出軍隊,在異國朝鮮土地上進行御倭戰爭。這兩期抗倭,受時勢、地域和社會等因素的制約,雖不乏驍勇戰將,但未鑄成偉大的軍事家。

明代中期的倭患,以嘉靖朝為甚。這是因為:永樂帝遷鼎燕京,邊防重北輕南,東南防務空虛;東南沿海地區經濟實力日增,商品經濟發展,而明廷又採取禁海和劫殺[453]的錯誤政策;明朝在己巳、丁丑和庚戌三變後元氣大傷,日趨衰落,軍備廢弛;日本列島群雄割據,浪人以島為巢,登岸肆掠,真倭與假倭相勾結——「各島諸倭歲常侵掠,濱海奸民又往往勾之」[454]。自正統以降,逐漸釀成倭患。正統四年(1439年)史載:

是年,寇大鬨,入桃渚,官庾民舍,焚劫一空。驅掠少壯,發掘塚墓。束嬰竿上,沃以沸湯,視其啼號,拍手笑樂。捕得孕婦,卜度男女,刳視中否,為勝負飲酒。荒淫穢惡,至有不可言者。積骸如陵,流血成川。城野蕭條,過者隕涕。[455]

至嘉靖朝中期,釀成倭患大禍。「自魯迄粵,海疆糜沸,江浙受禍尤酷」[456]:略揚州,殺同知,居民遭焚劫;薄蘇州,城門閉,鄉民繞城哭[457]。受倭患的城鎮,「四郊廬舍,鞠為煨燼;千隊貙狼,空填溝壑。既傷無辜之軀命,

復浚有生之脂膏。聞者興憐，見者隕涕」[458]。遭倭難的地區，「兵火之後，百姓流移。死者未葬，流者未復。蓬蒿塞路，風雨晦明。神號鬼泣，終夜不輟」[459]。浙東浙西，江南江北，濱海千里，同時告警，倭帆所指，皆為殘破。因此，抗倭既是明廷維護皇權的需要，也是民眾謀求生存的願望。戚繼光在浙、閩的抗倭，受到明廷的重視，也得到百姓的支持。這就為戚繼光在抗倭中貢獻才智準備了歷史的條件。

蒙騎屢破長城，明廷加強禦守，為戚繼光施展才智提供了又一座軍事舞臺。明代的蒙古貴族，不斷地騷擾北邊，內犯中原，正統之後，尤為劇烈。《明史·韃靼傳》載：「當洪、永、宣世，國家全盛，頗受戎索，然畔服亦靡常。正統後，邊備廢弛，聲靈不振。諸部長多以雄傑之姿，恃其暴強，迭出與中夏抗。」[460]正統己巳之變與嘉靖庚戌之變，皇帝被俘，京師被困，明之防務，重在北邊。在東南沿海倭平之後，北部防務，益加突出，「天下之大患，莫重於邊防」[461]。北邊防務，重點在薊，「今之邊務，莫重於薊」[462]。隆慶元年（1567年），嘉靖帝採納給事中吳時來之言，調總兵官戚繼光北上守薊。

在戚繼光守薊的十六年間，恰逢諸多歷史機緣。

第一，蒙古走向割據衰落，滿洲尚未統一崛興，時處嘉靖庚戌攻擾京師後與崇禎己巳攻打京師前的北騎南犯低潮之際。

第二，明廷採納寧夏巡撫王崇古之議[463]，詔封俺答汗為順義王，開關貢市。萬全等地開市之日，店賈交易，「鋪沿長四五里許」[464]，北邊形勢，為之一變。

第三，張居正當國，譚綸主戎政，究心軍謀，委任責成，使其動無掣肘，事克有濟。

第四，薊鎮與遼東，「表裡相依，不啻唇齒」。戚繼光戍薊門設嚴守固，李成梁鎮遼東屢奏大捷，內外配合，遙相呼應[465]。上述的有利因素，為戚繼光守薊功成促合了歷史的機遇。

但是，在平倭與守薊的兩座軍事舞臺上，戚繼光之所以能比同時代人扮演更雄壯的角色，還有其自身的原因。

論戚繼光

戚繼光的始祖戚詳，曾隨朱元璋起兵，從戎近三十年，攻戰陣亡。明廷為追念戚詳開國之功，授其子斌為明威將軍，世襲登州衛指揮僉事[466]。斌子珪，珪子諫，諫子宣，宣無子，弟寧娶閻氏生子景通即繼光之父。從明初起，倭盜不斷騷擾山東沿海州縣，登州衛成為海防重地。明在登州設置七所，軍官百餘人，軍兵三千二百餘名[467]。戚家自斌至繼光，任登州衛指揮僉事共歷六世，約一個半世紀。繼光之父景通曾歷大寧都司掌印，坐京師神機營副將，並以都指揮僉事督備倭諸軍事。景通喜讀書，不阿附，「常席地讀書，當暑不輟」[468]，劉瑾時，「部戍卒踐更京師，瑾陰遺之席帽，約曰：『著此帽為劉景通。』不肯著，為黃冠遁去」[469]。景通教子極嚴，嘗以「綺疏四戶」、「綦履錦衣」詁誡之，並教育其讀書立志，報效社稷。景通晚年，「畫策備胡，累數百牘」[470]，究心邊事，頗有撰述。景通忠介清廉，死後「家徒四壁，惟遺川扇一柄」，貧至其遺孀告貸襚殮。戚景通於軍事理論之造詣，戎事實踐之豐富，經史藝文之淵博，居官做人之清介，均予戚繼光以重要的影響。

天啟初，山東總兵沈有容嘗言：戚繼光以「世胄起家，得讀父書，所謂將門出將，故師出以律」[471]。戚繼光出身於將門，幼時讀書之餘，則「融泥作基，剖竹為桿，裁色楮為旌旗，聚瓦礫為陣壘，陳列階所，研究變合，部伍精明，儼如整旅，居然蛇鳥之勢，而綽有風雲之狀」[472]。他日金鼓旗幟之節，營伍奇正之方，茲已斑斑微露。稍長性倜儻，負奇氣，「不求安飽，篤志讀書」，習兵法武備，「通經史大義」[473]。他嚴於律己，嘗書「十四戒」[474]置於座右，並鄉試中武舉。青少年時的經歷，將門家風的熏陶，為戚繼光後來事業的成就，準備了重要的條件。

戚繼光先祖世襲登州衛指揮僉事，他生長於山東蓬萊水城，自幼受海洋文化熏陶，知風信，識潮汐，習波濤，明舟師，更瞭解沿海民眾甘苦，又具有訓練水兵經驗。他的《紀效新書》（十八卷本）有《治水兵篇》，其《紀效新書》（十四卷本）則有《陸兵舟行解》《船》《舟師號令》《水操解》《發舡號令》《行泊號令》《夜行號令》《水戰號令》《潮汐歌》《太陽歌》《寅時歌》《潮信歌》《風濤歌》《水兵陸操號令》十四節。他率軍在沿海抗倭戰爭中，陸兵水兵，步車戰船，兩棲作戰，彼此轉換，相互配合，展現優長。這是戚繼光在浙、閩沿海抗倭，鑄成偉大英雄的又一個重要的條件「封侯非

我意，但願海波平」[475]。戚繼光利用了時代的條件與機遇，秉承父祖遺志，縈念民苦國憂，胸懷壯志，氣概博大，登上蕩平海波、御守薊門的軍事舞臺。

二

戚繼光「飆發電舉，屢摧大寇」[476]，在抗倭戰爭中立下千古不朽的功勛。

在嘉靖朝的御倭戰爭中，戚繼光的行動同東南沿海抗倭形勢相聯繫，而東南沿海抗倭的形勢又同朝廷政局相聯繫。嘉靖帝自二十一年（1542年）「壬寅宮變」後，移居西苑永壽宮（後改名萬壽宮），不入大內，不御朝政。大學士嚴嵩無他才略，「唯一意媚上，竊權罔利」[477]，並遍引私人，官居要職。趙文華以附嵩，受命總督江浙諸軍事。御倭事權不一，戰撫不定，用人失當，功罪倒衡。巡撫浙江兼提督浙、閩海防軍務的朱紈，雖屢獲大捷，卻遭讒下獄，自「制壙志，作俟命詞，仰藥死」[478]。都指揮盧鏜雖獲戰功，因坐朱紈事系獄[479]。巡撫浙江兼提督軍務王忬，上方略、整軍旅、破倭犯、見成效，但被調任，「浙復不寧矣」[480]。總督張經敗敵於王江涇，因怠慢趙文華而落獄，巡撫李天寵亦下獄，俱被斬首，「天下冤之」[481]。南直巡撫曹邦輔以獲捷被謫戍[482]，甚至總兵俞大猷也因捷遭誣下獄，賴友人密資嚴世蕃方解獄戍邊[483]。出力任事之臣，落獄、受戮；弄權諂媚之流，卻得寵、晉官。趙文華不知兵，上平倭患七事，「首以祭海神為言」[484]，並飾奏「江南清晏」，竟官至總督、尚書。從而使得東南沿海倭患伏而復起，愈演愈烈。

倭患不僅禍及東南沿海居民，而且危及漕運。明代都城在北京，而經濟重心在江南，「天下財賦，大半取給東南」[485]。明朝中期，「河、淮以南，以四百萬供京師」[486]。漕運自江而淮而黃，終至京師。漕運梗阻，殃及京城。倭盜騷擾江、浙一帶，影響明廷的財賦與漕運。如「倭至揚州，營於灣頭鎮數日。逆犯高郵，入寶應，信宿而去。突犯淮安，掠民船四十餘艘，旋復入寶應，燒燬官民廬舍，掘縣北土壩，泄上河水入，乃駕舟溯東鄉，由鹽城至廟灣，入海居數日，開洋東遁」[487]。倭盜滋擾杭、蘇、寧、淮、揚等地帶，明廷的陵寢、留都、賦源和運道，同時告急。以撫、以賄[488]消弭禍亂的主張，不得人心，遭到摒棄。因此，面對倭患危急態勢，只能作出一種回答：抗禦

倭寇，衛國保民。戚繼光就是在這樣的情勢下，開始受命抗倭的。他在平倭十五年間，可分作備倭山東、至浙練軍、抗倭浙江和援閩御倭四個時期。

備倭山東，海疆肅靖　嘉靖三十二年（1553年）六月，戚繼光「進署都指揮僉事，督山東備倭事」[489]。其時，倭犯重點在浙江。浙江王忬去職，張經與李天寵下獄。趙文華以禱祀東海鎮倭寇之猖獗兼督察沿海軍務而至浙，凌轢官吏，公私告困，外患內擾，益無寧日。但山東所受干擾較少，戚繼光得以施展才能。他熟悉海情、倭情。早在宣德八年（1433年），其高祖戚珪即上言備倭事：

初山東緣海設十衛、五千戶所，以備倭寇。其馬步軍專治城池器械，水軍專治海運。後調赴京操備、營造，軍士已少。而都指揮衛青，復聚各衛馬步水軍，於登州一處操備。遇夏分調，以守文登、即墨諸處，及秋夏聚。若倭寇登岸，守備空虛，無以禦敵；且倭船肆掠，無分冬夏，倉卒登岸，而官軍聚於一處，急難策應。請以原設捕倭馬步水軍，各歸衛所，如舊守備，且習海運，遇有警急，相互援應，則芻糧免於虛費，軍民兩便。[490]

疏上，命山東三司及巡按御史計議以聞。戚繼光繼承先世歷代御倭、治軍、海運經驗，設署於登州（今山東蓬萊）太平樓前[491]。他振飭營伍，整刷衛所，清理錢糧[492]，嚴明紀律，懲治閭里豪強，巡察海上營衛，所轄海疆平靜，御倭卓有成績。御史雍焯疏薦言：「海防之廢弛料理有方，營伍之凋殘提調靡墜。謀猷允濟，人望久孚。」[493] 由是，調任浙江都司僉書。

浙戎初挫，募練新軍　嘉靖三十四年（1555年）七月，戚繼光轉浙江都司，管屯局事。翌年七月，進分守寧、紹、臺三郡參將[494]。後趙文華再視師至浙，凌脅百官，搜括庫藏，「外寇未寧，內擾益甚」[495]。東南倭患之火又呈熾勢。他雖獲龍山、縉雲等小捷，但形勢不利，兵不頤使，攻不克，坐免官，戴罪辦倭，立功復官。挫折與困惑使戚繼光認識到：「今軍書警報，將士憂惶，徒將流寄雜兵應敵，更取福、廣舟師驅而陸戰，兵無節制，卒鮮經練，士心不附，軍令不知。況又赤體赴敵，身無甲冑之蔽，而當慣戰必死之寇；手無素習之藝，而較精銛巧熟之技。且行無齎糧，食無炊爨，戰無號令，守無營壁，其何以禦寇？」[496] 於是，戚繼光找到了一件克敵制勝的法寶——

募練新兵。嘉靖三十六年（1557年）二月，戚繼光違眾排紛，上《練兵議》。議獲準後，招募紹兵，經過訓練，軍容咸整；但兵員素質差，怯於短刃格鬥。兩年後，他再上《練兵議》，請招募金華、義烏礦工、農民等入伍，得到總督胡宗憲的支持。這支新軍：

其選編之法，凡城居者不用，嘗敗於敵者不用，服從官府者不用，得四千餘人。其前紹兵弊習，一切反之，遂以成軍。練之期月，皆入縠。再易月，而偏部中法，無不以一當百也。[497]

戚繼光招募新軍獲得成功，為他在浙平倭奏捷鑄成了利劍。

抗倭浙江，戰功卓著　戚繼光在浙平倭，除募練「戚家軍」外，還需有利的抗倭態勢。先是，給事中孫濬上言，防倭諸臣事權不一，牽掣靡定，迄無成功。廷準兵部覆奏：「諸臣職守：督察主竭忠討寇，實核布聞；總督主徵集官兵，指受方略；巡撫主督理軍務，措置糧餉；總兵主設法教練，身親臨陣。」[498] 後胡宗憲為總督，趙文華得罪死。宗憲賄斬徐海、誘擒汪直，平之[499]。浙江平倭形勢發生變化。這為戚繼光抗倭告捷提供了有利的條件。戚繼光率領「戚家軍」在浙抗倭的突出成績是臺州大捷。嘉靖四十年（1561年）夏，倭盜船數百艘、一二萬人犯臺州（今臨海），分侵州治濱海之新河[500]、桃渚、健跳和隘頑諸所。依總督胡宗憲部署，戚繼光以「敵眾我寡」[501]之兵，分路應策，併力合擊，先討敵大股，後依次殲除。他急趨寧海，扼「三面阻山、一面濱海」[502]的桃渚，敗之龍山。倭分流七百餘兵突襲新河。時城內空虛，戚繼光夫人令「城守士卒及婦女，悉假兵裝，布列城上，旌旗叢密，銃喊齊哄」[503]。敵疑未敢近城——演出一場「空城計」。戚繼光率師回救，敵又乘虛襲臺州。他身先士卒，手殲其酋，獲花街之捷，敗敵汩沒瓜鄰江[504]波底。「戚家軍」又在健跳、隘頑，水陸並擊，奇正相合，各路相繼敗敵。是役，歷時四十天，先後九戰皆捷，共斬俘四千一百餘人，釋係男婦八千餘人，繳獲器械無算，「所響以全取勝」[505]。「戚家軍」班師入府城，「老稚士女歡呼，自以為罹毒以來，無如此捷大快也」[506]！這是戚繼光在浙平倭中最為輝煌之役，由此，「戚家軍」遐邇聞名。

論戚繼光

福建御倭，連獲三捷　浙東倭平，閩中告急。戚繼光率「戚家軍」轉師福建，橫嶼、平海、仙遊等屢相告捷。其時，浙閩總督胡宗憲因書通嚴嵩子世蕃被劾下獄，後「竟瘐死」[507]。但譚綸再起為福建巡撫[508]，二人上下協和。繼光在閩抗倭，得展其才。嘉靖四十一年（1562年），倭盜大舉犯閩，戚繼光師至寧德。距城十里海中的橫嶼，倭踞三年，結營其中，潮長成海，潮退為泥。八月初八日，戚繼光值潮退，督兵「陣列鴛鴦，負草填泥，匐匐而橫進」[509]。抵岸後，戚兵南北夾擊，背水血戰；倭盜據城拒守，拚死頑抗。戚軍力拔重城，焚其巢居，「如奔雷迅電，立見掃除」[510]，漲潮前回師。九月，搗牛田，奪林墩[511]，入興化，勒石鐫銘於平遠臺。四十二年（1563年），倭於上年破興化府（今福建莆田），至是又據平海衛。是為倭犯以來首陷府城，遠近震動。巡撫譚綸令參將戚繼光將中軍，廣東總兵劉顯為左軍，福建總兵俞大猷為右軍，合攻興化前哨之平海。戚軍先登，左右軍助擊[512]，克收全捷，擒斬二千四百五十一級，釋還被掠者三千餘人，婦女裸跣者給衣布而遣之。興化亦復。四十三年（1564年），戚繼光戰仙遊，用寡擊眾，以正為奇，破重圍，收全捷。是役，「蓋自東南用兵以來，軍威未有若此之震，軍功未有若此之奇也」[513]。戚繼光晉總兵官，後與俞大猷戰南澳，敗吳平。至嘉靖末，東南沿海，「倭患始息」[514]。

戚繼光在魯、浙、閩、粵的抗倭，具有歷史的正義性與民族性。或言史載「真倭十之三，從倭十之七」[515]，以此認為這是一場國內戰爭。實為不然。其一，上述《明史·日本傳》引文前有地域限制，即太湖以北地區。其二，上述引文前有「大抵」二字，僅概略言之。其三，真倭為主，所俘大隅島主之弟辛五郎等獻首京師，蔣洲在倭中諭山口、豐後二島主源義長、源義鎮放還被掠人口而具方物入貢，即是例證。其四，漢人為從，所掠人口，「男則導行、戰則令先驅，婦人晝則操繭、夜則聚而淫之」[516]，當然也有甘心助紂為虐者。其五，擄掠子女送回日本，即「以所掠象、奉、泰、寧子女，附舟於巢，髡首跣足，定擬次年歸國」[517]。所以，解民於倒懸、救民於水火的御倭戰爭，其性質是一場在中國土地上進行的，反抗早期外來侵略的正義戰爭。戚繼光在這場長達十五年的御倭鬥爭中，鑄成為中華民族的民族英雄。

三

戚繼光「邊備修飭，薊門宴然」[518]，在守邊中有著重要的功績。

先是自正統瓦剌部也先犯京師，邊防獨重宣與薊。也先死後，瓦剌勢力轉衰，退至天山南北。後韃靼部興起，西敗瓦剌部，東破兀良哈，駐帳河套，統一蒙古諸部。巴圖猛克登韃靼汗位，即達延汗。達延汗之孫俺答汗，兵精馬強[519]，對明不滿，庚戌之變，叩薄都城。爾後，明之邊防，獨重薊鎮。戚繼光守薊，可分為嘉靖、隆慶、萬曆三個時期。

嘉靖中期，五戍薊門　嘉靖二十七年（1548年），戚繼光受命戍守薊門，至離任赴浙，歷時五年。薊門之危，在於俺答：「攻薊鎮牆，百道並進。警報日數十至，京師戒嚴。」[520] 明大學士夏言、兵部尚書丁汝夔、總督三邊侍郎曾銑和保定巡撫楊守謙，皆因俺答兵事誅斬或論死；總兵張達、林椿、李涞、岳懋等，亦俱因俺答犯邊死之。嘉靖二十九年（1550年），俺答率騎[521]，逼薊州塞，入古北口，進犯京師。這是明代北京自己巳「土木之變」後，所遇到最大的困擾。艱難的環境，使懦弱者怯縮，更使堅毅者剛強。時值戚繼光會試京都，而京都九門戒嚴。他先在薊鎮，以京薊唇齒，薊無勁兵，著《備俺答策》，博得當道者的稱讚。他這時又充「北京九門旗牌」，條陳《禦虜方略》，部當其議[522]，命刊以聞。俺答兵退之後，邊勢仍極緊張。他回戍薊門，著《馬上作》云：「南北驅馳報主情，江花邊月笑平生。一年三百六十日，多是橫戈馬上行。」[523] 他年資英銳，恥同流俗，慷慨不羈之懷，勇往直前之概，抒成詩意，凝於筆端。戚繼光在戍薊期間，雖未與敵握刃格鬥、馬頸相交，卻能奉職跋涉關隘、遍察軍情，故得好評。兵部主事計士元疏薦云：「留心韜略，奮跡武闈。管屯而俗弊悉除，奉職而操守不苟。才猷虎變，當收儒將之功；意氣鷹揚，可望干城之寄。」[524] 戚繼光後南調平倭，終於練就干城之材。前述戎歷，既為他嘉靖平倭，又為他隆慶守薊，做了重要準備。

隆慶戍薊，練兵修臺　隆慶元年（1567年），戚繼光受命北調，鎮守薊門。翌年入京，遭忌任神機營副將，尋改總理薊、昌、遼、保練兵事務，節制四鎮。在戚繼光南戍的十五年間，北部邊防，歲無寧日。先是嘉靖四十二年（1563年），北騎大掠順義，京師戒嚴。隆慶元年（1567年），薊鎮告警，

論戚繼光

京師震動。明廷「增兵益餉，騷動天下。復置昌平鎮，設大將，與薊相唇齒。猶時躪內地，總督王忬、楊選並坐失律誅。十七年間，易大將十人，率以罪去」[525]。形勢嚴峻，重任在肩，戚繼光荷聖命，赴薊門，鎮守京師北邊。

薊鎮，「拱護陵寢，鎖鑰畿甸，所以保障萬年根本之地，如人身之頭目腹心是也」[526]。戚繼光莅職後，兢兢業業，頻頻上疏，論形勢、議弊失，辯請兵、分路協，明陣法、練營伍，嚴紀律、信賞罰，築邊牆[527]、建敵臺，募南兵、修營房，買軍馬、備征餉，諭將士、恤病傷，設車營、增鹿角，辦火器、籌武學等。他雖志氣甚銳，但「紛紛掣肘，精神已減，至於病作」[528]，後上言兼攝事權。隆慶三年（1569年）二月，命戚繼光以總理兼鎮守薊州、永平、山海等處督帥十二路軍戎事。他兼攝事權後，創議建臺[529]。明自洪武以降，邊牆雖修，敵臺未建。京師御守在邊，而守邊在臺。繼光巡行塞上，奏《請建空心臺疏》：「御戎之策，惟戰守二端。除戰勝之事，別有成議外；以守言之，東起山海，西止鎮邊地方，綿亙二千餘里，擺守單薄，宜將塞垣稍為加厚，二面皆設堆口。計七八十堆之間……即騎牆築一臺，如民間看家樓。高五丈，四面廣十二丈，虛中為三層：可住百夫，器械、糧、設備具足；中為疏戶以居；上為雉堞，可以用武。虜至即舉火出臺上，瞰虜方向高下，而皆以兵當埤。……如此則邊關有磐石之固，陛下無北顧之憂矣。」[530] 疏上，議準。至隆慶五年（1571年）八月，臺工基本告成，薊、昌二鎮共建臺一千零一十七座[531]。後又增建，至翌年十一月，共建臺一千二百餘座[532]。墩臺聳立，精堅雄壯，二千餘里，聲勢連接，其建臺之舉，垂永世之功[533]。他兼攝事權後，還募練南兵，「浙兵三千至，陳郊外。天大雨，自朝至日昃，植立不動。邊軍大駭，自是始知軍令」[534]。薊門軍容由是為九邊之冠。

在戚繼光鎮薊的隆慶年間，京師未警，薊門晏安。這主要由於戚繼光勤職戎守。戚帥除在隆慶二年（1568年）冬，拒長昂、董狐狸於青山口外，幾未同北騎接戰。但他間暇練兵築臺，按期告成，邊備益為堅固，北騎未敢輕犯。薊門未警，除上述原因外，還有三個因素：其一，俺答封貢。隆慶四年（1570年），俺答內訌，其孫把漢那吉降。明廷以此為契機，調整三十餘年斬使絕貢之策，封俺答為順義王，納款貢市，得以乘暇修備。其二，動無掣肘。戚繼光在薊，有「鈞臺破格知遇於上，總督為知己憂焦於外，撫院幸同鄉無

猜嫌」[535]，三端鼎合而一，得以施展所為。其三，成梁鎮遼。漠南蒙古東面諸部，不相統一；遼東總兵李成梁屢獲大捷，從關外牽制蒙騎南犯。綜上，內因與外因，主觀與客觀，諸多因素，相為統一，從而使戚繼光在隆慶年間守薊，舒展才能，獲得成功。

萬曆鎮薊，修牆著書　隆慶帝死，萬曆帝立，戚繼光進入他守薊的第三個時期，共十年零二個月。他在此間，第一，稍歷戰陣。萬曆初，蒙古朵顏、土蠻常為北患。萬曆元年（1573年），戚繼光相繼獲掌子谷、桃林和窟窿臺三捷。翌年，朵顏部長禿受其兄董狐狸、侄長昂意入犯，為戚繼光所獲。董狐狸與長昂叩關請罪。繼光與總督劉應節等議，允釋長禿，許其通貢；還掠邊民，「攢刀設誓」。經繼光在鎮，朵顏部不敢犯薊門。萬曆七年（1579年）土蠻犯遼東，他率師往援取勝。第二，增臺修牆。薊鎮之守，所最要者，一為修臺，一為修牆[536]。修臺，初工告成，只在增建；修牆，工程浩繁，所費甚巨。萬曆四年（1576年），於長城「始有折舊修新之議。新牆高廣，皆以三合土築心，表裡包磚，堆口純用灰漿，與邊腹磚城，比堅並久」[537]。二千里間，分期修新，在古北、黃花兩鎮，增臺、修牆為先。這是明代自徐達經略以來二百餘年未有的大工程。戚繼光創議修工，親自督察，獨任其事，備極勞瘁。第三，操練營伍。戚繼光長於練兵，善於練兵，凡營伍、陣列、分合、應援、號令、賞罰、破格、握算等不勝枚舉，節制精明，器械鋒利，並多次大閱，卓著成效。第四，著書立說。他切合實際，總結經驗，著《練兵實紀》（詳後文）。他又值戎暇之機，覽山川險隘，遊湖泉勝境[538]，帳燈撰文，馬上賦詩，「著作甚盛」[539]，「幾於充棟」[540]，並著《止止堂集》。

一代名將戚繼光戍薊先後二十一年，而在鎮薊的十六年中，練南兵與建敵臺[541]，是其兩件得意之作。他有幸的是，修新臺牆，固若金湯，部伍整肅，薊門泰安；不幸的是，未歷大陣，展示軍容，因功遭忌，心懷不暢。他說：操練營伍，「方期一戰，以報主恩，在其時矣，乃計出塞，或援遼以試。狀上，政府不主之。虜竟亦不犯薊，徒有封拜之具，無可措手之會」[542]。是為大將內心的悲苦。他的悲苦還表現在被小人計算。小人像影子總跟著君子轉，所以「陰在陽之內，不在陽之對」。戚繼光還遭到爭者、忌者、異者和怪者

之齟齬。張居正死後六個月，他被讒改調廣東。戚繼光拖著垂暮之體、傷病之軀，以未能在薊結局為憾，受命南行。他的一首七絕《病中偶成》云：

> 風塵已老塞門臣，欲向君王乞此身。
>
> 一夜零霜侵短鬢，明朝不是鏡中人。[543]

他在悃悵與悲冷的思緒中赴粵半載後，上引告疏，又過半年，旨準歸里。但戚繼光得以骨骸還里，苟完名節，尚可自慰矣。

四

萬曆十五年十二月初八日（1588年1月5日），「雞三號，將星殞」[544]，明代偉大的軍事家戚繼光去世，享年六十春秋。

偉大的軍事家戚繼光，自十七歲襲職從戎，至五十八歲告病引退，歷事三朝，征戰四十二年，馳驅南北，水陸兼及，身經百戰，屢建大功，聲譽傳華夏，威名震域外，在中國古代軍事史上占有重要的地位。他臨終前半年，總結自己的征戰經歷道：

> 三十年行間，先後南北水陸大小百餘戰，未嘗遭一劫，馘倭首殆萬計，覆之水火者以數萬計，土賊平者殆十餘萬，返我俘擄無能數計。凡兵臨妄殺被擄、動人一物者，皆立誅之。救一生命，賞金五錢，不樂戰勝而樂俘歸，未敢費先世之積也。部曲起家為大將者十人，內圍玉者五人；副總、參、游而下，無慮百計；得衛、所世官者數百計。東南數省離任後，為屍祀廟宇者不可數計。離薊塞今復四祀而起宏宇崇祀者亦比比。[545]

上述戚繼光的自我評估，只述其戎事戰績，未語其軍事著作。客觀地評價戚繼光，還要考慮他的軍事論著在中國古代軍事史上的位置等因素。

中國是一個歷史悠久、幅員遼闊、人口眾多、民族繁盛的大國，歷史上戰爭規模之大、次數之多、爭局之激烈、情勢之複雜，為世界古代歷史所罕見。長期而劇烈的戰爭，既培育出驍勇將帥，又凝晶出軍事著作。《四庫全書總目子部兵家類》正目收兵書二十部，戚繼光的《紀效新書》和《練兵實紀》被收錄，占其所收兵書總數的十分之一。且一人被著錄兩部，是為本目所僅

見。中國的兵書，風後以下，皆出依託，《孫子》為古代兵書之祖。秦漢以降，隋代之前，兵書或係佚名偽託之卷，或為後人摭拾之作，或為儒士辨謬之著，不可深論。唐代《李衛公問對》，疑為宋人掇拾之作；《太白陰經》著者李筌，入山訪道，蒙上仙氣，且「其人終於一郡，其術亦未有所試」。宋代四部兵書，其撰者或未嫻將略，或匯前人之說，或評論古人之作，或囿於一城一障而未成大家手筆。至於明代五部兵書，唐順之著《武編》，其人一戰而幾為敵困，被譏為「紙上之談」。何良臣之《陣記》、鄭若曾之《江南經略》，雖均為平倭之書，然二人《明史》未列傳，其名不顯，與戚繼光層次不同，亦當別論。上面簡析《四庫全書總目》卷九九所錄二十部兵書，雖其所著錄未盡合理，但從一個側面可以看出戚繼光的《紀效新書》和《練兵實紀》，在中國古代軍事思想史上所占的重要位置。

　　偉大的軍事家戚繼光所著《紀效新書》與《練兵實紀》，突出「新」「實」二字，這是他軍事思想的兩個閃光點。戚繼光所處的嘉、隆、萬三朝，朝政日益腐敗，社會危機四伏。文武官員多渾噩混冥，阿諛媚上，侈談大言，以娛朝廷。理學「天不變道亦不變」的教條禁錮頭腦，王守仁的心學又籠罩士林。他說：「物理不外吾心，外吾心而求物理非物理矣。」[546]這就擺錯了心與理、主觀與客觀的關係。戚繼光從戎馬實踐中認識到，一切泥法與唯心的東西，都必然在對敵交鋒中碰壁。他說兵事必須真實，不可虛戲：兵士習弄虛套，將軍務弄虛歡，一遇敵來，不能實戰，只有失敗。戚繼光以「新」對泥舊，以「實」對唯心，勇於創革，敢於實踐，從而使其在軍事理論與軍事實踐中，取得了超越同時代人的卓越成就。他所著的《紀效新書》與《練兵實紀》，則是這一成就的記錄。

　　《紀效新書》是戚繼光的發憤之作。司馬遷嘗言，「人皆意有所鬱結，不得通其道」[547]而著書立說。戚繼光也是這樣，他說，「歲丁巳，幸有舟山之役，三折肱始得其穀，三易其人始成，遂著《紀效新書》，俾共習之」[548]。丁巳即嘉靖三十六年（1557年），他在舟山岑港受挫，遂發憤募兵、著書。至三十九年（1560年）正月，「創鴛鴦陣，著《紀效新書》」[549]。他說：「夫日紀效，明非口耳空言；日新書，所以明其出於法，而不泥於法，合時措之宜也。」[550]可見戚繼光以其書的「新」與「實」而自況。其時談兵之家，「往

論戚繼光

往掯摭陳言，橫生鄙論，如湯光烈之掘窌藏錐，彭翔之木人火馬，殆如戲劇」[551]。《紀效新書》則不然，其說皆為閱歷有驗之言[552]。全書分束伍、操令、陣令、諭兵、法禁、比較、行營、操練、出征、長兵、牌筅、短兵、射法、拳經、諸器、旌旗、守哨和水兵十八篇，內容廣博，不乏新見。諸如創練浙兵、鴛鴦陣法、節制營伍、武器配置、新型艦船和水兵治制等，都對古代軍事歷史發展作出了新的貢獻。《紀效新書》源自戎旅，又用於兵陣，先魯、次浙、復閩、再粵，所戰皆驗，倭平而安。

《練兵實紀》也是戚繼光的發憤之作。他蒞鎮後，多所建樹，「致有飛語上達宸聽，數瀕斜氏之危，乃著《練兵實紀》」[553]。戚繼光受三鎮練兵，但「薊邊兵政廢弛已久，一切營伍行陣、志趣識見，類皆延襲舊套，是以將不知兵，兵無節制，已非一日」[554]。他既始終以練兵為本，便師取兵籍中的精華，總結南北兵事經驗，依照薊鎮實情，著《練兵實紀》。書分練伍法、練膽氣、練耳目、練手足、練營陣，終之以練將，篇篇精彩，練將尤精。「將者，三軍司命」[555]；將之於兵，猶如人之心與身[556]。故兵家歷來重練將，兵書有《將苑》、《將鑒》、《將紀》和《將略》等可為明證。但戚繼光的《練將》，練將的德、才、學、藝，重在將德。此篇聲色害、貨利害、剛愎害、勝人害、逢迎害、委靡害、功名害等二十六條，其中二十四條講的是將德。這是一篇著名的《將箴》。戚繼光既重練將，又重練兵。練兵之要在實：「教兵之法，美觀則不實用，實用則不美觀。」[557]書以「實紀」為名，旨在徵於實用。在實際中練的兵將，萬眾一心，節制精明。他在薊練兵，「練至八載，將士實無二心，而有死心。登壇則大將之威儀，卓有可觀。其車營十二，精甲十萬，可聯營數十里，指呼如一人之牧羊群，絮長度短，至無隙漏」[558]，攻無不克，戰無不勝。其法「後多遵用之」[559]。戚繼光的選兵練兵，實踐與理論相結合，達到了中國古代軍事史上的高峰。戚繼光於兵事多有建樹，《明史·兵志》在四處肯定了他在練伍、臺牆、車營和艦船等方面的新貢獻。他於戰略戰術也多有新見，巧妙運用，諸如大創盡殲、水陸配合、迅擊速決和算定而戰[560]等，不勝枚舉。

綜上，戚繼光在《紀效新書》和《練兵實紀》中閃出「新」與「實」的思想光華，使其在軍事理論上有了新發明，在軍事實踐上作了新貢獻。有人

說：中國古代十大兵書，戚繼光所著占其二。中國古代大兵書為哪幾部尚可討論，但這說明戚繼光在軍事史上的地位。在中國古代軍事史上，著名將領多無兵書，兵書著者又多非名將。自秦漢迄明季，近兩千年間，中國著名將領而有著名兵書，唯戚繼光一人。他既出身將門，躬歷百戰，顯名於世；又勤於總結，撰著兵書，垂諸於後。戚繼光其人，為民族之精英；其書，為傳世之佳作。可以得出一個結論：戚繼光是中國古代偉大的軍事家。

論袁崇煥

袁崇煥（1584—1630年），字元素，號自如，祖籍東莞，落籍藤縣，曾居平南。崇煥官至督師，抗戰八年，「杖策必因圖雪恥，橫戈原不為封侯」[561]，只念社稷安危，不計個人榮辱。他身戎遼事，忠於職守，其「父母不得以為子，妻孥不得以為夫，手足不得以為兄弟，交遊不得以為朋友」[562]，體現了高尚的愛國精神。這是袁崇煥留給後人重要的精神財富。

本文就袁崇煥遼事活動的歷史條件、軍功業績及其含冤死因等問題，提出淺見，以冀教正。

一

列寧在《什麼是「人民之友」以及他們如何攻擊社會民主主義者？》一文中說：「歷史必然性的思想也絲毫不損害個人在歷史上的作用，因為全部歷史正是由那些無疑是活動家的個人的行動構成的。在評價個人的社會活動時會發生的真正問題是：在什麼條件下可以保證這種活動得到成功呢？有什麼東西能擔保這種活動不致成為孤立的行動而沉沒於相反行動的汪洋大海中呢？」[563] 這就啟示人們，在評價歷史人物的活動時，既要分析保證其活動成功的歷史條件，又要分析造成其活動失敗的歷史因素。作為明代傑出軍事家、民族英雄的袁崇煥，不僅有羽書奏捷的歡樂，而且有落獄磔死的悲苦。歸根結蒂，袁崇煥是一位悲劇式的英雄人物。這自然有其歷史條件。

中國自明萬曆十一年（1583年）努爾哈赤起兵，至清康熙二十二年（1683年）玄燁統一臺灣的整整一百年間，是處於外敵入侵、民族紛爭、階級搏鬥、九鼎頻移的歷史巨變時代。在這一歷史時期，西方在資本原始積累的基礎上，資本主義生產方式逐漸發展，先後發生了尼德蘭資產階級革命和英國資產階級革命。此後，西方各國逐步地建立起資本主義的社會秩序。資產階級爭得自己的階級統治地位還不到一百年，「它所造成的生產力卻比過去世世代代總共造成的生產力還要大，還要多」[564]。然而，中國卻處於連綿不斷的國內戰爭時期。滿洲興起，農民起義，清軍入關，抗清鬥爭，三藩之亂，統一臺灣，

經過百年的戰爭與整合，激進與洄漩，中華民族重新統一，形成一個強大的清朝帝國。清代這個統一的多民族的封建帝國的起點，是努爾哈赤的勃興。

袁崇煥生活時代的一個特點是滿洲崛興遼東。萬曆十一年（1583年），女真首領努爾哈赤以父塔克世「遺甲十三副」[565]起兵，是中國十六世紀最重大的政治事件之一。努爾哈赤起兵後，統一建州女真，吞併扈倫四部，征撫東海女真，降附黑龍江女真，綏服漠南蒙古，結好東鄰朝鮮，創建八旗制度，主持制定滿文。萬曆四十四年（1616年），努爾哈赤為「（安巴）庚寅汗」即「（大）英明汗」[566]，黃衣稱朕，建立後金，指明朝為南朝[567]。萬曆四十六年即天命三年（1618年），後金汗努爾哈赤以「七大恨」[568]告天，隨後計襲撫順，智取清河。敗報迭至，明廷震驚。翌年，明派楊鎬為經略，率十一萬大軍，號稱四十七萬，兵分四路，分進合擊，進攻後金政治中心赫圖阿拉。但明軍初動，師期已洩。努爾哈赤採取「恁他幾路來，我只一路去」[569]的策略，集中兵力，以逸待勞，逐路擊破明軍的攻剿，取得薩爾滸大捷。後金軍接著占開原，據鐵嶺。天啟元年（1621年），後金兵東犯，破瀋陽、陷遼陽。遼陽是明朝遼東的首府，遼陽的失陷，代表著明在遼東統治的結束。隨即遼河以東七十餘城堡全為後金占領。天啟二年（1622年），後金軍又進犯河西，占領廣寧。明遼東經略王在晉說：

東事一壞於清、撫，再壞於開、鐵，三壞於遼、沈，四壞於廣寧。初壞為危局，再壞為敗局，三壞為殘局，至於四壞則棄全遼而無局，退縮山海，再無可退。[570]

明軍失陷廣寧，丟掉全遼，退縮山海，無局可守。這就是袁崇煥荷任遼職時王在晉所分析的遼東形勢。

但是，上述遼東形勢的出現，是明代遼東地區歷史發展的必然結果。在東北地區，居住著女真等少數民族。明廷除加強對女真等族的管轄外，還採取「分其枝，離其勢，互令爭長仇殺」[571]的政策。明朝封建統治者對女真等族所實行的民族分裂和民族壓迫政策，必然引起女真人的反抗。所以，明朝後期主昏政暗，國力衰弱，邊備廢弛，將驕卒惰，以努爾哈赤為首的女真人乘機起兵反明。然而，明朝與建州的糾紛儘管都是中華民族內部的矛盾，

論袁崇煥

這裡也有個是非問題。明朝與建州的戰爭,有進犯與防禦、侵擾與抵抗、非正義與正義的區別。大體說來,明朝與建州的戰爭,可以分作前後兩期:前期女真軍事貴族反抗明廷民族分裂與民族壓迫的戰爭,是正義的戰爭;後期女真軍事貴族掠奪明朝土地、人口、財畜的戰爭,則是非正義的戰爭。袁崇煥從天啟二年即天命七年(1622年)至崇禎二年即天聰三年(1629年)任遼職的八年間,加強防戍,守衛寧遠,議營救十三山難民,抗擊後金軍南犯,維護長城內外漢族等民族的利益,其所進行的戰爭,完全是正義的戰爭。這場正義的戰爭,為袁崇煥成為軍事家和民族英雄提供了歷史的前提。

袁崇煥生活時代的又一個特點是社會矛盾尖銳。明末以皇帝、宗室、宦官、勳戚為主體的皇家官僚地主集團,是當時社會上最反動腐朽的大地主集團。袁崇煥身歷萬曆、泰昌、天啟、崇禎四朝,至他任遼職時,明祚已傳十五代,紀綱敗壞,積弊深重,中空外竭,危機四伏。本文不擬全面論述明末社會矛盾,僅對其財政支絀略作側面分析。《明史·食貨志》載:「國家經費,莫大於祿餉。」在諸祿之中,舉宗祿為例。明制宗藩世世皆食歲祿,然天潢日繁,奸弊百出。御史林潤言:

天下之事,極弊而大可慮者,莫甚於宗藩祿廩。天下歲供京師糧四百萬石,而諸府祿米凡八百五十三萬石。以山西言,存留百五十二萬石,而宗祿三百十二萬;以河南言,存留八十四萬三千石,而宗祿百九十二萬。是二省之糧,借令全輸,不足供祿米之半,況吏祿、軍餉皆出其中乎?[572]

雖郡王以上,猶得厚享;但將軍以下,多不能自存,飢寒困辱,號呼道路。

在諸餉之中,舉三餉為例。御史郝晉言:

萬曆末年,合九邊餉止二百八十萬。今加派遼餉至九百萬;剿餉三百三十萬,業已停罷;旋加練餉七百三十餘萬。自古有一年而括二千萬以輸京師,又括京師二千萬以輸邊者乎?[573]

以上宗祿和邊餉兩例說明,明廷竭天下之力,以供祿餉,致財盡民窮,帑藏匱絀,海內困敝,明社將傾。其時社會矛盾的表現,譬之一身,中原為

腹心，西北與東北為肩臂；腹心先潰，肩臂立危。先以東北地區為例，明統治者對遼民剜肉剝膚，啄骨吸髓，迫使大量漢人進入建州地區：

  建州彝地有千家莊者，東西南北周回千餘里，其地寬且肥。往年遼、沈以東，清河、寬奠等處，與彝壤相接，其間苦為徭役所逼者，往往竄入其中，任力開墾，不差不役，視為樂業。彝人利其薄獲，陽謂天朝民也，相與安之，而陰實有招徠之意。然礦稅未行，人重故土，去者有禁，就者有限，即官司有事勾攝，猶未敢公然為敵也。乃今公私之差，日增月益，已不自支，而礦稅之征，朝加夕添，其何能任！況在此為苦海，在彼為樂地。彼方為淵為叢，民方為魚為雀，而我為獺為鸇。以故年來相率逃趨者，無慮十萬有餘。[574]

遼民為魚為雀，建州為淵為叢，而明朝統治者卻是為獺為鸇。

遼民逃入建州，社會矛盾激化民族矛盾；遼左連年用兵，民族矛盾又激化社會矛盾。萬曆末年巡按張銓說：「竭天下以為遼，遼未必安，而天下先危。」[575] 其後御史顧慥又說：「竭全宇以供一隅，今年八百萬，明年八百萬，臣恐財盡民窮，盜賊蜂起，憂不在三韓，而在蕭牆之內也。」[576]

再以西北地區為例。陝西北部，地瘠民窮，科斂過重，「戶口蕭條，人煙稀少」[577]。明加遼餉，前後三增，至天啟七年即天聰元年（1627年），加派於陝西省，為銀二十六萬三千六百一十三兩[578]。又值連年災荒，至人相食。天啟六年即天命十一年（1626年）八月，陝西發生紀守司等小股農民起義。翌年，陝西大旱，澄城知縣張斗耀，「催科甚酷，民不堪其毒。有王二者，陰糾數百人，聚集山上，皆以墨塗面」[579]，衝入縣衙，將斗耀砍死[580]，聚眾舉義。崇禎元年即天聰二年（1628年），全陝「連年凶荒，災以繼災」[581]。繼王二首義之後，王嘉胤起府谷，不沾泥起西川，王自用起延川，王左掛起宜川，高迎祥起安塞[582]，舉義之火，勢如燎原。第二年，當袁崇煥入援京師時，陝西義軍風馳電掣，縱橫全省，致明廷驚嘆「全陝無寧宇矣」[583]！各路「勤王之師」，因糧餉無著，相繼中途嘩變。如山西巡撫耿如杞統五千援軍，哄然潰歸；甘肅巡撫梅之煥所統援兵，嘩變逃歸；延綏總兵吳自勉帶領之師，潰走陝西。許多潰兵相繼參加了農民義軍。

從明末到清初的那些事：閻崇年自選集
論袁崇煥

上述可見，明末社會矛盾與民族矛盾交互激化，是導致袁崇煥悲劇結局的重要社會因素。袁崇煥被起用為薊遼督師後，面奏「五年復遼」方略，以解天下倒懸之苦。但遼東之局，建州蓄聚，四十餘年，原不易結；而中原地區，財竭民窮，義旗遍舉，勢成燎原。明廷腹心早潰，肩臂已危，遼東陝北，首尾難顧。袁崇煥已經失去遼東取勝的經濟前提與社會基礎，其「五年之略」，難以按期責功，報之寸磔非刑。

袁崇煥生活時代的另一個特點是明末黨爭激烈。隨著明末民族矛盾與社會矛盾日益激化，明統治者更加腐敗，朝政日弛，臣工水火，議論角立。萬曆十七年（1589年）後，朱翊鈞怠於政事，二十餘年不臨朝議政。朱賡為首輔三年，未曾見帝一面，疏奏屢上，十不一下。時「政權不由內閣，盡移於司禮」[584]。朱賡死後五年間，內閣惟葉向高一人[585]，杜門者已三月，六卿只趙煥，戶、禮、工三部亦各只一侍郎，都察院八年無正官，原額給事中五十人、御史百一十人，其時皆不過十人。「在野者既賜環無期，在朝者復晨星無幾」[586]。於是，大小臣工，日相水火，黨人勢成，清流逐盡。

天啟初，東林黨人柄政。天啟二年即天命七年（1622年），東林黨人御史侯恂以袁崇煥「英風偉略」[587]，加以疏薦，袁被擢為兵部職方司主事。袁崇煥雖非東林黨人，卻傾向於東林，他的座師韓爌等都是東林黨。同年二月，東林黨魁孫承宗為兵部尚書兼東閣大學士，預機務。八月，命大學士孫承宗督師。後孫承宗巡邊，支持袁崇煥守寧遠之議。翌年九月，孫承宗決守寧遠，命袁崇煥等營築寧遠城，期年竣工，遂為關外重鎮。但是，天啟四年即天命九年（1624年）正月，閹黨顧秉謙、魏廣微入閣，後魏忠賢提督東廠。「自秉謙、廣微當國，政歸忠賢」[588]。六月，楊漣等疏劾魏忠賢二十四大罪，東林黨與閹黨公開衝突。不久，楊漣、左光斗被削籍，東林黨人被逐一空，閹黨專政。閹黨決心懲治熊廷弼等，以張威固勢。顧大章說：「熊、王之案，誅心則廷弼難末減，論事則化貞乃罪魁。」[589]但閹黨不甘心，誣其賄東林黨求免，終將熊廷弼殺死，並傳首九邊。隨之，孫承宗以不阿附閹黨而被迫去職，換以閹黨高第為經略。高第令盡撤錦州等城守具，驅屯兵、屯民入關。袁崇煥力爭兵不可撤，決心「獨臥孤城，以當虜耳」[590]。後袁崇煥雖連獲寧遠和寧錦兩捷，終因被魏黨所惡而引疾去職。

崇禎初，魏忠賢被賜死，閹黨謀團受到打擊，東林黨人再次柄政。袁崇煥被起用為薊遼督師。魏忠賢伏誅，「忠賢雖敗，其黨猶盛」[591]；頒欽定逆案，「案既定，其黨日謀更翻」[592]。閹黨謀翻案，先攻輔臣劉鴻訓，劉被遣戍，東林開始失勢。崇禎二年即天聰三年（1629 年），後金軍攻打京師，袁崇煥下獄。魏忠賢遺黨溫體仁、王永光等「群小麗名逆案者，聚謀指崇煥為逆首，龍錫等為逆黨，更立一逆案相抵」[593]。翌年八月，袁崇煥被殺。尋，錢龍錫也被逮下獄，後遣戍。韓爌、李標、成基命等先後「致仕」，東林黨內閣倒臺。

在袁崇煥任遼事的九年間，正是明末黨爭最激烈的時期。明末遼東三位傑出的統帥熊廷弼、孫承宗、袁崇煥，都在東林黨與閹黨鬥爭中，因閹黨的掣肘、干擾、排陷，或傳首九邊，或遭劾辭職，或寸磔於市。但是，東林黨與閹黨的鬥爭互有消長。袁崇煥的擢用、建功、告歸、磔死，無不與東林黨同閹黨的鬥爭相聯繫。所以，袁崇煥在遼事上的建功與蒙辱，除受到民族矛盾和社會矛盾這兩個因素的影響外，還受到東林黨與閹黨之爭的制約。

袁崇煥生活時代的再一個特點是西方科技傳入。西方殖民者借助大砲進行擴張，嘉靖初佛朗機炮傳入中國，「然將士不善用」[594]。譚綸指出：「中國長技，無如火器。」[595] 萬曆十年（1582 年）耶穌會士利瑪竇來華，其後艾儒略、鄧玉涵、湯若望、羅亞谷、陽瑪諾等也相繼來華。他們傳來西方天文、數學、地學、機械、火器等科技知識。明臣徐光啟、李之藻等力排徐如珂、沈㴶等愚頑之見，推崇西學，從事翻譯和研究。明失陷遼陽，徐光啟「力請多鑄西洋大砲，以資城守」[596]。後明廷以數萬金調「澳夷」至京教習製作西洋大砲。茅元儀受李之藻囑，「親叩夷，得其法」[597]。後袁崇煥將運至關外的紅夷大砲，安設於寧遠城四面，並派家人羅立、通判金啟倧等學習燃放。後金軍力攻寧遠，「城中用紅夷大砲及一應火器諸物，奮勇焚擊，前後傷虜數千」[598]，致努爾哈赤大敗而回。袁崇煥使用西方科技傳入而購進的紅夷大砲，成為其奪取寧遠和寧錦兩捷的重要因素。

前述民族矛盾激化，社會矛盾尖銳，朋黨之爭酷烈，西方科技傳入，及其錯綜複雜的關係，是袁崇煥宦海浮沉的客觀因素。但袁崇煥自身的經歷，則是其遼事功業的主觀因素。袁崇煥萬曆三十四年（1606 年）舉於鄉[599]。

論袁崇煥

萬曆四十七年即天命四年（1619年）成進士[600]，後官邵武縣令。他作為一名下級封建官員，能體恤民情，「明決有膽略，盡心民事，冤抑無不伸；素趫捷有力，嘗出救火，著靴上牆屋，如履平地」[601]，是一位清官。他雖身居八閩，卻心繫遼事，「日呼一老兵習遼事者，與之談兵」[602]。天啟二年即天命七年（1622年）大計至京，他單騎出閱邊塞，關心社稷興亡。所以，尖銳的民族矛盾激發了他的愛國熱忱，促其棄文從戎，任職遼事。但是，袁崇煥對明末民族矛盾、階級關係、朋黨之爭和西學東漸的複雜性認識不足，憑頗熱肝腸與個人才智，杖策雪恥、圖復全遼。上述諸種矛盾及其變化，既為他鑄成英雄塑像，又使他扮演悲劇角色。

二

明代傑出的軍事家袁崇煥，重建一支遼軍，組成一條寧錦防線，提出一套軍事原則，指揮三次重大戰役，在軍事理論與軍事實踐上均做出了可貴的貢獻。

袁崇煥重建了一支遼軍。明朝遼東軍隊在明代初期和中期，對抵禦蒙古和女真貴族騎兵的「騷掠」和「犯搶」，入援朝鮮抗擊倭軍侵略，俱起過重要作用。但萬曆後期以降，遼軍將貪、兵憊、餉缺、馬羸、器窳、甲敝，邊備廢弛，日益腐敗。萬曆四十七年即天命四年（1619年）以後，明軍陷城失地，將奢卒掠，「將不習於鬥而習於奢，卒不善於攻而善於掠」[603]。明軍如亂絮紛絲，似烏合之眾，兵無紀，餉不清，「且有縛鎮殺撫之事」[604]。袁崇煥要抵禦後金軍南犯，畫程復遼，當務之急是改造和重建遼軍。

第一，選將。他按兵之多寡設官，按官之德才擇將，遴選趙率教、祖大壽、何可綱等五十員將領，皆獲旨允。如趙率教分數明白、紀律精詳、猷略淵遠、著數平實，祖大壽英勇矯捷、腔子玲瓏且與士卒通肺腑、同甘苦，何可綱不破公錢、不受私饋、敝衣糲食、韜鈐善謀。袁崇煥與三將倚為股肱，誓與始終[605]。

第二，精兵。他汰冗卒，補新兵。「請以十萬五千官兵，汰為八萬，以二萬留關內，六萬佈關外」[606]。袁為帶兵之人，悉知兵多而自穩。但他汰冗

兵不僅可減輕各省徵調轉輸之苦，而且能使部伍「煥然一新，數萬之兵而有一二十萬之用」[607]。他並以廣西狼兵、關外遼兵，充實遼伍，組成遼軍。

第三，措餉。明軍缺餉，數月不發，激起兵變，吊摔撫臣。他起復後，僅在崇禎元年即天聰二年（1628年）下半年，即幾乎無月不請餉催餉。

第四，治械。明軍失陷清、撫後，軍士「弓皆斷背斷弦，箭皆無翎無鏃，刀皆缺鈍，槍皆頑禿」[608]。袁崇煥疏請工部製造器械，將監督、主事、匠役等名勒上，「倘造不如法，容臣指名參核」[609]。又請工部所制甲械，依祖大壽式，交關內外分造，並極力運用新造西洋大砲。

第五，賞勇。「戰爭為最危險的領域，所以勇氣是超越一切事物之上而成為戰士的第一素質」[610]。袁崇煥在守寧遠時，置銀於城上，「有能中賊與不避艱險者，即時賞銀一錠。諸軍見利在前，忘死在後，有面中流矢而不動者，卒以退虜」[611]。他既賞勇敢，又罰貪怯，平素馭軍最嚴格，以便法行而實施。

總之，袁崇煥在選將、汰冗、徵召、餉糧、炮械、訓練、軍紀等方面極為嚴肅，從而重建一支在適當的時間和地點同後金兵進行殊死搏鬥的遼軍。

袁崇煥建成了一條寧錦防線。先是，明軍在遼東，熊廷弼設三方佈置策，未能實施而兵敗身死；王化貞沿遼河設一字形防線，廣寧兵敗而身陷囹圄；孫承宗策劃關外防線，戎業未竟而憤然告歸。明諸將於後金軍的進攻，罔敢議戰守，「議戰守，自崇煥始」[612]。袁崇煥議遼東戰守有個過程。他在寧遠之戰前，他主要營築並堅守寧遠。寧遠之捷表明，明軍「文武將吏，從此立腳」[613]。在寧錦之戰前，他主要繕守錦州等城。寧錦之捷表明，寧錦防線初步確立。在保衛京師之戰前，袁督師為結五年復遼之局，重新部署關外防線，建成錦州、寧遠、關門防禦體系，並著手整頓蒙古和東江兩翼。袁崇煥所建寧錦防線，包括「一體兩翼」。「一體」即縱向，由總兵趙率教駐關門，為後勁；自率中軍何可綱駐寧遠，以居中；總兵祖大壽鎮錦州，為先鋒[614]。其軍隊則分為馬兵、步兵、車兵、水兵，計二十四營。各將領畫地信守，緩急相應，且築且屯，亦守亦戰，逐步而前，更迭進取，戰則一城接一城，守則一節頂一節。「兩翼」即橫向，其左翼為蒙古拱兔等部，採取「撫西虜以拒東夷」[615]

論袁崇煥

的策略;其右翼為東江,實行斬帥撫眾、整頓部伍,以撓敵後的措施。這就是袁崇煥所建遼東「一體兩翼」的十字形防線。袁崇煥遼東寧錦主體防線的建成,阻擋了後金軍的南進。然而其兩翼未成,東江一翼殺毛文龍後未及整頓而含冤身死;蒙古一翼,亦未能如願,致皇太極繞道蒙古,破塞入犯,兵指京師。然而,袁崇煥倚靠重建的遼軍,守禦寧錦防線,堵御後金軍八年之久不得踰越南進,其功不可泯。在袁崇煥身後,祖大壽得以其餘威振於邊,遼軍守禦的寧錦防線仍堅不可摧。直至崇禎十五年(1642年)錦州才被攻陷,而寧遠、關門則幾於明祚同終。

袁崇煥提出了一套軍事原則。這些重要的軍事思想和原則是:

第一,「守關外以御關內」的積極防禦方針。袁崇煥在任寧前兵備僉事時,經略王在晉議築重城八里鋪,退守山海關。崇煥以為非策,人微言輕,力爭不得,奏記首輔葉向高。尋孫承宗行邊納其主守寧遠之議,營築寧遠。後高第又謂關外必不可守,盡撤錦州等城守具,驅屯兵屯民入關,獨崇煥孤守寧遠不從命。所以關外寧錦防線的建立,是袁崇煥「守關外以御關內」積極防禦方針實施的結果。

第二,「以遼人守遼土,以遼土養遼人」的戰略原則。大學士孫承宗曾言:「無遼土何以護遼城?捨遼人誰與守遼土?」[616] 這個問題的提出,是因為從關內調募之兵將出戍數千里以外,「兵非貪猾者不應,將非廢閒者不就」[617],即調募往遼東的兵將,非但不能為遼援而且為遼擾。袁崇煥深悉調募守遼之弊,他說:「寧遠南兵脆弱,西兵善逃,莫若用遼人守遼土。」[618] 袁崇煥敢於陳其弊,破成議,疏請撤回調兵,招遼人填補,以得兩利。他奏請主張「遼人復遼,此其首選」[619] 的祖大壽任總兵官,統率遼人以守遼土,即為突出一例。他不但要以遼人守遼土,而且要以遼土養遼人。袁崇煥簡述「以遼土養遼人」,行則有「七便」,否則有「七不便」[620]。對於一個軍事統帥來說,其最高境界就是政策。透過選遼兵實遼伍,屯遼土養遼人的政策,足見袁崇煥卓識深謀,迥出流輩。而這一政策的指導思想則是「以遼東護神京,不以遼東病天下」[621]。

第三,「守為正著,戰為奇著,款為旁著」的策略原則。守、戰、款三者,包涵著防禦與攻擊、戰爭與議和兩對既相區別又相聯繫的範疇。以攻擊與防禦來說,攻擊是重要的戰爭形式,防禦也是重要的戰爭形式。攻擊或防禦的選擇,依時間、地點和雙方力量對比而定。其時,「夷以累勝之勢,而我積弱之餘,十年以來站立不定者,今僅能辦一『守』字,責之赴戰,力所未能」[622]。這裡的守,是積極的防守。彼強己弱,以守為主,以攻為輔,即守為正著,戰為奇著。儘管閹黨指斥他的積極守禦為「暮氣」,但在不具備以攻擊為主的條件下,他仍堅守這一原則。另以戰爭與議和來說,為著政治目的實現,戰爭與議和只是兩種不同的手段。袁崇煥為了實施政策和奪取勝利,不但敢於並善於防守和攻戰,而且敢於並善於議和。袁崇煥能依具體條件,將守、戰、和三者,加以巧妙地運用,可防則守,可攻則戰,可和則議,表現出軍事策略思想的主動性和靈活性。

　　第四,「憑堅城、用大砲」的戰術原則。後金軍是一支以騎兵為主的軍隊。鐵騎馳突、野戰爭鋒為後金軍所長,但皮弦木箭、短刀鉤槍,射程近,威力弱,又為後金軍所短。相反,平原作戰、擺列方陣、施放火銃、行動速率,為明軍所短。而堅城深塹、火器洋砲,又為明軍所長。袁崇煥總結明朝與後金戰爭的歷史經驗,第一個提出「虜利野戰,唯有憑堅城以用大砲一著」[623]。後金的騎兵、弓箭,在明軍堅城、大砲之下,以短擊長,反主為客,犯下兵家大忌。寧遠大捷是袁崇煥「憑堅城、用大砲」戰術原則的典型戰例。

　　上述由積極防禦方針和戰略、策略、戰術原則等組成的袁崇煥的軍事思想是極為豐富的。他不僅在戰爭實踐中總結出軍事思想理論,而且親自指揮了重要戰役。

　　袁崇煥指揮了著名的寧遠、寧錦和保衛京師等重大戰役。

　　寧遠之戰。天啟六年即天命十一年(1626年)正月,後金汗努爾哈赤值明遼東經略孫承宗易為高第之機,親率六萬大軍至寧遠,悉銳一攻。他自犯其「攻城必操勝算而後動」之典則,結果遭到致命打擊。袁崇煥獲寧遠之捷,有其政治與軍事、策略與武器、思想與指揮[624]等六個方面的因素。但論者或謂「此系紅夷大砲之威力」;或謂「在人心之齊,不在槍砲之多」[625]。至

論袁崇煥

於紅夷大砲,有人認為,「查紅夷炮,明軍使用已久,薩爾滸之戰各軍皆用之。薩爾滸戰役之後,後金軍將明軍之紅夷炮,用以攻打瀋陽、遼陽,故兩方皆常使用紅夷炮」[626]。據《明史》載,嘉靖二年(1523年),逐寇於廣東新會西草灣,敵遁,明軍得其炮,即名為佛朗機炮,汪鋐進之朝。嘉靖九年(1530年),汪鋐疏請依其式鑄制,旨允,「火炮之有佛朗機自此始」[627]。但將士不善用。至「天啟、崇禎間,東北用兵,數召澳中人入都,令將士學習」[628],購進洋炮,時稱紅夷大砲。袁崇煥將紅夷大砲用於寧遠保衛戰。其使用方法,據云:

> 在袁崇煥指揮之下,使用沉著,瞄準精確,加以炮位安置適當,炮手訓練精良,懂得敵人習慣戰法,選定適當的時機射擊,故一炮發出即開出一條血渠。是其炮位甚低,炮口正對來攻之敵也。亦即是城中穿穴於城牆根而推炮口至牆表皮位置,臨發射之時始穿城成孔向外射擊也,故有此等奇襲射擊之效。惟使用之炮同是舊日之炮,用炮之人亦是舊日之人,所對之敵仍是舊日之敵,所不同者即在於發射時機與使用方法而已。實則只是昔日不曾想,於今想出實用之而已。[629]

實際上,袁崇煥所用之炮,炮身長、威力大,並非舊日之炮;所用之人,為羅立、金啟倧,也非舊日之人;所用之法,將炮牽引至城上,而不是置於城牆穿穴之中,亦非舊日之法。明軍在薩爾滸之戰中使用的洋炮,為身短體輕、火力較弱的佛朗機炮;而在寧遠之戰中使用的洋炮,為身長體重、火力強大的紅夷大砲。所以,將紅夷大砲用於守城並取得射擊之效,實由袁崇煥為始。

對紅夷大砲在寧遠之戰中的作用應取分析的態度,否認或誇大紅夷大砲在寧遠之戰中的作用都是不符合歷史實際的。大量歷史事實表明,紅夷大砲是袁崇煥在寧遠之戰中克敵制勝的重要因素,但不是唯一因素。

那麼,寧遠之戰明軍獲勝的主要因素是什麼呢?在明軍獲勝的諸因素中,如民心、士氣、軍事、策略、堅城、大砲、天時、地利等,都只有同袁崇煥的指揮相聯繫,並透過其運籌帷幄才能產生作用。在明軍與後金軍寧遠決死生成敗之際,「克敵在兵,而制兵在將;兵無節制則將不任,將非人則兵必敗」

[630]。薩爾滸之戰的楊鎬、沈遼之戰的袁應泰、廣寧之戰的王化貞，都因將非其人而兵敗。可以說，袁崇煥的正確指揮，是寧遠之戰明軍獲勝的主要因素。

寧錦之戰。天啟七年即天聰元年（1627年）五月初六日，皇太極親率諸貝勒將士起行往攻錦、寧。其時明祚以榆關為安危，榆關以寧遠為安危，寧遠又以錦州為安危。袁崇煥決心堅守寧、錦，「戰則死戰，守則死守」[631]。他命趙率教鎮錦州，自坐守寧遠，並「已令舟師繞後，復令西虜聲援」[632]。十一日，後金軍圍錦州城。翌日，皇太極一面遣使至錦州城守太監紀用等處覆書，稱「或以城降，或以禮議和」[633]；一面派兵攻城。明軍炮火矢石俱下，後金軍後退五里紮營[634]。皇太極兵攻錦州半月不下，命兵士於錦州城外鑿三重濠，留兵困之；自己親率三大貝勒代善、阿敏、莽古爾泰等進攻寧遠。是役，《三朝遼事實錄》載袁崇煥疏言：

> 十年來盡天下之兵，未嘗敢與奴戰，合馬交鋒。今始一刀一槍拚命，不知有夷之兇狠驃悍。職復馮堞大呼，分路進追。諸軍忿恨此賊，一戰挫之。[635]

《兩朝從信錄》亦載：「參將彭簪古三次用紅夷大砲，擊碎奴營大帳房一座、四王子偽白龍旗，奴兵死者甚眾。」[636] 清官書所記寧遠一役，其「貝勒濟爾哈朗、薩哈廉及瓦克達俱被創」[637]。

皇太極攻寧一日，軍受重創，回師錦州，再攻錦州南城。明軍記載：「奴賊提兵數萬蜂擁以戰。我兵用大砲與矢石打死奴賊數千，中傷數千，敗回營去，大放悲聲！」[638] 後金軍圍攻錦州二十五日，雙方戰鬥異常激烈，「逆奴圍錦州，大戰三次，小戰二十五次，無日不戰」[639]。皇太極攻寧錦不克，憤愧地說：「昔皇考太祖攻寧遠，不克；今我攻錦州，又未克。似此野戰之兵，尚不能勝，其何以張中國威耶！」[640] 明軍打敗後金軍對寧遠、錦州的進犯，獲「寧錦大捷」[641]。

寧錦之役皇太極有三個錯誤：於時間，酷暑兵疲，驅師西進，觸犯兵家所諱；於空間，以騎攻城，以矢制炮，重蹈其父故轍；於方法，先錦後寧，棄寧攻錦，自吞分兵毒果。相反，遼東巡撫袁崇煥卻值後金軍有事江東之機，修繕城池，訓練士馬，治炮備餉，撫賞蒙古。結果，袁崇煥憑城用炮，以逸待勞，反客為主，以長制短，打敗皇太極軍，建成寧錦防線。

論袁崇煥

京師之戰。崇禎二年即天聰三年（1629 年）十月，皇太極發兵攻明，其藉口之一是明朝不予議和、通市。他說：

從前遣白喇嘛向明議和，明之君臣，若聽朕言，克成和好，共享太平，則中國滿、漢、蒙古人等，當采參開礦，與之交易。若彼不願太平，而樂於用兵，不與中國議和，以通交易，則中國所少者，不過緞帛等物耳。中國果竭力耕織，以裕衣食之源，即不得緞帛等物，亦何傷哉。我屢欲和，而彼不從，我豈可坐待，定當整旅西征。[642]

二十六日，後金軍破龍井關和大安口，尋陷遵化、略通州。袁崇煥聞警，「心焚膽裂，憤不顧死，士不傳餐，馬不再秣」[643]，日夜兼馳，回救京師。袁崇煥入薊部署戰守後，至河西務集諸將會議進取。諸將多云宜徑趨京師，以先根本。周文郁等謂：「大兵宜向賊，不宜先入都。」並建議橫兵通州，與敵決戰。袁崇煥欲「背捍神京，面拒敵眾」。議者言：「外鎮之兵，未奉明旨，而徑至城下，可乎？」袁督師斬釘截鐵地說：「君父有急，何遑他恤？苟得濟事，雖死無憾！」[644] 袁崇煥置自身生死於度外，其忠悃可嘉；但未奉明旨而入衛，其韜略有失。袁崇煥率九千騎兵馳京，露宿郊外，缺糧斷薪，忍餒茹疲，背城血戰，在廣渠門與左安門挫敗敵軍，連獲兩捷。但袁崇煥於十二月初一日平臺召對時，被下詔獄。保衛京師之戰，儘管滿桂等先後有德勝門與永定門兩敗，但由於袁崇煥統率遼軍連獲廣渠門與左安門兩捷，燕京賴以轉危為安。後皇太極見京城難以攻陷，且「勤王之師」四集，令在安定門外和德勝門外留下兩封議和書後[645]，率軍撤出京師。

綜上，袁崇煥依靠全國人民的力量和遼軍將士的奮戰，首挫努爾哈赤的雄鋒於寧遠，再挫皇太極的銳氣於寧錦，鼓舞了舉朝上下的精神，振奮了關外遼軍的士氣，創建了明季遼東寧錦防線，阻塞了後金軍由山海關入關的通道。特別是他在都門的雙捷，不僅捍衛了北京的安全，而且終明之世後金軍未敢再犯京師。袁崇煥以其卓越的軍事思想和卓著的軍事功績表明，他是明代當之無愧的傑出軍事家。

三

督師袁崇煥於崇禎二年即天聰三年（1629年）十二月初一日，被下詔獄；翌年八月十六日，遭磔於市。《明史·袁崇煥傳》載：「自崇煥死，邊事益無人，明亡征決矣！」[646] 但袁崇煥落獄與磔死的原因，是既相聯繫又相區別的；其諭定罪狀與屈死原因，也是既相聯繫又相區別的。

袁崇煥落獄與磔死之因並不雷同，然官私史書常混而為一。如《清太宗實錄》載，皇太極設間，尋「縱楊太監歸。後聞楊太監將高鴻中、鮑承先之言，詳奏明主。明主遂執袁崇煥入城，磔之」[647]。又如《廿二史劄記》載，皇太極設間後，陰縱楊太監去，「楊太監奔還大內，告於帝。帝深信不疑，遂磔崇煥於市」[648]。上舉兩例，前者或由於撰者為宣揚後金汗的聰睿，而將崇煥入獄、磔死蓋歸之於設間；後者或由於趙翼重在說明後金間計，而將崇煥入獄、磔死原因加以混淆。

崇禎帝在平臺命將袁崇煥下獄時，曾「問以殺毛文龍今反逗留」[649] 事，並未宣諭其「罪狀」。事後諭各營和諭孫承宗兩旨，其一旨稱：「朕以東事付袁崇煥，乃胡騎狂逞。崇煥身任督師，不先行偵防，致深入內地。雖兼程赴援，又箝制將士，坐視淫掠，其罪難掩，暫解任聽勘。」[650] 這道「諭旨」並未將其內在原因剖明。因在此前，崇禎帝曾對督師袁崇煥「三日五賜金幣宣勞」[651]，所以袁崇煥下獄的真正原因在崇禎之世始終不清。明之士夫、明之清議，竟無有恕袁崇煥之冤者。直至修《明史》時，參校《清太宗實錄》，方知此事始於皇太極設間。檢天聰朝《滿文老檔》，僅記縱楊太監歸，告以所聽高、鮑之言，闕載其言內容[652]。《清太宗實錄》卻詳載此事，云：

先是，獲明太監二人，令副將高鴻中，參將鮑承先、寧完我、巴克什達海監守之。至是還兵，高鴻中、鮑承先遵上所授密計，坐近二太監，故作耳語云：「今日撤兵，乃上計也。頃見上單騎向敵，敵有二人來見上，語良久乃去，意袁巡撫有密約，此事可立就矣。」時楊太監者，佯臥竊聽，悉記其言。[653]

論袁崇煥

皇太極於十一月二十七日設間，二十九日陰縱楊太監歸。下月初一日，崇禎帝借召對議餉為名，在平臺將袁崇煥下獄。

崇禎帝執捕袁崇煥，不僅限於上述一個原因。《綱目三編》析其原因為四，云：「崇煥千里赴援，自謂無罪。然都人驟遭兵，怨謗紛起，謂崇煥縱敵。朝士因前通和議，誣其引敵脅和。會我大清設間，謂與崇煥有成約。語聞於帝，帝信之，遂執下詔獄。」[654]可見，都人的責怨、朝士的誣陷、崇禎的剛愎、後金的設間，綜為一個結果：袁崇煥被縛下獄。但上述各因素有內有外，有主有從。後金汗的設間和崇禎帝的誤信，成為袁崇煥被下詔獄諸因素中的決定因素。

袁崇煥的諭定罪狀與屈死之因也並不雷同。崇煥從下詔獄到遭非刑，歷時八個半月。其間經過極為錯綜複雜的政治鬥爭。崇禎帝對袁崇煥的諭定罪狀，儘管《今史》《崇禎朝記事》《倖存錄》《崇禎實錄》《崇禎長編》《國榷》《石匱書後集》《明季北略》和《明通鑒》等書所載文字略異，但其九派源一。諸如「既用束酋、陽導入犯」，「縱敵長驅、頓兵不戰」，「援兵四集、盡行遣散」，「暗藏夷使、堅請入城」等，早已為史實和公論所否定，不需贅述。但「市米資盜」「擅主和議」和「斬帥踐約」等至今尚惑人耳目，故略作辨析。

所謂「市米資盜」。「撫虜拒奴」和「用虜攻奴」為明末統治者對漠南蒙古哈喇慎三十六家等部的「國策」。遼東督師王之臣請發銀，以「駕馭諸虜，庶得操縱如意」[655]，並獲旨允。但崇禎二年即天聰三年（1629年）春，「夷地荒旱，粒食無資，人俱相食，且將為變」[656]。蒙古哈喇慎等部室如懸磬，聚高臺堡，哀求備至，乞請市粟。袁崇煥先言：「人歸我而不收，委以資敵，臣不敢也。」[657]他疏云：

惟薊門陵京肩背，而兵力不加。萬一夷為嚮導，通奴入犯，禍有不可知者。臣以是招之來，許其關外高臺堡通市度命。但只許布米易柴薪，如違禁之物，俱肅法嚴禁，業責其無與奴通。[658]

各部首領指天立誓，不忘朝恩，願以妻子為質，斷不敢誘敵入犯薊、遼。此疏目的在於「西款不壞，我得一意防奴」[659]。但疏入，奉旨：「著該督、撫，嚴行禁止。」[660]崇禎帝既絕哈喇慎等部活命之方，其豈肯坐以待斃？

果如袁崇煥在上疏中所預言:「我不能為各夷之依,夷遂依奴以自固。」哈喇慎各臺吉紛投後金:

六月:「蒙古喀喇沁[661]部落布爾噶都戴青、臺吉卓爾畢,土默特部落臺吉阿玉石、俄木布、博羅等,遣使四十五人來朝,貢駝馬綵緞等物,並以歸附聖朝之意具奏。」[662]

八月:「遣喀喇沁部落蘇布地杜稜歸國,上御便殿,賜宴,厚賫之。」[663]

九月:「蒙古喀喇沁部落臺吉布爾噶都來朝,貢幣物。」[664]

哈喇慎等部歸己而不收,委以資彼,其責任在崇禎帝。因此,「市米資盜」實為袁崇煥「莫須有」之一罪。

所謂「擅主和議」。袁崇煥同後金「謀款」即議和,已著文《袁崇煥「謀款」辨》[665],茲略作補充。在天啟朝,袁崇煥於天啟六年即天命十一年(1626年)九月二十八日,奏報努爾哈赤死於瀋陽。翌日,又奏:「臣正與經、督及內臣謀其能往者,萬一此道有濟,賢於十萬甲兵。且乘是以觀彼中虛實。臣敕內原許便宜行事,嗣有的音,方與在事諸臣會奏。」[666]疏入,旨稱「閫外機宜,悉聽便宜行事」。袁崇煥得旨後,始遣李喇嘛及都司傅有爵等三十四人至瀋陽[667]。其後袁崇煥多次疏報,並屢奉諭旨。《明史·袁崇煥傳》載:「崇煥初議和,中朝不知。」此系撰者未細檢《明熹宗實錄》和《清太宗實錄》,而為「擅主和議」說所羈絆。在崇禎朝,袁崇煥於平臺受召對後兩天,即疏言:遼事恢復之計,「以守為正著,戰為奇著,款為旁著」[668]。旨稱:「悉聽便宜從事。」

袁督師出鎮行邊後,皇太極頻繁致書「議和」。以崇禎二年即天聰三年(1629年)為例,皇太極先後遣白喇嘛、鄭伸、趙登科等致袁崇煥書六封,袁崇煥答書四封。這些往來信札為《明實錄》和《清實錄》所闕載,但保存於《舊滿洲檔》和《滿文老檔》中,現摘引如下。為「欽命出鎮行邊督師尚書袁」,「復汗帳下」書,第一書云:「來書所言議和者,蓋不忍兩家之赤子屢遭鋒鏑也。汗之美意,天地鑒之。但和亦有道,非一言可定也。我帝繼位以來,明哲果斷,嚴於邊務。若非十分詳實,則不便奏聞。」[669]第二書云:

論袁崇煥

「遼東之人西來,墳墓皆在於彼,其心能不思先人之遺骨乎?因不合眾意,我受之未便言,是以未奏於帝。……至鑄印、封典之事,則非一言可盡也。」[670]這封信重申要恢復遼東土地、人口,並駁回其鑄印、封典之請。第三書與上書同日到達,解釋使臣久住之因。第四書云:「惟十年戰爭,今欲一旦罷之,雖出大力,亦非三四人所能勝任,更非二三言所能了結。」[671]袁崇煥的上述書札,既不違背諭旨之意,更無擅主和議之嫌。因此,「擅主和議」實為袁崇煥「莫須有」之又一罪。

所謂「斬帥踐約」。上已述及,袁崇煥同皇太極有「款議」,而無「款約」。既無「款約」,則無須「踐約」。所以,「踐約」與「斬帥」並不發生因果聯繫。袁崇煥「斬帥」的功過,迄今公論不定。本人拙見,將另文論述。「斬帥踐約」之說,《國榷》載:「至擅殺毛文龍,朝議謂踐敵宿約。」[672]《石匱書後集》也載:努爾哈赤死後,「崇煥差番僧喇嘛鎦南木座往吊,謀以歲幣議和。女真許之,乃曰『無以為信,其函毛文龍首來』」[673]。爾後,《明史紀事本末·補遺》載:崇煥再出,「無以塞五年平遼之命,乃復為講款計。建州曰:『果爾,其以文龍頭來。』崇煥信之」[674]。上述說法,朝鮮《荷潭錄》亦載:後金汗「欲殺文龍,結於崇煥;費盡心機,今始幸得殺之」[675]。上引明末清初時之記載,使人如墜雲霧中。

以上所載,第一,所謂「朝議」云云。明末門戶水火,黨爭激烈,恩怨是非,尤為糾葛。「而崇煥之被謗,則於溫體仁與錢龍錫門戶相傾之舊套以外,又多一虛愛國者之張派脈興,為清太宗反間所中,久而不悟。雖有正人,只能保錢龍錫之無逆謀,不敢信袁崇煥之不通敵」[676]。故而「朝議」既有閹孽之誣謗,也有正人之偵語,均不能作為袁崇煥「斬帥踐約」之史據。第二,袁崇煥遣李喇嘛等往吊努爾哈赤喪,事在天啟六年即天命十一年(1626年)十月,其時明朝與後金久不通使,雙方隔閡頗深,態度謹慎,並未言及「歲幣議和」之事,更未有「其函毛文龍首來」之記載[677]。第三,袁崇煥再起赴遼至毛文龍被殺,為時僅十個月,尚不存在「無以塞五年平遼之命」的憂慮。且從這段時間皇太極與袁崇煥往來書札中,得不出袁崇煥以毛文龍之頭,換取同皇太極「講款」的結論。第四,翻檢《滿文老檔》,未見載錄袁崇煥與皇太極殺毛文龍以求款之密約,也未見載述皇太極借袁崇煥尚方殺毛文龍

之秘計,而《明實錄》《清實錄》以及所見明季內閣大庫檔案於此均無記載。第五,袁崇煥「斬帥踐約」說,不僅崇煥同時人以為可信,至明亡後尚欲傳為信史。於此,孟森言:「《天啟朝實錄》中,多有毛文龍之罪狀;至歸惡崇煥以後,反以文龍為賢,謂文龍為建州所深忌,非殺文龍,必不能取信於建州。夫而後崇煥之殺文龍,乃與通敵脅和並為一事。此不必僉邪為是言,賢者亦為是言,是可恫矣!」[678] 因此,「斬帥踐約」實為袁崇煥「莫須有」之另一罪。

由此可見,袁崇煥為崇禎帝所屈殺。然而,崇禎帝為何必殺袁崇煥?這需要從當時的歷史環境中加以考察。

袁崇煥之死,既有其歷史的偶然性,也有其歷史的必然性。皇太極設間陷袁崇煥,為其屈死的偶然因素;崇禎初各種社會矛盾焦點聚於袁崇煥,則為其屈死的必然因素。袁崇煥曾預言:

蓋勇猛圖敵,敵必仇;振奮立功,眾必忌。況任勞之必任怨,蒙罪始可以有功。怨不深,勞不厚;罪不大,功不成。謗書盈篋,毀言沓至,從來如此。[679]

後金的仇恨,都人的怨憤,中貴的不滿,同僚的舊怨,閹孽的忌患,崇禎的昏憒,一句話,袁崇煥被歷史偶然性與歷史必然性相紐結而造成了悲劇的結局。

後金的仇恨。袁崇煥先敗努爾哈赤於寧遠,又敗皇太極於寧、錦,再敗後金軍於都門。後金欲打開山海關通道、奪占燕京、入居中原,其軍事上的最大障礙就是袁崇煥。皇太極既然在戰場上不能打敗袁崇煥,便在政治上設計陷害他。袁崇煥疏言:「況圖敵之急,敵又從外而間之。」[680] 果然,崇禎帝庸而愎,為敵所用。袁崇煥在民族矛盾中,鑄成為民族英雄;又在民族矛盾中,被寸磔而屈死。

都人的怨憤。自嘉靖庚戌年(1550年)至崇禎己巳年即天聰三年(1629年),都人八十年不見敵兵。皇太極兵薄城下,焚掠四郊,九門戒嚴,一日三驚。關廂居民,先受其害,牛羊糧柴,慘遭劫掠。城內市民,聞敵圍城,

論袁崇煥

晝夜惶恐，寢食不寧。上學者，不敢出門；患病者，不敢求醫；嫁娶者，不能如期；殯葬者，不能出城。京師居民，談敵色變，積恐成忿，怨氣沸騰。京師傳聞袁崇煥「通敵」、「脅和」，一時「難民忿禍，眾喙漂山」[681]。都人不明真相，而將怨憤的怒火噴向袁崇煥。

中貴的不滿。後金軍入犯京畿後，恣意俘掠，曾兩次將俘獲牲畜分賞兵丁。又焚通州河內船千餘艘[682]，京畿布散的皇莊及公主、宗室、勳臣、戚畹、中官莊田[683]，遭受後金軍事貴族的踐躪。文秉言：「城外戚畹中貴園亭莊舍，為虜騎踐躪殆盡，皆比而揭其狀入告。」[684] 李遜之亦言：「郊外徹侯中貴之園囿墳墓，為虜兵踐踏毀拆，各中貴因環訴督師賣好，不肯力戰，上已心疑動矣。」[685] 後金軍事貴族鐵騎踐踏京畿地區，嚴重地損害了皇室、勳戚、縉紳、中官的利益，其一切怨恨傾瀉於袁崇煥。

同僚的舊怨。袁崇煥矢心報國，性頗疏直，但未能妥善地處理同滿桂等將領的關係。滿桂「謀潛九地，勇冠萬夫」[686]，築守寧遠，屢建殊勳。後滿桂意氣驕矜，與趙率教不和。尋崇煥與桂不諧，請調他鎮。後在入衛京師時，桂先敗於順義，又敗於德勝門，傷臥關帝廟，入休甕城。但桂軍違紀，嫁禍於「袁軍」。及平臺召對，「桂解衣示創」[687]，使崇禎帝對袁崇煥更加不信任。崇煥下獄，則命滿桂總理援兵、節制諸將。

閹孽的忌患。天啟帝死，崇禎帝立，即正閹黨罪，起用袁崇煥。崇禎初，東林黨再次柄政，袁崇煥成為東林黨依恃的長城。魏忠賢遺黨王永光、高捷、袁弘勳、史等，乘後金兵薄都門社稷之危，利用勳戚、朝士、縉紳和市民的不滿，阿媚帝意，借袁崇煥議和、誅毛文龍作題目，指袁崇煥為逆首，並及曾主定逆案之輔臣錢龍錫，進而打擊東林黨。閣臣溫體仁、吏部王永光圖另立一案，以翻前局。致崇煥被磔死，錢龍錫遭遣戍，東林黨閣臣先後去職，東林內閣被擠垮。

崇禎的昏聵。崇禎帝即位後，欽定「逆案」，整頓吏治，憂勤惕勵，嚮往治平。但登極兩載，後金兵叩都門。自建州興起，經萬曆、泰昌、天啟三朝，明雖屢次兵敗、地失，但後金軍從未入塞。後金軍首次破塞犯闕，群情極郁，陵廟為驚。這對欲勵精圖治、慨然有為的崇禎帝是最沉重的打擊。本來，後

三

　　金軍入犯京師是明廷腐敗政治的一個必然結果，但崇禎帝把責任完全推給袁崇煥，稱袁崇煥付託不效、縱敵長驅，致「廟社震驚，生靈塗炭，神人共忿，重辟何辭」[688]！因此，崇禎帝將後金的設間，都人的怨恣，朝士的憤懣，中貴的環訴，閹孽的誣謗，自身的愧怍，都集中到袁崇煥身上，命殺崇煥以「慰」廟社，磔崇煥以「謝」天下。袁崇煥成為都門受辱的替罪羊，明末黨爭的犧牲品。

　　誠然，袁崇煥是一位歷史人物，有其歷史的、社會的與民族的侷限性，也有其軍事失誤和舉措失當之處，但瑕不掩瑜。袁崇煥作為明代傑出的軍事家和著名的民族英雄而永垂史冊。

論寧遠爭局

　　明朝與後金的寧遠爭局，已經發表論文多篇。但是，論者只論寧遠之役而未論覺華之役，只論明朝寧遠大捷而未論其覺華兵沒，只論後金寧遠兵敗而未論其覺華大勝。這既未能全面地闡述此次爭局的特質與全貌，又未能客觀地闡析此次爭局的意義與後果。故撰著本文，就寧遠爭局之態勢與對抗、兵略與影響，分蘗六端，稽考史料，匡失補闕，總觀論析。

一

　　寧遠爭局的歷史活劇，演出於十七世紀二十年代的中國遼西地區。其時，後金崛興，滿洲八旗攻勢凌厲；明廷衰朽，遼東明軍敗不能支；而東西兩翼——朝鮮與蒙古，懼金疏明，亦難策應。寧遠爭局就是在這種態勢下進行的。

　　滿洲八旗所向披靡。遼東明軍的勁敵是天命汗努爾哈赤統率的滿洲八旗勁旅。努爾哈赤不僅是滿洲民族傑出的首領，而且是明末清初偉大的統帥。萬曆十一年（1583年），努爾哈赤以其父祖「遺甲十三副」起兵，相繼整合了環圍的女真各部。萬曆四十四年（1616年），努爾哈赤建立後金，登極稱汗[689]。他締造了一支「攻則爭先，戰則奮勇，威如雷霆，勢如風發，凡遇戰陣，一鼓而勝」[690]的八旗軍。天命汗努爾哈赤依靠這支軍隊，於萬曆四十六年即天命三年（1618年），以「七大恨」告天，向明朝宣戰，計襲撫順[691]，智破清河[692]，旗開得勝，明廷震驚。廟堂決策攻剿，以楊鎬為經略，調集十二萬兵馬，分兵四路合擊後金都城赫圖阿拉，結果被努爾哈赤率軍逐路擊破。這就是著名的薩爾滸之戰[693]。以此為代表，遼東戰局發生了根本性的變化：明遼軍由戰略進攻轉為戰略防禦，後金軍則由戰略防禦轉為戰略進攻。爾後，滿洲八旗軍頻仍進擊，勢如破竹，下開原、占鐵嶺，取瀋陽、陷遼陽，結束了明廷對遼東的統轄。繼而進兵遼西，占領廣寧，形成同明軍爭局寧遠的態勢。

　　明朝遼軍逐節敗退。在努爾哈赤八旗軍的猛烈攻勢面前，遼東明軍丟城失地，損兵折將。尤在薩爾滸之敗以後，明軍更加潰不能支。明朝遼東經略

王在晉概括其時形勢道：「東事離披，一壞於清、撫，再壞於開、鐵，三壞於遼、沈，四壞於廣寧。初壞為危局，再壞為敗局，三壞為殘局，至於四壞——捐棄全遼，則無局之可布矣！」[694]明朝遼軍由駐鎮全遼、佈局分守，而變為丟棄全遼、無局可布之局面，其直接原因在於，武備廢弛，兵伍腐敗。這主要表現在：其一，主帥頻移，方略屢變。明自撫順失陷後的八年之間，先後七易主帥。戰守方略，因人而異。經略、總兵，或戰死，或貶謫，或去職，或落獄。與此相反，後金卻形成以努爾哈赤為首的穩定帥將群體。其二，將驕兵惰，漫無紀律。軍官上下欺誑，左右盤結，驕奢淫逸，占田貪餉。兵無糧餉，生活失計，竟至「遼卒不堪，脅眾為亂」[695]，嘩變圍署，捶楚長官。與此相反，後金卻諸將驍勇，兵強馬壯，訓練嚴格，軍紀整肅。其三，軍械缺損，後勤混亂。薩爾滸戰前誓師演武場上，大將屠牛祭纛，刀鋒不利，「三割而始斷」[696]；官將馳馬試槊，木柄蠹朽，槊頭墜地。甚至出現操場閱兵，僱夫頂替，著布衫持木棍的雜亂局面。與此相反，後金「兵所帶盔甲、面具、臂手，悉皆精鐵，馬亦如之」[697]；出征之軍，「盔甲鮮明，如三冬冰雪」[698]。所以，明朝遼軍勢頹兵弱，退守關門，形成了面臨後金軍進攻而孤守寧遠爭局的態勢。

漠南蒙古離明靠金。漠南蒙古諸部，駐牧於明朝與後金之間，又在寧遠左翼。其傾向於某一方，必使另一方腹背受敵。自隆、萬以降，明廷採取和議、歲幣、修牆、盟約等方式，同蒙古的關係得到調整；同時漠南蒙古諸部也在衰變分合，未再重演正統己巳、嘉靖庚戌因蒙古內犯而導致的京師危機。在滿洲興起後，明朝、後金、蒙古三方關係發生了新的變化。努爾哈赤以「蒙古與滿洲，語言雖各異，而衣飾風習，無不相同，為兄弟之國」[699]，並透過聯姻、會盟、尊教、賞賜等策略，使科爾沁、內喀爾喀諸部臣服。明朝以增加歲幣和締結盟約，著力爭取察哈爾部，實行「以西虜制東夷」之策。但是，明遼東巡撫王化貞駐守廣寧，圖借蒙古兵力，抵禦後金進犯，結果企盼落空，痛哭棄城，狼狽而逃。爾後，漠南蒙古諸部，益加背明降金。《明史·韃靼傳》論道：「明未亡，而插先斃，諸部皆折入於大清。國計愈困，邊事愈棘，朝議愈紛，明亦遂不可為矣！」[700]明廷未能「撫西虜」以「制東夷」，形成了寧遠爭局更為嚴峻的態勢。

朝鮮李朝懼金疏明。朝鮮不同於蒙古，它自洪武以降同明朝保持著友好關係。女真—滿洲東鄰朝鮮，朝鮮不願意看到其勢力強大。朝鮮曾三次大規模出兵建州，襲攻女真。第一次是宣德八年（1433年），朝鮮出兵建州，追襲建州首領李滿住及其部民，致李滿住「身被九創」[701]。第二次是成化三年（1467年），明朝與朝鮮，兵分兩路，東西合擊，攻襲建州，朝鮮軍攻至建州首領董山屯寨，「焚其巢寨房屋一空」[702]，董山亦被明朝殺害。第三次是萬曆四十七年即天命四年（1619年），朝鮮派元帥姜弘立統領萬餘兵馬，參加明經略楊鎬攻剿赫圖阿拉之役，全軍覆沒，元帥被俘。此戰以後，朝鮮更加懼怕天命汗努爾哈赤，又不得不接濟明東江總兵毛文龍部[703]，依違於明朝與後金之間。明廷意在聯絡朝鮮，牽制後金，使遼軍同「麗兵聲勢相倚，與登、萊音息時通，斯於援助有濟」[704]。努爾哈赤則意在：一方面實行「結好朝鮮之策」，往來貿易，互通有無；另一方面切斷朝鮮與明朝的聯繫及其對毛文龍部的濟援，以除後顧之憂。後來皇太極兩次出兵朝鮮，結成所謂「兄弟之盟」。朝鮮雖可稱為明朝患難之盟友，後金肘腋之隱憂，但因其懼於後金而疏於明朝，形成了寧遠爭局微妙的態勢。

明廷中樞紊亂失衡。明朝遼東的局勢是：八旗日盛，遼軍日衰，蒙古不助，朝鮮不援。其根本原因在於朝廷腐敗，使得宮內案起，朋黨紛爭，閹豎專橫，內臣監軍，文武失協，經撫不和。朝廷紀綱紊亂與機制失衡，所殃及遼事的明顯事例，是孫承宗的去職和熊廷弼的冤死。熊廷弼在明軍薩爾滸之敗後，受命經略遼東。他整頓軍隊，修城治械，疏陳方略，佈兵禦守，迫使天命汗努爾哈赤將兵鋒轉向葉赫與蒙古。然而僅一年零三個月，熊廷弼便在黨爭中被罷免，其治遼方略亦隨之夭折。明失陷瀋、遼後，京師戒嚴，舉國震驚，熊廷弼被再次起用。他雖建「三方佈置策」，但終因朋黨之爭，經撫不和，含冤而死，「傳首九邊」[705]。頗有建樹之大學士、遼東經略孫承宗，雖曾為天啟帝侍講，主持築守寧遠，整飭關外防務，頗有守遼成效，但因閹黨排陷，而遭劾去職。兵戎大事，慎之又慎。如此翻雲覆雨，豈能制敵禦遼。

綜上，寧遠爭局的攻方為天命汗努爾哈赤，親自統帥，身先士卒，屢戰屢勝，志在必克；守方為寧前道袁崇煥，官小秩微，初歷戰陣，督率軍民，誓守孤城。因此，寧前道袁崇煥在朝廷腐敗、面對強手、後無援兵、兩翼失助、

嬰守孤城的情勢下,同天命汗努爾哈赤進行了一場中國古代史上著名的寧遠之戰。

二

努爾哈赤率兵進攻寧遠,袁崇煥統軍死守孤城,於是展開了激烈的寧遠爭局。寧遠爭局的主戰場在寧遠城。

先是,天啟五年即天命十年(1625年)八月,明山海總兵馬世龍偷襲後金,兵敗柳河。閹黨乘隙起釁,以諂附閹黨之兵部尚書高第,代孫承宗為遼東經略。高第上任伊始,便推行不謀進取、只圖守關的消極防禦策略,令棄關外城堡,盡撤關外戍兵。

袁崇煥主張固守,據理力爭,具揭言:「兵法有進無退。錦、右一帶,既安設兵將,藏卸糧料,部署廳官,安有不守而撤之(理)?萬萬無是理。脫一動移,示敵以弱,非但東奴,即西虜亦輕中國。前柳河之失,皆緣若輩貪功,自為送死。乃因此而撤城堡、動居民,錦、右動搖,寧、前震驚,關門失障,非本道之所敢任者矣!」[706] 遼東經略高第撤防命令傳至寧、前,寧前道袁崇煥斬釘截鐵地道:

寧前道當與寧、前為存亡!如撤寧、前兵,寧前道必不入,獨臥孤城,以當虜耳![707]

於是,錦州、右屯、大凌河等城自行毀棄,守兵與屯民後退入關,廣寧至山海關,四百里地域,僅餘袁崇煥統兵防守之寧遠孤城。

經略高第撤防之報,傳至後金都城瀋陽。後金攻陷廣寧之後,已經蟄伏四年未動。努爾哈赤得知高第昏弱、遼軍撤防的探報,認為時機已到,機不可失,便告天誓師,統率八旗,西渡遼河,進攻寧遠。

天啟六年即天命十一年(1626年)正月十四日,善握時機的努爾哈赤,親率六萬精兵,號稱二十萬,揮師西進,往攻寧遠。十六日,至東昌堡。十七日,渡遼河。隨後,連陷右屯、大凌河、小凌河、松山、杏山、塔山和連山等七座空城,直撲寧遠。

論寧遠爭局

袁崇煥得報強敵臨逼，後無援兵，部署守城：

第一，以城為依，堅壁清野。撤寧遠城外圍之中左所、右屯衛等處兵馬及寧遠城外守軍，進入寧遠城內防守；令盡焚城外房舍，轉移城廂商民入城；糧倉龍宮寺等之貯糧，好米運至覺華島，余皆焚燬；寧遠城外不留一卒一民，使可用之兵民，全部集於城內；不剩一舍一糧，使後金八旗兵，無法持久作戰。

第二，畫城分守，布設大砲。寧遠城守兵萬餘人，由寧前道袁崇煥任全局指揮，設令於鐘鼓樓上；派滿桂守東面並提督全城，祖大壽守南面，左輔守西面，朱梅守北面，各將劃地分守，相機應援。撤城外之西洋大砲入城，將十一門西洋大砲[708]，製作炮車，挽設城上，備置彈藥，教習演放。

第三，兵民聯防，運送糧藥。袁崇煥令通判金啟倧，按城四隅，編派民夫，供給守城將士飲食。派衛官裴國珍，帶領商民，鳩辦物料，運矢石，送火藥。命同知程維楧率員稽查奸細，派諸生巡查街巷路口。所以，在遼東諸城中，「寧遠獨無奪門之叛民、內應之奸細」[709]。

第四，激勵士氣，嚴明軍紀。袁崇煥將寧遠軍民「結連一處，彼此同心，死中求生，必生無死」[710]。他「刺血為書，激以忠義，為之下拜，將士咸請效死」[711]。又通令對陣前退縮者，徑於軍前誅之；潰而逃跑者，亦執而殺之。全體軍民，同仇敵愾，與寧遠，共存亡！

二十二日。袁崇煥守城部署甫定。翌日，努爾哈赤統率八旗軍，穿越首山與窟窿山之間隘口，直薄寧遠城下。

二十三日。八旗軍進抵寧遠後，努爾哈赤命距城五里，橫截山海大路，佈陣置兵安營，並在城北扎設汗帳。在發起攻城之前，努爾哈赤諭釋被虜漢人回寧遠，傳汗旨，勸投降；但遭到袁崇煥的嚴詞拒絕。袁崇煥答道：「寧、錦二城，乃汗所棄之地，吾恢復之，義當死守，豈有降理！」[712]並命羅立等向城北後金軍大營燃放西洋大砲，「遂一炮殲虜數百」[713]。努爾哈赤旋移大營而西，諭備戰具，明日攻城。

二十四日。後金兵推楯車，運鉤梯，步騎蜂擁攻城，萬矢齊射城上。雉堞箭鏃如雨注，城上懸牌似猬皮。後金集中兵勇攻打城西南角，左輔領兵堅

守，祖大壽率軍援應。明軍用矢石、鐵銃和西洋大砲下擊。後金兵死傷慘重，又移攻南城牆。天命汗令在城門角兩臺間火力薄弱處鑿城。明軍擲礌石，發矢鏃，投藥罐，飛火球。後金兵前僕後繼，冒死鑿牆，前鋒鑿開高二丈餘大洞三四處，寧遠城受到嚴重威脅。時「袁崇煥縛柴澆油並攙火藥，用鐵繩系下燒之」[714]；又選十名健丁縋下，用棉花火藥等物燒殺挖城的後金兵。是日，後金官兵攻城，自清晨至深夜，屍積城下，幾乎陷城。

二十五日。後金兵再傾力攻城。城上施放火炮，「炮過處，打死北騎無算」[715]。後金兵害怕西洋大砲，畏葸不前，其「酋長持刀驅兵，僅至城下而返」[716]。後金兵一面搶走城下屍體，運至城西門外磚窯焚化，一面繼續鼓勇攻城。不能克，乃收兵。兩日攻城，後金史稱：「共折游擊二員，備御二員，兵五百。」[717]這應是被掩飾而縮小了的數字。

二十六日，努爾哈赤派兵繼續攻城，袁崇煥則督兵奮勇堅守。袁崇煥軍放西洋大砲，擊傷後金軍大頭目。據遼東經略高第奏報：「奴賊攻寧遠，炮斃一大頭目。用紅布包裹，眾賊抬去，放聲大哭！」[718]張岱《石匱書後集》亦載：「炮過處，打死北騎無算，並及黃龍幕，傷一裨王。北騎謂出兵不利，以皮革裹屍，號哭奔去。」[719]

努爾哈赤兵攻寧遠，遭到慘敗，遂懷忿恨：「帝自二十五歲征伐以來，戰無不勝，攻無不克，惟寧遠一城不下，遂大懷忿恨。」[720]天命汗努爾哈赤一向剛毅自恃，誓以洗雪寧遠軍敗之辱。他決心以攻泄忿，以焚消恨，以勝掩敗，以戮震威。這正如明朝薊遼總督王之臣所分析：「此番奴氛甚惡，攻寧遠不下，始遷戮於覺華。」[721]

於是，爆發了激烈的覺華爭戰。

三

覺華島之役是後金軍寧遠城下兵敗而衍化成的一場更為殘酷的爭戰。寧遠爭局的主戰場在寧遠城，其分戰場則在覺華島。

論寧遠爭局

覺華島以其位置衝要、囤儲糧料和設置舟師，而為明遼軍所必守，亦為後金軍所必爭。

第一，覺華島位置衝要。覺華島[722]懸於遼東灣中，同寧遠城相為犄角，居東西海陸中逵，扼遼左水陸兩津。滿洲勃興後，大學士孫承宗出關巡視覺華島，其奏報稱：

又次日，向覺華島，島去岸十八里，而近過龍宮寺，地瀕海而肥，可屯登岸之兵。次日，遍歷洲嶼，則西南望榆關在襟佩間，獨金冠之水兵與運艘在。土人附夾山之溝而居，合十五溝，可五十餘家。而田可耕者六百餘頃，居人種可十之三。蓋東西中逵，水陸要津，因水風之力，用無方之威，固智者所必爭也。其舊城遺址，可屯兵二萬。臣未出關，即令龍、武兩營，分哨覺華。而特於山巔為臺，樹赤幟，時眺望。時游哨於數百里外，以習風汛曲折。[723]

孫承宗充分認識到覺華島的軍事地理價值，從而奏報：「失遼左必不能守榆關，失覺華、寧遠必不能守遼左」。其奏報得到旨允。於是，孫承宗既經營寧遠城之興築與戍守，又經營覺華島之囤糧與舟師。

第二，覺華島囤儲糧料。先是，明在遼東防務，向置重兵。其兵糧馬料、軍兵器械，或置於堅城，或儲於海島。筆架山、覺華島為明遼東海上囤積糧料之重地。明失陷廣寧後，城守重在寧遠，糧儲則重在覺華。覺華島有一主島和三小島——今稱磨盤島、張山島、閻山島，共十三點五平方公里，其中主島十二點五平方公里。主島「呈兩頭寬、中間狹、不規整的葫蘆狀，孤懸海中」[724]。島呈龍形，「龍身」為山嶺，穿過狹窄的「龍脖」迤北，便是「龍頭」。「龍頭」三面臨海，地勢平坦，北端有天然碼頭，稱靰鞡口，停泊船隻。在「龍頭」的開闊地上，築起一座囤儲糧料之城。這座囤糧城，筆者踏勘，簡述如下：

覺華島明囤糧城，今存遺址，清晰可見。城呈矩形，南北長約五百米，東西寬約二百五十米，牆高約十米，底寬約六米。北牆設一門，通城外港口，是為糧料、器械運道之咽喉；南牆設二門，與「龍脖」相通，便於島上往來；

東、西牆無門,利於防守。城中有糧囤、料堆及守城官兵營房的遺蹟,還有一條縱貫南北的排水溝。[725]

島上所儲的糧料,天啟二年即天命七年(1622年)二月初一日,據楊嗣昌奏疏入告稱:

照得:連日廣寧警報頻疊,臣部心切憂懼。蓋為遼兵將平日貪冒,折色不肯運糧,以致右屯衛見積糧料八十餘萬石,覺華島見積糧料二十餘萬石。……今邊烽過河,我兵不利,百萬糧料,誠恐委棄於敵,則此中原百萬膏髓塗地,餉臣百萬心血東流。[726]

時後金軍占廣寧,陷右屯,並從右屯運走糧食五十萬三千六百八十一石八斗七升[727],余皆焚燬。但覺華島囤儲之二十萬石糧料,因在海島,賴以猶存。

第三,覺華島設置水師。明朝於覺華島,在廣寧未陷前,「獨金冠之水兵與運艘在」。後孫承宗採納閻鳴泰之議,以「覺華島孤峙海中,與寧遠如左右腋,可厄敵之用」[728],便命祖大壽駐覺華。其任務有三:一為撫練歸遼之人,以遼人守遼土;二為護衛島上囤儲之糧料、器械,供應陸上遼軍所需;三為相機牽制南犯的後金軍。後祖大壽被調至寧遠,由游擊金冠統領覺華島之水師。時覺華島與望海臺兩支水師互為犄角,牽制後金:

或妄意及海,則覺華島之駐師,與望海臺之泊船相控,而長鯨必授首於波臣;又或下關臣之精甲,進圖恢復,則水師合東,陸師合北,水陸之間,奇奇正正,出沒無端。[729]

覺華島水師的作用:一是守衛島上之糧料、器械;二是配合陸師進圖恢復;三是策應寧遠之城守,「以築八里者築寧遠之要害,更以守八里之四萬當寧遠之沖,與覺華島相犄角,而寇窺城,則島上之兵,傍出三岔,燒其浮橋,而繞其後,以橫擊之」[730]。

上述覺華島以其位置衝要、囤儲糧料和設置舟師,故必然引發一場血腥的爭戰。

覺華爭戰是一場歷史的悲劇[731]。

論寧遠爭局

第一，覺華島戰前形勢。先是，天啟六年即天命十一年（1626年）正月二十五日，努爾哈赤攻寧遠城不下，見官兵死傷慘重，便決定移師攻覺華島。是夜，努爾哈赤一面派軍隊徹夜攻城，一面將主力轉移至城西南五里龍宮寺一帶紮營。其目的：一則龍宮寺距覺華島最近，便於由陸地涉冰登島；二則龍宮寺囤儲糧料，佯裝劫糧，聲東擊西。此計確實迷惑了明軍，經略高第塘報可以為證：

今奴賊見在西南上，離城五里龍官[732]寺一帶紮營，約有五萬餘騎。其龍官（宮）寺收貯糧囤好米，俱運至覺華島；遺下爛米，俱行燒燬。訖近島海岸，冰俱鑿開，達賊不能過海。[733]

上述塘報，判斷錯誤：後金軍主力移動，以虛為實；龍宮寺糧囤無米，笑敵空撲；覺華島鑿冰設濠，敵騎無奈；明遼軍指揮若定，靜待捷音。但是，覺華島明參將姚撫民等軍兵，受到後金騎兵嚴重威脅。時值隆冬，環島鑿冰濠，長達十五里，阻擋後金騎兵突入，守衛島上囤儲糧料。然而，天氣嚴寒，冰濠鑿開，旋即凍結，復穿復合。姚撫民等率領官兵，「日夜穿冰，兵皆墮指」[734]。明遼軍鑿冰御守，後金軍佯虛為實，雙方都在為一場新的廝殺準備著。

第二，覺華島爭戰殘酷。二十六日，努爾哈赤一面派少量兵力繼續攻打寧遠城；一面命精銳騎兵突然進攻覺華島。後金軍由驍將武訥格率領滿洲及蒙古騎兵突然襲擊覺華島，《清國史·武訥格傳》載：

武訥格，博爾濟吉特氏，其先居葉赫。太祖高皇帝初，以七十二人來歸。後隸蒙古正白旗。武訥格有勇略，通蒙古及漢文，賜號「巴克什」。癸酉年，從征烏拉有功，授三等男。天命十一年，大軍圍明寧遠未下，命分兵攻覺華島。[735]

武訥格率蒙古騎兵及滿洲騎兵，約數萬人[736]，由冰上馳攻覺華島。後金軍涉冰近島，「見明防守糧儲參將姚撫民、胡一寧、金觀[737]，游擊季善、吳玉、張國青，統兵四萬[738]，營於冰上。鑿冰十五里為濠，列陣以車楯衛之」。[739]辰時，武訥格統領的後金騎兵，分列十二隊，武訥格居中，撲向位於島「龍頭」上的囤糧城。島上明軍，「鑿冰寒苦，既無盔甲、兵械，又系水手，不能耐戰，且以寡不敵眾」[740]；不虞雪花紛飛，冰濠重新凍合。故

後金軍迅速從靺鞨口登岸，攻入囤糧城，濃煙蔽島，火光沖天。旋即，轉攻東山，萬騎馳沖；巳時，並攻西山，一路湧殺。後金軍的馳突攻殺，受到明守島官兵的拚死抵抗：

且島中諸將，金冠先死，而姚與賢等皆力戰而死。視前此奔潰逃竄之夫，尚有生氣。金冠之子，會武舉金士麒，以迎父喪出關。聞警赴島，遣其弟奉木主以西，而率義男三百餘人力戰，三百人無生者。其忠孝全矣！[741]

經一晝夜激戰，二十七日，後金軍全部回師。

第三，覺華島爭戰結局。覺華爭戰的結局是：明守島軍覆沒，後金騎兵全勝。此役，明朝損失極為慘重，四份資料可為史證：

其一，經略高第塘報：覺華島「四營盡潰，都司王錫斧、季士登、吳國勛、姚與賢，艟總王朝臣、張士奇、吳惟進及前、左、後營艟百總，俱已陣亡」[742]。

其二，同知程維楧報：「虜騎既至，逢人立碎，可憐七八千之將卒，七八千之商民，無一不顛越靡爛者。王鰲，新到之將，骨碎身份；金冠，既死之樣，俱經剖割。囤積糧料，實已盡焚。」[743]

其三，總督王之臣查報：「賊計無施，見覺華島有煙火，而冰堅可渡，遂率眾攻覺華，兵將俱死以殉。糧料八萬二千餘（石）及營房、民舍俱被焚。……覺華島兵之喪者七千有餘，商民男婦殺戮最慘。與河東堡、筆架山、龍宮寺、右屯之糧[744]，無不焚燬，其失非小。」[745]

其四，《清太祖高皇帝實錄》載：「我軍奪濠口入，擊之，遂敗其兵，盡斬之。又有二營兵，立島中山巔。我軍沖入，敗其兵，亦盡殲之。焚其船二千餘，並所積糧芻高與屋等者千餘所。」[746]

此役，覺華島上明軍七千餘人和商民七千餘人俱被殺戮；糧料八萬餘石和舟船二千餘艘俱被焚燒；主島作為明關外後勤基地亦被破壞。同時，後金軍亦付出代價，明統計其死亡二百六十九員名[747]。

四

寧遠城之役，寧前道袁崇煥率軍民固守關外寧遠孤城，擊敗天命汗努爾哈赤統領的八旗軍隊的強攻，明稱之為「寧遠大捷」。寧遠之役，明軍獲勝，其因諸多，拙著《努爾哈赤傳》，已經做過詳細的探討。但是，袁崇煥自己總結為「以守勝也」[748]。明朝守軍，獲勝要訣，在於「守」字，守之要略，茲舉九端，試做討論。

守略——「守為正著，戰為奇著，款為旁著」[749]，守、戰、款相互制約，而立足於守。這是正確分析彼己態勢後的積極防守戰略。其時，「夷以累勝之勢，而我積弱之餘，十年以來站立不定者，今僅能辦一『守』字，責之赴戰，力所未能」[750]。明朝與後金，交戰十載，潰不成軍，元氣大傷，無喘息之時，乏還手之力，即使重整旗鼓，只能立足於守。而防守可揚己之長，制敵之短。後金亦有人在《奏本》中分析，雖野地浪戰明朝不如後金，但堅守城池後金不如明朝；其所占城池，必計襲智取，即裡應外合[751]。這從側面證明袁崇煥嬰城固守戰略之正確。他取嬰城固守之策還有一個原因，即明朝與後金火器之差距。明自洪武、永樂起，軍隊便裝備銃炮類火器，嘉靖、萬曆間兩次引進西方先進火器，如佛朗機等，使軍隊裝備水平得到飛躍。之後明軍火器占到裝備總量的一半以上，技術性能良好，運作方法簡便。明軍以堅固城池，合理佈兵，完備設施，先進火器，得當指揮，必具有強大的防守能力。明朝中期于謙保衛北京之戰已為明證。然而，後金八旗軍以鐵騎馳突為優勢，其軍械全部為冷兵器，如刀、弓、鏃等。這類冷兵器用於騎兵野戰，可借其強大衝擊力而優勝於明朝步兵，但在堅城和大砲之下，實難以施展威力。

論及袁崇煥之守略，必然涉及守、戰、款三者的關係。守、戰、款三者，包含著防禦與進攻、戰爭與議和這兩組既相區別又相關聯的範疇。以防禦與進攻而言，正如袁崇煥所說，遼兵「戰則不足，守則有餘；守既有餘，戰無不足。不必侈言恢復，而遼無不復；不必急言平敵，而敵無不平」[752]。二者都是重要的作戰形式，其選擇，依時間、空間和交戰雙方力量對比而定。另以戰爭與議和而言，二者只是實現政治目標的不同手段。袁崇煥能依具體條

件，不泥成法，將守、戰、和加以巧妙地運用，可防則守，可攻則戰，可和則議，表現出其軍事策略思想的主動性與靈活性。

　　守地——不設在近榆關之八里鋪，也不設在近瀋陽之廣寧城，而設在距關門不遠，離瀋陽不近之寧遠。部署以寧遠、錦州二城為支撐點的寧錦防線，從而「守關外以御關內」。其時，堅守之地選於何處，是關乎遼東全局乃至明朝生死存亡之要事。先是，經略熊廷弼建「三方佈置策」，主張重點設防廣寧，部署步騎隔遼河而同據瀋陽之後金對壘；巡撫王化貞則力主沿遼河設一字形防線，而重點防守廣寧。不久，後金兵不血刃地獲取廣寧，熊廷弼壯志未酬兵敗身死，王化貞亦身陷圇圄[753]。此時，經略王在晉又議在山海關外八里處築重城，以守山海。時為寧前兵備僉事的袁崇煥，以其為非策，爭諫不得，便奏記首輔葉向高。明廷派大學士孫承宗行邊，孫承宗同王在晉「推心告語，凡七晝夜」[754]，王不聽。承宗駁築重城議，集將吏謀應守之地。閻鳴泰主覺華，袁崇煥主寧遠，孫承宗支持崇煥之議。尋，孫承宗鎮關門，決守寧遠。

　　寧遠地處遼西走廊中段，位於明朝重鎮山海關和後金都城瀋陽之間，恰好擋住後金軍入關之路。史稱其內拱嚴關，南臨大海，居表裡中間，幾為天然形勝。且寧遠背山面海，地域狹窄，形勢險要，易守難攻。袁崇煥主守寧遠之議得到督師孫承宗支持後，天啟三年即天命八年（1623年）春，他受命往撫蒙古喀喇沁諸部，收復原為其占據的寧遠迤南二百里地域。繼而手訂規劃，親自督責，軍民合力，營築寧遠，使這一荒涼凋敝的寧遠，變為明朝抵禦後金南犯的關外重鎮。

　　守城——守城之要，先在修城。孫承宗初令祖大壽築寧遠城，大壽且疏薄，不中程。於是，「崇煥乃定規制：高三丈二尺，雉高六尺，址廣三丈，上二丈四尺」[755]。城牆加高增厚，堅固易守耐攻。城有四門：曰遠安、永清、迎恩、大定，有城樓、甕城，亦有護城河。城中心建鐘鼓樓，兩層，可居中指揮，憑高瞭望。袁崇煥修築寧遠城的創新在於：城牆四角各築一座附城炮臺，其三面突出牆外，既便於放置大型火炮，又可以擴大射角，其射界能達

到二百七十度。它消除了以往城堡凡敵至城下而銃射不及之缺陷，可遠轟奔馳而來之騎敵，亦可側擊近攻城牆之步敵，從而充分發揮火炮之威力。

《兵法》曰：「上兵伐謀，其次伐交，其次伐兵，其下攻城。攻城之法，為不得已。」[756] 袁崇煥憑藉堅城，嬰之固守，逼迫後金採用攻城下策，便不戰而先勝後金汗一局。同時，堅城深塹，兵在城上，火器洋炮，嬰城固守，恰是明遼軍之長；驅騎攻城，刀弓劍戟，擁楯鑿城，攻堅作戰，則是後金軍之短。因而，憑堅城與用大砲，這是袁崇煥積極防禦方略的兩件法寶。

守器——固守寧遠不僅使用常規械具、火銃，而且運用紅夷大砲。新型紅夷大砲是袁崇煥賴以守衛寧遠城之最銳利的武器。袁崇煥固守寧遠，正值西方伴隨著工業革命而實行火炮重大改良之時。英國新研製造的早期加農炮即紅夷炮，具有「身管長、管壁厚、彈道低伸、射程遠、命中精度高、威力大、安全可靠等優越性」[757]。隨著西學東漸，以徐光啟為代表的有識之士，最先認識到西洋火炮的價值。他於泰昌元年即天命五年（1620年），派張燾赴澳門向葡萄牙當局購買紅夷大砲，爾後購進三十門西洋製造的紅夷大砲。其中有十一門運送至關外寧遠城。徐光啟提出「以臺護銃，以銃護城，以城護民」[758] 的原則。袁崇煥在寧遠實行城設附臺、臺置大砲、以炮衛城、以城護民，與徐光啟的上述原則相契合。同時，經葡萄牙炮師訓練的火器把總彭簪古，也被調到寧遠培訓炮手。

在寧遠之役中，袁崇煥不僅是中國第一個將紅夷大砲用於守城作戰的明遼軍官將，而且獨創了卓有成效的守城新戰術。在努爾哈赤指揮後金軍推著楯車蜂擁攻城時，彭簪古等率領火炮手在「城上銃炮迭發，每用西洋炮則牌車如拉朽」[759]。爾後在寧錦之戰中，紅夷大砲亦取得同樣的效應。袁崇煥防守寧遠、錦州的成功，使紅夷大砲聲名大噪。明廷因此封一門紅夷炮為「安國全軍平遼靖虜大將軍」[760]，「管炮官彭簪古加都督職銜」[761]。這種紅夷大砲，被譽為「不餉之兵，不秣之馬，無敵於天下之神物」[762]。它後來得到大規模地仿造和更廣泛地使用。在後金方面，鑒於努爾哈赤在寧遠之戰和皇太極在寧錦之戰兩度受挫，也於天聰五年即崇禎四年（1631年），仿造成第一門紅衣大砲[763]，「自此凡遇行軍，必攜紅衣大將軍炮」[764]。可見，袁崇

煥固守寧遠率先使用西洋大砲,不但創造了別具一格的守城新戰術,而且推進了古代火炮的發展,對以後戰爭產生了重要的影響。

守軍——不用從關內招募之油滑兵痞,而「以遼人守遼土」,征遼兵,保家鄉。即重新組建並訓練一支以遼民為主體、兵精將強、含多兵種之守城軍隊。先是,大學士孫承宗提示「出關用遼人」,袁崇煥著力實施之。因為歷史表明,自遼事以來,外省調募之兵將,出戍數千里以外,「兵非貪猾者不應,將非廢閒者不就」[765],或延期誤時,裹足不前;或一觸即潰,擾亂邊事。正如袁崇煥所言,「寧遠南兵脆弱,西兵善逃」[766]。而遼人正處於水深火熱之中,熟諳地形,同仇敵愾,誓保鄉土。袁崇煥敢於陳其弊,破成議,疏請撤回調兵,而招遼人填補,以得兩利,奉旨允行。據袁崇煥統計,至崇禎元年即天聰二年(1628年),「實用之於遼者,合四鎮官兵共計一十五萬三千一百八十二員名,馬八萬一千六百零三匹」[767]。這支經過整編而新建的遼軍,以遼人為主體,含步兵、騎兵、車兵、砲兵和水兵等多兵種。袁崇煥於寧錦之捷後指出:「十年來,盡天下之兵,未嘗敢與奴戰,合馬交鋒;今始一刀一槍拚命,不知有夷之兇狠驃悍。」[768] 連朝廷也首肯遼兵衝鋒陷陣之英勇氣概。

所以,寧遠之捷表明,寧遠城守軍確是經過嚴格訓練,敢於誓死拚殺,能夠戰勝後金鐵騎的軍隊。爾後,寧錦和京師兩捷再次表明,遼軍確是明末的一支鐵軍。直至明亡,遼軍都被公認是明軍中唯一兵精將強的勁旅。

守餉——不僅依靠朝廷調運之糧料,而且實施「以遼土養遼人」之明策,安民樂土,墾荒屯田,興農通商,裕糧助餉。明廷為解決關外糧餉,決定加派遼餉,後數額高達白銀六百餘萬兩,成為社會的沉重負擔和朝廷的一大弊政。天啟六年即天命十一年(1626年),袁崇煥陳奏,守城同時,實行屯田,就地取餉,以省轉輸。爾後,袁崇煥又上疏屯田,陳明「以遼土養遼人」,行則有「七便」[769],否則有「七不便」[770],奏請在遼軍中實行且戰且屯、且屯且守、以戰促屯、以屯助守之舉措。袁崇煥的上述主張實施後,遼西經濟形勢為之一變。至崇禎元年即天聰二年(1628年),朝廷解撥遼東餉銀,由通支本折色共六百餘萬兩,減為四百八十餘萬兩,實省餉銀一百二十餘萬

論寧遠爭局

兩。而遼軍餉銀充裕、糧料盈餘，寧遠被圍，無缺糧餉之虞，錦州久圍得解後，城中尚剩米三萬數千石。

袁崇煥在遼東實施的屯田，分為軍屯與民屯兩種。軍屯，且守且屯，所得糧料，以助軍用；民屯，墾荒屯種，收取田租，以充軍餉。實行屯田，軍民兩利。袁崇煥「以遼土養遼人」之策，足衣食，穩軍心，安民情，堅守念，為其固守寧遠、獲取大捷奠定了物質基礎。

守紀——嚴肅軍紀，獎勇懲怯，率先示範，勵眾固守。袁崇煥所訓練的遼軍，尚勇敢，羞怯懦，紀律嚴明，部伍整肅。在平日操練時，即嚴格要求；在激烈戰事中，更申明軍紀。袁崇煥還破除「割級報功」之陳規。明軍九邊遇戰，兵士爭割首級，上報官長請賞，甚且殺民冒功。袁崇煥深鑒割級陋規，於未戰之先，與諸將士約，惟盡殲為期，不許割首級，故將士得一意衝殺。廢除「割級報功」的舊規，提高了軍隊的群體戰鬥力。

袁崇煥素重守紀之成效，在寧遠大戰中得以充分展現。在臨戰前，他歃血誓盟，激以忠義，死生與共，同城存亡。在激戰中，他身赴陣前，左臂負傷，不下火線，以之鼓勵將士。為懲戒懦者，「橇前屯守將趙率教、山海守將楊麒，將士逃至者悉斬」[771]，軍心穩定。為獎勵勇者，置銀於城上，對「有能中賊與不避艱險者，即時賞銀一定（錠）。諸軍見利在前，忘死在後，有面中流矢而不動者，卒以退虜」[772]。在戰事後，他按軍功大小，奏請敘賚；亦依怠怯輕重，實行懲處。後在京師保衛戰中，袁督師統率的五千明遼軍與後金軍騎兵鏖戰，後金軍十一月二十七日，「攻外羅城南面，城上下炮矢擊退之。遼將于永綬、鄭一麟營，炮藥失火，兵立火中不敢退。公當即給賞，每人二十金」[773]。此役，他還令將一偷食民家餅者斬首示眾，以肅軍紀。

守民——收集流民，衛土保家，兵民聯防，盤查奸細。袁崇煥在固守寧遠之實踐中，善於收集流離失所的遼民，眾志成城。在他經營下，遼西寧錦地區商民輻輳，恢復到數十萬人。寧遠城及其附近兵民達到五萬家。這就鞏固和充實了遼軍禦守寧遠的民眾基礎。

在寧遠之役中，實施兵民聯防。戰前，袁崇煥將城外百姓全部遷入城內，既使其得到守軍保護安全住居，又使其處於與守軍同生死共患難的境地。戰

中,寧遠百姓參戰,或登城拚殺,或運彈送飯,或巡邏街巷,或盤查奸細。當後金軍攻城時,百姓拿出柴草、棉花,送兵士點燃投下城去焚燒敵人;獻出被縟,給兵士裝裹火藥去燒殺敵軍。由於兵民聯防,巡城查奸,所以《明熹宗實錄》載述道:在遼東爭戰諸城中,獨寧遠「無奪門之叛民,內應之奸細」[774]。袁崇煥作為中國十七世紀二十年代的軍事家,能夠看到並組織民眾力量,兵民聯防,共同禦守,奪取勝利,實屬難能可貴。

　　守將——戚繼光《練兵實紀》言:「將者,腹心也;士卒,手足也。」[775]作戰,兵士是軀體,官將是靈魂。選將、命將、練將、用將,是袁崇煥爭局寧遠的重要法寶。他選用的趙率教、滿桂、何可綱、祖大壽四員大將等,都是其時一流將材。如趙率教固守錦州,袁崇煥固守寧遠,取得「寧錦大捷」。曾駐守關門,兼統薊鎮八路兵馬。掛平遼將軍印,在北京保衛戰中,千里馳援,身死疆場。《明史》本傳稱「率教為將兼勇,待士有恩,勤身奉公,勞而不懈,與滿桂並稱良將。」滿桂,蒙古族人,形貌威壯,忠勇絕倫,不好聲色,與士卒同甘苦。袁崇煥向孫承宗申請,滿桂到寧遠,與其協心築城,屹然成重鎮。在寧錦之戰中,率領騎兵,打開城門,背依城牆,面對強敵,奮勇拚搏,獲取勝利。而在京師保衛戰中,禦守永定門,死在戰陣中。何可綱,袁崇煥向朝廷推薦:「可綱仁而有勇,廉而能勤,事至善謀,其才不在臣下。臣向所建豎,實可綱力,請加都督僉事,仍典臣中軍。」在堅守大凌河城危難之時,拒絕投降,被掖出城外而殺,但「可綱顏色不變,亦不發一言,含笑而死」。祖大壽,寧遠人,袁崇煥用他「以遼人守遼土」。袁崇煥身後,明遼軍中堅是祖大壽,直至明亡,清軍不能、不敢越寧遠,進關門。為明遼軍干城,但後投降清軍,殺何可綱,為其汙點。

　　寧遠之役是滿洲興起以來,後金軍與明遼軍最激烈、最壯觀的一場攻守戰。攻方指揮努爾哈赤,自二十五歲起兵,戎馬生涯長達四十四年,可謂久經沙場,征戰必勝。他「在作戰指揮藝術上,對許多軍事原則——重視偵察、臨機善斷、誘敵深入、據險設伏、巧用疑兵、驅騎馳突、縱向強攻、橫向卷擊、集中兵力、各個擊破、一鼓作氣、速戰速決、用計行間、裡應外合等,都能熟練運用並予發揮」[776]。他統率八旗軍,先後取得古勒山之役、哈達之役、輝發之役、烏拉之役、撫清之役、薩爾滸之役、葉赫之役、開鐵之役、沈遼

之役和廣寧之役十次大捷，史稱其「用兵如神」[777]，是一位優秀的軍事統帥。但是，努爾哈赤率傾國之師進攻寧遠城，卻敗在袁崇煥手下。

在寧遠城攻守戰中，明遼軍獲勝，後金軍失敗，原因固多，其中要著，是有袁崇煥這樣傑出將領的指揮。袁崇煥以超卓的智慧、最新的火器、正確的兵略、精心的組織，擊中敵軍之要害，奪得爭戰之勝利。寧遠之役的事實證明，袁崇煥的智慧比努爾哈赤的智慧，略高一品；袁崇煥的指揮比努爾哈赤的指揮，藝高一籌。袁崇煥是努爾哈赤的剋星。袁崇煥固守寧遠，在八年之間，方寸之地，精心任事，勵節高亢，將「守」字做活，從而展現出一代軍事家之雄才偉略，使其生命價值放射出斑斕光輝。

五

寧遠爭局的分戰場，覺華島之役，是古代戰爭史上因勢而變、避實擊虛、釋堅攻脆、出奇制勝的典型範例。覺華島之役，明遼兵全軍覆沒，後金兵大獲全勝。其勝之因，其敗之由，略舉四端，試做討論。

第一，天命汗釋堅攻脆。從已見史料可知，努爾哈赤此次用兵，親率傾國之師，長驅馳突，圍攻寧遠，志在必克。然而，事與願違，圍城強攻，兵敗城下。天命汗蒙受自起兵以來最慘重的失敗。但是，努爾哈赤在極端不利的困境裡，在極度惱怒的情緒中，不餒不躁，沉著穩重，因敵情勢，察機決斷，釋堅攻脆，避實擊虛，揚長抑短，克敵制勝。《孫子兵法》云：

夫兵形像水，水之行，避高而趨下；兵之勝，避實而擊虛。水因地而制行，兵因敵而制勝。故兵無成勢，（水）[778]無恆形。能因變化而取勝者，謂之神。[779]

努爾哈赤從多年戎馬經歷中，深知《孫子兵法》中的上述用兵之道：水流必避高趨下，兵勝要避實擊虛；水因地之傾仄而制其流，兵因敵之虛懈而取其勝；水無常形，兵無常勢，臨敵機變，方能取勝。他其時面臨著兩個可供選擇的攻擊點：一個是寧遠城，另一個是覺華島。寧遠城明軍城堅、炮利、將強、死守；覺華島明軍則兵寡、械差、將弱、虛懈。於是，努爾哈赤在寧

遠城作戰失利的態勢下，依據情勢，臨機決斷，避其固守堅城之寧遠城，搗其防守虛懈之覺華島，突然驅騎馳擊，猛搗虛懈之敵。致明人指出：其「共扎七營，以綴我軍，不知其渡海也」[780]。甚至袁崇煥當時也做出「㺚賊不能過海」[781]的錯誤判斷。然而，後金軍統帥努爾哈赤利用嚴冬冰封的天時，又利用海島近寧遠海岸的地利，複利用官兵滿腔憤恨的士氣，再利用騎兵馳疾猛突的長技，乘覺華島明軍防守虛懈、孤立無援的境遇，出其不意，乘其之隙，圍城襲島，避實搗虛，集中兵力，鐵騎衝擊，硬打死拼，速戰速決，全殲守軍，獲取全勝。

第二，後金軍鼓勇馳擊。明大學士孫承宗認為，後金勁旅不會從水上攻覺華島：「蓋大海汪洋，雖可四達，而遼舟非傍嶼不行。虜固不以水至，即以水亦望此心折。」[782]孫承宗斷言後金不會以舟師從水上攻覺華島，卻未料後金會以騎師從冰上攻覺華島。然而，經略王在晉雖誤主建關外八里重城之議，但正確地指出覺華島守軍不能遏止陸路騎兵：「島駐兵止可禦水中之寇，弗能遏陸路之兵。」[783]後金陸上之騎兵，速度快，極迅猛，機動靈活，衝擊力大。因此，島上之明朝水兵，對抗後金騎兵，是注定要失敗的。後金騎兵巧用火攻——縱火焚燒糧囤、料堆、舟船；島上守軍未用火守——環島沿冰濠線堆放柴木，設置火器，緊急之時，縱火燃柴，施放火器，化冰為濠，以阻敵軍。結果，後金之兵，殺戮商民，煙火沖天，屍橫遍島。《明史·袁崇煥傳》記載後金軍登島燒殺情狀言：

> 我大清初解圍，分兵數萬，略覺華島，殺參將金冠等及軍民數萬。[784]

上述記載，疏誤兩處：其一，金冠已先死，非後金兵所殺。《明熹宗實錄》「島中諸將，金冠先死」[785]；《三朝遼事實錄》「金冠，既死之樣，俱經剖割」[786]，可為實證。其二，殺死島上「軍民數萬」，張飾也，實際上殺戮兵民各七千餘人。

第三，明覺華防守虛懈。明失廣寧後，議攻守策略，應以守為主，無論城池，抑或島嶼，均應主守，而後談攻。明廷賦予覺華島水師的使命，著眼於攻，攻未用上，守亦虛懈。先是，廣寧之役，頻傳警報，前車之鑒，應引為戒：

論寧遠爭局

照得：河西警報頻聞，山海防守宜急。臣等業經貯備糧料，具疏入告矣。昨接戶科抄出戶科都給事中周希令一疏，內言覺華等島糧食，宜勒兵護民，令其自取無算，餘者盡付水火。未出關小車與天津海運，不可不日夜預料速備等因。奉聖旨：該部作速議行。[787]

上引楊嗣昌疏稿為天啟二年即天命七年（1622年）二月初六日，而後金軍已於上月二十三日占領廣寧，但兵鋒未到覺華島。同年十二月，島上有游擊金冠水兵一千二百七十六員名，參將祖大壽遼兵八百七十五員名[788]，共二千一百五十一員名。後祖大壽及其遼兵調出，又增加水兵，達七千餘員名。這些水師，應重於防守，卻防守虛懈。其主要表現為：一是覺華島設防疏陋，守軍力量薄弱，火器配置缺乏，後金騎兵強攻，不能拒敵堅守。二是囤糧城守軍佈置不當，守兵集於島上山巔——東山與西山，距離囤糧城較遠。駐兵雖可居高瞭望與下擊，卻不利於急救囤糧城之危。三是迷信於覺華天設之險，只慮及後金騎兵不能從水上來攻，而未料及後金騎兵會從冰上進攻；只慮及封海時可鑿冰為濠，而未料及隆冬季節穿冰復合。四是覺華島守軍孤立無援，明廷制敵之策只設計島上水師在城遇急時，出船兵，繞其後，截擊取勝；未設計陸上步騎在島遇急時，急救援，做策應，配合獲勝。在後金騎兵攻島之時，經略高第、總兵楊麒，坐視山海，擁兵失援。近島之寧遠，「崇煥方完城，力竭不能救也」[789]。由上，覺華島防守虛懈，孤立無援，難以抵禦後金軍之突擊。明軍既僥倖於廣寧之役覺華島免遭兵火，又迷信於寧遠之役覺華島天設之險。然而，寧遠不是廣寧，歷史不再重演。後金騎兵避寧遠城之實，而擊覺華島之虛，致使覺華島明軍全部覆滅。

第四，明廟堂以勝掩敗。明朝覺華島兵敗，勝敗乃兵家常事，但吃一塹，需長一智。明覺華兵敗之後，薊遼總督王之臣疏報稱：

此番奴氛甚惡，攻寧遠不下，始遷戮於覺華。倘寧城不保，勢且長驅，何有於一島哉！且島中諸將，金冠先死，而姚與賢等皆力戰而死，視前此奔潰逃竄之夫，尚有生氣。[790]

誠然，奏報明軍固守寧遠之功績，褒揚覺華死難官兵之英烈，昭於史冊，典謨有據。但是，勝敗功過，理宜分明，既不能以勝掩敗，也不能以功遮過。

王之臣身為薊遼總督，對覺華島兵敗，未做一點自責。大臣既搪塞，朝廷則敷衍。明廷旨準兵部尚書王永光疏奏：

> 皇上深嘉清野堅壁之偉伐，酬報於前；而姑免失糧棄島之深求，策勵於後。[791]

於是，滿朝被寧遠大捷勝利氣氛所籠罩，有功將士，著績封賞；傷亡軍丁，照例撫卹；內外文武，增秩賜爵；廠臣閹宦，權位提升。但是，於明軍覺華島之敗，朝廷、兵部、總督、經略、巡撫以至總兵，未從整體上進行反思，亦未從戰略上加以總結，汲取教訓，鑒戒未來。對待失敗的態度，是吸收殷鑒，還是掩蓋搪塞，這是一個王朝興盛與衰落的重要代表。明廷失遼瀋，陷廣寧，殺熊廷弼，逮王化貞，只作個案處置，並未深刻反省。因而，舊轍復蹈，悲劇重演，一城失一城，一節敗一節。結果，江山易主，社稷傾覆[792]。

總之，明朝與後金，寧遠與覺華，其勝其敗，影響深遠。

六

寧遠之爭局，於明朝和後金，於當時和歷史，產生了正負兩面的深遠影響。

打敗後金進攻，影響歷史進程　袁崇煥擊敗後金騎兵，守住寧遠孤城。寧遠之役結束後，山西道御史高弘圖疏言：

> 奴酋鷙伏，四年不動，一朝突至，寧遠被圍，舉國洶洶。一重門限，豈是金湯？自袁崇煥有死地求生、必死無生之氣，則莫不翕然壯之。然自有遼事，用兵八年不效，固未敢逆料其果能與賊相持、與城俱存否也。是以深軫聖懷，時切東顧。甫采盈庭之方略，輒得馬上之捷書。然後知從前無不可守之城池，而但無肯守之人與夫必守之心。今崇煥稱必守矣！況且出奇挫銳，建前此所未有，則又莫不翕然賢之。[793]

此役，由明廷得報，寧遠被圍，舉國洶洶；及捷報馳至，京師全城，空巷相慶。寧遠之捷是明朝從撫順失陷以來的第一個勝仗，也是自「遼左發難，各城望風奔潰，八年來賊始一挫」[794]的一場勝仗。此役，清初人評論道：

論寧遠爭局

「我大清舉兵，所向無不摧破，諸將罔敢議戰守。議戰守，自崇煥始。」[795] 這個評論並不過分。與其相反，寧遠之役是努爾哈赤用兵四十四年來最為慘痛之失敗。他雖獲覺華島之全勝，卻不能掩飾其內心的悲憤，《無圈點老檔》和清太祖三種《實錄》，都沉痛地記載了天命汗的這一場悲劇。天命汗隨之晝夜躊躇，輾轉反思：「吾思慮之事甚多：意者朕身倦惰而不留心於治道歟？國勢安危、民情甘苦而不省察歟？功勳正直之人有所顛倒歟？再慮吾子嗣中果有效吾盡心為國者否？大臣等果俱勤謹於政事否？又每常意慮敵國之情形。」[796] 袁崇煥是努爾哈赤的剋星。一代天驕努爾哈赤，同年便在敗辱悲憤中死去。明取得寧遠之捷後，翌年又取得寧錦之捷，袁崇煥連獲寧遠與寧錦兩捷，並經始與經營了寧錦防線。先是，明在遼東失陷遼陽鎮，在遼西失陷廣寧鎮後，其陸路防禦體系被後金軍完全破壞。覺華島兵敗後，其海上防禦體系也受到重大損失。明為阻遏後金軍南犯，需在關外遼西走廊建立一道防禦系統，這就是寧錦防線[797]。寧錦防線可概括為「一體兩翼」。「一體」即縱向，南起山海關，北至大凌河城，中間以前屯路城為後勁，寧遠衛城為中堅，錦州衛城為前鋒，又以所城、臺堡作聯絡，負山阻海，勢踞險要；配以步營、騎營、車營、鋒營、勁營、水營諸兵種；置以紅夷大砲、諸火炮等守具，備以糧料、火藥；並屯田聚民，亦屯亦築，且戰且守，相機進取；從而形成沿遼西走廊縱深五百里之串珠式防禦體系，遏敵南進，保衛遼西，禦守關門，以固京師。「兩翼」即橫向，其左翼為蒙古拱兔等部，採取「撫西虜以拒東夷」的策略；其右翼為東江毛文龍部，整頓部伍，以擾敵後。袁崇煥部署的寧錦防線，其「兩翼」雖未完全實現，但明軍依其「主體」，堵御後金軍不得踰越南進，長達二十二年之久。「在袁崇煥身後，祖大壽得以其餘威振於邊，遼軍守禦的寧錦防線仍堅不可摧。直到崇禎十五年即崇德七年（1642年）錦州才被攻陷；而寧遠、關門，則幾於明祚同終」[798]。

固守寧遠要略，豐富兵壇智慧　袁崇煥固守寧遠之要略，有別於馬林之守而不防，袁應泰之守而不固，熊廷弼之守而不成，王在晉之守而不當，孫承宗之守而不穩；更不同李永芳之通敵失守，李如楨之玩忽於守，賀世賢之出城疏守，王化貞之攻而拒守，高第之棄而不守。袁崇煥之固守戰略，保證了寧遠城以至山海關屹然不動，直至明祚滅亡。袁督師既創造了重點城池防

守的新型戰術，又部署了關外完整的防禦體系。尤其是他提出「憑堅城以用大砲」[799]，即以炮守城，以城護炮的新型戰術，是中國古代守城戰術的新突破。他順應歷史發展之趨勢，及時將兵器進化的新成果應用於實戰，從而為火器與冷兵器並用時代的城池攻防，提供了行之有效的獨特戰法，發展了中國古代戰術學理論，是中國古代軍事思想寶庫中的新財富。上述戰術由於已經受到寧遠實戰之檢驗，因而被普遍接受和採用。爾後在清朝前期戰爭中，利用火器強攻硬守之戰屢見不鮮，使戰爭藝術呈現出新局面。

在固守寧遠之役中，袁崇煥的表現堪稱為雄膽卓識之典範。雄膽卓識，獨立品格，是中華文明史上傑出政治家、軍事家和民族英雄的寶貴品質。袁崇煥的膽識，一見於其單騎閱塞，國難請纓；二見於其夜行赴任，四鼓入城[800]；三見於其揭駁經略，主守寧遠；四見於其嚴拒非議，堅守孤城。此役，天命汗率師進攻，御守之策，大端有二：經略高第主守榆關，兵部閻鳴泰則主守首山。高第雖主守城，城卻不在寧遠，而在榆關。此策得遂，則關外遼西之地，盡為後金據有。榆關失去屏障，京師愈加危急。此將演為有明二百五十年來空前之危機。而正統己巳、嘉靖庚戌兩役，僅蒙古騎兵懸軍塞內，明廷尚有遼東完甌。署兵部右侍郎閻鳴泰同高第相左，雖主在關外御守，卻議將寧遠城主力部署於首山。首山在寧遠城東北，為護衛寧遠孤城之蔽障，亦為控扼自瀋陽來敵通道之咽喉。鳴泰畫策堅守首山之疏言：

首山左近如筆架、皂隸等山險隘之處，俱宜暗伏精兵、火炮，以待賊來，慎勿遽攖其鋒，惟從旁以火器沖其脅，以精兵截其尾；而覺華島又出船兵遙為之勢，乘其亂而擊之，此必勝之著也。[801]

得旨：「俱依擬著實舉行。」此策如果得遂，則關外孤城寧遠，必為後金據有。在薩爾滸之役中，杜松吉林崖兵敗，劉阿布達里岡身殁，都是史證；在沈遼之役中，瀋陽的賀世賢，遼陽的袁應泰，出城迎敵，墮計喪銳，亦是史證。這種以己之長為己之短，變彼之短為彼之長，而以己之短制彼之長——似可斷言，必敗無疑。袁崇煥既拒從遼東經略高第退守榆關之策，又拒依旨準兵部閻鳴泰出守首山之策。他不守山，而守城；守城不守榆關，而守寧遠。憑堅城，用大砲，以己長，制彼短，孤城孤軍，終獲大勝。這是袁崇煥雄膽

論寧遠爭局

卓識、獨立品格的節操之勝。袁督師雄膽卓識之智慧，豐富了中華思想之寶庫。

征撫漠南蒙古，繞道攻打燕京 天命汗努爾哈赤軍事觸角南向寧遠受挫縮回瀋陽後，又將軍事觸角西向蒙古。派其子率兵過西拉木倫河征討蒙古喀爾喀等部，先後共「獲人畜五萬六千五百」[802]。同年，努爾哈赤死，其子皇太極即汗位。皇太極於天聰元年即天啟七年（1627年），兵攻寧、錦，又遭失敗。皇太極憤愧言：「昔皇考太祖攻寧遠，不克；今我攻錦州，又未克。似此野戰之兵，尚不能勝，其何以張中國威耶！」[803] 皇太極南進寧錦之役失敗後，轉注於漠南蒙古未服諸部。同年，他一面將供養的蒙古人等幾萬人口，因遼東大饑而「送去吃朝鮮的米穀」[804]；一面同蒙古敖漢部、奈曼部首領瑣諾木杜稜、袞出斯巴圖魯等會盟[805]。次年（1628年）二月，皇太極率軍至敖木輪地方，擊敗察哈爾所屬多羅特部；九月，率軍征察哈爾「至興安嶺，獲人畜無算」[806]。六年（1632年）四月，再率軍征察哈爾，後師至黃河，林丹汗走死於青海大草灘。九年（1635年），後金軍三征察哈爾，獲「傳國玉璽」，察哈爾部亡，統一漠南蒙古。後金統一漠南蒙古，摧毀了明朝自洪武以來經營二百多年的全遼西部防線，並使其政治和軍事實力得到壯大，又為其繞道蒙古入關準備了條件。

後金兩汗先後兩次吞下敗於寧錦防線的苦果後，皇太極總結經驗教訓道：「彼山海關、錦州，防守甚堅，徒勞我師，攻之何益？惟當深入內地，取其無備城邑可也。」[807] 由是，他在自身武器裝備改善之前，不再正面強攻寧、錦，而是繞過寧錦防線，取道蒙古，破塞入內。崇禎二年即天聰三年（1629年），天聰汗皇太極率軍繞道蒙古，從大安口、龍井關入塞，攻打北京[808]。崇禎七年即天聰八年（1634年），後金軍入塞，蹂躪宣府、大同。崇禎九年即崇德元年（1636年），清軍[809]耀兵於京畿。崇禎十一年即崇德三年（1638年），清軍兵至山東，攻占濟南，翌年還師。崇禎十四年即崇德六年（1641年），清軍再入山東，大肆擄掠而歸。以上俱間道蒙古，破牆入犯，肆虐關內。與此同時，皇太極還進行火器研製和軍制改革。

製造紅衣大砲，變革八旗軍制　天命汗努爾哈赤和天聰汗皇太極兩敗於寧、錦，原因之一是受紅衣大砲所制。先是，後金軍已繳獲不少明軍火器，因騎兵攜帶不便，又缺乏熟練炮手，而未能發揮其作用。寧錦敗後，皇太極決心仿造西洋大砲。崇禎三年即天聰四年（1630年），諭令漢官仿造紅衣大砲。翌年正月，後金仿造的第一批紅衣大砲，共十四門，在瀋陽造成，定名為「天佑助威大將軍」[810]。從此，滿洲正式有了自製的紅衣大砲。同年八月，皇太極用紅衣大砲打援、圍城、破堡，大砲所向，盡顯神威，攻克大凌河城，降明將祖大壽，且繳獲明軍含紅衣大砲在內的大小火炮三千五百門[811]。後金製成紅衣大砲，用之裝備八旗軍，引起軍制變革。

後金第一批紅衣大砲仿造成功後，滿洲八旗設置新營，其名為「ujen cooha」，其音譯為「烏真超哈」，意譯為「重軍」，即使用火炮等火器之砲兵。這些紅衣大砲的督造官佟養性，被任命為昂邦章京，是為後金之第一位砲兵將領。烏真超哈的建立，代表著八旗軍制史上的一次重要變革：

烏真超哈的建立，是滿洲八旗軍制的重要變革。在這之前，八旗以騎兵為主，兼有步兵；而建立烏真超哈，代表著後金軍隊已經是一支包括騎兵、砲兵和步兵多兵種的軍隊。就作戰而言，既擅野戰，又可攻堅，砲兵的火力與騎兵的衝擊力、機動性得到良好結合；就訓練而言，亦由單一的騎兵訓練而為騎兵與砲兵、步兵合成訓練。因而，烏真超哈的建立，代表著滿洲八旗擺脫了舊軍制的原始性，是一項重大進步。[812]

以上四條討論，從中可以看出：寧遠爭局對於明朝與後金、明遼軍與八旗軍所產生的影響是雙向而深遠的。

綜上，明清甲乙之際，雙方爭局寧遠。斯勝斯敗，乃盛乃衰，都產生了極為深遠的歷史影響。但是，寧遠爭局的歷史價值，留給後人的精神財富，不僅是攻堅與守城的打拚場景，不僅是焚燒與廝殺的悲壯畫面，不僅是仇恨與憤怒的民族捲軸，也不僅是慶功與升賞的宮廷宴圖；統觀寧遠爭局，論其歷史價值──袁崇煥堅守孤城、憑城用炮的膽識與兵韜[813]，努爾哈赤因敵制變、釋堅攻脆的智謀與兵略，均超越了時間和空間、民族和政治，充實了中華兵壇之經綸，豐富了人類思想之寶庫。

袁崇煥固守寧遠之揚摧

袁崇煥固守關外寧遠孤城，擊敗後金軍隊強攻，取得寧遠大捷；尋，獲寧錦之捷，他自己總結為「以守勝也」[814]。寧遠之捷，要在固守。其守之情勢、守之過程、守之揚摧[815]、守之得失，據史料，試分析，淺論述，冀研討。

一

袁崇煥廟堂受命，身戎遼事，固守寧遠的歷史活劇，演出於十七世紀二十年代之中國。其時，後金崛興，滿洲八旗攻勢凌厲；明廷衰朽，遼東明軍敗不能支；而東西兩翼——蒙古與朝鮮，懼金疏明，亦難策應。袁崇煥在明朝遼東無局可守的危難之際，嬰守孤城寧遠，獲取寧遠大捷。

滿洲八旗所向披靡。遼東明軍的勁敵是努爾哈赤統率的滿洲八旗鐵騎。努爾哈赤不僅是滿洲傑出的首領，而且是明末清初著名的軍事家。萬曆十一年（1583年），努爾哈赤以其父祖「遺甲十三副」起兵，很快整合環圍女真各部。萬曆四十四年（1616年），努爾哈赤建立後金，黃衣稱朕[816]。他締造一支「攻則爭先，戰則奮勇，威如雷霆，勢如風發，凡遇戰陣，一鼓而勝」[817]的八旗軍。努爾哈赤依靠這支軍隊，於萬曆四十六年即天命三年（1618年），以「七大恨」告天，向明朝宣戰，計襲撫順[818]，智破清河[819]，旗開得勝，明廷震驚。廟堂匆促策劃反攻，以楊鎬為經略，調集十二萬兵馬，四路合擊後金都城赫圖阿拉，結果被努爾哈赤各個擊破。這就是著名的薩爾滸之戰[820]。以此作為代表，戰局發生根本變化：明朝軍由戰略進攻轉入戰略防禦，後金軍則由戰略防禦轉入戰略進攻。爾後，滿洲八旗軍攻戰頻仍，勢如破竹——下開原，占鐵嶺，取瀋陽，陷遼陽，結束了明朝在遼東的統治。繼而進兵遼西，占領廣寧，形成了同明軍爭奪寧遠的態勢。

明朝遼軍逐節敗退。在努爾哈赤八旗軍的猛烈攻勢面前，遼東明軍丟城失地，損兵折將。明朝遼東經略王在晉概括其時形勢道：「東事離披，一壞於清、撫，再壞於開、鐵，三壞於遼、瀋，四壞於廣寧。初壞為危局，再壞為敗局，三壞為殘局，至於四壞——捐棄全遼，則無局之可布矣。」[821]明

朝遼軍由駐鎮全遼、佈局分守，而變為丟棄全遼、無局可布的境地，直接原因在於武備廢弛，兵伍腐敗。這主要表現在：其一，主帥頻移，方略屢變。明自撫順失陷後的八年之間，先後七易主帥，戰守方略，因人而異。經略、總兵，或戰死、或貶謫、或去職、或落獄。與此相反，後金卻形成以努爾哈赤為首之穩定帥將群體。其二，將驕兵惰，漫無紀律。軍官上下欺誑，左右盤結，驕奢淫逸，占田侵餉。兵馬月無糧料，生活失計，竟至「遼卒不堪，脅眾為亂」[822]，嘩變圍署，捶楚長官。與此相反，後金卻諸將驍勇，兵強馬壯，訓練嚴格，軍紀整肅。其三，軍械缺損，後勤混亂。薩爾滸戰前誓師演武場上，大將屠牛刀鋒不利，「三割而始斷」[823]；官將校場馳馬試槊，木柄蠹朽，槊頭墜地。甚至出現操場閱兵，僱夫頂替，著布衫、持木棍的雜亂局面。與此相反，後金「兵所帶盔甲、面具、臂手，悉皆精鐵，馬亦如之」[824]；出征之軍「盔甲鮮明，如三冬冰雪」[825]。所以，明朝遼軍勢頹兵弱，退守關門，形成了面臨後金軍進攻而孤守寧遠的態勢。

漠南蒙古離明靠金。漠南蒙古諸部，駐牧於明朝與後金之間，又在寧遠左翼。其傾向於某一方，會使另一方腹背受敵。後金汗以「蒙古與滿洲，語言雖各異，而衣飾風習，無不相同，為兄弟之國」[826]，使諸科爾沁、內喀爾喀部臣服。明朝則著重爭取察哈爾部，以增加歲幣與其締結共禦後金盟約，實行「以西虜制東夷」之策。但是，王化貞駐守廣寧，圖借蒙古兵力抵禦後金進犯，結果企盼落空，痛哭棄城，落荒而逃。爾後，漠南蒙古諸部背明降金。《明史·韃靼傳》載：「明未亡而插先斃，諸部皆折入於大清。國計愈困，邊事愈棘，朝議愈紛，明亦遂不可為矣！」[827]明廷未能「撫西虜」而「制東夷」，形成了寧遠之戰前更為嚴峻之態勢。

朝鮮李朝懼金疏明。朝鮮不同於蒙古，它自洪武以降同明朝保持著友好關係。女真（滿洲）東鄰朝鮮，朝鮮不願意看到其勢力強大。朝鮮曾三次大規模出兵建州，襲攻女真。第一次是宣德八年（1433年），朝鮮出兵建州，追襲建州首領李滿住及其部民，致李滿住「身被九創」[828]。第二次是成化三年（1467年），明朝與朝鮮合兵，攻襲建州首領董山屯寨，「焚其巢寨房屋一空」[829]，董山亦被明朝殺害。第三次是萬曆四十七年即天命四年（1619年），朝鮮派元帥姜弘立統領萬餘兵馬參加薩爾滸之戰，但全軍覆沒，元帥

被俘。此戰之後，朝鮮更加懼怕努爾哈赤，又不得不接濟明東江總兵毛文龍部[830]。明廷意在聯絡朝鮮，牽制後金，使遼軍同「麗兵聲勢相倚，與登、萊音息時通，斯於援助有濟」[831]。後金則意在切斷朝鮮與明朝的聯繫，以及朝鮮對毛文龍部的濟援，以除後顧之憂。後來皇太極兩次出兵朝鮮，結成所謂「兄弟之盟」和「君臣之盟」。朝鮮雖可稱為明朝患難之盟友和後金肘腋之隱患，但因其懼後金而疏明朝，也增加了寧遠之戰前更為困難的態勢。

明廷中樞混亂腐敗。明朝在遼東不僅失去朝鮮之援、蒙古之助，而且八旗日盛、遼軍日衰，其根本原因在於朝廷腐敗。明自張居正死後，朝政益隳，邊事益壞。萬曆帝之怠玩，泰昌帝之暴亡，天啟帝之愚，崇禎帝之剛愎，使得宮內案起，朋黨紛爭，文武失協，經撫不和，朝廷中樞機制失衡。明廷中樞機制紊亂而殃及遼事的明顯事例，是熊廷弼的冤死和孫承宗的去職。熊廷弼在薩爾滸兵敗之後，受命經略遼東。他整頓軍隊，修城治械，疏陳方略，佈兵御守，迫使努爾哈赤將兵鋒轉向葉赫與蒙古。然而僅一年零三個月後，熊廷弼即在黨爭中被罷免，其治遼方略亦隨之夭折。明失陷瀋、遼後，舉國震驚，熊廷弼被再次起用。他雖建「三方佈置策」，但終因朋黨之爭，經撫不和，啣冤而死，「傳首九邊」[832]。頗有建樹之大學士孫承宗，也因閹黨排陷而遭劾去職。兵戎大事，慎之又慎，如此翻雲覆雨，豈能制敵御遼？朝政的混亂腐敗，給寧遠守衛戰鑄成了極為困難的態勢。

綜上，袁崇煥就是在朝廷腐敗、面對強敵、後無援兵、兩翼失助、嬰守孤城的情勢下，率兵進行了一場中國古代史上著名的寧遠之戰。

二

袁崇煥面臨極度危難的情勢，同後金汗努爾哈赤進行激烈的寧遠之戰。

先是，天啟五年即天命十年（1625年）八月，山海總兵馬世龍偷襲後金，兵敗柳河。閹黨乘隙起釁，以諂附閹黨之兵部尚書高第，代孫承宗為遼東經略。高第上任伊始，便推行不謀進取、只圖守關的消極策略，令棄關外城堡，盡撤關外戍兵。

袁崇煥主張固守，據理力爭，具揭言：「兵法有進無退。錦、右一帶既安設兵將，藏卸糧料，部署廳官，安有不守而撤之（理）？萬萬無是理。脫一動移，示敵以弱，非但東奴，即西虜亦輕中國。前柳河之失，皆緣若輩貪功，自為送死。乃因此而撤城堡、動居民，錦、右動搖，寧、前震驚，關門失障，非本道之所敢任者矣。」[833] 遼東經略高第撤防命令傳至寧前，寧前道袁崇煥斬釘截鐵地道：

寧前道當與寧前為存亡！如撤寧前兵，寧前道必不入，獨臥孤城以當虜耳！[834]

於是，錦州、右屯、大凌河等城自行毀棄，屯兵與屯民，後退入關，廣寧至山海關四百里地域，僅餘袁崇煥統兵防守之寧遠孤城。

高第撤防之報，傳至後金都城瀋陽。後金攻陷廣寧之後，已經蟄伏四年未動。後金汗努爾哈赤得知高第昏弱，遼軍撤防的探報，認為時機已到，機不可失；決定告天誓師，統率八旗，西渡遼河，進攻寧遠。

天啟六年即天命十一年（1626年）正月十四日，善抓戰機的後金汗努爾哈赤，親率六萬精兵，號稱二十萬，揮師西進，往攻寧遠。十六日，至東昌堡。十七日，渡遼河。隨後，連陷右屯、大凌河、小凌河、松山、杏山、塔山和連山等七座空城，直撲寧遠。

袁崇煥得報強敵臨逼，後無援兵，便部署守城。

第一，以城為依，堅壁清野。撤寧遠外圍之中左所、右屯等處兵馬及寧遠城外守軍，進入寧遠城內防守；令盡焚城外房舍，轉移城廂商民入城；糧倉龍宮寺等之貯糧，好米運至覺華島，余皆焚燬。寧遠城外不留一卒一民，使可用之兵民全部集於城內；不剩一舍一糧，使後金八旗兵無法持久作戰。

第二，畫城分守，布設大砲。寧遠城守兵萬餘人，由袁崇煥自任全局指揮，設令於鐘鼓樓之上；另派滿桂守東面並提督全城，祖大壽守南面，左輔守西面，朱梅守北面，各將畫地分守，相機應援。撤城外之西洋大砲入城，將十一門西洋大砲[835]，製作炮車，挽設城上，備置彈藥，教習演放。

袁崇煥固守寧遠之揚摧

第三，兵民聯防，運送糧藥。袁崇煥令通判金啟倧按城四隅，編派民夫，供給守城將士飲食。派衛官裴國珍帶領城內商民，鳩辦物料，運矢石，送火藥。以同知程維楧率員稽查奸細，派諸生巡查城巷路口。所以，在遼東諸城中，「寧遠獨無奪門之叛民，內應之奸細」[836]。

第四，激勵士氣，嚴明軍紀。袁崇煥將寧遠軍民「結連一處，彼此同心，死中求生，必生無死」[837]。他「刺血為書，激以忠義，為之下拜，將士咸請效死」[838]。又通令對陣前退縮者，徑於軍前誅之；潰而逃跑者，亦執而殺之。

二十二日。袁崇煥守城部署甫定。翌日，後金汗努爾哈赤統率八旗軍，穿越首山與窟窿山之間隘口，直薄寧遠城下。

二十三日。八旗軍進抵寧遠後，努爾哈赤命距城五里，橫截山海大路，安營佈陣，並在城北扎設汗帳。在發起攻城之前，努爾哈赤命釋被擄漢人回寧遠，傳汗旨，勸投降，但遭到袁崇煥的嚴詞拒絕。袁崇煥答道：「寧、錦二城，乃汗所棄之地，吾恢復之，義當死守，豈有降理！」[839]並命羅立等向城北後金軍大營燃放西洋大砲，「遂一炮殲虜數百」[840]。努爾哈赤旋移大營而西，諭備戰具，明日攻城。

二十四日。後金兵推楯車，運鉤梯，步騎蜂擁進攻，萬矢齊射城上。雉堞箭鏃如雨注，城上懸牌似蝟皮。後金集中兵勇攻打城西南角，左輔領兵堅守，祖大壽率軍應援，兩軍用矢石、鐵銃和西洋大砲下擊。後金兵死傷慘重，又移軍攻南城牆。後金汗命在城門角兩臺間火力薄弱處鑿城。明軍擲礌石、發矢鏃，投藥罐、飛火球。後金兵前僕後繼，冒死鑿牆，前鋒鑿開高二丈餘大洞三四處，寧遠城受到嚴重威脅。時「袁崇煥縛柴澆油並攙火藥，用鐵繩繫下燒之」[841]；又選五十名健丁縋下，用棉花火藥等物燒殺挖城的後金兵。是日，後金官兵攻城，自清晨至深夜，屍積城下，幾乎陷城。

二十五日。後金兵再傾力攻城。城上施放火炮，「炮過處，打死北騎無算」[842]。後金兵害怕利炮，畏葸不前；其「酋長持刀驅兵，僅至城下而返」[843]。後金兵一面搶走城下屍體，運至城西門外磚窯焚化；一面繼續鼓勇攻城。不能克，乃收兵。兩日攻城，後金史稱：「共折游擊二員，備御二員，兵五百。」[844]

二十六日。後金汗努爾哈赤一面派兵繼續攻城；一面命武訥格率軍履冰渡海，攻覺華島，殺明兵將，盡焚營房、民舍、屯糧、船隻。據經略高第報稱：「二十六日辰時，奴眾數萬，分列十二，頭子酋首沖中道，轉攻東山。至巳時，並攻西山，一湧衝殺。彼時各兵，鑿冰寒苦，既無盔甲、兵械，又系水手，不能耐戰，且以寡不敵眾。故四營盡潰，都司王錫斧、季士登、吳國勳、姚與賢，艟總王朝臣、張士奇、吳惟進及前、左、後營艟百總俱已陣亡。」[845]

同日，袁崇煥軍之西洋大砲，擊傷後金軍大頭目。據經略高第奏報：「奴賊攻寧遠，炮斃一大頭目，用紅布包裹，眾賊抬去，放聲大哭。」[846] 後金汗努爾哈赤在寧遠城下，遭受最嚴重的失敗。

二十七日。後金軍全部回師。

歷時五天的寧遠之戰，以袁崇煥的勝利和努爾哈赤的失敗而結束。袁崇煥的軍事勝利，寧遠「固守」是其法寶。袁崇煥憑著「固守」這個克敵制勝的法寶，翌年又取得寧錦大捷。

天啟七年即天聰元年（1627年）五月初六日，後金新汗皇太極為洗雪其父之遺恨和鞏固初登之汗位，親率諸貝勒將士，起行往攻錦州和寧遠。其時明祚以榆關為安危，榆關以寧遠為安危，寧遠又以錦州為安危。袁崇煥決心固守寧、錦，戰則死戰，守則死守。他命趙率教鎮錦州，自坐守寧遠。十一日，後金軍圍錦州城。翌日，皇太極一面遣錦州太監紀用等覆書，稱「或以城降，或以禮議和」[847]，一面派兵攻城。明軍炮火、矢石俱下，後金軍撤退五里紮營。皇太極兵攻錦州半月不下，命兵於城外鑿三重濠，留兵圍之；親率三大貝勒代善、阿敏、莽古爾泰等統八旗軍進攻寧遠。明參將彭簪古等「用紅夷大砲擊碎奴營大帳房一座」[848]，後金兵死傷甚眾。此戰，「貝勒濟爾哈朗、薩哈廉及瓦克達俱被創」[849]。皇太極兵攻寧遠，軍受重創，便回師錦州。後金兵數萬蜂擁攻城，被守軍以矢石、炮火擊死數千，敗回營去，大放悲聲。後金軍圍攻錦州二十五日，無日不戰，有傷無獲，而錦州、寧遠堅如磐石。皇太極憤愧言：「昔皇考太祖攻寧遠，不克；今我攻錦州，又未克。似此野戰之兵，尚不能勝，其何以張中國威耶！」[850] 皇太極寧錦之役的失敗，恰是袁崇煥固守寧錦之策的勝利。

袁崇煥固守寧遠之揚榷

袁崇煥在危難之情勢下，固守寧遠，連獲兩捷。遼東局勢，為之一變。武器與戰術，也隨之改觀。其連勝兩捷之要，在於「固守」二字，具體分析，述於下節。

三

袁崇煥任職遼事之歷史功業，或言其人生最輝煌之處，在於他固守寧遠。在他率兵固守的寧遠城下，戎馬生涯四十四載的後金汗努爾哈赤平生第一次戰敗，飲恨而亡；新汗皇太極又兵敗城下，被迫議和。袁崇煥固守寧遠之要略，在於「守」字。天啟二年即天命七年（1622年），他單騎出閱關塞，便提出「予我軍馬錢谷，我一人足守此」[851]之奇見。他受命監軍山海，又操「主守而後戰」之策前往。此後，袁崇煥坐守寧遠，修繕守城，募練守軍，繕治守械，籌措守餉，嚴肅守紀，謀劃守略。一言以蔽之，主「守」一直是其固守之戰略秘訣。其「守」之揚榷，即守之要略，列舉八端。

守略——「守為正著，戰為奇著，款為旁著」[852]，守、戰、款相互制約，而立足於守。這是正確分析彼己態勢後的積極防守戰略。其時，「夷以累勝之勢，而我積弱之餘，十年以來站立不定者，今僅能辦一『守』字，責之赴戰，力所未能」[853]。明朝與後金，交戰十載，潰不成軍，元氣大傷，無喘息之時，喪還手之力，即使重整旗鼓，只能立足於守。而防守可揚己之長，制敵之短。後金亦有人在《奏本》中認為，雖野地浪戰明朝不如後金，但堅守城池後金不如明朝；其所占城池，必計襲智取，即裡應外合。這從反面證明袁崇煥嬰城固守戰略之正確。他取嬰城固守之策還有一個原因是，明朝與後金火器之差距。明自洪武、永樂起，軍隊便裝備銃炮類火器，嘉靖、萬曆間兩次引進西方先進火器，如佛朗機、紅夷炮等，使軍隊裝備水平得到飛躍。後明軍火器占到裝備總量的一半以上，且技術性能較好，運作方法簡便。明軍以堅固城池，合理佈局，完備設施，得當指揮，必具有強大防守能力。明朝中期于謙保衛北京之戰已提供史例。然而，後金八旗軍以鐵騎馳突為優勢，其兵器全部為冷兵器，如刀、矛、箭、鏃等。這類冷兵器用於騎兵野戰可借其強大衝擊力而優勝於明朝步兵，但在堅城和大炮之下實難以施展威力。

三

　　論及袁崇煥之守略，必然涉及守、戰、款三者之關係。守、戰、款三者，包含著防禦與進攻、戰爭與議和兩組既相區別又相關聯的範疇。以防禦與進攻而言，正如袁崇煥所說，遼兵「戰則不足，守則有餘；守既有餘，戰無不足。不必侈言恢復，而遼無不復；不必急言平敵，而敵無不平」[854]。二者都是重要作戰形式，其選擇，依時間、空間和交戰雙方力量對比而定。另以戰爭與議和而言，二者只是實現政治目的之不同手段。袁崇煥能依具體條件，不泥成法，將守、戰、和加以巧妙地運用，可防則守，可攻則戰，可和則議，表現出其軍事策略思想的主動性與靈活性。

　　守地——不設在近榆關之八里鋪，也不設在近瀋陽之廣寧城，而設在距關門不遠、離瀋陽不近之寧遠。部署以寧遠、錦州二城為支撐點的寧錦防線，從而「守關外以御關內」。其時，堅守之地選於何處，是關乎遼東全局乃至明朝生死存亡之要事。先是，經略熊廷弼建「三方佈置策」，主張重點設防廣寧，部署步騎隔遼河而同據瀋陽之後金對壘；巡撫王化貞則力主沿遼河設一字形防線，而重點防守廣寧。不久，後金兵不血刃地獲取廣寧，熊廷弼壯志未酬兵敗身死，王化貞亦身陷囹圄、後被誅死。此時，經略王在晉又議在山海關外八里處築重城，以守山海。時為寧前兵備僉事的袁崇煥，以其為非策，爭諫不得，便奏記首輔葉向高。明廷派大學士孫承宗行邊。孫承宗同王在晉「推心告語，凡七晝夜」[855]，王不聽。承宗駁築重城議，集將吏謀應守之地。閻鳴泰主覺華，袁崇煥主寧遠；孫承宗支持崇煥之議。尋，孫承宗鎮關門，決守寧遠。

　　寧遠地處遼西走廊中段，位居明朝重鎮山海關和後金都城瀋陽之間，恰好擋住後金軍入關之路。史稱其內拱嚴關，南臨大海，居表裡中間，屹為天然形勝。且寧遠背山面海，地域狹窄，形勢險要，易守難攻。袁崇煥主守寧遠之議得到督師孫承宗支持後，天啟三年即天命八年（1623年）春，他受命往撫蒙古喀喇沁諸部，收復原為其占據寧遠迤南二百里地域。繼而手訂規劃，親自督責，軍民合力，營築寧遠，使一度荒涼凋敝的寧遠，變為明朝抵禦後金南犯的關外重鎮。

袁崇煥固守寧遠之揚搉

守城——守城之要，先在修城。孫承宗初令祖大壽築寧遠城，大壽且城垣疏薄不合規程。於是，「崇煥乃定規制：高三丈二尺，雉高六尺，址廣三丈，上二丈四尺」[856]。城牆加高增厚，堅固易守耐攻。城有四門：曰遠安、永清、迎恩、大定，有城樓、甕城，亦有護城河。城中心建鐘鼓樓，兩層，可居中指揮，憑高瞭望。袁崇煥修建寧遠城的創造性在於，城牆四角各築一座附城炮臺，其三面突出牆外，既便於放置大型火炮，又可以擴大射角，其射界能達到二百七十度。它消除了以往城堡凡敵至城下而銃射不及之缺陷，既可遠轟奔馳而來之騎敵，又可側擊近攻城牆之步敵，從而充分發揮火炮之威力。

《兵法》曰：「上兵伐謀，其次伐交，其次伐兵，其下攻城。攻城之法，為不得已。」[857] 袁崇煥憑藉堅城，嬰之固守，逼迫後金採用攻城下策，便不戰而先勝後金汗一局。同時，堅城深塹，火器洋炮，嬰城固守，恰是明朝軍之長；驅兵登城，刀矛劍戟，攻堅作戰，則是後金軍之短。因而，守堅城與用大砲是袁崇煥積極防禦方略的兩件法寶。

守器——固守寧遠不僅使用常規械具、火銃，而且運用紅夷大砲。新型紅夷大砲是袁崇煥賴以守城之最銳利的武器。袁崇煥固守寧遠，正值西方伴隨著工業革命而實行火炮重大改進之時。英國新製造的早期加農炮即紅夷炮，具有「身管長、管壁厚、彈道低伸、射程遠、命中精度高、威力大、安全可靠等優越性」[858]。隨著「西學東漸」，以徐光啟為代表的有識之士，最先認識到西洋火炮的價值。他於泰昌元年即天命五年（1620年），派張燾赴澳門向葡萄牙當局購買紅夷大砲，爾後購進三十門西洋製造的紅夷大砲。其中有十一門運送至關外寧遠城。徐光啟提出「以臺護銃，以銃護城，以城護民」[859] 的原則。袁崇煥在寧遠實行城設附臺、臺置大砲、以炮衛城、以城護民，與徐光啟的上述原則相契合。同時，經葡萄牙炮師訓練的火器把總彭簪古，也被調到寧遠培訓炮手。

在寧遠之戰中，袁崇煥不僅是中國第一個將紅夷大砲用於守城作戰的明遼軍官將，而且獨創了卓有成效的守城新戰術。在後金軍推著楯車蜂擁攻城時，彭簪古等率領火炮手在「城上銃炮迭發，每用西洋炮則牌車如拉朽」[860]。而在寧錦防禦戰中，紅夷大砲亦取得同樣的效應。袁崇煥防守寧遠、錦州的

成功,使紅夷大砲聲名大噪。明廷封一門紅夷炮為「安國全軍平遼靖虜大將軍」[861],並封「管炮官彭簪古加都督職銜」[862]。這種紅夷大砲,被譽為「不餉之兵,不秣之馬,無敵於天下之神物」[863]。它後來得到大規模地仿造和更廣泛地使用。後金方面也於天聰五年即崇禎四年(1631年),仿造成第一門紅夷大砲,「自此凡遇行軍,必攜紅衣大將軍炮」[864]。可見,袁崇煥固守寧遠率先使用西洋大砲,不但創造了別具一格守城的戰術,而且推進了古代火炮的發展,對以後戰爭產生重要的影響。

　　守軍——不用從關內招募之油猾兵痞,而「以遼人守遼土」,征遼兵,保家鄉。即重新組建並訓練一支以遼民為主體、兵精將強、含多兵種之守城軍隊。先是,大學士孫承宗提示「出關用遼人」,袁崇煥便著力實施之。因為歷史經驗表明,自遼事以來,外省調募之兵將,出戍數千里以外,「兵非貪猾者不應,將非廢閒者不就」[865],或延期誤時,裹足不前,或一觸即潰、擾亂邊事。正如袁崇煥所言,「寧遠南兵脆弱,西兵善逃」[866]。而遼人正處於水深火熱之中,熟諳地形,同仇敵愾,誓保鄉土。袁崇煥敢於陳其弊、破成議,疏請撤回調兵,而招遼人填補,以得兩利,奉旨允行。據袁崇煥統計,至崇禎元年即天聰二年(1628年),「實用之於遼者,合四鎮官兵共計一十五萬三千一百八十二員名,馬八萬一千六百零三匹」[867]。這支經過整編而新建的遼軍,以遼人為主體,含步兵、騎兵、車兵、砲兵和水兵等多兵種。袁崇煥於寧錦之捷後指出:「十年來,盡天下之兵,未嘗敢與奴戰,合馬交鋒;今始一刀一槍拚命,不知有夷之兇狠驃悍。」[868]連朝廷也首肯遼兵摧鋒陷陣之英勇氣概。所以,寧遠、寧錦和保衛京師三捷,證明遼軍確是明末的一支鐵軍,直至明亡遼軍都被公認是明軍中唯一兵精將強的勁旅。

　　袁崇煥還重用遼將,以統率遼兵。趙率教、祖大壽、何可綱三將,皆在遼東帶兵多年,或世居遼東。他們被袁崇煥任用為三員大將,畫城分守,戰功疊奏。袁崇煥嘗言:「臣自期五年,專借此三人,當與臣相終始。」[869]袁崇煥選任遼將統率遼軍,招募遼兵守衛遼土,在當時不啻為一舉兩得、牽動關寧全局之正確決策。

> 從明末到清初的那些事：閻崇年自選集

袁崇煥固守寧遠之揚摧

守餉——不僅依靠朝廷調運之糧料；而且提出「以遼土養遼人」之明策，安民樂土，墾荒屯田，興農通商，裕糧助餉。明廷為解決關外糧餉，決定加派遼餉，後數額高達白銀六百餘萬兩，成為社會的沉重負擔和朝廷的一大弊政。天啟六年即天命十一年（1626年），袁崇煥陳奏，守城同時，實行屯田，就地取餉，以省轉輸。爾後，袁崇煥又上疏屯田，陳明「以遼土養遼人」，行則有「七便」[870]，否則有「七不便」[871]，奏請在遼軍中實行且戰且屯、且屯且守、以戰促屯、以屯助守之方針。袁崇煥的上述主張實施後，遼西經濟形勢為之一變。至崇禎元年即天聰二年（1628年），朝廷解撥遼東餉銀，由通支本折色共六百餘萬兩，減為四百八十餘萬兩，實省餉銀一百二十餘萬兩。而遼軍餉銀充裕，糧料盈餘，就在錦州久圍得解之後，城中尚剩米三萬數千石。

袁崇煥在遼東實施的屯田，分為軍屯與民屯兩種。軍屯，且守且屯，所得糧料，以助軍用；民屯，則取其租，以充軍餉。屯田之策，軍民兩利。總之，袁崇煥「以遼土養遼人」之策，足衣食，穩軍心，安民情，堅守念，為其固守寧遠、獲取大捷奠定了物質基礎。

守紀——嚴肅軍紀，獎勇懲怯，率先示範，勵眾固守。袁崇煥所訓練的遼軍，尚勇敢，羞怯懦，紀律嚴明，部伍整肅。在平日操練時，即嚴格要求；在激烈戰事中，更申明軍紀。袁崇煥還破除「割級報功」之陳規。明九邊遇戰兵士爭割首級，上報官長請賞，甚且殺民冒功。他深鑒割級陋規，於未戰之先，與諸將士約，惟盡殲為期，不許割首級，故將士得一意衝殺。廢除「割級報功」的舊規，提高了群體戰鬥力。

袁崇煥素重守紀之成效，在寧遠大戰中得以充分展現。在臨戰前，他滴血誓盟，激以忠義，死生與共，同城存亡。在激戰中，他身赴陣前，左臂負傷，不下火線，以之鼓勵將士。為獎勵勇者，置銀於城上，「有能中賊與不避艱險者，即時賞銀一定（錠）。諸軍見利在前，忘死在後，有面中流矢而不動者，卒以退虜」[872]。在戰爭後，他按軍功大小，奏請敘賚；並依怠怯輕重，實行懲處。後在京師保衛戰中，袁督師統率的五千遼軍與後金軍騎兵鏖戰，後金軍十一月二十七日，「攻外羅城南面，城上下炮矢擊退之。遼將於永綬、

鄭一麟營,炮藥失火,兵立火中不敢退。公當即給賞,每人二十金」[873]。此役,他還令將一偷食民家麵餅者斬首示眾,以肅軍紀。

守民——收集流民,衛土保家,兵民聯防,盤查奸細。袁崇煥在固守寧遠之實踐中,善於收集流離失所的遼民,加以組織,助軍御守,保衛家鄉,眾志成城。在他經營下,遼西寧錦地區商民輻輳,恢復到數十萬人,寧遠城兵民達到五萬家。這就鞏固和充實了遼軍御守寧遠的民眾基礎。

袁崇煥在寧遠之戰中,實施兵民聯防。戰前,他將城外百姓全部遷入城內,既使其得到守軍的保護,又使其處於與守軍同生死共患難的境地。戰中,寧遠百姓參戰,或登城拚殺,或運彈送飯,或巡邏街巷,或盤查奸細。當後金軍攻城時,百姓拿出柴草、棉花,送兵士點燃投下城去焚燒敵人;獻出被縟,給兵士裝裹火藥去燒殺敵軍。由於兵民聯防,巡城查奸,所以獨寧遠「無奪門之叛民,內應之奸細」[874]。袁崇煥作為中國十七世紀二十年代的軍事家,能夠看到並組織民眾力量,兵民聯防,共同御守,**實屬難能可貴**。

以上僅就守略、守地、守城、守器、守軍、守餉、守紀、守民八項,論述了袁督師崇煥固守寧遠其「守」之要略。袁崇煥固守寧遠,在八年之間,方寸之地,精心任事,勵節高亢,將「守」字做活,從而展現出一代軍事家之雄才偉略,使其生命價值放射出斑斕光輝。

四

袁崇煥固守關外孤城寧遠,獲取寧遠大捷,是袁督師輝煌之歷史功業,亦為明遼軍屢敗之「封疆吐氣」[875]。明軍雖在寧遠城取勝,卻在覺華島慘敗。寧遠之得,覺華之失,尊重史實,兼而論及。

固守寧遠之奇功,是打敗後金鐵騎進攻。此役,明朝由得報,寧遠被圍,舉國洶洶;及捷報馳至,京師全城,空巷相慶。寧遠之捷是明朝從撫順失陷以來的第一個勝仗,也是自「遼左發難,各城望風奔潰,八年來賊始一挫」[876]的一場勝仗。與其相反,寧遠之役是後金汗努爾哈赤用兵四十四年最為慘痛之失敗。《清太祖武皇帝實錄》記載:「帝自二十五歲征伐以來,戰無不勝,

袁崇煥固守寧遠之揚摧

攻無不克，惟寧遠一城不下，遂大懷忿恨而回。」隨之晝夜躊躇，輾轉反思：「吾思慮之事甚多：意者朕身倦惰而不留心於治道歟？國勢安危、民情甘苦而不省察歟？功勛正直之人有所顛倒歟？再慮吾子嗣中果有效吾盡心為國者否？大臣等果俱勤謹於政事否？又每常意慮敵國之情形。」[877] 一代天驕後金汗努爾哈赤，同年便在敗辱悲憤中死去。

固守寧遠之價值，是影響歷史演變進程。袁崇煥取得寧遠、寧錦兩捷，並部署與經營寧錦防線。寧錦防線可概括為「一體兩翼」。「一體」即縱向的錦州、寧遠、山海關串珠式防守，由總兵趙率教守關門，為後勁；袁崇煥自率中軍，何可綱守寧遠，以居中；總兵祖大壽鎮錦州，為先鋒。各將畫地信守，緩急相應，戰則一城接一城，守則一節頂一節。「兩翼」指橫向而言，其左翼為蒙古拱兔等部，採取「撫西虜以拒東夷」的策略；其右翼為東江毛文龍部，實行斬師撫眾、整頓部伍、以擾敵後的措施。袁崇煥部署的寧錦防線，其「兩翼」雖未完全實現，但明軍依其「主體」，遏止住後金鐵騎之攻勢，迫使後金軍只得繞道入關，且不敢久留關內，從而拱衛關門，保衛京師。在袁崇煥身後，祖大壽振其餘威於邊，寧錦防線巋然不動。直至崇禎十五年即崇德七年（1642年），錦州才被攻陷；而寧遠、關門幾乎與明祚同終。在後金方面，皇太極被迫調整戰略，先是暫斂兵鋒，轉為「講和」與「自固」；並且開始製造和使用火器，尤其是西洋大砲。這一改革直接影響到後來清軍編制、訓練、指揮和策略等，使八旗軍戰鬥力迅速提高，從而在十幾年後，值李自成進京、明社傾覆之機，清兵進關，入主中原。

固守寧遠之要略，豐富了古代軍事思想。袁崇煥固守之要略，有別於馬林之守而不防，袁應泰之守而不固，熊廷弼之守而不成，王在晉之守而不當，孫承宗之守而不穩；更不同於李永芳之通敵失守，李如楨之玩忽於守，賀世賢之出城疏守，王化貞之攻而拒守，高第之棄而不守。袁崇煥之固守戰略，保證了寧遠城以至山海關屹然不動，直至明祚滅亡。袁督師既創造了重點城池防守的新型戰術，又部署了關外完整的防禦體系。尤其是他提出「憑堅城、用大砲」，即以砲守城、以城護砲的新型戰術，是中國古代守城戰術的新突破。他順應歷史發展之趨勢，及時將兵器進化的新成果應用於實戰，從而為火器與冷兵器並用時代的城池攻防戰，提供了行之有效的獨特戰法，發展了

中國古代戰術學理論，是中國古代軍事思想寶庫中的新財富。上述戰術由於已經受到固守寧遠實戰之檢驗，因而很快地被普遍接受和採用。爾後在清朝前期戰爭中，利用火器強攻硬守之戰屢見不鮮，使戰爭呈現出新的局面。

固守寧遠之膽識，充實了中華智慧寶庫。雄膽卓識，獨立品格，是中華文明史上傑出政治家、軍事家和民族英雄的寶貴品質。在固守寧遠之役中，袁崇煥表現為雄膽卓識的典範。袁崇煥之膽識，一見於其單騎閱塞、國難請纓；二見於其揭駁經略、主守寧遠；三見於其嚴拒非議、堅守孤城。此役，後金汗率傾國之師進攻，御守之策，大端有二：經略高第主守榆關，兵部閻鳴泰則主守首山。高第雖主守城，城卻不在寧遠，而在榆關。此策得遂，則關外遼西之地，盡為後金據有。榆關失去屏障，京師愈加危急。此將演化為有明二百五十年來空前之危機。而己巳、庚戌兩役，僅蒙古騎兵懸軍塞內，明廷尚有遼東完甌。署兵部右侍郎閻鳴泰同高第相左，雖主在關外御守，卻議將寧遠城中主力部署於首山。首山在寧遠城東北，為護衛寧遠孤城之蔽障，亦為控扼自瀋陽來敵通道之咽喉。鳴泰畫策堅守首山之疏言：

> 首山左近如筆架、皂隸等山險隘之處，俱宜暗伏精兵、火炮，以待賊來，慎勿遽攖其鋒，惟從旁以火器沖其脅，以精兵截其尾；而覺華島又出船兵遙為之勢，乘其亂而擊之，此必勝之著也。[878]

得旨：「俱依擬著實舉行。」此策得遂，則關外孤城寧遠，必為後金據有。在薩爾滸之役中，杜松吉林崖兵敗，劉阿布達里岡之歿，都是史證；在沈遼之役中，瀋陽的賀世賢，遼陽的袁應泰，出城迎敵，墮計喪銳，亦是史證。這種明軍易己之長為己之短，變彼之短為彼之長；而以己之短，制彼之長，似可斷言，必敗無疑。袁崇煥既拒從遼東經略高第退守山海關之策，又拒依旨準兵部侍郎閻鳴泰出守首山之策。他不守山，而守城；守城不守榆關，而守寧遠。憑堅城，用大砲，以己長，制敵短，孤城孤軍[879]，終獲大勝。這是袁崇煥雄膽卓識、獨立品格的節操之勝。袁督師雄膽卓識之智慧，豐富了中華思想之寶庫。

袁崇煥固守寧遠之揚摧

但是，寧遠之戰，首之在得，寧遠城獲捷；次之在失，覺華島兵敗。明軍兵敗覺華島，其責重在經略高第。因覺華兵敗為寧遠之役的枝蘗，故略作附論。

覺華島（今遼寧興城菊花島鄉），懸於遼東海灣，西距寧遠十五公里。島面積十三點五平方公里，有淡水，能耕田，可駐軍。覺華島「呈兩頭寬，中間狹，不規整的葫蘆形狀，孤懸海中」[880]。即島為龍形，「龍身」為山嶺，穿過狹窄的「龍脖」迤北，便是「龍頭」。「龍頭」地勢平坦，三面臨海，北端有天然碼頭，宜停泊船隻。先是，明廣寧兵敗後，議應守之所，監軍閻鳴泰主守覺華島，僉事袁崇煥主守寧遠衛。孫承宗巡勘見「覺華孤峙海中，與寧遠如左右腋，可厄敵之用」[881]。由是決策袁崇煥守寧遠，祖大壽駐覺華。後袁崇煥主守寧遠，祖大壽負覺華防務之任。孫承宗派祖大壽、姚撫民、金冠等官弁，將覺華島建成關外遼軍後勤基地。在島之「龍頭」開闊地上，建起一座屯積糧料之城。城呈矩形，牆高約十米，底寬約六米。北牆設一門，通城外港口，是為糧料運輸之通道；南牆設二門，與「龍脖子」相通，便於島上往來；東、西兩面無門，利於防守。城內有糧囤、料堆以及守城官兵營房，還有一條排水溝縱貫南北。覺華島上的儲糧，既有來自天津漕運之米，又有當地屯田之糧。島上駐軍擔負保護糧料和應援寧遠之雙重任務。孫承宗早就指出：當敵「窺城（寧遠），令島上卒旁出三岔，斷浮橋，繞其後而橫擊之」[882]。因而，覺華島於固守寧遠之價值不可低估。

然而，袁崇煥在固守寧遠之時，高第未能兼及覺華島，致後金兵攻覺華，糧料被焚，全軍覆亡。所以，經略高第未能兼顧覺華之失，主要表現在如下四點：其一，只著重於覺華島後勤基地之作用，而忽視其側翼機動之地位，因而在諸次作戰中均未調發島上駐軍繞敵後而橫擊策應。其二，島上囤糧城選址欠當，只考慮糧料運島方便，而未顧及防敵禦守。其三，囤糧城設防疏陋，守軍力量薄弱，後金軍馳至，守軍營於冰上，鑿冰為濠，列車楯衛。但時逢嚴冬，冰濠封凍，致八旗軍橫行無阻，直搗糧城。其四，島上兵力部署失當，將重兵集於島中心之山巔，需重點防守之囤糧城卻兵力單薄，且兩營步卒缺乏策應。所以，雖寧遠之戰堪稱大捷，但後金僅以八百騎兵便登島獲勝，致明七千將士全軍覆沒[883]，大量糧料和二千餘船隻被焚燒，經營多年

之覺華島基地被摧毀。就官兵死亡與糧船遭焚而言，明朝軍在覺華島之受損，遠超過後金軍寧遠兵敗之所失。更有甚者，從此覺華島基地便被摧毀，寧錦防線失一重要側翼。遼東經略高第在寧遠之戰過程中，畏縮懼敵，御守關門，未能積極指揮，缺乏全面協調，致城勝而島敗、軀健而臂失。覺華島上數以萬計兵民被殺，數以十萬計糧料被焚，誠可惜哉，誠可痛哉！

總之，寧遠之役結束後，山西道御史高弘圖疏言：

> 奴酋鷙伏，四年不動，一朝突至，寧遠被圍，舉國洶洶。一重門限，豈是金湯？自袁崇煥有死地求生、必死無生之氣，則莫不翕然壯之。然自有遼事，用兵八年不效，未敢逆料其果能與賊相持、與城俱存否也。是以深軫聖懷，時切東顧。甫采盈庭之方略，輒得馬上之捷書。然後知從前無不可守之城池，而但無肯守之人與夫必守之心。今崇煥稱必守矣！況且出奇挫銳，建前此所未有，則又莫不翕然賢之。[884]

袁崇煥固守寧遠之歷史地位，其時直臣賢士，能予公允評價。綜觀袁督師固守寧遠之歷史業績，既創造了顯赫遐邇之戰守功業，又發展了篤實精到之軍事思想。於當時，挽救危局，護衛京師；於後世，兵壇經綸，警示來人。他不愧為中國古代傑出的軍事家、抗禦後金的民族英雄。袁督師之奇功偉勳和愛國精神，動天地、泣鬼神，光千古、耀萬世！

論覺華島之役

論覺華島之役

　　天啟六年即天命十一年（1626年），明朝與後金進行的著名的寧遠之戰，其主戰場在寧遠城，分戰場則在覺華島。論者注目寧遠城之役，重筆濃墨，闡述詳盡；對覺華島之役，則輕描淡寫，略語帶過。其實，覺華島之役是明清之際，明朝與後金的一次劇烈的軍事衝撞，產生了重要的影響。茲對覺華島之役，勾稽史料，粗作探論。

一

　　覺華島之役是歷史發展之必然，由於其時覺華島具有軍事衝要、囤積糧料和設置舟師三重價值而為明遼軍所必守，亦為後金軍所必爭。

　　覺華島位置衝要　覺華島[885]懸於遼東灣中，與寧遠城相為犄角，居東西海陸中逵，扼遼西水陸兩津。覺華島早在唐代，較為開發，港口著名，其北邊海港，稱為「靺鞨口」，已為島上要港，出入海島咽喉。遼金時代，島上更為開發，住戶日多，且有名剎。其時島上高僧，法名覺華，因以名島，稱為覺華島。金亡元興，塞外拓疆，遼西走廊，更為重要。明初北元勢力強大，朱棣幾次率軍北征，關外地區，屢動干戈。後蒙古勢力，犯擾遼東，明軍糧料，儲之海島，覺華島成為明朝的一個囤積糧料的基地。滿洲崛興後，覺華島的特殊戰略地位，日益受到重視。天啟二年即天命七年（1622年），明失陷遼西重鎮廣寧後，遼東明軍主力，收縮於山海關，「止有殘兵五萬，皆敝衣垢面」[886]。明軍的山海關外防線，經略王在晉議守八里鋪，僉事袁崇煥議守寧遠城，監軍閻鳴泰則主守覺華島。大學士孫承宗出關巡閱三百里情形，以便奏決守關之大略。由是，孫承宗巡視覺華島。據孫承宗巡覺華島之奏報稱：

　　又次日，向覺華島，島去岸十八里。而近過龍宮寺，地瀕海而肥，可屯登岸之兵。次日，遍歷洲嶼，則西南望榆關在襟佩間，獨金冠之水兵與運艘在。土人附夾山之溝而居，合十五溝可五十餘家。而田可耕者六百餘頃，居人種可十之三。蓋東西中逵，水陸要津，因水風之力，用無方之威，固智者

所必爭也。其舊城遺址，可屯兵二萬。臣未出關，即令龍、武兩營，分哨覺華。而特於山巔為臺，樹赤幟，時眺望。時游哨於數百里外，以習風汛曲折。[887]

從孫承宗奏報全文中，可見覺華島成為明軍必守之地，有其軍事地理之優越因素：

第一，島在遼東灣中，控四方水陸津要；

第二，島距岸十八里，嚴冬冰封，既便冰上運輸糧料，又可鑿冰為濠御守；

第三，島距寧遠三十里，犄角相依，互為援應；

第四，島上有舊城址，有耕田、民居、淡水，可囤糧屯兵；

第五，島北岸有天然港口，可泊運艘，亦可駐舟師；

第六，島山巔樹赤幟、立烽堠，便聯絡、通訊息；

第七，島上較為安全，可做新招遼兵訓練之地；

第八，島港便於停靠從旅順、登萊、天津駛來的運艘。

孫承宗充分認識到覺華島軍事地理形勢，從而奏報「失遼左必不能守榆關，失覺華、寧遠必不能守遼左」。其奏報得到旨允。於是，孫承宗既經營寧遠城之築城與戍守，又經營覺華島之囤糧與舟師。

覺華島囤積糧料　先是，明在遼東防務，向置重兵。其兵糧馬料、軍兵器械，為防備蒙古與女真騎兵搶掠，或置於堅城，或儲於海島。筆架山、覺華島為海上囤積糧料之重地。筆架山與錦州城水陸相峙，雖「錦州系寧遠藩籬」[888]，但近於廣寧，易受騷擾；筆架山雖位於海上，且有一條礁石棧道同岸相通，潮漲雖隱，潮落則顯，亦不安全。故明廣寧失陷後，城守重在寧遠，糧儲則重在覺華島。覺華島有一主島和三小島——今稱磨盤島、張山島、閻山島，共十三點五平方公里，其中主島十二點五平方公里。主島「呈兩頭寬、中間狹、不規則的葫蘆狀，孤懸海中」[889]。即島呈龍形，「龍身」為山嶺，穿過狹窄的「龍脖」迤北，便是「龍頭」。「龍頭」三面臨海，地勢平坦，北端有天然碼頭，停泊船隻。在「龍頭」的開闊地上，築起一座囤積糧料之城。這座囤糧城，筆者踏勘，簡述如下：

論覺華島之役

覺華島明囤糧城，今存遺址，清晰可見。城呈矩形，南北長約五百米，東西寬約二百五十米，牆高約十米，底寬約六米。北牆設一門，通城外港口，是為糧料、器械運道之咽喉；南牆設二門，與「龍脖」相通，便於島上往來；東、西牆無門，利於防守。城中有糧囤、料堆及守城官兵營房的遺蹟，還有一條縱貫南北的排水溝。[890]

覺華島囤儲的糧料，既有來自天津的漕運之米，又有征自遼西的屯田之糧。島上的儲糧，天啟二年即天命七年（1622年）二月初一日，據楊嗣昌具疏入告稱：

照得：連日廣寧警報頻疊，臣部心切憂懼。蓋為遼兵將平日貪冒，折色不肯運糧，以致右屯衛見積糧料八十餘萬石，覺華島見積糧料二十餘萬石。……今邊烽過河，我兵不利，百萬糧料，誠恐委棄於敵，則此中原百萬膏髓塗地，餉臣百萬心血東流。[891]

此時，遼左形勢陡變，明軍危在眉睫。天命汗努爾哈赤率兵進攻廣寧，正月十八日自瀋陽出師，二十日渡遼河，二十一日取西平，二十二日下沙嶺，二十四日占廣寧。楊嗣昌具上疏時，明朝已經失陷廣寧。占領廣寧的後金軍，乘勝連陷義州、錦州、右屯衛等四十餘座城堡，且從右屯衛運走糧食五十萬三千六百八十一石八斗七升[892]，余皆焚燬。但是，覺華島囤儲之二十萬石糧料，因在海島，賴以猶存。可見明朝儲糧海島，後金沒有舟師攻取，明人自覺安全穩妥。然而，囤積大量糧料的覺華島，對缺乏糧食的後金而言，雖沒有一支舟師，亦必為死爭之地。

覺華島設置水師　明朝於覺華島，在廣寧失陷前，「獨金冠之水兵與運艘在」。孫承宗出關前，如上所述，「即令龍、武兩營，分哨覺華。」旋有「國寧督發水兵於覺華」[893]。先是，「守覺華島之議，始於道臣閻鳴泰之呈詳」[894]。至是，經略孫承宗採納閻鳴泰之議，以「覺華島孤峙海中，與寧遠如左右腋，可扼敵之用」[895]，便命游擊祖大壽駐覺華。其時，孫承宗令總兵江應詔做了軍事部署：

公即令應詔定兵制：袁崇煥修營房；總兵李秉誠教火器；廣寧道萬有孚募守邊夷人采木，（督）遼人修營房；兵部司務孫元化相度北山、南海，設奇於山海之間；游擊祖大壽給糧餉、器械於覺華，撫練新歸遼人。[896]

由上可見，祖大壽駐軍覺華島之任務有四：一為撫練新歸遼人，以遼人守遼土；二為護衛島上囤儲之糧料、器械；三為以島上存貯糧械供應遼軍所需；四為相機牽制南犯的後金軍。時閻鳴泰升任遼東巡撫，使祖大壽居覺華島膺此重任，經略孫承宗亦允之。至於祖大壽之略歷，史載：

祖大壽者，舊遼撫王化貞中軍也。王棄廣寧走關門，壽歸覺華島。蓋其家世寧遠，覺華有別業焉。閻撫軍使居島，仍以金冠將千餘人佐之。至是有以陷虜人回島者報，故公資給之，亦欲因覺華，以圖寧遠耳。[897]

上引周文郁《邊事小紀》之文，同《清史稿·祖大壽傳》載祖大壽「佐參將金冠守島」相牴牾；時閻鳴泰亦奏稱祖大壽為參將、金冠為游擊。故應以《邊事小紀》所載為是。後因寧遠事關重大，採納袁崇煥的建議，將祖大壽調至寧遠。明覺華島之水師，仍由游擊金冠領之。

關外重城寧遠的戍守，以覺華島與望海臺之水師為犄角。時茅元儀至，籌劃水師事宜：「向所募舟師副將茅元儀至，公因令酌議舟師營制」[898]。孫承宗調茅元儀來籌置舟師，以使覺華島與望海臺兩處在海上發揮作用，從而牽制後金。

或妄意及海，則覺華島之駐師，與望海臺之泊船相控，而長鯨必授首於波臣；又或下關臣之精甲，進圖恢復，則水師合東，陸師合北，水陸之間，奇奇正正，出沒無端。[899]

覺華島水師的作用：一則守衛島上之糧料、器械；二則配合陸師進圖恢復；三則策應寧遠之城守——「以築八里者築寧遠之要害，更以守八里之四萬當寧遠之沖，與覺華島相犄角。而寇窺城，則島上之兵，傍出三岔，燒其浮橋，而繞其後，以橫擊之」[900]。

由上，覺華島地位重要、囤積糧料和設置水師，故明遼軍與後金軍之爭局是必然的。但後金軍於何時、從何地、以何法，同明遼軍爭戰覺華，則為歷史之偶然。這個歷史偶然現象的爆發點，是天命汗努爾哈赤的寧遠城兵敗。

二

覺華島之役是後金軍寧遠城下兵敗，而衍化為一場殘酷的爭戰。

覺華爭戰的動因是天命汗寧遠兵敗。先是，天命汗努爾哈赤攻陷廣寧後，頓兵四年，未圖大舉。他在等待時機，奪取孤城寧遠。天啟六年即天命十一年（1626年）正月，努爾哈赤以為攻取寧遠時機已到，親率六萬大軍，往攻寧遠，志在必得。是役，正月二十三日，後金軍薄寧遠城下，兩軍交火，互作試探。二十四日，後金軍攻城，或推楯車冒矢石強攻，或擁楯車頂嚴寒鑿城。城上明軍近則擲礌石、飛火球，遠則以紅夷大砲擊之。據《明熹宗實錄》記載：

二十四日，馬步、車牌、勾梯、炮箭一擁而至，箭上城如雨，懸牌間如猬。城上銃炮迭發，每用西洋炮，則牌車如拉朽。當其至城，則門角兩臺攢對橫擊。然止小炮也，不能遠及。故門角兩臺之間，賊遂鑿城高二丈餘者三四處。於是，火球、火把爭亂發下，更以鐵索垂火燒之，牌始焚，穴城之人始斃，賊稍卻。而金通判手放大砲，竟以此殞。城下賊屍堆積。[901]

是日，激戰至二更，後金軍方退。二十五日，爭戰最為激烈，茲引下面四條載述。其一，薊遼總督王之臣查報：「又戰如昨，攻打至未、申時，賊無一敢近城。其酋長持刀驅兵，僅至城下而返。賊死傷視前日更多，俱搶屍於西門外各磚窯，拆民房燒之，黃煙蔽野。」[902]其二，兵部尚書王永光奏報：「虜眾五六萬人，力攻寧遠。城中用紅夷大砲及一應火器諸物，奮勇焚擊。前後傷虜數千，內有頭目數人，酋子一人。」[903]其三，遼東經略高第疏奏：「奴賊攻寧遠，炮斃一大頭目，用紅布包裹，眾賊抬去，放聲大哭。」[904]其四，張岱《石匱書後集》亦載：「炮過處，打死北騎無算，並及黃龍幕，傷一裨王。北騎謂出兵不利，以皮革裹屍，號哭奔去。」[905]

二

　　上述四例，可以看出，天命汗努爾哈赤兵攻寧遠，遭到慘敗，遂懷忿恨——「帝自二十五歲征伐以來，戰無不勝，攻無不克，惟寧遠一城不下，遂大懷忿恨」[906]。努爾哈赤一向剛毅自恃，屢戰屢勝，難以忍受寧遠兵折之恥，誓以洗雪寧遠兵敗之辱。天命汗決心以攻洩憤，以焚消恨，以勝掩敗，以戮震威。這正如明薊遼總督王之臣所分析：「此番奴氛甚惡，攻寧遠不下，始遷戮於覺華。」[907]

　　覺華爭戰的過程是一場歷史的悲劇。先是，二十五日，努爾哈赤攻寧遠城不下，見官兵死傷慘重，便決定攻覺華島。是夜，天命汗一面派軍隊徹夜攻城，一面將主力轉移至城西南五里龍宮寺一帶紮營。其目的：

　　一則龍宮寺距覺華島最近，便於登島；

　　二則龍宮寺囤儲糧料，佯裝劫糧。此計確實迷惑了明軍，高第塘報可以為證：

　　今奴賊見在西南上，離城五里龍官寺[908]一帶紮營，約有五萬餘騎。其龍官（宮）寺收貯糧囤好米，俱運至覺華島，遺下爛米，俱行燒燬。訖近島海岸，冰俱鑿開，達賊不能過海。[909]

　　但是，覺華島明參將姚撫民等軍兵，受到後金騎兵嚴重威脅。時值隆冬，海面冰封，從岸邊履冰，可直達島上。姚撫民等守軍，為加強防禦，沿島鑿開一道長達十五里的冰濠，以阻擋後金騎兵的突入。然而，天氣嚴寒，冰濠鑿開，穿而復合。姚撫民等率領官兵，「日夜穿冰，兵皆墮指」[910]。

　　二十六日，天命汗一面派少部分兵力繼續攻打寧遠城；一面命大部分騎兵突然進攻覺華島。後金軍由驍將武訥格率領，史載：

　　武訥格，博爾濟吉特氏，其先居葉赫。太祖高皇帝初，以七十二人來歸。後隸蒙古正白旗。武訥格有勇略，通蒙古及漢文，賜號「巴克什」。癸醜年，從征烏拉有功，授三等男。天命十一年，大軍圍明寧遠未下，命分兵攻覺華島。[911]

　　武訥格率蒙古騎兵及滿洲騎兵，約數萬人[912]，由冰上馳攻覺華島。後金軍涉冰近島，「見明防守糧儲參將姚撫民、胡一寧、金觀[913]，游擊季善、

論覺華島之役

吳玉、張國青,統兵四萬[914],營於冰上。鑿冰十五里為濠,列陣以車楯衛之」[915]。辰時,武訥格統領的後金騎兵,分列十二隊,武訥格居中,撲向位於島「龍頭」上的囤糧城。島上明軍,「鑿冰寒苦,既無盔甲、兵械,又系水手,不能耐戰,且以寡不敵眾」[916];不虞雪花紛飛,冰濠重新凍合。故後金軍迅速從靼鞨口登岸,攻入囤糧城北門,攻進城中。後金騎兵馳入亂斫,島上水兵陣腳遂亂。後金軍火焚城中囤積糧料,濃煙蔽島,火光沖天。旋即,轉攻東山,萬騎馳沖;巳時,並攻西山,一路湧殺。後金軍的馳突攻殺,受到明守島官兵的拚死抵抗:

且島中諸將,金冠先死,而姚與賢等皆力戰而死。視前此奔潰逃竄之夫,尚有生氣。金冠之子,會武舉金士麒,以迎父喪出關。聞警赴島,遣其弟奉木主以西,而率義男三百餘人力戰,三百人無生者。其忠孝全矣![917]

覺華爭戰的結局是明軍覆沒而後金軍全勝。此役,明朝損失極為慘重,四份資料可為史證:

其一,經略高第塘報:覺華島「四營盡潰,都司王錫斧、季士登、吳國勛、姚與賢,艤總王朝臣、張士奇、吳惟進及前、左、後營艤百總,俱已陣亡」[918]。

其二,同知程維楧報:「虜騎既至,逢人立碎,可憐七八千之將卒,七八千之商民,無一不顛越靡爛者。王鰲,新到之將,骨碎身份;金冠,既死之槺,俱經剖割。囤積糧料,實已盡焚。」[919]

其三,總督王之臣查報:「賊計無施,見覺華島有煙火,而冰堅可渡,遂率眾攻覺華,兵將俱死以殉。糧料八萬二千餘(石)及營房、民舍俱被焚。……覺華島兵之喪者七千有餘,商民男婦殺戮最慘。與河東堡、筆架山、龍官(宮)寺、右屯之糧[920],無不焚燬,其失非小。」[921]

其四,《清太祖高皇帝實錄》載:「我軍奪濠口入,擊之,遂敗其兵,盡斬之。又有二營兵,立島中山巔。我軍沖入,敗其兵,亦盡殲之。焚其船二千餘,並所積糧芻高與屋等者千餘所。」[922]

此役，覺華島上明軍七千餘員名和商民七千餘丁口俱被殺戮；糧料八萬餘石和船二千餘艘俱被焚燒；主島作為明關外後勤基地亦被摧毀。同時，後金軍亦付出代價，明統計其死亡二百六十九員名[923]。

　　爾後，覺華島經過遼東巡撫袁崇煥的經營，仍發揮一定作用：

　　第一，島上駐紮水師。至天啟六年即天命十一年（1626年）四月，島上有船四十艘、兵二千餘人：「島上尚有殘船四十只。都司僉書陳兆蘭、諸葛佐各領兵千人，或揚帆而出其後，或登岸而亂其營。」[924]六月，島上水師擴充為中、左、右三營[925]。

　　第二，連接海上貢道。先是，明制朝鮮使臣貢道「由鴨綠江，歷遼陽、廣寧，入山海關，達京師」[926]。但是，後金占領遼瀋地區，「時遼路遽斷，赴京使臣，創開水路」[927]，即由遼東半島南端航海至山東登州，再陸行至京師。爾後，貢道經由覺華島，「中朝改定中國貢路，由覺華島，從經略袁崇煥議也」[928]，即經覺華島，在寧遠登陸，過山海關，抵達京師。由是，覺華島成為朝鮮使臣海上貢道中停泊的島嶼。

　　第三，轉輸東江軍餉。崇禎二年即天聰三年（1629年）三月，「袁崇煥奏設東江餉司於寧遠，令東江自覺華島轉餉」[929]，以供應毛文龍，得到旨許。

三

　　覺華島之役是古代戰爭史上因勢而變、避實擊虛的典型範例。僅就後金軍之得與明遼軍之失，略作幾點探討。

　　第一，天命汗釋堅攻脆。從已見史料可知，努爾哈赤此次用兵，親率傾國之師，長驅馳突，圍攻寧遠，志在必克。然而，事與願違，圍城強攻，兵敗城下。天命汗蒙受四十四年戎馬生涯中最慘重的失敗、最慘痛的悲苦。但是，天命汗努爾哈赤能在極端不利的困境裡，在極度惱怒的氛圍中，因敵情勢，察機決斷，釋堅攻脆，避實擊虛。《孫子兵法》云：

論覺華島之役

夫兵形像水，水之行，避高而趨下；兵之勝，避實而擊虛。水因地而制行，兵因敵而制勝。故兵無成勢，（水）[930]無恆形。能因敵變化而取勝者，謂之神。[931]

努爾哈赤從多年戎馬經歷中，深知《孫子兵法》中的上述用兵之道：水流必避高趨下，兵勝要避實擊虛；水因地之傾仄而制其流，兵因敵之虛懈而取其勝；水無常形，兵無常勢，臨敵機變，方能取勝。他其時面臨著兩個可供選擇的攻擊點：一個是寧遠城，另一個是覺華島。寧遠城明軍城堅、炮利、將強、死守，覺華島明軍則兵寡、械差、將弱、虛懈。於是，天命汗努爾哈赤在寧遠城作戰失利態勢下，依據情勢，臨機決斷，避其固守之寧遠城，搗其虛懈之覺華島。他以少部分兵力圍寧遠城，佯作攻城，以迷惑守城之敵；而以大部分兵力攻覺華島，突然驅騎馳擊，猛搗虛懈之敵。致明人指出：其「共扎七營，以綴我軍，不知其渡海也」[932]。甚至袁崇煥當時也作出「達賊不能過海」[933]的疏忽判斷。然而，後金統帥努爾哈赤既利用嚴冬冰封的天時，又利用海島近岸的地利，複利用官兵憤恨的士氣，再利用騎兵馳突的長技，乘覺華島明軍防守虛懈、孤立無援之機，出其不意，乘其之隙，圍城襲島，避實攻虛，集中兵力，馳騎衝擊，速戰速決，大獲全勝。天命汗努爾哈赤轉寧遠城之敗，釋攻其堅；為覺華島之勝，轉攻其脆——可謂釋堅攻脆，乘瑕則神。這是戰爭史上避實擊虛之戰例典範。

第二，明水師攻守錯位。明失廣寧後，議攻守策，應以守為主，無論城池，抑或島嶼，均應主守，而後談攻。明廷賦予覺華島水師的使命，著眼於攻，攻未用上，守亦未成。覺華島明軍應當主守，是其時關外雙方軍力對比與島上水師特質所規定的。以後者言，島上明朝水師登岸，不能對抗後金騎兵。登岸之水兵，舍舟船，無輜重，失去依恃，棄長就短；陸上之騎兵，速度快，極迅猛，機動靈活，衝擊力大——登岸之明朝水兵對抗陸上之後金騎兵，是注定要失敗的。但是，明廷重要官員對此缺乏認識。先是，大學士孫承宗納閻鳴泰主守覺華之議後，言「邊防大計」為「曰守、曰款、曰恢復」，其「進圖恢復，則水師合東，陸師合北，水師（陸）之間，奇一正一，出沒無端」[934]，賦予覺華島水師以進圖恢復之水上重任。他認為：後金騎兵不會從水上攻島，島上水師又負重任，故應加強海島之地位：

而又於島之背設臺，以向其外，則水道可絕。蓋大海汪洋，雖可四達，而遼舟非傍嶼不行。虜固不以水至，即以水亦望此心折。且三門之勢，若吸之應呼，無論賊不能從水旁擊，即由陸亦多顧盼也。[935]

孫承宗斷言，後金不以舟師從水上攻覺華島，卻未料後金會以騎師從冰上攻覺華島。王在晉和孫承宗相左，看到覺華島水師之侷限：

若謂覺華島犄角，島去岸二十里，隔洋之兵，其登岸也須船，其開船也待風。城中緩急，弗能救也；水步當騎，弗能戰也。島駐兵止可禦水中之寇，弗能遏陸路之兵。[936]

時至天啟六年即天命十一年（1626年）正月二十三日，署協理京營戎政兵部右侍郎閻鳴泰仍無視王在晉的上述意見，諫言寧遠制敵之策：

制敵之策，須以固守寧遠為主，但出首山一步即為敗道。而首山左近如筆架、皂隸等山險隘之處，俱宜暗伏精兵、火炮，以待賊來，慎勿遽攖其鋒，惟從旁以火器沖其脅，以精兵截其尾；而覺華島又出船兵遙為之勢，乘其亂而擊之，此必勝之著也。[937]

閻鳴泰此策，得旨「俱依擬著實舉行」。此策得遂，明朝關外孤城寧遠必為後金據有，薩爾滸之役杜松吉林崖兵敗和劉阿布達里岡兵歿，沈遼之役瀋陽賀世賢和遼陽袁應泰出城應敵失其精銳而城破身亡，俱是例證。而覺華島出水師以擊敵，此亦非必勝之著。此策著眼於攻，疏失於守，攻守錯位，致攻未出師，而守亦敗沒。

第三，覺華島防守虛懈。覺華島之功能，主要是作為明軍關外囤儲糧料、器械的後勤基地，應以此作為重點而進行防禦部署。先是，廣寧之役，頻傳警報，前車之鑒，應引為訓：

照得：河西警報頻聞，山海防守宜急。臣等業經貯備糧料，具疏入告矣。昨接戶科抄出戶科都給事中周希令一疏，內言覺華等島糧食，宜勒兵護民，令其自取無算，餘者盡付水火。未出關小車與天津海運，不可不日夜預料速備等因。奉聖旨：該部作速議行。[938]

論覺華島之役

上引楊嗣昌疏稿，為天啟二年即天命七年（1622年）二月初六日，而後金軍已於上月二十三日占領廣寧，但兵鋒未至覺華島。同年十二月，島上游擊金冠水兵一千二百七十六員名，參將祖大壽遼兵八百七十五員名[939]，共二千一百五十一員名。後祖大壽及其遼兵調出，又增加水兵，達七千餘員名。這些水師，責在防守。如將覺華島作為水師基地，應時出擊，或作策應，則不現實。因為覺華島不具備水師基地的地理條件；且島上水兵用於對付後金騎兵，不宜登陸作戰，即使登陸繞擊，失去所長，暴露所短，以短制長，兵家所忌。覺華島的水師應重於防守，卻防守疏漏。有如囤糧城守軍集於島上山巔——東山與西山，距離囤糧城較遠。駐兵雖可居高臨下，卻不利於急救囤糧城之危。這就使得囤糧城防守虛懈，難以抵禦後金軍之突擊。後金騎兵驟至，守軍營於冰上，鑿冰為濠，擺車列陣，布設官兵，以作防衛。但時逢隆冬，所鑿冰濠，開而復封。致使後金騎兵橫行無阻，直搗囤糧城。明軍既僥倖於廣寧之役覺華島免遭兵火，又迷信於寧遠之役覺華島天設之險。然而，寧遠不是廣寧，歷史不再重演。後金騎兵避寧遠城之實，而擊覺華島之虛。覺華島明軍全部覆滅，吞下防守虛懈之苦果。

第四，明廟堂以勝掩敗。明朝覺華島兵敗，勝敗乃兵家常事；但吃一塹，需長一智。明覺華島兵敗之後，薊遼總督王之臣疏報稱：

此番奴氛甚惡，攻寧遠不下，始遷戮於覺華。倘寧城不保，勢且長驅，何有於一島哉！且島中諸將，金冠先死，而姚與賢等皆力戰而死，視前此奔潰逃竄之夫，尚有生氣。[940]

誠然，奏報明軍固守寧遠之功績，褒揚覺華死難官兵之英烈，昭於史冊，完全應當。但是，勝敗功過，理宜分明，既不能以勝掩敗，也不能以功遮過。王之臣身為薊遼總督，對覺華島之敗，未作一點自責。大臣既搪塞，朝廷則敷衍。朝廷旨準兵部尚書王永光疏奏：

皇上深嘉清野堅壁之偉伐，酬報於前；而姑免失糧棄島之深求，策勵於後。[941]

於是，滿朝被寧遠大捷勝利氣氛所籠罩，有功將卒，加官晉爵；傷亡軍丁，照例撫卹；內外文武，論功升賞；廟堂之上，掩悲為喜。但是，於明軍

三

覺華島之敗，朝廷、兵部、總督、經略、巡撫以至總兵，未從整體上進行反思，亦未從戰略上加以總結，汲取教訓，鑒戒未來。對待失敗的態度，是吸收殷鑒，還是掩蓋搪塞，這是一個王朝興盛與衰落的重要代表。明廷失遼、沈，陷廣、義，殺熊廷弼，逮王化貞，只作個案處置，並未深刻反省。因而，舊轍復蹈，悲劇重演，一城失一城，一節敗一節。結果，江山易主，社稷傾覆。

覺華島之役，明朝軍變寧遠之勝為覺華慘敗，後金軍化寧遠之敗為覺華全勝，實為歷史之偶然。但是，偶然之中，蘊含必然。覺華島之役表明，後金在失敗中升騰，明朝則在勝利中降落。這一偶然的覺華島之役，應是明朝與後金多年爭鬥結局之歷史徵兆。

論大凌河之戰

天聰五年即崇禎四年（1631年）七月二十七日，到十一月初九日，後金與明朝在遼西進行的大凌河之戰[942]，後金獲得戰略性的勝利，明朝遭到戰略性的失敗。此戰的導因、過程、特點及其影響，茲作闡述，略加討論。

一

在大凌河之戰以前，後金與明朝都發生了重大的政治變局。後金天命汗死，皇太極繼位；明朝天啟帝死，朱由檢繼位。兩位登極新君，都在廟堂上，施展新政；也都在戰場上，力圖進取。後金與明朝政局的突變，影響著其軍事局勢的變化。因此，大凌河之戰的爆發，既有其歷史延續之必然性，也有其時局引發之偶然性。

在後金方面　天命十一年即天啟六年（1626年）正月，後金軍進攻寧遠，遭到慘重失敗。同年八月，天命汗努爾哈赤死去。皇太極繼承汗位，改元天聰。天聰元年即天啟七年（1627年）正月，皇太極派二大貝勒阿敏等率軍東攻朝鮮。後金過鴨綠江，破義州，陷平壤。同朝鮮先訂「江華之盟」，後訂「平壤之盟」。後金同朝鮮結為「兄弟之盟」。朝鮮由明朝的盟友，而變為後金的「兄弟」。同年五月，皇太極為洗雪先父寧遠兵敗之辱，並借軍事勝利鞏固新汗權位，兼乘進兵朝鮮獲勝之銳氣，發動寧錦之戰。後金軍先攻錦州，祖大壽堅守，不克；繼攻寧遠，袁崇煥固守，又不克。明軍採取「憑堅城以用大砲」[943]的戰術，獲得「寧錦大捷」。皇太極憤然道：「昔皇考太祖攻寧遠，不克；今我攻錦州，又未克。似此野戰之兵，尚不能勝，其何以張中國威耶！」[944]

努爾哈赤、皇太極先遭寧遠之敗，繼遭寧錦之敗，對明關寧錦防線，產生畏懼情緒。後金遇到明朝鐵將袁崇煥和祖大壽，明軍鐵城寧遠和錦州，攻之不克，戰之不勝。由是，皇太極改變直接攻明遼西關寧錦防線的戰略，而大膽採取避開寧、錦，迂道蒙古，破牆入塞，直搗明都的兵略。天聰三年即崇禎二年（1629年）十月，皇太極親率大軍，從大安口和龍井關突破長城，

陷遵化,略通州,攻北京。袁崇煥率軍馳援,「士不傳餐,馬不再秣」,在北京廣渠門、左安門戰敗後金軍的進攻。但皇太極採用范文程奏獻的「反間計」[945],陷害袁崇煥。崇禎帝中其計,將袁崇煥下詔獄。翌年,後金軍從北京回師,占領永平等四城。明督師孫承宗統軍向永平等四城發起反攻。後金二大貝勒阿敏等不敵,棄守永平。明軍收復永平、灤州、遷安、遵化四城。皇太極雖藉機將其政敵阿敏嚴懲,卻從此不再親自統兵進入中原。時後金已製成紅衣大砲。後金貝勒諸臣力勸皇太極,趁大凌河城垣尚未完工之時,派軍前往,摧毀其城,以免其成為寧遠、錦州之東的又一座堅城。

後金軍進攻錦州受挫,轉攻關內又受挫,再調整策略——伺機進攻明朝遼西關寧錦防線的前鋒堡壘大凌河城。

明朝方面　崇禎帝登極後,懲治閹黨,賜魏忠賢死,起用東林黨人,朝政為之一新。但「己巳之變」,京師被圍,廟社震驚。崇禎帝將兵部尚書王洽下獄論死,又將薊遼督師袁崇煥凌遲處死。天聰五年即崇禎四年(1631年),督師孫承宗指揮軍隊,收復永平等四城。崇禎帝仍希望以新的遼東勝利,振奮朝野,鼓舞軍心。孫承宗冀圖整頓遼西防務,加固關寧錦防線,築駐右屯,漸圖失疆。孫承宗駐鎮山海關,重新整頓關寧錦防線。在這段時期,修築大凌河城。時明遼軍與後金軍在遼西攻守的堡壘是大凌河城,大凌河城為明遼西關寧錦防線的前鋒要塞,先後三次,遭到毀棄。

先是,宣德三年(1428年),建大凌河中左千戶所城[946]。城南距錦州四十里,以近大凌河而名。大凌河「城周圍三里十三步,闊一丈。嘉靖癸亥(1563年)巡撫王之誥包築,高二丈五尺,門一,四角更房一」[947]。明朝自有遼事[948]之後,關寧錦防線北段,重點為寧遠、右屯、錦州、大凌河四城。天命七年即天啟二年(1622年)正月,後金奪占遼西廣寧城。經略熊廷弼、巡撫王化貞,帶領軍民撤退到山海關內。後金軍進至中左所。是為大凌河城第一次遭到棄毀。

繼是,孫承宗替代王在晉任遼東經略,時「自王化貞棄廣寧後,關外八城盡空」[949]。孫承宗與袁崇煥議,重點建立寧遠、右屯、錦州、大凌四城,繕城駐守,進圖恢復。天命十年即天啟五年(1625年)夏,閹黨借柳河兵

論大凌河之戰

敗，劾及孫承宗，奏劾章疏，凡數十上。孫承宗被迫去職，以高第代為遼東經略。高第命盡撤錦州、右屯、大凌河諸城軍民。時通判金啟倧呈照：「錦、右、大凌三城，皆前鋒要地，倘收兵退，既安之民庶復播遷，已得之封疆再淪沒！」[950] 高第不聽，下令撤退，死亡塞路，哭聲震野。翌年正月，努爾哈赤值明朝遼東經略易人之機，大舉進攻寧遠。明軍雖獲得「寧遠大捷」，但後金軍撤退時焚燬覺華島囤糧城，並毀壞大凌河城。是為大凌河城第二次遭到棄毀。

再是，明軍獲得「寧遠大捷」後，後金天命汗努爾哈赤死。明遼東巡撫袁崇煥借給努爾哈赤弔喪之機，派員往後金「講和」，以拖延時間，修繕大凌河城，加強前鋒防守。天聰元年即天啟七年（1627年），明軍雖獲「寧錦大捷」，但後金撤軍時，再毀大凌河城。是為大凌河城第三次遭到毀棄。

綜上，自天命三年即萬曆四十六年（1618年）後金軍進攻撫順，到大凌河之戰以前，十四年之間，後金與明朝，發生八次大戰——撫清、薩爾滸、開鐵、瀋遼、廣寧、寧遠、寧錦和京師之戰。雙方爭戰結局，後金六勝二負。後金對寧遠、寧錦兩戰，雖遭失敗，卻不甘心。皇太極要尋找機會，進攻明朝。而明朝對丟失撫順、清河、開原、鐵嶺、瀋陽、遼陽、廣寧、義州八城，也不甘心。崇禎初政，力圖復遼。明朝與後金在遼西爭局，時勢所趨，不可避免。明軍在大凌河城已經三毀基址上重新築城，受到後金的密切注視。明朝修復已毀的大凌河城，成為大凌河之戰的直接導因。

先是，明遼東巡撫畢自肅在寧遠兵變中遇害後，遂廢遼東巡撫。後明兵部尚書梁廷棟舉薦丘禾嘉為遼東巡撫。而修復大凌河城的動議，同梁廷棟、丘禾嘉等有直接關係，但孫承宗對此不負主要責任。《明史·孫承宗傳》記載：

禾嘉巡撫遼東，議復取廣寧、義州，右屯三城。承宗言廣寧道遠，當先據右屯，築城大凌河，以漸而進。兵部尚書梁廷棟主之，遂以七月興工。

孫承宗的意思是：第一，廣寧、義州，暫且不修。第二，右屯重要，距海較近，便於運糧，應先築守。第三，為保右屯，還要修小凌河城與大凌河城，以成為其犄角。第四，大凌、小凌、右屯、錦州、松山、杏山、連山、寧遠諸城，關錦縱串連接，加強防禦體系。第五，孫承宗已經預見到：明築右屯，

敵軍必至；而築大凌，敵更必爭。然而，《明史·孫承宗傳》所記含糊：既說督師孫承宗築城大凌河，又說兵部尚書梁廷棟主之——營築大凌河城，是孫承宗的主意，還是梁廷棟的主意，抑或是他人的主意？《崇禎長編》記載原任兵科給事中孫三傑的疏言，道出其中的關係：

（周）延儒首據揆路，欲用其私人孫元化、丘禾嘉而無術，則屬梁廷棟藉破格用人之說，以為先資。明知元化、禾嘉無功，而冒節鉞，不足服人，則設為復廣寧，圖金、復、海、蓋之議。既而一事無成，懼干嚴譴，於是密主大凌之築，聊以塞責。奉舉國之精銳，付之一擲。第罷樞輔孫承宗以結其案，而丘禾嘉忽焉山、永，忽焉京卿矣！延儒之脫卸作用，何其神也！[951]

上引奏言，清楚說明：首輔周延儒密主營築大凌河城，授意兵部尚書梁廷棟，並由巡撫丘禾嘉執行之。時孫承宗主張修築右屯城。

天聰五年即崇禎四年（1631年）正月，孫承宗以屆七十高齡，抱病出山海關，巡視遼西防務，抵松山、錦州。時遼東巡撫為丘禾嘉。禾嘉，貴州人，萬曆四十一年（1613年）舉鄉試，好談兵。崇禎元年（1628年）以其知兵，為兵部主事。後金軍攻打北京，禾嘉監紀馬世龍軍。明復永平四城，禾嘉有功。兵部尚書梁廷棟舉薦，破格任命丘禾嘉為遼東巡撫[952]。

時遼東巡撫丘禾嘉等主張收復廣寧、義州、右屯三城。兵部尚書梁廷棟以此舉重大，諮詢孫承宗。孫督師覆言：廣寧，海運、路運皆難；義州，地偏僻。因此，必須先占據右屯，集聚官兵，積蓄糧秣，方可逐進，逼近廣寧。承宗又言：「右屯城已隳，修築而後可守。築之，敵必至。必復大、小凌河，以接松、杏、錦州。」奏入。「廷棟力主之，於是有大凌河築城之議。」[953]孫承宗依據時勢，不主張復義州，更不主張復廣寧，而力持修復右屯城。

由是，營築大凌河城，經崇禎帝旨準，首輔周延儒授意，兵部尚書梁廷棟主之，巡撫丘禾嘉執行，督師孫承宗勉從，總兵祖大壽督責。在築大凌河城工程中，巡撫丘禾嘉訐告總兵祖大壽，大壽也揭發禾嘉贓私。督師孫承宗不願以武將去文臣，而密奏請改調丘禾嘉任他職。五月，命丘禾嘉任南京太僕寺卿，以孫轂代之。禾嘉尚未離任，兵部傳檄，催促甚急。其城池修築，相關史料，引為參酌：「刻下十月，計丈計尺，先築土胎。土胎一就，先包

城門二座，腰臺二座。其所用磚石，察有興水廢堡，折〔拆〕運包砌」，不敷磚、石、灰另籌。「其挑河一事，工程浩大，且本鎮營兵，尚須責以戰守，不能獨力辦此。當蚤題班軍，以正月到信，二月興工，監管催督，另委能官，則亦可剋期竣事矣。班軍挑築，行糧鹽菜，自有往例，而築城築臺，一切物料，費用不貲，朝廷當三空四盡之時，不敢數數控請，或念邊隅寒苦，工作辛勤」[954]云云。

祖大壽督工，以軍兵四千，發班軍四千，共同修築大凌河城；並以四川石砫土兵萬人護衛。城工接近完成，兵部尚書梁廷棟罷去。廷議大凌河城荒遠，築城非策，乃令盡撤班軍，赴薊鎮為守。丘禾嘉心懼，盡撤防兵，僅班軍萬人，給糧萬石。孫承宗乃議以糧散軍，委城而去，勿使資敵。但丘禾嘉違背督師意旨，與祖大壽及其弟大弼，縱馬上城東望，並嘆道：孫經略當年，以樞輔守邊，有支持袁崇煥欲守寧遠之勇氣；今卻欲委此大好城池丟棄，難道今無如袁崇煥之人乎？抑人官高而膽自薄耶？祖大弼聞言，目視其兄；祖大壽見狀，亦正視其弟。於是，祖大壽、祖大弼兄弟二人，願率四千精兵，與萬餘戍兵，共守此城。

時大凌河城工，城基、牆垣、敵樓已粗完工，而城上雉堞，僅完成其半。城中明軍有總兵祖大壽及副將何可綱等八員，參將、游擊等約二十員，馬兵七千、步兵七千，伕役、商人約萬人，共有三萬餘人[955]。守將祖大壽所部皆精銳，配備大砲，防守甚堅。但該城動工興建時間較短，雉堞僅修完一半，城中糧秣儲備少。大凌城工甫竣，後金大軍突至。

二

大凌河之戰，有鮮明特點。

第一，守城與圍城　後金軍同明遼軍作戰，騎兵攻堅破城，都是速戰速決，長期圍城攻堅，自大凌河城始。

後金得到明軍修築大凌河城的探報，諸貝勒大臣奏道：「臣等愚見，此次出兵，彼若出戰則已，倘彼遁入錦州，我兵不可引還。恐往返之間，徒疲

馬力，非計也。且彼以畏我，不戰而退，我又何為還軍？凡遇城池，務圍困之，方為得計。倘蒙允行，則宜令多備糧糧，以充軍實。至圍城之事，秋不如夏之便也。」[956] 上述意見，其要點是：

第一，對凌城明軍，加以圍困；

第二，明軍出戰，衝突驅殺；

第三，明軍棄城，加以截殺；

第四，多備軍糧，且要充足；

第五，進兵時間，夏季為便；

第六，騎兵攻城，火炮兼用。

皇太極為慎重起見，再派原任總兵官納穆泰等領兵前去探察。後金經三個月，凡十四次探察，得到明軍修築大凌河城的實情。皇太極決心進兵，攻打大凌河城。他說：「聞明總兵祖大壽與何可剛〔綱〕等副將十四員，率山海關外八城兵，並修城伕役，興築大凌河城。欲乘我兵未至時竣工，晝夜催督甚力，因統大軍往征之。」[957]

天聰五年即崇禎四年（1631年）七月二十七日，皇太極率軍西發，運載紅衣大砲，並徵調蒙古兵，往攻大凌河城。八月初六日，後金軍進抵大凌河城郊。明朝得報，兵部尚書熊明遇上言：「昨聞東兵六萬，謀分三股來侵。」[958] 翌日，皇太極鑒於寧遠、錦州攻城失敗的教訓，不再馳騎攻堅，而是圍城打援：「攻城恐士卒被傷，不若掘壕築牆以圍之。彼兵若出，我則與戰；外援或至，我則迎擊。」[959]

皇太極將後金軍隊，按照大凌河城四周，城上炮火不及之處，四方八隅，部署圍城：城南面——正藍旗兵圍正南面，鑲藍旗兵圍南面之西，蒙古武訥格兵圍南面之東，貝勒莽古爾泰、德格類等率護軍在後策應。祖大壽突圍回錦州必全力從南面突破，而明朝援軍亦從南而來，因之，城南面是雙方攻守的重點，兩藍旗承擔最繁重、最艱難的圍城任務。城北面——正黃旗兵圍北面之西，鑲黃旗兵圍北面之東，貝勒阿巴泰率護軍在後策應。城東面——正

白旗兵圍東面之北，鑲白旗兵圍東面之南，貝勒多鐸和多爾袞率護軍在後策應。城西面——正紅旗兵圍西面之北，鑲紅旗兵圍西面之南，蒙古鄂本兌兵圍正西面，大貝勒代善、貝勒岳託率護軍在後策應。蒙古諸貝勒，各率所部兵，圍其隙處。總兵官額駙佟養性，率舊漢兵載紅衣炮等火器，當錦州大道而營。諸將各守汛地，勿縱一人出城。

後金軍四面八方佈兵後，環城浚壕築牆，圖持久以困之。皇太極命環城四面掘壕築牆：第一道，掘壕深寬各丈許，壕外築牆高丈許，牆上加以堆口；第二道，在牆外距五丈餘地掘壕，廣五尺、深七尺五寸，壕上鋪秫秸，覆以土；第三道，在各旗營外周圍挖掘深寬各五尺的攔馬小壕。防守既固，城內、城外之人，遂不能通出入，大凌河城與外界完全隔絕。後金軍在圍困大凌河城的同時，又分兵設伏，往截援兵。各赴汛地，挖掘壕塹。經過三天戰備，圍城任務，初步完成。

第二，突圍與夾擊　皇太極使其兵詐為明兵之來援者，以誘祖大壽出戰而攻之。大壽察覺，復退城內。初九日，大凌河城守軍，少量騎兵出城，做試探性出擊。

初十日，祖大壽第一次突圍。明軍五百餘騎出戰，初做出城突圍衝擊。後金騎兵迎擊，明軍退回城內。

十二日，祖大壽第二次突圍。他先派小股部隊，從西面出城誘敵，後金正紅旗圖賴率軍迎戰；繼派重兵從南面突圍，同兩藍旗軍遭遇。後金圖賴率先沖入，額駙達爾哈率軍繼進，其他各軍馳騎配合。兩藍旗兵進抵城壕，舍騎步戰，明兵入壕。時壕岸與城上的明軍，驟然配合，矢炮齊發。兩藍旗兵，力不能敵，死傷慘重，倉皇敗退。皇太極得知敗報，非常氣憤，對前往看視圖賴傷勢的阿翬岱等「唾其面」而羞辱之。莽古爾泰向皇太極流露怨言：「昨日之戰，我屬下將領被傷者多。」[960] 皇太極不悅，兄弟二人發生衝突。後皇太極以此為導火索，奪莽古爾泰和碩貝勒，降為多羅貝勒等。後莽古爾泰及其胞弟德格類俱「以暴疾卒」[961]。

三十日，祖大壽第三次突圍。後金正紅旗固山額真和碩圖、鑲紅旗固山額真葉臣、正藍旗固山額真色勒、鑲藍旗固山額真篇古、鑲白旗固山額真圖

爾格及蒙古兵，一齊出營，進行夾攻。明軍不敵，奔入城內。後金軍追至城壕，城上炮火齊下，後金軍隊，退回大營。

九月十九日，祖大壽第四次突圍。祖大壽率軍從城西南隅突出。後金軍在南面之西的鑲藍旗固山額真篇古、西面之南的鑲紅旗固山額真葉臣，及西面的蒙古固山額真鄂本兌和蒙古貝勒明安，共合四軍，進行圍堵。明軍失利，退回城內。祖大壽閉城，自此以後，不再突圍，等待援兵。

大凌河城被圍，態勢極為嚴重。《明紀》記載：「凌城出兵，悉敗還。承宗聞之，馳赴錦州，禾嘉亦至。承宗遣總兵官吳襄、宋偉與禾嘉合兵往救。」明軍要解圍凌城，後金軍則要打援，雙方戰鬥，異常激烈。

第三，解圍與打援　大凌河城被圍，京師朝野震動。吏科給事中宋玫上言：「榆關外控，惟寧、錦八城。而八城厚勢，惟祖大壽一旅。毋論戰守進退，夙將勁卒不可棄，實國家大勢所關也。且大壽攖新造之版築，即使其超軼絕倫，力能潰陣啟行，勢亦必借助外援。此又事理之必然者。倘文武將吏不及今併力速為聲救，而漫視為可棄可存之著，俾大壽一旦力窮智索，則軍聲一跌，勢難復振……倘敵人久綴大凌，陰謀間道，禍又不在己巳下矣。伏祈亟批御敕，諭遼撫、道、將，協圖退敵，保全大凌城。」[962] 朝廷採納宋玫等奏言，決定派師往援。後金實行堵截與伏擊的戰術，既正面殲擊來援之明軍，又設伏截堵逃遁之明軍。明朝先後四次出兵，以解凌城被困之圍。

八月十六日，明軍第一次增援大凌河城。明派松山軍二千人，出援大凌，被後金阿山、勞薩、圖魯什等軍擊敗。二十四日，總兵官宋偉統兵馬五千前赴寧遠[963]。

二十六日，明軍第二次增援大凌河城。時明督師孫承宗聞警緊急，馳赴錦州。先是二十三日，皇太極派貝勒阿濟格及碩託，率領精兵五百、蒙古兵五百，前往錦州、松山間，邀截明自錦州來的援軍。在後金軍扎設大營、布設埋伏三天后，援大凌的明軍自錦州而來。是日，「卯刻，明錦州副將二員，參將、游擊十員，率兵六千，來攻阿濟格營。時大霧，人覿面，不相識。及敵將至，忽有青氣，自天沖入敵營，霧中開如門。於是，阿濟格、碩託列陣以待。頃之，霧霽。阿濟格等進擊之，大敗敵兵。追殺至錦州城，生擒游擊

一員,獲甲胄二百十九、馬二百有六、旗纛幟十五」[964]。明少量援軍,出師不利,遭到失敗。

九月十六日,明軍第三次增援大凌河城。皇太極率親護軍並貝勒多鐸所部護軍二百、營兵一千五百,佟養性所部舊漢兵五百,往擊錦州方向來的明軍援兵。皇太極見錦州城南塵土飛起,遂遣前哨圖魯什率兵前往偵察。皇太極命眾軍停止行進,率親隨護軍與多鐸等同往,緣山潛行。時錦州兵七千出城,逐圖魯什等至小凌河岸。明軍前鋒突近皇太極馬前。皇太極擐甲彎弓,隨行護軍渡河直衝。明援軍拚力衝殺,不敵潰遁;後金軍奮力追擊,至錦州城外。是戰,多鐸在交鋒中墜馬,其戰馬跑到明軍陣中,幸有護從查符塔,將自己坐騎給多鐸換乘。多鐸危中逃出,險些被獲。後金還軍時,明兵復出擊。明軍步兵列車楯、大砲於城壕外,騎兵隨其後,距里許而陣。皇太極督兵將向前衝殺,明軍遭到攻擊,奔回壕內。後金軍斬明副將一員、官兵多人[965]。此戰,明巡按王道直奏報:「大清數千騎,分列五股,直逼錦城。兩鎮張左右二翼迎擊,接刀於教場,連戰十餘陣不勝,入城固守。」[966]

二十四日,明軍第四次增援大凌河城。是日,明監軍道張春、山海總兵宋偉、團練總兵吳襄,率諸將張弘謨等百餘員、馬步兵四萬餘,由錦州城出,往援大凌城。二十五日,明軍渡小凌河,即掘壕塹,環列車楯,布設槍炮,陣列嚴整。二十六日,皇太極欲更番迎擊,因分軍為二,先親率其半挺進,逼近明軍,亦列車楯,兩軍對峙。皇太極見明軍壁壘森嚴,不宜輕戰,決定暫退,「欲俟彼軍起行前進,乘隙擊之」[967]。於是,皇太極引兵遠走大凌以誘之。其實,明朝廟堂、兵部早已預料:「賊夷久頓,不得野戰,屢移營,以誘我。偽舉火,以誤凌,顯屬狡謀。」[968]明總兵宋偉、吳襄還是耐不得性子,急著前行解圍。二十七日,明軍見後金軍不戰而退,以為怯懦,四更起營,距城十五里,陣於長山口。宋偉、吳襄分立兩營,排列槍炮,互為犄角。祖大壽在大凌河城遙望大軍,恐為敵之詭計,不敢輕易突圍。皇太極統率滿洲、蒙古、舊漢兵一萬五千挺進。後金分兵為三:皇太極親率兩翼騎兵,直衝明軍大營;以另一部精銳兵,埋伏於明軍歸路;以車兵行動遲緩殿後。明軍堅峙不動,嚴陣以待。皇太極乃率兩翼勁騎,先衝向宋偉大營。兩軍接戰後,「火器齊發,聲震天地,鉛子如雹,矢下如雨」[969]。後金軍左翼避槍

炮,未迎敵沖入,隨右翼軍後而進。宋偉營中,火器齊發,殊死力戰;後金軍縱騎衝鋒,前鋒兵多死傷。皇太極指揮左翼軍趨吳襄軍營,逼攻其大營;並以佟養性砲兵,自東向西,發大砲,放火箭,轟擊其營。吳襄營毀,失利先走。宋偉與吳襄,不能配合,各自為戰。吳襄軍敗走,宋偉營勢孤。後金左右兩翼軍合兵,配合以漢兵火炮,猛攻宋偉營,沖入大營,明軍遂敗,奔潰逃遁。後金軍「善伏善誘」[970],預設伏兵,截吳襄軍與宋偉軍歸路。明軍四萬,盡被殲滅,副將楊廷耀、張繼紱、汪子靜[971]等被斬。監軍張春、副將張弘謨等三十三人被擒,部卒死者無算。明朝記載是:「總兵宋偉、吳襄及參將祖大樂……祖大弼,俱逃回。夷將桑昂那木、氣七慶、歸正黑雲龍[972]、道臣張春、參將薛大湖俱被拘。」[973]明軍本占數量優勢,臨戰卻「彼眾我寡,彼聚我分」[974]。明援軍以合為分,以分對合,潰敗;後金軍以分為合,以合對分,獲勝。時被擒明軍各官,見天聰汗皆跪拜,獨監軍張春直立不跪。皇太極大怒,援弓欲射之。代善諫曰:「我前此陣獲之人,何嘗不收養?此人既欲以死成名,奈何殺之以遂其志乎!」張春未被殺,不剃髮,著明裝,拘隱於瀋陽城外長興寺中[975]。後「不失臣節而死」[976]。

第四,守堡與用炮　後金同明軍的大凌河之戰,皇太極第一次使用紅衣大砲。皇太極從血的教訓中認識到,後金軍必須擁有紅衣大砲。天聰五年即崇禎四年(1631年)正月,紅衣大砲在瀋陽製造成功,並任命佟養性為昂邦章京,組成舊漢兵(八旗漢軍前身)。紅衣大砲在大凌河之戰中,《清史稿·佟養性傳》記載:「八月,上伐明,圍大凌河城。養性率所部載炮,越走錦州道為營。擊城西臺,臺兵降。又擊城南,壞睥睨。翼日,擊城東臺,臺圮,臺兵夜遁,盡殲之。」[977]又載:九月,「明監軍道張春合諸路兵援大凌河,夜戰,上督騎兵擊破之。方追奔,明潰兵復陣。上命養性屯敵壘東,發炮毀敵壘。十月,攻於子章臺,發炮擊臺上堞,臺兵多死者」[978]。十月初九日,後金遣官八員,率兵五百人,及舊漢兵,運載紅衣大砲六門、將軍炮五十四門,往攻大凌河城附近的於子章臺。此臺,垣牆堅固,儲糧甚豐。後金軍向於子章臺,連攻三日,守軍頑抗。後金軍以紅衣大砲,擊壞臺堆,死者多人。臺內守兵,孤立無援,無力禦守。十二日,明守臺參將王景,帶領男女六百七十八人,開門出臺,投降後金。於子章臺被攻陷後,對其周圍臺堡的

論大凌河之戰

影響：「是臺既下，其餘各臺，聞風惴恐，近者歸降，遠者棄走，所遺糧糗充積，足供我士馬一月之餉。」後金軍取得一石三鳥之效——攻破敵臺、獲取糧食、使用大砲。而紅衣炮起著獨特作用。史載：

> 至紅衣大砲，中國創造後，攜載攻城自此始。若非用紅衣大砲擊攻，則於子章臺，必不易克。此臺不克，則其餘各臺，不逃不降，必且固守。各臺固守，則糧無由得。即欲運自瀋陽，又路遠不易致。今因攻克於子章臺，而周圍百餘臺聞之，或逃或降，得以資我糧糗，士馬飽騰。以是久圍大凌河，克成厥功者，皆因上創造紅衣大將軍炮故也。[979]

後金軍用紅衣大砲等火器，「其嚴困大凌，又散攻小堡」[980]，圍城破堡，毀臺打援，取得卓效。

同期，紅夷大砲雖由西方傳入，明朝與後金製造的紅夷（衣）大砲，卻與西方相仿。後金軍組成重軍，即以火炮為主的砲兵之兵種。而法國國王路易十四於 1690 年（即康熙二十九年）建立世界上第一所砲兵學校[981]，清的火炮在這方面有了落差。

第五，困危與招降　皇太極此戰的兩個目標是：招降祖大壽，摧毀大凌城。先是，八月十一日，皇太極命系書於矢，射入大凌河城內，對城內的蒙古兵民夫商勸降，是為皇太極第一封招降書。招降書之後，是一場惡戰。十四日，皇太極發出第二封招降書。是書從袁崇煥派李喇嘛弔喪說起，語氣和緩，勸其投降。二封招降書之後，進行了兩場激戰。九月十八日，皇太極發出第三封招降書。三封招降書後，進行長山之戰，明總兵宋偉、吳襄四萬援軍敗潰。十月初七日，皇太極派陣獲明軍千總姜桂，攜帶分別給總兵祖大壽、副總兵何可綱和張存仁的三封招降書。是為第四次發出招降書。祖不許姜入城，而在城關內見他，並說：「爾不必再來，我寧死於此城，不降也！」遂遣姜桂還。初九日，皇太極第五次向祖大壽發出招降書。此書致祖大壽、何可綱、張存仁、竇承武四位將軍，書稱：「姜桂還，言爾等恐我殺降，故招之不從。」皇太極表示：「若殺爾等，於我何益？何如與眾將軍，共圖大業。」並作出承諾：雙方盟誓，「既盟之後，復食其言，獨不畏天地乎！幸無遲疑，佇俟回音」[982]。

時大凌河城內缺糧絕薪：例一，「城中谷穗半堆，以漢斛約計之不過百石，原馬七千，倒斃殆盡，尚餘二百。其堪乘者，止七十匹。伕役死者過半，其存者不過以馬肉為食耳。柴薪已絕，至劈馬鞍為爨」[983]。例二，「城中糧絕，伕役、商賈悉饑死。見存者，人相食」[984]。例三，「軍士饑甚，殺其修城伕役及商賈、平民為食，析骸而炊。又執軍士之羸弱者，殺而食之」[985]。其四，「大凌自八月初六日受圍，直至十一月初九日始潰，百日之厄，炊骨析骸，古所沒有」[986]。例五，總兵祖大壽疏奏：「被圍將及三月，城中食盡，殺人相食。」[987]而祖大壽的解決辦法：一是突圍，但四次突圍，均遭失敗；二是待援，但四次增援，亦遭失敗。祖大壽突圍不成，援兵不至，彈盡糧絕，面臨絕境。大凌城內危機，後金加緊勸降。十四日，皇太極再遣陣獲參將姜新，復往招降祖大壽。是為皇太極第六次招降祖大壽。大壽遂遣游擊韓棟與姜新，同往觀見皇太極。是晚，皇太極遣達海與姜新，復送韓棟入大凌城。二十三日，皇太極命系書於矢，射入大凌城內，是為第七次招降。此書重申：「或因誤聽爾官長誑言，以為降我亦必被殺。夫既降我，即我之臣民，何忍加以誅戮！況誘殺已降，我豈不畏天耶！」[988]祖大壽當夜三更密同張存仁到南門城樓內，只有二人，密議投降。祖大壽降志始決，由張存仁撰寫回書[989]。二十五日，祖大壽令其義子澤潤，以書二函，繫之於矢，自城內射出。請皇太極令副將石廷柱前往，親與面議。次日，後金副將石廷柱、巴克什達海等往城南臺下，遣姜桂入城。既而姜桂偕城內游擊韓棟至。韓棟言：「我祖總兵欲石副將過壕，親告以心腹之語。」經過一番周折，商定唯石廷柱一人過壕，與祖大壽相見。祖大壽提出：「惟惜此身命，決意歸順於上。然身雖獲生，妻子不能相見，生亦何益？爾等果不回軍，進圖大事，當先設良策，攻取錦州。倘得錦州，則吾妻子亦得相見。惟爾等圖之。」於是後金派石廷柱等，祖大壽派祖可法等，就其降後「錦州或以力攻，或以計取」事宜，進行密商。二十七日，祖大壽遣使告知皇太極：「我降志已決！」要求「誓諸天地」。他還提出：「我親率兵，詐作逃走之狀何如？」二十八日，大凌城內各官，皆與祖大壽同謀歸降，獨副將何可綱不從。祖大壽做了一件對不起生死與共同僚的歉疚之事：

論大凌河之戰

大凌河城內各官，皆與祖大壽同謀歸降，獨副將何可剛（綱）不從。大壽執之，令二人掖出城外，於我諸將前殺之。可剛（綱）顏色不變，不出一言，含笑而死。城內饑人，爭取其肉。[990]

對何可綱之死，他們編造材料上報朝廷：「初未潰前一日，凌城食盡。副總兵何可綱語大壽曰：子可出慰閣部，我當死此！自為文以祭，遂死之。」[991]後明廷略明跡象：直隸巡按王道直疏奏：「凌河之困，獨副總兵何可綱，大罵不屈，死無完膚。其正氣萬夫不憚，而忠心千古為昭。」[992]

祖大壽殺死副將何可綱後，遂遣副將四員、游擊二員到後金軍大營。皇太極同諸貝勒對天盟誓。誓曰：明總兵官祖大壽，副將劉天祿、張存仁、祖澤潤、祖澤洪、祖可法、曹恭誠、韓大勳、孫定遼、裴國珍、陳邦選、李雲、鄧長春、劉毓英、竇承武等，「今率大凌河城內官員兵民歸降。凡此歸降將士，如誑誘誅戮，及得其戶口之後，復離析其妻子，分散其財物、牲畜，天地降譴，奪吾紀算。若歸降將士，懷欺挾詐，或逃或叛，有異心者，天地亦降之譴，奪其紀算」。祖大壽等誓曰：「祖大壽等，率眾築城，遇滿洲國兵，圍困三月，軍餉已盡，率眾出降，傾心歸汗。」[993]盟誓天地後，皇太極請祖大壽急言：當用何策，以取錦州？祖大壽向皇太極進圖錦州之計。此事，史載：「大壽言妻子在錦州，請歸設計，誘降守者，遂縱歸。」[994]天聰汗皇太極許之。祖大壽依計獻城投降，留其義子祖可法為人質。

二十九日夜，皇太極命貝勒阿巴泰、德格類、多爾袞、岳託，率梅勒額真八員、官四十員、兵四千人，俱作漢裝，偕祖大壽及所屬兵三百五十人，作潰奔狀，襲取錦州。漏下二鼓，大凌河城內，炮聲不絕。祖大壽等從城南門出，率兵起行。阿巴泰等亦率軍前往。時天降大霧，覿面不相識，軍皆失伍，遂各收兵。及明，而還。是夜，錦州明兵，聽到炮聲，以為大凌河人得脫，分路應援，被後金軍擊敗。祖大壽等出城後，跑到白雲山，時天有大霧。翌日（初一日）二更，祖大壽帶領從子祖澤遠及從者二十六人，進入錦州城[995]。

祖大壽自凌城「突圍」還錦州。後金破大凌河城。時城中存者止一萬一千六百八十二人，馬三十二匹。祖大壽去而未歸，亦未內應。皇太極向諸貝勒解釋說：「朕思與其留大壽於中國，不如縱入錦州。令其獻城，為我效

力。即彼叛而不來，亦非我等意料不及而誤遣也。彼一身耳，叛亦聽之。」[996]皇太極以此自解。

三

大凌河之戰，明金得失，及其影響，略作申論。

後金天聰汗皇太極於十一月初九日，下令將大凌河城摧毀，降人剃髮，並派軍悉毀大凌河至廣寧一路墩臺。後金軍攜大小火炮三千五百門，並鳥槍火藥鉛子等戰利品，班師。皇太極從七月二十七日離開瀋陽，到十一月二十四日回到盛京，其間一百一十五天。大凌河城中軍民，從八月初六日被圍，到十月二十九日祖大壽出降，其間八十三天。

明朝在大凌河之戰中，官兵守城，失陷；派兵解圍，潰敗；城守總兵，投降。其中原因，值得探討。第一，明朝廟堂，小勝而驕。明朝收復永平等四城後，其在遼西戰場的兵略，是憑城用炮固守，還是貿然築城進取？這裡有兩個重要因素，一是關內形勢，二是關外形勢。於關內，西北民變蜂起，明朝將關內軍隊主力投到西北地區。以《國榷》為例，崇禎四年（1631年）四月至十月的大凌河戰事期間，紀事總數為一百四十條，其中有關西北民變事七十三條，占總數的百分之五十二；遼事七條，占總數的百分之零點五。這說明廟堂的專注點在於鎮壓西北民變，而沒有實力在遼西拓展。於關外，明督師孫承宗收復永平等四城，將後金軍趕出山海關後，不顧年邁，親赴遼西，整頓關寧錦防線，重振遼軍朝氣。但一些廷臣，頭腦發脹，熱衷進取，忽略固守。山東登萊巡撫孫元化，建議撤海島之兵，移駐山海關外，並規復廣寧、金州、海州、蓋州。遼東巡撫丘禾嘉則「議復取廣寧、義州、右屯三城」[997]。丘巡撫的後臺是樞部梁廷棟和首輔周延儒，其城大凌、取義州、圖廣寧的設想，得到他們或隱或顯的支持。於是，明朝以錦州為基地，修大凌城，派兵駐守，逐節推進。其時，擺在督師孫承宗、巡撫丘禾嘉面前有兩個問題：大凌河城該不該修？大凌河城該不該守？

大凌河城該不該修？首輔、兵部、督師、巡撫、總兵的看法並不一致。關於大凌河城的興築，意見紛紜，前文已述。大凌河城失守後，追查責任：

論大凌河之戰

「曩時凌城之築，樞輔魯主其議。今即不必為既往之追咎，顧安所辭於就事論事之責任哉！」[998] 一些大臣將主張修築大凌河城的責任推到孫承宗身上。大凌河城該不該守？如該守，應派軍駐守；不該守，應敵來即撤。明軍大凌河之敗的悲劇在於：雖獲取小勝，卻驕傲輕敵。明軍對大凌河城：固守，而未備糧儲，不像固守；撤守，而沒有離退，不像撤守。本來，大凌河城的官兵、班軍、伕役、商民，主要任務是築城。朝廷沒有邊築邊守，更沒有長期固守的方略。明軍疏於哨探，對後金軍的突襲，是守，還是撤，決策猶疑，判斷錯誤。明朝既沒有部署固守，也沒有及時撤退。其結果只能是：凌城被圍，城陷兵敗。

第二，指揮不力，臨戰易撫。天啟、崇禎年間，皇帝、首輔、兵部、經略、巡撫、總兵，指揮遼東軍事，運作機制不靈。其中，以樞臣、經略、巡撫三者，分別掌握遼事大計，其廟堂決策與臨陣指揮，未能相輔相依，也未能協和一致。而樞部、經略、巡撫，三臣爭訌，互相侵權，或則築守分歧，或則戰守不一，或則彼此掣肘，或則不受節制，造成上下不協、運作失靈的局面。崇禎帝既剛愎自用，又缺乏遼事方略。且對遼西重臣疑慮，濫殺無辜忠臣良將。袁崇煥死後，孫承宗老病，巡撫不受督師節制，屬下抗命，相互猜忌。以孫承宗為例，他於天聰五年即崇禎四年（1631年）四月初三日「以病衰求退」，二十日又以「病劇不能督師復請罷職」，俱「優旨不允」[999]。孫承宗以「騎坐不便」而「暫住寧遠」指揮。孫督師以年邁抱病之軀，協調戰守，但遭疏劾：「樞輔孫承宗，荷累朝榮寵，受皇上恢復全遼之委。頃者大凌之築，誰開釁端？長山之潰，孰為謀主？顧以數萬甲兵，委之飄風，而竟翩然衣錦也。誤封疆而背君父，罪孰甚焉！」[1000] 孫承宗、熊廷弼、袁崇煥之任遼事，皆為蓋世之雄才，堪稱能勝任其職者。他們三人所用之將，能委身許國，而效死不屈。只以閹豎宵小當朝，陰相排擠，暗設機關，又使文墨者流，從中橫議。熊廷弼嘗言：「朝堂議論，全不知兵。」袁崇煥也說：「以臣之力，制全遼有餘，調眾口不足。一出國門，便成萬里。忌能妒功，夫豈無人？即不以權力掣臣肘，亦能以意見亂臣謀。」[1001] 他們三人，結局悲慘：孫承宗遭到劾斥，熊廷弼傳首九邊，袁崇煥罹受磔刑。明朝君主，自壞長城。至於遼西大將，

趙率教被拒之遵化城外,野戰而死;祖大壽力屈被招降;何可綱慘遭主帥殺害。大凌河之戰,明軍失去遼東最後一員勇將,喪失遼西最後一支勁旅。

大凌河城的修築與固守,皇帝、首輔、兵部、督師、巡撫、總兵,對大凌河城之戰守,缺乏整體明確戰略。尤在危急時刻,調動遼東巡撫,犯兵家大忌。先是,丘禾嘉與祖大壽不協,巡撫訐告總兵,總兵揭贓巡撫。督師孫承宗無奈,密奏於朝,禾嘉他調。《明紀》記載:「先是,調禾嘉南京太僕寺卿,以孫轂代,未至而罷。改命謝璉,璉懼,久不至。兵事急,召璉駐關外。禾嘉留治事。及是移駐松山,圖再舉。」[1002]崇禎帝謂:「急援凌城與飭備愆防,已有嚴旨。丘禾嘉倚任方切,當鼓勵圖功。謝璉到日,令暫駐關外料理,俟事平議代。」[1003]大凌激戰正酣,又改任劉宇烈[1004]。遼東巡撫,數月之間,先後四人,大員之任免,竟視同兒戲。遼西烽火前線,巡撫忽而禾嘉,忽而孫轂,忽而謝璉,忽而宇烈,已經任職者撥弄是非,新命調任者怕死抗旨,再次任命者尚未到任。封疆大吏,尚且如此,守城官兵,何能取勝?

第三,互不配合,坐失良機。在大凌河之戰中,明朝樞督不協、督撫牴牾、總兵拒絕互援、將領自相殘殺——是明軍失敗的重要原因。孫承宗為解大凌之圍、帶抱病之軀,馳赴寧遠城,遣總兵吳襄、宋偉往救。但巡撫不聽督師意見,禾嘉屢易師期,錯過出援良機。言者追論喪師辱國之責,孫承宗「極言禾嘉軍謀牴牾之失」。這表明督師與巡撫之間的嫌隙。而總兵與總兵之間的矛盾,則表現為互相觀望,拒絕支援。長山之戰,明援軍四萬人,凌城軍一萬五千人;而後金軍明朝說三萬人,《清太宗實錄》說近兩萬人,《滿文老檔》則說實際上為一萬五千人。後金軍先攻明援軍宋偉營,未見奏報吳襄軍援救;後金軍攻宋偉營受挫而轉攻吳襄營,也未見奏報宋偉軍援救。明軍四萬人的優勢,分為二營,化眾為寡,互不援應,以分對聚,結果被後金軍各個擊破。同時,大凌河城內,守軍、班軍等三萬人,祖大壽未能乘機突圍,裡應外合,夾擊破敵;卻喪失良機,坐以待斃。更有甚者,總兵祖大壽親自殺死副將何可綱。明朝錦州、大凌及附近百座臺堡,總計七八萬人,有遼西關錦防線做後盾,有連串八城做奧援,卻援軍潰敗,而大凌失陷。

論大凌河之戰

明援軍長山之敗,《明史·孫承宗傳》論道:「禾嘉屢易師期,偉與襄又不相能,遂大敗於長山。」此戰,巡撫丘禾嘉沒有造成指揮協調作用,「救凌之師,以輕入潰敗」[1005]。兩位總兵,不相援助,責任更大。直隸巡按王道直以長山之敗,疏參總兵吳襄、宋偉:「臨陣退縮,戰潰偷生,為軍紀所不宥。」陝西道御史周堪賡劾言:「總兵宋偉、吳襄,不能奮身遏敵,徒惜身命,致長山之役,喪師辱國。」[1006] 明兩路援軍,意志不一,暮氣沉沉,各自為戰,輕敵冒進,腹背受擊,自速取敗。事後有人總結遼東指揮體系的矛盾。薊遼總督曹文衡上言:「長山一戰敗績,未始不由撫臣不總督師之權故也。臣熟審機宜,謂於關外撫臣,必加督師之銜,巡撫遼東。」[1007] 就是說,督師與巡撫的矛盾,除個人品質與素養因素外,還要從體制上加以解決,督師與巡撫,一人而兼之。

明朝經大凌河之戰,損失慘重,關外勁旅,喪失殆盡。王師疲於奔命,雖能固守關門,但內地之民變,從此四方蜂起。關外既無寧日,關內寧日也無。

天聰汗皇太極在指揮大凌河之戰中,將圍城、和談、攻堅、打援相結合,是中國古代軍事史上圍城打援、亦戰亦款的成功戰例。皇太極運用兵法「攻其無備、出其不意」[1008] 之典則,既攻敵之「不備」,又出敵之「不意」——不意迅速反攻之、不意長久圍困之、不意用炮轟擊之,不意以款招降之。在大凌河之戰中,八旗軍攻大凌城,占領;圍城打援,勝利;納款祖大壽,招降。其中得失,值得探討。

第一,不善把握作戰時機。皇太極指揮此戰,雖獲重大軍事與政治之成果;卻拖延時間過長,付出代價過大。後者原因之一,是作戰時機選擇不當。皇太極自繼承汗位並親自主持重要戰役以來,一個重大缺失,是不善於把握作戰時機。他即位後親自指揮的寧錦之戰,之所以失敗,其原因之一是時機不利。因為略早一些,錦州城未築完;略晚一些,則袁崇煥去職。他卻選在這兩個時機之間,於己不利。他親自指揮的北京之戰,之所以失利,其原因之一,也是時機不利。因為略早一些,袁崇煥尚未任命,閹黨尚未剷除、東林內閣亦未形成;略晚一些,閹黨重新控制閣部,也會是另一番局面。他恰

在閹黨失勢、東林內閣執政這個於己不利的時間進兵。他親自指揮的大凌河之戰，在作戰時機選擇上，也是慢了半拍。皇太極發動大凌河之戰，主要是不讓明軍築城，而逼其退回錦州。要是天聰汗進攻大凌河城，時間提早一個月，即在明軍築城未完之時，那麼驅趕築守大凌城的明朝軍夫會容易得多，不至於費時四個月，也不至於傷亡那麼多的官兵。其實，皇太極早在天聰五年即崇禎四年（1631年）四月，就先後兩次派員往明邊境捉生。很快得到探報：「明人修築大凌河城，基址已完，灰池亦備。」[1009] 五月初六日，諸貝勒大臣舉行會議奏報：「明人若果修城，我兵即當速往，不知皇上廟算如何？」大凌河城距瀋陽並不遠，三萬軍夫築城馳探也並不難。皇太極卻三番五次地派人前去探察。直至七月二十七日，皇太極才率軍出征。中間整整拖了三個月。以上三例說明：皇太極在指揮重大戰役決策時，選擇戰機，猶豫遲疑，缺乏睿斷。這給後金及其軍隊，造成重大而慘痛的損失。

第二，後金改變攻明兵略。在大凌河之戰中，就天聰汗與眾貝勒來說，招降總兵祖大壽，摧毀明朝大凌城，得到良將精兵，繳獲軍械火器，收穫可謂良多矣。然而，後金軍的士卒沒有掠到財富，也沒有搶到金銀。後貝勒阿濟格奏言：

先我兵圍大凌河，四閱月，盡獲其良將精兵。在皇上與諸貝勒大臣，固有得人之慶；但部下士卒，及新附蒙古等，一無所獲，皆以為徒勞。[1010]

正紅旗固山額真和碩圖也奏言：

向荷天佑，得大凌河。皇上與貝勒大臣，無不忻然；以下士卒，則皆不樂。[1011]

後金軍官兵，自備馬匹、器械，帶乾糧、衣物，拋下妻妾兒女，冒著生命危險，卻沒有從大凌河之捷中得到實惠，一無所獲，牢騷抱怨。大凌河之戰，對皇太極改遼西攻城戰為入關掠奪戰，產生重要影響，起著重大作用。從此，後金調整對明兵略，將同明關外八城逐城爭奪戰，轉變為入關掠奪戰，六派大軍，繞道蒙古，深入內地，擄掠財富，殘毀中原。

論大凌河之戰

　　第三，後金組成八旗漢軍。後金軍寧遠與寧錦兩敗，究其原因，從武器說，就是沒有紅衣大砲。皇太極經歷兩次血的失敗教訓後，終於覺醒：要製造紅衣大砲，應組建砲兵部隊。於是，後金在天聰五年即崇禎四年（1631年）正月，創製紅衣大將軍炮成功[1012]。從此，後金開始自己製造紅衣大砲。八月，皇太極在大凌河之戰中，第一次使用紅衣大砲獲得成功，並招降「祖家軍」官兵。後金總結紅衣大砲的作用是：「久圍大凌河，克成厥功者，皆因上創造紅衣大將軍炮故也。自此凡遇行軍，必攜紅衣大將軍炮。」[1013]紅衣大砲，用於實戰。在大凌河之戰中，八旗軍用紅衣大砲圍城、打援、突襲、破堡，大砲所向，盡顯神威。後滿洲透過仿造、繳獲等手段，獲取了大量紅衣大砲，使八旗軍如虎添翼。有新的武器，必有新的軍制。後金變革軍制，建立烏真超哈，組建八旗漢軍，將昔日防範之敵人，變成後金軍隊之勁旅。用紅衣大砲裝備八旗軍，既引起攻城戰術的變化，也引起八旗軍制的變革。烏真超哈向八旗漢軍的演變，體現出後金砲兵由小到大、逐步趨向正規化的過程。實際上它還是砲兵、騎兵、步兵及輜重運輸兵之混合編制。

　　大凌河之戰，明朝大凌城失陷，祖大壽投降，「祖家軍」瓦解，關外精銳，喪失殆盡；後金更加強盛，後建八旗漢軍，六入塞內，擄掠財富，殘毀中原。大凌河之戰，後金獲得戰略性的勝利，明朝遭到戰略性的失敗——加速了明亡清興的歷史進程。

論明末北京保衛戰

　　明代保衛北京的民族英雄，前有于謙，後有袁崇煥。他們在軍事舞臺上，都扮演著威武雄壯的角色；在政治舞臺上，卻又同樣悲劇地結束了自己的生命。

　　袁崇煥（1584—1630年），字元素，號自如，廣西藤縣（祖籍廣東東莞）人[1014]。他是明末一位優秀的軍事統帥、傑出的民族英雄。但因後金設間、閹黨誣陷、門戶猜忌、崇禎昏庸，而被含冤磔死。

　　本文主要就崇禎二年（1629年）北京保衛戰的歷史條件、袁崇煥在北京保衛戰中的歷史功績和袁崇煥含冤而死的歷史原因，依據史料，略作論述。

一

　　袁崇煥是在明朝末年，民族矛盾、階級矛盾和統治集團內部矛盾錯綜複雜的歷史背景下，千里入援京師，進行北京保衛戰的。

　　明朝後期的民族矛盾，突出地表現為滿洲的興起。滿族的前身即女真族，是中國境內一個歷史悠久的少數民族。明朝統治者對女真的民族壓迫和民族分裂的政策，激起女真人的不斷反抗。女真族傑出首領努爾哈赤，萬曆十一年（1583年）起兵，陽做明廷官員，暗自發展實力。他在基本統一建州女真、海西女真、東海女真和黑龍江女真之後，於萬曆四十四年（1616年），在赫圖阿拉（今遼寧新賓滿族自治縣永陵鎮赫圖阿拉村）稱汗。這表明努爾哈赤懷「射天之志」[1015]，要奪取明統。隨後，在明朝與後金的關係上，努爾哈赤曾三次得志：其一，萬曆四十七年（1619年）在薩爾滸之戰中，大敗明軍四路之師；其二，天啟元年（1621年）奪占瀋陽、遼陽；其三，天啟二年（1622年）奪取廣寧、義州。明朝遼軍望風潰敗，舉朝震動；遼東經略熊廷弼以兵敗棄市，「傳首九邊」[1016]。

　　在明朝民族危機嚴重關頭，袁崇煥嶄露頭角。萬曆四十七年（1619年），袁崇煥中進士[1017]。是年，明軍薩爾滸之戰的敗報，震驚了滿朝文武，也警

醒了有志之士。袁崇煥雖被授為福建邵武知縣，卻心繫遼疆，志圖匡復關外河山。形勢策使他偃文修武：「為閩中縣令，分校闈中，日呼一老兵習遼事者，與之談兵，絕不閱卷。」[1018] 兩年後，他至京師大計，乘時單騎出塞，「遇老校退卒，輒與論塞上事，曉其厄塞情形」[1019]。歸來後，袁崇煥針對明朝將領畏敵如虎的怯懦心理，發出「予我軍馬錢谷，我一人足守此」的豪言壯語。旋被擢為兵部職方司主事[1020]，後升為寧前兵備僉事。

袁崇煥在督師孫承宗等支持下，力主「守關外以捍關內」，營築寧遠城。天啟六年（1626年），在寧遠之戰中，他刺血為書，激勵將士，堅壁清野，整械治炮，以萬餘人打敗努爾哈赤號稱十三萬大軍的進攻。這是自「遼左發難，各城望風奔潰，八年來賊始一挫」[1021]。為此，後金汗嘆道：「朕用兵以來，未有抗顏行者。袁崇煥何人，乃能爾耶！」[1022] 努爾哈赤「不懌而歸」[1023]，同年死去。子皇太極繼立。皇太極於天啟七年（1627年），為報父仇，並想借軍事勝利來加強剛取得的汗位，便兵指寧、錦。錦州之戰，相持一月，「大戰三次，小戰二十五次，無日不戰」[1024]，後金軍因傷亡過重，「敗回營去，大放悲聲」。皇太極悲憤地說：「昔皇考太祖攻寧遠，不克；今我攻錦州，又未克。似此野戰之兵，尚不能勝，其何以張中國威耶！」[1025] 皇太極對袁崇煥「深蓄大仇」[1026]，必欲圖之。

皇太極的軍事失敗，並未勾銷其政治雄心。天聰汗的終極政治目標是占領京師，奪取明統。崇禎二年（1629年），他說：「若謂中國褊小，不宜稱帝，古之遼、金、元，俱自小國而成帝業，亦曾禁其稱帝耶！且爾朱太祖，昔曾為僧，賴天佑之，俾成帝業，豈有一姓受命，永久不移之理乎！」[1027] 皇太極急欲入主中原，君臨四方之情躍然紙上。但是，皇太極占京師、取明統的最大軍事障礙，是鐵城寧錦和鐵帥袁崇煥。袁崇煥不去，關外諸城未下，入關道路難通。皇太極為實現其軍事政治目的，就要繞寧錦、薄京師，設反間計、害袁崇煥。袁崇煥對此似有警覺。他在平臺[1028]受崇禎帝召見時，咨對說：「況圖敵之急，敵又從外而間之，是以為邊臣者甚難。」[1029] 儘管袁崇煥的苦衷受到崇禎帝的慰勞優答，卻不幸言中了自己的悲慘結局。

明朝後期的階級矛盾，集中地表現為陝北農民大起義。明末東北地區的民族矛盾和西北地區的階級矛盾，像鐵鉗似的緊緊卡住明廷的政治喉嚨。但是，階級矛盾與民族矛盾錯綜複雜，相互影響。

民族矛盾加深了階級矛盾。明朝在遼東投入大量的兵力、物力、財力和糧食，使得戶部財絀餉竭。如戶部尚書李汝華條奏：僅萬曆最後兩年半時間，遼餉之數，總計發銀二千零一十八萬八千三百六十六兩[1030]，平均每年八百餘萬兩。到崇禎初年，戶科給事中黃承昊說，邊餉比萬曆時增加百分之一百七十五[1031]。時「實計歲入僅二百萬」。結果餉庫一空，軍士號腹；拖欠兵餉，引起譁變。如崇禎元年（1628年），三月發生「薊州兵變」[1032]；七月遼東寧遠軍因軍餉四月不發而譁變，把巡撫、右僉都御史畢自肅、總兵朱梅等置譙樓上，「捶擊交下，自肅傷殊，血被面」[1033]。後袁崇煥自京師回，事變才得以平息。戶部為解決入不敷出的財政困難，便增加賦稅，裁汰驛卒。這更激化了階級矛盾。《懷陵流寇始終錄》從一個側面，簡述了遼東兵事與西北農民起義的關係：

陝西兵於萬曆己未四路出師敗績後西歸，河南巡撫張我續截之孟津，斬三十餘級，不敢歸，為劫於山西、陝西邊境。其後，調援頻仍，逃潰相次。遼兵為賊由此而始也。天啟辛酉，延安、慶陽、平涼旱，歲大饑，東事孔棘，有司惟顧軍興，征督如故，民不能供，道饉相望。或群取官粟者懼誅，乃聚為盜。盜起，饑益甚，連年赤地，斗米千錢不能得，人相食，從亂如歸。饑民為賊，由此而始。[1034]

雖然明末農民戰爭的根本原因，是土地高度集中，政治黑暗腐敗，但上述材料表明，遼東民族矛盾加深社會矛盾，加速了陝北農民大起義的爆發。

階級矛盾又影響著民族矛盾。天啟七年（1627年），陝西「連年饑饉，民窮賦重」[1035]。白水縣農民王二率眾沖進澄城縣衙門，殺死縣官張斗耀，揭開明末農民戰爭的序幕。崇禎元年（1628年），陝西「一年無雨，草木枯焦」，農民「死者枕藉」[1036]，饑民群起。當八旗軍南犯京師時，農民軍一支「三千餘人入略陽」[1037]。不久，王二率農民軍「掠蒲城、韓城」[1038]；王嘉胤率兵「陷府谷」[1039]；神一元等「三千餘人破新安縣」[1040]；張獻忠等

從明末到清初的那些事：閻崇年自選集
論明末北京保衛戰

五六千人「掠靖邊、安定、綏德、米脂間」[1041]；高迎祥稱闖王，李自成為闖將，眾至萬餘，「剽掠秦晉間」[1042]。農民軍活躍在陝西一帶，迫使明廷調動「勤王」軍隊，去鎮壓農民起義。如陝西右僉都御史劉廣生奉命入援京師，行至陝州，「命急殲流孽，不必入衛」[1043]。又如陝西諸路總兵官吳自勉等率師入衛，途中「延綏、甘肅兵潰西去，與群寇合」[1044]。當然，我們要肯定農民起義的進步歷史作用；但也要看到這使當時北京保衛戰的形勢受到更加嚴重的影響，並為崇禎二年（1629年）北京保衛戰在客觀上造成更大的困難。因此，險惡的軍事態勢是後來造成袁崇煥悲劇的一個重要外在因素。

民族矛盾與階級矛盾的同時激化，反映在政治上的一個突出表現是統治集團內部的黨爭。天啟年間，統治集團內部的黨爭，主要表現在閹黨與東林黨之間，爭鬥不已，愈演愈烈。時「內外大權，一歸忠賢」[1045]。魏忠賢竊奪皇權，控制閣部，廣佈特務，刀鋸忠良，敗壞遼事，惡貫滿盈。熹宗死，崇禎立。崇禎帝柄政後，首先逮治魏忠賢，忠賢自盡。魏忠賢死訊傳開，「長安一時歡聲雷動」[1046]。隨即起用先朝舊臣，懲治閹黨分子。崇禎二年（1629年），崇禎帝命大學士韓爌等辦理逆案，把魏忠賢的死黨和依附魏忠賢的官僚二百六十二人，罪分六等，名曰「欽定逆案」，頒行天下[1047]。

袁崇煥在政治舞臺上活動的九年，恰是明末黨爭最激烈複雜的年代。他的座主韓爌，是東林黨領袖之一，「先後作相，老成慎重，引正人，抑邪黨」[1048]，為泰昌、天啟、崇禎三朝的內閣大學士。他又依靠「東林黨魁」、大學士錢龍錫和大學士薊遼經略孫承宗。袁崇煥有這樣三位師長做奧援，其軍事才能方有施展的機會。

袁崇煥的升遷與引退、勝利與失敗，都和東林黨的命運息息相關。如「天啟初，東林獨勝」[1049]。東林黨主持朝政，他被東林黨人御史侯恂題請破格用之。天啟四年（1624年），東林黨和閹黨展開正面鬥爭，東林黨人失敗，袁崇煥雖建有寧遠與寧錦兩次大捷的奇勳，也被迫引病辭職[1050]。崇禎帝即位後，似有振興之意，大量起用東林黨人。到崇禎元年（1628年）底，所有的大學士幾乎都是東林黨人。同年，袁崇煥被命為兵部尚書兼右副都御史、薊遼督師。袁崇煥的重新起用，得到東林黨人的支持。在崇禎帝召袁崇煥於

平臺時，在閣的東林四輔臣李標、錢龍錫、劉鴻訓、周道登等俱奏：「崇煥肝膽意氣，識見方略，種種可嘉，真奇男子也。」[1051] 大學士劉鴻訓更請賜予崇煥尚方劍，以統一事權。但是，自定逆案之後，閹黨受到嚴重打擊，「奸黨銜之次骨」[1052]。當時，「忠賢雖敗，其黨猶勝」[1053]。都給事中陳爾翼奏言：「東林餘孽，遍佈長安。」[1054] 那些與逆案有牽連者「日夜圖報復」[1055]。他們千方百計地「欲以疆場之事翻逆案」[1056]，施展陰謀詭計打擊東林黨人。袁崇煥是東林黨依靠的長城，打擊東林黨，便率先打擊袁崇煥，以網羅東林諸臣。《東林始末》載：「初定魏、崔逆案，輔臣錢龍錫主之。袁崇煥之獄，御史史力謀借崇煥以報龍錫，因龍錫以羅及諸臣。」[1057] 所以，「己巳之變」的勝敗，便將東林黨人和袁崇煥的命運聯繫在一起了。

綜上所述，袁崇煥是在明末民族矛盾、階級矛盾和統治集團內部矛盾空前激化的情況下，親率鐵騎，馳援京師，進行一場浴血北京保衛戰的。

二

崇禎二年（1629 年），為抗禦八旗軍南犯的北京保衛戰，是明朝同後金在北京進行的最激烈的一場戰爭。在這次北京保衛戰中，傑出的民族英雄袁崇煥，在京師軍民的支持下，「連戰俱捷」[1058]，建立了不朽的功勳，樹立了卓越的榜樣。

皇太極襲受汗位後，繼續向明朝發動戰爭。從後金奪占遼瀋之後，八旗軍事貴族所發動的對明戰爭，已從反抗明朝民族壓迫、爭取女真各部統一的進步戰爭，轉化為掠奪牲畜和人口、破壞社會生產的殘暴戰爭。為了入主中原，皇太極整頓內部、強化汗權、調整政策、穩固後方、東敗朝鮮、西撫蒙古，積極準備對明戰爭。崇禎二年（1629 年），關外大旱，遼東「饑饉」[1059]。依附後金的漠南蒙古諸部，「糧食無資，人俱相食」[1060]。而女真地區的經濟尤為困難。如有的女真人「因無衣食，投奔南朝」[1061]。後金為擺脫經濟困難，奪取明統，就以科爾沁等部蒙古騎兵為先導，破牆入塞，南犯京師。

崇禎二年（1629 年）十月初二日，皇太極「親統大軍伐明」[1062]，以蒙古喀喇沁部臺吉布爾噶都熟識路徑，作為嚮導，率兵西進。

論明末北京保衛戰

二十日，八旗軍聯會蒙古諸部兵後，至喀喇沁的青城。大貝勒代善、三貝勒莽古爾泰入皇太極行幄「密議班師」。其理由謂：「我兵深入敵境，勞師襲遠，若不獲入明邊，則糧匱馬疲，何以為歸計？縱得入邊，而明人會各路兵環攻，則眾寡不敵；且我等既入邊口，倘明兵自後堵截，恐無歸路。」[1063] 皇太極既已定攻明之策；岳託、濟爾哈朗、阿巴泰等力勸進取。尋章京范文程又獻縱反間、去崇煥[1064]密策。眾議至深夜，「乃決計入寇」[1065]。

二十四日，皇太極決定兵分東西兩路：東路由貝勒阿巴泰、阿濟格率左翼四旗兵及左翼蒙古諸貝勒兵，從龍井關攻入；西路由貝勒濟爾哈朗、岳託率右翼四旗兵及右翼蒙古諸貝勒兵，從大安口攻入——兩路「至遵化城合軍」[1066]。先是，皇太極派兵直薄錦州，聲東擊西：明軍未弄清八旗兵的軍事意圖，勞師撲空。但袁崇煥在上疏中已早有所料：「臣在寧遠，敵必不得越關而西；薊門單弱，宜宿重兵。」[1067] 唯其一疏再疏，蒙塵御案。

二十六日，八旗軍東西兩路分別進攻龍井關和大安口[1068]。時薊鎮「塞垣頹落，軍伍廢弛」[1069]，東騎突兀，兩關雙破。明大安口參將周鎮、漢兒莊副將易愛、洪山口參將王純臣[1070]等陣亡，潘家口守備金有光剃髮降。自大安口以東，喜峰口以西，時僅三日，諸多隘口，悉被八旗軍攻破[1071]。翌日，皇太極督軍入邊，駐師洪山口城內。天聰汗皇太極在洪山口城駐師三日，而後兵鋒直指京東軍事重鎮遵化。

十一月初一日，「京師戒嚴」[1072]。皇太極率八旗軍進抵遵化。同日，袁崇煥在從寧遠往山海關途中，得報八旗軍已破大安口，圍遵化。他先令山海關總兵官趙率教，統所部騎兵急援遵化；又親簡遼兵，準備入援。

初四日，趙率教率援兵至遵化，同貝勒阿濟格等所部左翼四旗及蒙古兵相遇，「中流矢陣亡」[1073]，一軍盡歿。其時，八旗軍從四面八方，進攻遵化城。初五日，遵化「內應縱火」[1074]，巡撫王元雅「自縊死」[1075]，城陷[1076]。遵化報至，「人心大震」[1077]。同日，督師袁崇煥親率騎兵入援。

初八日，袁崇煥率鐵騎馳入薊州。同日，崇禎帝起用孫承宗為中極殿大學士、兵部尚書，視師通州。崇禎帝召見孫承宗，孫承宗陳奏保衛京師軍事調度言：「臣聞督師、尚書袁崇煥率所部駐薊州，昌平總兵尤世威駐密雲，

大同總兵滿桂駐順義，宣鎮總兵侯世祿駐三河。三邊將守三勁地，勢若排牆，地密而層層接應。」[1078] 這時袁崇煥得到崇禎帝「調度各鎮援兵，相機進止」[1079] 的諭旨，並做了軍事防禦部署：前總兵朱梅守山海關，參將楊春守永平，游擊滿庫守遷安，都司劉振華守建昌，參將鄒宗武守豐潤，游擊蔡裕守玉田，昌平總兵尤世威守諸陵，宣府總兵侯世祿守三河，保定總兵劉策守密雲，遼東總兵祖大壽駐薊州遏敵。袁崇煥居中調度策應。袁督師意欲「背捍神京，面拒敵眾」[1080]，堵塞八旗軍西向京師之路。孫、袁均熟悉用兵方略，所作軍事籌劃亦約略相同。上述兵事措置如能有效實施，則不會有己巳京師之圍，也不會有袁崇煥蒙冤之獄。

但是，事有不測之變：

其一，崇禎帝廟算不定。孫承宗駐守通州後，疏言：

> 虜薄都城，止有二路，如臣前議。袁崇煥之兵移駐於通近郊，當其東南；滿、侯、尤三師，當其西北。則戰於通之外，正所以遏逼京之路。今駐兵永定門外，則是崇煥之來路，而非奴之來路；駐通則可雇京城，而駐永定則不可雇通，通危而京城亦危。臣在關常聞賊曰：「（憑）從幾路來，我只一路去。」今久聚而不散掠，懼其分也。深入而不反雇，我無以創之也。我分一兵以守通，又分一兵以守城，則通與京城皆以寡當眾，而我無所不寡。臣以為奴既薄通，京城與通之兵，只責之完守，而不責之出戰。當責總督劉策守密雲，令尤世威率五千兵與滿桂、侯世祿聯絡於順義之南，袁崇煥列陣於通州左右，不宜逼駐京城。四鎮聲勢相接，賊分攻則分應，合攻則合應，或夾攻，或追躡，或出奇斫營，或設伏邀擊，有機便可一創，否則勿迫其戰。今天下之安危在四鎮，四鎮不一力戰，則賊終無已時；一浪戰而失，則畿鋪將驚潰，而天下危。[1081]

疏入，留中。崇禎帝作出「調通、薊近將，尾擊聲援」的諭旨，使危急態勢愈加危急。

其二，皇太極兵逼燕京　十一日，天聰汗皇太極率八旗軍從遵化起行，「向燕京進發」[1082]。八旗軍兵鋒銳盛，兵力集中，總兵滿桂、尤世祿兵挫西退，督師袁崇煥也引兵難拒，三天之間後金軍「攻蘇〔薊〕州，取玉田、

三河、香河、順義諸縣」[1083]，進逼通州。袁崇煥先同八旗軍相持於京東馬伸橋，「斬獲酋長，軍威大震」[1084]。後袁軍急馳西行，先八旗軍三日到通州。皇太極「不意袁軍驟至，相視駭眙」[1085]，於是宵夜馳驅，西犯京師。

其三，袁崇煥趨衛京師　十六日，袁崇煥召集諸將會議進取。一些將領力主「逕取京師，以先根本」；副總兵周文郁等則主張「大兵宜向敵，不宜先入都」，因為「外鎮之兵，未奉明旨而徑至城下，可乎？」袁崇煥斷然地說：「君父有急，何惶他恤，苟得濟事，雖死無憾。」[1086] 先是，袁崇煥決定直奔京師。次日晚，兵抵廣渠門外。

上述三種因素相互交錯，出現一個結果：明軍與後金軍的激戰，不是在薊州至通州一線，而是在輦轂堅城之下的京城。

二十日，八旗軍兵臨北京城下，「烽火遍近郊」[1087]。先是，崇禎帝命宣大總督、宣府巡撫、應天、鳳陽、陝西、鄖陽、浙江各省巡撫，俱「勤王入衛」[1088]，但多未至京師。翰林院庶吉士金聲薦授游僧申甫為副總兵。申甫收募「市丐」[1089] 為兵，終至敗歿。

但是，遼軍到達京師後，袁崇煥積極備戰，嚴明軍紀：「不許一兵入民家，即野外樹木，亦不得傷損。」[1090] 為嚴肅軍紀，有一兵士曾「擅取民家餅，當即梟示」。為解決糧秣，他密令參將劉天祿等「去劫奴營」[1091]，但被八旗軍哨兵察覺，未能遂計。到十九日晚，袁軍夜間露宿，晝缺糧草，「士馬已凍餒兩日」。

時北京城重兵，一在德勝門，由侯世祿、滿桂屯駐；一在廣渠門，由袁崇煥、祖大壽屯駐。八旗兵逼京師後，皇太極駐幄城北土城關之東，兩翼兵營於德勝門至安定門一帶。己巳之役即北京保衛戰，主要在德勝門、廣渠門和永定門進行。

德勝門之戰　二十日，大同總兵滿桂、宣府總兵侯世祿以援兵衛守德勝門。崇禎帝曾召賜滿桂「玉帶、貂裘，封東平侯」。皇太極親率大貝勒代善和貝勒濟爾哈朗、岳託等統領右翼四旗及蒙古兵進攻德勝門守軍。後金軍先發炮轟擊。發炮畢，蒙古兵及正紅旗護軍從正面馳突，正黃旗護軍從旁衝殺，

「兩路沖入，邊殺邊進」[1092]，追至城下。城下明軍奮勇彎射，不久「世祿兵潰，（滿）桂獨前搏戰」[1093]。城上兵發炮配合，但誤傷滿桂兵殆盡。滿桂負傷，帶「敗兵百餘臥關帝廟中」[1094]。後開德勝門甕城，「屯滿桂食〔餘〕兵」[1095]。

廣渠門之戰　與德勝門激戰的同時，督師袁崇煥、總兵祖大壽率騎兵在廣渠門（沙窩門）迎擊後金軍的進犯。皇太極派三大貝勒莽古爾泰，貝勒阿巴泰、阿濟格、多爾袞、多鐸、豪格等帶領左翼八旗兵和恩格德爾、莽果爾岱等率領蒙古騎兵數萬人，向廣渠門明軍撲來。袁崇煥僅九千騎兵[1096]，令祖大壽在南，王承胤在西北，自率兵在西，結成「品」字形陣，士含枚，馬勒口，隘處設伏，嚴陣待敵。

後金軍分六隊，湧向袁軍。後金軍的前鋒，先向南直撲祖大壽陣。祖大壽率兵奮死抵禦，後金軍前鋒受挫。接著後金軍又向北直撲王承胤陣。後金軍左、右兩次衝鋒，都沒有達到預期目的，再傾騎西闖袁崇煥陣。袁軍將士「奮力殊死戰」；八旗軍阿濟格貝勒所乘「馬創死」[1097]，身受箭傷，幾乎喪生[1098]；阿巴泰貝勒中伏受挫；蒙古騎兵驅馬驟進，「為所敗，卻走」[1099]。八旗軍潰敗，明軍乘勝追擊。游擊劉應國、羅景榮，千總竇濬等直追至通惠河邊，八旗兵倉皇擁渡，「精騎多冰陷，所傷千計」[1100]。八旗軍潰不成伍，敗回營去。

這場廣渠門血戰，袁崇煥軍與八旗軍，自巳至酉，炮鳴矢發，激戰十小時，轉戰十餘里，明軍終於克敵獲勝。督師袁崇煥在廣渠門外，橫刀躍馬，沖在陣前，左右馳突，中箭很多，「兩肋如猬，賴有重甲不透」[1101]。他在與八旗兵搏鬥中，馬頸相交，奮不欲生，後金的騎兵曾「刀及崇煥，材官袁升格之，獲免」[1102]。在督師袁崇煥的指揮下，經過京師軍民的大力支持和遼軍將士的浴血奮戰，取得了廣渠門大捷。當夜，袁崇煥親往受傷將士處所「一一撫慰，回時東已白矣」[1103]。

天聰汗皇太極在廣渠門之敗的夜晚，召集諸貝勒會議，議處其七兄阿巴泰貝勒、額駙恩格德爾貝勒和莽果爾岱貝勒等。後金謂「十五年來未嘗有此

勁敵也」[1104]！尋皇太極發表「養精蓄銳」自慰話語後，移軍南海子[1105]，秣馬射獵，伺機再攻。

二十七日，袁崇煥軍與皇太極軍又激戰於左安門外。袁崇煥率軍豎立柵木，佈陣守城；皇太極也率師列兵佈陣，逼之而營。後金軍曾先後三次敗在袁崇煥手下，皇太極不敢浪戰，《清太宗實錄》載：

上與諸貝勒，率輕騎往視進攻之處。云：「路隘且險，若傷我軍士，雖勝不足多也。此不過敗殘之餘耳，何足以勞我軍。」遂還營。[1106]

皇太極不敢與袁崇煥戰，便牧馬於南海子。後袁崇煥用嚮導任守忠策，「以五百火炮手，潛往海子，距賊營里許，四面攻打，賊大亂」[1107]。隨後皇太極移營出海子。

但是，「勇猛圖敵，敵必仇；振刷立功，眾必忌」[1108]。袁崇煥獲廣渠門和左安門兩捷，既受到後金的仇畏，又遭到閹黨的妒忌。敵人的反間和閹黨的誣陷，崇禎帝在平臺召對袁崇煥，「縋城而入，乃下之詔獄」[1109]！

當時皇太極並不知道其反間計得逞[1110]。他一面先後三次致書崇禎帝議和，一面尋機攻城奪門。

永定門之戰　明總兵滿桂、黑雲龍、麻登雲、孫祖壽領馬兵四萬，在永定門外「四方結柵木，四面列槍炮」[1111]，加強防禦，「列柵以待」[1112]。十二月十七日，皇太極率領八旗軍「大噪齊進，毀柵而入」[1113]。明軍四總兵，滿桂、孫祖壽陣亡，黑云龍、麻登雲被擒[1114]。後金軍也傷亡慘重，致使皇太極「心傷隕涕」[1115]。

廣渠門、德勝門和永定門之戰，八旗軍丟屍棄馬，不能越池破城，尤在廣渠門外遭到慘重失敗；時「天下勤王兵，先後至者二十萬」[1116]；皇太極勞師遠犯，久曝兵旅，地凍天寒，糧秣匱乏。所以，皇太極分別在德勝門和安定門發出兩封致明帝和議書，飽掠京畿後，退出京師。

皇太極南犯京師的戰爭，是一場女真軍事貴族的殘暴掠奪戰爭。八旗軍所到之處，俘獲人口，掠奪牲畜，劫掠物資，縱火焚燬，其所行為，史不絕書：

「虜騎劫掠，焚燒民舍」[1117]；

「縱掠良鄉縣，俘獲甚多」[1118]；

「上命自克遵化以來，所獲馬騾，均賞兵丁，人各一匹」[1119]；

「焚通州河內船，約千餘只」[1120]；

「以俘獲牛馬賞兵丁，每人馬一、牛一」[1121]；

「胡將所獲男女萬餘」[1122]。

一場反對八旗軍事貴族南犯的己巳北京保衛戰，以明軍的勝利和八旗軍的失敗而結束。袁督師在北京軍民的支持下，親率鐵騎，星夜兼馳，「應援京師，連戰大捷」[1123]，使北京轉危為安。孫承宗「恢疆五載承天語，卻虜三師傍帝城」[1124]的詩句，反映了袁崇煥在北京保衛戰中的歷史功績。甚至，朝鮮史籍亦載：「賊之不得攻陷京城者，蓋因兩將力戰之功也。」[1125] 兩將即督師袁崇煥和總兵祖大壽。因此，袁崇煥不愧是明代保衛北京的民族英雄。

三

圍繞著袁崇煥保衛北京的戰鬥，展開的不僅是一場激烈的軍事鬥爭，而且是一場殘酷的政治鬥爭。

袁崇煥的每個軍事勝利，都把一切仇神召喚到自己的周圍。

閹黨在佈置陷阱　袁崇煥入援京師，「心焚膽裂，憤不顧死；士不傳餐，馬不再秣」[1126]，十餘日，馳千里，間道飛抵郊外，挺身捍衛京師。但城裡閹黨編造「崇煥勾建虜」的流言四起。閹孽刑逼某木匠誣袁崇煥為奸細[1127]。兵科給事中錢家修在《白冤疏》中說：

江西道御史曹永祚捉獲奸細劉文瑞等七人，面語口稱：「煥附書與伊通敵。」原抱奇、姚宗文即宣於朝，謂：「煥構通為禍，志在不小。」次日，皇上命諸大臣會鞠明白。臣待罪本科，得隨班末，不謂就日辰刻，文瑞（等）七人走矣。[1128]

論明末北京保衛戰

錦衣獄為何地，奸細為何人，七人竟袖手而走？可見閹黨為殺崇煥，不惜設陷阱。姚宗文早在天啟時附閹，與原抱奇表裡為奸，為了打擊袁崇煥而設置政治陷阱。

後金在密室策劃　早在己巳之變前，後金副將高鴻中即向皇太極奏言：「他既無講和意，我無別策，直抵京城，相其情形，或攻或困，再做方略。」[1129] 所謂方略，疏未言明。李霨在《內秘書院大學士範文肅公墓誌銘》中記述：時為章京范文程，從躪入薊州、克遵化後，見督師袁崇煥重兵在前，即「進密策、縱反間」[1130]。故皇太極在左安門之敗的第二天，設下一個政治圈套。《清史稿·鮑承先傳》載：

翌日，上誡諸軍勿進攻，召承先及副將高鴻中授以秘計，使近陣獲明內監系所並坐，故相耳語雲：「今日撤兵，乃上計也。頃見上單騎向敵，有二人自敵中來，見上，語良久乃去。意袁經略有密約，此事可立就矣。」內監楊某佯臥竊聽。越日，縱之歸，以告明帝，遂殺崇煥。[1131]

楊太監縱歸明宮後，將在後金監所中的竊聞，「詳奏明主」。崇禎帝既惑於閹黨的蜚語，又誤中後金的反間，於十二月初一日，在平臺召見時，將袁崇煥下錦衣衛獄。

袁崇煥下錦衣衛獄，是閹黨進行翻案活動，排擠東林黨，首先打開的一個缺口。陰謀的發起者是溫體仁和王永光，「永光與體仁合，欲借崇煥獄，株連天下清流」[1132]。吏部尚書王永光是魏忠賢遺黨[1133]。群小合謀，乘機報復。御史高捷、史䇲以「通內自訐」[1134]，閹黨失敗後，「皆以得罪公論革職」，而王永光力引二人，又被大學士錢龍錫所阻，三人大恨。他們「謀借崇煥，以及龍錫」[1135]，構陷錢龍錫，盡傾東林黨，摧抑正人，編織時賢。但他們力量不夠，要借助於中官權臣。

先是遼東閹黨毛文龍歲餉百萬[1136]，多半不出都門，落入權臣私囊。魏忠賢的乾兒毛文龍被袁崇煥斬後，權臣失去巨賄。又在後金軍圍城期間，戚畹中貴在京畿的「園亭莊舍，蹂躪殆盡」[1137]，便一起遷怒於袁崇煥。因此，他們從各自的利益出發，合謀傾覆袁崇煥。袁崇煥成為閹黨與東林黨鬥爭的

焦點。但閹黨餘孽名聲不好，在閹黨與東林黨對壘中，「日與善類為仇」的溫體仁，成了閹黨攻擊東林黨的掛帥人物。

溫體仁與毛文龍是同鄉[1138]，因文龍之死深銜袁崇煥；又曾賄賂崔呈秀，詩頌魏忠賢，被御史毛九華所劾；於是就同高捷、史𡎚結為心腹。當時崇禎帝惡言黨爭，「體仁揣帝意」，標榜自己為「孤臣」。崇禎帝覺得「體仁孤立，益向之」[1139]。溫體仁既受到崇禎帝的信任，又得到閹黨餘孽的支持，「魏忠賢遺黨日望體仁翻逆案，攻東林」。機深刺骨的溫體仁，先誣奏袁崇煥，「敵逼潞河，即密參崇煥」。溫體仁在與其幼弟書信中說：「崇煥之擒，吾密疏，實啟其端。」[1140]他權欲熏心，亟謀入相，所忌唯大學士韓爌與錢龍錫二人。在「體仁五疏，請殺崇煥」[1141]之後，溫體仁便借袁崇煥事擠去韓爌和錢龍錫而居其位。但是，閹黨餘孽如果沒有崇禎帝的支持，他們是成不了氣候的。

崇禎帝的昏庸鑄成了袁崇煥的冤案。「懷宗自視聰明，而實則昏庸」[1142]。儘管後金的反間和閹黨的誣陷，內外呼應，同惡相濟，但他們只有透過崇禎帝的昏庸才能得逞。崇禎帝即位之初，嚮往治平，精勵圖新。然而整個崇禎朝，仍是一個「主暗政昏」的時代。崇禎帝對廷臣，時信時疑，親疏無常，「敗者升官，勝者䝉罪」[1143]。如對袁崇煥，先是晉太子太保、兵部尚書、薊遼督師、賜尚方劍；及其入援京師，又賜玉帶、彩幣。當閹黨的流言、後金的蜚語，灌進兩耳之後，他就猜疑袁崇煥。崇禎帝將在德勝門打了敗仗的滿桂封賞，卻將在廣渠門打了勝仗的袁崇煥下獄，完全是功罪倒衡，自毀長城。

崇禎帝剛愎自用，偏聽專斷。閹黨餘孽開始權力並不大，如溫體仁為禮部侍郎，高捷和史𡎚為御史。而東林黨掌握津要，如袁崇煥入獄時的內閣大學士，除韓爌晉太傅外，李標、錢龍錫、成基命和孫承宗四人，均為東林黨人。六部尚書也多為東林黨人或傾向東林黨人。當時閹黨餘孽官職低、實力弱，聲名狼藉、不得人心。但是，閹黨餘孽緊緊地抓住崇禎帝，依靠崇禎帝，來打擊東林黨人。「逆案已定，王永光把持之；皆紹述逆閹之政者也。袁宏勳、高捷、史𡎚一輩小人，翩翩而進，以錮君子而抑之」[1144]。他們依恃崇禎帝，彼此援引，上下交結，先拆毀東林黨所依靠的長城：遵化剛失，兵部尚書王洽以「楨〔偵〕探不明」[1145]，下獄；敵在城下，督師袁崇煥被誣為「誘

論明末北京保衛戰

敵脅款」，也下獄。與上同時，刑部尚書喬允升和工部尚書張鳳翔相繼落獄[1146]。閹黨餘孽逐漸掌握六部的實權。繼之，在溫體仁和閹黨攻擊下，崇禎帝將東林黨大學士一個一個地解職。東林黨受到沉重打擊，東林之禍從此益熾。開始形成以周延儒、溫體仁為首的反東林新內閣。先是周延儒任首輔，「延儒柄政，必為逆黨翻局」[1147]；不久，溫體仁取代周延儒，朝政越發不可收拾。

崇禎帝「太阿獨操」，專制暴戾。他在平臺下令逮捕袁崇煥時，東閣大學士兼禮部尚書成基命，年七十，「獨叩頭，請慎重者再」。崇禎帝拒絕納諫。成基命又叩頭曰：「敵在城下，非他時比。」[1148]崇禎帝仍執迷不悟。在東林黨與閹黨鬥爭的關鍵時刻，崇禎帝支持閹黨餘孽，將袁崇煥逮捕殺害，使政局急劇逆轉。另如成基命一次諫言，自辰至酉，跪在會極門外，長達十二小時未起，不足以畫出崇禎帝獨裁昏庸的形像嗎？所以，康有為「間入長城君自壞，讒多冤獄世無窮」[1149]的詩句，說明毀壞長城和袁崇煥冤案責在崇禎帝。袁崇煥愚忠，他在《南還別陳翼所總戎》詩中云：「主恩天地重，臣遇古今稀」[1150]；但臣忠君疑，慘遭殺身之禍。袁崇煥的冤死，不僅代表著東林黨厄運的開始，而且代表著崇禎帝「新政」的結束。

袁督師下獄後，遼軍將士震動極大。「袁崇煥被拿，宣讀聖諭，三軍放聲大哭」[1151]。關外的將士吏民，也「日詣督輔孫承宗，號哭代雪」[1152]。錢家修冒坐牢之險寫《白冤疏》，稱袁崇煥「義氣貫天，忠心捧日」[1153]。後任山東巡撫的石訥曾質問道：八旗軍圍攻北京城時執捕袁崇煥，豈不是「兵臨城下而自壞長城」嗎？

「崇煥無罪，天下冤之」[1154]。但天下的冤聲，灌不進昏君的迷竅。崇禎三年（1630年）八月十六日，袁崇煥以「莫須有」的罪名，在西市被含冤磔死。藤縣知縣邊其晉在追念袁崇煥的《藤江即事》詩中寫道：「總制三邊袁元素，擎天柱石人爭慕；只因三字莫須有，萬里長城難鞏固。」[1155]袁崇煥的冤死，不僅是他個人的不幸，而且表明東林黨在政治上的再次失敗。東林黨在天啟五年（1625年）的失敗，熊廷弼被棄市；而後，「朝政混淆，諂諛成風，日以謀害諸賢為計，而國事有不可言者矣」[1156]！東林黨在崇禎三

年（1630年）的再敗，袁崇煥被磔殺；從此，「小人進而君子退，中官用事而外廷寢〔寖〕疏，文法日繁，欺妄日甚，朝廷日隳，邊防日壞，今日之禍，實己巳（1629年）以來釀成之也」[1157]！朝鮮史書對袁崇煥之死，也不乏見解，認為崇禎帝不信士流，而任佞臣，「其失在於不知人，而非士流之罪也」[1158]。甚至斷言：崇禎帝對「袁崇煥輩任之不終，終以此亡也」[1159]！似應說明朝亡祚原因很多，但「君子盡去，而小人獨存」，確是明朝滅亡的一大原因。因此，袁崇煥冤獄就是給崇禎朝政治窳敗作出結論。

但是，歷史是由人民寫的。袁督師死後，其僕人佘義士「夜竊督師屍」[1160]，葬北京廣渠門內廣東舊義園，終身守墓不去，死葬督師墓旁。這就是佘家館的由來。後在廣東東莞修袁大司馬祠[1161]；在廣西藤縣修「明督師袁公崇煥故里」紀念碑[1162]。袁崇煥受到後人同岳飛一樣的敬仰：「昔岳武穆以忠蒙罪，至今冤之；督師力捍危疆而身死門滅，其得大略相似。」[1163]為了紀念袁崇煥，民國六年（1917年），在北京廣東新義園（今龍潭湖公園內）建袁督師廟。1952年，北京市人民政府對袁崇煥祠墓重加修葺，使之「與文文山祠，並垂不朽」[1164]！

「杖策只因圖雪恥，橫戈原不為封侯。」[1165]袁崇煥身戎遼疆九年，其「父母不得以為子，妻孥不得以為夫，手足不得以為兄弟，交遊不得以為朋友」[1166]。明代保衛北京的民族英雄袁崇煥，披肝瀝膽，躍馬橫戈，血灑京師，感動萬世。

遼西爭局兵略分析

明清之際，爭局遼西。在二十二年之間，於寧錦狹短地帶，明與後金——清雙方集結二十餘萬軍隊，進行了中國古代史上最激烈、最殘酷、最集中、最精彩的爭戰。爭局雙方，施展謀略，極盡聰慧才智。其結果，明清爭局雙方，不是平局言和，而是一勝一敗——勝者太和金殿登極，敗者退出歷史舞臺。乃勝乃敗，原因固多。揭橥其要，首在兵略。謀略巧拙，成敗系焉。兵略高下是明清遼西爭局勝敗的一大樞軸因素。本文討論，旨趣在於，就其兵略，加以分析。

一

明清遼西軍事之爭的第一局，主要是攻守廣寧。此局謀略集中表現於雙方軍事統帥的爭戰謀劃及其實施。明方統帥主要為熊廷弼和王化貞；後金統帥主要為努爾哈赤。

先是，天啟元年即天命六年（1621年）三月，後金軍在九天之內，連下瀋陽、遼陽，明在遼河以東的統治宣告結束。河東，遼鎮腹心；遼左，京師肩背。明朝丟掉沈、遼，遼鎮腹心失，京師肩背搖。明廷為著力挽危局，重振社稷，任命熊廷弼為遼東經略、王化貞為遼東巡撫，熊、王提出新的兵略。

熊廷弼以遼東經略，遭讒去職，回籍聽勘，重被起用。天啟元年（1621年）六月初一日，廷弼建三方佈置策：「廣寧用馬步列壘河上，以形勢格之，綴敵全力；天津、登萊各置舟師，乘虛入南衛，動搖其人心；敵必內顧，而遼陽可復。」[1167]八月初一日，又疏言：「三方建置，須聯合朝鮮。……我兵與麗兵聲勢相倚，與登、萊音息時通。」[1168]誠然，熊廷弼在駁疏王化貞部署時，提出「分兵防河、先為自弱，大兵悉聚、固守廣寧」這一正確的兵略。時朝議多右化貞，而左廷弼。俟廣寧兵敗、廷弼斬首之後，物議則反之。民元以來學者所論，多贊三方佈置之策。筆者蓋謂不然。熊經略「三方佈置策」之失：

其一，著眼於攻，疏失於守。他奏明此策之指歸是：「為恢復遼左，須三方佈置。」[1169] 時明軍總的態勢是，先敗沒於薩爾滸，繼敗潰於沈遼，惟戰惟微，惟局惟危。在戰略上已無力進攻，僅能做一個「守」字，恢復遼陽，如同化城 [1170]。

其二，沿河列壘，兵家大忌。河窄水淺，履冰可涉；兵多堡少，難容馬步；佈防河岸，兵分力散；彼騎強渡，力不能支；一營失守，諸營俱潰。

其三，天津舟師，難能入衛。在中國古代軍事史上，尚無天津水師入遼敗敵復土之先例。疏請天津設立巡撫，只能加強糧料補給；水師渡海作戰遼南，必遭後金騎兵圍殲。

其四，登萊水師，無力出擊。登州與萊州的舟師，可運輸、通聲息，可牽制、張聲勢，既無力登陸攻城略地，也無助恢復遼左寸土。

其五，風聲下遼，化城而已。熊經略設畫天津、登州、萊州之舟師，從海上登岸，乘明軍風聲，下遼南諸衛，遂順風前進，可光復遼陽。這種「化城」，海市蜃樓，虛幻而已。

其六，朝鮮之兵，難助聲威。朝鮮軍在薩爾滸之役，兵沒帥俘，劇痛猶新。熊廷弼在疏議中，冀望朝鮮「盡發八道之師，連營江上，助我聲勢」，紙上談兵，虛泛之見。

由上可見，熊經略三赴遼東，其前功可獎，忠心可嘉，雄心可欽，冤死可憫；但其鴻猷碩略，未料彼己，浮幻不實，斷難操作。如按其策行，無化貞掣肘，遼陽必不復，廣寧亦必不保。

王化貞乘危時，以微功，受命為廣寧巡撫。化貞進士出身，素不習兵，剛愎自用，狂言娛上。他的禦敵兵略是：「部署諸將，沿河設六營，營置參將一人，守備二人，畫地分守。西平、鎮武、柳河、盤山諸要害，各置戍設防。」[1171] 時人已有疏駁其議者，御史方震孺即上言防河「六不足恃」——「河廣不七十步，一葦可航，非有驚濤怒浪之險，不足恃者一；兵來，斬木為排，浮以土，多人推之，如履平地，不足恃者二；河去代子河不遠，兵從代子徑渡，守河之卒不滿二萬，能望其半渡而遏之乎？不足恃者三；沿河

遼西爭局兵略分析

百六十里,築城則不能,列柵則無用,不足恃者四;黃泥窪、張叉站沖淺之處,可修守,今地非我有,不足恃者五;轉眼冰合,遂成平地,間次置防,猶得五十萬人,兵從何來?不足恃者六。」[1172]所駁六條,確中肯綮。王化貞兵略的錯誤在於:其一,錯估形勢,攻守錯位。明自薩爾滸敗後,就軍事態勢而言,已顯被動,轉呈守勢。而遼陽失陷後,三岔河西,四百餘里,人煙斷絕,軍民盡逃,文武將吏,談敵色變。明軍已處被動局面,實無恢復遼陽之力。其二,沿河設防,甚屬荒唐。河窄水淺,隆冬冰合,騎兵馳驅,瞬間可渡。後金騎兵,奮疾蠻沖,明軍防線,必潰無疑。其三,無險可憑,反主為客。河灘平地,列柵無用,築城不能,面對敵騎,失去所依,以弱迎強,野戰之敗,殷鑒在前。其四,兵分力弱,泰極否來。明軍兵力,多於後金。但臨戰時,長線佈防,分散兵力,反強為弱。後金軍隊,每逢作戰,兵力集中,化弱為強。如按其策行,無經撫不和,遼陽必不復,廣寧亦必不保。

同熊廷弼的「三方佈置策」、王化貞的「沿河佈防策」相反,努爾哈赤的兵略是:集中兵力,縱騎馳突,裡應外合,速戰速決。具體說來,其一,集中兵力。後金與明朝,兵員的總數,後者居於絕對優勢,前者則處於絕對劣勢。僅就雙方軍隊數量而言,天命汗努爾哈赤在戰略上雖為劣勢,在戰術上卻為優勢。廣寧之戰是繼薩爾滸之戰後,天命汗「集中兵力、各個擊破」的又一典型戰例。其二,縱騎馳突。後金軍隊,騎兵為主,速度迅猛,衝擊力大。明軍如不憑城據守,而是曠野列陣爭鋒,難以抵擋後金騎兵強攻。熊經略的海上舟師、王巡撫的沿河佈兵,均是紙上遊戲,不堪實戰。其三,裡應外合。舉兵之要,上智用間。堡壘是最容易從內部攻破的。後金騎兵攻城,城堅池深,難以奏效。但天命汗巧於從對方營壘中尋找叛降者。孫得功降,廣寧城陷,是天命汗繼降撫順李永芳之後,裡應外合的又一典型實例。其四,速戰速決。後金軍隊攻明,遠離後方,孤軍出擊,長途跋涉,野外宿營,缺乏糧秣,不利久戰。後金軍出遼陽、渡遼河,在西平、鎮武、閭陽激戰獲勝,進向廣寧。孫得功以城降,後金軍矢未離弦、兵不血刃地占領明朝遼西重鎮廣寧。從兵略上說,明朝廣寧之失,在於主帥兵略錯誤;而後金廣寧之得,在於統帥兵略正確。

或謂：廣寧之失在於經、撫不和。誠然，經略與巡撫不和，是明朝喪失廣寧的一個重要因素。但是，熊廷弼太自恃，也太愚忠。《尉繚子》曰：「夫將者，上不制乎天，下不制乎地，中不制乎人。故兵者，凶器也；將者，死官也！」[1173] 將帥統兵與敵爭戰，勝則廟堂受賞，升官晉爵；敗則降官受罰，甚至身死。將者既為死官，則應預為己置於身死之地，爾後方可不死。設如熊經略臨危出關，身守廣寧，勝或功罪相抵，敗或捐軀殉國——七尺之軀，死得壯烈，廟堂受謚，名垂千古！何至傳首九邊，罪及妻孥子女。古今之人，皆憫廷弼；但於昏君，應用「昏著」！

廣寧爭戰，明遼軍失敗的原因固多，諸如朝廷腐敗、戎部昏聵、經撫不和、化貞虛妄等，但一次獨立戰役的勝敗，主帥的謀略是爭戰演化否泰的樞軸。所以，熊廷弼作為廣寧之役明遼軍的主帥，其兵略「三方佈置策」空浮虛泛，是不容辭其咎的。論者不能以憐憫熊廷弼的個人悲劇結局，而忽視對其「三方佈置策」做理性的批評。

二

明清遼西軍事之爭的第二局，主要是攻守寧錦。此局謀略集中表現於雙方軍事統帥的爭戰謀劃及其實施。明方統帥主要為高第和袁崇煥；後金統帥主要為努爾哈赤和皇太極。先是，天啟二年即天命七年（1622年）正月，後金軍在數天之內，外攻內謀，裡應外合，未加一矢，占領廣寧。明在遼河以西統治，處於風雨飄搖之中。明廷為著力挽危局，守禦山海，穩固京師，任命王在晉為薊遼經略。王在晉在明軍連失瀋陽、遼陽、廣寧三城後，被後金軍的進攻嚇破了膽。他提出遼東「無局可布」的悲觀論調：「東事離披，一壞於清、撫，再壞於開、鐵，三壞於遼、沈，四壞於廣寧。初壞為危局，再壞為敗局，三壞為殘局，至於四壞——捐棄全遼，則無局之可布矣！」[1174] 王在晉主張盡棄關外城池寨堡土地，退守山海關的消極防禦兵略。王在晉的消極防禦謀略，遭到了巡邊大學士孫承宗的批評。王在晉雖經孫承宗「推心告語，凡七晝夜」的規勸，仍冥頑不化。孫承宗只好上奏朝廷，免在晉職，出任督師。孫督師上任後，一方面支持袁崇煥營守寧遠、整頓防務，另一方

遼西爭局兵略分析

面遣總兵馬文龍謀襲耀州，兵敗柳河，而遭劾去職。孫承宗的柳河兵敗，是明朝重攻輕守兵略的再現。孫督師的去職，既表明朝中閹黨氣焰的囂張，又表明遼軍主攻兵略的抬頭。所以，王在晉和孫承宗都在遼東重守慎攻兵略上犯下了錯誤；但二者在動機、性質、程度和效果上是有區別的。孫承宗去職後，高第為經略、袁崇煥守寧遠。高第任經略後，提出比王在晉更加消極的防禦兵略。高第進士出身，性格「惓怯」[1175]，較王在晉畏敵如虎更為甚之。他出任遼東經略，駐鎮山海關，即謂關外必不可守，令全「撤錦州、右屯、大、小凌河及松山、杏山、塔山守具，盡驅屯兵入關，委棄米粟十餘萬。而死亡載途，哭聲震野，民怨而軍益不振」[1176]。顯然，高經略的退卻防禦兵略，如果得以實施，必定導致失敗。但是，小官寧前道袁崇煥，敢於抗上，忠於職守，堅持憑城固守的兵略。

袁崇煥亦進士出身，但他的性格是「敢走險路，敢犯上司，敢違聖顏」[1177]。先是，作為寧前兵備僉事的袁崇煥，對作為遼東經略的王在晉，薄其無遠略；但人微言輕，爭辯不得，便奏記首輔，後得到支持，營守寧遠。至是，又同經略高第相爭：引金啟倧上書「錦、右、大凌三城，皆前鋒要地，倘收兵退，既安之民庶復播遷，已得之封疆再淪沒，關內外堪幾次退守耶！」他力爭不可，便堅持固守：「兵法有進無退，三城已復，安可輕撤？錦、右動搖，則寧、前震驚，關門亦失保障。今但擇良將守之，必無他慮。」高第不聽，他則誓言：「我寧前道也，官此，當死此，我必不去！」[1178] 袁崇煥不僅有膽識，而且有兵略。他的兵略是：主固守，慎野戰，憑堅城，用大砲。

同袁崇煥「主固守、慎野戰、憑堅城、用大砲」的兵略相反，天命汗「集中兵力、縱騎馳突、裡應外合、速戰速決」的兵略，被袁崇煥所打敗。天命汗號稱二十萬大兵的進攻，換取了寧遠兵敗。天命汗努爾哈赤在寧遠之戰中，兵略錯誤，具體說來：

其一，不明敵人之將。明軍寧遠城的守將袁崇煥，不同於守而不防的馬林，守而不固的袁應泰，守而不成的熊廷弼，守而不當的王在晉，守而不穩的孫承宗；也不同於通敵失守的李永芳，玩忽於守的李如楨，出城疏守的賀世賢，攻而拒守的王化貞，棄而不守的高第[1179]。袁崇煥堅持固守寧遠城，

以城相守,以炮相守,以軍相守,以謀相守,巋然不動,終得完城。結果,後金軍統帥努爾哈赤在寧遠之戰中,不明敵人之將,愈集中兵力,以不能擊能,死傷慘重,兵敗城下。

其二,不明敵人之器。明軍守將袁崇煥固守寧遠城的武器,不僅使用遼東其他城鎮之常規械具——弓箭、火銃、佛朗機炮,而且運用了新式武器——西洋大砲。西洋大砲即紅夷大砲,是英國新製造的早期加農炮,具有射程遠、精度高、威力大等優長。天啟初,明朝從澳門向葡萄牙購進西洋大砲,其中十一門運至寧遠城御守。袁崇煥在寧遠城設附臺,臺置洋炮,以臺護炮,以炮護城。同時,經葡萄牙炮師訓練的火器把總彭簪古也被派到寧遠。彭簪古又培訓了袁崇煥從邵武帶來的僕從羅立等為炮手。在寧遠之戰中,袁崇煥第一次將西洋大砲用於實戰。後金軍統帥努爾哈赤,對袁崇煥使用新式武器西洋大砲及其性能一無所知。結果,天命汗努爾哈赤在寧遠之戰中,不明敵人之器,以縱騎馳突對西洋大砲,死傷慘重,兵敗城下。

其三,不明敵人之軍。後金軍統帥努爾哈赤在歷次征戰中,其賴以制勝的法寶:一是縱騎馳突,二是裡應外合。但袁崇煥所指揮的軍隊,歃血為誓,紀律嚴明,拒絕野戰,絕無內奸。努爾哈赤愈是誘其出城交鋒,袁崇煥愈是憑堅城、勿野戰;努爾哈赤愈是收買內奸,袁崇煥愈是查奸細、無叛民。所以,《明熹宗實錄》載述:在遼東爭戰諸城中,獨寧遠「無奪門之叛民、內應之奸細」[1180]。在寧遠之戰中,守軍既閉城不出、絕不野戰,又內無奸細、奪門叛民。這就使天命汗的兩大法寶黯然失輝。結果,後金軍統帥努爾哈赤在寧遠之戰中,不明敵人之軍,以短擊長,以正制奇,死傷慘重,兵敗城下。

其四,不明敵人之謀。寧前道袁崇煥守衛寧遠的謀略是:主固守、慎野戰,憑堅城、用大砲。但是,後金軍統帥努爾哈赤沒有針對彼之謀略,制定己之兵略。兩軍相爭,謀略為上。在戰前,應多算——多算勝,少算不勝,何況無算乎?天命汗努爾哈赤忘記兵法的一條基本規則:己有備,敵無備,則勝可知;己有備,敵有備,則不可為;己無備,敵有備,則敗可知。努爾哈赤在寧遠之戰中,不明袁崇煥之謀,以老兵略、老經驗、老武器、老戰法,去

對付袁崇煥的新兵略、新手段、新武器、新戰法。結果，後金軍統帥努爾哈赤在寧遠之戰中，不明敵人之謀，以暗制明，以愚制智，死傷慘重，兵敗城下。

天命汗努爾哈赤在寧遠之戰中，不明敵人之將，不明敵人之器，不明敵人之軍，不明敵人之謀，唯欲恃強，唯欲求勝，幸其成功，反而失敗。所以，在寧遠之戰中，努爾哈赤「集中兵力、縱騎馳突、裡應外合、速戰速決」的兵略，被袁崇煥「主固守、慎野戰、憑堅城、用大砲」的兵略所克。袁崇煥的兵略是努爾哈赤的兵略之剋星。

天命汗努爾哈赤於寧遠城兵敗後不久身死，吞下其攻打寧遠城錯誤兵略的苦果。其子皇太極未從乃父錯誤兵略中汲取教訓，於天啟七年即天聰元年（1627年），再率傾國之師，進攻寧、錦。皇太極先攻錦州不克，再攻寧遠又不克，復攻錦州仍不克。此役，後金軍攻城，明遼軍堅守，凡二十五日，大戰三次，小戰二十五次，明遼軍以全城奏捷，後金軍以失敗告終。寧錦之戰，從實質上說，是袁崇煥兵略之勝、皇太極兵略之敗。皇太極犯下了兵家「五忌」[1181]，且比其父多吞了兩枚苦果：一枚是兵不貴分——「先攻錦州、再攻寧遠、復攻錦州」分兵的苦果；另一枚是兵不貴久——頓兵野外、攻堅不下、未釋而避、遷延師老的苦果。

寧錦爭戰，後金軍失敗的原因固多，諸如缺乏充分準備、缺少西洋大砲、新汗地位不穩、暑熱出師不利等，但一次獨立戰役的勝敗，主帥的謀略是爭戰否泰演化的樞軸。所以，努爾哈赤、皇太極分別作為寧遠和寧錦之戰後金軍的統帥，其兵略之錯誤，是不容辭其咎的。論者不能在以情感肯定努爾哈赤、皇太極之歷史功績時，而忽視對其錯誤兵略做理性的批評。

三

明清遼西軍事之爭的第三局，主要是攻守塞內。此局謀略集中表現於雙方軍事統帥的爭戰謀劃及其實施。明方統帥主要為張鳳翼[1182]等；後金統帥主要為皇太極。

先是，天命汗努爾哈赤攻寧遠兵敗；繼而，天聰汗皇太極攻寧、錦又兵敗。皇太極憤恨地說：「昔皇考太祖攻寧遠，不克；今我攻錦州，又未克。似此野戰之兵，尚不能勝，其何以張中國威耶！」[1183] 其時，明遼東巡撫袁崇煥建成以錦州為前鋒、松山為重城、寧遠為後勁的寧錦防線，並在遼西地區堅壁清野。於是，皇太極改變謀略。他對蒙古和朝鮮用兵，剪除明朝左右兩翼，免去南進後顧之憂。隨之，皇太極制定南進中原的新兵略：避開寧錦，繞道蒙古，插入塞內，匕掠中原。

第一次是崇禎二年即天聰三年（1629年），皇太極親自統兵，繞過寧遠、錦州和山海關，用蒙古人做嚮導，並取道漠南蒙古，發動第一次入口之戰。後金軍攻破龍井關和大安口，兵臨燕京，京師戒嚴。後金軍在德勝門、廣渠門、永定門同明軍激戰，但因北京城高池深、京都勤王之師奔集，皇太極只好牧馬南苑、祭祀金陵，擄略人口牲畜，翌春北歸瀋陽。留二貝勒阿敏據守永平、遵化、灤州、遷安四城，屠戮官民，掠奪財富，孤立無援，不久敗歸。第二次是崇禎五年即天聰六年（1632年），皇太極出征林丹汗在回師途中，破塞攻明，進行擄掠。第三次是崇禎七年即天聰八年（1634年），皇太極又親自統兵，繞過寧遠、錦州，遠襲宣府、大同。史載其「蹂躪宣、大五旬，殺掠無算」[1184]。第四次是崇禎八年即天聰九年（1635年），皇太極為解決後勤補給，破塞攻明，肆行擄掠。第五次是崇禎九年即崇德元年（1636年），清軍入塞，耀兵京畿，飽掠而歸。第六次是崇禎十一年即崇德三年（1638年），皇太極派岳託、多爾袞為大將軍，分左右翼，破牆入塞，掠京畿，躪冀南，渡運河，陷濟南，歷時半年多，俘獲人畜四十六萬二千三百餘、黃金四千零三十九兩、白銀九十七萬七千四百六十兩。肆行殘毀，翌年回師。第七次是崇禎十五年即崇德七年（1642年），皇太極派阿巴泰統兵入山東，俘獲人口三十六萬餘、獲牲畜三十二萬餘，翌年而歸，因不在本文討論範圍之內而從略。

皇太極耀兵塞內，對崇禎皇帝、對中原人民是一大歷史悲劇。史載：後金—清軍所過，「遍蹂畿內，民多殘破」；「一望荊棘，四郊瓦礫」；「畿南郡邑，民亡什九」；「荒草寒林，無人行蹤」。而對皇太極、對八旗官兵是一大歷史喜劇。後金—清軍所過，重創明軍，俘獲人畜，貝勒將士，暴發

遼西爭局兵略分析

致富。這對皇太極是喜悅，還是悲哀？拋開政治的、民族的、經濟的、心理的因素不說，僅從兵略來說，皇太極縱兵入口作戰，不是成功範例。因為：

其一，兵貴據城。用兵的目的，在於奪取城鎮。城鎮是彼方地域之行政、經濟和文化的重心，占有它就占有或控制一方土地。後金─清軍至明城堡，或則僅為空城，如崇禎十一年即崇德三年（1638年），清軍攻至遵化，遵化「守城之卒，不戰自潰，時得空城三座」[1185]；或則僅為屯堡，即零星鎮屯和分散寨堡。後金─清軍所抵明朝城鎮，儘管明軍腐敗，也不乏兵民之抵抗者。以其第二次入口為例，所攻多不能克，劫掠小城堡，盤桓兩月多，遭到明軍堵截。明宣府巡撫焦源清奏本稱：「奴賊步步受虧，始不敢存站。……奴賊連年大舉入犯，似未見如此番之踉蹌者。」[1186] 清軍掃蕩州、府、縣城後，搶掠完就走，沒有占據通衢大城和邊塞要隘，達不到軍事爭戰之政治目的。

其二，兵貴得民。得到土地和人民，就得到實際控制權，也得到獲取貢賦的權力。後金─清軍掃蕩州、府、縣城後，擄略大量人口，回到盛京瀋陽，男人作耕農、奴僕，女人作妻妾、奴婢。這雖可補充其勞力睏乏，但演出了漢民背井離鄉、家破人亡的慘劇。其所掠牲畜、財帛，雖可緩解其經濟之困難，但不能促進其經濟之發展，達不到軍事爭戰之經濟目的。用兵之法：全國為上，其次破國，其次伐兵，其次攻城，擄掠最下。皇太極多次派兵入口，屠城、殺戮、焚燬、搶掠，這是兵略中之最下者。

其三，兵貴攻堅。寧遠和錦州是後金─清要攻奪關門的障礙，皇太極兩次受挫之後，不是愈挫愈奮，巧計攻堅，而是繞開堅難，入塞遠襲。以其第六次入口作戰為例，八旗軍分作兩大部，一部入邊襲擾，另一部進攻錦、寧。其入邊軍隊，先分作兩翼，復析為八道，西至太行，東沿運河，逼燕京、陷濟南。此路清軍，雖俘獲大量人口、牲畜，卻達不到戰略目的。其遼西軍隊，抵中後所，同祖大壽軍激戰。清軍「土默特部落俄木布楚虎爾及滿洲兵甲喇章京翁克等，率眾先奔。護軍統領哈寧噶，甲喇章京阿爾津、俄羅塞臣等，且戰且退」[1187]。而由豫親王多鐸率領之先鋒五百人，亦被祖大壽軍「四面圍住，撲戰良久後，稍開一路，則十王僅以百餘騎突陣而出」[1188]。是知，祖大壽勝皇太極甚明。由是，清軍統帥皇太極率領鄭親王濟爾哈朗、豫親王

多鐸等敗退。可見，皇太極既定錦州、寧遠為堅難，卻用兵分散，以寡擊眾，以弱敵強，造成失利。

其四，兵貴爭時。在一切財富中，時間是最寶貴的財富，時間在兩軍爭戰中更是最寶貴的財富。皇太極從天聰三年（1629年）到崇德四年（1639年），共費時十年，占其帝位生涯十七年的近三分之二的時日，而未能奪取錦州一城，是不能耶，抑不為耶？自袁崇煥死後，皇太極已於崇禎四年即天聰五年（1631年）製成紅衣大砲。同年八月，皇太極用紅衣大砲攻圍明將祖大壽據守的大凌河城。此役，八旗軍用紅衣大砲攻城、破堡、打援，克大凌河城，降明將祖大壽（尋歸明），並繳獲明軍含紅衣大砲在內的大小火炮三千五百多位。實事求是地說，其時，皇太極如採取大凌河之役用紅衣大砲、圍城打援的戰法，完全有可能較早地攻破並奪取錦州城。乘勝前進，再接再厲，亦望攻取寧遠城。

綜上，清崇德帝皇太極對明朝總的戰略是：攻破山海關，占領北京城。於此，他經常思忖：「大兵一舉，彼明主若棄燕京而走，其追之乎？抑不追而竟攻京城，或攻之不克，即圍而守之乎？彼明主若欲請和，其許之乎、抑拒之乎？若我不許，而彼逼迫求和，更當何以處之？倘蒙天佑，克取燕京，其民人應作何安輯？」[1189] 為著實現皇太極上述戰略目標，漢人降附生員楊名顯、楊譽顯等條奏急圖、緩圖和漸圖三策：急圖之策——先攻燕京。燕京乃天下之元首，天下乃燕京之股肱，未有元首去而股肱能存者；緩圖之策——先取近京府縣。府縣乃京都之羽翼，京都乃府縣之腹心，未有羽翼去而腹心能保者；漸圖之策——拓地屯田，駐兵於寧、錦附近地方。耕其田土，時加縱掠，使彼不得耕種，彼必棄寧、錦而逃矣，寧、錦一為我有，山海更何所恃，山海既得，我自出入無阻[1190]。以上三策，雖有道理，但有隙闕，均不完善。回顧歷史，看得更清。皇太極第一次入口作戰，千里繞襲，避實擊虛，出其不意，攻其不備，破牆入塞，直搗京師，可謂「實有超人之創意」[1191]。此舉，或可稱為急圖之策。但明朝京師，城高兵眾，國力雄厚，後金攻打，並非「如石投卵之易」。皇太極後三次緩圖之攻，均在關內，站不住腳，縱掠而歸，燕京亦非「不攻而自得」。皇太極第四次既派兵入口，又帶兵攻寧、錦：於前者，仍蹈舊轍；於後者，兵挫而歸。所謂漸圖之策，明軍不會自棄錦州，

更不會自棄寧遠；清軍則不會「不勞而收萬全者也」。所以，以上急圖、緩圖、漸圖三策，書生之見，不中用也。那麼，清軍統帥皇太極正確的兵略應如何呢？

皇太極應於崇禎四年即天聰五年（1631年），在大凌河取勝之後，集中兵力，乘威南進，築城屯田，長久計議，以施紅衣炮、圍城打援的戰術，圍錦州，攻寧遠，奮力拚打，逐個擊破，但此機錯過。崇禎十四年即崇德六年（1641年）七月至崇禎十五年即崇德七年（1642年）四月，皇太極取得松錦大戰的全勝。他如乘己之銳、趁彼之虛，用「圍錦打松」之兵略，圍攻寧遠，逐節推進，兵叩關門；那麼，攻破山海關，問鼎北京城，登上金鑾寶殿者，可能是皇太極，而不是李自成。但是，主帥的謀略是爭戰否泰演化的樞軸。乃父乃子寧遠兩次兵敗的「魔影」，始終籠罩在皇太極的頭上。因而，皇太極松錦大捷後第七次派大軍入口，繼續其兵略之錯誤。由是，皇太極與紫禁城的金鑾寶座，莊田有緣，失之交臂。

儘管，皇太極「入口作戰」的兵略，清史研究者多加以肯定；但是，余蓋不以為然，從戰略上說，皇太極「入口作戰」的兵略，是其軍事謀略藝術中的敗筆。

四

明清遼西軍事之爭的第四局，主要是攻守松錦。此局謀略集中表現於雙方軍事統帥的爭戰謀劃及其實施。明軍統帥為洪承疇，清軍統帥為皇太極。

清崇德帝皇太極的八旗軍，在十年之間，曾七次入塞，雖予關內明軍以重大殺傷，但對關外遼西明軍未做決戰。後乾隆帝總結歷史教訓時曰：「山海關，京東天險。明代重兵守此，以防我朝。而大軍每從喜峰、居庸間道內襲，如入無人之境。然終有山海關控扼其間，則內外聲勢不接；即入其他口，而彼得撓我後路。故貝勒阿敏棄灤、永、遵、遷四城而歸。太宗雖怒遣之，而自此遂不親統大軍入口。所克山東、直隸郡邑，輒不守而去，皆由山海關阻隔之故。」[1192] 其實，早已有智者疏諫，先取山海關、後奪北京城的兵略。皇太極未擷取其合理的內核，而以「未協軍機」[1193] 拒之。至是，十年時間

耗過,錦州未下,寧遠未破,榆關未攻,從軍事地理說,可謂寸土未進。此時,皇太極始採取十年前應行的戰略:奪取錦州、兵叩關門,問鼎燕京、入主中原。於是,皇太極決定圍困遼左首鎮錦州。錦州總兵祖大壽告急,明廷派洪承疇率軍解圍,這就爆發了明清松錦之戰。明軍總督洪承疇與清軍統帥皇太極,在松錦會戰的軍事舞臺上,各以其兵略奇正,導致各自的勝敗。

洪承疇,萬曆進士,崇禎帝以其知兵,命為兵部尚書、督關中軍務。洪承疇同農民軍作戰,屢戰輒勝。李自成潼關兵敗,僅十八騎走商洛。後清軍屯築義州,圍困錦州。明廷命洪承疇為兵部尚書、總督薊遼,調集八總兵、十三萬步騎、四萬馬匹並足支一年糧料於寧遠,以解祖大壽錦州之圍。明軍與清軍展開松錦會戰,結果——洪承疇兵敗被俘,皇太極獲得全勝。明軍是役失敗的原因,論者或謂「廟堂趣兵速戰」,或謂「將領不聽調遣」,皆輕論洪承疇兵略之失。洪總督議用持久之戰,從寧遠到錦州建立一條餉道,以救援錦州。有學者概括其兵略為「步步為營,且戰且守,待敵自困,一戰解圍」[1194]。上述兵略,何得何失?且看清漢軍固山額真石廷柱給崇德帝皇太極的條奏:「明援兵從寧遠至松山,帶來行糧,不過六七日,若少挫其鋒,勢必速退,或猶豫數日,亦必託言取討行糧而去。我軍伺其回時,添兵暗伏高橋,擇狹隘之處,鑿壕截擊,仍撥錦州勁兵尾其後,如此前後夾攻,糧餉不給,進退無路,安知彼之援兵,不為我之降眾也!」[1195] 皇太極採納了石廷柱的建議。洪承疇的兵略,落入皇太極之彀中。洪承疇在松錦會戰中,兵略之失,條析如下:

其一,輕進頓師,設計失律。兵貴拙速,不貴巧久。速雖拙,可迅勝;久雖巧,斯生患。洪承疇於崇禎十二年即崇德四年(1639年)正月,受命為薊遼總督。翌年五月,洪總督簡銳集餉,出山海關。崇禎十四年即崇德六年(1641年)三月二十一日,洪承疇會八鎮——寧遠總兵吳三桂、大同總兵王樸、宣府總兵李輔明、密雲總兵唐通、薊州總兵白廣恩、玉田總兵曹變蛟、山海總兵馬科、前屯衛總兵王廷臣的兵馬於寧遠。寧遠距錦州,逶迤百多里。洪總督設謀:建立餉道,步步為營,邊戰邊運,濟援錦州。但是,時不爾待。同月二十四日,清濟爾哈朗等克錦州外城[1196]。清軍又於錦州內城,環城而營,深溝高壘,重兵緊圍,絕其出入。時錦州內外交困,亟待解救。直至七

遼西爭局兵略分析

月二十八日，洪承疇援錦之師，才駐營松山。寧遠距松山，才百餘里；而拖宕時日，四個多月。其時，承疇出關，用師年餘，寧遠會師，亦逾四月，頓兵耗餉，錦圍未解。作為崇禎皇帝、兵部尚書，見到錦州求援急報，趣洪進師，當無大錯。洪承疇旨在解圍，卻計設巧久，輕進頓兵，延緩時間，老師糜餉。

其二，部署失誤，決戰失機。洪總督親自率兵六萬先進，以諸軍居後繼之；大軍抵松山，卻佈兵分散：以騎兵繞列松山城之東、西、北三面，步兵在乳峰山至松山道中，分屯為七營，並衛以長壕。明軍到位後，即同清軍激戰。據《清太宗實錄》記載：清軍右翼鄭親王濟爾哈朗失利，山頂兩紅、鑲藍三旗駐營之地為明軍所奪，「人馬被傷者甚眾」[1197]。又據《李朝仁祖實錄》記載：「九王陣於漢陣之東，直衝漢陣，不利而退。清人兵馬，死傷甚多。」[1198] 是役，清軍失利，幾至潰敗。宜乘彼困待援，鼓銳奇突救錦。其時，祖大壽數次督兵突圍。洪總督如組織松山軍同錦州軍南北夾擊，戰局便會主動。時贊畫馬紹愉建議：「乘銳出奇」，奪取大勝；兵道張鬥也建議：防敵抄後，以免被動。將之智者，機權識變。但洪承疇不通機變，輕蔑地說：「我十二年老督師，若書生何知？」[1199] 智者不後時，謀者不留缺。洪承疇在松山會戰的關鍵時刻，「陣有前權，而無後守」[1200]，既後時，又留缺，錯過決戰機會，留給敵人空缺。

其三，帥才不周，戰必隙缺。皇太極在清軍松山失利，態勢緊急危難之時，以「行軍制勝，利在神速」，不顧病患[1201]，急點兵馬，親率援軍，疾馳五日，自沈奔松，立營待戰。八月十九日，清軍統帥皇太極在松山附近戚家堡駐營後，即舉行諸王貝勒大臣會議，共議攻守之策。皇太極的軍事重點是：圍困錦州，打擊松山。其兵略是：圍城打援，橫塹山海，斷彼糧道，隘處設伏，邀其退路，縱騎馳突。翌日，皇太極指揮並完成穿越松杏通道、直至海角大壕，置明軍於包圍之中；切斷明軍糧源，阻隔明軍餉道；並在明軍從杏山撤往寧遠通路之要隘——高橋和桑噶爾寨堡設伏，候其透過，扼險掩殺。洪總督未以己之長，悉銳決戰，速解錦圍；反以己之短，予彼機會，批亢搗虛。皇太極利用洪承疇的短闕，斷其糧食之源，置其死亡之地。

其四，自斷糧料，反資於敵。洪總督由寧遠進軍松山時，命將糧料儲於塔山附近海面的筆架山上；但未設重兵御守。軍兵自帶行糧，僅夠數日食用。他忘記了「赤眉百萬眾無食，而君臣面縛宜陽」的慘痛歷史教訓。糧食為軍中命脈，切不可等閒視之。愚將，糧資於敵；智將，糧取於敵。清軍統帥皇太極則採取派軍斷其糧道、奪其糧倉的釜底抽薪之計。二十日，皇太極派阿濟格率軍攻塔山，奪取了明軍在筆架山存儲的糧料十二堆，並令各牛錄派甲士運取之。糧未運錦州，反資於敵食。松山之糧，不足三日。明軍儲糧被奪，所帶行糧將罄。欲野戰，則力不支；欲堅守，則糧已竭：全軍將士，一片恐慌。

其五，事權不專，號令不一。清軍斷糧包圍，明軍極度驚慌。大敵當前，塹壘困圍，豈有退師就食之理？二十一日，洪承疇決定次日突圍，諸將不願拼戰。洪氏未能專號令、臨機果斷，斬懦將、穩住陣腳；而左顧右盼、計無所出，自亂其軍、自去其勝。當夜，總兵王樸先遁，頓時步騎大亂。爾後，吳三桂、唐通、馬科、白廣恩、李輔明等五總兵帶所部沿海迭退。總兵曹變蛟率軍直突清軍御營，中創遁還松山城，同洪承疇、王廷臣帶兵萬人困守。沖圍的各部明軍，遭到清軍的追擊、截擊、伏擊和橫擊。清軍縱騎，橫掃明軍。明軍官兵，或被逼涉海、盡沒於潮，或遭踐躪、不可勝計。二十六日，退到杏山的吳三桂和王樸，率餘部沖出，欲奔向寧遠。退至高橋，中伏，潰敗。短短六天，松山一帶，十萬官兵，覆沒殆盡。遍野死傷狼藉，海上浮屍蔽濤。所餘敗兵，部分逃入松山城，部分遁向寧遠城。

其六，不諳彼己，敵何自困？洪承疇作為明遼軍總統帥，既不料己，內部出現叛將，夏成德密約清軍登城，松山城陷；又不料彼，清軍後方遼闊，築城屯田義州，圍困錦州經年。錦州外城已陷，內城被圍數重。洪承疇何以將明軍拖疲、甚至拖垮？明軍不去解圍，清軍不會自困。洪總督所謂「待敵自困，一戰解圍」之議，大言媚上，自欺欺人。明軍松山敗後，洪承疇率敗兵萬餘，縮守松山城。松山、錦州、杏山、塔山，四座重城，均被圍困，援兵無望，糧食且絕。翌年二月，松山城陷，洪氏降清。三月，錦州守將祖大壽舉城投降。四月，杏山與塔山，亦相繼失陷。洪承疇的錯誤兵略，使明軍喪失遼左四城，損失約十五萬軍隊[1202]。松錦之捷，是皇太極一生軍事藝術中最精彩的傑作，也是中國軍事史上圍城打援的範例。松錦之敗，既是明朝

在遼西損失了最大的一支精銳軍隊；也是明朝在關外損失了最後一支精銳軍隊。從而，打破雙方長達二十年之久的遼西軍事僵局，清軍開始新的戰略進攻。

其七，合兵解圍，合而未齊。史學家談遷總結遼東兩大決戰明軍失敗原因時說：「自遼難以來，懸師東指，決十萬之眾於一戰，惟楊鎬與洪氏。鎬分兵而敗，洪氏合之亦敗。」[1203] 楊經略分兵之敗，原因在於：兵分四路，彼此分隔，分而未合，各被擊破；洪總督合兵之敗，原因在於：兵會八鎮，合而不齊，前眾後寡，有正無奇。雖有八鎮之兵會合，但合而不能齊一。雖有步兵立營、騎兵列陣，但無後援機動、奇著制勝。兩軍對壘，兵力相當，布設奇伏，智者之優。前述筆架山糧食被劫，是一例證；吳三桂、王樸率敗兵自杏山奔寧遠，皇太極先於高橋、桑噶爾寨堡設伏兵，果然吳、王中伏，兩員總兵，僅以身免，是又一例證。洪承疇不得不吞下統兵時兵合而不相齊、首尾而不相及和佈陣時無奇兵、無後守的苦果。

其八，進退失時，尤怨廟算。洪總督在進軍時，兵部尚書陳新甲以「師老財匱」而令其盡速進兵；所派監軍郎中張若麒亦報請「密敕趣戰」。崇禎皇帝朱由檢和兵部尚書陳新甲，其別的誤失姑且不論。然而，總督出關，用師年餘，費餉數十萬，錦圍卻未解。況且，洪承疇頓兵寧遠達數月之久，卻不速解錦州燃眉之急，趣之促之，情理宜然。這不能成為其失敗的遁辭。兵部尚書、總督薊遼洪承疇，身為松錦之戰的明軍統帥，當有權臨機決斷。《孫子》曰：「將能而君不御者勝。」李筌注曰：「將在外，君命有所不受者勝，真將軍也！」《孫子》又曰：「戰道必勝，主曰無戰，必戰可也；戰道不勝，主曰必戰，無戰可也。」張預注曰：「苟有必勝之道，雖君命不戰，可必戰也；苟無必勝之道，雖君命必戰，可不戰也。與其從令而敗事，不若違制而成功。」[1204] 此役，洪總督並不是「真將軍也！」洪承疇謀略不周，輕進頓師，進不能突圍，退不能善後，剛愎自負 [1205]，拒納善諫，兵敗疆場，垂辮降北。

由上可見，明清松錦之戰，明朝方面——總督成擒，全軍敗歿；清朝方面——連克四鎮，獲得大勝。就兵略而言，其關鍵在於明軍統帥洪承疇兵略之錯誤，清軍統帥皇太極兵略之正確。一次獨立戰役的勝敗，主帥的謀略是

爭戰否泰演化的樞軸。所以，洪承疇作為松錦之役明軍的統帥，其兵略之錯誤，是不容辭其咎的。所謂松錦兵敗「主要並非洪承疇的過失」和「敗是正常的，不敗是不可能的」之論斷，頗有商榷餘地。洪承疇在《明史》中無傳，在《清國史》中也無傳，在《清史列傳》中才有傳。清人在其傳記中多有諱飾，論者多忽視對其錯誤兵略做理性的批評。洪承疇的松錦兵敗，產生了深遠的歷史影響。明朝與後金—清自萬曆四十六年即天命三年（1618年）撫順第一次交鋒，至崇禎十七年即順治元年（1644年）清軍入關前，近三十年間，曾發生大小百餘次爭戰，但對明清興亡產生極其深遠影響的主要是三大戰役，這就是薩爾滸之戰、沈遼之戰和松錦之戰。薩爾滸之戰是明清正式軍事衝突的開端，代表著雙方軍事態勢的轉化——明遼軍由進攻轉為防禦，後金軍由防禦轉為進攻；沈遼之戰是明清激烈軍事衝突的高潮，代表著雙方政治形勢的轉化——明朝在遼東統治的終結，後金在遼東統治的確立；松錦之戰是明清遼東軍事衝突的結束，代表著雙方遼西軍事僵局的打破——明軍頓失關外的軍事憑藉，清軍轉入新的戰略進攻，為定鼎燕京、入主中原奠下基礎。

　　明清遼西爭局的歷史事實表明，熊廷弼在廣寧之戰中的「三方佈置策」，是一個空泛的兵略，它是導致明軍廣寧之敗的重要因素。努爾哈赤在寧遠之戰中的「硬拚蠻衝」，是一個魯莽的兵略，它造成了天命汗寧遠兵敗、病發身死。皇太極在入口諸戰中的「遠襲擄掠」，是一個野蠻的兵略，它使崇德帝失去中原民心，錯過燕京登極機會，鑄成其終生之憾。洪承疇在松錦之戰中的「輕進頓師」，是一個愚駘的兵略，從而導致明軍松錦兵敗。

　　由是，可以得到歷史的啟示：在帝制時代，一個軍隊，一個民族，一個國家，其勝敗，其榮辱，其盛衰，雖原因複雜，但並不多極。一個軍隊的兵略，一個民族的政略，一個國家的方略，對這個軍隊的勝敗，對這個民族的榮辱，對這個國家的盛衰，有著極其重要的意義。但是，軍隊的兵略、民族的政略、國家的方略，在很大程度上取決於這個軍隊的統帥、這個民族的領袖、這個國家的君主。因此，要取得軍事的勝利，就要有一個優秀的統帥及其好的兵略；要取得民族的繁榮，就要有一個傑出的領袖及其好的政略；要取得國家的強盛，就要有一個英明的君主及其好的方略。在這裡，民眾巨大力量不容忽視，但需要有一定的條件，這個歷史條件，本文不做討論。

論滿學

滿學是近年來國內外人文科學中正在興起的一門國際性的學科。茲就滿學的定義、條件、衍變、現狀和前瞻，淺述管見，冀求探討。

一

在人文科學的諸多學科中，滿學算是一門比較新興的學科。滿學作為一門新興的獨立學科，它的定義，諸多方家，各申所見。簡括而言，關於滿學定義諸說，以其界說的範圍來劃分，有狹義與廣義之別。美國夏威夷大學的陸西華（Roth Li）博士認為：用滿文作滿洲研究之學，叫做滿學[1206]。這個滿學定義，以其研究者是否用滿文作為研究手段，來規約滿學的界定。無疑，用滿文研究滿洲之學，應是滿學。然而滿學定義應揭示概念內涵及其外延的邏輯關係，指明概念所反映對象的本質屬性。但上述滿學界說，未能揭明滿學所內含的邏輯關係，也未能揭明滿學所反映的本質屬性。按照上述的滿學定義，不僅會將絕大部分不用滿文作手段，而研究滿洲歷史文化和研究清代歷史的學術成果，摒除在滿學的學科之外；而且會將絕大多數不用滿文作手段，而研究滿洲歷史文化和研究清代歷史的專家學者，排除在滿學的學者專家之外。顯然，用滿文研究滿洲之學而叫做滿學，應是滿學的狹義界定。

同滿學狹義界定相併行的是滿學廣義界定。滿學的廣義界定，是從滿學所反映對象的發展變化中，全面地探究其內在聯繫，從而具體地揭示其本質特徵。由是說，我認為：滿學（Manchuology）即滿洲學之簡稱，是主要研究滿洲歷史、語言、文化、八旗、社會等及其同中華各族和域外各國文化雙向影響的學科。在這裡，研究滿洲歷史、語言、文化、八旗、社會和宗教等，是滿學定義的內涵與核心；研究滿洲同中華各族和域外各國文化雙向影響，則是滿學定義的外延與展伸。它的內涵與外延，可分作三個層次，加以具體的闡述。

第一，滿學主要是研究滿洲的歷史、語言、文化、八旗、社會和宗教等。滿洲族群體是滿學研究的基本文化載體。滿學研究對象的核心與重點，是滿

洲自身的悠久歷史、豐富語言、燦爛文化、八旗制度和有機社會及其變化演替、內外聯繫。這正如藏學研究藏族的歷史、語言、宗教、文化和社會，蒙古學研究蒙古族的歷史、語言、宗教，文化和社會一樣。但滿洲族曾建立過清朝，緣此便產生滿學與清史的關係問題。應當說，滿學與清史是兩個既各自獨立、又互相關聯的學科。清史，主要是研究有清一代的斷代歷史；滿學，主要是研究滿洲的歷史、語言、文化、八旗、社會和宗教等。在二者之間，既相聯繫，又相區別。滿學與清史的區別甚多，以縱向而言，滿學涵蓋的時間比清史長，它上則探究滿洲先世源流，下則研究滿洲於辛亥鼎革之後、直至當代；以橫向而言，滿學涵蓋的空間與清史略同，但二者研究的重點和角度不同。如在清代中國有諸多民族，它們都是清史研究的對象；滿洲同中國諸多民族的關係，則是滿學研究的對象，且其時間比清史更上推、更下延。由此可見，滿學研究的內核，是滿洲歷史、語言、文化、八旗、社會和宗教等的發展變化及其內在聯繫。這是滿學區別於清史的基本特徵和本質屬性。

滿學不僅研究滿洲內在自身的歷史、語言、文化、八旗、社會和宗教等，而且研究滿洲外在相關的聯繫——滿洲同中華各族和域外各國的文化聯繫，即滿學界說的外延。其相關聯繫，略分述如下。

第二，滿學也研究滿洲同中華其他兄弟民族文化的相互影響。中國現有五十六個民族，其中漢族人口最多、住區最廣、歷史最悠久、文化最發達。除滿族之外，還有五十四個少數民族。滿族同漢族有著久遠的歷史文化淵源，彼此間的文化影響至遠、至廣、至深。滿族吸收大量漢族文化，又以自身文化影響著漢族文化，例證之多，繁不勝舉。在關外地區，滿族同蒙古族、朝鮮族、錫伯族、達斡爾族、鄂倫春族、鄂溫克族、赫哲族等少數民族為鄰，彼此間文化交往密切。滿文的創製借用蒙古文字母，即是一例。在關內地區，滿族同藏族、維吾爾族、回族和壯族等，都有著密切的文化交流。《五體清文鑒》的纂修刊行，又是一例。總之，清軍入關，定鼎燕京，有清一代，近三百年，滿族在中華各族中居於主導地位，它同中華各族文化的撞擊與融合，有著質的飛躍。因此，滿學應當研究滿洲同中華各族文化的互動作用和雙向影響。

第三，滿學亦研究滿洲同域外各國文化的雙向交流。早在清軍入關之前，滿洲同朝鮮已編織成政治與軍事、經濟與文化、民族與社會的關係網絡，《李朝實錄》《建州紀程圖記》和《建州聞見錄》等官私文獻，載記大量女真—滿洲史料，是個明顯的例證。滿洲入主中原後，滿洲文化同域外各國文化發生交往。東亞的日本、朝鮮、越南、泰國、緬甸和尼泊爾等國，同滿洲文化的交流至為密切。中亞和西亞的鄰邦諸國，同滿洲文化的交往亦然。至於西方諸國，先是一些耶穌會士，研習滿文，出入宮廷，將西方文化傳介給滿洲，又將滿洲文化傳播給西方。順治時德意志人湯若望（Johann Adam Schall von Bell），康熙時法蘭西人張誠（Joan Francois Gerbillon）的《滿洲語入門》和雷孝思（Jean Baptiste Regis）等勘測繪製的《皇輿全覽圖》（原稿今藏巴黎法國外交部古文圖書館），乾隆時法蘭西人錢德明（Jean-Joseph-Marie Amiot）編的《滿洲文法》和《滿法辭典》、俄國人柴哈洛夫（Zaharoff）編的《滿俄辭典》和《滿洲文典》等，架起了滿洲文化同西方文化交流的橋樑。在亞洲日本、韓國，在美洲美國，在歐洲英國、法國、俄羅斯、德國、荷蘭和義大利等國的圖書館，收藏著滿文圖書檔案。近代以來，清朝帝國與西方列強交涉日增，滿洲文化同西方文化的雙向影響更多。因此，滿學研究的一個重要內容，是中國滿洲文化同域外各國文化的互動交流。

上述滿學界說狹義與廣義之分，前者側重於研究手段，後者側重於研究對象。滿學是一門綜合性的學科，它的研究手段豐富而多樣，語言僅為其一。在語言研究手段中，國內除滿語外尚有漢語、藏語、蒙古語、維吾爾語、哈薩克語等多種語言，國外亦有日本語、朝鮮語、英語、法語、德語、俄語、義大利語、西班牙語和葡萄牙語等。無疑，應當運用多種語言、尤其是滿語作為滿學研究的手段。但是，應將滿學的研究對象與研究手段，緊密相連，有機統一。總之，應當運用滿文、漢文及其他民族文字和外國文字，作為滿學研究的語言學手段，向人文科學中的獨立學科——滿學研究之廣度與深度開拓發掘，做出新的成績。

二

　　滿學作為人文科學中一門獨立學科，有其歷史性與現實性之統一，理論性與實踐性之統一。或言：中國現有五十五個少數民族，是否每個少數民族都要建立一門獨立學科？至於諸多少數民族，應否建設獨立學科，本文不做討論。然而，一個民族建立一門學科，必定有其學科設立條件。滿學之所以成為人文科學中一門獨立的學科，是因為有其學科建立的條件與基石。

　　第一，滿族歷史悠久。滿洲「朱果發祥，肇基東土，白山黑水，實古肅慎氏之舊封」[1207]。滿族的衍進，從其先世肅慎算起，已有三千餘年歷史；從其先人唐末女真算起，已有一千餘年歷史；從十七世紀初滿洲族共同體形成算起，也已有三百餘年歷史。滿洲族的族名，天聰九年（1635年）十月十三日（11月22日），天聰汗皇太極諭稱：「中國原有滿洲、哈達、烏喇、葉赫、輝發等名，向者無知之人，往往稱為諸申。夫諸申之號，乃席北超墨爾根之裔，實與中國無涉。中國建號滿洲，統緒綿遠，相傳奕世。自今以後，一切人等，止稱中國滿洲原名，不得仍前妄稱。」[1208] 至於上文中，諸申與滿洲之關係，這裡姑不討論。但是，皇太極汗諭將女真改稱滿洲，這代表著滿洲族作為一個正式族名，開始出現在中華大地和人類史冊上。此後不久，清朝建立，移鼎燕京，滿洲族進入了其民族發展史上最為輝煌的時期。

　　第二，滿族建立清朝。在中國少數民族中，鮮卑、党項、契丹等都曾建立過民族政權，但為時短暫，局處一隅，至多是半壁河山。在中國五十五個少數民族中，建立過中華大一統政權的，只有蒙古族和滿洲族。蒙古族崛起大漠，入主中原，建立元朝，奄有華夏，僅享祚九十八年。滿洲族崛興東北，清軍入關，遷鼎燕京，統一全國，從關外後金算起則享祚二百九十六年。清代的康、雍、乾「盛世」，中華版圖東臨大海，西北至巴爾喀什湖，南及曾母暗沙，北達外興安嶺，約有一千四百萬平方公里國土。強盛的清帝國屹立於亞洲東部，成為當時世界上最強大的中華多民族大一統的封建帝國。道光年間，中華人口達到了四萬萬。但是，此期的西方世界，英國發生資產階級革命，美國爆發獨立戰爭，法國完成資產階級革命，德意志實現國家統一，俄國彼得大帝實施改革，爾後東方日本有明治維新，都取得積極的成果。在

論滿學

滿洲族居於民族主導地位的十七、十八、十九這三個世紀，恰是西方世界近代化的三個世紀，也是中國近代社會發生巨變的三個世紀。作為清代主導民族的滿洲族來說，因何崛起、強盛？因何保守、拒變？又因何衰落、敗亡？一個只有幾十萬人口的滿洲族，卻能牢固地統治著數十個民族、幾萬萬人口、千餘萬平方公里土地的大帝國，竟長達二百六十八年，其樞機何在？這個中國歷史與世界歷史的「司芬克斯之謎」，是需要認真研究並加以破解的。

第三，滿族文獻宏富。明萬曆二十七年（1599年），努爾哈赤命額爾德尼巴克什等，創製滿語的文字符號——滿文，即無圈點滿文或老滿文。天聰六年（1632年），皇太極又命達海巴克什等，對無圈點老滿文加「圈」添「點」，作出改進，加以完善，後稱之為加圈點滿文或新滿文。在後金時期，滿洲人說滿語、行滿文。清遷都燕京之後，滿語和滿文成為清朝重要的官方語言和文字。在順、康、雍三朝，凡屬軍政要務，皆以滿文書寫；在乾、嘉、道三朝，重要軍報以滿文書寫，例行公文多用滿文與漢文合璧書寫；在咸、同、光、宣四朝，雖漢字公文日益增多，但整個清朝定製，滿語和滿文仍為官方的語言和文字。因此，清代留下大量的滿文檔案和圖書。滿文檔案分藏在中國第一歷史檔案館、中國第二歷史檔案館、遼寧省檔案館、吉林省檔案館、黑龍江省檔案館、內蒙古自治區檔案館等，臺北故宮博物院和中研院史語所也存有大量珍貴的滿文檔案。而日本、韓國、蒙古國、美國、法國、俄羅斯、英國、德國、義大利、荷蘭、丹麥以至梵蒂岡等，都有滿文檔案和滿文珍籍的收藏。僅中國第一歷史檔案館即藏有《滿文檔案目錄》一百零七冊，檔案一百五十二萬八千二百二十八件（冊）。內分為八個全宗——軍機處、宮中、內閣、宗人府、黑龍江將軍衙門、寧古塔副都統衙門和琿春副都統衙門全宗。滿文翻譯的文史書籍，史書有《遼史》《資治通鑑綱目》等，小說有《三國演義》《水滸傳》《西廂記》《金瓶梅》和《聊齋誌異》等。據統計，中國大陸現存滿文圖書一千餘種；還有大量滿文碑刻拓片等。滿族在文學、曲藝、書畫、樂舞、服飾、禮俗、宗教、建築、園林等方面，都具特色，引人注目。這是中華寶庫中、也是人類寶庫中的巨大而絢麗的民族文化財富。

第四，滿族人口眾多。全國各省、直轄市、自治區，都有滿族人居住。他們住居特點是「小集中、大分散」，主要分佈在北京市、遼寧省、河北省、

黑龍江省和吉林省。在滿族聚居的地區設置滿族自治縣、民族鄉（鎮）。中國現有十三個滿族自治縣，即遼寧省的新賓、岫岩、鳳城、本溪、桓仁、寬甸、清原、北鎮，吉林省的伊通，河北省的青龍、豐寧、寬城和圍場[1209]，全國還有三百餘個滿族鄉（鎮）。全國滿族人口，據1990年全國人口普查統計資料，共為九百八十五萬一千零九十三人。中國滿族人口分佈，列表統計如下[1210]：

中國滿族人口分佈表

分布	遼寧	河北	黑龍江	吉林	內蒙古
人數	4954217	1735203	1191577	1054535	460517
分布	北京	河南	天津	山東	新疆
人數	165043	51519	31345	19552	18585
分布	貴洲	甘肅	寧夏	陝西	山西
人數	16844	16701	16563	13618	13319
分布	湖北	四川	青海	廣東	雲南
人數	12657	12195	8527	7065	7044
分布	江蘇	廣西	安徽	湖南	福建
人數	6008	5914	5514	5446	5329
分布	上海	江西	浙江	海南	西藏
人數	4236	4185	2720	627	717
分布	解放軍				
人數	4317				
總計	9851093				

這尚未包括中國大陸漏報的滿族人口和臺灣、香港、澳門的滿族人口。據估計，中國滿族人口超過一千萬。這在中國大陸五十五個少數民族人口中，列壯族之後而居第二位。統計資料還表明，滿族人口增長較快，1990年比1982年增長百分之一百二十八點一八，平均每年增長百分之十點八六。民族人口統計說明，擁有上千萬人口的民族，在中國五十六個民族中，只有漢族、壯族和滿族三個民族；在世界兩千多個民族中，也只有六十多個民族。因此，人口眾多的滿族，不僅在中國是個大的民族，而且在世界也是個大的民族。

第五，滿文特殊價值。滿語屬阿爾泰語系滿—通古斯語族。屬於這個語族的語言，主要有中國的滿語、錫伯語、赫哲語、鄂溫克語、鄂倫春語，俄羅斯的埃文基語、埃文語、涅基達爾語、那乃語、烏利奇語、奧羅克語、烏德語、奧羅奇語等。上述諸語言中的文字，最早為十二世紀滿族先世女真參照漢字筆畫創製的女真文，但是早已失傳，留存文獻罕見。爾後直至二十世紀，在中國，雖有1947年在滿文基礎上略加改動而成的錫伯文，但與滿文差別不大；在俄羅斯，雖有二十世紀二十年代以拉丁字母、三十年代以俄文字母為基礎，創製的埃文基文、埃文文、那乃文和烏德文（後未使用），但與滿文的歷史價值無法相比。由上可見，在世界上滿—通古斯語族的諸民族中，只有滿族留下大量本民族文字的歷史檔案和歷史典籍。這對於研究滿—通古斯語族各民族的語言、歷史、宗教、文化、習俗、社會，具有重要的價值。尤其是對於東北亞諸多沒有文字或文字不完善或文字創製甚晚的民族，其人類群體之文化人類學研究，更具有特殊的價值。

第六，滿學國際交流。從十七世紀中葉以降，西方的耶穌會士或學者名流，對中國滿洲的歷史、語言和文化日漸重視。到二十世紀初期，雖然中國發生鼎革之變，但是國外學者對滿洲歷史和語言的研究興趣，並未因中國政權更迭而隨之淡漠。第二次世界大戰結束以來，國外的滿學研究日趨繁興。日本、韓國、蒙古、美國、加拿大、俄羅斯、德國、法國、義大利、英國、波蘭、芬蘭、瑞典、丹麥和澳大利亞等國，都有一批滿學專家教授，並取得不少研究成果。臺灣的滿學研究，也取得重大收穫。有的外國滿學家聲言，他們那裡是國際滿學研究的中心。滿學研究的中心應當在中國，在北京。其部分原因是：北京曾是清朝的京師，也是滿洲文化的中心；北京禁衛八旗是滿洲八旗之主幹，各地駐防八旗則是滿洲八旗之分蘖；北京珍藏滿文圖書檔案數量之多與價值之高，中國各地和世界各國都不能與之比擬；北京是滿學、清史專家教授最為薈萃之區；北京又是國內外滿學研究訊息之中樞，等等。因此，為了推動滿學研究的發展，應當並必須加強國際滿學交流；北京則為滿學的國際交流提供了重要條件。

上面粗略分析了滿學之所以成為獨立學科的六項條件或六塊基石。所述之諸項，彼此關聯，密不可分。如果單獨抽出其中某項而論，滿學作為獨立

學科的條件或不完全具備。然而，上述諸項要素的總體整合與內在聯繫的有機統一，則使滿學作為人文科學中的一門獨立學科，建立在堅固的科學基石之上。顯然，滿學不是人們主觀願望之產物，而是科學客觀衍變之必然。

三

滿族有著輝煌的歷史與文化。國內外對滿族歷史與文化的研究由來已久。但是，作為科學的滿學研究，至今為時不算太長。儘管如此，歷史上以滿洲的歷史、語言、文化、八旗和社會為對象所作的觀察、記述、稽考，以及由此而形成的知識積累和資料梓印，則是源遠流長的。因此，有必要對滿洲的歷史、語言、文化、八旗、社會和宗教的觀察、載記、論述及其研究之歷史衍變過程，作一概略的考查與評述。

滿洲皇帝的直系祖先為建州女真人。明代對建州女真和海西女真做了大量的載述與研究，著述之多，茲不贅舉。明萬曆十一年（1583 年），努爾哈赤崛起遼左，明朝和朝鮮為之官私記載，更是史不絕書。但是，滿洲的歷史與文化，當時沒有本民族文字的記載。

學之若有所立，首推文字為重。萬曆二十七年（1599 年），努爾哈赤主持創製無圈點老滿文，是為滿洲史上、中華文化史上和東北亞文明史上劃時代的大事。滿文創製伊始，《滿洲實錄》記載：

時滿洲未有文字，文移往來必須習蒙古書，譯蒙古語通之。二月，太祖欲以蒙古字編成國語，巴克什額爾德尼、噶蓋對曰：「我等習蒙古字，始知蒙古語；若以中國語，編創譯書，我等實不能。」太祖曰：「漢人念漢字，學與不學者皆知；蒙古之人念蒙古字，學與不學者亦皆知。中國之言，寫蒙古之字，則不習蒙古語者，不能知矣。何汝等以本國言語編字為難，以習他國之言為易耶！」噶蓋、額爾德尼對曰：「以中國之言，編成文字最善；但因翻編成句，吾等不能，故難耳。」太祖曰：「寫『阿』字下合一『瑪』字，此非『阿瑪』乎（阿瑪，父也）；『額』字下合一『默』字，此非『額默』乎（額默，母也）！吾意決矣，爾等試寫可也。」於是，自將蒙古字，編成國語，頒行。創製滿洲文字，自太祖始。[121]

論滿學

　　初創的滿文，後來稱為無圈點滿文或老滿文。滿文創製後，至天聰六年（1632 年），皇太極又命達海巴克什等，對無圈點滿文即老滿文加以改進。於此，《滿文老檔》記載：

　　十二字頭，原無圈點。上下字無別，塔達、特德、扎哲、雅葉等，雷同不分。書中尋常語言，視其文義，易於通曉。至於人名、地名，必致錯誤。是以金國天聰六年春正月，達海巴克什奉汗命加圈點，以分晰之。將原字頭，即照舊書寫於前。使後世智者觀之，所分晰者，有補於萬一則已。倘有謬誤，舊字頭正之。是日，繕寫十二字頭頒布之。[1212]

　　改進的滿文，後來稱為加圈點滿文或新滿文。從此，滿洲不僅有了初創的無圈點老滿文，而且有了完善的加圈點新滿文。這就為後來作為科學的滿學之學科建立，奠定了滿洲語言文字的基礎。

　　滿文創製之後，滿洲的語言，有了本民族的文字符號；滿洲的歷史，有了本民族的文字記載；滿洲的文學，有了本民族的文字記述；滿洲的宗教，有了本民族的文字祝辭；滿洲的社會，有了本民族的文字載錄。滿洲創製了文字，後金—清初出現一批兼通滿、漢、蒙古文字的巴克什和秀才，額爾德尼、噶蓋、達海、庫爾纏、希福和尼堪等，以及文館的直官「剛林、蘇開、顧爾馬渾、托布戚譯漢字書籍，庫爾纏、吳巴什、查素喀、胡球、詹霸記注國政」[1213]。他們用滿文翻譯了一些經、史、子書。現存這一時期最珍貴的滿洲文獻是《無圈點老檔》[1214]，亦即《舊滿洲檔》及其七種重鈔本。滿語和滿文是滿洲在後金—清朝時期官方的語言和文字。

　　滿洲歷史、語言、文化、八旗、社會和宗教等的載述與研究，在以滿洲貴族為主體的清帝國時期，即順治元年（1644 年）至宣統三年（1911 年），有重大的發展，也有重大的成就。清軍入關後，遷鼎燕京，據有華夏，滿語和滿文由原在東北一隅的後金官方語言和文字，成為全中國的「國語」和「國書」。雖然滿語和滿文應用的範圍、層次、程度，在清朝初期、中期、後期有所不同，但滿語和滿文作為有清一代官方語言和文字的地位，是始終沒有改變的。

清代重視滿洲的歷史、語言、文化、八旗、社會和宗教等的記載與研究，其主要表徵為：第一，滿語和滿文諭定為全中國重要的官方語言和文字，凡屬至要敕諭、表文、軍報、祭辭、碑文、殿額等，或全係滿文，或滿文、漢文合璧。第二，纂修了一批滿洲歷史與文化要籍，例如《無圈點老檔》《滿洲實錄》《皇輿全覽圖》《八旗通志》《八旗滿洲氏族通譜》《滿洲源流考》《玉牒》《盛京吉林黑龍江等處標註戰跡輿圖》和《五體清文鑒》等。第三，滿文納入學校教育課程——宗學、覺羅學、景山官學、咸安宮官學、八旗官學等，將「國語騎射」列為其必修之課。第四，編印一批滿文字書，如《大清全書》《清文匯書》《清文啟蒙》《清文鑒》《無圈點字書》《清文典要》《清漢文海》《清文虛字指南編》和《清文總匯》等約七十幾部辭書。第五，湧現一批兼通滿、漢文的專家，如麻勒吉、王熙、圖爾宸、伊桑阿、明珠、李霨、徐元文、於敏中、阿桂、王傑、董誥、鄂爾泰、舒赫德、徐元夢等。第六，策試滿洲進士，順治九年壬辰（1652年）和十二年乙未（1655年）兩科，共成滿洲進士一百名。第七，國史館、實錄館、方略館等彙集、編纂重要滿文史書，《本紀》《實錄》《起居注》《聖訓》《滿洲名臣傳》《平定三逆方略》和《御製詩文集》等。第八，滿譯漢文經、史、子、集書籍雕梓，出版具有滿洲色彩的文藝作品，並有泥金滿文寫本《大藏經》問世。第九，滿洲的歷史、語言、文學、宗教、科學等都有專書問世，《欽定滿洲祭神祭天典禮》和《滿洲四禮集》，是滿洲祭祀和婚喪禮儀的兩個書證；《幾何原本》和《馬經全書》，則是數學和醫學的兩個書證。第十，滿文傳至域外，在朝、日、法、德、意、俄、美等國，出現研習滿洲歷史文化的學者。

早在康熙時，耶穌會士湯若望、南懷仁、張誠等都兼通滿文。張誠著《滿洲語入門》在巴黎出版。乾隆時耶穌會士錢德明在巴黎出版《滿洲文法》和《滿法辭典》。嘉慶時郎格萊斯在巴黎創辦「東方現代語學校」，自任校長並教授滿文。在德國，穆麟德夫著《滿洲文法》和《滿洲語文獻志》，並發明滿文拉丁字母拼寫法流行至今。在俄國，佛格達金與霍夫曼合譯《清文啟蒙》，後柴哈洛夫在聖彼得堡出版《滿俄辭典》和《滿洲文典》。在朝鮮，李朝顯宗九年即清康熙六年（1667年），設立「清學廳」，選生入學，攻習滿語，後編印《韓漢清文鑒》。在日本，有獲生徂徠的《滿文考》、天野信

景的《滿文字式》，高橋景保的《清文輯韻》，以及後來編印的《翻譯滿語纂編》和《翻譯清文鑒》等[1215]。以上各國學者對滿文的研習與傳播，為後來作為科學的國際滿學之研究奠定了基礎。

滿洲歷史、語言、文化、八旗、社會和宗教等的載記與研究，隨著清朝的結束而發生了變化。辛亥革命以「驅除韃虜，恢復中華」為號召，其主旨是推翻清朝封建帝制，其悖理則糅雜狹隘的民族偏見。武昌首義推翻清朝之後，滿族人的地位與利益發生了陵谷之變。《末代皇弟溥傑傳》一書載述道：「當時，不光是父母，甚至連整個愛新覺羅家族都對溥傑說，自從中華民國成立以來，滿族到處受到排斥，皇族都必須改姓為金，如不改姓就不得就業。」[1216]滿族人連自己的滿姓都要改為漢姓，更不要說重視對滿洲歷史與文化的研究。滿洲的歷史與文化的修纂諸館被撤銷，滿洲語言與文字的官方地位被取消，滿文傳習的官學在此前後被改為學堂。簡言之，辛亥鼎革之後，對滿洲歷史與文化之載記與研究，較清朝興盛時期一落千丈。

但是，在二十世紀前半葉的民國時期，研究滿洲歷史、語言、文化、八旗、社會和宗教等之學問，並未成為「絕學」。在國內，滿洲瓜爾佳氏金梁先生，將盛京崇謨閣的《加圈點字檔》（崇謨閣本），節譯出版《滿洲老檔秘錄》，使人們對「滿洲秘史」耳目一新。在故宮文獻館時期，通滿文者鮑奉寬、齊增桂、張玉全和李德啟諸先生，對大量滿文檔案進行整理和編目，其中有康熙至宣統間《滿文起居注》四千六百七十九冊、《滿文黃冊》一千四百餘冊和軍機處檔簿四百三十七冊等，並重現《無圈點老檔》即《舊滿洲檔》和《滿文木牌》[1217]。李德啟編印《滿文書籍聯合目錄》，中華書局出版《清史列傳》。著名學者孟森、金毓黻、謝國楨、蕭一山等，對滿洲歷史與文獻之研究均成績斐然。在國外，不乏有識之士，精心搜求，筆耕不輟。日本內藤虎次郎於民國元年（1912年），將盛京崇謨閣庋藏小黃綾本《加圈點字檔》（崇謨閣本），拍成照片，帶至京都。後駕淵一和戶田茂喜試譯《滿文老檔》成第一冊。藤岡勝二亦據東洋文庫藏《滿文老檔》照片上的滿文，拉丁字轉寫，再譯成日文，以《滿文老檔譯稿》為書名，於1939年膠印出版。而今西春秋和三田村泰助亦進行此項工作，但均未竟其業。

綜上，中外學者對滿洲歷史、語言、文化、八旗、社會和宗教等之蒐集資料、觀察考述、編修纂著、探討研究，經過了晚明、後金、清朝和民國四百年的漫長歷程。滿學在清朝覆亡被冷落了近半個世紀之後，在中國的大陸和臺灣，在域外的歐洲和美洲、在亞洲的日本和韓國，又重新走上振興之路。

四

二十世紀中葉，第二次世界大戰結束後，中國大陸的戰爭不久也結束。世界的政治格局、經濟情勢、科學技術和文化交流都發生了變化，對滿洲歷史文化的研究也隨之發生了變化。在中國的大陸和臺灣，在歐洲的德國和義大利，在美洲的美國和在亞洲的日本等，都出現了滿洲歷史文化研究振興的新局面。

中國是滿學的故鄉和發祥地，滿學振興當自中國始。六十年來，中國滿族歷史文化研究的現狀，略述如下。

第一，培養多批滿文專門人才。開展滿學研究，要在培養人才。中國大陸滿文專門人才的培訓，二十世紀五十年代，由中國科學院語言學研究所和近代史研究所聯合創辦滿文研習班；二十世紀六十年代，中央民族學院民語系又辦滿文班，學制五年；二十世紀七十年代，中國第一歷史檔案館（原故宮博物院明清檔案部）再辦滿文專修班。以上三批集中培養的滿文專門人才，成為三個不同年齡梯次的滿學研究之骨幹。此外，中央民族學院歷史系、中國人民大學清史研究所、內蒙古大學蒙古史研究所、遼寧大學歷史系、東北師範大學明清史研究所以及北京滿文書院、吉林省伊通滿族自治縣等，全國各地先後有十五個滿文短訓班或函授班，培養數以百計的滿文生。但目前通滿文又從事專業滿學──清史研究與翻譯者約數十人。臺灣滿文專門人才的培訓，始於1956年，臺灣大學歷史系開設滿文課，後成立滿文研究室。1981年，臺灣滿族協會成立滿文研究班，教習滿文[1218]。其他如政治大學等開設滿文課。以上先後培養滿文人才十餘人。同培養滿文人才相關聯的是，出版了幾部滿語教學與研究之作。如《滿語語法》（季永海、劉景憲、屈六生編著）、

論滿學

《滿洲語語音研究》（烏拉熙春著）、《北京土話中的滿語》（常瀛生著）、《滿文教材》（屈六生主編）、《清史滿語辭典》（商鴻逵等編）、《現代滿語研究》（趙傑著）、《滿漢大辭典》（安雙成主編）和《新滿漢大辭典》（胡增益主編）等。但是，殷殷之中華大國，洋洋之滿文檔案，區區之數十學子，寥寥之幾部字書，要完成整理滿文檔案、翻譯滿文冊籍、進行滿學研究、開展國際交流，顯然是不能適應的。

第二，整理譯編大量滿文檔案。在六十年代，軍機處的重要滿文檔案如《月折檔》《上諭檔》《議復檔》《寄信檔》等共七千五百三十七卷進行整理，並將數以十萬計的滿文檔案組卷、編目、上架。已翻譯出版的滿文檔案有《清初內國史院滿文檔案譯編》《清代中俄關係檔案史料選編》《清代三姓副都統衙門滿漢文檔案選編》《盛京刑部原檔》《清雍正朝鑲紅旗檔》《雍乾兩朝鑲紅旗檔》《天聰九年檔》《鄭成功滿文檔案史料選譯》《滿文土爾扈特檔案譯編》《錫伯族檔案史料》《滿文老檔》（譯註）《康熙朝滿文硃批奏摺全譯》和《雍正朝滿文硃批奏摺全譯》等。臺灣則將《舊滿洲檔》影印出版，並出版了《清太祖朝老滿文原檔》（第一、二冊）和《舊滿洲檔譯註》（第一、二冊）《清代準噶爾史料初編》《孫文成奏摺》等，其中《滿文老檔》和《舊滿洲檔》的漢譯出版與影印出版，是中國大陸和臺灣在滿學研究史上的兩件盛事，於清入主中原前滿洲歷史、語言、文化、八旗社會和宗教等研究，功莫大焉。然而，已經翻譯和出版的滿文檔案，與諸館收藏的滿文檔案相比，確屬微乎其微。現仍有數量極多與價值極高之滿文檔案，尚在塵封，尚待整理，尚期翻譯，尚望出版，尚冀利用，更尚需研究。

第三，滿族史研究有很大進展。滿洲歷史是滿學研究的脊骨，也是滿學研究的重點。近六十年來，對滿洲歷史的研究，取得了突破性的進展。近年對滿洲的研究，主要展現在歷史、八旗與人物三個方面。從五十年代後期，滿洲的源流與歷史的研究，被列為國家重點項目，發表和出版了一批調查報告和學術論著。前者如《滿族社會歷史調查》《滿族的歷史與生活——三家子屯調查報告》《滿族的部落與國家》；後者如《沙俄侵華史》、李燕光和關捷教授主編的《滿族通史》以及《清代八旗王公貴族興衰史》（楊學琛、周遠廉著）等，其中《沙俄侵華史》對滿族源流做了系統的考述，《滿族通史》

是迄今為止滿族史研究最為詳盡而系統的學術專著。此期推出了一批滿族歷史文化論集，如莫東寅教授的《滿族史論叢》、王鐘翰教授主編的《滿族史研究集》、金基浩先生主編的《滿族研究文集》、遼寧大學的《滿族史論叢》、支運亭研究員主編的《清前歷史文化》以及《滿學研究》（一至四輯）等。關於八旗的探討，有定宜莊博士《八旗駐防制度研究》問世。滿族人物的研究，有《努爾哈赤傳》（閻崇年著）、《清太宗全傳》（孫文良等著）、《皇父攝政王多爾袞全傳》（周遠廉、趙世瑜著）、《順治帝傳》（周遠廉著）、《康熙大帝全傳》（孟昭信著）、《雍正傳》（馮爾康著）、《雍正帝及其密摺制度研究》（楊啟樵著）、《乾隆皇帝大傳》（周遠廉著）和《乾隆傳》（白新良著）、《乾隆帝及其時代》（戴逸著）、《康雍乾三朝論綱》（朱誠如著）、《嘉慶帝傳》（關文發著）、《道光傳》（馮士缽等著）、《光緒評傳》（孫孝恩著）、《慈禧大傳》（徐徹著），還有《我的前半生》和《溥傑自傳》等。王思治教授等主編的《清代人物傳稿》（上編）已出版九卷。此外，吉林文史出版社還推出十四卷本《清帝列傳》。滿學與清史的個人論文集，有鄭天挺教授的《探微集》、商鴻逵教授的《明清史論著合集》、王鐘翰教授的《清史雜考》及其《續考》《新考》、金啟孮教授等的《愛新覺羅氏三代滿學論集》、戴逸教授的《履霜集》、王思治教授的《清史論稿》、劉厚生教授的《舊滿洲檔研究》以及拙著《滿學論集》《袁崇煥研究論集》《燕步集》和《燕史集》等。臺灣則有陳捷先教授的《滿洲叢考》《清史雜筆》（八輯）《滿文清實錄研究》、《滿文清本紀研究》和《清史論集》、李學智教授的《老滿文原檔論輯》、莊吉發教授的《清高宗十全武功研究》、賴福順教授的《清高宗十全武功軍需研究》和劉家駒教授的《清朝初期的八旗圈地》等。此外，出版的前清史料如遼寧大學歷史系的《清初史料叢刊》，中國人民大學清史研究所潘喆、李鴻彬、方明合編的《清入關前史料選輯》（一至三輯），李澍田教授主編的《海西女真史料》，李林先生主編的《滿族家譜選編》等，都予學人以方便。

第四，滿族文化書籍大量出版。近年來出版了一批研究滿族文化與宗教的成果，從文學藝術到飲食服飾，琳瑯滿目，不一而足。趙志輝主編的《滿族文學史》（第一卷）、張菊玲教授著的《清代滿族作家文學概論》、孫文

良教授主編的《滿族大辭典》、富育光和孟慧英合著的《滿族薩滿教研究》、趙展教授的《滿族文化與宗教研究》、莊吉發教授的《薩滿信仰的歷史考察》，以及張秉成教授的《納蘭詞籤注》等出版，都是滿族文化史研究的新收穫。還有一批滿族民間文學作品整理出版，《滿族民間故事集》和《滿洲神話故事》，是其代表作品。此外，滿族民間音樂、舞蹈、戲曲的蒐集、編演和出版，都有可喜的成績。大型音樂舞蹈《珍珠湖》和戲曲《紅螺女》，是滿族樂舞戲曲搬上舞臺的新嘗試。歷史電視劇《努爾哈赤》，成為第一部以滿族英雄為題材的影視成功之作。它與中國民族音樂、舞蹈、戲曲集成的《滿族音樂卷》《滿族舞蹈卷》《滿族戲曲捲》，以及與之配套攝製的滿族民間音樂、舞蹈、戲曲音像資料，都是滿族文化推陳出新的寶貴財富。

第五，滿學研究刊物相繼出版。已出版的滿學研究期刊或叢刊，有《滿族文學研究》（1982年創刊）、《滿語研究》（1985年創刊）、《滿族研究》（1985年創刊）、《滿族文學》（1986年創刊）以及《滿學研究》（1992年創刊），還有臺灣滿族協會創辦的《滿族文化》（1981年創刊）。此外，中國人民大學清史研究所《清史研究》、北京《故宮博物院院刊》和《歷史檔案》、臺北《故宮學術季刊》，則都以大量篇幅刊載研究滿洲歷史與文化的論文。還有黃潤華和屈六生主編的《全國滿文圖書資料聯合目錄》，是一部目前收集最為詳盡的滿文圖書文獻目錄。王戎笙教授編著的《臺港清史研究文摘》，載述了臺灣和香港滿學研究的訊息。以上刊物、目錄和文摘，儘管都遇到經費的困擾與出版的困難，但都成為學術成果的載體與訊息傳播的媒介。

第六，滿學專業研究機構建立。滿學發展的重要代表，是專業學術機構的建立和專門學術團體的成立。為著促進作為科學的滿學之建設與發展，1991年3月6日，第一個專業的滿學研究學術機構——北京社會科學院滿學研究所正式建立。北京滿學所的宗旨是，聯繫滿學同仁，促進滿學研究，密切學術交流，推動滿學發展。隨後非專業的中央民族大學歷史系滿學研究所、遼寧社會科學院滿學研究中心等相繼成立。1993年3月24日，第一個滿學專家教授的群眾學術團體——北京滿學會正式成立，並已先後舉行過六屆學術年會。1994年11月22日，第一個以資助滿學研究與交流為宗旨的基金

會——北京滿學研究基金會也註冊成立。專業的滿學研究機構、專門的滿學民間學術團體和滿學研究基金會的建立，表明滿學作為人文科學中一門重要獨立的學科，步入了嶄新的發展階段。

外國的滿洲歷史文化研究，近六十年來也取得許多成果。

歐洲的滿洲研究，近年以德國和義大利最為活躍。德國滿文學家福克斯（W·Fuchs）傳人嵇穆（Martin Gimm）教授在科隆大學，不僅教習滿文，而且編撰《滿德辭典》和《國際滿洲文獻聯合目錄》；波恩大學魏彌賢（Michael Weiers）教授，研究滿洲文化史很有成績，著有《〈舊滿洲檔〉與〈加圈點檔〉索校》（1620—1630年）[1219]。義大利威尼斯大學滿文教授斯達里（Giovanni Stary），著述宏富，翻譯問世《尼山薩蠻傳》，出版《滿洲研究世界論著提要》[1220]。此外，英國納爾遜（Howard Nelson）先生編印了《倫敦滿文書目》。俄羅斯滿洲歷史學家論著很多，格·瓦·麥利霍夫（T·B·Melixob）就是其中之一。

美國近些年的滿洲研究，西雅圖華盛頓大學羅傑瑞（Jerry Norman）教授編著《滿英字典》，杜潤德（Stuve Durrant）教授將《尼山薩蠻傳》譯成英文出版。魏斐德（Frederic.E.Wakeman Jr.）教授的《洪業——清朝開國史》譯成中文出版。哈佛大學費鈞瑟（Joseph Fletcher）教授開設滿文課，孔飛力（Philip Kuhn）教授對滿洲史深有造詣。耶魯大學史景遷（Jonathan Spence）教授著《康熙皇帝自傳》，白彬菊（Beatrice S.Bartlett）教授著《清代軍機處研究》。達特茅斯學院柯嬌燕（Pamela Crossley）教授通滿文，著《孤軍——滿洲三代家族與清世界之滅亡》[1221]。印第安那大學席諾（Denis Sinor）教授教習滿文，對滿洲語文深有研究，克拉克（Larrg Clarke）教授曾主編《滿洲研究通訊》，司徒琳（Lynn Struve）教授對清初滿洲史作了深入的研究。普林斯頓大學韓書瑞（Susan Naquin）教授、匹茨堡大學羅友枝（Evelyn S.Rawski）教授、哥倫比亞大學曾小萍（Madeleine Zelin）教授和加州理工學院李中清（James Lee）教授等，都對滿洲史研究有績。夏威夷大學陸西華（Gertraude Roth Li）博士，也是一位滿學者，正在撰

寫英文《滿語教程》。此外，美國學者以滿文「喜鵲」為刊名，以滿洲研究回眸為主旨，1996 年開始出版 Saksaha—A Review of Manchu Studies。

　　日本國在第二次世界大戰後，神田信夫教授等發起成立「滿文老檔研究會」，由神田信夫、松村潤、岡田英弘、石橋秀雄等將《滿文老檔》用拉丁字母轉寫，全部譯成日文，從 1955 年開始，歷時八年，分為七冊出版。從此《滿文老檔》原文，經拉丁字母轉寫，譯成日文，並加註釋，作為史料，才變得易於被更多的學者利用[1222]。1966 年，今西春秋教授等用拉丁字母轉寫成《五體清文鑒譯解》。此前，在羽田亨教授主持下出版了《滿和辭典》。岡田英弘教授編纂了東洋文庫所藏滿文書目。1980 年，阿南惟敬的《清初軍事史論考》出版。1986 年，成立的日本滿族史研究會，團聚了一批以神田信夫教授為會長的日本滿族史研究專家教授。1991 年，細谷良夫教授主編《清代東北史蹟》一書，則是日本滿學者踏查與研究中國關外滿洲史蹟的學術成果。1992 年，今西春秋《滿和蒙和對譯滿洲實錄》出版。1993 年，中島幹起教授將《御製增訂清文鑒》，滿文拉丁字母轉寫、滿漢對照，進行電腦處理，陸續分冊出版。阿南惟敬教授對滿洲軍事史、三田村泰助教授對清朝前期史、宮崎市定先生對雍正皇帝、池內宏先生對滿鮮史、河內良弘教授對明代女真史等，均作了深入系統的研究，後者新著《明代女真史の研究》[1223]，是其多年探究之學術結晶。神田信夫教授的《滿學五十年》[1224]，河內良弘教授的《滿洲研究論著目錄》，從兩個側面顯現了日本半個世紀滿洲歷史、語言和文化研究發展的軌跡。

　　在韓國，滿洲語和滿洲史的研究取得成果。漢城延世大學閔泳桂教授影印《韓漢清文鑒》。1974 年，漢城大學成百仁教授，將滿文《尼山薩滿傳》（Nisan saman i bithe）譯成韓文，書名為《滿洲薩滿神歌》，書末附影印的滿文抄本。成百仁教授還對《舊滿洲檔》同《滿文老檔》進行比較研究，其論文《〈舊滿洲檔〉의 jisami 와〈滿文老檔〉의 kijimi》[1225]便是例證。漢陽大學任桂淳教授研究八旗駐防，著有英文《清八旗駐防之研究》，1993 年譯成漢文，以《清朝八旗駐防興衰史》為書名，在北京出版。崔鶴根先生的《滿文大遼國史對譯》和樸恩用先生的《滿洲語文語研究》都是重要作品。圓光大學金在先教授對滿洲文化，以及其他滿學家的研究，也在在有績。

在澳大利亞，墨爾本大學金承藝教授在滿洲歷史研究方面，康丹（Daniel Kane）教授在滿文研究方面，或發表多篇論文，或做出有益貢獻。

各國的滿學家對國際滿學的發展都做出了貢獻。為著加強各國間的滿學學術交流，促進滿學發展，1992年8月，第一屆國際滿學研討會在北京舉行。會後出版了論文集即《滿學研究》第二輯。這表明世界的滿學家，共同推動著國際滿學的進步和繁榮。

前述近六十年滿學研究的概貌，雖掛一漏萬，但可窺一斑。滿學研究已取得的大量成果表明，它面臨著日益振興的局面。儘管滿學研究存在諸多問題，但是它必將在破解難題中發展。

五

滿學作為人文科學中的一門獨立學科，正處於重要歷史時期。我們對於滿學的研究，回顧其演變，注目其現狀，前瞻其發展。作為科學的滿學之發展，對它的理論與方法、滿文與歷史、資料與研究、隊伍與人才、訊息與交流五個方面，略作如下思考，以求共同切磋。

滿學的理論與方法，是滿學之學科建設的一個重要內容。滿學是人文科學中一門新興的學科，它較別的學科如歷史學、語言學的歷史為短；它又是一門綜合性的學科，與之相關聯的學科較多；它還是一門獨立的學科。每一門獨立的學科，都有自己的理論體系。滿學作為人文科學中一門獨立的學科，自然不能例外。由於滿學是一門新興的、綜合性的學科，所以建立滿學的學科體系，就更為迫切、更為複雜、也更為繁難。但是，社會的需要，學科的建設，都在頻頻地發出呼喚：滿學作為人文科學中一門新興的、綜合的、獨立的學科，應當架構學科的理論體系。在架構滿學的理論體系時，要根植於滿學內在的規律與特徵，也要枝蔓於滿學外在的聯結與變異。滿學應結成內在與外在的聯繫網絡，展現出一個綜合性的學術領域。它牽連的範圍寬，涉及的內容廣，貫穿的時間長，聯結的層面多。由此制約的滿學研究對象，既有其內涵，也有其外延，此前已述，不再贅言。滿學研究的對象，依前所述，它要探究滿洲的源流、語言、史蹟、地域、社會、經濟、政治、軍事、旗制、

宗教、文化、習俗等。這就使滿學同諸多學科發生相關聯繫，如民族學、語言學、考古學、地理學、社會學、經濟學、政治學、軍事學、宗教學、文化學、民俗學等。但是，它既不應當籠統地研究諸多學科而抹殺本學科的特殊性，也不應當單純地研究自身學科而忽略它學科的一般性。恰恰相反，滿學是在自身與其他相關的學科聯繫與區別中，抽象出自身與其他學科的共性中之個性、個性中之共性，並在共性與個性、一般性與特殊性辯證關係中，架構滿學的理論體系。然而，一門學科的理論體系，是逐漸形成的，日臻完善的。因此，滿學的理論體系之架構，既不可忽視不顧，也不可操之過急。應當經過大家長期共同奮力，逐步地建構起滿學的理論體系。企盼在不久的將來，能有滿洲學的理論著作問世。

滿學不僅要有它的理論體系，而且要有它的科學方法。滿學的研究方法，至少應有一般性研究方法與特殊性研究方法兩個層面。它屬於人文科學，人文科學的一般性研究方法對它應當適用；它屬於人文科學的一支，又應當有符合自身需要的特殊性研究方法。就其一般性方法而言，如占有資料、社會調查、民族剖析、計量統計等，對滿學研究都是需要的。就其特殊性方法而言，僅舉二法為例：一是比較法，另一是滿文法。前者，滿學是一門綜合性學科，比較學的方法就顯得特別重要。它研究滿族與其他民族的關係，就需要比較民族學；它研究滿族歷史與其他民族歷史的關係，就需要比較歷史學；它研究滿語同其他民族語言的關係，就需要比較語言學。諸如此類，不一枚舉。後者，滿學的學科特點表明，用滿文進行滿學研究，是其最基本的方法。

滿學的滿文與歷史結合，是滿學之學科建設的另一個重要內容。研究藏族史必通藏文，研究蒙古史必通蒙古文，這在學術界已取得共識。然而，滿文與滿族史、清代史研究的關係，是長期以來未受重視、也未得解決的問題。滿文與滿族史、清代史研究的關係，近四百年來，大體上是「合—分—合」的過程。即在後金—清初（關外）用滿文撰述和研究此期的歷史，其中許多學者兼通滿、漢、蒙古三種文字，所以滿文與滿族史、清初史研究是契合的。滿洲入主中原後，滿文與滿族史、清代史的研究，有合也有分，其總的趨勢是越來越分。辛亥鼎革之後，滿文與滿族史、清代史的研究幾乎是完全分開（個別學者例外）。研究滿文者，多從語言學視角，而不做清史研究；研究

清史者，多從歷史學視角，而不熟諳滿文。其因固多：諸如民國初元後，人們輕蔑滿文；滿語屬阿爾泰語系，漢語則屬漢藏語系，語系不同，學之亦難；漢文文獻浩如煙海，究畢生精力尚難卒讀萬一，何暇涉研滿文資料等。

其實，滿文與滿族史、清代史研究相脫節的狀況，早在二十世紀初即出現。二十世紀以來，於滿族史、清代史的研究，以基本資料而言，一二十年代，主要利用《東華錄》；三四十年代，新採用《李朝實錄》；五六十年代，主要利用《清實錄》；七八十年代，清代檔案日益受到重視。上面是就總體來說，每個學者撰著所用資料不同，如文集、筆記、方志、官書、檔案、譜牒、石刻等，各展所長。近年來人們逐漸注目於滿文與滿族史、清代史研究的結合。總之，滿文與滿族史、清代史研究相脫節的狀況，定會逐步得到改觀。綜觀滿文與滿族史、清代史的關係，其過程是「正題—反題—合題」，即清初用滿文資料研究滿族史、清初史為正題，民國以來用漢文資料研究滿族史、清代史為反題，本世紀兼用滿文、漢文資料研究滿族史、清代史則為合題。試想：再過若干年，其時傑出的滿學、清史專家必兼通滿文。北京社會科學院滿學研究所的一個旨趣，是力促滿文與滿族史、清代史研究的有機結合。

滿學的資料與研究，是滿學之學科建設的又一個重要內容。這裡說的滿學資料，主要是指滿文資料。滿文檔案圖書資料，數量浩繁，內容宏富，價值很大，多未利用。首先，應協調各方面專家，制定規劃，分期分批，譯編出版。某些重要檔案，先行匯譯，出版《滿文資料叢刊》；某些重要典籍，加以整理，出版《滿族文化叢編》；某些重要成果，統彙編纂，出版《滿學研究叢書》。其次，應完善目錄檢索，如《滿文檔案世界聯合目錄》《滿文圖書世界聯合目錄》《滿學論著世界聯合目錄》，並逐步建立計算機檢索系統、雷射盤檢索系統，要編目、代號統一，特別是中國大陸和臺灣協調一致，以便讀者。再次，應將電子計算機引入滿文資料領域，逐步實現滿文電腦化。開發電子計算機滿文處理系統[1226]，採用《滿文內碼與排版印刷》[1227]，運用高科技手段，儲存、整理和翻譯滿文檔案圖書資料。

利用檔案圖書資料、特別是滿文資料，以求實的態度，科學的學風，開展滿學研究。滿學是一門科學，它的研究應當、而且必須建立在求實與科學

的基礎之上。首先，滿學研究力量薄弱，專家學者分佈星散，應當集中力量，通力全面協作。海峽兩岸滿學家更應攜手共研，如《舊滿洲檔》與《滿文老檔》之比較研究，即為有價值之合作課題。其次，應開展一些重大課題的研究，如對滿洲的歷史源流、八旗制度、經濟制度、文化特徵、官學教育、民族關係、宗教政策、邊政治績、典章制度和傑出人物等，進行長期、全面、系統、深入的研究，做出一批學術成果。再次，應當爭取出版滿學研究成果，如《滿學資料叢書》《滿學文化叢書》《滿學研究叢書》等。

滿學的組織與人才，是滿學之學科建設的又一個重要內容。滿族是一個歷史悠久、千萬人口的大民族，要對其進行全方位、多層面的研究，沒有一支研究隊伍是不成的。建設滿學隊伍，首要在於培訓人才。滿學研究人員要熱愛中華祖國、維護民族團結，要具有理論素養、專業基礎、廣博學識，還要有數種語言能力，這為滿學的學科特點所約定。中國的滿學工作者與外國同行相比，有自己的優勢，如對文獻學熟悉；也有自己的不足，如語言能力較差。開展滿學深入研究，應當運用多種語言。對一個滿學工作者來說，除漢語外應至少掌握一門民族語言和一門外國語言。因此，應有計劃地、持續地透過多渠道、多形式、多層次，加強滿學人才的培養，以建立一支素質較好、水平較高的滿學研究隊伍。

最後，滿學的訊息與交流，是促進滿學發展的重要因素。應在地區、全國和國際三個層面上，透過多種形式，架設起滿學訊息與交流的橋樑。

1999年，是滿文創製四百週年。爾後，滿學的研究便進入二十一世紀。滿學演進的歷程表明：二十一世紀的滿學，必將更加興盛。全世界各國的滿學家，都將把學術目光投向滿學的發源地——中國。豐富滿學研究，促進滿學發展，培訓滿學人才，交流滿學訊息，將使二十一世紀滿學研究真正逐步成為人文科學中的國際性學科。

滿洲神桿及祀神考源

　　清代北京滿洲的堂子、坤寧宮的庭院都豎有神桿,這是滿洲敬神觀念物化的表徵。它像徵性的樸素內涵,被裹飾以模糊性的神秘外衣,致其緣起難辨,祀神不明,諸說紛呈,訛疑傳信。鑒此,茲對滿洲神桿及其祀神,略作考源,並加詮釋。

　　滿洲神桿之緣起與神桿所祀之主神,乾隆十二年(1747年)滿文《hesei toktobuha manjusai wecere metere kooli bithe》,乾隆四十五年(1780年)漢文《欽定滿洲祭神祭天典禮》,滿漢兩書,俱未載明。清大學士阿桂、於敏中關於《欽定滿洲祭神祭天典禮》之《跋語》,雖「詳溯緣起」、「稽考舊章」[1228],但於滿洲神桿,並無溯考片語。經查,滿洲神桿之緣起與神桿所祀之主神,史冊諸說,概言有五:其一,祭長矛。清福格《聽雨叢談》載:「神式如長矛,又有刻木為馬,聯貫而懸於祭所者,應是陳其宗器,以示武功。」[1229] 滿洲之先民,生活於山林,長弓馬,善騎射,福格據此推論並詮釋其為騎射觀念物化的表徵。但是,滿洲的部民,馳射山林,縱橫原野,或狩獵,或爭戰,普遍挽弓發矢,而不揮舞長矛。滿洲文獻與滿洲軍史,都表明長矛不是滿洲先民的主要冷兵器。僅此一點,可證神桿所祭並非長矛,可見福格實為附會之言。

　　其二,祭參棰。清《呼蘭府志》載:「滿洲初以采參為業。桿,采參之器也。」[1230] 滿洲先民雖有採集經濟,但采參不為主業。建州女真以人參入貢並同中原貿易時在明朝,但神桿起源更早。且《呼蘭府志》成書於宣統年間,由近人黃維翰纂修,於滿洲神桿,未溯源詳考。從語音學說,人參的滿文體為「orho da」,神桿的滿文體則為「somo i moo」,二者的滿語音義,迥然有別,相差甚遠。雖然參須的滿文體為「solo」,與桿子的滿文體「somo」,語音有些相近;但是參須同挖參的棒棰、祭神的桿子,並無必然聯繫。況且滿洲神桿的形狀,亦不相似挖參的棒棰。僅上所列諸點,可證黃氏為附會之言。

其三，祭社稷。清震鈞《天咫偶聞》載：「堂子在東長安門外翰林院之東，即古之國社也。所以祀土穀，而諸神祔焉。中植神桿，以為社主。諸王亦皆有陪祭之位。神桿即『大社惟松、東社惟柏』之制。」[1231]祭祀土穀之神，漢族禮俗久遠。東漢班固撰《白虎通》載：「人非土不立，非穀不食。土地廣博，不可遍敬也；五穀眾多，不可一一而祭也。故封土立社，示有土尊；稷五穀之長，故封稷而祭之也。」[1232]明代京師有社稷壇，清都北京，沿襲明制，敬祀土穀之神，何須另建堂子。且堂子東南隅有上神殿，祭祀尚錫神——田苗之神，即「為田苗而祀」[1233]。僅上述諸點，可見震鈞為臆斷之言。

其四，祭天穹。清姚元之《竹葉亭雜記》載：「主屋院中左方，立一神桿，桿長丈許。桿上有錫斗，形如淺椀。祭之次日獻牲，祭於桿前，謂之祭天。」[1234]《清史稿·禮志四》亦載：「清初起自遼、沈，有設桿祭天禮。」[1235]誠然，以天為貴，神桿向上，指向天穹；滿洲神桿所祭，後來典禮儀規，確有祭天之意。但是，從滿洲神桿之緣起與神桿所祀之主神而言，神桿祭天穹之說欠缺在於，未察緣起，闕考祀神，立論乏據，原意模糊。

其五，祭鬼神。清吳桭臣《寧古塔紀略》載：「凡大、小人家，庭前立木一根，以此為神。逢喜慶、疾病，則還願。擇大豬，不與人爭價，宰割列於其下。請善誦者名『叉馬』，向之唸誦。家主跪拜畢，用零星腸肉，懸於木竿頭。」[1236]吳桭臣為清順康間流人吳兆騫之子，在北徼滿鄉寧古塔戍所達十八年之久。他目睹滿洲人家，禮拜神桿，分流神禮祀鬼，驅疾祛疫。然而，吳桭臣並未溯考滿洲以豬腸肉骨懸於桿頭，其祭禮之緣起。

上列五說，概未縷述滿洲神桿之緣起，亦未闡明神桿所祀之主神。下面依據考古文物、歷史典籍、祭桿儀注、神桿圖形、滿文原意、神話傳說、實錄記載、享神祭品、文獻載錄、祭祀季節、祭儀神詞和滿洲民俗，對滿洲神桿之緣起與神桿所祀之主神，列條十二，進行考釋。

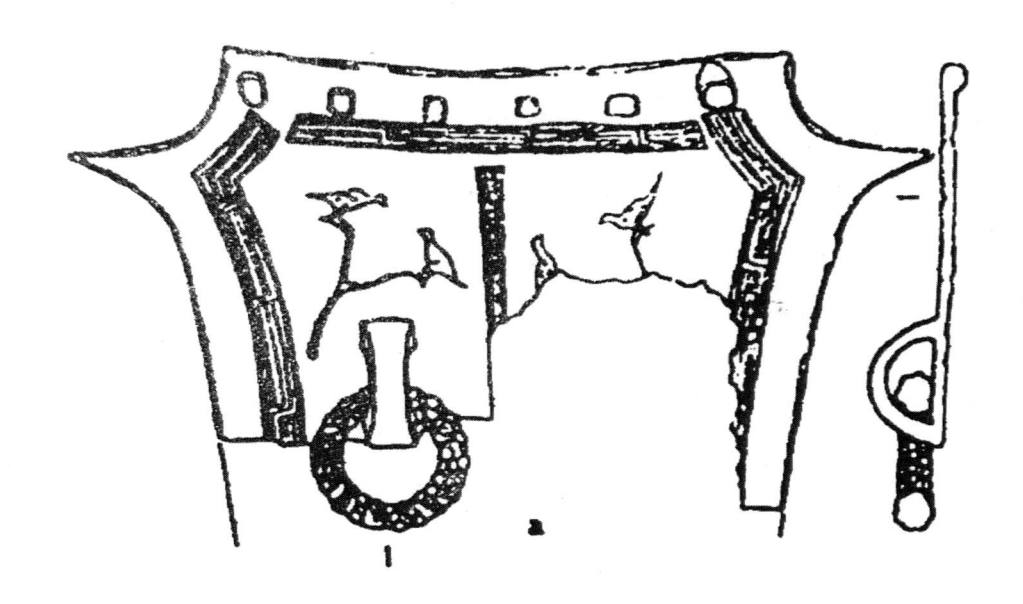

第一，考古文物。對神樹與神鳥的崇敬，可追溯到公元以前，出土文物，提示實證。中國古代東北方的森林文化，以鄂爾多斯式青銅器為代表性器物。器物中的鳥紋，在西周時已經出現[1237]。到春秋戰國時，鳥頭造型的青銅器物比較普遍。此期在阿魯柴登古墓出土的金冠，鳥踞冠頂，傲然兀立，金碧輝煌，栩栩如生[1238]。在西伯利亞，則出土雙鳥飾牌，其圖案為雙鳥相對立於某器物之上[1239]。在韓國，公元前四至三世紀錦江流域的石棺墓中，出土了祭儀青銅器——防牌形、劍把形、圓盤形、喇叭形和銅鈴形的青銅器。在傳大田出土的防牌形祭儀青銅器，其正面左右兩耳環上，分別鑄刻了兩隻鳥，均面對面地佇立於樹枝分叉的梢上（見下圖）[1240]。上述防牌形青銅器的功能，「是主持祭儀的祭司長所佩戴物，乃至舉行祭儀時，或在神壇懸掛的裝飾品」[1241]。至於韓國青銅文化同中國青銅文化的關係，韓國金在先教授認為：「錦江流域的青銅器文化，受了遼寧石棺墓的喇叭形銅器與防牌形銅器及圓盤形銅器之影響。」[1242]

以上考古文物說明，至晚在公元前四至三世紀，東北亞地區已出現人們對神樹和神鳥的崇拜。這些祭祀青銅器的出土表明，它同東北亞地區薩滿教

崇拜神樹和神鳥有關，或是薩滿進行禱祝時所使用的巫具，或是「天君」舉行祭儀時所使用的神器。歷史典籍對「天君」和神桿做了記載。

第二，歷史典籍。祭祀神桿，起源甚早。插木而祭，漢文記載，最早見於《史記·匈奴列傳》：

五月，大會蘢城，祭其先、天地、鬼神。秋，馬肥，大會䗖林。[1243]

《索隱》引《漢書》云：蘢城亦作龍城；服虔云：「䗖，音帶；匈奴秋社八月中皆會祭處。」《正義》顏師古云：「䗖者，繞林木而祭也。鮮卑之俗，自古相傳，秋祭無林木者，尚豎柳枝，眾騎馳繞，三週乃止。」常征先生釋為：「䗖林之會，便是祭天之會。」[1244]

範曄在《後漢書·東夷列傳》中，初載神桿祭祀鬼神：

常以五月田竟祭鬼神，晝夜酒會，群聚歌舞，舞輒數十人相隨，蹋地為節。十月農功畢，亦復如之。諸國邑各以一人，主祭天神，號為「天君」。又立蘇塗，建大木，以縣鈴鼓，事鬼神。[1245]

上文所述，主祭之人，號為「天君」；祭祀時間，五、十兩月；祭儀神桿，建立大木；祭祀器樂，振鈴擊鼓；祭儀場所，別邑「蘇塗」。「蘇塗」，唐朝李賢等引《三國志魏書》釋云：「蘇塗之義，有似浮屠，而所行善惡有異。」[1246] 西晉陳壽撰《三國志》時，佛教在中原始盛。但東漢時佛教初傳入中國，主要在中州洛陽一帶，未及徼北之地。「蘇塗」與「浮屠」音訓，實屬附會，未可徵信。金梁又釋曰：「滿語稱神桿為索摩，與蘇塗音亦相近。」[1247] 此釋上下文牴牾，又貽人穿鑿之嫌。金在先對「蘇塗」的解釋是：「因為敬拜『天神』，所以為『奉安』神祇，而各國邑另設一個『別邑』稱為『蘇塗』之聖域，不但供用於奉安敬神的聖所，且用於舉行祭儀之場所，在『蘇塗』樹立大木，懸掛鈴鼓，以供與為降神之媒介。」[1248] 所以「蘇塗」，為祭所，後衍變為滿洲的堂子；「大木」，為神樹，後衍變為滿洲的神桿。然而，滿洲先世所立大木即神桿，非祭土谷。《後漢書·東夷列傳·挹婁傳》載記可為佐證：

處於山林之間，土氣極寒，常為穴居，以深為貴，大家至接九梯。好養豕，食其肉，衣其皮……種眾雖少，而多勇力，處山險，又善射，能發入人目。

弓長四尺，力如弩。矢用楛，長一尺八寸，青石為鏃，鏃皆施毒，中人即死。便乘船，好寇盜，鄰國畏患，而卒不能服。[1249]

上文滿洲先民挹婁，處山林、好養豬，又善射、便乘船的記載，可見其以漁獵畜養為衣食之源，而未見其敬祀土谷之神。挹婁等敬奉之神木，《晉書·四夷列傳肅慎氏傳》稱之為神樹。樹名曰「雒常」[1250]。雖其時史籍載述疏略，但後來儀注記載較詳。

第三，祭桿儀注。堂子立桿大祭，儀注規定詳細。《欽定滿洲祭神祭天典禮》記載：

每歲春、秋二季，堂子立桿大祭，所用之松木神桿，前期一月，派副管領一員，帶領領催三人、披甲二十人，前往直隸延慶州，會同地方官，於潔淨山內，砍取松樹一株，長二丈，圍徑五寸，樹梢留枝葉九節，余俱削去，製為神桿。[1251]

上述滿洲祭桿儀注可見，滿洲神桿為采置大樹所制，樹梢留九節枝葉，塗上神秘之色彩。薩滿教後受佛教影響，認為世界分作三界：「上界為諸神所居；下界為惡魔所居；中界嘗為淨地，今則人類聚殖於此。」[1252]上界有九層天，留枝葉為九層，取數合九，以示象徵。但是，抹去神桿上九節枝葉的神秘色彩，神桿原形，昭然若揭。

第四，神桿圖形。清代滿洲神桿原形，欽定典籍載繪詳明。經過溯緣起、考典籍、詢故老、訪土人，精核而成書的《欽定滿洲祭神祭天典禮》，其第六卷《祭神祭天器用形式圖》所繪，堂子亭式殿前中間石上，豎立之神桿，為一株神樹（見下圖）；「次稍後兩翼分設，各六行，行各六重」[1253]。這些王公神桿，原在各家分設，「現在所有神桿石座，原系各王、貝勒、貝子、公本家設立，石塊大小不一，亦不整齊。應交工部選其堪用者，另行製造。一體修飾，潔淨安設，永以為例」[1254]。乾隆十九年（1754年），諭定堂子神桿石座整齊劃一，其石座上豎立之神桿，亦俱為一株株神樹，這就再現出滿洲的先民，在山林中野祭「神樹」之圖景。總之，上引神桿之圖形，為神桿原系神樹，提供了確鑿的形象史證。滿洲神桿的滿文原意，則提供語言學的例證。

滿洲神桿及祀神考源

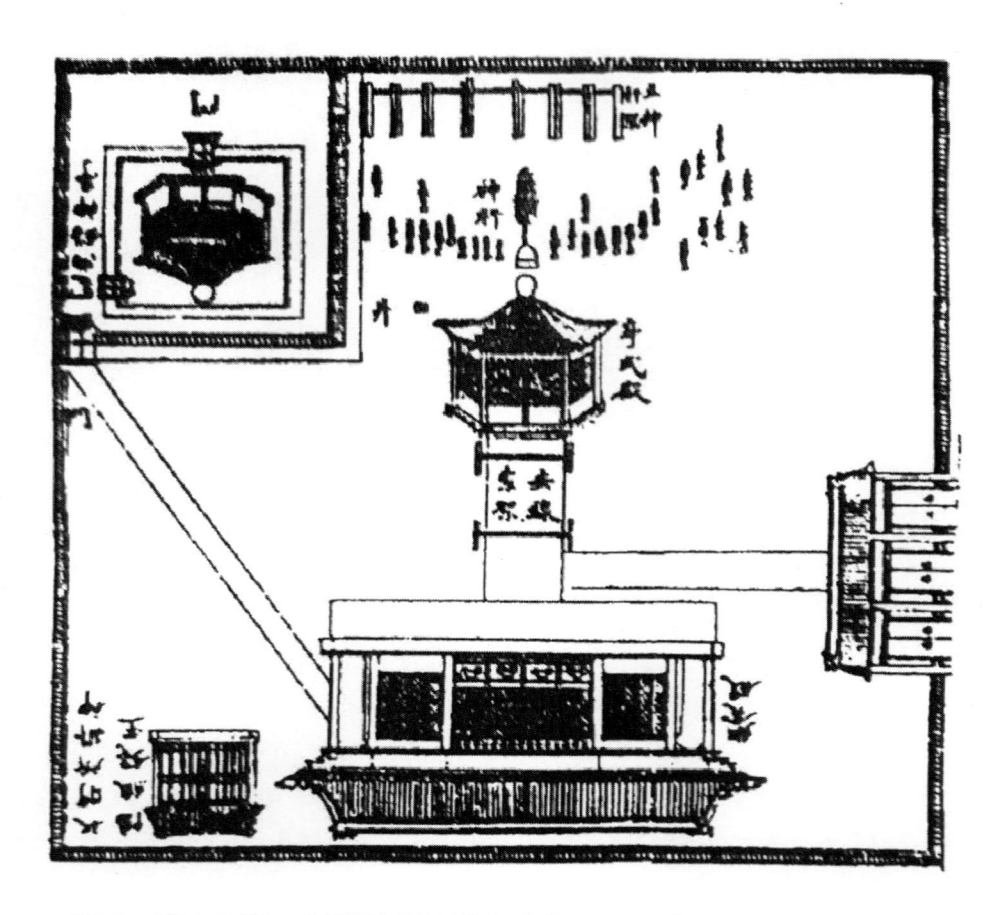

　　第五，滿文原意。滿洲神桿的滿文體作 somo 或 somo i moo。moo 一詞，《清文鑒》釋之為樹、桿。somo 一詞，《增訂清文鑒》《五體清文鑒》《清文補匯》等書，均釋其為「還願神桿」；《清文總匯》則釋之為「滿洲家還願立的桿子」。在這裡，somo 一詞，原含有祭祀之意，其詞根當為 so。例如：滿語將還願撒的米稱之為 soca；《五體清文鑒》將求福設祭的果餅，載之為 sori（efen）sahambi；《清文總匯》則將還願時先細切、兌湯後供奉的肉即「小肉」[1255]，寫作 soro yali。以上 soca、sori、soro，都含有共同的詞根 so，可見 so 含有祭祀之意。然而，so 逐漸演化作 somo，使 somo 成為複合詞。somo 或為 soro 與 moo 演化而成的複合詞。其中，moo 一詞，前面已釋，意為樹、桿；而 soro 一詞，或為動詞 sombi 之形

動態。所以 sombi 一詞，原意為祭祀。如在《五體清文鑒·祭祀類》中，有 falan sombi，漢意譯為「祭場院」。《清文總匯》則釋之為：「秋成糧食收完後，用麵食餑餑去打糧食場院子裡祭祀。」[1256] 其復合之過程，或緣於 soro 之 ro，與 moo，二詞的詞尾元音雷同，在語言流變中，ro 弱化為 r，後來元音 o 逐漸消失；而 moo 在口語中簡讀為 mo soro moo 便逐漸復合成為 somo。由上可見，somo 或 somo i moo，雖其後來稱之為神桿、祭桿，但其初始之意為神樹、祭樹。神桿滿文的原意，神桿儀注的圖形，二者吻合，相互印證。

以上五組資料，可以充分證明：滿洲神桿，緣起神樹。然而，滿洲祭祀神樹，因其棲息神鳥——烏鵲。滿洲視烏鵲為神鳥，為圖騰，為保護神。這不僅在考古文物中能追溯它的淵源，而且在滿洲神話中也能看到它的影子。

第六，神話傳說。滿洲流傳的烏鵲神話傳說，茲摘選神鵲銜朱果、神鵲救凡察和神鵲救罕王三則，引錄如下。

一則，神鵲銜朱果：

有布庫里山，山下有池曰布爾湖裡。相傳有天女三：曰恩古倫、次正古倫、次佛庫倫，浴於池。浴畢，有神鵲銜朱果，置季女衣。季女愛之，不忍置諸地，含口中。甫，被衣，忽已入腹，遂有身。……佛庫倫尋產一男，生而能言，體貌奇異。及長，母告以吞朱果有身之故。因命之曰：汝以愛新覺羅為姓，名布庫里雍順。[1257]

布庫里雍順遂成為傳說的滿洲始祖。

二則，神鵲救凡察（範察）：

布庫里雍純之族，有幼子名範察者，遁於荒野，國人追之。會有神鵲止其首，追者遙見，意人首無鵲棲之理，疑為枯木，遂中道而返。範察獲免，隱其身，以終焉。自此後世子孫俱德鵲，誡勿加害云。[1258]

布庫里雍順後世之族裔，在亂中被殺，唯幼子凡察賴神鵲庇佑，使滿洲世系胤緒綿延，故敬鵲以德、以祖、以神。[1259]

滿洲神桿及祀神考源

三則，神鵲救罕王：

罕王的戰馬已死，只好徒步逃奔，眼看追兵要趕上。正在危難之時，忽然發現路旁有一棵空心樹。罕王急中生智，便鑽到樹洞裡。恰巧飛來許多烏鴉，群集其上。追兵到此，見群鴉落在樹上，就繼續往前趕去。罕王安全脫險。[1260]

這個傳說流傳至今：「打這兒以後，滿族就將烏鴉看作是吉祥物，稱為神鳥。努爾哈赤為了報答狼石嶼烏鴉的救命之恩，特立下一個規矩：不準本族人射獵烏鴉，還特設神桿，放些肉食供它們啄吃。清軍入關以後，康熙帝命令在皇城之內設置神桿，八旗臣民家裡也要設置神桿，這種習俗一直延續了很久、很久。」[1261]

上述三則滿洲神話傳說，表明烏鵲對滿洲史上三位英雄——布庫里雍順、凡察、努爾哈赤，都膺神佑之助。由此可見，滿洲先民崇敬烏鵲，而奉之為圖騰、神鵲。

第七，實錄記載。明萬曆二十一年（1593年），葉赫、哈達、烏拉、輝發、朱舍里、訥殷、科爾沁、錫伯、卦爾察九部聯軍進攻建州，態勢嚴重。此役，實為建州部決定死生之戰。臨戰前，《滿洲實錄》記載：

太祖聞之，遣兀里堪東探。約行百里，至一山嶺，烏鵲群噪，不容前往。回時，則散；再往，群鴉撲面。兀里堪遂回，備述前事。[1262]

《清太祖高皇帝實錄》所載文字與上略異，稱「兀里堪異之，馳歸告上」[1263]。

實錄記載，神話傳說，相輔相成，清楚表明：滿洲的英雄與部民，遇到危難之時，總有神鵲救駕。因此，烏鵲成為滿洲的保護神，並受到滿洲部民的歲時祭品供獻。

第八，享神祭品。神桿大祭時的祭品，供受祭之主神所享用。《欽定滿洲祭神祭天典禮》坤寧宮儀注載述祭品：

以頸骨穿於神桿之端，精肉及膽並所灑米，俱貯於神桿斗內，立起神桿。[1264]

堂子立桿大祭儀注，也載述相同的祭品。

祭品中的豬膽、精肉、米穀等，正是烏鴉所食之物。烏鴉棲食之物品，動物學文獻載述：

棲於近村之樹林，多群居，能雜食而甚貪，常在垃圾間覓食穀物、果實、昆蟲、廚屑等。[1265]

上文中的「廚屑」，包括穀物、肉骨。明徐守銘著《烏賦》，有「飼其丹肉群飛」[1266]之句。儀注享神所用之祭品，恰為烏鴉貪喜之食物。從儀注所載述祭品來看，神桿敬祀之神鳥為烏鵲。

清人楊賓的《柳邊紀略》，目睹滿洲民間神桿祭祀之祭品。其書記載：

祭時，著肉斗中，必有鴉來啄之，謂之神享。[1267]

由上可見，神桿祭品奉享，實為神鳥烏鵲。清代歷史文獻，俱作相似記載。

第九，文獻載錄。清人筆記掌故諸書，記載神桿所祀之神，為烏鵲，舉一例。姚元之《竹葉亭雜記》載述立桿大祭的祭品及其享神：

其錫斗中切豬腸及肺、肚，生置其中，用以飼烏。蓋我祖為明兵追至，匿於野，群烏覆之。追者以為烏止處必無人，用（因）是得脫，故祭神時必飼之。每一置食，烏及鵲必即來共食，鷹鸇從未敢下，是一奇也。錫斗之上、桿梢之下，以豬之喉骨橫銜之。[1268]

神桿祭祀主神，是為烏鵲已明。但烏鵲在啄食祭品——精肉及豬腸、膽、肺、肚時，鷹鸇既喜食腐肉，又比烏鵲兇狠，卻「未敢下，是一奇」，奇在何處？其實這並不奇怪，祀烏的季節，是一個原因。

第十，祭祀季節。滿洲堂子立桿大祭，每年春秋二季舉行。祭祀時間，不緣農事。《後漢書·東夷列傳》載，春以農田竟祭鬼神，秋以農功畢復如之。對東夷中農耕文化的某些部族而言，以春作秋獲之時，為部民祭神之期。但

滿洲神桿及祀神考源

對東夷中漁獵文化的滿洲先民而言，則以春秋烏鵲群集為祭神之期。前已考釋，春秋二季，神桿所祀，實為烏鵲。烏鴉在每年春秋二季，群飛噪鳴，覓食甚急。此緣於烏之習性：

（烏鴉）常在垃圾間覓食穀物、果實、昆蟲、廚屑等，飽後則以余食藏於屋瓦及草際，以土草等蔽之。冬季將雪，覓食尤急，此時性頗勇敢，不畏人而群噪；初夏以枝葉營巢於樹上產卵。[1269]

每年春秋二季，烏鴉覓食尤急——五月尋食飼雛，十月則貯食過冬。《大戴禮記夏小正》的「十月黑鳥」和《本草綱目·慈烏釋名》的「冬月尤甚」[1270]，都同烏鴉的上述習性攸關。烏鴉每年春秋群噪覓食，故於春秋立桿以飼祭之。祭時，群烏蔽天，爭啄祭品。至於鷹鵰，亦遠翔之。所以，從神桿立祭季節來看，神桿所祀之神鳥為烏鵲。烏鵲被滿洲尊奉為圖騰、為保護神。祈求其神佑部民嘉祥而康壽。祭祀神詞，提供證據。

第十一，祭儀神詞。祭神的祝詞，尤其為重要。乾隆帝諭曰：「我愛新覺羅姓之祭神，則自大內以至王公之家，皆以祝辭為重。」[1271] 滿洲堂子立桿大祭時，薩滿敬頌祝詞曰：

今敬祝者：貫九以盈，具八以呈。九期屆滿，立桿禮行。爰系索繩，爰備粢盛，以祭於神靈。豐於首而仔於肩，衛於後而護於前，畀以嘉祥兮。齒其兒而發其黃兮，年其增而歲其長兮，根其固而身其康兮。神兮既我，神兮佑我，永我年而壽我兮！[1272]

上述神詞，祈旨在於：年增歲長，人丁興旺，根深葉茂，兒孫滿堂，健康長壽，合族嘉祥。可見滿洲視烏鵲為本族的保護神。與此不同的是，祭馬神《祝辭》則反映滿洲部民的另一種心態：

今為所乘馬敬祝者：撫脊以起兮，引鬣以興兮，嘶風以奮兮，噓霧以行兮；食草以壯兮，嚙艾以騰兮，溝穴其弗蹈兮，盜賊其無攖兮！神其既我，神其佑我！[1273]

祭馬神的《祝辭》，則道出祭祀者與所乘馬，同其攸關的青草、畜疾、溝壑、盜賊之關切心情和祈佑心態。

上引祭神桿與祭馬神的《祝辭》，兩相比較，探微索旨，可證滿洲借堂子立桿大祭，祭祀棲息於神樹上之神鳥烏鵲，以祈求其對滿洲部民之庇佑。這種祭祀，多年傳承，在滿洲民間廣泛流行，直至本世紀前半葉。

第十二，滿洲民俗。神桿的民間祀俗比宮廷祭儀更久遠，也更綿長。滿洲氏族經歷過山林漁獵文化，因而早就有祭神樹以祀烏鵲的習俗。而臺灣賽夏族也有「烏靈祭」[1274]，以其曾作為山林狩獵文化的顯映。但是，滿洲祭神樹與祭烏鵲的民間習俗，民元以來在關外地區仍相當流行，甚至還保留著野祭神樹的民俗。

據薩滿石清泉回憶，至二十世紀三四十年代，烏拉街弓通屯富察氏的祭天活動，仍是在村外一棵老榆樹下舉行的，富氏家庭世代視此樹為神樹[1275]。

至於滿洲人家在庭院中立桿祭祀烏鵲之例，則不勝枚舉。

綜上，考古文物、歷史典籍、祭桿儀注、神桿圖形、滿文原意、神話傳說、實錄記載、享神祭品、文獻載錄、祭祀季節、祭儀神詞和滿洲民俗十二方面，豐富資料，粗作考釋，整合分析，可以得出如下結論：

第一，滿洲神桿象徵神樹，緣於滿洲先民居處於山林之間，曾作為山林狩獵文化之映現。神樹上安置錫斗，供神鳥棲食，祭品則祀享神鵲。

第二，滿洲神桿祭祀之主神，是棲食於神樹上的神鳥——烏鵲。滿洲部民以烏鵲為神鳥，為圖騰，為保護神。神桿上懸斗，以盛肉米，祭享神鵲。

第三，神樹、神鳥為「天授」，樹梢通向天、烏鵲翔於天，所以立桿大祭也是祭天。後定製神桿上留九枝，象徵九天，以附會薩滿教天穹觀之宗教哲學理念。

第四，滿洲先世諸氏族中，氏族有別，圖騰亦異，但後來趨同，以神桿與烏鵲為滿洲共同之神。其所祀之神，隨地域、氏族、旗分、時間之差異而呈多元性，即除主祭烏鵲外，或兼祭天地、鬼神、祖靈等。

第五，神桿象徵兵器之長矛、采參之棒棰、土谷之社稷等說，均無考古學與歷史學、文獻學與文物學、語言學與民俗學、人類學與宗教學之資料相徵，實非滿洲先民原意，而屬後人穿鑿附會。

總之，滿洲神桿及奉祀之神，緣起於滿洲先民祭祀神樹及其棲食之神鳥——烏鵲，每年春秋，烏鵲群噪，設肉、米於斗中以享之。爾後緣習成禮，歲時祀享烏鵲。這就是本文關於滿洲神桿及祀神考源之結論。

後金都城佛阿拉駁議

《興京縣誌》載：「舊老城在二道河村南山上，清太祖未建赫圖阿拉以前之都城也。」[1276] 舊老城，即佛阿拉城。日本稻葉岩吉在《興京二道河子舊老城》一書的《代序》中，稱舊老城是清太祖努爾哈赤的「第一個都城」[1277]。爾後，踵襲此說，例不勝舉。茲就佛阿拉為後金都城之說，列舉史料，略作駁議。

佛阿拉，初稱虎攔哈達南岡。「上自虎攔哈達南岡，移於祖居蘇克蘇滸河、加哈河之間赫圖阿喇地，築城居之」[1278]，可作史證。其城所在的阜岡，位置在虎攔哈達東南與赫圖阿喇西南之處，因稱為南岡。萬曆三十一年（1603年），努爾哈赤遷居赫圖阿拉後，始有佛阿拉之稱。佛阿拉，滿語為 fe ala，漢音譯又作費阿拉；漢意譯「fe」為「老」或「舊」，「ala」為「城」，即「老城」。赫圖阿拉興築新城，虎攔哈達南岡就成為老城，即佛阿拉城。天命六年（1621年）三月，後金遷都遼陽。翌年，後金又在遼陽太子河東岸建新城，後尊稱東京。天命十年（1625年），後金再遷都瀋陽，後尊稱盛京。天聰八年（1634年）四月，尊赫圖阿拉城曰興京。光緒三年（1877年），興京府移治新賓堡，它被稱作老城。由是，佛阿拉城即老城之稱再變——「民間呼為舊老城。」[1279] 它除上述虎攔哈達南岡城、佛阿拉城和舊老城三稱之外，早時朝鮮人稱之為「奴酋城」[1280]，後來日本人又稱其為「二道河子城」[1281]。由上可見，佛阿拉城，見諸史冊，一城五稱。

佛阿拉城位置在今遼寧省新賓滿族自治縣永陵鎮南十八里處。它東依雞鳴山，南依哈爾撒山，西偎煙筒山（虎攔哈達），北臨蘇克素滸河即蘇子河支流——加哈河與索爾科河，二道河之間三角形河谷平原南緣的平岡上。《清太祖武皇帝實錄》記載：「丁亥年，太祖於首里口、虎攔哈達下東南河二道——一名夾哈，一名首里，夾河中一平山，築城三層，啟建樓臺。」[1282] 丁亥年即萬曆十五年（1587年）。《清太祖高皇帝實錄》所載，與上述文字大致相同。但滿文《滿洲實錄》載述文字略異：

fulahūn ulgiyan aniya，taidzu sure beile， sali anggaci

後金都城佛阿拉駁議

丁　亥　年　太祖　淑勒　貝勒　碩里　隘口
hūlan hadai un dekdere julergi giyaha bira i juwe
虎攔　哈達　橫　稍高　南面　加哈　河　的　二
siden i ala de ilarsu hoton sahafi yamun locse tai araha.[1283]
間　岡　於　三層　城　築　衙門　樓臺　建

即「丁亥年，太祖淑勒貝勒於虎攔哈達下東南，碩里隘口與加哈河兩界中之平岡，築城三層，興建衙門和樓臺」。這裡的記載，同《清太祖實錄》相絀，不僅表明「碩里口」為「碩里隘口」，而且增記了「興建衙門」。此外，《皇朝開國方略》將佛阿拉城興建的時間，係至「丁亥年，春正月」[1284]，較前引各書更為具體。

清太祖朝的三種《實錄》，記載佛阿拉城過於疏略，《無圈點老檔》即《舊滿洲檔》又失之於闕載。康熙《盛京通志》在清代志書中，對佛阿拉城垣與城門的載述最早且最詳：

老城（在治城赫圖阿拉）城南八里，周圍十一里零六十步，東、南二門，西南、東北二門。城內西有小城，周圍二里一百二十步，東、南二門。城內東有堂子，周圍一里零九十八步，西一門。城外有套城，自城北起，至城西南至，計九里零九十步，西、西南、北、西北四門。[1285]

但是，清代的康熙、雍正、乾隆《盛京通志》和光緒《興京廳鄉土志》，對佛阿拉城的記述均語焉不詳，且康熙《盛京通志》稱其「建置之年無考」，可見其纂修者並未見《清太祖高皇帝實錄》中的有關記載。然而，朝鮮南部主簿申忠一，於萬曆二十三年十二月（1596 年 1 月）奉命至「奴酋城」即佛阿拉。他在《申忠一書啟及圖錄》即《建州紀程圖記》中，對佛阿拉作了詳細的記述。

《建州紀程圖記》載：佛阿拉城分為三重：第一重為柵城，以木柵圍築，略呈圓形[1286]。似比金太祖阿骨打栽柳禁圍的「皇帝寨」[1287]更為謹嚴。柵城內為努爾哈赤行使權力和住居之所。城中有神殿、鼓樓、客廳、樓宇和行

廊等建築，樓宇高二層，上覆鴛鴦瓦，也有的蓋草，牆抹石灰，柱椽彩繪。第二重為內城，周圍二里余，城牆以木石雜築，有雉堞、望樓。內城中居民百餘戶，由努爾哈赤「親近族類居之」[1288]。在城東設有堂子[1289]。第三重為外城，周約十里，城垣「先以石築，上數三尺許，次布椽木，又以石築，上數三尺，又布椽木，如是而終。高可十餘尺，內外皆以粘泥塗之。無雉堞、射臺、隔臺、壕子。……外城門以木板為之，又無鎖鑰，門閉後，以木橫張」[1290]。外城門上設敵樓，蓋之以草。外城中居民三百餘戶，由努爾哈赤諸將及族屬居之。外城外居民四百餘戶，由軍人、工匠等居之。佛阿拉城居民總計約近千戶。

但是，作為努爾哈赤長達十六年治居之所的佛阿拉城，能否算做後金的第一個都城，需要加以辨正。

其一，京都為天子治居之城。《詩經大雅》載：「京師之野」，《正義》曰：《春秋》言：「京師者，謂天子之所居。」[1291]《公羊傳》又載：「京師者何？天子之居也。京者何？大也。師者何？眾也。天子之居，必以眾大言之。」[1292]爾後，上述詮釋漸成公論。蔡邕《獨斷》載：「天子所都，曰京師。」[1293]漢劉熙《釋名》又載：「國城曰都。都者，國君所居，人所都會也。」《華嚴經音義》亦載：「天子治居之城曰都。」[1294]以上說明，都城為國家政治神經集注之城，也就是國家政治重心所在之城。雖然佛阿拉如前述已具有城的規模，努爾哈赤又在佛阿拉城治居長達十六年之久，但其時他只是明朝建州衛的一名地方官員，並未登極建元。如他在建佛阿拉城三年後到北京朝貢：「建州等衛女直夷人奴兒哈赤等一百八員名，進貢到京，宴賞如例。」[1295]又如他在佛阿拉接見朝鮮南部主簿申忠一，並請其代達朝鮮國王李昖回帖末署「篆之以建州左衛之印」[1296]。可見其時他自詡為明朝遼東建州左衛的一個地方官，而被明朝視之為「建州黠酋」[1297]。再如他在建赫圖阿拉城兩年之後，給明遼東總兵官李成梁呈文稱，「看守朝廷九百五十餘里邊疆」[1298]，仍自視為明朝的地方官員。努爾哈赤並未在佛阿拉城告祭天地，自號後金，登極建元，黃衣稱朕；佛阿拉城儘管為其治居之所，但不能稱作後金的都城。

其二，都城有宗廟先君之主。《左傳》載：「凡邑有宗廟先君之主曰都，無曰邑。」[1299] 許慎《說文》亦載：「有先君之舊宗廟曰都。」清段玉裁據杜氏《釋例》註：「大曰都，小曰邑，雖小而有宗廟先君之主曰都，尊其所居而大之也。」[1300] 有的學者認為此指春秋以前：「至於都，春秋以前是指有宗廟先君之木主的城。」[1301] 但中國古代都城史表明，都城總是同宗廟與陵寢相聯繫。《周禮·考工記》云：「匠人營國，方九里，旁三門，國中九經九緯，經塗九軌，左祖右社，面朝後市。」[1302] 「左祖右社」成為後來都城規劃與營建的模式。一般地說，除割據政權臨時都城之外，中國古代都城與陵廟有著不可分割的關係。元大都有宗廟而無陵寢則屬例外。清初關外的興京、東京、盛京，皆有陵廟[1303]，祭祀其先君之主。然而，佛阿拉卻未建陵廟。這為佛阿拉不算清初都城提供了一個佐證。

其三，欽定《清實錄》不稱佛阿拉城為京都。查《清太祖高皇帝實錄》，「都城」凡出現十五次，其中赫圖阿拉十二次，遼陽二次，瀋陽一次，未有佛阿拉；「京城」凡出現九次，其中東京（遼陽）八次，盛京（瀋陽）一次，也未及佛阿拉。《清太祖武皇帝實錄》和《滿洲實錄》載述情況與上略同。此外，《清太宗實錄》載，天聰八年（1634年）四月，尊瀋陽城曰盛京，赫圖阿拉城曰興京[1304]。在此之前，天命七年（1622年）三月，尊遼陽新城曰東京[1305]。後金所尊關外的「三京」——興京（赫圖阿拉）、東京（遼陽）、盛京（瀋陽），沒有澤及佛阿拉。這說明清太祖努爾哈赤和清太宗皇太極，並未視佛阿拉為都城；後來順治、康熙、雍正和乾隆四朝纂修《清太祖實錄》和《清太宗實錄》時，也未視佛阿拉為都城。因此，佛阿拉在後金—清初時期，不具有都城的地位。

其四，清代官私史籍均不稱佛阿拉為都城。清官修志書嘉慶《清一統志》，不載佛阿拉為京城。康熙《盛京通志》載：「志首京城，重建極也。盛京為壇廟宮殿所在，故先於興京。至東京，雖國初暫建，然聖祖始創之地，舊以京名，不得與郡縣城池並列，故附於京城之後。」[1306] 雍正《盛京通志》完全襲引上述的文字。[1307] 乾隆《盛京通志》纂者謂：

盛京為壇廟宮殿所在，謹先志之，以明王業之本也。至興京為發祥之初基，仰見列祖詒謀世德作求之盛。東京國初暫建，然聖祖創業初基，肇域自東，遂奄九有，俱不得與郡縣城池並列。[1308]

可見康熙、雍正、乾隆三朝《盛京通志》，均將興京、東京和盛京列為京城，而將佛阿拉與郡縣城並列。爾後，今僅見清修興京志書《興京廳鄉土志》，也不將佛阿拉列為都城[1309]。《興京縣小志》則置佛阿拉城於「古郡城」之列[1310]。《清會典》和《清史稿·地理志》均不以佛阿拉為清初都城而加以載述[1311]。魏源在《聖武記·開國龍興記》中，所記都城亦未及佛阿拉城。

其五，佛阿拉城不具備都城的規制。《詩經》載公劉都城選址謂：「游彼百泉，瞻彼溥原，乃陟南岡，乃覯於京。」[1312] 即將臨河泉、地廣平和高阜岡作為京城選址的三個地理因素。佛阿拉在上述三個因素中，一是水缺乏——「城中泉井僅四、五處，而源流不長，故城中之人，伐冰於川，擔曳輸入，朝夕不絕」[1313]；二是地狹窄——三面環山，一面阻河，前無開闊之野，後無遼廣腹地；三是岡高峻——在軍事上，雖「有利則出攻，無利則入守」，但不宜向四面發展。選址在如上地理因素中的佛阿拉城，規模狹小，房舍簡陋，不足千戶居民，沒有宮殿宗廟。在努爾哈赤統一女真各部戰爭中，佛阿拉既是具有進攻、防禦和瞭望功能的建州軍事堡壘，又是具有軍事、行政和祭祀功能的建州左衛治城。

在探討佛阿拉城是否為後金的都城時，應將上列五種因素進行綜合的研究，而不應捉襟見肘，顧此失彼。按照在中國古代，「都城為天子治居之城」的原則，應把努爾哈赤是否建元稱汗，作為判斷其治居之城是否為都城的主導因素，並參酌其他多項因素，進行整合分析，作出科學論斷。努爾哈赤在赫圖阿拉城登極建元，「天命元年，眾貝勒大臣上尊號曰覆育列國英明皇帝，以興京為都城」[1314]。從此，赫圖阿拉正式成為後金—清初的都城。《長白匯征錄》亦載曰：努爾哈赤遷至「赫圖阿拉，遂建都焉」[1315]。這從另一個側面說明，赫圖阿拉是後金—清朝的第一個都城。綜上所述，可以斷言：後金天命汗努爾哈赤建元稱汗以前的治居之所佛阿拉城，是建州女真的城堡，是建州左衛的治城，但不是後金—清初的都城。

清宮建築的滿洲特色

清代的宮廷建築，既承繼明代燕京宮殿的載體，又承續女真皇家建築的傳統。茲就其久遠的歷史、演進的過程和滿洲的特色，依據史料，粗加勾稽，整合分析，略作討論。

一

清宮建築的久遠歷史。清代宮廷建築的久遠歷史，要追溯到金代女真的建築。而金「襲遼制，建五京」[1316]，故金代女真的宮廷建築，同遼代契丹的宮廷建築攸關。先是，「契丹之初，草居野次，靡有定所」[1317]。契丹崛興之後，始有宮室建築。契丹的宮廷建築，同其地理位置和自然條件，有著密切的關係。《遼史·營衛志》記載：

長城以南，多雨多暑，其人耕稼以食，桑麻以衣，宮室以居，城郭以治。大漠之間，多寒多風，畜牧畋漁以食，皮毛以衣，轉徙隨時，車馬為家。[1318]

契丹的地理環境、自然條件和民族習俗，使其春夏避暑，秋冬違寒，隨逐水草，亦畋亦漁，四時往復，歲以為常。因此，契丹主創製，以時以地，因宜為治，一年四季，各有行在，即《遼史》所載述的「捺鉢」。捺鉢即行營，《遼史·營衛志》記載：

居有宮衛，謂之斡魯朵；出有行營，謂之捺鉢；分鎮邊圍，謂之部族。有事則以攻戰為務，閒暇則以畋漁為生。無日不營，無在不衛。[1319]

契丹四時之捺鉢：

春捺鉢，在鴨子河濼。遼帝初臨，設帳冰上，鑿冰取魚；及鵝雁至，放縱鷹鶻，以捕鵝雁。皇帝馭騎，群臣隨圍，晨出暮歸，從事弋獵。獵獲頭鵝，薦廟獻果，舉樂慶賀，鵝毛插頭，飲酒為樂。弋獵網鉤，春盡乃還。

夏捺鉢，多在吐兒山。遼帝初至，先拜祖陵，後幸子河，設帳避暑。其納涼之所，或建清涼殿。皇帝與臣僚，平日議政，暇日遊獵。七月中旬，移帳而去。

秋捺鉢，在伏虎林。因虎見景帝伏草顫慄而得名。帝車駕至，皇族而下，文武群臣，分佈泺邊，待夜將半，鹿飲鹽水，獵人哨鹿，及其群集，發矢射之。天氣漸寒，徙帳坐冬。

冬捺鉢，在廣平澱。皇帝的牙帳，以槍為硬寨，用毛繩聯繫。每槍下設氊傘，供衛士避風雪。有省方殿、壽寧殿等，均為木柱，以氊做蓋，錦為壁衣，加緋繡額。及至春始，遷帳圍獵。

遼代皇帝，行在之徙，「每歲四時，週而復始」[1320]。由是，契丹捺鉢之俗，衍為五京之制——上京臨潢府、東京遼陽府、中京大定府、南京析津府[1321]和西京大同府。

女真崛起，金興遼亡。女真的建築，有以下特點：

其一，室居較晚，構築簡陋。《金史·世紀》記其舊俗曰：

舊俗無室廬，負山水坎地，梁木其上，覆以土。夏則出，隨水草以居；冬則入，處其中。遷徙不常。獻祖乃徙居海古水，耕墾樹藝，始築室，有棟宇之制，人呼其地為「納葛里」。「納葛里」者，漢語居室也。[1322]

上述史料說明，金代女真人的先祖，始居房屋，起步較晚。這就使得其住居建築，既粗疏，又簡陋。緣此，影響著女真人的宮廷建築。

其二，牧獵畋漁，遷徙不定。女真族的牧獵畋漁，為其民族歷史傳統。《三朝北盟會編》載其習俗為：「緩則射獵，急則出戰。」這集中表現在《金史·太祖本紀》中，對金太祖阿骨打的讚頌：

十歲，好弓矢。甫成童，即善射。一日，遼使坐府中，顧見太祖手持弓矢，使射群鳥，連三發皆中。遼使矍然曰：「奇男子也。」太祖嘗宴纥石烈部活離罕家，散步門外，南望高阜，使眾射之，皆不能至。太祖一發過之，度所至逾三百二十步。宗室謾都訶最善射遠，其不及者猶百步也。[1323]

元時，部分「女直之人，各仍舊俗，無市井城郭，逐水草為居，以射獵為業」[1324]。

上述史料說明，金、元時女真人的傳統，善騎射，喜牧獵。這反映在民居和宮廷的建築上，民宅自在散居，宮殿多京並置。

其三，皇帝宅都，設立五京。據宋人許亢宗《宣和奉使金國行程錄》所載，女真部落鄉村，「更無城郭裡巷，率皆背陰向陽」。明人陳繼儒在《建州考》中記載：一些女真部落，「或穴居而處；或採樺葉為居，行則馱載，止則張架以居；或穴屋脊梯級出入；或掘溷廁四面環繞之，是其居處也」[1325]。其自在散居，可便於放牧。女真的部民散居，皇帝的宅京分設。金襲遼制，設置五京——上京會寧府、東京遼陽府、北京大定府、西京大同府和中都大興府[1326]。

上述史料說明，女真部民畋獵捕漁生活方式，直接影響到金代帝京的設置，也影響到金代宮廷的建築。

其四，皇宮之外，廣置苑囿。誠然，漢、唐、宋、明，也都建置園林，但是，遼、金、元、清，更為廣辟苑囿。前者園林，具有農耕文化的特色；後者苑囿，則具有漁獵文化的特質。以北京為例。遼之契丹、金之女真、元之蒙古、清之滿洲，都在燕京大建苑囿；而明代於燕京園林興建，無大拓展。遼在南京東，闢建延芳澱：

遼每季春，弋獵於延芳澱，居民成邑，就城故潞陰鎮，後改為縣。在京東南九十里。延芳澱方數百里，春時鵝鶩所聚，夏、秋多菱芡。國主春獵，衛士皆衣墨綠，各持連錘、鷹食、刺鵝錐，列水次，相去五七步。上風擊鼓，驚鵝稍離水面。國主親放海冬青鶻擒之。鵝墜，恐鶻力不勝，在列者以佩錐刺鵝，急取其腦飼鶻。得頭鵝者，例賞銀絹。[1327]

遼在南京興建的園囿，奠定了北京皇家苑囿的基礎。金在中都也大興園囿，太寧宮即為一例：

京城北離宮有太寧宮，大定十九年建[1328]，後更為壽寧，又更為壽安，明昌二年更為萬寧宮。瓊林苑有橫翠殿、寧德宮。西園有瑤光臺。又有瓊華島。又有瑤光樓。[1329]

此外，今蓮花池（北京西站址）、釣魚臺（國賓館址）等都曾是金中都的著名園林。並建「玉泉山行宮」。[1330] 金在中都興建的園囿，拓展了北京皇家苑囿的景觀，並為元代和清代北京皇家園林興修提供了經驗。元大都的皇家園林不在本文論述範圍，故不做探討。

由上可見，金代女真的宮苑建築，是清代滿洲宮苑建築之歷史泉源。

二

清宮建築的演進過程。清宮建築的演進過程，要回溯到清代關外的宮殿建築。後金—清朝在關外的三京，即興京赫圖阿拉、東京遼陽和盛京瀋陽，其宮殿建築不僅相互之間有繼承關係，而且對北京宮殿的建築滿洲特色有直接影響。

興京宮殿為清朝北京宮殿的滿洲特色提供了第一個原型。先是，明萬曆十五年（1587年），努爾哈赤在佛阿拉即虎攔哈達南岡，築城柵、建衙門、起樓臺。據朝鮮申忠一目擊所說，佛阿拉有三重城，第一重為柵城，以木柵圍築，略呈圓形[1331]。這比金太祖阿骨打栽柳做城的「皇帝寨」[1332]有頗大進步。柵城內為努爾哈赤的治居之所。城中有樓宇、廳堂、神殿等建築，樓宇高二層，屋頂或覆灰瓦、或蓋茅草，牆垣或抹草泥、或塗石灰。第二重為內城，城牆以石木雜築，設有堂子。第三重為外城，也以石木雜築。但是，佛阿拉不是後金—清朝的第一座都城，而是建州女真的汗城，建州左衛的治城[1333]。爾後，萬曆三十一年（1603年），努爾哈赤遷至赫圖阿拉並建城，後稱之為興京。赫圖阿拉城建在一個突起的臺地上，臺地一面傍山，三面環水。突起的臺地為一平岡，岡頂距地表高約十至二十米不等，城垣憑依岡勢興築，呈不規則圖形。內城中建有宮殿、衙門、廟宇等。興京宮殿的建築有以下特點：

第一，宮殿基址選在岡阜。明盧瓊《東戍見聞錄》記載：女真各部，多「依山作寨」[1334]，居住山城。哈達貝勒建城衣車峰上，輝發貝勒築城扈爾奇山上，葉赫貝勒東城修在岡上、西城則系山城，俱是佳例。其實，依丘築城、高阜而居，漢族早已有之。《詩經》載公劉建城選址謂：「乃陟南岡，乃覯於京。」

[1335]但漢族隨著社會進步和經濟發展，商、周以降歷朝皇帝，均將宮殿建在平原上。可見，努爾哈赤將京城和宮殿的選址，由山上移至臺岡，是女真宮殿建築史上的一大進步。

第二，宮殿佈局初具規模。赫圖阿拉內城南、東南、東和北各一門，西為斷崖而無門。城中的宮殿、衙署、堂子、廟宇等，都有粗略的規劃。其「城東阜上建佛寺、玉皇廟、十王殿共七大廟」[1336]。赫圖阿拉的城垣、殿堂、宮室、衙門等建築，都比佛阿拉有所發展。

第三，建築技術有所改善。赫圖阿拉的城垣，雖用木石雜築，但牆高約十米、底寬約十米，顯然比佛阿拉的城牆高厚雄偉。汗王殿亦建在高的基臺之上，其基址今依稀可辨。天命汗治居之所的外面，已無簡陋的木柵圍垣。

第四，宮殿構築民族特色。赫圖阿拉的祭天堂子，其建築平面呈八角形，這是滿洲八旗制度在建築上的映現，充分顯現了滿洲建築的民族色彩。在宮內，初始時，「貝勒們設宴，不坐凳子，而是坐在地上」[1337]。這應是滿族昔日野獵餐宴習俗在宮內建築與設施的再現。

由上，興京宮殿建築成為清朝北京宮殿建築的第一個借鑑，也是從興京宮殿向北京宮殿演變的第一個模型。

東京宮殿為清朝北京宮殿的滿洲特色提供了第二個原型。東京即原明遼東首府——遼陽。先是，遼會同元年（938年），改稱其為東京[1338]。金仍其舊。天命六年即天啟元年（1621年），後金軍連陷瀋陽、遼陽，據有河東之地。同年，天命汗努爾哈赤力排眾議，決定遷都遼陽。於是，後金「築城於遼陽城東五里太子河邊，創建宮室，遷居之。名曰東京」[1339]。明天啟時，遼東將領周文郁《邊事小紀》所載：「當奴得遼陽，即擇形勝於代子河，去舊城數里而城之，甚堅固。其珍異、子女皆畜焉。」[1340]努爾哈赤在遼陽城東太子河東岸丘陵地上，建起了東京城的城池、宮殿、衙署、廟宇、廨舍和營房等。這是後金—清朝的第一次遷都，也是後金—清朝的第二座都城。東京宮殿的建築有以下特點：

第一，宮殿基址選在丘陵。東京宮城位置在遼河平原與遼陽山地接合之部，農耕經濟與漁獵經濟相鄰之地，漢族文化與滿洲文化交匯之區。可見，努爾哈赤將京城和宮殿的選址，由臺岡移至丘陵，是女真宮殿建築史上的又一大進步。

第二，滿洲漢人分城居住。先是，遼上京臨潢府的契丹與漢人分城住居，上京城的「南城謂之漢城，南當橫街，各有樓對峙，下列井肆」[1341]。遼代的東京遼陽府，宮城在東北隅，其外城居住漢人，稱作漢城：「外城謂之漢城，分南北市，中為看樓；晨集南市，夕集北市。」[1342] 至是，後金占領遼陽後，《清太祖實錄》記載：「移遼陽官民，居於北城關廂；其南大城，則上與貝勒諸臣及將士居之。」[1343] 漢族人居住北城，滿洲人則居住南城。建東京新城之後，漢人住老城，滿洲則住新城。這對後來北京城的旗民分城居住，開了一個先例。

第三，建築工藝大為提高。東京城的城牆已用城磚包砌，殿頂已用琉璃瓦。殿堂佈局、建築體量、工藝水準、宮內陳設，都有大的提升。

第四，宮宇建築民族色彩。後金東京的宮殿建築，是在遼代東京城、金代東京城和明代遼陽城之歷史經驗基礎上，並參酌其興京的宮殿建築，融匯了明代漢族、遼代契丹、金代女真和後金滿洲的民族特色於一體，展現出多民族的建築風格。而八角殿的建築，集中地體現了滿洲建築的特色。《清太祖武皇帝實錄》記載：天命八年六月初九日，天命汗努爾哈赤御八角殿，訓諭公主與額駙[1344]。八角殿內和丹陛上鋪綠色釉磚，則是其山林採集和獵場生活在宮殿建築上的色彩藝術再現。

由上，東京宮殿建築成為清朝北京宮殿建築的第二個借鑑，也是從興京宮殿、經東京宮殿，向北京宮殿演變的第二個模型。

盛京宮殿為清朝北京宮殿的滿洲特色提供了第三個原型。天命十年即天啟五年（1625年），天命汗遷都瀋陽，後稱之為盛京[1345]。瀋陽原是明朝遼東的一座衛城，地處平原，沈水之陽，勢居形勝，位置衝要。努爾哈赤遷都瀋陽後，先住在一座宮院裡。這是一座二進式的宮院，宮院前面有宮門三楹；門內第一進院，院的正中為突起高臺，上有穿堂；爾後為第二進院，中間為

清宮建築的滿洲特色

三楹正殿,東西各有三楹配殿,均為懸山廊式建築[1346]。後努爾哈赤和皇太極為著祭祀、典禮、議政和寢居之需,先後歷時十年,建成瀋陽宮殿。瀋陽宮殿的東部為大政殿和十王亭——右翼王亭、正黃旗亭、正紅旗亭、正白旗亭、正藍黃旗亭和左翼王亭、鑲黃旗亭、鑲紅旗亭、鑲白旗亭、鑲藍旗亭。西部則為努爾哈赤和皇太極的治居之所。盛京宮殿規模宏偉、佈局嚴整、堂宇富麗、特點鮮明,這不僅是滿洲史上一項輝煌的文化財富,而且是中國宮殿史上一篇瑰麗的藝術傑作。盛京宮殿的建築,有以下幾個特點:

第一,宮殿基址定在平原。先是,佛阿拉、界凡、薩爾滸三城,雖不是都城,卻建在山上。興京宮殿建在臺地,東京宮殿建於丘陵,盛京宮殿則建在平原。但盛京宮殿宮高殿低,是往昔滿洲依山做寨的遺意。女真—滿洲的都城,由臺地、到丘陵、到平原,這從一個側面標示出其經濟類型從牧獵經濟、到耕獵經濟、到農耕經濟的社會變化歷程。從而顯示出歷史的訊息:女真—滿洲已從漁獵經濟向農業經濟過渡,已從漁獵文化向農耕文化過渡;當然,這裡只是作為一種歷史代表而言,要完全實現這種過渡,則是一個漫長的過程。

第二,宮殿建築佈局規整。盛京宮殿的佈局、規模、體量、工藝等,都大大地超過了興京宮殿和東京宮殿,是後金—清朝第一座佈局規整的宮殿。它表現為:一是朝廷分置。中原統一王朝的宮殿,大多採用「前朝後廷」的規制。盛京宮殿的佈局,雖「朝廷分置」,卻「東朝西廷」。這可能同東北狩獵民族「朝日」習俗有關。二是主次分明。「東朝」佈局,以大政殿為主,十王亭為次,君臣有序,等級有別。三是格局規整。「西廷」佈局,前殿與後宮,御政與宸居,佈局合制,各得其所。四是規劃謹嚴。祭祀、典禮、朝議、理政、寢室和娛樂等建築,規劃佈置,主客分明,相互聯繫,彼此呼應。

第三,建築藝術兼容並蓄。大殿建築,其重檐廡殿、木架結構、丹漆彩繪和五彩琉璃,是漢族傳統的建築形式;大政殿頂八脊上端聚成尖狀,安置相輪寶珠和寶珠圖案彩畫,是蒙藏喇嘛教建築的特色;大政殿和十王亭的建築格局、建築形式,鳳凰樓內檐的吉祥草彩畫,是滿洲建築藝術的特點[1347];

皇太極時期興築的盛京宮殿，殿頂為黃琉璃瓦飾以綠剪邊，則是漢族農耕黃色與滿洲牧獵綠色異彩並輝的表徵。

第四，民族建築特色鮮明。先是，天命汗努爾哈赤舉行大典或大宴，常在郊外曠野，張大汗帳一座，旁列八旗貝勒大臣帳八座，頒汗諭、議軍政、舉慶典、行宴賞。在規劃、佈局盛京宮殿時，努爾哈赤和皇太極借鑑了昔日天幕營帳之制。這也是遼、金以來契丹、女真的「帳殿」習俗之遺意。盛京的大政殿和十王亭，其八角形式，其八旗格局，是女真—滿洲八旗制度在宮殿建築上的體現。

由上，盛京宮殿建築成為清朝北京宮殿建築的第三個借鑑，也是從興京宮殿、經東京宮殿、再經盛京宮殿，向北京宮殿演變的第三個模型。

三

清宮建築的滿洲特色。清朝宮殿建築的滿洲特色，主要表現在明朝燕京宮殿與清朝關外宮殿，滿漢兩族，二者之間，既相結合，又相矛盾，並在融合與衝突中，實現兩者溶冶一體。具體地分析，有以下三點。

第一，明代宮殿的保護與利用。

明朝北京的宮殿壇廟，於永樂十八年（1420年）建成。《明太宗實錄》記載：「初，營建北京，凡廟社、郊祀、壇場、宮殿、門闕，規制悉如南京，而高敞壯麗過之。」[1348]明永樂帝為表示承襲父制，而稱其「規制悉如南京」；卻不能掩飾建築偉麗，而稱其「高敞壯麗過之」。明永樂帝為中國興建了一座宏偉的燕京皇家宮殿。明朝北京紫禁宮殿是其時世界上最雄偉壯觀、最瑰麗輝煌的宮殿建築群。清興明亡，清攝政睿親王多爾袞率領八旗軍占據北京後，對故明宮殿如何處置？

縱觀中國歷史上大一統王朝——商、周、秦、漢、隋、唐、宋、元、明：商滅夏桀，未用其都。周軍東征，攻占朝歌，回師老家，仍都鎬京。秦先都咸陽，爾後滅六國。秦之阿房宮殿，項羽付之一炬，大火「三月不滅」[1349]。西漢劉邦奠都長安，東漢劉秀定鼎洛陽，都是另起爐灶。隋文帝楊堅承亂世

清宮建築的滿洲特色

之餘,設京洛陽。唐高祖李淵不居亡朝之都,而奠京於長安。宋太祖趙匡胤據山河半壁,國鼎東移,以汴梁為京師[1350]。蒙古成吉思汗兵陷金朝中都,怒將燕京宮殿化為一片焦土。元世祖忽必烈採納霸突魯和劉秉忠之諫,命由上都,移鼎大都,修築城池,興建宮殿。明太祖朱元璋定都之議,前思後慮,幾經謀劃,最後定策,安鼎金陵。上述十朝,興國之君,於前朝宮殿,其決策有四:一是焚燒,二是拆毀,三是廢棄,四是另建。此外,再縱觀北京歷史上建立帝都王朝——金、元、明:金軍攻占北宋汴京之後,金帝命拆下汴梁宮殿建築材料,運回中都,營造宮殿;蒙古滅金之後,已如前述,焚其宮殿,另行興建;明興元亡,亦如上言,定都金陵,興築宮殿。至於歷史上局處一隅、或歷時短暫而自稱帝王者,占據前朝宮室為巢,不在本文討論之列。綜上可見,清朝之前,所有大一統王朝興國之君,宸居前朝宮殿,史冊蓋無一例。

清初,多爾袞在占領北京之後,一反歷代大統一王朝興國之君,對前朝宮殿焚、毀、拆、棄的傳統做法,而是將明朝故宮完整地保存下來並加以利用。但是,英親王阿濟格反對其胞弟睿親王多爾袞定鼎北京的決策曰:

初得遼東,不行殺戮,故清人多為遼民所殺。今宜乘此兵威,大肆屠戮,留置諸王,以鎮燕都。而大兵則或還守瀋陽,或退保山海,可無後患。[1351]

如阿濟格的諫議得遂,則或清朝失去江南,或燕京宮殿遭毀。然而,多爾袞以清太宗皇太極遺言回答其兄曰:「先皇帝嘗言,若得北京,當即徙都,以圖進取。況今人心未定,不可棄而東還。」尋攝政睿親王多爾袞集諸王大臣,定議遷都北京,奏言:

臣再三思維,燕京勢踞形勝,乃自古興王之地,有明建都之所。今既蒙天畀,皇上遷都於此,以定天下。則宅中圖治,宇內朝宗,無不通達。可以慰天下仰望之心,可以錫四方和恆之福。伏祈皇上熟慮俯納焉。[1352]

年方七歲的順治帝,自然採納多爾袞遷都之奏。同年十月初一日,順治帝因皇極殿(今太和殿)被李自成焚燬,便在皇極門(今太和門)張設御幄,頒詔天下,「定鼎燕京」[1353]。

顺治帝以燕京為清朝之都，以明故宮為治居之所。清朝於故明燕京宮殿，未蹈舊轍加以廢棄、焚燬，而創新意予以保護、利用，是多爾袞、是滿洲族、也是清王朝，對北京的故明宮闕、對中國的文明精粹、對人類的文化遺產，加以保護和利用，作出了重大的貢獻。

第二，滿洲宮殿的繼承與發展。

清朝北京的宮殿建築，一方面繼承了故明燕京宮殿的載體，另一方面吸收了清初關外宮殿的特點。《日下舊聞考·國朝宮室》記載：清初於故明燕京「殿廟宮闕制度，皆丕振鴻謨，因勝國之舊，而斟酌損益之」[1354]。兩者之間，組成一體，既繕舊維新，又極不協調。後者於滿洲的宗教、祭祀、騎射、殿閣、寢居等，在宮廷建築上均有所體現。

宗教建築　滿洲的原始宗教是薩滿教，興京、東京和盛京的堂子，是滿洲薩滿教在建築上的一種表現。在盛京皇后正宮的清寧宮，有薩滿祭祀的設施：「設有神堂，是以愛新覺羅氏家族為主舉行滿族原始的宗教活動——薩滿祭祀的神聖之地。」[1355] 清遷鼎北京之後，將清寧宮的薩滿祭祀設施，再現於北京坤寧宮。原明北京宮殿的乾清宮是皇帝的正宮，坤寧宮則是皇后的正宮。清將明北京坤寧宮的內部加以改建，既作為皇后的正宮，又作為皇家薩滿祭祀之所。《滿洲源流考》記載：「我朝自發祥肇始，即恭設堂子，立桿以祀天；又於寢宮正殿，設位以祀神。其後定鼎中原，建立壇廟；禮文大備，而舊俗未嘗或改。」[1356] 清於坤寧宮設位祀神，官書《日下舊聞考》卻諱焉闕載。清初對燕京坤寧宮的改建，略述如下：

坤寧宮由明代皇后正宮，變為清朝皇后正宮兼做滿洲內廷祭神祭天之所。宮為重檐，東西九間，進深三間，其正門由明代居中而改在偏東一間，此間東北角隔出一小間，內設灶臺[1357]，臺上安設大鍋三口[1358]，以煮祭肉；外設包錫大桌二張[1359]，以備宰豬、切肉；並設做供品打糕之具等。其後門依舊居中，避而不開。正門迆西三間，南、西、北有聯通長炕，朝祭在西炕，夕祭在北炕。祭畢，帝后召滿洲王公大臣在南炕食胙肉。再西一間為存放神器之處。正門迆東二間即東暖閣，為皇帝大婚之喜房。東頭和西頭各一間均

為通道。宮前東南向設立祭天神桿；宮後牆西北向矗立煙囪，以做宮內祭祀煮肉時走煙之用。[1360]

滿洲依薩滿祭神祭天禮俗，對明皇后正宮——坤寧宮，修葺和改建為清朝宮廷薩滿祭祀之所，兼做皇后的正宮。此外，滿洲貴族亦信奉喇嘛教。清帝在紫禁城內除原有的道教和佛教觀堂外，還改建或興建了崇奉喇嘛教的殿堂——雨華閣，供奉宗喀巴像。雨華閣金柱與檐柱間的挑尖梁[1361]，梁頭雕繪獸形[1362]，是清朝宮殿宗教建築的又一例證。

祭祀建築　清朝滿洲貴族的祭祀，同明代朱氏貴族的祭祀，既有同，又有異。同者，如祭天地、祭祖宗、祭先師等；異者，如祭堂子、祭馬神、祭痘神等。睿親王多爾袞入燕京不久，即命在玉河橋東建堂子八角亭式殿[1363]。這是興京赫圖阿拉堂子建築在燕京的輝煌再現。滿洲貴族在坤寧宮前，安設神桿，四季獻神，舉行大禮。獻神之祭，以良馬、犍牛各二，牽於交泰殿後，在坤寧宮正門之前，陳馬於西、陳牛於東，奉供品於宮內神位前[1364]。將馬、牛牽於皇后正宮門前獻神，是滿洲野祭舊俗在宮廷的再現。紫禁城內設立馬神廟，是清代宮殿祭祀建築的又一例證。此外，清宮祭祀建築至乾隆後期，仍興建不衰。乾隆帝在《寧壽宮銘》中曰：

余將來歸政時，自當移坤寧宮所奉之神位、神桿於寧壽宮，仍依現在祀神之禮。[1365]

寧壽宮之建築，乾隆三十七年（1772年）修葺，洎四十一年（1776年）落成。時寧壽宮之修葺，仿坤寧宮之格局。考察目擊，著錄於下：

寧壽宮，為單檐，東西七間，進深三間（宮內減柱，內視二進）。其正門改在偏東一間，此間東北角，隔出一小間，內設灶臺，上置大鍋[1366]，以煮祭肉。再東二間，建為暖閣——東間為坐炕，西間為臥房；其上是仙樓，供奉著神像。窗紙亦糊在窗外。其正門迤西四間，規制亦仿照坤寧宮，為三面聯通長炕[1367]。宮門外居中處，有原石築甬道。宮前東南方應有插神桿石座，現已不見。宮外東北和西北向，各矗立煙囪一座（坤寧宮只西北向有煙囪一座），位置於宮後牆基延長直線上，各離宮東、西山牆約十米[1368]。

寧壽宮其室外之煙囪為銅製，福隆安奏摺稱：「寧壽宮後檐添做銅煙筒二座，四面包砌細城鹼磚，上安銅頂二座。」[1369] 其室內之裝修與陳設：有「神亭一座、神廚毗盧帽掛面一分、琴腿炕沿七堂、排插板一槽、八方神柱一根，東次間後檐仙樓一座、樓下楠木落地罩一槽、檻窗一槽、包鑲床一張，樓上帶子板二槽、毗盧帽掛面二分、欄杆二堂」[1370]。這說明乾隆帝重修寧壽宮時，仍然標現出祭神祭天的建築與裝修。

　　騎射建築　滿洲以騎射起家，清帝宸居紫禁城後，仍強調勿忘騎射。清在紫禁城內西北隅城隍廟之東，設祀馬神之所。每年春、秋二季，祭祀馬神。祀馬神儀莊重，由薩滿叩頭誦唸。祭畢，將祀神紅綢，拴記於御馬。其由薩滿前往祀頌，《欽定總管內務府現行則例》記載：

　　嘉慶十三年奉旨，薩滿等著每日輪流前往馬神房，演習讀念，並著總管內務府大臣等，輪流前往聽其讀念。[1371]

　　清還在紫禁城內建築箭亭。《清宮述聞》撰者據清史館修史者言：早在順治四年（1647年）七月，於左翼門外建射殿。後於雍正十年（1732年）改殿為亭。箭亭廣五楹，周圍檐廊，中設寶座，東設臥碑一，乾隆帝諭制碑文，文引清太宗諭訓並親撰諭誥[1372]，其文略謂：

　　朕思金太祖、太宗，法度詳明，可垂久遠。至熙宗合喇及完顏亮之世，盡廢之，耽於酒色，盤樂無度，效漢人之陋習。……恐後世[1373]子孫忘舊制，廢騎射，以效漢俗，故常切此慮耳。……皇祖太宗之睿聖，特申誥誡，昭示來茲，益當敬勒貞珉，永垂法守。[1374]

　　這是滿洲八旗以「騎射為本」的傳統，在紫禁宮殿建築上的表現。

　　殿閣建築　清紫禁城內的宮殿堂閣建築，除前述坤寧宮、寧壽宮等建築有著滿洲特色外，其他殿閣或多或少地塗上滿洲的色彩。以梁枋彩畫而言，明燕京宮殿的梁枋彩畫，主要是「點金彩畫」，清初則是以寶珠為畫題中心、以疏朗粗獷卷草為主體紋飾的「寶珠吉祥草彩畫」。據彩畫專家調查，北京午門內檐的清初彩畫，同瀋陽故宮鳳凰樓內檐、福陵和昭陵的清初彩畫相似，都是「寶珠吉祥草彩畫」。其共同的特點是：「從藝術風格分析，它含有濃

清宮建築的滿洲特色

重的滿、蒙民族的藝術特徵。」[1375] 另以殿頂色彩而言，清初紫禁城宮閣屋頂琉璃瓦出現綠色。如原明端敬殿和端本宮，清改建為皇子居住的南三所，「是為擷芳殿」[1376]。其特徵是用綠色琉璃瓦。《國朝宮史》記載：「凡大內俱黃琉璃瓦，惟此用綠，為皇子所居。」[1377] 皇子的居所用綠琉璃瓦，這同滿洲兵民喜愛林莽的綠色有關。又如，明文淵閣在文華殿南，凡十間，皆覆以黃琉璃瓦，閣及其所藏典籍，毀於李闖一炬[1378]。清在明宮聖濟殿（祀先醫之所）舊址重建之文淵閣，則覆以黑心綠剪邊琉璃瓦，因其貯藏《四庫全書》，皆以黑色像水，而水克火，加以解釋。其剪邊的綠色，或可詮釋為是滿洲喜愛林莽綠野之色彩表現。又以殿體形狀而言，在紫禁城內寶華殿後面，每年臘月八日為皇帝祓除不祥而設的小金殿，為圓形的氈帳殿：「小金殿，黃氈圓帳房也。」[1379] 此為漁獵民族圓帳在宮殿建築上的體現。再以亭頂形式而言，文淵閣東側碑亭為盝頂，系滿洲騎射文化在京師亭頂建築形式的顯例。復以宮殿匾額而言，宮殿和殿門的匾額，為滿、漢文合璧書寫等，其滿文則是滿洲文化的象徵。

　　寢居建築　滿洲有自身的民族習俗，這在宮殿的寢居建築上，亦有所反映。首如，明代皇帝正宮為乾清宮、皇后正宮為坤寧宮，明帝大婚洞房在乾清宮東暖閣；清帝、後正宮雖襲明制不變，卻將大婚洞房改在坤寧宮東暖閣。康熙四年（1665年）玄燁大婚，太皇太后指定其大婚合卺禮在坤寧宮舉行。禮部請旨於坤寧宮中間合卺吉。太皇太后以「中間合卺，因與神幔甚近」[1380]，不妥。由是擇定在坤寧宮中離神幔不近不遠的東暖閣舉行合卺大禮。這樣做可能由於：一是清帝重視薩滿祭神，大婚洞房靠近薩滿祭神處較近，大吉。二是滿洲婦女地位較漢族婦女地位高，清太祖實錄早期書名為《高皇帝高皇后實錄》[1381]，可為例證。皇帝大婚洞房不在皇帝正宮乾清宮，而在皇后正宮坤寧宮，顯然是滿洲皇廷後權高於漢人皇廷後權的一種表現。次如，坤寧宮、寧壽宮、南三所[1382] 以及永壽宮後殿東西配殿、啟祥宮（體元殿）後殿東西配殿、長春宮後殿東西配殿等，清初都改建為「口袋房」「萬字炕」「吊搭窗」的形式。又如，坤寧宮和寧壽宮等的窗紙糊在窗外，坤寧宮和寧壽宮的北牆外矗立煙囪，都是明顯的實例。由上可見，清初對宮殿的繕舊維新，在其寢居建築中，映現了關外的民族習俗。

清朝的紫禁宮殿，不僅有滿洲特色的建築，而且有滿漢結合的建築。前者上面已做例述，後者下面略做論述。清帝對故明紫禁城建築的總體格局，加以保留，未做更張；但局部經畫，頗有建樹。乾隆帝重修寧壽全宮，為授璽後燕居之地，這是清宮建築的成功之例。清帝在紫禁城方寸之地，將江南與塞北、漢族與滿族、建築與園林、平地與山水，諸種特色，造化一區，奇巧變幻，步移景異，涵詩蘊畫，令人觀止。

在有清一代，清帝對紫禁城宮殿加以利用、維護、修葺、改造和增建，使之既保持明朝宮殿面貌，又具有滿洲宮殿特色，從而為中國宮殿建築史和人類文明史創造新的輝煌。

第三，苑囿行宮的拓建與創新。清朝的大規模苑囿建築，是清宮建築的外延。先是，明初的南京，宮中無園林。朱棣移京後，明帝主要利用故元太液池，興修西苑；未嘗在京師之外大興園林。縱觀北京的都城歷史，凡是牧獵民族建立的王朝，都大規模地興建苑囿行宮，契丹建延芳澱、女真興太寧宮和蒙古辟飛放泊（南苑）等，都是例證。滿洲的先民，是生活於關外「白山黑水」的漁獵民族。他們戀林莽、長騎射，喜涼爽、惡溽暑。滿洲營建的清朝，其前期又呈現一統、富強之局面。這就使得清朝皇家苑囿行宮的興築，達到中國王朝苑囿史上的頂峰。

清朝苑囿行宮的興建，在京師主要是「三山五園」——香山靜宜園、玉泉山靜明園、萬壽山清漪園（頤和園）和暢春園、圓明園；在京外主要是避暑山莊和木蘭圍場。清朝之興建苑囿行宮，可以分作前、中、後三個時期。

其前期，以康熙帝經始建築的避暑山莊和木蘭圍場為代表。順康時期，清軍入關不久，滿洲騎射習俗，保留尚多，眷戀自然。多爾袞諭建喀喇避暑城言：

京城建都年久，地汙水鹹。春、秋、冬三季，猶可居止。至於夏月，溽暑難堪。但念京城乃歷代都會之地，營建匪易，不可遷移。稽之遼、金、元，曾於邊外上都等城，為夏日避暑之地。予思若仿前代造建大城，恐糜費錢糧，重累百姓。今擬止建小城一座，以便往來避暑。[1383]

清宮建築的滿洲特色

多爾袞死，未能遂願。雖順治帝修葺南海子，康熙帝創修暢春園，但都在燕京，暑夏氣候不夠涼爽，秋獮獵場不夠廣闊。於是在塞外選址，興築避暑山莊，開闢木蘭圍場，融避暑與遊憩、狩獵與習武、御政與覲見等功能於一體，並在規劃、建築上予以體現。避暑山莊的宮殿、湖園、山林三區，即是上述諸功能在規劃與建築上的例證。至於木蘭圍場，則完全映現了滿洲牧獵民族的特色[1384]。

其中期，以乾隆帝經營與擴建圓明園為代表。乾隆時期，清朝江山一統，國力鼎盛，滿洲八旗，逐漸漢化，騎射習俗，日趨淡弱。乾隆帝憑藉舉國財力、物力、人力，大興圓明三園工程。融中西、南北建築優長於一園，兼有滿洲建築特色，但已相當弱化。論述圓明園的大作多矣，本文不做討論。此外，乾隆帝興建的盤山行宮，也是此期行宮建築的一個明顯例證。

其後期，以慈禧太后重修頤和園為代表。同治、光緒時期，清朝已日近黃昏，國祚將絕。此期重修頤和園，為的是皇太后的避暑與休憩，已無反映滿洲特色之建築，更無八旗特色之風格。

綜上所述，由清宮建築久遠淵源、演進過程的史蹟，更易瞭解其建築滿洲特點；由清宮建築滿洲特點、民族融匯的實例，更易認識其文化價值。因而，研究中國宮殿建築文化，不可不研究清宮建築的滿洲特色。

滿洲初期文化滿蒙二元性解析

　　滿洲文化蘊涵著滿、蒙二元性[1385]的特徵。本文旨趣在於探討清初滿蒙關係——滿洲初期文化的滿、蒙二元性之原因、表徵及其影響。茲據史料，略做解析。

一

　　滿洲初期文化的滿、蒙二元性，原因錯綜複雜，就其歷史、地理、語系、習俗、政治等因素，做如下解析。

　　滿洲與蒙古，交往歷史悠久。縱觀中國五千年的文明史，在五十五個少數民族中，只有蒙古族和滿洲族，建立過大一統王朝。在元朝，定鼎大都，統一全國。《元史·地理志》記載：合蘭府水達達等路，「其居民皆水達達、女直之人，各仍舊俗，無市井城郭，逐水草為居，以射獵為業」[1386]。「達達」指蒙古韃靼部，這裡將女真與韃靼並稱，可見其歷史的緣源。女真受蒙元的管轄，蒙古與女真文化交往甚為密切。在明朝，明滅元後，遼東地區，戰亂不已。明代初期，故元太尉納哈出，曾指揮二十萬蒙古軍，據有遼東。明正統初，瓦剌也先欲重建「大元一統天下」[1387]，東向用兵，軟硬兼施，聯合女真，大敗兀良哈三衛；又兵鋒指向女真諸部。瓦剌兵「於夏秋間，謀襲海西野人。野人畏懼，挈家登山」[1388]。此期，女真成為瓦剌的臣民。在清朝，蒙古既是清朝的臣民，又是滿洲的盟友。蒙古是個強大的民族，不依靠女真，便能建立元王朝；滿洲是個較小的民族，不聯絡蒙古，便不能建立清王朝。總之，在元朝，女真作為蒙元的臣民，同蒙古聯繫密切；在明朝，蒙古在遼東勢力強大，女真同蒙古也聯繫密切；在清初，滿洲與蒙古為著共同對付明朝，二者聯合多於衝突。所以，滿洲初期文化的滿、蒙二元性，有著深厚的歷史根因。

　　滿洲與蒙古，居住地理相鄰。滿洲先世女真，生活在遼東白山黑水的廣闊地域。漠南蒙古東部六盟中的哲里木盟——科爾沁部、郭爾羅斯部、杜爾伯特部、扎賚特部，卓索圖盟——喀拉沁部、土默特部，昭烏達盟——敖漢

滿洲初期文化滿蒙二元性解析

部、奈曼部、巴林部、扎魯特部、阿嚕科爾沁部、翁牛特部、克什克騰部、喀爾喀左翼，錫林郭勒盟——烏珠穆沁部、浩齊特部、蘇尼特部、阿巴噶部、阿爾哈納爾部等，主要牧放在大興安嶺東麓及其迤西草原地帶。海西女真南遷後，住居於開原迤西、迤北等地帶，同蒙古科爾沁部、郭爾羅斯部等接壤。建州女真南遷至蘇克素滸河流域，雖不同蒙古為鄰，卻透過馬市往來密切。建州首領努爾哈赤在同蒙古交往中，學會蒙古語，略會蒙古文。後金進入遼河流域，便同漠南東部蒙古科爾沁部、土默特部、喀拉沁部等相鄰。天聰九年即崇禎八年（1635 年），察哈爾部降附後金，喀爾喀蒙古便同後金接壤。喀爾喀蒙古於崇德三年即崇禎十一年（1638 年），向皇太極進「九白之貢」。

滿洲與蒙古，屬於同一語系。滿洲語同蒙古語都屬於阿爾泰語系，滿洲語同蒙古語有著共性。兩族由於語系相同、地理相近、交往密切，而形成大量相同或相近的語法和語彙，這就為兩族的政治、經濟、軍事、文化交往，特別是相互聯姻，提供了語言易通的便利條件。清太宗皇太極的十六位妻子中，至少有七位是蒙古族，其中地位最尊貴的中宮皇后和亞尊貴的四宮——永福宮、關雎宮、麟趾宮、衍慶宮的貴妃，都是蒙古博爾濟吉特氏。如果沒有語言的交流，皇太極同其一後四妃的長久深情結合是不可能的。

滿洲與蒙古，同為騎射民族。蒙古為遊牧民族，屬草原文化，善於馳騎。滿洲族屬森林文化，也善於馳射。滿洲族和蒙古族，都長於騎射。《滿洲源流考》載述：「自肅慎氏楛矢石砮，著於周初，征於孔子。厥後夫余、挹婁、靺鞨、女真諸部，國名雖殊，而弧矢之利，以威天下者，莫能或先焉……騎射之外，他無所慕，故閱數千百年，異史同辭。」[1389] 清太祖努爾哈赤諭及滿洲和蒙古的相同風習時說：蒙古與滿洲，「衣飾風習，無不相同，兄弟之國」[1390]。福格在《聽雨叢談》中也說：「滿洲之俗，同於蒙古者衣冠騎射。」[1391] 所以，騎射文化是蒙古文化也是滿洲文化的一個基本的特徵。喀爾喀蒙古哲布尊丹巴呼圖克圖，以蒙古和滿洲同俗尚、同語系、同服飾而南投清朝。這是滿洲與蒙古兩個民族，政治結盟、軍隊共組和作戰聯合的一個相同的文化基礎。

滿洲初期文化滿、蒙二元性的因素，在努爾哈赤興起之前就已經存在。然而，要使其變成滿洲文化具有滿、蒙二元特徵的現實，需要有一定的條件，這個條件主要是滿洲的崛興。在滿洲崛興的歷程中，滿洲的首領努爾哈赤及其子皇太極，聰明地利用了這些因素。他們在歷史的舞臺上，比其同時代的明朝諸皇帝、蒙古諸貝勒以及農民軍諸首領，有更宏大的氣度、更高明的謀略，會更精心地用人、更精彩地用兵，將與之爭雄的角色，逐一地趕下歷史舞臺。

二

　　滿洲初期文化的滿、蒙二元性，表現層面交織，就其血統、文字、官制、軍制、宗教等特徵，做如下解析。

　　滿洲初期文化具有滿蒙雙重性的第一個表現是血統的二元性。滿洲貝勒中具有蒙古血統的最早文獻載錄，是《清太祖武皇帝實錄》記載：

> 夜黑國，始祖蒙古人，姓土墨忒，所居地名曰張。滅胡籠國內納喇姓部，遂居其地，因姓納喇。後移居夜黑河，故名夜黑。[1392]

　　夜黑即葉赫，其始祖的血統，半是葉赫、半是蒙古。烏喇貝勒布占泰系「蒙古苗裔」[1393]，亦有蒙古血統。後建州滅烏喇和葉赫，他們匯入滿洲的主體部分。滿洲的先世建州女真，其首領李滿住有三妻，蒙古兀良哈女為其一[1394]。在清初宗室的「黃金血胤」中，其血統半是滿洲、半是蒙古。清太祖努爾哈赤妃、後被尊為壽康太妃的博爾濟吉特氏，系蒙古科爾沁郡王孔果爾之女，雖沒有留下子嗣，但對順治帝和康熙帝的早期治策影響重大。清太宗皇太極的生母葉赫那拉氏，前已言及有蒙古的血統。皇太極的中宮皇后和四宮貴妃俱是蒙古人：中宮孝端文皇后博爾濟吉特氏，為科爾沁貝勒莽古思女；孝莊文皇后博爾濟吉特氏，為科爾沁貝勒寨桑女，是孝端文皇后侄女，封為永福宮莊妃，生順治帝福臨；敏惠恭和元妃博爾濟吉特氏，是孝莊文皇后之姐，封為關雎宮宸妃；懿靖大貴妃博爾濟吉特氏，封為麟趾宮貴妃；康惠淑妃博爾濟吉特氏，封為衍慶宮淑妃。所以，清世祖順治皇帝福臨的血統，

滿洲初期文化滿蒙二元性解析

半是滿洲,半是蒙古。而順治皇帝廢后博爾濟吉特氏,是孝莊文皇后的侄女;孝惠章皇后博爾濟吉特氏,也是蒙古人。

滿洲初期文化具有滿蒙兩重性的第二個表現是文字的二元性。滿洲的先世女真,在金太祖天輔三年(1119年),創製女真大字[1395];又於金熙宗天眷元年(1138年),製成女真小字[1396]。但女真大、小字的創製,是依契丹字或仿漢字為基礎,因契丹制度,合女真語音,制女真文字[1397]。女真文兼有契丹、漢、女真三元的特點。金亡元興之後,女真文字逐漸衰落。到明朝中期,女真之文字,通曉者益少。努爾哈赤興起後,對部民的告諭,主要用蒙古文,這充分表明滿、蒙兩族在語言方面的相近性。下舉三例,加以說明:

例一,「胡中只知蒙書,凡文簿皆以蒙字記之。若通書中國(朝鮮)時,則先以蒙字起草,後華人譯之以文字」[1398]。

例二,「時滿洲未有文字,文移往來,必須習蒙古書,譯蒙古語通之」[1399]。

例三,「滿洲初起時,猶用蒙古文字,兩國語言異,必移譯而成文,國人以為不便」[1400]。

上述三例說明,建州部分公文已用蒙古文,滿語同蒙古語又屬於同一語系,所以,努爾哈赤力主並堅持用蒙古文字母,拼寫滿語,創製滿文。萬曆二十七年(1599年),在努爾哈赤的主持下,由額爾德尼巴克什、噶蓋扎爾固齊,用蒙古文字母,拼寫滿語,創製滿文,這就是無圈點滿文即老滿文。此事,《清太祖高皇帝實錄》卷三做了記載:

上欲以蒙古字,製為國語頒行。巴克什額爾德尼、扎爾固齊噶蓋辭曰:「蒙古文字,臣等習而知之。相傳久矣,未能更制也!」……上曰:「無難也!但以蒙古字,合中國之語音,聯綴成句,即可因文見義矣。吾籌此已悉,爾等試書之。何為不可?」於是,上獨斷:「將蒙古字,製為國語,創立滿文,頒行國中。」滿文傳佈自此始。[1401]

這說明:滿文是以滿洲語言為基礎,以蒙古文字母為符號,而創製的具有滿、蒙兩重性特徵的滿洲文字。

滿洲初期文化具有滿蒙兩重性的第三個表現是官制的二元性。天命元年即明萬曆四十四年（1616年），後金政府是以女真政權為基本形式，並參酌了蒙古政權模式。後金最基本軍政組織形式的八旗制度，也參考了蒙古的官制。由於滿洲漁獵經濟的特點，文化比較落後，政權在戰爭中草創，後金的行政機構相當簡單。在大汗之下，有五大臣，相當於蒙古的「圖什墨爾」（tusimel），為後金最高軍政國務大臣，相當於樞密大臣。八和碩貝勒是滿洲固有的特色。扎爾固齊，是仿照蒙古「札爾扈齊」（jargūci），蒙古語意為「掌管訴訟之人」。福格在《聽雨叢談》中記載：國初有「札爾固齊十人，似是理政聽訟之大臣，曾於《清文鑒》中查之不得，應是蒙古語也」[1402]。其實，《清太祖高皇帝實錄》做了載述，並加以詮釋：

（國人）凡有聽斷之事，先經扎爾固齊十人審問；然後言於五臣，五臣再加審問；然後言於諸貝勒。眾議既定，奏明三覆審之事；猶恐尚有冤抑，令訟者跪上前，更詳問之，明核是非。[1403]

扎爾固齊，源於蒙古語，滿語對音作jargūci，漢意譯為聽訟理事之官。

滿洲初期文化具有滿蒙兩重性的第四個表現是八旗的二元性。八旗制度是滿洲最為根本、最具特色的軍政制度。滿洲八旗之制，源於早期狩獵組織和早期軍事組織。萬曆四十三年（1615年），努爾哈赤將已有的四旗，整編並擴編為八旗，即以整黃、整白、整紅、整藍和鑲黃、鑲白、鑲紅、鑲藍八種顏色作旗幟，是為滿洲八旗。後逐步設置蒙古八旗。如天命七年即天啟二年（1622年），蒙古科爾沁兀魯特貝勒明安及同部十五貝勒等三千餘戶歸後金，授其為三等總兵官，「別立兀魯特蒙古一旗」[1404]。在滿洲軍隊中，既有滿洲旗，也有蒙古旗，這就表現了八旗制度的滿、蒙二元性。

滿洲初期文化具有滿蒙兩重性的第五個表現是宗教的二元性。滿洲先世女真信奉薩滿教。《後漢書·東夷列傳》記載：「立蘇塗，建大木，以縣鈴鼓，事鬼神。」[1405]到滿洲初，在後金都城赫圖阿拉「立一堂宇，繚以垣牆，為禮天之所」[1406]。隨著後金勢力範圍的擴大，蒙古地區的喇嘛教傳入後金。努爾哈赤率先崇之：「奴酋常坐，手持念珠而數之。將胡則頸繫一條巾，巾末懸念珠而數之。」[1407]到萬曆四十三年（1615年），努爾哈赤在後金都城

滿洲初期文化滿蒙二元性解析

赫圖阿拉建佛廟；並對蒙古大喇嘛，「二禮交聘，腆儀優待」[1408]。烏斯藏（西藏）大喇嘛干祿打兒罕囊素，歷蒙古，至遼陽，天命汗努爾哈赤對之「敬禮尊師，培（倍）常供給」[1409]。滿洲文化增涵了喇嘛教的成分，就同蒙古部民有共同的宗教信仰、宗教語言和宗教儀規。

總上，一個民族的文化，必然受其鄰近民族文化的影響，愈在古代，愈是這樣。但是，文化較後進的民族，是否主動地接收鄰近民族較高的文化精華，並利用這種文化優勢，開創本民族新的事業，在於這個民族首領的進取精神和開放政策。滿洲族的領袖努爾哈赤及其子皇太極，以政治家的大氣魄、大胸懷，依滿洲文化的滿蒙二元性特徵，結成滿蒙聯盟，挫敗逐鹿群雄，在中華大地上開創了一個新的朝代——清朝。

三

滿洲初期文化的滿、蒙二元性，影響極為深遠，僅列舉數點，做如下解析。

第一，結成滿蒙聯盟，建立後金政權。滿蒙聯盟中的聯姻，在清入關前十分凸顯。據統計，在努爾哈赤、皇太極時期，滿蒙聯姻共一百一十五次，包括漠南蒙古十六部[1410]。也有人統計為一百零三次[1411]。在天命建元前後，較為集中，也尤為突出。僅在明萬曆四十二年（1614年），努爾哈赤就有四個兒子，分別娶蒙古女子為妻。翌年，努爾哈赤自娶蒙古科爾沁部孔果爾貝勒女博爾濟吉特氏為妻。科爾沁部為內扎薩克之首，「禮崇婚戚，其功冠焉」，僅在清太祖、太宗時，即與皇室婚姻嫁娶三十七次。滿、蒙的婚姻關係，在滿蒙政治聯盟中起著特殊的作用。如多爾袞受命招降察哈爾林丹汗[1412]遺孀蘇泰太后及其子額哲時，遣蘇泰太后之弟、葉赫金臺石貝勒之孫南楮，先見其姊蘇泰太后及甥額哲。蘇泰太后派從者舊葉赫人覘視情實後，蘇泰太后出，與其弟抱見。遂令其子額哲率眾寨桑出迎。此事，《清太宗實錄》記載：

四月二十日，大軍渡河。二十八日，抵察哈爾汗子額爾克孔果爾額哲國人所駐托里圖地方。天霧昏黑，額哲國中無備。臣等恐其驚覺，按兵不動。遣葉赫國金臺什貝勒之孫南楮，及其族叔祖阿什達爾漢，並哈爾松阿、代袞

同往。令先見其姊蘇泰太后及子額哲，告以滿洲諸貝勒奉上命，統大軍來招爾等，秋毫不犯。南楮等急馳至蘇泰太后營，呼人出，語之曰：「爾福金蘇泰太后之親弟南楮至矣！可進語福金。」蘇泰太后聞之，大驚。遂令其從者舊葉赫人覘之，還報。蘇泰太后慟哭而出，與其弟抱見。遂令其子額哲率眾寨桑出迎我軍。[1413]

《欽定蒙古源流》對蘇泰太后及其子額哲歸附後金，也做了類似的記載：

> 林丹庫圖克圖汗運敗，妻蘇臺太后系珠爾齊特精太師之子德格勒爾太師之女，同子額爾克洪果爾二人，限於時命，仍回原處。汗族之諸延四人，領兵往迎。歲次乙亥五月，於鄂爾多斯遊牧之托賚地方被獲，因取蒙古汗之統。[1414]

上文中的珠爾齊特精太師，即葉赫貝勒金臺石。在上文之下，張爾田校補註曰：

> 天聰九年五月丙子，林丹汗子額爾克洪果爾額哲降。初，貝勒多爾濟〔袞〕、岳託、薩哈璘、豪格統兵至黃河西。額哲駐地托里圖地方，其母蘇泰福晉，葉赫貝勒錦臺什女孫。因遣其弟南楚偕同族往告，招之降。時天霧昏黑，額哲不虞，軍至無備。蘇泰與額哲乃惶，牽眾宰桑迎。於是，全部平。[1415]

這是利用姻親關係取得政治與軍事「一石二鳥」的生動史例。蒙古察哈爾部，明朝稱為插漢部或插部，其降於後金—清，改變了明朝與後金—清的軍事與政治力量對比：

> 明未亡，而插先斃，諸部皆折入於大清。國計愈困，邊事愈棘，朝議愈紛，明亦遂不可為矣！[1416]

在漠南蒙古諸部中，內喀爾喀巴岳特部長恩格德爾，率先引領喀爾喀五部之使至赫圖阿拉，「尊太祖為昆都侖汗」，即恭敬汗[1417]。自此，「蒙古諸部，朝貢歲至」[1418]。這表明努爾哈赤在登極稱汗之前，先得到部分漠南蒙古貝勒的尊崇，後正式稱汗、建元。至於皇太極改元崇德，建號大清，也同獲得元傳國玉璽漢篆「制誥之寶」攸關。天聰汗皇太極及眾貝勒認為：這

滿洲初期文化滿蒙二元性解析

是「天錫至寶，此一統萬年之瑞」[1419]。天聰汗皇太極欲一統華宇，便於當年十一月，改族名為滿洲，第二年易年號為崇德、改國號為大清。所以，清太祖努爾哈赤建元天命、清太宗皇太極改號大清，都同蒙古有著不可分割的關係。

第二，設置蒙古八旗，雄兵統一中原。前已分析，滿洲與蒙古有著牧獵和騎射的共同民風、民習。魏源說：「夫草昧之初，以一城一旅敵中原，必先樹羽翼於同部。故得朝鮮人十，不若得蒙古人一。」[1420] 由蒙古騎兵組成蒙古八旗，極大地增加了八旗軍的戰鬥威力。天命六年即天啟元年（1621年），努爾哈赤始設蒙古牛錄；翌年，始分設蒙古旗。天聰三年即崇禎二年（1629年），已建有蒙古二旗。天聰五年即崇禎四年（1631年），始設蒙古八旗。蒙古將領和蒙古騎兵在征戰中，發揮了重大的作用。天命十一年即天啟六年（1626年）正月，雖天命汗努爾哈赤兵敗寧遠城下；但蒙古族副將武訥格率所部八旗蒙古軍等攻入覺華島，殺盡明守軍七千餘員名，焚燒糧料八萬餘石和船二千餘艘，取得覺華島之役全勝[1421]。天聰三年即崇禎二年（1629年），天聰汗皇太極第一次率大軍入塞，就是以蒙古喀喇沁部臺吉布爾噶都為嚮導，以蒙古騎兵為前鋒，攻破長城，進圍北京的。蒙古額駙布顏代從皇太極攻明，率蒙古騎兵，「下遵化，薄明都，四遇敵，戰皆勝」；後與明兵戰，「身被數創，所乘馬亦創，猶力戰衝鋒殱敵，遂以創卒」[1422]。以上三例說明，蒙古將領、蒙古貝勒和蒙古騎兵，在後金—清同明朝的對抗中，捨生忘死，奮力拚殺，屢摧強敵，多建奇功。後蒙古騎兵在清軍定鼎北京，統一中原的戰陣中，起著舉足輕重的作用。歷史經驗表明：蒙古之強弱，「繫中國之盛衰」[1423]；而蒙古與滿洲之離合，「實關乎中國之盛衰焉」[1424]。

第三，制定撫蒙治策，鞏固北陲疆域。先是，自秦、漢以降，匈奴一直是中央王朝的北患。為此，秦始皇連接六國長城而為萬里長城。至有明一代，己巳與庚戌，京師兩遭北騎困擾，甚至明正統皇帝也做了蒙古瓦剌兵的俘虜。《明史》論曰：「正統後，邊備廢弛，聲靈不振。諸部長多以雄傑之姿，恃其暴強，迭出與中夏抗。邊境之禍，遂與明終始雲。」[1425] 徐達與戚繼光為強固邊防，抗禦蒙騎，大修長城。努爾哈赤興起後，先後對蒙古採取完全不同於中原漢族皇帝的做法：用編旗、聯姻、會盟、封賞、圍獵、賑濟、朝覲、

年班、重教等政策,加強對蒙古上層人物及部民的聯繫與管治。後漠南蒙古科爾沁部等編入八旗,成為其軍事與政治的重要支柱;喀爾喀蒙古實行旗盟制;厄魯特蒙古實行外扎薩克制。其重教,後喀爾喀蒙古因受噶爾丹突襲而危難時,是北投還是南徙?哲布尊丹巴呼圖克圖說:

> 俄羅斯素不奉佛,俗尚不跟我輩,異言異服,殊非久安之計。莫若全部內徙,投誠大皇帝,可邀萬年之福。[1426]

大皇帝是指康熙皇帝,可見重教、尊俗在政治上之巨大作用。其聯姻不同於漢、唐的公主下嫁,而是互相婚娶,真正成為兒女親家。這是中央政權(元朝除外)對蒙古治策的重大創革。中國秦以降二千年古代社會史上的匈奴、蒙古難題,到清朝才算得解。後康熙帝說:「昔秦興土石之工,修築長城。我朝施恩於喀爾喀,使之防備朔方,較長城更為堅固。」[1427] 清廷對蒙古實施肄武綏藩、撫民固邊政策,使北疆二百五十年間,各族居民和平安定,免罹爭戰動亂之苦。

綜上所述,滿洲以一個地處遼左邊隅、人口不過十萬、糧食難於自給、文化相當落後、揮刀矢鏃為兵器的少數民族,打敗明朝軍,戰勝李自成,奪取燕京,統一中原,鞏固皇權,坐穩江山,長達二百六十八年之久,其歷史秘密何在?回答這個問題,先要回顧歷史。中國自秦以降的兩千年間,前一千年姑且不論;後一千年做點討論。唐、宋、元、明、清,斯勝斯敗,其強其弱,都同一個問題攸關,就是北方民族問題。唐的安史之變,安祿山是胡人,史思明也是胡人。安史之變以後,唐朝由勝轉衰。宋朝,北宋是半壁河山,同契丹對峙;南宋也是半壁玉瑗,同女真頡頏。元朝,是蒙古人建立的,但未處理好同漢族的關係,所以朱元璋起自民間,以「驅逐胡虜」相號召。朱明驅蒙安鼎後,同北方的蒙古和滿洲,也未處理好關係,最後以清代明。清朝所以取代明朝,歷史秘密,其一在於:滿洲同蒙古結成強固聯盟,終清一代,未曾動搖;而滿洲之所以能同蒙古結盟,是因為滿洲領袖努爾哈赤及其子皇太極,善於利用滿洲文化的滿、蒙二元性特徵,巧妙地求共趨同,結成了滿蒙聯盟。試想:以蒙古一族之力,曾幾度兵圍北京、俘虜明正統皇帝;而以滿—蒙聯合之力,豈不摧毀大明社稷?況且,滿洲善於利用滿洲文化的

滿—蒙—漢三元特徵，精心地分化、利用和爭取漢族中親滿與附滿的勢力，結成滿—蒙—漢聯盟；以滿—蒙—漢聯合之力，怎能不摧毀大明的統治？然而，李自成既不會結盟於滿洲和蒙古，也不會籠絡漢族縉紳，更不會結納漢族儒士[1428]，怎能不敗於大清的八旗軍呢？至於滿洲文化的滿—蒙—漢三元特徵，使其能應付來自蒙古草原文化和漢族農耕文化的兩種挑戰，兼容蒙古之獷武雄風和漢族之文化智略，加以融合，煥發生機，開拓進取，強固疆域，則不屬本題，另做論述。

張吉午與《康熙順天府志》

一

　　清朝京師順天府[1429]第二十二任府尹張吉午，字長白，廣寧人，隸漢軍鑲藍旗，在其官師順天之任，主持纂修《康熙順天府志》。

　　張吉午，清朝國史無傳，《三十三種清代傳記綜合引得》亦無著錄。其生平仕宦資料，星散於宦私冊籍。僅據目擊，信手摘卡，略加鉤稽，粗作撮錄。張吉午之仕宦生涯，初見於《八旗通志》：

　　順治六年，朝廷以海宇平定，雲、貴而外，盡入版圖。州、縣缺多，牧令需員。特命八旗烏真超哈通曉漢文者，無論俊秀、閒散人等，並赴廷試。選取文理優通者，準作貢士，即以州、縣補用。[1430]

　　是次漢軍八旗廷試貢士，共取三百三十二人，內鑲藍旗二十四人，其中「張吉午，授順天玉田知縣」[1431]。是知張吉午為漢軍鑲藍旗人，順治六年（1649年）以貢士，授順天府玉田縣知縣。但是，張吉午於順治九年（1652年），赴玉田縣知縣任：「張吉午，鑲藍旗人，貢士，順治九年任。」[1432]是為清朝玉田縣第五任縣令。其第六任，《玉田縣誌》載：「徐鐘溥，浙江人，貢監，順治十三年任。」[1433]由是可知，張吉午任玉田縣令之下限為順治十三年（1656年）。其任內之政績，康熙《玉田縣誌·名宦》載：

　　張吉午，字長白，性明敏，美豐儀，有惠政，雅量寬弘，刑清訟簡，民至今歌思之。行取御史，奉差陝西茶馬，歷升左通政。[1434]

　　玉田縣令任滿之後，張吉午轉陝西茶馬御史[1435]，後又任浙江道御史。他勤政事，性介直，上疏言，獲旨允。《清聖祖仁皇帝實錄》記載：

　　浙江道御史張吉午疏言：「三年考滿之法，一、二等稱職者，即系薦舉。應將督、撫二年薦舉一次之例，概行停止。」從之。[1436]

張吉午與《康熙順天府志》

疏在康熙二年（1663年），玄燁尚屬沖齡，輔臣執掌朝綱，削停封疆大吏薦舉之例，強化輔政大臣遴選之權。上疏奏準不久，張吉午又轉巡鹽御史。康熙三年（1664年）二月，長蘆巡鹽御史張吉午上疏：

戶部議覆：長蘆巡鹽御史張吉午疏言：「請增天津衛鹽引一千二百道。」查各州、縣行鹽，俱有定例。天津衛議增之引，恐為民累，應無庸議。從之。[1437]

張吉午請增天津衛鹽引以裕國庫之疏，受到戶部的駁覆。《清史稿》載述此事，直記：「巡鹽御史張吉午請增長蘆鹽引。斥之。」[1438]

張吉午從順治六年（1649年），貢士以來，凡十五年，未見顯升。遭斥之後，又十五年，政壇沉寂。但寂中有升，他升任通政使司左通政。此職順治元年（1644年）設，滿、漢各一人，康熙九年（1670年）改官正四品。至康熙二十年（1681年），吉午之宦跡，又見於史載：

大學士、學士隨捧折本面奏請旨：為吏部題補順天府尹員缺事，正擬太僕寺正卿王繼禎，陪擬左通政張吉午。上曰：「王繼禎不足論，張吉午為人何如？」大學士明珠奏曰：「張吉午以前一應條奏事宜皆無關係，其人亦無才幹。」上曰：「府尹職任緊要，事雖不多，但在京師內地，甚有礙手之處。爾等可有素知堪用之人否？爾等擬妥，再行啟奏」。[1439]

吏部以張吉午任順天府府尹之題擬，被大學士明珠奏阻。翌日，康熙帝御乾清門聽政，明珠提議熊一瀟補授順天府府尹。《康熙起居注冊》記載：

大學士、學士隨捧折面奏請旨：為吏部題補順天府府尹事。上曰：「爾等所議若何？」大學士明珠奏曰：「臣等公議熊一瀟、徐旭齡俱優，皆屬可用。」又漢大學士等言：「熊一瀟為人厚重，徐旭齡系敏捷堪用之人。」上曰：「熊一瀟著補授順天府府尹。」[1440]

此事，《清聖祖仁皇帝實錄》同日做了記載[1441]。熊一瀟為江西南昌人，康熙三年（1664年）甲辰科進士[1442]，以右通政於康熙二十年（1681年）五月甲戌（二十二日）[1443]，遷順天府府尹。張吉午未升順天府府尹，卻授

左僉都御史[1444]。但是，在廷議補授太僕寺正卿員缺時，張吉午再次受到大學士明珠之旁白：

大學士、學士隨捧折面奏請旨：為吏部補授太僕寺正卿員缺，開列通政司左通政張可前、大理寺少卿榮國祚事。上問曰：「爾等雲何？」大學士明珠奏曰：「臣等滿、漢公議，張可前與張吉午才具相同，張吉午已升僉都御史，張可前似亦可用。」上從之。[1445]

康熙二十一年（1682年）六月，張吉午以左僉都御史[1446]，升任順天府府尹。《清聖祖仁皇帝實錄》記載：

升左僉都御史張吉午，為順天府府尹。[1447]

此事，康熙《順天府志·政事·府尹》記載：

張吉午，鑲藍旗人，貢士，康熙二十一年六月任。[1448]

順天府府尹張吉午在任四年半，於康熙二十五年（1686年）十二月，升為通政使：「升順天府府尹張吉午，為通政使司通政使。」[1449]一年零二個月之後，張吉午以原官休致：「以通政使張吉午，衰老失職，命原官休致。」[1450]

張吉午從順治六年（1649年）貢士，至康熙二十七年（1688年）休致，仕途幾四十年，其主要政績在順天府府尹任上。張吉午政績卓著者兩端：其一是勤政敏事，疏報府情民瘼；其二是興文重教，纂修《順天府志》。

順天府府尹張吉午，勤敏政事，忠直耿介，屢疏府情民瘼。現存《順天府志》中四疏：

第一，《請盛興教化疏》。他於康熙二十一年（1682年）六月十二日上任，十一月初十日即上此疏。疏稱順天為首善之地，應「厚風俗，正人心」，復行「鄉飲酒禮」[1451]。同月十四日，即奉旨依議。此疏、旨《清聖祖仁皇帝實錄》和《康熙起居注冊》均未載。

第二，《請豁年遠無徵地價疏》。大興、宛平積欠未完地價銀一千八百二十三兩四錢八分，縣民「自遭地震，房頹戶塌，殘喘老幼，皮骨

僅存，委系追無可追，變無可變」[1452]。他「為民哀，懇援赦」。上疏康熙二十一年（1682年）十一月十七日題奏，十九日「奉旨依議」。此疏、旨《清聖祖仁皇帝實錄》和《康熙起居注冊》俱未載。

第三，《請換貢院號房瓦椽疏》。貢院號房，士子試場，年久失修，下雨滴漏。前任府尹魏象樞、徐世茂「咸以節省錢糧，暫行停止具題」[1453]。他親自巡察，題請修葺。康熙二十三年（1684年）十二月初三日具疏，初五日「奉旨依議」。此疏、旨《清聖祖仁皇帝實錄》和《康熙起居注冊》亦俱未載。

第四，《請停圈民地疏》。張吉午援引大興、宛平、東安、香河、永清、文安諸縣令申稱：「圈地以來，民失恆產，零星開墾，旋墾旋圈。」[1454] 題請永免圈取民地。但此疏遭戶部議駁。康熙二十四年（1685年）四月初九日，康熙帝御瀛臺門聽政，《起居注冊》載述此事：

戶部題順天府府尹張吉午疏請，自康熙二十四年起，凡民間開墾地畝，永免圈取。議不準行。上曰：「凡民間自開田畝，毋許圈取，久已有旨。今若圈與旗下，恐致病民。嗣後百姓自開田畝，永不許圈。如有應給之處，著以戶部現存旗下多餘田地給發。」[1455]

《清聖祖仁皇帝實錄》《康熙起居注冊》《八旗通志》[1456]《養吉齋叢錄》[1457] 等官私要籍，俱著摘錄。但此疏全文，極為罕見，茲附文末，以便稽考。張吉午《請停圈民地疏》，雖獲康熙帝特旨允行，卻埋下招怨遭訾種子。《順天府志》未能梓行，抑或與此有著關聯。

順天府府尹張吉午，興舉學校，重視教化，纂修《順天府志》。其重文興教之一舉，是主持纂修《順天府志》。但原書未署纂修者姓名，推斷《康熙順天府志》的纂修者，基於以下史實與義理：

第一，修撰《順天府志》值張吉午官師順天之時，他當為主持纂修者。

第二，其前萬曆《順天府志》與其後光緒《順天府志》，均由府尹主持纂修，《康熙順天府志》當不例外。

第三，張吉午一向勇於任事、倡興文業，時纂修府志，必躬自主持。

第四，志中收錄大量針砭時弊奏疏，同張吉午的宦跡、品格相通。

第五，府志卷八《奏疏》最後著錄張吉午四疏，均無頁數，顯系添加，旁證其主持此書之修纂。

第六，康熙帝以順天府府尹「職任緊要」，旨授慎重，且幾次御門聽政議及他，又經反覆考察，不信權相明珠「其人亦無才幹」之詞，而升其為京師府尹。緣此知遇，府志稿就，繕正呈覽者，似只應是張吉午。

綜上六項，可以定斷：順天府府尹張吉午是《康熙順天府志》的纂修者。

二

《康熙順天府志》的版本，是需要探討的問題。

《康熙順天府志》一部，現為北京圖書館善本部庋藏，存卷二至卷八，凡七卷，七冊。本書為白綿紙，黃綾封面，絲線原裝，書籤題「順天府志」。書每頁長三十六點五釐米，寬二十三點五釐米，版框木刻，印欄黑格，四周雙邊，單魚尾，版心刻「順天府志」四字，並標卷數、頁數。本書半葉十行，行二十字，小字雙行、行二十字，共八百四十七頁，約三十三萬八千八百字。全書仿刻精寫，筆畫工整，酷似刻本。書中「皇」字頂格，「世祖」、「今上」抬行。全書凡遇「玄」字皆諱，如第三卷第五四頁玄寧庵、玄極庵，同卷第六四頁玄帝廟等；凡遇帶「玄」偏旁之字亦皆諱，如第六卷第三四頁王金弦、第四七頁朱弦、第五四頁施炫和陸炫、第七八頁馬玹、第九一頁範鐵鉉、第一〇七頁許應鉉、第一三一頁朱景鉉等。但是，不諱「胤禎」二字，如第六卷第十六頁高辛胤、第二〇頁楊寶胤、第五九頁魏象胤和第七六頁王鼎胤等。同書皆不諱「弘」字，如第六卷第三二頁紀弘謨、第三七頁汪弘道、第四八頁包弘、第五七頁陸弘賢、第一二六頁張志弘、第一三四頁汪弘、第一三五頁王弘祚、第一五〇頁姬弘基、第一八六頁周弘道等。

《康熙順天府志》的版本，皆著錄為抄本或鈔本。諸如：

張吉午與《康熙順天府志》

北京圖書館在本書的書封簽註:《康熙順天府志》,史部地理類,清康熙張吉午纂修,清康熙抄本[1458]。《北京圖書館古籍善本書目》亦載:「《〔康熙〕順天府志》,八卷,清張吉午纂修,清康熙抄本。」

朱士嘉《中國地方志綜錄》(增訂本):《順天府志》,纂修人張吉午,康熙二十四年鈔本[1459]。

馮秉文主編《北京方志概述》:《康熙順天府志》「避玄燁諱,不避胤禛、弘曆,內容記事至康熙二十四年,當為康熙間抄本」[1460]。

《中國地方志聯合目錄》載記:「《〔康熙〕順天府志》八卷。(清)張吉午纂修,清康熙抄本。」[1461]

王燦熾《北京地方歷史文獻述略》記載:「《〔康熙〕順天府志》,現存的是康熙二十四年(1685年)的抄本,黃皮大字。」[1462]

上引諸見,俱斷言《康熙順天府志》為抄本。誠然,就版本學來說,抄本是相對刻本而言。由是,抄本的含義相當寬泛。而界定《康熙順天府志》為抄本,雖能夠說明這是一部非雕印的手抄之書,但不能區別於其他傳抄之書,尤未能準確地表述其版本特徵。似應當將《康熙順天府志》的版本,加以確切地、而不是籠統地界定。我認為,《康熙順天府志》是恭繕呈覽待梓之繕寫正本,即呈寫正本,理由如下:

其一,抄本是相對刻本而言的版本。抄本的界定有廣義與狹義之分,廣義指手抄之書,狹義指傳抄之書。前者,乾隆帝《四庫全書總目聖諭》曰:「其有未經鋟刊,只系鈔本存留者,不妨繕錄副本,仍將原書給還。」[1463] 此為廣義手抄之書。後者,李清照《金石錄後序》曰:「獨余少輕小捲軸書帖,寫本李、杜、韓、柳集,《世說》《鹽鐵論》。」[1464] 此為狹義手抄之書。但近代以來,抄本泛蘊狹義傳抄之書。

其二,近代抄本常指轉抄之書。《辭海》釋「抄本」云:「宋以後,雕版雖已盛行,但有些比較專門、不甚著名而需要不廣的著作,仍靠傳抄流通,因此,抄本圖書一直為研究工作所重視。」[1465]《圖書館學情報學辭典》釋「抄本」亦云:「根據底本(不論其為寫本或刻本)傳錄而成的副本,故又稱傳

抄本。」[1466] 上述兩例，雖屬兩家之言，但表明近代以來，「抄本」的概念逐漸地由廣義向狹義轉化。

其三，《康熙順天府志》每頁俱為木刻版框，黑格印欄，四周雙邊，有單魚尾，字跡工整，端正劃一，酷如鐫刊，故不是傳抄之書，而似呈覽後按式離版之底本。

其四，現存《康熙順天府志》，凡七卷，其第二卷為「地理」、第三卷為「建置」、第四卷為「食貨」、第五卷為「典禮」、第六卷為「政事」、第七卷為「人物」、第八卷為「藝文」，內容完整，但卷序闕一。推其原因，或為獨闕卷一，預留承旨，離刻聖藻，以示尊崇。如系轉抄本，當自卷一始，不必卷二起抄。

其五，書藏北京圖書館善本部，而北京圖書館最初為清宣統元年（1909年）學部奏建的京師圖書館。《康熙順天府志》書末有「京師圖書館藏書印」。京師圖書館的館藏冊籍，遠溯至南宋緝熙殿、明文淵閣和清內閣大庫。本書的收藏源流表明，它成書後，恭繕呈覽，因故留中，藏之內庫，而未鐫刊。

其六，呈寫正本，史有先例。呈寫正本是寫本的一種。寫本，亦「特指抄本中字體工整的本子」[1467]。但呈寫正本，更為規範。「呈寫正本」作為版本學的名詞，史有所載。《安徽通志》修輯告竣後，繕寫正本呈覽。史載如下：

諭內閣：鄧廷楨奏創修安徽省志告成一折，安徽自分省以來，未經輯有通志。道光五年，陶澍奏準予限纂輯。現據鄧廷楨奏稱，業經修輯完竣，並繕寫正本呈覽。此書由陶澍具奏創修，鄧廷楨督辦蕆事，陶澍、鄧廷楨均著加恩交部議敘。[1468]

可見，修輯完竣之《安徽省通志》，鐫刊之前，恭繕呈覽，是為呈寫正本。

綜上，現存《康熙順天府志》是修竣呈覽繕寫正本，而不是鐫刻刊本，也不是繕錄副本，更不是傳錄抄本。呈寫正本是《康熙順天府志》區別於其他古籍抄本之版本特徵。其特點：一是呈覽，二是繕寫，三是正本，四是仿刻。所以，我認為：今存《康熙順天府志》是呈寫正本。

張吉午與《康熙順天府志》

三

今存《康熙順天府志》，不僅是呈寫正本，而且是世間孤本。

在明代，以順天府為名的志書有二，即《永樂順天府志》和《萬曆順天府志》。然而，北京自元代成為全中國政治中心以來，其最早的志書為《析津志》（又稱《析津志典》）。但它早已散佚，經北京圖書館善本組諸先生累年搜求，擷采索輯，成《析津志輯佚》，於1983年由北京古籍出版社出版。爾後，明初之《順天府志》，凡二十卷，未刊已佚，幸被錄入《永樂大典》卷四千六百四十四至四千六百六十三，清乾隆間有人從《永樂大典》中輯出其卷七至卷八，共兩卷；清光緒間繆荃孫又從《永樂大典》中輯出其卷七至卷十四，共八卷[1469]。以上所輯，僅為其原書的百分之四十。而《萬曆順天府志》，《四庫全書總目·〈順天府志〉提要》載：「《順天府志》六卷，明謝傑撰，沈應文續成之。」[1470] 後人評曰：「明萬曆有志，簡率未備。」[1471] 有人誤將《康熙順天府志》作《萬曆順天府志》，致北京圖書館善本部在其卷二書封上特識簽註：

按，此書事實都至康熙二十四五年，前油印書目據《光緒順天府志》原奏稱，《順天府志》自前明萬曆癸巳年府尹謝傑等修輯後，迄今並未續修，誤作萬曆謝傑修者，今查明更正，認為康熙年修，特此備查。[1472]

所以，明代兩部《順天府志》，雖其價值不容低視，但或闕佚，或疏略，與北京的歷史與地理之實情差距甚遠矣。

在清代，以順天府為名的志書也有二，即《康熙順天府志》和《光緒順天府志》。然而，《康熙順天府志》既未插架，亦未留傳。光緒十一年（1885年），直隸總督、府志監修李鴻章稱：

前代志順天者，僅有謝傑、沈應文之書，草創荒略。皇朝宅京垂三百年，文軌大同，天下郡縣皆有志，而京府尚闕，非所以昭首善也。[1473]

署順天府府尹、府志總裁沈秉成亦序曰：

《燕京志》《析津志》佚矣。明洪武《北平圖經》，其書亦佚，僅見之《永樂大典》卷八千四百二十平字韻。《文淵閣書目》暑字號《北平圖志》，或即一書。又載舊志二冊，又往字號載《順天府志》一冊，書皆不傳。傳者萬曆間謝傑、沈應文志六卷，非略即舛，殊難考徵。我朝宅京二百數十年來，志尚闕如。[1474]

博學廣識的繆荃孫在纂修《光緒順天府志》時，曾徵引書目凡八百九十二種[1475]，而《康熙順天府志》闕錄。

在清代公私書目中，《康熙順天府志》均未見著錄。前已述及，此志久藏宮中，未曾刊刻，不見著錄，睹者絕少，在清代已是罕見之書。但在清末民初，《康熙順天府志》由內閣大庫流入京師圖書館，後嬗入北京圖書館善本部。

北京圖書館善本部所藏之《康熙順天府志》，或為海內孤本，尚難做出定斷。這需要在全國地方志普查和善本書普查後，方能做出結論。

全國地方誌的普查工作始於1975年。由中國科學院、教育部、國家文物局等單位，會同有關科學研究機構、高等院校、圖書館和博物館等組成普查組，對全國的地方志進行普查。歷時七年，編成《中國地方志聯合目錄》。此目錄的編修經歷了多次反覆的過程：「一九七六年，我們先以朱士嘉先生一九六二年修訂的《中國地方志綜錄》為藍本，印發給各有關單位與實際館藏進行核對，並且補充和修改；一九七七年秋至一九七八年春，編者們經過兩次集中，根據各單位的核對結果，按照共同制訂的編例，重新考訂、著錄，編輯成《中國地方志聯合目錄》（初稿）。以後又將目錄的初稿再次印發給各參加單位進行核對；編者又根據各單位的修改補充意見，並參考上海圖書館、中央民族學院圖書館、天津市人民圖書館等單位新編的地方志目錄」[1476]，進行了複查和修訂。該目錄著錄其時中國大陸三十個省、市、自治區的一百九十六個公共、科學研究、高校圖書館和博物館、文史館、檔案館等所收藏的地方志，僅見北京圖書館善本部收藏有《康熙順天府志》。此後，中國大陸兩千餘個市、縣全面展開纂修地方志的工作，又一次對地方志進行了普遍的調查。與此同時，為編纂《中國善本書目》，中國大陸又對善本書

張吉午與《康熙順天府志》

之收藏進行了聯合調查。以上地方志和善本書的普查，是自乾隆帝纂輯《四庫全書》以降，二百多年來時間最長、範圍最廣、核對最細的普查，但均未見其他單位收藏《康熙順天府志》。至此，可以得出一個結論：《康熙順天府志》是海內孤本。

但是，《康熙順天府志》海內屬孤本，並不等於海外無藏本。有的善本書，海內雖無，海外卻有，如《嘉靖通州志略》國內無書，卻在日本尊經閣文庫獨藏。所以，要對海外《康熙順天府志》之收藏實情進行查證。在美國，朱士嘉先生編著美國《國會圖書館中國地方志目錄》，《康熙順天府志》未予著錄[1477]。我 1989—1990 年赴美講學期間，在美國國會圖書館同中文部王冀主任、居密博士查詢此書，該館確未庋藏。又在哈佛大學、耶魯大學、哥倫比亞大學、印第安納大學、夏威夷大學、加州大學等諸圖書館及其他圖書館查閱中國地方志目錄，亦概未著錄《康熙順天府志》。在歐洲，筆者透過其他途徑查詢，亦未見著錄《康熙順天府志》。在日本，除有人已查閱日本的中國地方志聯合目錄外，我 1987 年赴日本，曾在東洋文庫看書，並查閱日本收藏中國地方志的目錄，未見著錄《康熙順天府志》。

在臺灣，除有人已核閱臺灣公藏地方志聯合目錄外，我 1992 年赴臺灣，對中研院史語所圖書館、臺北故宮博物院文獻處和臺灣「中央圖書館」等進行查詢，均未見著錄《康熙順天府志》。此外，我對香港大學、香港中文大學和澳門大學的圖書館均做過查閱，亦未見收藏《康熙順天府志》。

至此，似可以說：《康熙順天府志》不僅是海內孤本，而且是世間孤本。

綜上，可以得出結論：《康熙順天府志》是世間孤本。

四

《康熙順天府志》的內容。

《康熙順天府志》成書於康熙二十四年（1685 年）。其收錄的志料，上起《召誥》，下至《請停圈民地疏》。全書下限的志料為最近的府丞：「王維珍，

鑲藍旗人,進士,康熙二十四年九月任。」[1478]因此,康熙二十四年(1685年)九月,是本書完稿的下限時間。

《康熙順天府志》標八卷,闕卷一。前文已述,所闕僅為本書序號,無礙於體例與內容。所以,它實際上是七卷,內容完整。全書七卷,分為七志——地理志、建置志、食貨志、典禮志、政事志、人物誌和藝文志。每志首列,志類小言,四字一句,挈領提綱。全書七綱五十三目,分裝七冊,其冊卷結構,列表於下。

冊序	卷序	分目	頁數	頁行	行字	字數
1	2	7	81	20	20	32400
	3	8	77	20	20	30800
2	4	2	36	20	20	14400
	5	2	4	20	20	1600
3	6	5	322	20	20	128800
4						
5	7	15	175	20	20	70000
6	8	14	152	20	20	60800
7						
合計	7	53	847	—	—	338800

《康熙順天府志》自卷二至卷八,內容梗概,略作分述。

卷二志地理:疆域、形勝、山川、風俗、物產、古蹟、陵墓,凡七目。

卷三志建置:沿革、城池、公署、學校、壇、廟宇、郵舍、關梁,凡八目。

卷四志食貨:戶口、田賦,凡二目。所列戶口和田賦,保存了清初京畿州縣重要的史料。茲以今北京疆域範圍,將其中大興、宛平、良鄉、通州、房山、平谷、昌平、順義、密雲、懷柔的戶口資料,列表統計於下。

張吉午與《康熙順天府志》

	原額		實在		續入原額（丁數）	實在（丁數）
	戶數	丁口	戶數	丁口		
大興	15163	71797	15163	71007	4136	2892
宛平	14441	61215	14441	62067	14030	11064
良鄉	2900	13707	2901	14806	1844	2563
通州	3896	18507	3687	12954	5042	1289
房山	1829	10297	1348	30647	5005	3869
平谷	1203	8096	1807	5344	5444	2796
昌平	3680	16946	2990	15473	1177	2413
順義	1247	12477	1247	12966	11716	2711
密雲	1647	16447	1647	17051	16553	8332
懷柔	1026	6642	1020	7316	3872.5	1730
合計	43032	236131	46251	249631	68819.5	39659

以上十州、縣的田賦、丁銀資料，列表統計於下。

	原額田賦		實存田賦		人丁征銀			地丁共征銀（兩）
	民屯牧地（畝）	征銀（兩）	實在田地（畝）	征銀（兩）	原額人丁（丁）	實在人丁（丁）	共征銀（兩）	
大興	190963	7390	554650	3822	4136	2892	1203	5025
宛平	327256	9485	144587	4069	14030	11064	3822	7892
良鄉	291824	13415	192557	3952	1844	2563	369	4321
通州	573176	16079	194823	3577	5042	1289	140	3717
房山	176737	11095	120855	5715	5005	3869	806	6521
平谷	112430	5362	66531	1310	5444	2796	680	1991
昌平	288870	8651	180431	4701	1177	2413	684	5395
順義	248688	13069	127980	2613	11716	2711	522	3136
密雲	273343	7623	166952	3172	16553	8332	1746	4918
懷柔	139222	6764	64095	1917	3872	1730	554	2472
合計	2622509	98933	1813461	34848	68819	39659	10526	45388

表中所列的原額田，指原額民屯牧地；實存田，指除圈占、投充帶去地畝外，實在存剩撥補、香火、新舊開荒等地；原額人丁，指原來額定的人丁；實在人丁，指經編審實在行差的人丁。從表中可以看出：約今北京地區

的土地，自順治元年（1644年）至康熙二十四年（1685年），實存田地比原額田地減少八十萬九千零四十八畝，比原額田地減少百分之三十點八——主要是八旗圈占和投充帶去的田地；此期人丁減少二萬九千一百六十，比原額人丁減少百分之四十二點四——主要是漢人投充和逃走死亡的人丁。另從書中保定、固安、永清、東安、香河、三河、武清、寶坻、涿州、薊州、玉田、遵化州、豐潤、霸州、文安、大城共十六州、縣統計資料（統計表從略）可以看出：實存田地比原額田地減少二百零五萬五千六百三十一畝，比原額田地減少百分之三十五；此期人丁減少四萬四千六百四十，比原額人丁減少百分之三十一點三。綜上，清順天府屬六州二十縣，自順治元年（1644年），至康熙二十四年（1685年），實存田地比原額田地減少二百八十六萬四千六百七十九畝，比原額田地減少百分之二十五點一；此期人丁比原額人丁減少七萬三千八百，比原額人丁減少百分之二十八點三。

卷五志典禮：經費、祀享，凡二目。其經費項內，詳列官吏俸銀：知縣六十兩，縣丞四十五兩，典史三十一兩，伕役六兩等。

卷六志政事：歷官、職掌、名宦、武備、徭役，凡五目。

卷七志人物：征辟、進士、舉人、貢生、鄉賢、理學、忠貞、功業、廉直、儒林、孝義、節烈、流寓、隱逸、仙釋，凡十五目。全書的《人物誌》共載錄五千三百五十人，或詳或略，可資參酌。其人物分類統計，詳見下表。

	征辟	進士		舉人		貢生	鄉賢	理學	忠貞	功業
		明	清	明	清					
人數	5	956	304	1128	728	1730	72	7	68	111

	廉直	儒林	孝義		節烈		流寓	隱逸	仙釋	合計
			孝子	義士	節婦	烈婦				
人數	29	35	12	13	68	46	11	9	18	5350

卷八志藝文：御製文、冊文、古誥、奏疏、議、論、書、序、記、傳、箴、贊、賦、詩，凡十四目。其文體分類統計，列表於下。

張吉午與《康熙順天府志》

文體	御制文	冊文	古誥	奏疏	議	論	書	序	記	傳	箴	贊	賦	詩	合計
篇數	11	1	1	23	2	3	3	1	11	1	1	1	1	96	156

藝文志中的奏疏，其重要價值，將在下節中討論。

五

《康熙順天府志》中的「奏疏」，凡二十三件[1479]。其前《萬曆順天府志》之《藝文志》，列碑刻與題詠二目；其後《光緒順天府志》之《藝文志》，列紀錄順天事之書、順天人著述和金石三目，均未著錄「奏疏」。《康熙順天府志》所列「奏疏」，不畏時諱，文字犀利，針砭政弊，頗具膽識，成為本書價值與特色之焦點。且所錄「奏疏」，為《清世祖實錄》《清聖祖仁皇帝實錄》[1480]《康熙起居注冊》和《皇朝經世文編》等所未編錄，極富史料價值，學人應予珍視。書中所列「奏疏」，依其內容，略加評述。

圈占房屋是清初順天之一弊政。八旗官兵及其眷屬進入北京後，將原京師內城民人全部逐出，迫令其遷入外城住居，原住房或拆或賣，造成社會震盪。魏象樞上《小民遷徙最艱疏》言：

南城塊土，地狹人稠，今且以五城之民居之，賃買者苦於無房，拆蓋者苦於無地。嗟此窮民，一廛莫愁，必將寄妻孥於何處乎！……民間賃買房屋，爰有定價，近聞鬻房之家，任意增加，高騰數倍，勢必至罄家所有，不足以卜數椽之棲，則遷者更多一苦矣。[1481]

此疏勾勒出清初京師內城民人遷徙外城住居的悲苦萬狀的畫圖。

圈占土地是清初順天之二弊政。順治定鼎燕京，即諭令圈占京畿土地，分給八旗官兵。順天地處王畿，圈占土地尤烈。雖順治四年（1647年）、十年（1653年）諭禁圈撥土地，但仍屢圈不止。郝惟訥《條陳圈地疏》言：

邇年以來，有因旗下退出荒地，復行圈補者；有自省下及那營處來的壯丁，又行圈撥者；有各旗退出荒地召民耕種，或半年或一二年青苗成熟，遇有撥補復行圈去者；有因圈補之時，將接壤未圈民地取齊圈去者。以致百姓

失業，窮困逃散。且不敢視為恆產，多致荒廢。而旗下退出荒地，復圈取民間熟地，更虧國賦。[1482]

郝惟訥「圈取民地，永行停止」之疏請，未載「奉旨依議」，亦未著實停圈，致引出前文所析，康熙二十四年（1685年）張吉午《請停圈民地疏》。

漢人投充是清初順天之三弊政。投充是指民人投到旗下充作奴僕，有強逼者、也有自願者，有貧寒者、也有富厚者。投充弊竇不勝枚舉，賣身挾詐僅為其一。郝惟訥《請杜賣身挾詐疏》言：

近日多有無賴之徒，一入旗下，便指稱妻子在某家寄居，田地、財物在某處坐落；或本人私自回籍，或主人代為控告。及至原籍，借端詐害。[1483]

書中，未載「奉旨依議」。

督捕逃人是清初順天之四弊政。奴僕逃亡，數月之間，幾至數萬，事態嚴重。順治三年（1646年）五月，嚴申隱匿滿洲逃人從重治罪：「逃人鞭一百，歸還本主；隱匿之人正法，家產籍沒；鄰右九、甲長、鄉約，各鞭一百，流徙邊遠。」[1484] 是法過於嚴酷，尤涉甲長鄰右，章雲鷺《請別逃人之地鄰情罪疏》言：

至於窩隱之罪，總由窩犯一人。其十家長、地方兩鄰，皆系牽連無辜。而不肖官吏，因之為貨。有一窩犯，即將住址數里之內，蒐羅殷實者，概言收禁，飽欲而後縱之。[1485]

此疏，書中亦未載「奉旨依議」。

文字之獄是清初順天之五弊政。清興文字之獄，勝於前代諸朝。朝廷查禁「邪說悖詞」，群小告訐，刁誣成風。郝惟訥《請杜告首詩文疏》言：

無賴之徒，借端傾害，地方光棍，乘機詐索，或摘拾一二字句，或牽引舊日詩文，甚且以自己之私作，假他人之姓名，轉相謀陷者，亦復不少。[1486]

宵小告首，閭閻不安。本書篇內，未見「依議」。

內院訪役是清初順天之六弊政。明朝錦衣，恣行京師，廣竊事權，巧於捏造：「或誘人妄首，引之成詞；或窺人厚藏，詐之使賄；或以無為有，私

張吉午與《康熙順天府志》

拷示威；或以是為非，飽囊賣法。勢之凶橫，如虎如狼；計之羅織，如鬼如蜮。」張國憲在《亟禁訪役疏》中，痛斥明朝廠衛上述罪行外，疏言內院訪役：

臣等辦事科中，間有緝事員役，在內院門首，訪察賜畫。夫賜畫特典也，內院重地也，有何弊端，容其緝訪！內院有可訪，則在外有司，何所不至哉。此而不禁，弊將更甚前朝矣！[1487]

同樣，書中亦未載「奉旨依議」。

抑漢揚滿是清初順天之七弊政。「首崇滿洲」是清廷之國策。京師為輦轂之地，滿漢雜處，崇滿抑漢，尤以為甚。滿漢同官不同品，同職不同權，同績不同遷，同罪不同刑。書中收錄蔣超《請酌復進取舊額疏》，上言滿、漢生員同試不同取：

最苦者順天一府，向時止是漢人考試，每次尚入一百二十名。今增入八旗滿洲、蒙古、漢軍，以千餘名之童生，共取六十五名，人多數少，進取萬艱。[1488]

郝傑則疏言既敬滿、又禮漢：「如滿洲[1489]貴人，宜辨章服、別儀從，使漢人望而起敬；即漢官大小，亦宜辨章服、別儀從，使滿人亦見而加禮。」[1490]

文物破壞是清初順天之八弊政。清初八旗兵入京後，文廟、國子監、府學等均遭到不同程度的破壞。侍讀學士薛所蘊《請頒清字禁約疏》言：文廟和國子監之「廟廡傾圮，堂齋頹廢，不蔽風雨，心竊傷之」。經府尹、紳士捐資修葺，皆已改觀。但是，擅自破壞，不能禁止：

學宮左右，居住滿州〔洲〕舊人，比屋連牆，私開便門，往來行走。及兒童婦女，任意作踐。有修葺未畢，而旋經拆毀者。臣屢制止不能，乃移文禮部，請給清字告示。[1491]

上疏奉旨，嚴行禁飭；拆毀作踐，禁約不止。順天府府尹王登聯再上《請禁約疏》言：

牆垣俱無，廡門全毀，廟廡左右，多被鄰兵旗下人等，侵占基址，擅開門戶。且無知人等，拆毀攪擾，恣意作踐。雖有禁約，無所責成。[1492]

此疏，禮、工二部俱覆，「奉旨依議」。

治安不靖是清初順天之九弊政。科試盛典，士子群集，生員事竣出場，帽氈筆硯等物，盡被搶去。高爾位《貢院禁止搶奪疏》言：

朝廷取士之巨典，士子濟濟千里，跋涉匍匐而至。十五日三場事竣，忽有多士齊至公堂，口云：「場外搶奪，不敢出場，討役護送」等語。臣以為輦轂之地，咫尺天威，焉有不法之徒，輒敢公然無忌，橫行於白晝乎？少頃，場外喧聲，乃廣平府曲周縣生員王澤遠、滄州生員戴王綱也，帽、氈、筆、硯等物，盡被搶去。[1493]

科試貢院治安尚且如此，京師秩序混亂可見一斑。

清初有六大弊政，即剃髮、易服、圈地、占房、投充和捕逃。上列疏言所譏刺，除剃髮和易服外，還有文字之獄、訪役緝查、滿漢不協、文物破壞、治安不靖等。但是，有些弊政，頗為帝諱，緘封民口，嚴禁上疏。順治帝頒諭，禁止疏奏五事：「有為剃髮、衣冠、圈地、投充、逃人牽連，五事具奏者，一概治罪，本不許封進。」[1494]旨詞嚴切，聖怒難犯。然而，諸大臣勇於上疏，張吉午敢於錄疏，其責任感，其高風節，殊為可貴，青史永垂。

六

清張吉午纂修的《康熙順天府志》，具有多方面的重要價值。

《康熙順天府志》於方志學史是一部承上啟下的接軌性之作。其上的《萬曆順天府志》，謝傑、沈應文、譚希思修，張元芳纂，凡六綱三十四目，六卷，五百六十七頁，頁十八行，行二十字，約二十萬四千一百二十字，萬曆二十一年（1593年）雕梓。其下的《光緒順天府志》，周家楣、繆荃孫編纂，凡十一綱六十九目，一百三十卷，約三百餘萬字，光緒十二年（1886年）梓行。而《康熙順天府志》，從綱目、卷字、內容等方面，都比《萬曆順天府志》為詳，而較《光緒順天府志》為略。它上距《萬曆順天府志》約百年，下距《光

張吉午與《康熙順天府志》

緒順天府志》亦約百年，恰為兩志中間接軌之作，在方志學史上占有凸顯的位置，具有重要的價值。

《康熙順天府志》於版本學史是稀世之珍。它成書於清康熙年間，已屬善本；又系世間孤本，更屬國寶。且此種版本，頗為罕見。一般寫本、抄本、稿本、底本等，比比皆是，未必俱珍。但《康熙順天府志》為呈寫正本，其繕寫之工，酷似刻本，幾可亂真，故於版本學確為稀世珍寶。

《康熙順天府志》於文獻學具有補闕糾謬的價值。全書所用順天府檔案、金石錄、採訪冊等史料，為修史、證史、纂志、補志等提供了文獻學的依據。其所收志料，有些原檔已毀佚，有些則不見於他書；賴此載體加以保存，已成彌足珍貴之原始性資料。以清順天府府尹為例。《光緒順天府志》在《官師志》中，從順治元年（1644年）至康熙二十六年（1687年），其四十四年間，僅列四位，且多舛誤[1495]，甚至連閻印、熊一瀟、張吉午這樣著名的府尹，均付闕如。而《康熙順天府志》纂修者，依據順天府檔案，詳列清代順天府府尹自首任至二十二任之姓名、身世、任期等。這既填補光緒《順天府志·國朝官師表》之空白，又糾正此書及他書載述之疏誤[1496]。

《康熙順天府志》於北京史填充豐富資料。明末清初記順天之書，孫承澤的《春明夢余錄》和朱彝尊的《日下舊聞》等都是一代名著，但或側重於宮署壇廟，或側重於宮署城苑。《康熙順天府志》則重筆於京師的人口、田賦、徭役、經費、物產等經濟志料，疆域、形勝、山川、關梁、郵舍等地理志料，官制、學校、科舉、人物、詩賦等人文志料，為北京史的研究與修纂提供了無可替代的資料。

《康熙順天府志》於宮廷史學關係至切。清宮在順天府疆域內，順天又為王畿首善之區，順天府志不同於其他通志、府志，它與宮廷有特殊之關係。諸如帝京之城池、朝廷之衙署、禁衛之武備、游幸之園囿、祭祀之壇壝、敕建之廟宇、圈占之房地、供奉之徭役、御製之詩文、殿試之進士，以及出入內廷之僧道、題詠宮苑之篇什等。《康熙順天府志》書成呈覽，留中不發，輾轉傳出，倖存孤本，即其版本特色，亦同宮廷攸關。這表明《康熙順天府

志》，既是研究清代宮史不可或缺之史書，也是研修清朝宮史必備插架之志書。

最後，清順天府府尹張吉午主持纂修的《康熙順天府志》，將順治帝和康熙帝的御製文，全文著錄於卷八《藝文志》之首，又將觸礙時諱的奏疏，全文著錄於卷八《藝文志》之內。此其兩舉，突破時例，體現了張吉午府尹可貴的民本思想。這必然在書成之後，引起朝廷官宦異議。呈覽留中，未能雕刊。至翌年冬十二月，張吉午遷通政使。此書也就無人過問，塵封長達二百餘年。然而，事出意外，否極泰生。張吉午纂修的《康熙順天府志》，呈寫正本，孤本塵封，成為中華古籍中的一顆珍珠，也成為人類書庫中的一塊瑰寶。

附錄：

請停圈民地疏

張吉午

題為經國必先體〔草〕野墾植，宜籌實濟，謹籲管窺，仰祈睿鑒事。竊思：「邦以民為本，民以食為天。」此王政之首正經界，而次課桑麻者。其經國之道要，惟切切於體恤草野而已。今我皇上，深仁厚澤，已遍陬隅。然猶御駕親巡，省方問俗，不使一夫不遂、一物失所。至矣，愛民之心，上媲五帝；大哉，宜民之德，遠軼三王。臣荷聖恩，智術莫補，一寸蟻丹，凜遵睿念，因勸民墾荒植樹，期與所屬州、縣，共相鼓勵。於正月十四日，嚴檄通行。去後，今據：

大興縣知縣張茂節申稱：「圈撥地畝，勢不容已。則有新舊寄留、私買、私賣、入官、退出等地焉。惟開墾、清查二項，原屬民業，若盡圈撥，民皆失所。必請停圈，庶肯爭先墾植。」

又宛平縣知縣王養濂申稱：「近畿之地，盡歸大圈。至於節年開墾，其中有零星連合成畔者，民種不一二年，又盡圈無遺。嗟此小民，血汗徒勞。為今之策，必將開墾首報之地，請停圈給，庶墾荒植樹之美政，方能責其子來。」

又東安縣知縣吳兆龍申稱：「自經圈地，民失恆產。後奉俞旨，永行停圈。百姓踴躍，用力開墾。後於康熙十六年，又奉恩旨，民間開墾隱漏地畝，悉於限內，許民首認，免其應得之罪，並免從前錢糧。民又鼓舞首認，並無遺漏。則此項開荒查出地土，實皆民力自墾之地，窮民滿望子孫世傳養命。乃自康熙二十三年，將節年開墾查出等地，圈給旗丁。又誰肯開荒植樹，以候圈撥！」

又香河縣知縣韓鎬申稱：「自順治初年，房地盡圈，民失恆業。後奉俞旨，永行停圈。百姓思歸，遂將夾空老荒等地，節年墾種。康熙十六、十七、十九等年，又奉聖旨，民皆鼓舞首認，以為世傳養命之產。自康熙二十二、二十三兩年，將開墾查出等地，圈給旗丁。今雖民願墾植，而實畏圈撥。」

又永清縣知縣陳國祝申稱：「永邑自圈地以來，民失恆產。零星開墾，旋墾旋圈。誰肯再負資本！」

又文安縣知縣萬聯捷申稱：「民苦圈撥，懇將開墾完糧等地，概請停圈。庶民有恆產，自勤墾植。」

各等情到，臣余申同情，不敢盡瑣。該臣看得圈地給旗，寓兵於農，國家定製，實為盡善。至於開墾良法，遵行已久；但圈給與開墾不相關礙而後可也。夫開墾原非易事，竭力於窪淤沙礫之區，措辦以牛種籽粒之費，積血本苦工，方漸成熟土。一旦圈去，產業仍無。故雖墾法行，而無實濟也。今海宇已盡昇平矣，臣閱各申，欲以各州、縣之曠土，聽各州、縣之民，隨便開墾，照例起科，墾旁隙地，遍植榆、柳、果、木之類，力周地利，悉可資生。請自康熙二十四年起，凡開墾查出等地，概使各為世業，永行停圈。若有旗丁，例應圈給，俱於退出、丈出、入官、寄留等地，分給應給之人。夫然後旗丁、百姓，各得其所，而窮困安心，奮先墾植。將見阡陌連延，桑麻蔥翠，群黎咸樂，比屋可封。擊壤鼓腹之風，皥皥於今；而光天化日之治，綿綿於萬世矣。臣為國本民生其見，冒昧管窺，上瀆宸聽。字多逾格，貼黃難盡。仰祈皇上，全賜睿鑒。如果不謬，伏乞敕議施行。

康熙二十四年四月初七日題

清鄭各莊行宮、王府與城池考

北京昌平鄭各莊（鄭家莊）有清康雍乾時期行宮、王府、城池與兵營的遺址。鄭各莊的理王府，曾有書文述及[1497]。但有關鄭各莊城池、行宮的學術論文，經過檢索，幾無所見。因此，清鄭各莊行宮、王府、城池、兵營之興建，史事不明，尚需探討。本文依據滿文檔案與漢文冊籍、實地踏查與民間採訪，加以綜匯，爬梳條理，考證分析，略作考述。

一

康熙帝諭建鄭各莊王府與營房事，最早文獻見於康熙六十一年（1722年）《清聖祖實錄》記載：「朕因思鄭家莊已蓋設王府及兵丁住房，欲令阿哥一人往住，今著八旗每佐領下，派出一人，令往駐防。此所派滿洲兵丁，編為八佐領；漢軍，編為二佐領。朕往來此處，即著伊等看守當差。著八旗都統會同佐領等派往。」[1498] 這裡只說在鄭各莊[1499] 已建王府和營房，而沒有諭及皇城與行宮事宜。

清鄭各莊行宮、王府、城池與兵營，始建於康熙五十七年（1718年）十二月。其最初根據是：筆者最近在臺北故宮博物院查閱康熙和雍正兩朝的滿文檔案，看到有「水漬霉斑」的康熙六十年（1721年）十月十六日，監造鄭各莊行宮與王府工程郎中尚之勛、五十一等四人，聯署的滿文《奏報鄭家莊行宮工程用銀數折》，奏摺中對康熙鄭各莊行宮、王府、城池與兵營興建工程記載詳細，漢譯如下：

監造鄭家莊地方行宮、王府郎中奴才尚之勛等謹奏：為奏聞事。

康熙五十七年十二月內，為在鄭家莊地方營建行宮、王府、城垣及城樓、兵丁住房，經由內務府等衙門具奏，遣派我等。是以奴才等監造行宮之大小房屋二百九十間、遊廊九十六間，王府之大小房屋一百八十九間，南極廟之大小房屋三十間，城樓十間、城門二座、城牆五百九十丈九尺五寸，流水之大溝四條、大小石橋十座、滾水壩一個、井十五眼，修葺土城五百二十四丈，挑挖護城河長六百六十七丈六尺，飯茶房、兵丁住房、鋪子

清鄭各莊行宮、王府與城池考

房共一千九百七十三間，夯築土牆五千三百五十丈七尺一寸。營造此等工程，除取部司現有杉木、銅、錫、紙等項使用外，採買松木、柏木、椴木、柳木、樟木、榆木、清沙石、豆渣石、山子石、磚瓦、青白灰、繩、麻刀、木釘、水坯、烏鐵、磨鐵等項及蓆子、苫箔、竹木、魚肚膠等，計支付匠役之雇價銀在內，共用銀二十六萬八千七百六十二兩五錢六分三厘。其中扣除由部領銀二十三萬七百五十二兩五錢六分三厘，富戶監察御史鄂其善所交銀二千二百二十兩，富當所交銀六百五十兩，原員外郎烏勒訥所交銀一萬兩，員外郎渾齊所交銀一千八百一十兩，順天府府丞連孝先所交銀一萬七千六十七兩八錢三分，並出售工程所伐木籤、秤兌所得銀四千八百八十三兩五分二厘。以此銀採買糊行宮壁紗櫥、繪畫斗方、熱炕木、裝修、建造斗栱、席棚、排置院內之缸、缸架、南極神開光做道場、錫香爐、蠟臺、墊尺、桌子、杌子等項，匠役等所用笤帚、筐子、缸子、水桶等物，以及支給計檔人、掌班等之飯錢，共用銀四千八百六十七兩三錢八分二厘，尚餘銀十五兩六錢七分。今既工竣，相應將此余銀如數交部。為此謹具奏聞。

上駟院郎中尚之勛、營造司郎中五十一、都虞司員外郎偏圖、刑部郎中和順。[1500]

此為孤例，尚需佐證。經中國第一歷史檔案館研究員郭美蘭等查閱，找到康熙五十七年（1718年）此項工程興工的滿文奏摺。這份滿文奏摺為工程樣式的文字說明，包括行宮、王府、城池，營房的間數、長寬、柱高、甬路等數據，大小房屋二千六百四十九間，圍牆、子牆、隔牆、土牆的長、寬、高及城樓、角樓等工程內容。[1501]

由上，康熙鄭各莊行宮與王府等工程，其開工與竣工的滿文檔案，亦始亦終，合掌印證。上述檔案明確記載：

第一，清鄭各莊行宮與王府等工程，康熙五十七年（1718年）開始動工，五十八年（1719年）正月初八日卯時興工，二月初八日未時上樑[1502]。康熙六十年（1721年）十月竣工。

第二，所營建的行宮、王府、兵丁住房、廟宇、城垣及城樓、護城河等工程，其地點在今北京昌平鄭各莊，而不在山西祁縣鄭家莊。

第三，工程包括：行宮房屋二百九十間、遊廊九十六間，王府房屋一百八十九間，南極廟房屋三十間，城樓十間、城門二座、城牆五百九十丈九尺五寸，流水大溝四條、大小石橋十座、滾水壩一個，井十五眼，修葺土城五百二十四丈，挑挖護城河長六百六十七丈六尺，飯茶房、兵丁住房、鋪子房共一千九百七十三間，夯築土牆五千三百五十丈七尺一寸。

第四，鄭家莊原有土城，奏報中「修葺土城五百二十四丈」可資證明。鄭各莊修葺土城和夯築土牆共長五千八百七十四丈七尺一寸。

第五，行宮裡建「nanji」廟，音譯作「南濟」[1503]或「南極」廟。此典最早見於《史記·天官書》和《史記·封禪書》[1504]。在《中文大辭典》裡有：「南極」，系星名，即南極星，就是老人星。崔駰《杖頌》云：「壽如南極，子孫千億。」李白《與諸公送陳郎將歸衡陽》云：「橫山蒼蒼入紫冥，下看南極老人星。」杜甫《覃山人隱居》也云：「南極老人自有星，北山移文誰勒銘。」[1505]因此，應將「nanji」廟譯作「南極廟」，供奉南極星即老人星之神。康熙帝晚年打算住在行宮，休養心身，祈國長興、願己福壽。

第六，康熙鄭各莊行宮與王府等工程花費，實際用銀二十六萬八千七百四十六兩八錢九分三厘。

康熙鄭各莊行宮與王府等建成後，按照前引康熙帝諭旨表明：行宮，康熙帝住；王府，阿哥去住；營房，官兵駐防。清康熙帝為什麼選擇在鄭各莊興建行宮、王府呢？主要原因，析分有六：

第一，歷史因素。明永樂帝遷都北京後，軍事的需要，皇陵的修建，京北地位愈加重要。明宣德四年（1429年），設順天府鄭各莊馬房倉，置大使、副使各一員[1506]。萬曆朝也是如此[1507]。清入關後，仍設鄭各莊倉房、馬廠（場）[1508]。康熙平定「三藩之亂」期間，溫榆河南岸鄭各莊附近的窪地，被征做「皇家御地」，供養馬之用，成為皇家的「御馬房」，時稱「鄭各莊馬房」，至今村西尚有「馬道溝」的地名，便是當年趕馬群去溫榆河邊飲水的通道[1509]。這裡已經建起土城，《康熙昌平州志》稱之為「鄭家莊皇城」[1510]。監造鄭各莊行宮的官員，不僅有營造司郎中，而且有上駟院郎中，說明它同御馬廠（場）的密切關係。鄭各莊至今已至少有五百八十年的歷史。

第二，方輿區位。鄭各莊位於北京市區和昌平縣之間，南距紫禁城、北距昌平城，各約四十里，恰好居中。鄭各莊在北京自永定門、經紫禁城、到鐘鼓樓的子午線即中軸線的延長線上，俗稱在龍脊上。由京師北巡，東面出古北口，西面出居庸關，鄭各莊在這兩條通道的中間。背負居庸，面向京城，「處喉吭之間，寄京師大命」[1511]。所以，鄭各莊的方輿優勝是：借山襟城畔水，天地風光亦佳，地理區位，極為重要。

第三，地近湯泉。清朝皇帝從努爾哈赤開始，經皇太極、順治，到康熙，還有孝莊太后和多爾袞等，一貫重視溫泉。康熙帝尤喜溫泉，「上常臨浴，謂之坐湯」[1512]，溫泉又稱湯泉。湯泉「其水溫可浴而愈疾」，俗稱「聖湯」[1513]。康熙帝賦《溫泉行》，感懷抒情[1514]。溫泉是皇帝保健、治病、休憩、養生的重要場所和有效手段。康熙帝晚年患中風，洗浴溫泉，健身益神。北京附近的溫泉，遵化溫泉、赤城溫泉離京師較遠，昌平溫泉（今小湯山溫泉）在鄭各莊北十里處。鄭各莊以其北鄰湯泉、南距暢春園較近，而成為興建康熙行宮的一個重要原因。

第四，實際所需。康熙帝晚年，身體多病，需要找一個離京城不遠不近的清靜之處，興建行宮，此其一。康熙帝兩立兩廢皇太子允礽後，如何安置他的住處？久住宮內，不是辦法；住在城裡，又怕生事。反覆思慮，精心籌劃，選擇了既離京城較近，又不在城裡的鄭各莊。此其二。他說：「朕因思鄭家莊已蓋設王府及兵丁住房，欲令阿哥一人往住，今著八旗每佐領下，派出一人，令往駐防。」這位阿哥是誰呢？康熙帝沒有言明。雍正帝則說：「鄭各莊修蓋房屋，駐紮兵丁，想皇考聖意，或欲令二阿哥前往居住。」雍正帝揣度皇父遺意，是打算命廢太子二阿哥前去居住[1515]。康熙興建的鄭各莊阿哥王府，設置圍牆、護城河和兵營，帶有高牆圈禁的特點。這既承繼了清太祖以來對犯罪宗室的圈禁懲處，也參酌了明代圈禁犯罪宗室的高牆制度[1516]。

第五，交通便利。鄭各莊位於溫榆河南岸，有渡河碼頭。溫榆河又名榆河，因附近有溫泉，而稱溫榆河[1517]。東漢時「疾風知勁草」的上谷太守王霸，從溫水引漕，通水上運輸[1518]。溫榆河在通州與通惠河匯流，再匯北運河，與京杭大運河連接；逆流可達沙河，與昌平、居庸交通。透過北運河、

海河，可航聯天津，與海運相通。康熙帝晚年，從暢春園啟鑾走「湯山之道」[1519]到避暑山莊，第一日行程由鄭各莊渡溫榆河，在湯泉駐蹕。乾隆帝第四次奉皇太后南巡，皇太后經水路回鑾，御舟到鄭各莊停泊。乾隆帝「遣額駙色布騰巴勒珠爾赴鄭家莊御舟問安」[1520]。乾隆帝則到三間房奉迎皇太后居暢春園，自居圓明園。鄭各莊以水陸兩路、四通八達的交通優勢，而被選址修建行宮。

第六，熟悉地情。康熙帝晚年，疾病纏身，到避暑山莊、或到木蘭圍場，路途較遠，在離京城不遠的鄭各莊興建行宮，「朕往來此處」，是一個合適的落腳休憩養生的行宮。庶吉士汪灝在康熙四十二年（1703年），隨駕到避暑山莊。他在《隨鑾紀恩》中寫道：「五月二十五日黎明，值微雨後，涼風襲襟，月鉤掛樹，乘輿發暢春園，十二里清河橋。十二里何家堰。五里沙河城……十里鄭家莊。渡河入昌平州界。又十里，抵湯山，駐蹕焉。」[1521]汪灝所記康熙帝的這次巡行，距在鄭各莊興建行宮與王府僅十五年。康熙帝多次到過鄭各莊，並對鄭各莊有所瞭解。康熙帝自暢春園出發，途經清河橋、鄭各莊，渡溫榆河，駐蹕湯泉。返程居住暢春園時，所行御路，也常如是。

由是，康熙帝晚年選擇在鄭各莊興建行宮、王府、城池與營房。

康熙帝曾三次「駐蹕鄭格莊」，即鄭各莊行宮，也就是鄭家莊行宮[1522]。他於六十一年（1722年）十一月十三日，在暢春園病逝，廢太子允礽沒有遷居鄭各莊王府。那麼，鄭各莊行宮、王府、城池與兵營如何使用，留待繼任者雍正帝處理。

二

雍正帝繼位後，鄭各莊行宮與王府怎樣辦？還是臺北故宮博物院藏滿文檔案暨漢文文獻，詳細地回答了這個問題。

康熙六十一年十二月十一日，雍正帝繼位不滿一個月，就封康熙帝廢太子允礽之子弘晳為理郡王：「二阿哥子弘晳為多羅理郡王。」[1523]

清鄭各莊行宮、王府與城池考

弘晳的封王，《朝鮮李朝實錄》有一段記載康熙帝遺言：「廢太子、皇長子性行不順，依前拘囚，豐其衣食，以終其身。廢太子第二子朕所鍾愛，其特封為親王。言訖而逝。」[1524]

雍正帝既封皇侄弘晳（1694—1742年）為理郡王，就要分府遷居。雍正帝曾考慮在城內給理王弘晳覓個下榻之處[1525]。

雍正元年（1723年）五月，雍正帝決定理郡王弘晳搬遷到鄭各莊王府居住事，諭宗人府曰：「鄭家莊修蓋房屋，駐紮兵丁，想皇考聖意，或欲令二阿哥前往居住，但未明降諭旨，朕未敢揣度舉行。今弘晳既已封王，令伊率領子弟，於彼居住，甚為妥協。其分家之處，現今交與內務府大臣辦理。其旗下兵丁，擇日遷徙之處，俟府佐領人數派定後舉行。弘晳擇吉移居，一切器用及屬下人等如何搬運安置、何日遷移、兵丁如何當差、府佐領人等如何養贍，及如何設立長久產業之處，著恆親王、裕親王、淳親王、貝勒滿都護，會同詳議具奏。」[1526]

上述「實錄」的記載，材料來源於雍正元年五月二十二日滿文檔案《和碩恆親王允祺等奏理王弘晳遷居鄭各莊事宜折》。其譯文如下：

想鄭各莊修蓋房屋，派出兵丁情形，料皇考聖意，或令二阿哥前往居住，然未明降諭旨，朕未敢揣度料理。今既封弘晳為王，令伊率領子弟於彼居住甚是合宜。至分府之處，適已俱交內務府總管辦理。其旗下兵丁現擬擇日遷移，俟內府佐領人數確定，弘晳擇吉移居可也。其一切器用及屬下人等如何遷移、如何安置、何日遷移、兵丁如何當差、內府佐領人等如何養贍，及如何從長計議之處，著恆親王、裕親王、淳親王、貝勒滿都呼會同詳議具奏。一切供用，務令充裕，毋令為難，亦勿貽累屬下人等。彼處距京城既然有二十餘里，不便照城內居住之諸王一體行走，除伊自行來京請朕安外，其如何上朝及步射諸事，著亦議奏。欽此。欽遵。臣等會議得，為安置理王弘晳，仰蒙皇上籌慮降旨者甚是。欽遵施行。理王弘晳分府之事，已皆欽命內務府總管辦理，故將修房等事不議外，理王弘晳如何帶往其子弟之處，可由伊另行奏請諭旨。由京遷往鄭各莊時，交付欽天監擇吉，請旨遷移。遷移時，由內務府計其足敷，照例由兵部領取官車，運往理王所用各項物品。其隨遷

之下人，亦計其足敷，撥給官車遷移可也。今賞給理王之人，有誠王所屬一百八十五人，簡王所屬八十人，弘昉所屬八十人，合計三百四十五人，今鄭各莊城內，有四百一十間，既不敷用，將此交付原監修房屋之侍郎傅紳、牛鈕，於城內計其敷用建房，令理王之人全住城內。鄭各莊城之六百名兵丁，仍令住兵丁所住營房，分十班，城南北門各派兵丁三十名防守。理王之大門，由王之侍衛官員看守。隨王前去之三百四十五人內，原系護軍、領催、甲兵、藍甲等人，除俱改充拜唐阿，仍供給原食錢糧外，其餘之人各供一兩錢糧。其所食口米，亦隨錢糧照例發放。因將理王併入鑲藍旗內，故領取俸銀時，除由該旗照例行文發放外，領俸米時，派王府長史，會同城守尉，再由王屬侍衛、官員內派往一人，前往通州領取可也（硃批：核之，再議）。再，若係拜唐阿等人之錢糧，每月王府長史會同城守尉查明，造具名冊，鈐城守尉關防，咨送鑲藍滿洲旗，由旗向該部領取，交付所派之人遣回。俟至，由王府長史會同辦理府務之人，散給拜唐阿等人。因鄭各莊靠近清河，相應將拜唐阿等人之口糧，由該處行文到部，由清河倉發放。領取此米時，派王府長史及王屬官員一人，並城守尉、佐領一員，遣往清河領米。領米之後，由王府長史會同辦理府務之人，看視散給。此等餉米，由王府長史等散給眾人之處，俱曉諭城守尉。再，凡王等分府之後，並無由大內發給太監等以錢糧之例，理王弘皙甫經分府，故其一百一十一名太監暫給餉米，三年截止，再由王府發放。若理王之侍衛、官員出缺，由王府長史請旨補放。今既給理王府以佐領之人，相應將先前所領上三旗之拜唐阿，退還各原處。隨同前往居住之侍衛、官員、拜唐阿、太監等，若因事請假，告王府長史、城守尉後，限期遣往，若逾期，不陳明緣由，加以隱瞞，則由城守尉參奏王府長史、辦理府務之人。鄭各莊距京城二十餘里，理王未便如同京城王等上朝，除上升殿時，聽宣趕赴京城上朝外，每月上朝一次，射箭一次。凡外宣、集會，俱免來。來上朝或來射箭時，只帶侍衛、官員、拜唐阿等人。若皇上外出，免每日朝會。自正月到十二月，理王幾次來京請聖安、上朝、射箭，及非正常時間令開城門出入行走之處，俱由城守尉清楚記錄在案，年終彙總開列，報宗人府備案。再，正月初一拜堂子、進表、祭祀各壇廟，於何處齋戒之處，臣等未敢擅便，伏乞聖上指教。為此謹奏，請旨。[1527]

清鄭各莊行宮、王府與城池考

這篇恆親王允祺、裕親王保泰、淳親王允祐、多羅貝勒滿都呼的聯名奏摺，獲得旨批。

從上述實錄和檔案中知道，雍正帝旨批：理王弘晳到鄭各莊居住，並派三百四十五人隨從，派兵丁六百名住在營房，派三十名守南北大門，還派一百一十一名太監隨侍，讓他們分別從通州、清河領取銀米。奏摺中對理王進京上朝、出入城門等都做了詳細規定。隨後，欽天監選擇吉日，於雍正元年（1723 年）九月二十日（公曆 10 月 18 日），理王弘晳喬遷鄭各莊。

雍正帝諭旨，主要內容有：

第一，理王遷居：命理郡王弘晳率領子弟家人遷移到鄭各莊居住。

第二，隨遷人員：廢太子允礽妻妾十一位，有子十二人，哪些人隨遷呢？理王弘晳之弟在大內養育者有二人、與其同住一處者有三人，弘晳之子在大內養育者有三人、與其同住一處者有五人，將他們與弘晳一同移往鄭家莊居住。弘晳又有一子由十五阿哥撫養，仍由其撫養。弘晳之弟弘晉之子，在寧壽宮其母處養育者有一人、履郡王養育者有一人，既系其弟之子，仍留之。

第三，搬家車輛：理王弘晳自京師移至鄭各莊時，由內務府、兵部領取官車，運往一應器用等物。

第四，所屬人員：撥給理王弘晳誠王所屬一百八十五人、簡王所屬八十人、弘昉所屬八十人，共三百四十五人，將滿洲內府佐領一員、旗鼓佐領一員，兼歸理王弘晳所屬侍衛官員。現有護軍、披甲、領催、拜唐阿等，俱兼歸兩個牛錄，各撥餉米。理王弘晳既已撥入鑲藍旗滿洲，則領取王之俸米及所屬人等之餉米時，由其府牛錄行文該旗下，照例領取。

第五，王府住房：鄭各莊城內有房四百一十間，若不敷用，再行添建。

第六，人員待遇：理王弘晳甫經分府，其一百一十一名太監暫給餉米，三年截止，再由王府發放。

第七，管理規定：王府由長史（管王府）和城守尉衛（管城守）二元管理，理王的侍衛、官員出缺，由王府長史請旨補放。隨同理王弘晳前往居住的侍

衛、官員、拜唐阿、太監等，若因事請假，告王府長史、城守尉後，限期遣往；若逾期，不陳明緣由加以隱瞞，則由城守尉參奏王府長史、辦理府務之人。

第八，弘晳出入：鄭各莊距京城二十餘里，可不同於在京城諸王等上朝，除皇帝升殿時聽宣赴京城上朝外，每月上朝一次、射箭一次。凡有集會，聽宣而來。若皇上外出，免每日朝會。正月初一堂子行禮、進表、祭祀各壇廟，理王弘晳前來，調撥房屋一處，為王下榻之所[1528]。

理王府的總體規模：雍正元年（1723年）五月，按清廷有關規定撥給鄭各莊駐防官兵房屋，「城守尉衙署一所，十五間；佐領衙署六所，各七間；防禦衙署六所，驍騎校衙署六所，俱各五間；筆帖式衙署二所，各三間；甲兵六百名，各營房二間」[1529]。有文計算：鄭各莊行宮、王府與官兵用房，總計駐防官兵房舍衙署等一千三百二十三間。另外，王府所屬當差行走之三百四十五人，若按每人分配二間住房，則又需要住房六百九十間。合王府一百五十一間，共計建築住房當在二千一百六十四間以上[1530]。

理王弘晳喬遷時，按郡王禮舉行。儀式隆重，史有記載。恆親王允祺、辦理旗務裕親王保泰、辦理內務府總管事務莊親王允祿、內務府總管來保、協理內務府總管事務郎中薩哈廉等的奏報並獲旨準。其要點，列如下：

第一，時間。雍正元年（1723年）九月二十日卯時（5—7時）喬遷起行。

第二，辭行。喬遷前一日，理王弘晳及其福晉，進宮向雍正皇帝請安、辭行。

第三，禮儀。設多羅郡王儀仗，王同輩弟兄內有品級、已成親的阿哥等，前往送行。在王福晉啟行之前，派內管領妻四人、果子正女人六人、果子女人十人隨送，派護軍參領一員、計護軍校在內派內府護軍二十人，在前引路。

第四，隨送。派領侍衛內大臣一員、散佚大臣二員、侍衛二十名、內務府總管一員、內府官員十名送行。

第五，衣飾。送行的阿哥、大臣、侍衛、官員等，俱著錦袍、補褂。

第六，飯食。派尚膳總管一員、飯上人四名，委尚茶正一員、茶上人四名，內管領二員，於前一日前往鄭各莊，備飯桌三十、餑餑桌十。

第七，禮迎。照例派出內府所屬年高結髮夫妻一對，先一日前往新家等候，王到出迎，祝福祈禱。

第八，返回。所備飯桌、餑餑桌的食品，供王、福晉食用之。待食畢謝恩，送往之阿哥、大臣、侍衛、官員等即可返回[1531]。

雍正元年（1723年）九月二十日（公曆10月18日），理郡王弘晳喬遷到鄭各莊王府。康熙時興建的鄭各莊的王府，正式成為理郡王府。

據文獻記載：雍正二年（1724年）十二月，廢太子允礽病故後，停靈在鄭各莊理王府。《清世宗實錄》記載：「擇定出殯日期，送至鄭家莊，設棚安厝，令伊子弘晳得盡子道。出殯時，每翼派領侍衛內大臣各一員，散秩大臣各二員，侍衛各五十員，送至鄭家莊。」[1532] 並追封允礽為和碩理親王，諡曰密[1533]。雍正帝要親往鄭各莊祭奠，臣勸再三，在西苑五龍亭（今北海公園內），哭奠二阿哥、理親王允礽[1534]。後埋於薊縣黃花山王園寢（王墳）。

雍正八年（1730年）五月，弘晳晉封為理親王。《清世宗實錄》記載：理郡王弘晳，著晉封親王[1535]。但《清史稿·諸王六》作「六年，弘晳進封親王」，誤；應作雍正八年。因《雍正朝起居注冊》、《清世宗實錄》、《恩封宗室王公表》和《八旗通志》等，都同樣記載雍正八年五月二十八日乙未，弘晳晉封為親王，故可證《清史稿》上述記載之誤。

從此，鄭各莊的理郡王府成為理親王府。

但是五年後，雍正帝病故，乾隆帝繼位，理親王弘晳及其王府，發生大變故。

三

在乾隆朝，理親王弘晳被革除王爵、永遠圈禁，鄭各莊皇城、王府隨之發生變故。

乾隆四年（1739年）十二月，乾隆帝處分理親王弘晳。事情由宗人府福寧首告引發。經過審訊，乾隆帝旨定：將弘晳革除王爵，於景山東果園永遠圈禁，是為「弘晳案」。

乾隆朝的「弘晳案」，分作前後兩個時期。

第一時期。乾隆四年（1739年）十月，革除弘晳理親王，其御定理由是：

弘晳，乃理密親王之子，皇祖時父子獲罪，將伊圈禁在家。我皇考御極，敕封郡王，晉封親王；朕復加恩厚待之。乃伊行止不端，浮躁乖張，於朕前毫無敬謹之意，惟以諂媚莊親王為事；且胸中自以為舊日東宮嫡子，居心甚不可問。即如本年遇朕誕辰，伊欲進獻，何所不可？乃制鵝黃肩輿一乘以進，朕若不受，伊將留以自用矣。今事跡敗露，在宗人府聽審，仍復不知畏懼，抗不實供，此尤負恩之甚者。[1536]

乾隆帝御定弘晳的罪過是：

第一，弘晳在歷史上曾隨同乃父允礽獲罪，圈禁在家。這只能說明過去，而不能說明現在。

第二，弘晳「行止不端，浮躁乖張，於朕前毫無敬謹之意」。此一事情，說大就大，說小就小。

第三，弘晳「自以為舊日東宮嫡子，居心甚不可問」。舊日東宮嫡子是實，「居心甚不可問」，既不可問弘晳內心，又何以知其內心呢？

第四，弘晳於乾隆帝誕辰，進獻「鵝黃肩輿一乘」。進獻鵝黃肩輿，可以接受，也可以不接受；如皇上不接受，弘晳可供起來，怎能據此判定其會僭越自用呢？

第五，弘晳與莊親王允祿「交結往來」；允祿是弘晳第十六皇叔，此事允祿並未被革親王爵，弘晳則被革除王爵。

第六，弘晳在宗人府聽審時，態度不好，「抗不招供」。事不確鑿，心裡不服。應當重其罪證，而不應重態度。

以上六條，據以定罪，似是而非，難以服人。所以，宗人府擬定對弘皙的處分是革除王爵，永遠圈禁。但是，乾隆帝諭旨：「弘皙著革去親王，不必在高牆圈禁，仍準其在鄭家莊居住，不許出城。」[1537] 但是，事情沒有完結，此波剛平，彼波又起。

第二時期。乾隆四年（1739年）十二月，重新審理弘皙一案。一個叫安泰的人，招供說：「弘皙曾問過準噶爾能否到京，天下太平與否，皇上壽算如何，將來我還升騰與否等語，口供鑿鑿，殊屬大逆不道，應照例革去宗室，擬絞立決，其家產、妻子應如何辦理之處，交宗人府議奏。」如何處理呢？旨定：「著從寬免其死罪，但不便仍留住鄭家莊，著拿交內務府總管，在景山東果園永遠圈禁，其家產、妻子不必交宗人府另議。伊子仍留宗室，但亦不便仍在鄭家莊，著來京交與弘管束。」[1538]

這裡，《清史稿·皇子表》於弘皙記載：「雍正元年，封理郡王。六年，晉理親王。乾隆四年，緣事革爵。」[1539] 上面三句話，有兩錯一漏：封理郡王，在康熙六十一年十二月十一日壬戌；晉理親王，在雍正八年五月二十八日乙未；「緣事革爵」後，似應加「永遠圈禁」。

總之，乾隆帝或出於妒忌之心，或疑其隱謀不軌，或嫌其有些張揚，或恐其尾大不掉，而對理親王弘皙，作出革除王爵、永遠圈禁的決定。

弘皙被黜宗室，改名四十六，其子孫照阿其那、塞思黑子孫之例，革除宗室，系紅帶子。弘皙於乾隆七年（1742年）九月二十八日去世，享年四十九歲，葬於鄭各莊西南黃土南店村地方[1540]。乾隆四十三年（1778年）正月復入宗室，恢復原名。弘皙的王爵，由允礽第十子弘為繼承，降為理郡王。王府由鄭各莊遷到城裡，後在東城王大人胡同（今東城區北新橋三條東口路北華僑大廈一帶地方）。

到乾隆二十九年（1764年）二月，鄭各莊兵丁被派往福州駐防。乾隆帝諭旨：「鄭家莊兵丁，伊等多系親屬，共處年久。今遣往福州二百五十名，其餘三十名回京當差，殊覺不便，著將此三十名，一同派往，俟下次請人時，即入於應派數內。」[1541] 隨之，官兵調走，整戶跟隨，人走房空，連根拔除。

事情的經過是：「議覆：護軍統領、宗室弘晌奏稱，鄭家莊官兵移駐福州，其空閒房屋，毀倉空地，請暫交昌平州文武地方官，俟兵全數起程，其屋交內務府，其地仍交昌平州。兵丁原領器械，城守尉、佐領關防、圖記，事竣後，分交戶、工二部查核。兵丁塋地，原系恩賞，無庸回交，均應如所奏。至所稱『現存房租先交內務府，其恩賞兵丁銀，造冊行戶部查核』等語，查房租與恩賞無二，應一併交部辦理。從之。」[1542]

從此，理親王弘晳及其鄭各莊王府成為歷史的陳跡。其歷史遺蹟，1949年後鄭各莊尚餘殘跡城牆百餘米。1958年北京文物普查時，這裡還有土牆垣約五百米；有城南門遺址，並保存南門（正門）漢白玉石匾額一方，楷書「來熏門」[1543]。現經實測為：鄭各莊皇城遺址，東西長五百七十米，南北長五百一十米，總面積近三十萬平方米；護城河遺存，其南、北各長約五百零四米，東、西各約長五百八十四米，總長二千一百七十六米[1544]。二者實測數據與檔案記載數據大體相當。經筆者與該村黃福水、郝玉增、李永寬、蔣國震等先生實地踏查，在鄭各莊皇城東南角，有一段城牆殘垣的遺蹟，有牆基遺存和青灰城磚。城牆外是護城河，現東、南、西三面護城河基本保存。2006年，村裡出土一眼水井，為銅井幫，同民間傳說的「金井」吻合[1545]。清鄭各莊行宮與王府的實測和踏查資料，可同檔案資料和文獻記載，相互印證，基本吻合。

康熙的行宮很多，清朝的行宮更多，但清鄭各莊行宮與王府有其特點與價值。清朝既有城牆、又有護城河的皇帝行宮，僅鄭各莊一處。避暑山莊、暢春園、南苑，後來的圓明園、頤和園（清漪園），雖有圍牆，但沒有護城河。有清一代，城牆與護城河兼具、行宮與王府同城的皇帝行宮，只有康熙鄭各莊行宮。從雍正元年（1723年）九月弘晳遷到鄭各莊居住，到乾隆四年（1739年）十二月弘晳獲罪離開鄭各莊被圈禁在景山東果園，理王弘晳在此生活了十七年。「弘晳案」的發生，宣告了清代鄭各莊行宮與王府歷史的結束。從康熙五十七年（1718年）始建，到乾隆四年（1739年）十二月諭令毀廢，清鄭各莊行宮、王府、城池與兵營歷時四十八年。文獻資料遭焚損，宮府建築被平毀，鄭各莊的行宮、王府、城池與兵營，從此土地上消除、在史冊上消隱，由是成為清朝史、清宮史的一樁懸案。清鄭各莊行宮、王府、城池與

兵營，康熙經始，雍正興盛，乾隆結束，今有遺蹟，這是康雍乾三朝激烈殘酷、曲折起伏、錯綜複雜、內含玄機的宮廷鬥爭的一個側面、一幅縮影，既具重要歷史價值，又為歷史文化遺產。

雍正理王府址考

雍正理親王弘晳府址鄭家莊，地在何處？史有異議。據《清實錄》和《清史稿》記載，清代有四個鄭家莊——安徽合肥鄭家莊、山西太原鄭家莊、直隸薊州鄭家莊和北京德外鄭家莊。清理親王府所在地的鄭家莊，位於何處，論著歧異，茲據史料，略作考證。

一

清朝鄭家莊行宮與王府，自康熙五十七年（1718年）十二月，開始興工；到康熙六十年（1721年）十月，工程告竣。

此事，《清聖祖仁皇帝實錄》康熙六十一年（1722年）三月記載：「朕因思鄭家莊已蓋設王府及兵丁住房，欲令阿哥一人往住，今著八旗每佐領下，派出一人，令往駐防。此所派滿洲兵丁，編為八佐領；漢軍，編為二佐領。朕往來此處，即著伊等看守當差。著八旗都統會同佐領等派往。」[1546]

鄭家莊王府興工的時間，滿文檔案有明確記載。中國第一歷史檔案館藏有康熙五十七年（1718年）此項工程興工的滿文奏摺及硃批。這份滿文奏摺為呈奏工程樣式的文字說明，奏報內容，漢譯如下：

初五日奏，總管內務府等衙門謹奏，為核計鄭家莊馬坊城地方建房所需錢糧事。

康熙五十七年十一月二十一日，署理總管內務府大臣事務郎中董奠邦、郎中佛保、尚志勛，將馬坊城地方所建行宮、王府、連房之式樣，交付奏事太監孔連恭呈御覽時附奏稱，就此所需錢糧，擬會同工部核計具奏。等因奏入，由哈哈珠子太監魏柱轉降諭旨曰：東邊有地，可將行宮展深。著將此詳核具奏。欽此。欽遵。計鄭家莊馬坊城建行宮一處，其中前後殿各五間，總長五丈二尺，計廊在內深二丈四尺，柱高一丈一尺。將此建作八檁卷棚硬山，裝修用格扇、橫披、支窗、推窗、簾架、棚格子、柏木碧紗櫥、門罩、樟木隔板。臺階、柱腳、埋頭、踏跺等石，用青砂石，磉墩用舊式城磚堆砌，欄

雍正理王府址考

土用沙滚子砖堆砌。台阶下、山墙、檐墙之裙肩、槛墙之内外用打磨之新式城砖干砌灌浆，裙肩以上外用打磨之停泥滚子砖堆砌拉缝，内用沙滚子砖粗砌，抹以灰土。地用黄土两层、灰土一层夯填，铺以打磨之方砖。顶用灰土苫背，铺以筒板瓦。挖基用灰土小夯夯填五层。两侧朝房各五间，总长五丈，深一丈六尺，柱高九尺。大门五间，总长五丈一尺，计廊在内深一丈八尺，柱高九尺。两侧厢房各三间，总长三丈，计廊在内深一丈八尺，柱高九尺。庐顶各一间，其长一丈，计廊在内深一丈五尺，柱高八尺，将此均建成六檩卷棚硬山。门内两侧房各五间，总长五丈，计廊在内深二丈，柱高九尺五寸。顺山房四排，其一排为三间，总长三丈二尺，计廊在内深二丈二尺，柱高一丈。照房十七间，共长十七丈二尺，计廊在内深二丈，柱高九尺五寸，将此皆建成八檩卷棚硬山。厢房四排，其一排为三间，共长三丈、深一丈二尺，柱高八尺，将此建成五檩卷棚硬山，装修有门、格扇、槛窗、支窗、碧纱橱、门罩、隔板、棚格子。台阶、柱脚、埋头、踏跺、马尾礓磜等石，用青砂石，磉墩、拦土用沙滚子砖堆砌。台阶下、山墙、檐墙之裙肩、槛墙之内外用停泥滚子砖干砌灌浆，裙肩以上外用打磨之停泥滚子砖堆砌拉缝，内用沙滚子砖粗砌，抹以灰土。地用黄土一层、灰土一层夯填，铺以打磨之方砖。顶用灰土苫背，铺以筒板瓦。挖基用灰土小夯夯填三层。小房六处，共五十八间，其一间长一丈、深一丈二尺，柱高八尺，将此建成五檩卷棚硬山。净房十四间，其一间长深八尺，柱高七尺，将此建成四檩卷棚硬山，装修皆有支窗、门、棚格子、隔板。台阶、柱脚、埋头等石，用青砂石，磉墩、拦土用沙滚子砖堆砌。台阶下、山墙、檐墙之裙肩内，裙肩以上外用打磨之沙滚子砖灰堆砌，裙肩以上内用沙滚子砖粗砌，抹以白灰。地用黄土一层、灰土一层夯填，铺以打磨之方砖。顶用灰土苫背，铺以筒板瓦。挖基用灰土大夯夯填三层。垂花门两座，其一长一丈，深九尺，柱高八尺，将此建成六檩挑山。游廊八十六间，其一间长七八尺不等，深三尺五寸，柱高七尺五寸，将此建成四檩卷棚，装修有屏门、横楣、栏干。台阶、柱脚、埋头等石，用青砂石，磉墩、拦土用沙滚子砖堆砌。台阶下、山墙之裙肩内外，用打磨之停泥滚子砖干砌灌浆，裙肩以上外用打磨之停泥滚子砖堆砌拉缝，内用沙滚子砖粗砌，抹以白灰。地用黄土一层、灰土一层夯填，铺以打磨之方砖。顶用灰土苫背，

鋪以筒板瓦。挖基用灰土大夯夯填三層。圍牆一百五十八丈，深二尺四寸五分，將此以舊式沙滾子磚粗砌，夾以黑灰，平頂四層，鋪以筒板瓦，挖基用灰土大夯夯填三層。子牆十六丈，高八尺，深一尺六寸，其裙肩用打磨之停泥滾子磚干砌灌漿，裙肩以上用沙滾子磚干砌，抹以白灰，平頂四層，鋪以筒板瓦，挖基用灰土大夯夯填二層。院之隔牆九十一丈二尺，深一尺六寸，高八尺，其裙肩用打磨之停泥滾子磚干砌灌漿，裙肩以上用沙滾子磚粗砌，抹以白灰，平頂壓方磚，挖基用灰土大夯夯填二層。甬道六十四丈一尺，其中間鋪打磨之方磚，兩邊鋪打磨之停泥滾子磚。散水一千零六十一丈，將此鋪以打磨之新式城磚、停泥滾子磚，挖基用灰土大夯夯填一層。

　　行宮以北，照十四阿哥所住房屋之例，院落加深，免去後月臺、丹陛前配樓、後樓，代之以房屋，修建王府一所，其中大衙門五間，總長八丈二尺五寸，計廊在內深四丈二尺五寸，柱高一丈五尺，將此建成十一檁歇山斗科。北面正房五間，總長七丈二尺五寸，計廊在內深三丈六尺，柱高一丈四尺，將此建成九檁歇山斗科。裝修有天花、欞花、格扇、窗、橫披。臺階、柱石、陛板、土襯、踏跺等石，用青砂石，礓墩用舊式城磚堆砌，攔土用沙滾子磚堆砌。山牆、檐牆之裙肩、檻牆之內外用打磨之新式城磚干砌灌漿，裙肩以上用打磨之舊式城磚粗砌，外抹紅土刷漿，內抹白灰。地用黃土兩層、灰土一層夯填，鋪以打磨之方磚。頂用灰土苫背，鋪以筒板瓦。挖基用灰土小夯夯填七層。大門五間，總長五丈七尺九寸，計廊在內深二丈七尺五寸，柱高一丈三尺五寸，將此建成七檁歇山斗科，挖基用灰土小夯夯填五層。大衙門兩側廂房各五間，總長六丈一尺，計廊在內深二丈五尺，柱高一丈二尺，將此建成七檁硬山斗科，挖基用灰土小夯夯填五層。正房兩側廂房各三間，總長三丈七尺，計廊在內深二丈五尺，柱高一丈二尺。兩側順山房各三間，總長三丈一尺，計廊在內深二丈五尺，柱高一丈二尺。罩房十九間，總長十九丈六尺，計廊在內深二丈二尺，柱高一丈，將此均建成七檁硬山，裝修用天花、棚格子、欞花、格扇、橫披。柱腳、檻墊、門枕、臺階、陛板、土襯、踏跺等石，用青砂石，礓墩用舊式城磚堆砌，攔土用沙滾子磚堆砌。山牆、檐牆外，內裙肩、檻牆之內外皆用打磨之新式城磚乾砌灌漿，內裙肩以上用沙滾子磚粗砌，抹以白灰。地用黃土兩層、灰土一層夯填，鋪以打磨之方磚。

雍正理王府址考

頂用灰土苫背，鋪以筒板瓦。挖基用灰土小夯夯填四層。小衙門三間，總長三丈八尺，計廊在內深二丈二尺五寸，柱高一丈三尺，將此建成七檁歇山斗科，裝修用天花、欄花、格扇、檻窗。柱腳、臺階、陡板、土襯、踏跺等石，用青砂石，礩墩用舊式城磚堆砌，攔土用沙滾子磚堆砌。山牆、檐牆之裙肩、檻牆之內外皆用打磨之新式城磚乾砌灌漿，裙肩以上用沙滾子磚粗砌，外抹紅土刷漿，內抹白灰。地用黃土兩層、灰土一層夯填，鋪以打磨之方磚。頂用灰土苫背，鋪以筒板瓦。挖基用灰土小夯夯填四層。兩側順山房各六間，總長六丈九尺六寸，深一丈六尺，柱高一丈。小衙門兩側圍房各五間，總長六丈四尺，深一丈六尺，柱高九尺五寸；兩側小房各十間，其一間長一丈、深一丈五尺，柱高八尺，將此皆建成五檁硬山，裝修用夾門窗、支窗、門。臺階、柱腳、埋頭，用青砂石，礩墩用舊式城磚堆砌，攔土用沙滾子磚堆砌。山牆、檐牆之內裙肩，用打磨之新式城磚乾砌灌漿，裙肩以上用沙滾子磚粗砌，抹以白灰，外皆用舊式城磚粗砌，勾以黑灰。地用黃土一層、灰土一層夯填，鋪以打磨之方磚。頂用灰土苫背，鋪以筒板瓦。挖基用灰土小夯夯填三層。淨房四間，其一間長深八尺，柱高七尺，將此建成四檁硬山，裝修用門、窗。臺階、柱腳、埋頭，用青砂石，礩墩、攔土用沙滾子磚堆砌。山牆外用舊式城磚粗砌，勾以黑灰，內裙肩檻牆用打磨之新式城磚乾砌灌漿，裙肩以上用沙滾子磚粗砌，抹以白灰，檐牆外、內裙肩用新式城磚乾砌灌漿，內裙肩以上用沙滾子磚粗砌，抹以白灰。地用黃土一層夯填，鋪以打磨之方磚。頂用灰土苫背，鋪以筒板瓦。挖基用灰土小夯夯填二層。前月臺長五丈一尺，深二丈五尺，高二尺六寸。其周圍臺階、陡板、土襯、踏跺，用青砂石，表面鋪方磚。外圍房一百零五間、堆房三十六間、倉房三十間、堆放草豆房十五間、門一間，其一間長一丈，深一丈二尺，柱高八尺，茅樓四間，其一間長深八尺，柱高七尺，將此均建成五檁硬山，裝修用門窗。柱腳石用豆渣石，礩墩、攔土、臺階用沙滾子磚堆砌。山牆、檐牆、檻牆外用沙滾子磚粗砌，勾以黑灰，內用水磚堆砌，抹以白灰。地用黃土夯填，鋪以沙滾子磚，頂鋪板瓦，挖基用灰土大夯夯填二層。馬厩二十間，其一間長一丈一尺，深二丈，柱高九尺，將此建成七檁硬山，柱腳石用豆渣石，礩墩用沙滾子磚堆砌，山牆用沙滾子磚粗砌勾灰，頂鋪板瓦，挖基用灰土大夯夯填三層。圍

牆一百二十四丈，高一丈二尺，深二尺四寸五分，將此用舊式沙滾子磚堆砌，頂疊四層，鋪筒板瓦，挖基用灰土大夯夯填三層。隔牆一百九十六丈，高八尺五寸，深一尺六寸，將此用沙滾子磚粗砌，頂抹鷹不落，挖基用灰土大夯夯填二層。甬道三十八丈五尺，其中間鋪打磨之方磚，兩邊鋪打磨之城磚。院內以打磨之城磚墁地，地基用灰土大夯夯填一層。城內所建三間一棟房一百四十三座，城外建十間一棟房一百六十五座，共房二千零七十九間，其一間長一丈，深一丈二尺，柱高七尺，將此建成五檁，裝以門窗，棟樑木料用各種松木，柱腳石用豆渣石，碌墩、臺階用沙滾子磚堆砌，攔土、山牆、檐牆外砌虎皮石，墀頭、山牆頂端、檻牆外砌沙滾子磚勾灰，內皆砌以水磚抹灰，地用黃土夯填，頂鋪板瓦，挖基用灰土大夯夯填一層。院牆五百零一丈，深一尺二寸，高七尺，其下砌以虎皮石，其上砌以水磚，抹以灰土，頂作鷹不落抹灰，挖基用灰土大夯夯填一層。夯築土牆六千三百四十一丈，其深二尺，高七尺。城四周之圍牆，共五百五十四丈，其中外倒牆五百二十一丈八尺五寸，城堆一百九十七丈一尺，攔馬牆五百五十九丈五尺，將此照舊砌復。城樓二座，其一總長三丈，深二丈二尺，柱高一丈，將此建成七檁重檐歇山。角樓四座，其一長深一丈二尺，柱高九尺，將此亦建成重檐。裝修用格扇、檻窗。臺階、柱石，用青砂石。碌墩、攔土，用沙滾子磚堆砌，臺階下、山牆之裙肩、檻牆之內外用打磨之停泥滾子磚干砌灌漿，裙肩以上外用打磨之停泥滾子磚堆砌拉縫，內用沙滾子磚粗砌抹灰。地鋪打磨之方磚，頂用灰土苫背，鋪筒板瓦。南北門外修建豆渣石平橋二座，其一長四丈、深一丈五尺。雁翅長一丈四尺，高七尺，其石欄板，設地栿修建。東邊修豆渣石平橋二座，其一長四丈，深一丈。雁翅長一丈，高七尺，挖其地基釘柏木地丁，釘之間夯填虎皮石。井十三口，挖出此井疊沙滾子磚，設豆渣石井板。

修建此等地方，共需大小柏木二萬五千七百三十九根、滾木三萬零一百八十料七分三厘、沙木四百三十二丈六尺、樟木四十二塊、松木六十七塊、榆木七根、椴木一百九十二根、柳木一百零四塊，此連運腳價在內需銀六萬九千七百四十五兩八錢二分一厘。青砂石一千三百一十七丈八尺三寸七分八厘、豆渣石一千八百一十二丈四尺八寸五分二厘，此連運帶工價需銀一萬五千四百六十五兩二錢二分八厘。虎皮石一千零八十六方九分六厘，此

需銀四千五百六十五兩二錢三分二厘。城磚二十萬四千八百一十四塊、方磚四萬五千一百六十四塊、滾子磚五百七十一萬六千零二十四塊、筒板瓦六百一十三萬二千二百塊,此連運腳價在內需銀六萬四千四百八十七兩六錢九分五厘。鐵件共九十五萬二千四百一十七斤十兩,此需銀二千四百三十八兩五錢三厘。亮鐵之鵝項、轉軸等件,需銀四百五十六兩二分。銅之壽山福海等物,需銀一百三十五兩七錢九分。石灰一千五百四十八萬九千六百二十斤,此需銀一萬八千五百八十七兩五錢四分四厘。柏木地釘三千三百一十一個,此需銀三百一十四兩五錢四分五厘。黃土六千二百六十四方四分二厘,此運腳價銀二千五百零五兩七錢六分八厘。繩麻刀十三萬三千四百七十六斤,此需銀二千一十八兩六錢。水磚二百五十九萬三千七百六十八塊,此需銀一千二百九十六兩八錢八分四厘。葦箔一萬八千九百塊、桐油二千六百二十五斤五兩、麥麵二千六百二十五斤五兩、腸膠二百五十六斤、江米四石三斗九升七合[1547]、礬四百三十九斤一十四兩,紅土四千三百六十一斤,蓆子五百一十六張、麥糠二萬一千六百九十一斤。此等物件需銀一千六百八十兩三錢三分。各種工匠十五萬七千三百零四個,夯填工六萬六千四百三十三個半,大工二十萬六千一百九十二個,此付雇價銀四萬一千八百一十七兩一分六厘。

以上共建大小房屋、遊廊二千六百四十九間,所需銀二十二萬五千五百一十四兩九錢七分六厘,俟有旨下,將動工上樑吉日交付欽天監擇吉,調派內務府官三員、部院官三員監工,敬謹監造牢固。所用青砂石,現紅石口等處已禁採石,及築城所用仿舊燒製之磚,沙滾子磚、板瓦,於馬坊城周圍挖窯燒製之處,皆經交欽天監勘驗,稱其石可於西山石府地方開採,馬坊城東南方向可挖窯燒製。此項工程所需物料,仍照湯泉地方建房之例,將木植交付張鼎蕭,石料交付李鑫,磚瓦石灰等物,交付工部鋪戶等,照奏準之價付給彼等,準時無誤送至工程處。其中倘有應省處,加以節省。再,其雨搭、簾子、糊棚、床、鋪墊、席、氈等物,因無法預算,故未估算。

為此謹奏。請旨。

等因繕折，由署理總管內務府大臣事務郎中董殿邦，郎中佛保、尚志勛、五十七，主事赫達色，工部尚書徐元夢、侍郎常泰、員外郎昂吉圖，將圖樣一併交付奏事太監張朝鳳具奏，哈哈珠子太監魏柱轉降諭旨曰：著依議。所需錢糧，朕將另撥。著照行宮東邊擴展之處增建房屋，王府東邊為箭所，建馬厩於路東之式樣修建。其動土、明年可否修建之處，交付欽天監驗看。欽此。

營造司郎中五十一、筆帖式童一剛送至。由本處皆已咨行應行之處。[1548]

清鄭家莊的王府與行宮，同清代其他行宮與王府不同的主要特點是：行宮與王府在京城外同地，外面有城牆與護城河環繞[1549]。

鄭家莊王府竣工的時間，滿文檔案也有明確記載。筆者最近在臺北故宮博物院查閱康熙和雍正兩朝的滿文檔案，看到有「水漬霉斑」的康熙六十年十月十六日，監造鄭家莊行宮與王府工程郎中尚之勛和五十一等四人，聯署的滿文《奏報鄭家莊行宮工程用銀數折》，硃批奏摺中對康熙鄭家莊城池、行宮與王府的興建工程，記載詳細明確，滿文漢譯如下：

康熙五十七年十二月內，為在鄭家莊地方營建行宮、王府、城垣及城樓、兵丁住房，經由內務府等衙門具奏，遣派我等。是以奴才等監造行宮之大小房屋二百九十間、遊廊九十六間，王府之大小房屋一百八十九間，南極廟之大小房屋三十間，城樓十間、城門二座、城牆五百九十丈九尺五寸，流水之大溝四條、大小石橋十座、滾水壩一個、井十五眼，修葺土城五百二十四丈，挑挖護城河長六百六十七丈六尺，飯茶房、兵丁住房、鋪子房共一千九百七十三間，夯築土牆五千三百五十丈七尺一寸。營造此等工程，除取部司現有杉木、銅、錫、紙等項使用外，採買松木、柏木、椴木、柳木、樟木、榆木、清沙石、豆渣石、山子石、磚瓦、青白灰、繩、麻刀、木釘、水坯、烏鐵、磨鐵等項及蓆子、苫箔、竹木、魚肚膠等，計支付匠役之雇價銀在內，共用銀二十六萬八千七百六十二兩五錢六分三釐。其中扣除由部領銀二十三萬七百五十二兩五錢六分三釐，富戶監察御史鄂其善所交銀二千二百二十兩，富當所交銀六百五十兩，原員外郎烏勒訥所交銀一萬兩，員外郎渾齊所交銀一千八百一十兩，順天府府丞連孝先所交銀一萬七千六十七兩八錢三分，並

出售工程所伐木簽、秤兌所得銀四千八百八十三兩五分二厘。以此銀採買糊行宮壁紗櫥、繪畫斗方、熱炕木、裝修、建造斗栱、席棚、排置院內之缸、缸架、南極神開光做道場、錫香爐、蠟臺、墊尺、桌子、杌子等項，匠役等所用笤帚、筐子、缸子、水桶等物，以及支給計檔人、掌班等之飯錢，共用銀四千八百六十七兩三錢八分二厘，尚餘銀十五兩六錢七分。今既工竣，相應將此余銀如數交部。為此謹具奏聞。

　　上駟院郎中尚之勛、營造司郎中五十一、都虞司員外郎偏圖、刑部郎中和順。[1550]

　　由上，康熙五十七年（1718年）和六十年（1721年）鄭家莊行宮與王府開工與竣工的滿文硃批奏摺證明：鄭家莊王府，似應無爭議。

　　然而，需要探討的是：康熙帝敕建王府的鄭家莊，到底是哪個鄭家莊呢？《清史稿·諸王列傳六·允礽傳》記載：「（康熙）六十一年，世宗即位，封允礽子弘晳為理郡王。雍正元年，詔於祁縣鄭家莊修蓋房屋，駐紮兵丁，將移允礽往居之。」[1551] 這條記載，疏失有三：

　　其一，諭旨在鄭家莊「修蓋房屋，駐紮兵丁，將移允礽往居之」的時間，始於康熙五十七年（1718年），而不是雍正元年（1723年）；

　　其二，在鄭家莊「修蓋房屋，駐紮兵丁，將移允礽往居之」者，不是雍正帝，而是康熙帝；

　　其三，此地為北京德勝門外鄭家莊（今北京昌平鄭各莊），而非山西祁縣鄭家莊。但是，民國以來，眾多論著，據此傳訛，相互輾轉。《清史稿校注》校正其疏誤四萬餘條[1552]，此處亦未出校注。

　　由上看來，鄭家莊在何地，需要加以考辨。

二

　　經查，清「三祖三宗」實錄和《清史稿》中，有四個鄭家莊：安徽合肥鄭家莊、山西太原鄭家莊、直隸薊州鄭家莊和北京德外鄭家莊。雍正理王府址的鄭家莊，位於何處，略作考析。

其一，安徽合肥鄭家莊。順治十一年（1654年），安徽合肥鄭家莊出現怪異，因在清史留下記述。《清史稿·災異志三》記載：「合肥鄭家莊產一雞，三嘴、三眼、三翼、三足，色黃，比三日死。」[1553] 說明安徽合肥有個鄭家莊。但是，在《清實錄》中，特別是在《清聖祖仁皇帝實錄》《清世宗實錄》和《清高宗實錄》中，沒有出現安徽合肥鄭家莊的記載，更沒有康熙帝、雍正帝、乾隆帝到過此地並在此地建造王府的記載。且該地區也沒有清朝皇帝行宮與親王府邸的歷史遺蹟。康熙鄭家莊行宮與王府，在黃河以北，不在淮河以南，顯然合肥鄭家莊的地理方位不相符，歷史場景不相符，歷史遺蹟也無留存，且沒有文獻記錄與檔案記載，因之康熙行宮與王府所在地的鄭家莊，不會是、不可能是安徽合肥的鄭家莊。那麼，是北方山西祁縣的鄭家莊嗎？

其二，山西祁縣鄭家莊。山西省太原府祁縣鄭家莊，在「府西南百四十里」[1554]。《清史稿·傅爾丹傳》記述：「傅爾丹，瓜爾佳氏，滿洲鑲黃旗人，費英東曾孫，倭黑子也。康熙二十年，襲三等公，兼佐領，授散秩大臣。四十三年[1555]，上西巡，駐蹕祁縣鄭家莊，於行宮前閱太原城守兵騎射。有卒馬驚逸近御仗，傅爾丹直前勒止之，摔其人下。上悅，諭獎傅爾丹，賜貂皮褂。」[1556] 此事，《清史稿校注》據《國朝耆獻類征》記載，注云：傅爾丹授散秩大臣在康熙三十八年（1699年）[1557]。鄭家莊御前驚馬之事，《清聖祖仁皇帝實錄》也做了記載：辛丑（二十九日），上駐蹕祁縣鄭家莊。「是日，上於行宮前，閱太原城守官兵騎射，善者分別賜金，劣者革退遣還京師。閱射時，有一兵丁乘馬驚逸，漸近御仗，散秩大臣、公傅爾丹，疾趨向前，擒之使下，並勒止其馬。上次宮，傳集內大臣等，諭傅爾丹曰：今日閱射時，兵丁所乘之馬驚逸，漸近御仗，諸年少大臣，俱效年老大臣，旁觀不動，惟爾直前，勒止之，可謂繼武前人矣！特賜爾貂皮褂一領，嗣後益加勉勵。」[1558]

查山西祁縣鄭家莊，《清聖祖仁皇帝實錄》出現兩次[1559]，《清高宗實錄》也出現兩次[1560]，都可以確指，其地並無城牆、護城河與王府的記載。因此，城池、行宮與王府同在一地的，不是山西太原鄭家莊。那麼，是直隸薊州的鄭家莊嗎？

其三，直隸薊州鄭家莊。《清世祖實錄》中沒有出現薊州鄭家莊的記載。《清聖祖仁皇帝實錄》中出現三次薊州鄭家莊[1561]，都是康熙帝到清孝陵祭祀途中的臨時行宮。《清世宗實錄》中沒有出現薊州鄭家莊的記載。《清高宗實錄》中，也沒有出現薊州鄭家莊的記載。此處沒有興建王府文獻與檔案的記載，也沒有發現行宮與王府的遺蹟。因此，城池、行宮與王府同在一地的鄭家莊，不是薊州的鄭家莊。

其四，北京德外鄭家莊。《清史稿·世宗本紀》記載：雍正元年（1723年）五月乙酉初七日，「敕理郡王弘晳移住鄭家莊」[1562]。這個鄭家莊，既不是安徽合肥鄭家莊，也不是直隸薊州鄭家莊，更不是山西祁縣鄭家莊，而是北京德外鄭家莊[1563]，今為北京市昌平區北七家鎮鄭各莊村。其理由，述如下：

第一，地理區位。《光緒昌平州志》記載：鄭各莊即鄭家莊，「距城三十五里，東至沙各莊三里，南至平西府三里，西至白各莊一里，北至河，東南至白廟村四里，西南至七里渠六里，東北至尚信三里，西北至半壁街四里」[1564]。鄭家莊不僅有倉房，還有馬廠（場）。到康熙時，在鄭家莊興建行宮、王府、城牆和護城河。其地理方位：「鄭各莊離京城既然有二十餘里，除理王弘晳自行來京外，不便照在城居住諸王一體行走，故除上升殿之日，聽傳來京外，每月朝會一次，射箭一次。」[1565] 合肥鄭家莊、祁縣鄭家莊和薊州鄭家莊，從里程說，都不符合上文記述；只有北京德外鄭家莊是清鄭家莊行宮與王府的所在地。

第二，地面遺存。1949年後鄭家莊尚餘殘破城牆百餘米。1958年北京文物普查時，這裡還有土牆垣長約五百米；有城南門遺址，並保存南門（正門）漢白玉石匾額一方，楷書「來熏門」[1566]。現經實測為：鄭家莊皇城遺址，東西長五百七十米，南北長五百一十米，總面積近三十萬平方米；護城河遺存，南、北各長約五百零四米，東、西各長約五百八十四米，總長二千一百七十六米[1567]。二者實測數據與檔案記載大體相當。經筆者與該村黃福水、郝玉增、李永寬、蔣國震等先生實地踏查，在鄭家莊皇城東南角，有一段城牆殘垣的遺蹟，有牆基遺存和青灰城磚。城牆外是護城河，現東、南、西三面護城河基本保存。2006年，村裡發現一眼銅幫水井，同民間傳說

的「金井」吻合[1568]。清鄭家莊行宮與王府的實測和踏查資料，可同檔案和文獻的記載，相互印證，合掌相符。

第三，地名民俗。當地民俗，民間傳說，其說法是：連接鄭家莊城南門和北門的中軸大道，現在仍稱為「中街」。中街以東是康熙帝的行宮舊址，村民稱之為「東城裡」；中街以西是理親王府舊址，村民稱之為「西城裡」。在東城外，有戍守皇城的兵營舊址，村民稱之為「東營子」。在北城外，地勢平坦，瀕臨溫榆河，是當年駐軍練兵演武的操場。村民稱之為「東場後」和「西場後」。以上這些流傳至今的民間地名，與史籍記載的鄭家莊皇城、行宮、王府與駐防，大體相似，基本吻合[1569]。但是，還需要同檔案記載勘核、比對、分析、研究。

第四，方志載述。《康熙昌平州志》的總圖中有「鄭家莊皇城」的標識。鄭家莊行宮、王府、營房當時劃撥的土地數字，已難考據。但《光緒昌平州志》記載：康熙五十八年（1719年）奉旨蓋造王府、營房，僅占去「墾荒地」為「伍拾玖畝伍厘玖毫」[1570]。還有城牆、護城河、營房、馬廠等占地，資料殘缺不全，難以據實統計。

第五，筆記載錄。禮親王代善後裔昭槤在《嘯亭雜錄·續錄·京師王公府第》中記載：「理親王府在德勝門外鄭家莊。」[1571] 昭槤既是清帝宗室，又是乾隆朝人，記載當為可信。清人朱一新《京師坊巷志稿》也記載：「王諱弘晳，聖祖孫、廢太子理密親王允礽次子，諡曰愨。（理）密王舊府在德勝門外鄭家莊，俗稱平西府。王得罪後，長子[1572] 弘晳降襲郡王，晉親王，仍居鄭家莊。乾隆四年黜屬籍，以弘㬙紹封。」[1573]

第六，實錄記載。《清聖祖仁皇帝實錄》中出現「鄭家莊」六處，其中祁縣鄭家莊二次，薊州鄭家莊三次，北京鄭家莊一次；《清世宗實錄》中出現「鄭家莊」九處，都是指北京鄭家莊；《清高宗實錄》中出現「鄭家莊」二十次，其中祁縣鄭家莊二次，北京鄭家莊十八次。從中可以清楚地反映出：康熙鄭家莊行宮與王府的所在地，是北京德外鄭家莊。康熙帝死後，其停靈厝柩之所，曾有幾種方案：「安奉之處，或在南海子，或在鄭家莊，此二處隔越郊外，離宮禁甚遠，朕心不忍，緬惟世祖章皇帝大事時，曾安奉景山壽

皇殿，朕意亦欲安奉於景山壽皇殿，庶得朝夕前往親行奠獻。」[1574] 雍正帝擬在景山、南苑和鄭家莊三處之一安奉哀悼大行皇帝，說明它不會是在祁縣鄭家莊，也不會是在薊州鄭家莊，更不會是合肥鄭家莊。

第七，八旗佈防。雍正元年（1723年）五月，鄭家莊駐防被列為京畿八旗駐防十個要隘之一。駐防官兵等總計用房一千三百二十三間[1575]。這十處要隘按八旗駐防住房數量，排列如下：（1）熱河（1813間）、（2）鄭家莊（1323間）、（3）張家口（1000間）、（4）山海關（623間）、（5）冷口（278間）、（6）喜峰口（183間）、（7）古北口（170間）、（8）獨石口（107間）、（9）千家店（96間）、（10）羅文峪（68間）。鄭家莊的八旗住房規模僅次於熱河，位列第二。熱河蓋因建有避暑山莊，並接近木蘭圍場之故。昌平州駐防，增加後才到一百四十七間[1576]。其地位之所以如此重要，是因為這裡建有康熙行宮和理親王府。

第八，檔案為證。現在查到相關十六件滿文檔案，凡事涉及鄭家莊的，都是指在北京德勝門外鄭家莊。如《內務府等奏為核計鄭家莊馬房城地方建房所需錢糧事折》（康熙五十七年十二月初五日）中的「鄭家莊馬房」；《內務府等奏為經欽天監敬謹看得可於康熙五十八年正式動工折》（康熙五十七年十二月初八日）中的動工上樑折；《內務府謹奏為彈劾事折》（康熙五十八年四月初三日）中的「鄭家莊地方行宮、王府尚之勛等」云云；《和碩恆親王允祺等奏理王弘晳遷居鄭各莊事宜折》（雍正元年五月二十二日）中「鄭各莊距京城二十餘里」；《和碩恆親王允祺等奏請理王弘晳遷居折》（雍正元年六月二十日）中「因鄭各莊靠近清河，相應將拜唐阿等人之口糧，由該處行文到部，由清河倉發放」；《和碩恆親王允祺等奏請理王弘晳遷移鄭各莊折》（雍正元年六月二十五日）中「鄭各莊離京城既然有二十餘里，除理王弘晳自行來京外，不便照在城居住諸王一體行走，故除上升殿之日，聽傳來京外，每月朝會一次，射箭一次」等，都是明證。

綜上，地理區位與地面遺存、地名民俗與方志載述、筆記記載與實錄所載、八旗佈防與檔案實證，可以得出一個結論：康熙帝興建的鄭家莊行宮與王府，其地址就在今北京昌平鄭各莊（鄭家莊）。

三

本題相關的鄭家莊與鄭各莊、平西府與理王府的關係，依據史料，附作辨證。

第一，鄭家莊與鄭各莊的關係。查在《清聖祖仁皇帝實錄》和康熙朝滿文硃批奏摺中，有關鄭家莊的地方，蓋稱作「鄭家莊」。但在雍正朝滿、漢文的文獻裡，又稱作「鄭各莊」。乾隆朝文獻有時稱「鄭家莊」、亦稱「鄭各莊」。清朝昌平人麻兆慶在《昌平外志》中認為：「鄭各莊」的「各」，舊均作「家」，土人呼「家」音若「歌」，《字典》「家」葉音有讀「歌」者，作入聲。「各」字非。其實，當地「土人」稱之為「各」，約定俗成，未必為非。

其實，早在漢代，家亦讀姑。《漢書》著者班固之妹班昭，號曰大家，其夫曹世叔，史稱班昭作「曹大家」，亦稱「曹大姑」！可見其時「家」與「姑」音相通假。後來歷代相沿。元、明、清三代北京郊區的移民，常以先居者姓氏為村名。以昌平為例，如劉家莊、楊家莊、曹家莊、王家莊、鄧家莊、武家莊等，也有鄭各莊、白各莊、史各莊、呂各莊、沙各莊、聶各莊等。有學者認為：這裡的「各」，實際上就是「家」。「家」的讀音，《康熙字典》既引《唐韻》《韻會》《正韻》的讀音：「居牙切，並音加」；又引《集韻》另一讀音：「古胡切，音姑」；還音「各」，「古俄切，音歌」。「家」是個多音字，讀若加、姑、各、歌等，而不能說讀作「各」或寫作「各」是錯誤的[1577]。因此，從歷史地名學來說，「鄭家莊」與「鄭各莊」都通；從歷史地理學來說，北京昌平鄭家莊與鄭各莊是一地，而不是兩地；從民俗地名學來說，亦有「家」而演變為「各」的，鄭家莊演變為鄭各莊就是一例。北京昌平鄭家莊與鄭各莊，其地理方位、地貌特徵、文獻記載、檔案載述，都證明了這一點。所以，本文在引文中，照原文引用；在行文中，則用「鄭各莊」。

第二，平西府與理王府的關係。鄭家莊理王府在當地俗稱作「平西府」。「平西府」一詞，最早見之於昭槤《嘯亭雜錄·續錄》的記載：「理親王府在德勝門外鄭家莊，俗名平西府。」[1578] 其後，理親王弘晳被革黜圈禁，弟弘㬙襲郡王，遷到城裡。

雍正理王府址考

《光緒順天府志》記載:「王大人胡同,井二。《嘯亭續錄》:理郡王府在王大人胡同。《採訪冊》:梁公第在王大人胡同。謹按:王諱宏〔弘〕晳,聖祖孫、廢太子理密親王允礽次子[1579],諡曰恪。密王舊府在德勝門外鄭家莊,俗稱平西府。王得罪後,長子宏〔弘〕晳降襲郡王,晉親王,仍居鄭家莊。乾隆四年,黜屬籍,以宏〔弘〕紹封。今為豐公第。輔國公奕梁,淳度親王之後。舊府在玉河橋西,同治初遷此。」[1580]

為什麼鄭家莊俗稱「平西府」呢?

第一種說法:有人問路「弘晳府」,指路人順手平著往西一指,人們就稱其為「平西府」。此說為當地民間傳說,並不可信。

第二種說法:府在昌平州偏西,所以稱「平西府」。此說地理方位不對,也不可信。

第三種說法:吳三桂開山海關門迎降清攝政睿親王多爾袞而受封為平西王,吳三桂曾住過此府,所以稱作「平西府」。歷史證明:平西王吳三桂根本沒有在此居住過,自然此說也不可信。

第四種說法:理王弘晳,因罪被革爵,囚於景山東果園,王府遭平毀。親王、郡王等被革爵後,不能用其封爵稱呼,而直用其名。雍正帝諭內閣:「親王、郡王,俱賜封號,所以便於稱謂也。如無封號之王、貝勒,在諸臣章奏內,自應直稱其名。再小人等,並將閒散宗室亦稱為王,又有貝勒王、貝子王、公王之稱,嗣後俱著禁止。」[1581]《上諭八旗》也記載:親王、郡王等都有封號,凡是沒有封號的王、貝勒等,只可直呼其名,九貝子(指允禟)和十四王(指允禵)等稱呼[1582],不合體例,以後不許再用[1583]。乾隆朝也沿襲乃父之規定。所以,時人不能再稱「理親王府」或「理郡王府」,甚至於諱礙「弘晳」二字,諧音作「平西」,因而「弘晳府」諧音作「平西府」。我認為這樣解釋似乎可通。

綜上,可以得出如下結論:

第一，雍正朝理王府不在安徽合肥鄭家莊，不在山西太原鄭家莊，也不在直隸薊州[1584]鄭家莊，而是在北京昌平鄭家莊，即今北京市昌平區北七家鎮鄭各莊。

第二，乾隆四年（1739年）以後，理王府遷到北京東城王大人胡同。《宸垣識略》記載：「理親王府在北新橋北王大人胡同。」[1585]

民國年間，理郡王府西側，方恩寺與南邊馬廐等附屬建築被理郡王后裔變賣，後王府逐漸荒廢。今為華僑飯店址。

第三，康熙帝廢太子允礽於雍正二年（1724年）薨逝，後被追封為理密親王。允礽生前並未在鄭家莊理王府居住過，但死後其遺體在此舉喪祭奠。

第四，宗室成員犯罪監禁，明朝實行高牆制度[1586]。清代監禁宗室的高牆制度，濫觴於天命汗，始建於康熙帝，完成於雍正帝。清代「高牆」一詞，始見於雍正四年（1726年），《清世宗實錄》記載：「命將允䄉在宗人府看守。尋命圈禁高牆，著總管太監派老成太監二名，在內隨侍。」[1587]雍正帝曾參照明朝以皇室祖陵安徽鳳陽為中心建立高牆，在清東陵附近設圈禁高牆，囚禁宗室允䄉等。在鄭家莊興建「王府、城池與駐兵」，就是清代高牆制度的典型表現。

總之，康熙帝興建的王府，雍正封敕、乾隆平毀的理王府，為康熙帝廢太子允礽次子弘晳的府邸。弘晳先為理郡王、後晉理親王的王府所在地，是北京德勝門外鄭家莊，即今北京昌平區北七家鎮鄭各莊。允礽次子弘晳於康熙六十一年（1722年）十二月十一日襲封為理郡王，雍正八年（1730年）晉封為理親王，乾隆四年（1739年）被革爵並圈禁在景山之東果園。允礽第十子、弘晳之弟弘，襲封為理郡王，其郡王府則在京城內王大人胡同。

【鳴謝】感謝臺北故宮博物院院長馮明珠教授、莊吉發教授、陳龍貴先生、呂玉如和許玉純女士，北京中國第一歷史檔案館館長鄒愛蓮研究員、郭美蘭研究員、吳元豐研究員、中國人民大學王道成教授、中國第一歷史檔案館秦國經研究員等，為本文給予的熱心誠摯的幫助。

《無圈點老檔》及乾隆鈔本名稱詮釋

《無圈點老檔》及其乾隆朝鈔本的名稱，原來明確，間或不清；近百年來，卻頗混亂。茲據史料，爬梳分析，闡明原委，做出詮釋。

一

《無圈點老檔》是以無圈點老滿文為主，兼以加圈點新滿文並間雜蒙古文和個別漢文書寫的，記載滿洲興起和清朝開國的史事冊檔，是現存最為原始、最為系統、最為詳盡、最為珍貴的清太祖和太宗時期編年體的史料長編。《無圈點老檔》為世間孤本，現存四十冊，庋藏於臺北故宮博物院。至乾隆朝，該檔之紙，年久糟舊，屢次查閱，翻頁摩擦，每有破損，以至殘缺。經過奏準，以老滿文，照寫兩份，將其鈔本，恭藏閣府，這就是《無圈點字檔》（底本）和《無圈點字檔》（內閣本）。又以新滿文，音寫兩份，貯之大庫，以備查閱，這就是《加圈點字檔》（底本）和《加圈點字檔》（內閣本）。另辦理阿哥書房《加圈點字檔》（上書房本）一部。再辦理貯藏於盛京崇謨閣《無圈點字檔》（崇謨閣本）和《加圈點字檔》（崇謨閣本）各一部。上述《無圈點老檔》原本及乾隆朝辦理七部重鈔本的名稱，檔案記載，書籤所題，昭明彰然，應無爭議。

《無圈點老檔》學者又稱為《滿文老檔》《滿文原檔》《滿文舊檔》《老滿文原檔》和《舊滿洲檔》等。此檔名稱，多年以來，比較歧異，莫衷一是。我們已查到乾隆朝辦理《無圈點老檔》重鈔本較為全面、系統、完整的檔案。茲據乾隆朝辦理《無圈點老檔》重鈔本時，所形成八十件相關的系統檔案統計，其中有四十件檔案先後共四十一次出現《無圈點老檔》的記載。且除《無圈點老檔》及其略稱《老檔》之外，別無他稱。蓋以此名，劃一稱謂。所以，我們沿襲乾隆朝《無圈點老檔》辦理重鈔本時，對此檔之稱謂，稱其為《無圈點老檔》。

至於乾隆朝辦理《無圈點老檔》的七種鈔本，除《加圈點字檔》（上書房本）因現下落不明而未見其原書外，其餘的六種鈔本即：《無圈點字檔》（底

本)和《加圈點字檔》(底本)、《無圈點字檔》(內閣本)和《無圈點字檔》(崇謨閣本)、《加圈點字檔》(內閣本)和《加圈點字檔》(崇謨閣本),在其每函封套與每冊書籤上,都有滿文書名。

在《無圈點字檔》(底本)和《無圈點字檔》(內閣本)、《無圈點字檔》(崇謨閣本)的每函封套和每冊封面的題籤上,都楷寫著滿文書名。現以拉丁字轉寫,並漢文對譯如下:

tongki fuka akū hergen i dangse.

點　圈　無　字　的　檔子

其漢意譯文是:「無圈點字檔」。

在《加圈點字檔》(底本)和《加圈點字檔》(內閣本)、《加圈點字檔》(崇謨閣本)的每函封套和每冊封面的題籤上,都楷寫著滿文書名。現以拉丁字轉寫,並漢文對譯如下:

tongki fuka sindaha hergen i dangse.

點　圈　加　字　的　檔子

其漢意譯文是:「加圈點字檔」。

由上,近百年的爭論,似可一錘定音。

二

二十世紀以來,該檔之稱謂,中外學者,殊異不一,縷述歷史,略做考察。

《滿文老檔》之稱謂,始於內藤虎次郎。二十世紀初,清朝日薄西山,列強覬覦中國,閣藏珍秘,始泄外人。清光緒三十一年(1905年),日本大阪《朝日新聞》評論部記者內藤虎次郎到盛京(今瀋陽),在崇謨閣見到了《無圈點老檔》乾隆朝辦理之盛京崇謨閣鈔本。民國元年(1912年),內藤虎次郎同羽田亨到盛京崇謨閣,將《加圈點字檔》(崇謨閣本)全部進行翻拍。其時,內藤虎次郎等所翻拍的冊檔,其滿文原書名是:「tongki fuka sindaha hergen i dangse」。照片洗印後,裝訂成相冊,在冊脊上書

《無圈點老檔》及乾隆鈔本名稱詮釋

寫著白色的漢、滿兩種文字：「滿文老檔/tongki fuka sindaha hergen i dangse」。神田信夫教授在《滿學五十年》一書《從〈滿文老檔〉到〈舊滿洲檔〉》的論文中指出：「《滿文老檔》的名稱，實從內藤為始。」[1589] 內藤虎次郎先生以《滿文老檔》做書名，向世人介紹，因獨著先鞭，又簡明通俗，後被接受，流行世界。

當時，學界對《無圈點老檔》及其乾隆朝辦理之重鈔本一無所知。後來，隨著時光推移，所見版本日多，此一書名，受到挑戰。《滿文老檔》原指《加圈點字檔》中的盛京崇謨閣鈔本，即《加圈點字檔》（崇謨閣本），又稱新滿文小黃綾本。而於其他幾種重鈔本，《滿文老檔》一名，實在難以涵蓋。經學者多年的研究，到目前為止，已知《無圈點老檔》在乾隆朝共有七種不同的鈔本。所以，《滿文老檔》這一稱謂，是指《無圈點老檔》及其七種重鈔本中的哪一種或哪幾種版本呢？實在難以回答。這就顯露出《滿文老檔》稱謂的侷限性。特別是有的學者，在同一書文裡，使用《滿文老檔》一稱，忽而指此，忽而指彼，或濫用，或亂用。這是內藤虎次郎先生所始料不及的。究其濫用或亂用之癥結，在於《滿文老檔》的初始定名，便含有不科學的基因。

《無圈點老檔》及其乾隆朝辦理之重鈔本，拂去封塵，重見天日，使《滿文老檔》之稱謂首遇詰難。《無圈點老檔》為近人所見，始於民國二十年（1931年）。是年一月，故宮博物院文獻館整理內閣大庫檔案，見到《無圈點老檔》[1590]。中國其時先後有五篇重要文章對之加以介紹：

一是，1934年4月，北平故宮博物院文獻館出版的《文獻叢編》第十輯，在其卷首刊出《無圈點老檔》照片兩幅[1591]，並載文公之於眾。文曰：「《滿文老檔》，舊藏內閣大庫，為清未入關時舊檔。民國二十年三月，本館整理內閣東庫檔案，發見是檔32冊，原按千字文編號，與今所存者次序不連，似非全數。原檔多用明代舊公文（紙）或高麗箋書寫，字為無圈點之滿文、且時參以蒙字。……原檔長短厚薄不一，長者六十一釐米，短者四十一釐米，厚者五百餘頁，薄者僅九頁。中有一冊，附註漢文。」[1592] 此文所指，顯然

是《無圈點老檔》。撰者雖已看到《無圈點老檔》，但仍舊沿稱《滿文老檔》，致使《無圈點老檔》與《加圈點字檔》（崇謨閣本）之稱謂相混淆。

二是，1934年5月，謝國楨先生《清開國史料考·卷首》亦刊出《無圈點老檔》照片兩幅[1593]，並於其卷末《清開國史料考補》介紹《無圈點老檔》於眾。文曰：「天命、天聰朝滿文檔冊，北平故宮博物院藏稿本，不知撰人名氏。民國二十年春，故宮博物院文獻館整理實錄大庫舊檔，發現檔冊頗多。其《滿文舊檔》黃綾本，與遼寧崇謨閣藏老檔相同。內有黃紙本三十一厚冊，為天命、天聰朝滿文舊檔。」[1594] 同年末，在《國立北平圖書館館刊》第五卷第六號上，謝國楨先生撰文介紹這一珍貴的滿文歷史文獻。謝國楨先生在這裡未用《滿文老檔》，而用《滿文舊檔》。誠然，《滿文老檔》中的「老」字和《滿文舊檔》中的「舊」字，其滿文體同為「fe」，是同一詞語、同一含義。然而，在漢文中略有區別。謝文的《滿文舊檔》，既指原本、又指鈔本；在鈔本中，指《無圈點字檔》（崇謨閣本），又指《加圈點字檔》（崇謨閣本），還指《無圈點字檔》（內閣本），亦指《加圈點字檔》（內閣本）。所以，鑒於時代的侷限，這是一個不夠準確的概念。它使《無圈點老檔》與其鈔本《加圈點字檔》（崇謨閣本）之稱謂相混淆。

三是，1935年1月，方甦生在《清內閣舊檔輯刊·敘錄》中介紹《無圈點老檔》曰：「《滿文老檔》為盛京舊檔之巨擘，其記事年代，起天命以迄崇德元年。今存文獻館者凡三十七冊，蓋自乾隆以來，即僅有此數。原本以明代舊公文紙或高麗籤書寫，中多殘闕。冊形之廣、狹、修、短，頁數之多寡，極不一致。其文字於厄兒得溺草創，達海增補及加圈點者，三體兼而有之。」[1595] 方氏於此仍沿用《滿文老檔》之書名，又致使《無圈點老檔》與《加圈點字檔》（崇謨閣本）之稱謂相混淆。

四是，1936年10月，張玉全在《述〈滿文老檔〉》一文中說：「內閣大庫發現《滿文老檔》三十七本，又重鈔無圈點本，及加圈點本各一百八十冊。玉全參與整理之役，現在摘由編目行將蕆事，僅就工作時研究所得，略加陳述。……」[1596] 參與故宮博物院文獻館《無圈點老檔》整理工作的張玉全先生，亦沿用了《滿文老檔》之書名，再使《無圈點老檔》及其乾隆朝重

鈔本《無圈點字檔》（內閣本）與《加圈點字檔》（內閣本）、《無圈點字檔》（崇謨閣本）與《加圈點字檔》（崇謨閣本）諸稱謂相混淆。

五是，1936年10月，李德啟在《〈滿文老檔〉之文字及史料》一文中論曰：「清內閣大庫所藏《滿文老檔》，自經故宮博物院文獻館發見後，頗引起世人之注意。蓋自清太祖以兵甲十三副，崛起長白，征滅烏拉、葉赫諸部，進而略明。太宗繼之，屢挫明師，聲勢益隆，卒為清代二百餘年之帝業，創奠根基；其間所有軍事政治之記載，並愛新覺羅氏族中之事跡及與朝鮮、蒙古、毛文龍等往來之文書，雖三朝實錄、本紀及私家著述頗可稽考；然《滿文老檔》為實錄、本紀所自出；官修記載，諱飾既多，刪削自亦不免。故欲知清初秘史，當以老檔較為實質。」[1597] 參與故宮博物院文獻館《無圈點老檔》整理工作並通滿文的李德啟先生，亦沿用了《滿文老檔》之書名，復使《無圈點老檔》與其乾隆重鈔本《加圈點字檔》（崇謨閣本）之稱謂相混淆[1598]。

綜上五例，可以看出，內藤虎次郎先生首用的《滿文老檔》這一書名，初系專指盛京崇謨閣藏《加圈點字檔》（崇謨閣本）。後來，《加圈點字檔》（內閣本），亦稱為《滿文老檔》。再後，《無圈點字檔》（內閣本），復稱為《滿文老檔》。由是《滿文老檔》之概念，便逐漸外延。到二十世紀六十年代，《老滿文原檔》和《舊滿洲檔》稱謂的出現，使《滿文老檔》之概念，又隨之延拓。

三

二十世紀前半葉，已出現《滿文老檔》、《滿文舊檔》之稱謂；二十世紀後半葉，又出現《老滿文原檔》和《舊滿洲檔》之稱謂。

《老滿文原檔》之稱，始於廣祿、李學智先生。1962年9月，臺灣大學滿語教授廣祿先生及其學生李學智先生，在臺中霧峰北溝故宮博物院的地下倉庫裡，看到《無圈點老檔》。當時李學智先生於匆忙間僅看到三、五冊即北返。同年12月，李學智先生又到臺中，會同有關人士，將其拍攝縮微膠卷，於翌年元月完成，後洗印成放大照片[1599]。廣祿教授和李學智先生將其定名為《老滿文原檔》。其命名解釋是：「我們將這一批四十冊老滿文史料命名

為《老滿文原檔》的意思是說,這一批老滿文史料大部分是清太祖、太宗兩朝的原始記錄檔案。至於這一命名是否正確,實在很難說。」[1600]

李學智先生將《無圈點老檔》命名為《老滿文原檔》,其貢獻在於:一是打破《滿文老檔》稱謂流傳半個世紀的傳統,而給《無圈點老檔》以新的命名;二是澄清了《滿文老檔》概念外延之含糊;三是用「老滿文」來限定其名稱的內涵,突出了該檔的文字特點;四是在時間上顯現它是清太祖、太宗兩朝的冊檔。

但是,它之被命名為《老滿文原檔》,受到主方的自詰和客方的叩問:

其一,主方的自詰。廣祿教授和李學智先生在其長篇學術論文《清太祖朝〈老滿文原檔〉與〈滿文老檔〉之比較研究》中說:「現存清太祖的檔冊,雖僅有二十本;可是這二十本檔冊中,據我們的初步檢證,事實上並不完全是原檔,其中包括大部分書寫的真正老滿文原檔,以及一本可稱滿文最早木刻印刷的敕書檔。其他有一小部分是曾經後人重鈔過的滿文老檔。而所謂原檔,大致皆是利用明代遼東各衙門的舊公文紙所寫或印成的。至於曾經後日重鈔的老檔,類皆用所謂高麗箋紙所書寫。太祖朝的二十本檔冊,用明代舊公文紙所寫及印刷的原檔占十一冊。用高麗箋紙所寫的老檔有九冊。但是這兩種檔冊的記事,常相互重複。而且不但是原檔與老檔的記事重複,就是原檔與原檔的記事也有重複的,老檔與老檔的記事也有重複的。」[1601] 由於《老滿文原檔》自身存在著「非原檔的原檔」,因而引起學界同行的商榷。

其二,客方的叩問。陳捷先教授在其長篇學術論文《〈舊滿洲檔〉述略》中闡述了自己的見解:「前幾年廣祿老師和李學智先生用《老滿文原檔》這個名稱,按『原檔』一詞,乾隆時已經使用,後來日本學者也有引述的。然而《老滿文原檔》所指的檔冊應該是滿洲人在關外用老滿文所寫的那些檔子,至於同時期用新滿文所作的舊檔似乎就不能包含在內了。」[1602] 於是,陳捷先教授用《舊滿洲檔》的名稱,取代《老滿文原檔》的稱謂。

《舊滿洲檔》之稱,始於陳捷先教授。1969年,臺北故宮博物院將珍藏的《無圈點老檔》影印出版。陳捷先教授在該書的前言即《〈舊滿洲檔〉述略》的論文中闡釋道:「我們現在用《舊滿洲檔》來命名這批舊檔,實際上是從

清高宗上諭裡得來的靈感，主要是相信這個名稱既可以分別舊檔與乾隆重鈔本在時間上有先後，同時也可以包含早期滿洲人在關外用老滿文和新滿文兩種文體所記的檔案。」陳教授所說乾隆四十年的《上諭》，原文徵引如下：

> 朕恭閱舊滿洲檔冊，太祖、太宗，初創鴻基，辟取輿圖甚廣，即如葉赫、烏拉、哈達、輝發、那木都魯、綏芬、尼瑪察、錫伯、瓜勒察等處，皆在舊滿洲檔冊之內。雖在東三省所屬地方，因向無繪圖，竟難按地指名，歷為考驗。邇來平定準噶爾、回疆等處時，朕特派大臣官員，將所有地方，俱已繪圖，昭垂永久。列祖初開鴻業，式廓疆圉，豈可轉無繪圖？著恭查滿洲檔冊，詳對盛京志、實錄，繕寫清單，札寄盛京、吉林、黑龍江將軍等，各將省城為主，某地距省城幾許，現今仍系舊名，或有更改，並有無名山大川、古人遺蹟，逐一詳查，三省會同，共繪一圖呈覽。[1603]

陳捷先教授將《無圈點老檔》，命名為《舊滿洲檔》，其貢獻在於：一是援引乾隆帝《上諭》，言之有據；二是將《無圈點老檔》的原本，同乾隆朝的三種照寫本——《無圈點字檔》底本、內閣本和崇謨閣本區別開來；三是名稱中迴避「原檔」二字，因其中有的並非是原檔；四是稱謂中避開「老滿文」三字，因其中雖以老滿文為主，但不乏新滿文和蒙古文；五是強調「舊檔」之意，即滿文「fe dangse」，符合歷史傳承；六是突出「滿洲」二字，包容豐富歷史內涵。

《滿文老檔》和《滿文舊檔》的名稱，出現於二十世紀的前半葉；《老滿文原檔》和《舊滿洲檔》的名稱，出現於二十世紀的後半葉。這些都是滿學史、清朝史、文獻史、民族語言史上，學術前進的重要界標。然而，在乾隆朝辦理《無圈點老檔》重鈔本之前，它的名稱是怎樣的呢？

四

《無圈點老檔》的名稱，從康熙朝，經雍正朝，到乾隆初，檔案之記載，文獻之載錄，檢閱歷史資料，概略加以考察。

《無圈點老檔》的封面，未貼書籤，未寫書名。其當時之滿文名稱，現未查到原始記載。此部冊檔，成帙以來，它的名稱，有所變化。現在所能見到最早的記載，是康熙朝的檔案與文獻。

其一，漢文「無圈點字檔子」。臺北中研院歷史語言研究所《清代內閣大庫殘檔》中，在康熙朝「三朝實錄館」的檔案裡，有一條內容與《無圈點老檔》中，天命八年（1623年）七月同條所載一樣，其漢文題籤為「內閣無圈點檔子」[1604]。而《無圈點老檔》在清定鼎燕京後，庋藏於內閣大庫，可知其源自於《無圈點老檔》無疑。其「內閣」二字，標示此檔出自內閣大庫；其《無圈點檔子》，即為乾隆中通稱的《無圈點老檔》。

其二，康熙稱「無圈點檔案」。《康熙起居注冊》（漢文本）康熙五十四年（1715年）九月二十五日，做了如下記載：

又覆請兵部覆原任郎中佈爾賽等互爭佐領控告、又閒散宗室佛格等控告滿丕、和理、布爾賽等，原依仗索額圖欺侮我等，將吏、戶、兵三部檔案毀匿，將內閣檔案之字塗注一案。查《無圈點檔案》所寫系卓科塔，並無朱胡達之名。布爾賽等稱朱胡達為伊曾祖，取供時又稱系伊伯曾祖，不合。應將布爾賽等各罰俸一年……。上曰：「宗人府衙門及該部所議，俱偏向矣。卿安即興安，隋分、興安是一處。《無圈點檔案》寫卓科塔，卓科塔即是朱胡達。此即與稱遵化為蘇那哈，總兵官為蘇明公等，是一而已，無有二也。今子孫稱伊祖父曾為蘇明公，謂非總兵官，可乎？稱蘇那哈效力，謂非遵化，可乎？即今各部奏疏內，遺漏圈點者甚多，朕亦有硃筆改正之處。俱以為非，可乎？[1605]

上述史料，兩次確稱：「無圈點檔案」。經查《無圈點老檔》天命八年七月的有關記載，即為康熙五十四年（1715年）九月，《起居注冊》所涉互爭佐領控告一事而調閱核查之檔案，即《無圈點老檔》。

其三，滿文《康熙起居注冊》記載。《康熙起居注冊》（滿文本）同上年月日的記載為：「tongki fuka akū bithe」。「bithe」漢意譯為「字」或「書」。它的漢意譯為「無圈點檔」。上引《康熙起居注冊》（滿文本），

兩次確稱：「tongki fuka akū bithe」。與之對應的漢文亦意譯為「無圈點檔」。二者所指，俱為乾隆朝統稱的「無圈點老檔」無疑。

其四，滿文辭書《清文總匯》闡釋。《清文總匯》於詮釋「tongki fuka akū hergen」，文曰：「無圈點字，國朝之本字也。天聰六年始加圈點，以成今之清字。」上述滿文「tongki fuka akū hergen i dangse」，漢意譯為「無圈點字檔」；「tongki fuka sindaha hergen i dangse」，漢意譯為「加圈點字檔」。

其五，《八旗滿洲氏族通譜·徐元夢》載述：「《無圈點檔案》所載，皆列祖事跡，乃金櫃石室之藏也。」徐元夢為滿洲正白旗人，康熙十二年（1673年）進士，精通滿、漢文，康熙帝贊諭：「徐元夢翻譯，現今無能過之。」[1606]

其六，《宮中檔雍正朝奏摺》載錄：「莊親王允祿呈奏，滿洲八旗均有《實錄》鈔本存貯，用查八旗承襲官職、管理牛錄之根由，值有爭競官職、查明牛錄之事，查閱為憑。惟查時，都統等親自監查，然旗上人多，難免泄漏、編造之弊，或無知之人，乘查檔之便，見有與其祖宗之名相似者，即識記之，節外生枝，爭訟不已。因旗上難決，仍於內閣查《實錄》《無圈點檔》，或咨行戶、兵二部，查看舊檔。以此觀之，八旗所存《實錄》鈔本，全然無益，徒滋爭端。伏祈降旨，悉查八旗所存，送交內閣。在旗若有應查事項，照依舊例，咨行內閣，查看《實錄》《無圈點檔》，則事歸專一，且爭訟之事，亦可減少。」以上和碩莊親王允祿之《奏查承襲官原本折》，末署雍正十三年（1735年）十月十八日。雍正帝已於八月二十三日崩逝，時乾隆帝已繼位。此為滿文折，折中「tongki fuka akū dangse」[1607]，先後兩次出現。現以拉丁字轉寫，並漢文對譯如下：

tongki fuka akū dangse.
點　圈　無　檔子

這說明在雍正朝，它被稱作：《無圈點檔》。

其七，乾隆帝稱《無圈點字檔》。乾隆六年（1741年）七月二十一日，乾隆帝諭大學士、軍機大臣鄂爾泰，加尚書銜、太子少保徐元夢曰：「無圈

點字原系滿洲文字之本，今若不編書一部貯藏，則日後湮沒，人皆不知滿洲之文字，肇始於無圈點字也。著交付鄂爾泰、徐元夢，閱覽《無圈點字檔》，依照十二字頭，編書一部；並於宗學、覺羅學及國子監諸學，各鈔錄一部，使之收貯可也。欽此。」此旨載於《無圈點字書·卷首》。這是乾隆帝對該檔的御稱。

其八，乾隆初大臣稱《無圈點字檔》。鄂爾泰、徐元夢為乾隆朝主持編纂《無圈點字書》的大臣，他們對上述文獻的稱謂，是沿襲清初以來的傳統稱謂：「tongki fuka akū hergen i dangse」。乾隆六年（1741年）七月二十一日，命大學士鄂爾泰、徐元夢編《無圈點字書》的諭旨，同年十一月十一日書成之後，鄂爾泰、徐元夢為欽奉上諭事的奏摺中，均有「tongki fuka akū hergen i dangse」之名。從鄂爾泰、徐元夢之奏摺及《無圈點字書》中，可以肯定：「tongki fuka akū hergen i dangse」，係指《無圈點老檔》。上述滿文名稱，未見相應的漢文載錄。它比之於《康熙起居注冊》（滿文本）的「tongki fuka akū dangse」，多「hergen i」一詞。滿文「hergen」，漢意譯為「字」或「文」；「i」漢意譯為助詞「的」。滿文「dangse」，漢意譯為「檔子」或「檔案」或「檔冊」。

其九，鄂爾泰等奏稱《無圈點字檔》。大學士太保鄂爾泰、加尚書銜太子少保徐元夢奏稱：「臣等已將內閣庫藏之《無圈點字檔》，詳細閱覽。此字今雖不用，然滿洲文字，實肇始於此。且八旗牛錄之淵源、給予世職之緣由，俱載於此檔。此檔之字，不僅無圈點，復有假借者，若不詳細查閱，結合上下字義理解，則識之不易。今皇上降旨，編書收貯者，誠滿洲文字之根源，永不湮沒之至意。臣等欽遵諭旨，將內閣庫內貯藏之《無圈點字檔》，施加圈點。除讀之即可認識字外，其與今字不同難認之字，悉行檢出，兼注今字，依照十二字頭，編成一書，恭呈御覽。俟皇上指示後，除令內閣收貯一部外，並令宗學、覺羅學及國子監諸學，各鈔一部收貯，俾使後世之人，知滿洲文字，原肇始於此。」[1608]

上述九例，在時間上，起康熙朝，經雍正朝，迄乾隆初；在稱謂上，為《無圈點檔案》或《無圈點字檔》。「無圈點」三個字，是共同的；所不同的是「檔

案」或「字檔」。在滿文裡,「檔」和「檔案」是同一個詞,即「dangse」。其差別所在,為一個「字」字。「字」的滿文體為「hergen」。從滿文來說,「tongki fuka akū dangse」與「tongki fuka akū hergen i dangse」二者是沒有原則區別的。所謂「無圈點」或「加圈點」,嚴格說來,是指「無圈點」的「字」,或「加圈點」的「字」。所以,這個「字」的有與無,在這裡是沒有本質區別的。

但是,到乾隆三十九年(1774年),對此「老檔」的稱謂,開始規範為《無圈點老檔》。

五

《無圈點老檔》的這一稱謂,開始正式出現於乾隆三十九年(1774年)的十一月。歷史檔案與歷史文獻,可資明證並相互參證。

第一,系統檔案,提供證據。前面已述,在乾隆朝辦理《無圈點老檔》鈔本時,所形成八十件系統、完整檔案,其中有四十件檔案先後四十一次出現《無圈點老檔》的記載[1609]。且除《無圈點老檔》及其略稱《老檔》[1610]之外,別無他稱。此檔珍貴,不易得見,現將相關記載,系統徵引如下:

乾隆三十九年(1774年)十一月二十一日,檔案記載國史館奉大學士、軍機大臣舒赫德、於敏中諭:「所有天命、天聰、崇德年間《無圈點老檔》,派滿纂修官明善、麟喜二員,悉心校核畫一,並派滿謄錄等,上緊繕錄一分,逐本送閱,毋得草率。」又諭滿本堂,「將大庫內存貯《無圈點老檔》,先付十本過館」云云。此為其一。

同日,檔案記載諭滿本堂:「將大庫內存貯《無圈點老檔》,先付十本過館,並將『無圈點十二字頭』查出,以便詳校畫一可也。右移付,滿本堂。」此為其二。

同月二十二日,檔案記載奉提調諭:「現在交查天命、天聰、崇德年間《無圈點老檔》,派翻譯官書文、景明,以供查考。」此為其三。

同日，檔案記載圖提調諭：「現在查天命、天聰、崇德年間《無圈點老檔》，派供事繆湧濤、楊珩、王鳳詔、杜日榮、吳鵬翥、周堂等六人，經理一切。」此為其四。

同月二十五日，檔案記載國史館移付滿本堂：「所有天命、天聰、崇德年間《無圈點老檔》，業經移取十本過館，其餘二十七本，相應移付貴堂，移送過館，以便詳校畫一可也。」此為其五。

同月二十六日，檔案記載國史館再移付滿本堂：「所有本館領出天命、天聰、崇德年間《無圈點老檔》三十七本，今本館留存七本辦理，其餘三十本，仍送回貴堂貯庫。」此為其六。

同月二十八日，檔案記載圖提調諭：「現在交查天命、天聰、崇德年間《無圈點老檔》，再增派翻譯官愛星阿，以供查考。」此為其七。

同年十二月初四日，檔案記載奉提調諭：「現在查辦天命、天聰、崇德年間《無圈點老檔》，著增派翻譯官魏廷弼，敬謹繕錄，毋得草率。」此為其八。

同月二十四日，國史館移付滿本堂：「所有《無圈點老檔》十七本，《十二字頭》四本，一併暫送貴堂，恭藏大庫。俟查對時，再行移取可也。」此為其九。

乾隆四十年（1775年）正月初八日，檔案記載國史館移付滿本堂：「所有天命年間《無圈點老檔》，今應移付貴堂，開庫移取壹本，到館校對可也。」此為其十。

同月初十日，檔案記載國史館移付滿本堂：「所有《無圈點老檔》，今移付貴堂，即速開庫，移取壹本，過館校對可也。」此為其十一。

同月十四日，檔案記載國史館再移付滿本堂：「照得本館辦理《無圈點老檔》，需查《十二字頭》，相應移付貴堂，即開庫將《十二字頭》四本，移付本館，以便查考可也。」此為其十二。

同月二十四日，檔案記載國史館復移付滿本堂：「所有天命、天聰《無圈點老檔》，共計三十七本，業經移取貳本過館在案，其餘三十五本，相應移付貴堂，查照開庫，發給可也。」此為其十三。

二月初七日，檔案記載為查詢天聰七、八、九等三年檔案事，國史館移付滿本堂：「所有《無圈點老檔》，本館業已移取三十七本。今恭查檔內，尚短天聰七、八、九等三年檔案，相應移付貴堂，查明有無存貯《老檔》，如有即行移復，以便付領辦理可也。」此為其十四。

同日，檔案記載滿本堂移付國史館：「所有本堂庫存《無圈點老檔》參拾柒本，貴館業已全行移取在案。今準付稱尚短天聰七、八、九等三年檔案，本堂隨開庫查明，並無此檔，相應移付貴館，查照可也。」此為其十五。

同月二十三日，檔案記載大學士舒赫德、於敏中諭稱：「派辦《無圈點老檔》之內閣中書舞量保，所有本衙門差務，暫行停止。」此為其十六。

三月初三日，檔案記載：「查中書隆興、瑚禮布二員，官亮、達敏二員，成永、三官保二員，現在辦理《無圈點老檔》，所有應得公費等項，仍在貴堂支領外，至該員等名下每月應扣茶費等項，概行毋庸坐扣。」此為其十七。

同月初五日，檔案記載圖、慶二位提調諭：「現在奏明辦理《無圈點老檔》，添派滿謄錄官富亮，敬謹恭繕，毋得草率。」此為其十八。

四月初三日，檔案記載圖提調諭：「所有《無圈點老檔》，現設三股辦理。今以每日每股，限音寫三十篇，共應交功課九十篇。」此為其十九。

同月十二日，檔案記載國史館移付方略館金國語處：「照得本館奏明，辦理《無圈點老檔》，應查大金 Aguda han（阿骨打汗）。」此為其二十。

同月二十九日，檔案記載國史館移付滿本堂：「照得本館辦理《無圈點老檔》，奉舒、於中堂諭：每日恭請太祖高皇帝清、漢實錄，全部逐日請出，至國史館，敬謹查對。仍於每日酉刻送庫恭貯。」此為其二十一。

九月初一日，檔案記載舒赫德中堂諭：「派蒙古堂中書成泰，辦理國史館《無圈點老檔》，所有本衙門差務，暫行停止。遇有保送升遷之處，仍照原資辦理。」此為其二十二。

同月初六日，檔案記載協辦大學士、軍機大臣官保中堂諭：「蒙古堂中書成永，不必在館行走，仍回本堂當差，其缺補派該堂中書揚保，辦理《無圈點老檔》。」此為其二十三。

同月，檔案記載國史館移付蒙古堂：「所有中書成泰，現在辦理《無圈點老檔》，其本衙門差務，暫行停止。」此為其二十四。

同月，檔案記載國史館移付滿本堂：「照得本館辦理《無圈點老檔》，內有恭查太祖高皇帝四年、五年、六年清、漢實錄，相應移付貴堂，於明日開庫，恭請到館，恭閱可也。」此為其二十五。

十月初四日，檔案記載國史館移付滿票簽、滿本堂曰：「奉舒、於二位中堂諭：本館辦理《無圈點老檔》，現在趕辦，陸續進呈。」此為其二十六。

同月二十一日，檔案記載國史館移付滿本堂：「本館於本年曾在內閣大庫，移取《無圈點老檔》等三十七本，內有天命、天聰年分俱無短少，所有崇德年分等八年，今只有崇德元年丙子一年《老檔》，其二年至八年並無此檔。」此為其二十七。

同月二十二日，檔案記載國史館移付滿本堂：「照得本館奉旨辦理《無圈點老檔》，先經貴堂付送《老檔》三十七本在案。今奉舒、於中堂諭：恭閱《老檔》內止有崇德元年《老檔》二本，其二年起至八年《老檔》，有無存貯之處，著即查。」此為其二十八。

同月三十日，檔案記載國史館移付滿本堂：「照得本館辦理《無圈點老檔》譯漢，需恭閱《太祖高皇帝實錄》，相應移付貴堂，於閏十月初一日開庫，每日請出一套至館，敬謹恭閱，仍於每日送庫恭貯可也。」此為其二十九。

十一月初七日，檔案記載國史館移付典籍廳：「本館付查辦理《無圈點老檔》，崇德二年以後，有無存貯《老檔》之處。今將本衙門自行查出崇德年間事件，回明各位中堂。」此為其三十。

上引三十史例，可以充分證明：《無圈點老檔》是當時通行的、普遍的、規範的、旨準的稱謂。

第二，歷史文獻，提供佐證。乾隆四十年（1775年）二月十二日，《清高宗實錄》第九七六卷記載：「軍機大臣等奏：內閣大庫恭藏《無圈點老檔》，年久糟舊，所載字畫，與現行清字不同。乾隆六年，奉旨照現行清字，纂成無圈點十二字頭，以備稽考。但以字頭，釐正字跡，未免逐卷翻閱，且《老檔》止此一分，日久或致擦損。應請照現在清字，另行音出一份，同原本恭藏。得旨：是，應如此辦理。」[1611]

第三，該檔自身，亦供參證。在《加圈點字檔》（內閣本）的書眉上，有附註黃簽，凡四百一十則。其第二百一十四則，即太祖天命十年（1625年）舒爾哈齊第五子宰桑之死，文中有查《無圈點老檔》一段文字，引錄如下：

謹查該篇所記：「二十九日，太祖庚寅汗之弟達爾漢巴圖魯貝勒之第五子宰桑臺吉去世，享年二十八歲」等語。在太祖時之冊檔裡，而寫「太祖庚寅汗」，似不相宜。經查《無圈點老檔》，此係為行旁增補，其後則有兩行被塗抹。塗抹之文曰：「其人聰敏強健，勇於戰陣，善於狩獵，臨崖射獵，如履平地，戰陣行獵，才藝俱佳。深得太祖庚寅汗喜愛。」上述文字被塗刪。查得此段非太祖年間所記，似是太宗時增記。

此則黃簽，是全部黃簽中最長的一條，譯成漢字約一百八十字左右，有的譯作二百餘字。其所查者，即是《加圈點字檔》（內閣本）之祖本《無圈點老檔》。

第四，其他檔案，提供旁證。僅舉數例，以見一斑。

乾隆四十年（1775年）二月十二日，大學士舒赫德等奏稱：

該臣等查得，內閣庫存《無圈點老檔》，共三十七冊。因該檔之紙，年久糟舊，且所寫之字，異於今字，難以辨識，故於乾隆六年，命鄂爾泰、徐

元夢按無圈點字，兼書今字，依十二字頭，編寫一部，將《老檔》逐頁托裱，重訂存庫。臣等伏思，在太祖、太宗時，開國[勳臣]之功績、八旗佐領之根源、給與世職之緣因，俱書於《老檔》，關係至要。今雖比照《十二字頭》之書，可識《老檔》之字，然遇事輒查，未免逐冊，反覆翻閱。況且，《無圈點老檔》，僅此一部，雖經托裱，但檔冊之紙，究屬糟舊，年年查閱，以至檔冊，文字擦損，亦未可料。請照今字，另辦一分，敬繕呈覽。俟欽定後，置於內閣之庫備查，將《老檔》恭藏。如蒙俞允，臣等酌派國史館纂修等官，趕緊以今字，鈔錄一分。臣等逐卷校閱，陸續呈覽。[1612]

乾隆四十三年（1778年）閏六月二十八日，大學士公阿桂、大學士於敏中謹奏：「為請旨事。臣等於乾隆四十年二月十三日，奉旨辦理《無圈點老檔》，節經奏明，酌派國史館官員，敬謹辦理」云云[1613]。

同年十月，檔案記載《堂稿》曰：「照得，本館辦理《無圈點老檔》業經告竣，所有揀選在館幫辦滿謄錄官，已於七月初三日，奏請量予從優議敘，將該員等咨回各該旗在案。」[1614]

乾隆四十五年（1780年）《無圈點老檔》告成請賞檔案記載：「查奉旨辦理《無圈點老檔》，原系二分，續經奉旨添辦一分，共三分，現在全行完竣。」[1615]

乾隆四十五年（1780年）二月初十日，盛京將軍福康安奏稱：「恭照乾隆四十五年二月初四日，據盛京戶部侍郎全[魁]自京回任。遵旨恭齎《無圈點老檔》前來，奴才福[康安]謹即出郭，恭請聖安。」[1616]

上引五例，可以看出：《無圈點老檔》之命名與稱謂，在乾隆朝辦理《無圈點老檔》重鈔本之時及其以後，有時相同，有時不同。這裡有三種情況。第一種，《無圈點老檔》之命名與稱謂相同，前舉例一，即是明證。第二種，《無圈點老檔》之命名與稱謂含混，例二、三、四所指被辦理之本為原本，而辦理告成之本為鈔本。第三種《無圈點老檔》之命名與稱謂齟齬，例五福康安奏報收到的是《無圈點字檔》（崇謨閣本）和《加圈點字檔》（崇謨閣本），而不是《無圈點老檔》，顯然是以習慣稱謂代替正式命名。此種現象，

《無圈點老檔》及乾隆鈔本名稱詮釋

在嘉慶、道光、同治和光緒諸朝，關於《無圈點老檔》的查奏中屢有出現，但不宜以不規範的習慣稱謂，替代欽定的正式命名。

綜上，歷史檔案和歷史文獻，凡三十七例，充分地證明：第一，《無圈點老檔》即是乾隆六年大學士鄂爾泰和徐元夢據之編纂《無圈點字書》並加以托裱的《無圈點字檔》；第二，《無圈點老檔》之稱謂得到乾隆皇帝的旨準；第三，《無圈點老檔》的名稱在乾隆中期以後被廣泛使用，且得到共識；第四，《無圈點老檔》是此冊檔規範化、定型化的稱謂，此後二百年間，相沿傳襲，始終未變；第五，根據「尊重歷史」和「名從主人」的原則，今臺北故宮博物院珍藏以無圈點老滿文為主兼以加圈點新滿文並間雜蒙古文和個別漢文書寫、記載滿洲興起和清朝開國史事、清太祖和太宗時期編年體史料長編、現存最為原始珍貴的四十冊孤本冊檔，應正其名為《無圈點老檔》。

在這裡還要討論的是，為什麼在康熙、雍正和乾隆初稱其為《無圈點檔案》或《無圈點字檔》，而到乾隆中改稱作《無圈點老檔》呢？《無圈點字檔》與《無圈點老檔》，雖只一字之差，卻是大有原因。粗淺分析，原因有五：

第一，此檔在清定鼎燕京前形成，中經順治、康熙、雍正三朝，到乾隆中期開始辦理重鈔本時，已經一百三十多年，可謂「老檔」。

第二，此檔之紙，「歷年久遠，頗為糟舊」，遇事輒查，致有破損，逐頁托裱，加以裝訂，可謂「老檔」。

第三，此檔之字，主要為老滿文，「異於今字，難以辨識」，然滿洲文字，實肇始於此，可謂「老檔」。

第四，此檔辦理新鈔照寫本三部，統名之為《無圈點字檔》，原本可謂「老檔」。

第五，此檔之外，照寫本、音寫本七部皆有新名（詳見後文），原本實屬老舊，可謂「老檔」。總而言之，根據檔案記載，從乾隆三十九年（1774年）辦理《無圈點老檔》重鈔本開始，它就被一個奏定的、統一的、通行的、規範的、科學的名稱所界定，這就是《無圈點老檔》。

六

《無圈點老檔》及乾隆朝七種重鈔本的名稱，多年以來，比較雜亂。《無圈點老檔》及其乾隆朝所辦理七種重鈔本的名稱，應當劃一，加以規範。

其實，早在乾隆朝辦理《無圈點老檔》重鈔本時，由於篇頁浩繁，時間緊迫，已經出現不夠規範的稱謂。

第一，早在乾隆朝辦理《無圈點老檔》的過程中，對鈔本稱謂，已不甚嚴格。乾隆四十三年（1778年）閏六月二十八日，大學士公阿桂、大學士於敏中合奏：

> 臣等於乾隆四十年二月十三日，奉旨辦理《無圈點老檔》，節經奏明，酌派國史館官員，敬謹辦理。旋因篇頁浩繁，請照恭修《玉牒》之例，於八旗候補中書、筆帖式、生監人員內，揀選額外幫辦謄錄，自備資斧，幫同繕寫在案。今查，辦就《加圈點老檔》太祖丁未年至天命十一年八十一卷、太宗天聰元年至崇德元年九十九卷，照寫《無圈點冊檔》一百八十卷，俱已陸續進呈。伏思，《老檔》所載，俱系太祖、太宗開創鴻圖，所關甚巨，請將進呈《老檔》正本三百六十卷，交武英殿遵依實錄黃綾本裝潢成套，及謄出《老檔》底本三百六十卷一併裝訂，恭送內閣，敬謹尊藏，以昭慎重。再臣等前經面奉諭旨，另辦《加圈點老檔》一分，送阿哥書房，隨時恭閱。[1617]

大學士阿桂、於敏中在《無圈點老檔》及其鈔本告成的奏報中，稱《加圈點字檔》為《加圈點老檔》，稱《無圈點字檔》為《無圈點冊檔》。其時繕錄雖已經告成，但尚未裝潢，亦未做每函封套和每冊封面的書籤，更未寫上書名。《無圈點老檔》新辦理的鈔本，此時書名，只是口傳，正式名稱，尚未命定。

第二，盛京將軍福康安奏報收到盛京戶部侍郎全魁齎回《老檔》，奏稱：

> 恭照乾隆四十五年二月初四日，據盛京戶部侍郎全□自京回任。遵旨恭齎《無圈點老檔》前來，奴才福謹即出郭，恭請聖安。同侍郎全□恭齎《老檔》，至內務府衙門。奴才福□查明：齎到《老檔》共十四包，計五十二套、三百六十本，敬謹查收。伏思《老檔》乃紀載太祖、太宗發祥之事實，理宜

《無圈點老檔》及乾隆鈔本名稱詮釋

遵旨，敬謹尊藏，以示久遠。奴才福口當即恭奉天命年《無圈點老檔》二〔三〕包，計十套、八十一本；天命年《加圈點老檔》三包，計十套、八十一本，於崇謨閣《太祖實錄》、《聖訓》金櫃內尊藏。恭奉天聰年《無圈點老檔》二包，計十套、六十一本；天聰年《加圈點老檔》二包，計十套、六十一本；崇德年《無圈點老檔》二包，計六套、三十八本；崇德年《加圈點老檔》二包，計六套、三十八本，於崇謨閣《太宗實錄》、《聖訓》金櫃內尊藏。並督率經管各員，以時曬晾，永遠妥協存貯。……奉硃批諭旨：知道了。欽此。[1618]

在上述奏摺中，福康安將《無圈點字檔》（崇謨閣本），稱為《無圈點老檔》，將《加圈點字檔》（崇謨閣本），稱為《加圈點老檔》。《無圈點老檔》新辦理的兩種盛京崇謨閣鈔本，已經定名，書籤為證。但福康安未加細檢書名，致出微小差錯。乾隆帝未予深究，而「硃批諭旨：知道了。欽此」。

但是，《無圈點老檔》乾隆朝辦理七種重鈔本的書名，經過一定程序，正式加以確定，端莊精楷，寫於書籤。書籤：底本為黃絹，正本為黃緞；字跡端楷，工整精寫。

在裝潢後的《無圈點字檔》（底本）和《無圈點字檔》（內閣本）、《無圈點字檔》（崇謨閣本）每函封套和每冊封面的題籤上，都以精楷寫著滿文書名。前已援引，因其至要，不煩筆墨，再做徵錄。現以拉丁字轉寫，並漢文對譯如下：

tongki fuka akū hergen i dangse.

點　圈　無　字　的　檔子

其漢意譯文是：「無圈點字檔」。

在裝潢後的《加圈點字檔》（底本）和《加圈點字檔》（內閣本）、《加圈點字檔》（崇謨閣本）每函封套和每冊封面的題籤上，都以精楷寫著滿文書名。前已援引，亦因至要，不煩筆墨，再做徵錄。現以拉丁字轉寫，並漢文對譯如下：

tongki fuka sindaha hergen i dangse.

點　圈　加　字　的　檔子

其漢意譯文是：「加圈點字檔」。

為著區別《無圈點老檔》乾隆朝辦理的七種重鈔本，我們對這七種重鈔本的名稱，試表述如下：

第一，《無圈點字檔》（底本），又稱草本，一百八十冊，書葉為臺連紙，封面為黃榜紙，原藏北京內閣大庫，現藏北京中國第一歷史檔案館[1619]。

第二，《無圈點字檔》（內閣本），又稱正本，一百八十冊，書葉為白鹿紙，封面敷黃綾，因以黃綾裝潢且開本較崇謨閣本略大而又稱大黃綾本，原藏北京內閣大庫，現藏北京中國第一歷史檔案館。

第三，《無圈點字檔》（崇謨閣本），又稱副本，一百八十冊，書葉為白鹿紙，封面敷黃綾，因以黃綾裝潢且開本較內閣本略小而又稱小黃綾本，原藏盛京崇謨閣，現藏瀋陽遼寧省檔案館。

第四，《加圈點字檔》（底本），又稱草本，一百八十冊，書葉為臺連紙，封面為黃榜紙，原藏北京內閣大庫，現藏北京中國第一歷史檔案館。

第五，《加圈點字檔》（內閣本），又稱正本，一百八十冊，書葉為白鹿紙，封面敷黃綾，因以黃綾裝潢且開本較崇謨閣本略大而又稱大黃綾本，原藏北京內閣大庫，現藏北京中國第一歷史檔案館。

第六，《加圈點字檔》（崇謨閣本），又稱副本，一百八十冊，書葉為白鹿紙，封面敷黃綾，因以黃綾裝潢且開本較內閣本略小而又稱小黃綾本，原藏盛京崇謨閣，現藏瀋陽遼寧省檔案館。

第七，《加圈點字檔》（上書房本），一百八十冊，書葉應為白鹿紙，封面應敷黃綾，亦應為大黃綾本，原藏北京宮苑上書房，現其下落不明[1620]。可能原書在圓明園上書房時，毀於兵火。

上述七種不同的鈔本，按滿文的新老來說，有老滿文本與新滿文本之別；按有無圈點來說，有無圈點本與加圈點本之別；按謄寫順序來說，有底本與正本之別；按抄寫書法來說，有草寫本與正寫本之別；按抄寫類別來說，有

《無圈點老檔》及乾隆鈔本名稱詮釋

照寫本與音寫本之別；按冊檔裝裱來說，有黃絹本與黃綾本之別；按裝潢開本來說，有大黃綾本與小黃綾本等之別；按收藏地點來說，有內閣本與崇謨閣本、上書房本之別。我們以新老滿文為主，並參酌以成書時間、庋藏地點、書寫字體和鈔寫類別等因素，簡稱為以下八種版本：

(1)《無圈點老檔》。

(2)《無圈點字檔》（底本）。

(3)《無圈點字檔》（內閣本）。

(4)《無圈點字檔》（崇謨閣本）。

(5)《加圈點字檔》（底本）。

(6)《加圈點字檔》（內閣本）。

(7)《加圈點字檔》（崇謨閣本）。

(8)《加圈點字檔》（上書房本）。

顯然，以上八種不同的版本，用《滿文老檔》作單一稱謂，是根本不能涵蓋的。而用《滿文舊檔》《滿文原檔》《老滿文原檔》和《舊滿洲檔》，雖其名稱都專指《無圈點老檔》，卻不能涵蓋其他七種不同的重鈔本。這就需要有一個通用的名稱，能涵蓋這八種不同的版本。我們想，給以上八種版本起一個總的名稱，這就是《滿洲老檔》。具體考慮，綴絮如下：

其一，「滿洲」二字的含義，一有民族含蘊，即滿洲族（簡稱滿族）所特有的文化；二有地域含蘊，即東北滿洲特有的文化；三有時間含蘊，即滿洲主導清朝歷史舞臺時期的文化；四有文字含蘊，即主要是用滿洲文字（滿文）書寫的。

其二，「老檔」二字的含義，滿文體為「fe dangse」，即泛指「舊的檔子」或「舊檔」、「老的檔子」或「老檔」。因在《無圈點老檔》中，既有原檔，也有「非原檔的老檔」，故而它們都可以稱之為「老檔」或「舊檔」。就是《無圈點字檔》或《加圈點字檔》，因其歷史久遠，也都是「老檔」或「舊檔」。

其三,「滿文」二字的含義,主要強調是用滿文書寫的冊檔,如用「滿文老檔」來作為總的名稱,那就難以回答下面的問題:《無圈點老檔》的原本及其照寫底本和照寫正本,都含有蒙古文(或黃簽標註)、甚至於有個別漢文,怎麼可以稱作《滿文老檔》呢?

其四,「原檔」二字的含義,主要指《無圈點老檔》,它的照寫底本、照寫正本都是重鈔本,不宜稱其為《滿文原檔》;至於它的音寫底本、音寫正本,則更不宜稱其為《滿文原檔》。

總之,已經使用的《滿文老檔》《滿文原檔》《滿文舊檔》《老滿文檔》、《滿洲秘檔》、《老滿文原檔》以及《舊滿洲檔》等稱謂,都是歷史上形成的,也都有其命名的根據、合理的因素、歷史的淵源、通行的習慣。我們尊重各種業已存在的書名,無意存此薄彼,也無意揚秦抑晉。我們只想對其有一個合乎歷史與邏輯的說法和科學與簡明的稱謂。但是,像任何事物都有欠闕、不完美一樣,《無圈點老檔》這一稱謂,也存在有欠闕、不完美的地方。如學界同仁,惠賜嘉名,則棄敬取正,擇善從焉。

于謙《石灰吟》考疑

《石灰吟》以于謙所作,為多種文學史書和文學辭書收錄,並編入中學語文教材。它作為于謙的名詩,就如同于謙的英名,家喻戶曉,童叟皆知。經仔細一查,卻頗有疑惑。

《石灰吟》為于謙所作,前人未見懷疑文字。愚以冒昧,做出質疑。考疑分說,簡述如下。

一

《石灰吟》為于謙所作,根據何在?出於何處?

查有關專書,《石灰吟》的作者,或不載出處,或含糊其詞,或出註失據。

一是不載出處。林寒、王季編選的《于謙詩選》[1621],書中的《石灰吟》,未註明出處。王季在「文化大革命」中被迫害致死,二十餘年後《于謙詩選》由林寒修訂增補,從原一百三十二首,增至一百三十四首,《石灰吟》仍未註明出處[1622]。最近杭州市政協編纂的《于謙》一書,其《于謙詩選》篇,收錄此詩,亦無出處[1623]。如果說《于謙》一書是普通讀物可以不注出處的話,那麼賴家度、李光璧的《于謙和北京》則屬學術性著作,書中重要引文多有出處,但此詩出處缺注[1624]。工具書、辭書之類,如《中國文學名篇鑒賞辭典》[1625]《古代詩歌精萃鑒賞辭典》[1626]《古代詩歌選》[1627]等,於《石灰吟》一詩,蓋未註明出處。

二是含糊其詞。林寒選注的《于謙詩選》(修訂本),是二十世紀以來唯一的于謙詩選專集(初選本和修訂本)。其編選依據是《於肅愍公集》。選編者在《前言》中交代,從《於肅愍公集》中選出一百三十二首詩,並從明人郎瑛的《七修類稿》中選取《桑》和《犬》兩首詩,共一百三十四首詩,編纂註釋,結集成書。編選者在《前言》裡指明,其《於肅愍公集》為明刻本。查此明刻本《於肅愍公集》,並沒有著錄此詩。編選者明知上述刻本中根本沒有《石灰吟》,故而對《石灰吟》選否,處於兩難的心態:不選,沒法交待;

要選，難注出處。編選者在頗費一番心思後，將《石灰吟》一詩放在《前言》裡，既突出此詩之重要，又迴避該詩之出處。這可謂是明修棧道、暗度陳倉之妙思。

　　三是出註失據。在有關《石灰吟》的專書和辭書中，註明該詩出處之著，雖然不算多，卻不乏其作。有文說此詩出自明人郎瑛的《七修類稿》，經翻檢，為臆說。另有曹余章主編的《歷代文學名篇辭典》[1628]，錢仲聯、傅璇琮、王運熙、章培恆、陳泊海、鮑克怡總主編的《中國文學大辭典》[1629]，均注其出自于謙的《忠肅集》。《忠肅集》現存重要版本有兩種：一種是乾隆年間《四庫全書》寫本，另一種是康熙年間於繼先刻本。前書較為好找，後書難以尋查。查前者，沒有《石灰吟》這首詩；後者，有這首詩，但其人、其書、其詩，問題不少，存有疑問。此書僅存孤本，很不容易找到，其撰稿者，是據前書，或據後書，值得考慮。

　　基於上述，很有必要，對《石灰吟》是否為于謙所作，深入解析，進行探討。

二

　　于謙的遺作，《明史·藝文志》載：「于謙《奏議》十卷、《文集》二十卷。」[1630] 惜未載其輯者與版本。于謙之《奏議》，清光緒時錢塘人丁丙稱有三種刻本：「余家藏杭州府刊《奏議》十卷，為南京禮部尚書溫陽李賓所編，初刻於成化丙申（十二年）。迨嘉靖辛丑（二十年），監察御史王紳命杭州知府陳仕賢集貲，屬郡人張乾元校刊，紳自為序，是為再刊本。萬曆間吳立甫又為重刊，葉向高為之序，稱其從公署架中得李公舊本，復遍搜他牘，增益其所未備，付之梓。惜世鮮傳本，未知其若干卷，此三刻也。」[1631] 于謙《奏議》，只載疏奏，不錄詩作。于謙的詩文集，依據現有資料，時代分明清，刻本辨官私，擇其要者，有如下述。

　　明刻本的于謙詩文集，重要者有五種。

于謙《石灰吟》考疑

第一，《節庵存稿》，不分卷，一函兩冊，共八十九葉，明成化丙申十二年（1476年）於冕刻本，長二十九釐米、寬十九釐米，半葉十一行，每行二十二字，前有王禮培跋、夏時正序，後有於冕識記，上海圖書館古籍部藏，孤本。於冕在父謙昭雪加諡後，復府軍千戶；奏請改文資，為武庫員外郎。後升應天府尹，致仕。於冕「聰明特達，善處興廢，既邁家難，放徙窮也，而能閉門卻掃，以讀書纂言為事」[1632]。於冕長期閉門，專心讀書纂著，經過多年積累與精心搜求，終於在乃父蒙難十九年後，雕梓《節庵存稿》。《節庵存稿》收錄于謙詩雜體六十一首、五律四十六首、七律一百九十五首、五絕四十首、七絕七十二首，共計四百一十四首。

《節庵存稿》（又稱《節庵先生存稿》），是現存於忠肅公最早的詩文集。因該集為孤本難見，現將王禮培跋語著錄於後：「《於少保奏議》，傳本尚多。此則其詩文集，諸家目錄皆未見。焦弱侯國史《經籍志》，有其目。此本刊於成化十二年。有汪魚亭、趙輯寧、古歡堂諸家藏印。」[1633] 集中于謙同裡、南京大理寺卿夏時正《序》言：「公詩文多至千篇，皆巡撫余閒暨車馬道途寄興之作。及歸秉政，則不及經心，所見僅一二爾。痛惟家難，散落不存。其所存者，公嗣子郎中君冕，得之四方傳錄間。屬時正正字之訛。時正貌焉末學，念昔忝竊郎曹，蒙公不屑教誨，得之語言、威儀多矣。此心未嘗敢忘，顧於咳唾余芥，迺敢以淺薄自嫌自外哉！故用受而讀之，正其一二，而後僭評數語。」[1634] 但是，細查《節庵存稿》，沒有《石灰吟》。

第二，《於肅愍公集》，八卷，附錄一卷，一函三冊，半葉九行，每行二十一字，明嘉靖丁亥六年（1527年）雕梓，為河南大梁書院刻本，系督學王定齋所編，有河南、山西道監察御史簡霄序[1635]，筆者查閱的是中國社會科學院文學研究所圖書館藏本。因「肅愍」為弘治二年（1489年）所諡，故應為弘治後輯本。是集有人認為：「即從公子應天府府尹冕編輯本出也。先是，成化丙申，府尹訪求舊稿，僅存什一，屬夏時正重加校訂，序而刊之。又輯公行狀、碑銘、祭文、輓詩為《旌功錄》，程敏政為之序。」[1636] 成化丙申年即十二年（1476年），距諡「肅愍」為十三年，由于謙之子冕初出，似為可信。《於肅愍公集》收錄于謙詩統計如下：雜體七十三首、五律六十一首、七律三百四十六首、五絕五十三首、七絕八十七首，共六百二十首。是集雕

梓較《節庵存稿》晚五十一年，搜求廣泛，纂集認真，是比較完善的一個本子。嘉靖《於肅愍公集》為最早匯錄于謙詩六百二十首之版本，但其中並無《石灰吟》。

第三，《於肅愍公集》，五卷，附錄一卷，一冊，半葉九行，每行二十字，明隆慶刻本、配清刻本，浙江寧波天一閣博物館藏，孤本[1637]。此書為殘本，既無序言，也無目錄。後序斷簡，序者姓名闕載。但序中說《於肅愍公集》為于謙義子於康五世孫於懋勳校正重刊本。書中卷一為賦二篇、雜體詩七十三首，卷二為七言律詩二百一十一首，卷三為五言絕句五十三首，卷四為五言律詩四十九首，卷五為贊九篇、銘一篇、祭文十一篇、表一篇。書中缺七言絕句。集中沒有《石灰吟》。但在《附錄補遺詩》中，有《石灰吟》。此版本問題較多，後面做專門評論。

第四，《於忠肅公集》，十二卷，附錄四卷，明天啟元年（1621年）刻本。因「忠肅」為萬曆十八年（1590年）所謚，故以「忠肅」名集。是集系杭州知府孫昌裔將于謙奏議、詩文，合為全集雕梓，十二卷；又重編《旌功錄》列於後，為附錄四卷[1638]。此集收錄于謙詩統計如下：雜體七十三首、五律六十一首、七律三百四十六首、五絕五十三首、七絕八十七首，共六百二十首，但其中亦無《石灰吟》。

第五，《於節閣集》，李卓吾評點，明季刻本，北京大學圖書館善本室藏。此集又收入《三異人文集》[1639]，「三異人」為方孝孺、楊繼盛和于謙。此集為評點本，節選詩文入集。卷首李贄（卓吾）盛讚於忠肅公「具二十分識力，二十分才氣，二十分膽量」[1640]。此集收錄于謙詩統計如下：雜體五十六首、五律十四首、七律六十三首、五絕四十三首、七絕四十八首，共二百二十四首，其中也無《石灰吟》。

以上就目擊明刻本于謙詩文集而言，沒有一部詩文集正文載錄《石灰吟》。

清刻本的于謙詩文集，重要者有三種。

從明末到清初的那些事：閻崇年自選集

于謙《石灰吟》考疑

第一，《於忠肅公集》，十卷，清於繼先輯，康熙辛丑六十年（1721年）刻本[1641]。此集現為孤本，半葉十行，每行二十四字，其卷三至卷五為配清鈔本（行、字數與原本同），凡四冊。此集雖增以年譜、輓詩，並編入正集，但所收錄奏議和詩文均不全，有人評其為「非善本也」[1642]！此集收錄于謙詩統計如下：五古十七首、七古二十四首、五律十七首、五絕二十六首、七律六十一首、七絕三十七首，共一百八十二首。該集是于謙詩文集各種版本中收錄其詩最少的一種。其卷八之《年譜》署由河南大梁浙紹會館住持僧雕梓。此本，刊刻不精，印數不多，流傳不廣，影響不大。此集中有《石灰吟》，但沒有註明來源。

第二，《忠肅集》，十三卷，乾隆《文淵閣四庫全書》本[1643]。《四庫提要》云：「倪岳作謙《神道碑》稱：謙平生著述甚多，僅存《節庵詩文稿》《奏議》各若干卷。禍變之餘，蓋千百之什一云云。是其歿後遺稿，已多散佚。世所刊行者，乃出後人掇拾而成，故其本往往互有同異。《明史·藝文志》載：謙《奏議》十卷，《文集》二十卷。又嘉靖中河南刊本《詩文》共八卷，而無《疏議》。此本前為《奏議》十卷，分北伐、南征、雜行三類，與《藝文志》合。後次以詩一卷、雜文一卷、附錄一卷，與《藝文志》迥異，與嘉靖刊本亦迥異。蓋又重經編次，非其舊本也。」[1644]但丁丙認為：此集是從明嘉靖本所出，將《附錄》四卷合為三卷，而成十三卷本。是集收錄于謙詩統計如下：雜體六十首、五絕三十六首、五律四十六首、七律一百九十二首、七絕七十一首和附錄五首（五絕四首、七律一首），共四百一十首。僅從詩的統計可以看出，嘉靖本收詩六百二十首，《四庫全書》本收詩四百一十首，二者之間，差別甚大。丁氏所言，尚需討論。但細檢集中，確無《石灰吟》。

第三，《於肅愍公集》，八卷，附錄一卷，拾遺一卷，浙江錢塘嘉惠堂丁氏刻本，收入武林往哲遺著叢書。清同治時，錢塘人丁丙監修于謙墓及旌功祠竣事，又輯《祠墓錄》，稿成未梓而卒。丁丙輯成《於肅愍公集拾遺》一卷，附在《於肅愍公集》之後。在《於肅愍公集》中，收錄于謙詩統計如下：雜體七十三首、五律六十一首、七律三百四十六首、五絕五十三首、七絕八十七首，共六百二十首。集內有《石灰吟》，但註明「見於繼先編《忠肅公集》」[1645]。他還將明嘉靖杭州府本《少保於公奏議》，重刊梓行。丁

丙死於光緒二十五年（1899年）三月九日，翌年由其子丁立中將《於肅愍公集》雕梓刊行。

綜上，今見明、清八種重要版本的于謙詩文集，錄其載詩數目及有無《石灰吟》，列表統計如下：

集名	雜體	五律	七律	五絕	七絕	共計	《石灰吟》
成化節庵存稿	61	46	195	40	72	414	無
嘉靖肅愍公集	73	61	346	53	87	620	無
隆慶肅愍公集	73	49	211	53	？	—	正文無
天啟忠肅公集	73	61	346	53	87	620	無
明末於節閹集	56	14	63	43	48	244	無
康熙忠肅公集	41	17	61	26	37	182	有
四庫本忠肅集	60	46	193	40	71	410	無
光緒肅愍公集	73	61	346	53	87	620	有

從上述明代梓行《肅愍集》和《忠肅集》的五種不同版本的正文來看，都沒有載錄《石灰吟》一詩。再從上述清代刻印《肅愍集》和《忠肅集》的三種不同版本來看，乾隆《四庫全書》本《忠肅集》沒有收錄《石灰吟》；而收錄《石灰吟》的清末光緒年間《於肅愍公集》，則是踵襲於繼先的《於忠肅公集》。今見，最先在于謙詩文集中收錄《石灰吟》的，是明隆慶於懋勳刻本配清刻本《於忠肅公集》中的《附錄·補遺·詩》。因此，應當對於懋勳重刊的《於忠肅公集》及其《附錄·補遺·詩》，考察源流，具體剖析。

三

於懋勳刊刻的《於肅愍公集》，其《附錄·補遺·詩》中，收錄《石灰吟》一詩，有些問題，需要討論。

第一，書名著錄錯誤。《中國古籍善本書目》著錄：「《於忠肅公集》，明于謙撰，附錄一卷，明刻清修本。」[1646] 其根據是浙江寧波天一閣藏書卡片：「《於忠肅公集》，明于謙撰，五卷，附錄一卷，一冊，明刻清修本。」此又源於其封面墨寫的書名：「《於忠肅公集》。」上載，蓋錯。因為：其一，

于謙《石灰吟》考疑

于謙死後，弘治二年（1489年）諡「肅愍」，萬曆十八年（1590年）諡「忠肅」，此書為隆慶刻本，時在諡「肅愍」後，而在諡「忠肅」前，故應作《於肅愍公集》，而不應作《於忠肅公集》。其二，該書每卷之首，都有「於肅愍公集卷之幾」，可見其原書名為《於肅愍公集》。究其錯誤，根源在於：先是，原書闕封面、闕書籤，某收藏者不明歷史、未檢內容，誤將書名寫作「《於忠肅公集》」；繼而，天一閣收錄者也未將本來書名與封面書名相核對，因錯就錯；接著，《中國古籍善本書目》編者，未見原書，按報謄錄，沒有核查，因錯錄錯。

　　第二，版本駁雜混亂。上文中的「明刻清修本」，值得商榷。因為「明刻清修本」，似是方志學術語，而不是版本學名稱。現存於懋勛刊刻的《於肅愍公集》，是一個很雜亂的版本。其雜亂所在，一是原刻本和補刻本混雜在一起。如「於肅愍公集卷之一五世孫懋勛校正重刊」的「懋勛」二字，同其他字號大小相同。「於肅愍公集卷之二五世孫懋勛校正重梓」的「刊」為「梓」；「懋勛」二字，比其他字號略小一些。「於肅愍公集卷之三五世孫懋勛校正重刊」的「懋勛」二字，比其他字號略小一些；但「梓」又作「刊」。「於肅愍公集卷之四」其下又無「五世孫懋勛校正重刊」九個字。「於肅愍公集卷之五」其下也無「五世孫懋勛校正重刊」九個字。這說明上述五卷不是同時、同地、同人、同版雕梓。二是版框大小不一。此書雖然開本為長二十四點五釐米、寬十四釐米，但是全書各卷版框、或同卷各葉版框的尺寸不同。其版框卷一為長十八點五釐米、寬十二點三釐米，卷二為長十九釐米、寬十二釐米，卷三為長十九釐米、寬十二釐米，卷四為長十九釐米、寬十二點五釐米，卷五為長十八點七釐米、寬十二點五釐米。即為同一卷，各葉版框大小也不完全一樣。三是書心葉碼刻印混亂，如卷一第「二十三」葉，其後則刻「廿四」，其後又為「二十五」、「廿六」。四是字體不同，如卷一第三葉字體瘦長，同其前的第二葉和其後的第四葉字體明顯不同，第二十五葉也字體瘦長，同其前的二十四葉和其後的第二十六葉字體亦明顯不同，可斷定其為後配葉。五是缺葉和增葉。如卷一缺第三十四葉，卷二第二十七葉《秋興用陳繡韻》，次葉《秋興用陳繡衣韻》，兩葉共四首詩，顯然前葉錯字、

後葉糾正，但葉碼連排，而版框大小不同。六是配葉混亂，如卷二第「三十一」葉後接「廿二」葉，其後又接「三十三」葉。這說明「廿二」葉為配葉。

第三，刻書懋勛其人。《於肅愍公集》書末《賀於君子雲新成大廈序》載：于謙有義子於康，謙蒙難後，子冕謫戍，家業淪喪，康守公祠。後傳至曾孫時龍，「字子雲，慷慨有才略，勤於干蠱，綽然起家，業日隆而貲日裕。乃延師教子，樂義親賢。子懋勛，種學積文，駸駸上達。由邑校而升監，襃然望於儒林。尤篤學孝思，奉公之香火，惟恪葺治，不遺私力。祠故精嚴，每念祠旁之地，為世居故址，久捐於鄰，殊失世業，恢復之志，時切於衷」[1647]云云。這裡雖講述「大廈」之建築，但交代出懋勛之身世。懋勛為于謙義子於康的五世孫，系監生，借其父財力，校正重梓《於肅愍公集》。此序結尾文字殘缺，不知撰者姓名。於懋勛在于謙死後一百一十餘年，從哪裡找到《石灰吟》這首詩，書中對如此重要的「補遺」沒有交代。

第四，雕梓時間錯雜。《於肅愍公集》一書的刊刻時間，沒有明確記載。通常著錄為明隆慶年間。據《賀於君子雲新成大廈序》載：「歲己巳，鄰適求售，即倍其直而購之。子時待試京闈，促之歸，以董興作。鳩工諏吉，撤其舊而新之。經始於辛未之春，歷三時而落成」云云。上文中，己巳年為隆慶三年（1569年），辛未年為隆慶五年（1571年）。書末署「隆慶丁卯孟夏國子監助教四明王燭頓首拜書」，丁卯年為隆慶元年（1567年）。懋勛在赴京應試前，不可能校刊《於肅愍公集》；在董理「規制宏備、秩然有序」的大廈其間，大概也沒有時間重刊《於肅愍公集》。所以，《於肅愍公集》的校正重梓當在大廈建成之後，即隆慶末、萬曆初。

第五，附錄疑點辨析。前文已經闡述，現存《於肅愍公集》是一部明、清混刻配裝的版本。其《附錄補遺詩》中的《石灰吟》，疑點頗多，尤需研討。《石灰吟》為什麼不放在正文，而置於附錄？可作兩點思考：

其一，《附錄》是明人原刻，還是清人補刻？通查全書，第一卷四十八葉，第二卷二十葉，第三卷二十葉，第四卷十二葉，第五卷十一葉，以上共一百一十一葉。《附錄》缺一至九葉，只有十和十一兩葉。版框為長十九釐米、寬十二點五釐米。這同卷三和卷四的版框一致，應為明刻本。但是，《附錄》

中的《補遺·詩》，收詩《回京議事》《詠採桑》《石灰吟》《暮春後歸興》《太行山中曉行》五首和《文丞相〔像〕贊》一篇。此補遺僅兩葉，且版框為長十八點五釐米、寬十二釐米，同清補刻本版框的尺寸相當。總之，《附錄》中的《補遺·詩》，其版框、字體、頁碼、紙張、款式等與原刻本都不同，似是清人所刻的補遺。其清配補刻本的時間不會是清初，因其時浙江一帶尚不平靜。估計或在康熙後期或在乾隆後期。如果在康熙以後，那麼《石灰吟》的出處，可能同於繼先《於忠肅公集》中的《石灰吟》的出處，有一定聯繫。

其二，《石灰吟》如由於懋勳所收錄，為何不將其收入《七言絕句》之卷呢？此中問題，似不可解。這有兩種可能：一種是——民間傳說，收之無據，棄之可惜。於是，將其放在《附錄·補遺·詩》中。另一種是——清人據康熙本所載，而將其放在《附錄·補遺·詩》中。不論是前者還是後者，都是值得研究的。

於懋勳校正重梓《於肅愍公集》的《附錄補遺詩》，其版框、字體、頁碼、紙張、款式等，都與原刻本不同。原因何在，下節探討。

四

《石灰吟》首次在于謙集中正文出現，是於繼先編輯的《於忠肅公集》。查《於忠肅公集》卷七《七絕詩三十七首》的第三十一首《石灰吟》云：

千錘萬擊出深山，

烈火焚燒若等閒；

粉骨碎身全不惜，

要留清白在人間。[1648]

清康熙末年，於繼先編輯《於忠肅公集》。此集現藏於福建省圖書館特藏部善本室，全國善本書普查後定其為孤本。經筆者查閱，此書原卡片記為：「《於太傅公傳》十卷　明王世貞撰　清康熙刻本　四冊。」全國善本書普查後，該卡片則改定為：「《於忠肅公集》十卷　明于謙撰　清於繼先輯　清康熙刻本　卷三至五配清抄本　四冊。」書前有河南學政蔣漣《序》、

歸德知府談九敘《序》、考城知縣黃淇瞻《序》、考城縣生員安仲禮和盧巽等《序》，以及韓維垣《後序》，書後有王、黃二《跋》和於繼先《識記》。繼先《謹識》云：

> 繼先原籍河南考城人也。自十三世祖諱九思，仕元為杭州路總管，遂家於錢塘太平里。至十世祖諱謙，諡忠肅，仕明歷官少保、兵部尚書。被石、徐之誣，第三子諱廣，年十六歲，隨中官裴公潛逃原籍考城。初冒裴姓，後歸本姓。子孫又復為考城人。迨數年後，忠肅公入考城鄉賢，載在祀典。年譜世存於家，詩稿文集屢經兵火，止存其十之二三。繼先無力授梓，今蒙南陽太守沈公，念忠肅公之忠冤，捐資刊刻，公諸海。
>
> 康熙五十六年丁酉仲春十世孫奉祀生繼先謹識。[1649]

在其前的成化本、嘉靖本、隆慶本、天啟本和明末本的全部明刻本正文中，在其後的乾隆《四庫全書》本中，均沒有收錄《石灰吟》，唯獨康熙本《於忠肅公集》中正文著錄此詩。光緒本《於肅愍公集》載錄《石灰吟》時，特別註明：「見於繼先編《忠肅公集》。」且其所增諸詩，亦皆註明出處。這說明丁丙編纂《於肅愍公集》時，採取了科學而嚴肅的態度[1650]。

現在要探討的是，於繼先收錄《石灰吟》的根據是什麼？這就要對於繼先纂輯的《於忠肅公集》，列出四點，進行分析。

第一，成書時間。於繼先輯的《於忠肅公集》，有人著錄其刻於清康熙五十六年（1717年）。這是只見輯者後跋署年而定的。其後一年即康熙五十七年（1718年），有「康熙五十七年戊戌仲夏知歸德府事談九敘題」，還有「康熙五十七年戊戌菊月文林郎知考城縣事西蜀後學黃淇瞻斐氏敬識於葵署之慎思齋」。以上《談序》和《黃跋》說明，此書不會早於康熙五十七年刻版。而此書刻版完成的時間還要晚兩年：「康熙五十九年庚子孟春考城縣闔學後生安仲禮、盧巽等拜手敬題。」安、盧等《闔學生員序》說明，此書不會早於康熙五十九年（1720年）刻版。實際上此書刻版完成的時間還要更晚一些：「康熙六十年歲次辛丑清和下浣虞山蔣漣書於開封學署。」[1651]《蔣序》說明，此書不會早於康熙六十年（1721年）刻版。不管分歧意見如何，其共同點是在康熙末年，它比成化十二年（1476年）晚了二百四十五年。就

是說，它的可信度自然比明代的成化本、嘉靖本、隆慶本、天啟本等要略遜一籌。

第二，成書地點。于謙的詩文集，最早兩部成書的地點：一部在浙江錢塘（即杭州），另一部在河南大梁（即開封）。於繼先纂輯的《於忠肅公集》，也鋟刻於河南開封。書中文字證曰「大梁浙紹會館住持僧梓，十世孫奉祀生繼先敬輯」[1652]，說明此集在開封雕梓。但是，早在明嘉靖六年（1527年），《於肅愍公集》就在河南大梁（即開封）梓印，是為河南大梁書院刻本。因成化二年（1466年）為于謙「諭祭」，才有《節庵存稿》的出現；弘治二年（1489年）諡于謙「肅愍」，才有《肅愍公集》的出版；萬曆十八年（1590年）諡于謙「忠肅」，才有《於忠肅公集》的梓行。是集有人認為：「先是，成化丙申，府尹訪求舊稿，僅存什一，屬夏時正重加校訂，序而刊之。又輯公行狀、碑銘、祭文、輓詩為《旌功錄》，程敏政為之《序》。」[1653] 成化丙申年為十二年（1476年），距諡「肅愍」有十三年；而兩諡之間為一百零一年。《節庵存稿》由于謙之嗣子於冕初出，文獻可征，確實可信。於冕高壽，九十而終，無有子嗣，同宗過繼。但是，假如事實確如於廣在《識記》所說，作為於忠肅公血脈的於廣，作為於冕之弟的於廣，身居河南考城，在「訪求舊稿」時，為什麼未將「存諸篋笥」中的先父文稿提供，編纂其先父的詩文集呢？而在河南大梁編纂《於肅愍公集》時，於廣後人亦不提供資料，編纂其先祖的詩文集呢？

第三，成書經過。據王貫三稱：在河南考城龍門寺附近，有故墳纍纍，寺僧說是明少保于謙的祖墳。康熙五十五年（1716年），科試官員劉公按臨歸德，命各屬舉先世名士後裔。於繼先等被舉薦，準補博士弟子員，並給衣、頂奉祀[1654]。又命訪求遺書，於繼先將其先祖詩稿文集，請名人作序、捐資、刻印。經南陽太守沈公捐資，得以雕梓。但在此前，成化時于謙嗣子於冕已經出版《節庵存稿》，且已廣為流布；嘉靖時河南大梁又出版《於肅愍公集》，並已南北傳播。這兩部重要的于謙詩文集，於廣或其後裔應當看到，因此時考城、開封已建立鄉賢祠祭祀于謙。這時他們獻出忠肅公遺詩，既無違礙，更加光彩。但是，兩次的歷史機會，他們都沒有獻納。相反，卻在于謙蒙難二百零四年後，拿出先祖于謙遺稿付梓，事情之奇，令人不解。歷史考據，

無征不信。於繼先在其編輯的《於肅愍公集》中，多出一篇《石灰吟》，既未加說明，也沒有舉證。這就不能不引起人們的疑問。

第四，成書之人。於繼先在《於忠肅公集·謹識》中說：「繼先，原籍河南考城人也。自十三世祖諱九思，仕元為杭州路總管，遂家於錢塘太平里。至十世祖諱謙，諡忠肅，仕明歷官少保、兵部尚書。被石、徐之誣，第三子諱廣，年十六歲，隨中官裴公潛逃原籍考城。初冒裴姓，後歸本姓。子孫又復為考城人。迨數年後，忠肅公入考城鄉賢，載在祀典。年譜世存於家，詩稿文集，屢經兵火，止存其十之二三。繼先無力授梓，今蒙南陽太守沈公，念忠肅公之忠冤，捐資刊刻，公諸海。」此有六點疑問：其一是，做過于謙戎部郎曹、受過于謙恩澤的同里鄉人夏時正說：「君董夫人下，無媵妾之奉。夫人沒時，公才四十之年，不再娶。領家僅一人自隨，棲之直廬，人不堪之，公裕如也。」於廣出生之時，于謙四十六歲，董夫人尚在，時並無妾媵，到于謙蒙難時，於冕對其十六歲之弟，不會一無所知。于謙只有獨嗣於冕，冕晚年仍自稱「孤子於冕」。可見于謙在董夫人逝世後並未續娶，也未納妾，更無有第三子於廣的記載。其二是，于謙嗣子於冕說：乃父遇難時遺稿，「原燎烈烈，片只不遺，痛可惜哉」[1655]！這就說明，於冕手中也沒有其父的遺稿。其三是，上引於繼先《於忠肅公集·謹識》：「第三子諱廣，年十六歲，隨中官裴公潛逃原籍考城」云云。於廣隨中官隱名埋姓倉皇出逃，年僅十六歲，恐難帶出於公手稿。於廣到其父「諭祭」時年二十六歲，到於冕刻《節庵存稿》時年三十六歲，其間長達二十年，未見他出示其先父的遺稿。其四是，於繼先自雲乃先祖「詩稿文集，屢經兵火，止存其十之二三」，這裡「詩稿」與「文集」二者含糊其詞，而所存者，是文集還是詩稿？其五是，于謙獨嗣於冕無子，「其族繼者」，數世而至嵩，嵩與王世貞同時，以都督僉事官福建，而世貞仍稱冕為「獨嗣」[1656]。如果於廣真的隱瞞姓名，藏匿故里；那麼于謙平反之後，入考城鄉賢祠，當時文獻為何不見載述於廣，其時文人為何不見記載於廣呢？其六是，嘉靖六年（1527年），于謙被害六紀余，以其「澤之施於汴為最久，文之作於汴為最多」[1657]，在河南大梁將于謙的詩文，裒而集，梓而行，輯成《於肅愍公集》。其時於廣的子孫們，為何未將其先祖于謙公的詩稿捐出鐫刻以流布四海、恪盡孝心，而在其先祖蒙難二百年後、

大梁刻本近百年才拿出詩文遺稿、求賞印行呢？這於光宗耀祖、於個人功名，不合情理、也難圓通。

以上四點，可以看出：於繼先編輯的《於忠肅公集》，不是一個嚴肅的本子。此本流傳至今的，既是孤本，又是配抄本，尚需對此纂者與版本做進一步考辨。對於此點，姑且不論。然而，其《石灰吟》一詩，究竟源自何處？我們試從明人孫高亮的歷史小說《於少保萃忠全傳》中，探求它們之間的關係。

五

《石灰吟》為于謙所作，現能見到其最早的出處，是明人孫高亮的《於少保萃忠全傳》。孫高亮，字懷石，錢塘（杭州）人，其《於少保萃忠全傳》為章回體歷史傳記小說[1658]，成書於明萬曆年間，錢塘人林梓作《序》[1659]。書的最後一回說到于謙受諡「忠肅」，而這是萬曆十八年八月十六日的事，可證它的成書雕印當在此後。《於少保萃忠全傳》版本多種，書名不同，回數有別，回目相異，各書文字，有所參差[1660]。此書的版本，現常見到的是清刻本，最早是道光二年（1822年）刻本，其次是道光十五年（1835年）刻本等，共四十回，又作四十傳。爾後版本，多不勝舉。1981年，浙江人民出版社據道光《於少保萃忠傳》四十回本，由蘇道明校注，以《于謙全傳》書名出版；1988年，人民文學出版社則據道光《於少保萃忠全傳》四十傳本，由孫一珍校點，以《於少保萃忠全傳》書名出版。以上兩種《於少保萃忠全傳》校點本，所用的底本都是清道光刻本。蘇道明在其書《前言》說「據以整理的是抄錄的白文，難免有訛脫增衍」[1661]；孫一珍在校點其書時，也說未見到明刻本[1662]。但是，《於少保萃忠全傳》的明刻本，就藏在浙江省圖書館。

現存的《於少保萃忠全傳》，最早為明刻本：其一是《鐫於少保萃忠傳》，十卷，十二冊，七十回，半葉十行，行二十字，書長十二釐米，寬六點八釐米，前有圖四十幅，現藏浙江省圖書館古籍部，孤本[1663]。其二是《於少保萃忠全傳》，十卷，五冊，四十傳，半葉九行，行二十四字，書長九點四釐米，寬六釐米，現藏浙江省圖書館古籍部，孤本[1664]。前書開本大、紙質好、

刻板精、印裝美，後書開本小、紙質糙、雕印粗、墨色差。兩書第五回或第五傳，回目或傳目都是：《於廷益大比登科　高孟升堅辭會試》，而《石灰吟》恰出現在這一回中。孫高亮的《於少保萃忠全傳》，有評者曰：「是書據史實、傳說故事敷演而成。似傳奇則纖細淺俗；類公案則駁雜零散；近史筆則沉穩雄渾，動人心魄。」[1665] 這裡強調《於少保萃忠全傳》的作者孫高亮，對于謙生平與功業的「哀采演輯」[1666]，既有沉穩雄渾之史筆，又有淺俗駁雜之虛擬。所以，我們在讀《於少保萃忠全傳》時，對孫高亮借于謙之口所吟誦之詩，應在淺俗與高雅、虛擬與駁雜之間，審視俗雅，判別虛實。

翻檢《於少保萃忠全傳》全書，孫氏以于謙之口，多有吟誦。除口占聯對之外，摘其要者，有詩三首。

其一為《桑》詩。孫書在第三回即第三傳《虎丘山良朋相會　星宿閣妖魅遁形》中說：一日于謙同眾友舟游西湖，酒至中巡，登岸小步，見人伐桑，有感於懷，吟詩一首。詩曰：

一年兩度伐枝柯，

萬木叢中苦最多；

為國為民皆是汝，

卻教桃李聽笙歌。[1667]

此詩明人郎瑛已經質疑。郎瑛，浙江仁和人，與于謙同裡，約生於明成化年間，比忠肅公年齒略晚，以《七修類稿》名世。他在《七修類稿》中，引述七絕《桑》詩云：「一年兩度伐枝柯，萬木叢中苦最多；為國為民皆是汝，卻教桃李聽笙歌。」他又引述七絕《犬》詩云：「護主有恩當食肉，卻銜枯骨惱饑腸；於今多少閒狼虎，無益於民盡食羊。」

郎瑛對《桑》、《犬》二詩評論說：「意二詩不類於公本集之句，予問之先輩，則曰：聞有親筆於某家。蓋句雖俚而意則尚也，似其為人；或不經意而云者。若『手帕蘑菰』[1668] 之詩亦然。或曰：《犬》詩乃先正李時勉者。未知孰是。」[1669]

以上，話雖圓謹，意卻明貶；對上二詩作者，提出審慎存疑。

應補疑的是，於詩心境高遠，《桑》詩卻胸襟偏狹。明人王世貞論其詩文云：「謙為文肆筆立就，詩亦爽俊，然少裁割。」[1670] 于謙《詠煤炭》曰：「但願蒼生俱飽暖，不辭辛苦出山林」；其《孤雲》亦曰：「大地蒼生被甘澤，成功依舊入山林。」均表明于謙造福萬民、不求報答的天襟地懷。而《桑》詩流露的忌怨心緒，同于謙的性格不符。

其二為《辭世》詩。孫書以于謙之口吟的另一首詩是，第三十二回即第三十二傳《西市上屈殺忠臣　承天門英魂覿訴》。文載：

二十二日早，獄中取出于謙、王文、範廣、王誠等，於西市就刑。王文口中大叫曰：「顯跡何在？以『莫須有』效奸賊秦檜之故套，誣陷某等於死。天乎昭鑒！」於公乃大笑，口中但曰：「主上蒙塵，廷中大亂，呼吸之間，為變不測。若無于謙，不知社稷何如。當時吾統一百八十萬精兵，俱在吾掌握之中，此時不謀危社稷，如今一老贏秀才，尚肯謀危社稷呼？王千之（王文）、範都督等，吾與汝不必再言，日後自有公論也。」於公復大笑，口吟《辭世》詩一律，令人代錄之。其詩云：

村莊居士老多磨，成就人間好事多。

天順已頒新歲月，人臣應謝舊山河。

心同呂望扶周室，功邁張良散楚歌。

顧我今朝歸去也，白雲堆裡笑呵呵。

嗚呼！枉哉！屈乎！於公吟完，令人錄畢，即正色就刑。都人見之聞之，老幼無不垂淚。[1671]

于謙品格高尚、內省自律，不居功傲世、自我標榜。所謂《辭世》詩為于謙臨刑口占，可惑六點，縷析如下：

一是「村莊居士」，同于謙身世不符。于謙出身於仕宦之家，他的先祖做過元朝的「杭州路總管」；祖父做過兵部主事；父親清高耿介「隱德不仕」。

于謙既先祖顯貴，又世居杭州，且高中進士。這就說明所謂「村莊居士」云云，以及「老贏秀才」云云，絕不可能出自少保、兵部尚書于謙之口。

二是「心同呂望」，同于謙情性不合。朱祁鈺在英宗被俘、社稷危難之時登極，于謙時任兵部侍郎，旋遷兵部尚書。于謙是景泰朝的社稷之重臣、朝廷之棟樑，但他始終沒有成為內閣大學士。此事，非不能也，是不欲也！論功、論德，論權、論位，論資、論績，論才、論望，他雖位極人臣，權傾一時，但從不以呂尚自詡。何而臨刑擺出「呂望」的傲勢。

三是「功邁張良」，同于謙心志不貼。于謙一向恭謹勤慎，從不居功自傲。他入朝議事，有人勸他帶些土特產品用做交際，謙笑而舉手謝曰：「吾唯有兩袖清風而已！」這就是他的那首名詩：「手帕蘑菇與線香，本資民用反為殃。清風兩袖朝天去，免得閭閻話短長。」[1672] 他身為少保，執掌兵部，國事多艱，經年清勤：「不還私第，居止朝房」、「衣無絮帛，食無兼味」，真是一條漢子。所謂「功邁張良」云云，絕不會出自于謙之口；所謂「吾統一百八十萬精兵」云云，也絕不會出自于謙之口。

四是文人載述，不見諸文集筆記。于謙在北京西市臨刑，震動朝野，觀者如堵。上文已云：「都人見之聞之，老幼無不垂淚。」如果他在被刑之前，令取紙筆，即口占詩，必是新聞，朝野傳誦。但其時或稍後，在京師或杭州，在開封或太原，所見文集筆記，所閱野史稗乘，對於此事，無一記載。即如葉盛，跟于謙在朝同僚、京邸為鄰、文字相交、一再往來，但其《水東日記》中有八條記載于謙的詩文事跡，卻未載此詩。這就說明，所謂于謙臨刑口占《辭世》詩，明史絕無此事，純屬小說家言。

五是於公集中，不曾著錄臨刑詩。上述口占詩，如真有其事，必傳誦文壇，流布於京師，載之於筆記，記錄於家乘。但其嗣子於冕、其義子於康、其內弟董序、其友夏時正等，著錄於公《節庵存稿》，或其詩文集中，蓋無此詩。後編纂《於肅愍公集》，亦無此詩。再後編輯《於忠肅公集》，也無此詩。這就說明：刑場之上，並無此詩。

六是不合史實，明朝人已經記載。于謙被刑之日，尹守衡《明史竊》載述：「是日，謙就（刑）東[1673]市，天為驟變，陰霾蔽空，朝野冤之。達官朶耳

枕謙屍而哭之收瘞焉！」[1674] 王世貞亦記曰：「謙死之日，陰霾翳天，行路嗟嘆。」見聞之人眾多，記載之人卻無。明人筆記中載述于謙就刑之文夥矣，卻沒有人就其臨刑吟《辭世》詩的記載。

其三為《石灰吟》，在下節分析。

總之，孫高亮的《於少保萃忠全傳》，是一部歌頌于謙精神德業的章回體歷史傳記小說。如果將歷史小說裡的故事，移入歷史範疇，當作歷史真實，實令太史公悲哀。所以，《辭世》一律，似是孫高亮之俚句，而不是於忠肅之遺詩。從這點出發，下節進一步考析《於少保萃忠全傳》中的《石灰吟》一詩。

六

《石灰吟》最早見之於孫高亮的《鐫於少保萃忠傳》，而該書是一部章回體歷史傳記小說。明嘉靖壬戌（四十一年）科進士、孫高亮錢塘同裡林梓，在《鐫於少保萃忠傳·序》中說：對於公之精神德業，裒采演輯，「其為演義，蓋雅俗兼焉」[1675]。《鐫於少保萃忠傳·凡例》說明，其書資料，雅俗兼采：既有官書實錄，也有奇聞野記；既有名臣奏疏，也有夢占瑣語[1676]。該書人民文學出版社本[1677]校點者言：這部小說融會了演義小說和神魔小說的特點，其中「有些關節還進行了繪聲繪色的渲染，並伴以一定的虛構、想像和誇張」[1678]。這裡強調《於少保萃忠全傳》的作者孫高亮，對于謙生平與功業之虛構故事情節、藝術誇張手法和擬人化的渲染。簡言之，《於少保萃忠全傳》既為章回體歷史傳記小說，則不可避免地會有渲染、虛構、想像和誇張的故事情節。所以，我們在讀《於少保萃忠全傳》時，對其第五回或第五傳所載于謙的《石灰吟》一詩，應在真實與虛構、實錄與野記之間，細加審視，精心鑒別。現對《石灰吟》為于謙所作，剔出其虛擬，剖析其渲染，詮釋其想像，辨別其誇張，分析其演義，揭示其真貌，進行考疑，分辨討論。

在《於少保萃忠全傳》中，第五回即第五傳《於廷益大比登科　高孟升堅辭會試》，開篇敘述于謙在富陽山中讀書[1679]。孫高亮寫了下面的一段話：

公在館中數月，一日閒步到燒石灰窯之處，見燒灰，因有感於懷，遂吟詩一首云：

千錘萬擊出深山，

烈火焚燒若等閒；

粉骨碎身全不惜，

要留清白在人間。

於公吟畢，仍到館中，與朋友會文，講論經史。[1680]

這首七言絕句《石灰吟》，很像是小說家言[1681]。此詩，版本不同，文字略異。其第三句，「粉骨碎身」又作「粉身碎骨」；「全不惜」又作「全不怕」、「渾不怕」。下面對《石灰吟》及其相關問題，分列六點，進行探析。

第一，《石灰吟》的意境。有文推論此詩為于謙少年時所作[1682]。孫高亮將其安排在于謙中舉人前一年所作。其時于謙正在潛心讀書，銳意進取，奮力拚搏，追求功名。這首以石灰喻人生的詩篇，不像在書館攻讀少年的閱世心態，而似飽經人生風霜的磨難凝結。所以，這首詩不符合于謙當時的年齒與身份、閱歷與心態、氛圍與衷曲、意境與風格。況且，于謙詩的風格，明人評其「詩亦清麗」[1683]，今人評其有「杜甫詩風」[1684]。所以，《石灰吟》同于謙其他諸詩的意境、風格相差很遠。

第二，《石灰吟》的出處。在明代出版的成化、嘉靖、隆慶、天啟和明季的五種于謙詩集正文中，不見《石灰吟》一詩。特別是其子於冕在成化十二年（1476年）編纂的《節庵存稿》中，沒有《石灰吟》。嘉靖六年（1527年）雕梓的《於肅愍公集》，為河南大梁書院刻本，也沒有《石灰吟》。上述兩集的編纂，廣匯資料，極為認真：於冕「亟訪舊稿無得，僅於士林中得抄錄者計若干首：如梁晉所作，得之都憲楊公、今南昌二守同邑夏世芳；兵部所作，得之少宰崑山葉文莊公；今祠部主事表弟董序近於鄉曲之家，又得公進士、御史時所作若畫、魚、葡萄諸詩，所謂存什於千百也」[1685]。後集收錄于謙詩篇最多，共六百二十首，但其中也無《石灰吟》[1686]。現已查明《石灰吟》一詩，在於忠肅公詩文集中，首次出現是隆慶《於肅愍公集》之《附錄·

補遺·詩》，未入正文，魚豕雜然，為清配刻本，由後人所羼。清康熙六十年（1721年）於繼先編輯的《於忠肅公集》，且為孤例，未見旁證。考證史實，孤證不立。前文已經分析，其根源可能出於孫高亮的章回體歷史傳記小說《於少保萃忠全傳》第五回即第五傳《於廷益大比登科　高孟升堅辭會試》。所以，與其將其當作于謙詩作，不如將其視作小說家言。

第三，《石灰吟》的記載。查閱明人跟于謙同時或稍後的親人、族人、鄉人、友人、學人、後人，在其文集筆記中，有關于謙的文字不勝枚舉，但載錄《石灰吟》者，既未見一人，亦未見一書。這從一個側面表明，《石灰吟》系于謙所作，在明代沒有得到學人的認同；在清代也沒有得到學人的認同。

第四，《石灰吟》的采風。在于謙做過撫、按的江西、河南、山西、陝西等地，在編修通志、府志和縣誌時，廣泛采風，收集志料。但是經查閱明代有關的方志，均不見載錄《石灰吟》一詩。在浙江通志、杭州府志、錢塘縣誌的各種版本中，特別是明代諸版本中，無一記載于謙的《石灰吟》。

第五，《石灰吟》的訛傳。《石灰吟》為于謙所作，根源就在孫高亮的《於少保萃忠全傳》。隆慶年間，於懋勛的《於肅愍公集》刊本，《石灰吟》初入《附錄·補遺·詩》，清人刻配，羼入明本。康熙六十年（1721年），於繼先纂輯《於忠肅公集》刻本，《石灰吟》初入詩集。清光緒二十六年（1900年），丁丙沿襲於繼先《於忠肅公集》再刻版，《石灰吟》更加傳播。由是，《石灰吟》一詩，近百年來，傳佈之廣，影響之大，莫此為甚。誤將說部之言，切入于謙詩集，於繼先纂輯的《於忠肅公集》正文，魯魚不辨，為經始者。

前述文字，完稿之後[1687]，《石灰吟》的作者，有文歧出新議，下面再做討論。

七

《石灰吟》的作者，近出異議，補做附論。

黃瑞雲《〈詠石灰〉的作者》一文，提出《詠石灰》的作者為明初江陵人劉儁。黃先生曾編《明詩選注》，書中選了于謙《石灰吟》，但對作者存疑，

爾後常存懸念。《〈詠石灰〉的作者》文中說：「最近，我為考察夏水和雲夢澤，查閱荊州地區地方志，無意中在《江陵志余》和《江陵縣誌》（裡）發現了此詩的作者，為明初劉儁，題為《詠石灰》，文字和流傳所見少有不同」[1688]云云。

黃文斷定石灰詩的作者為劉儁，其根據是《江陵志余》和《江陵縣誌》。經查，《江陵志余》在先，《江陵縣誌》在後；《江陵縣誌》的「石灰詩」，源於《江陵志余》。所以，兩條證據，實為一條。現將孔自來《江陵志余》有關記述，全文引錄如下：

三節祠在庾樓前，舊曰雙節。祀日南死事忠臣劉公儁、何公忠也。後以錢公錞配享之。乃稱三節云。三公別詳三賢傳。

附記　劉愍節[1689]公諸生時，賦石灰詩云：千錘百煉出名山，烈火光中走一還。粉骨碎身都不顧，獨留清白在人間。

公身陷不屈，為蠻奴鋸裂而死。烈士之概，已見少時。詩載祠中舊碑，後為人訛作於忠肅句，亦忠烈之氣相近耳。[1690]

對上面文字，做下述分析。

第一，劉儁之仕宦。黃瑞雲在《〈詠石灰〉的作者》文中，引述《明史·劉儁傳》中的文字，但引文諸多疏誤。現據《明史·劉儁傳》，重新標點，徵引如下：

劉儁，字子士，江陵人。洪武十八年進士。除兵部主事，歷郎中。遇事善剖決，為帝所器。二十八年，擢右侍郎。建文時，為侍中。成祖即位，進尚書。永樂四年，大征安南，以儁參贊軍務。儁為人縝密勤敏，在軍佐畫，籌策有功，還受厚賚。未幾，簡定復叛。儁再出參贊沐晟軍務。六年冬，晟與簡定戰生厥江，敗績。儁行至大安海口，颶風作，揚沙晝晦，且戰且行，為賊所圍，自經死。洪熙元年三月，帝以儁陷賊不屈，有司不言，未加褒恤，敕責禮官。乃賜祭，贈太子少傅，諡節愍。[1691]

上文中的劉儁，當燕王朱棣「靖難之役」攻占金陵時，原建文帝諸臣多不從，而「儁等迎附，特見委用，進兵部侍郎。四年，儁以尚書，出征黎利」

[1692]。劉儁忠於成祖，死於社稷；受賜祭，諡節愍。[1693] 在湖北江陵有「三節祠」，祭祀「劉愍節、何忠節和錢忠節」。但是，於劉節愍公儁，未見其有詩文集傳世。劉儁氣節，迥異于謙。儁為建文之臣，朱棣攻占金陵，忠節之士，比比皆是，受刑者有之，自盡者有之，殉君者有之，滅族者有之，劉儁卻迎附升官。這種逶迤趨炎的奴顏媚骨，哪有不怕烈火焚燒、不怕碎骨焚身的高風亮節！又哪有留下清白在人間的情操！

第二，孔自來其人。首見文獻記載劉儁石灰詩的是孔自來。孔自來，字伯靡，明末清初江陵的文士。他在《江陵志余·自籤》裡說：當鼎沸之秋，而屈於時命，閉戶著述，未嘗少懈[1694]。他不僅著述，而且結社。孔自來同王文舉等人成立「報庵社」。在《江陵志余》卷首列名「社弟」者有：嚴守昇、曹國槩、尤宏祚、郭占春、毛會建、鄭師謙、胡銓、徐一經和範麒等。其「同社數子，興起古學，矢志撰輯。吾荊大蒸變矣，即以志論」[1695] 云云。時為順治庚寅年即七年（1650年）。「報庵社」諸君子，鼎革之變，同人立社，交往聯誼，興古銘志。那首石灰詩，正可以抒志。孔自來在述古蹟「三節祠」時，借記「石灰詩」，以抒己之志。

第三，孔伯靡其書。江陵在明以前，並無志書。明興以後，修過新舊兩部志書：一部仿史例而失之略，另一部雖較詳而失之疏，水災兵燹經年，二志化為雲煙！於是，孔自來（伯靡）創修《江陵志余》。全書十卷：卷一志《總綱》，卷二志《陵陸》，卷三志《水泉》，卷四志《古蹟》，卷五志《宮室》，卷六志《精藍》，卷七志《琳宮》，卷八志《禋祀》，卷九志《坏墓》，卷十志《時俗》。「三節祠」就在卷八，而石灰詩附焉。孔氏的《江陵志余》，不是嚴肅確核的方志之書，而是俚俗野聞的揉雜之作。其好友評《江陵志余》曰：「而其蒐逸羅僻，或正史所遺而出於稗官，或今人所忽而傳於故老，或楚紀郡乘不載而偏征於奇書秘笈。」[1696] 書首的八篇《敘》文，前後時間為八年。書中的志料來源，精與糙，文與野，尤當審慎，細加辨別。同時，書首的第四篇《敘》，署名「學弟陳弘緒題」，其中「弘」字缺末筆，為避清高宗弘曆之名諱，顯然刻書的時間在乾隆朝或其後。所以，書中載記的石灰詩，需要做具體的分析。

第四，劉士璋刊誤。江陵志書，在清代有：清《乾隆江陵縣誌》五十八卷首一卷，其中採錄孔自來的上述說法；《光緒續修江陵縣誌》六十五卷首一卷，其中也採錄孔自來的上述說法。但是，劉士璋著《江陵縣誌刊誤》，對上纂述，提出異議。楚人劉士璋的《江陵縣誌刊誤》一書，共六卷，清嘉慶五年（1800年）刊刻。書中雖勘《乾隆江陵縣誌》之誤，卻牽涉到孔自來的前述說法。「刊誤」曰：第五十三卷《藝文·詩》載曰：鐘離權的《題荊州開元寺壁二首》，「《全唐詩話》此《題荊州開元寺壁詩》也，郡志亦誤采，舊志來自雜記」，故宜刪。又曰：劉儵《詠石灰》和孔自來《七夕》等「俱宜刪」[1697]。劉士璋用「宜刪」二字，表示了自己的判定。

第五，舊碑的存疑。撿出疑點，列舉四條：其一疑時間。三節祠之碑，系後人刻立。何忠節碑，刻諸公詩。有云：「萬里邊城受困時，腹中懷奏請王師。紅塵失路關山遠，白日懸心天地知。死向南荒應有日，生還北闕定無期。英雄不逐西風散，願助天兵殄叛夷。」碑刻很晚，明季清初，指斥滿洲，即為一例。其二疑詩名。劉儵的詩碑，所謂詠石灰的「詠」字，是孔自來所加的，不是原詩的刻錄。其三疑來源。孔自來稱：「劉愍節諸生時，賦石灰詩。」這個肯定論斷，並無歷史根據。其四疑邏輯。「千錘百煉出名山」句，違反常識，純屬悖理。筆者下放時，在石灰窯勞動過，也在基建和過石灰。深知石灰不是鋼鐵，哪有烈火「百煉」之事？石灰不是寶玉，哪有出自「名山」之理？

第六，因果的顛倒。《附記》曰：「烈士之概，已見少時。詩載祠中舊碑，後為人訛作於忠肅句。」此一論斷，須做五論。其一，「烈士之概，已見少時」。沒有史料說明石灰詩為劉儵少年時所作。這裡恰留下《於少保萃忠全傳》中，于謙諸生時作詩的影子。如系劉儵少時之作，此詩既不著名，也未流傳，怎麼會傳為于謙所作呢！其二，「詩載祠中舊碑」，碑為後人鐫刻，劉節愍公，於忠肅公，忠烈之氣，頗為相近。誰訛誰呢？孔氏之說，證據不足。其三，所謂「後為人訛作於忠肅句」，如為劉儵的詩，何人、何時訛作于謙的詩呢？孔氏憑空裁斷，未見提出證據。其四，明清之際，江陵文士，忠骨傲然，不附新朝。他們抬出劉節愍公的亡靈，寄託自己的理想。將那首《石

灰吟》加以改動，成為當地先賢的象徵。其五，孤證不立，推論難定。推論石灰詩為劉儔所作，沒有確鑿有力證據。況且，此項孤證，疑竇難解。

上述六點，可以看出，孔自來在《江陵志余》中認為，《詠石灰》為劉儔所作，僅是乏力孤證——且孤證之中，半是含糊、半是傳聞，史據不足，分析悖理，疑點很多，似難定斷。

《石灰吟》同劉儔的關係，上面已述；《石灰吟》同于謙的關係，下節再論。

八

《石灰吟》雖並非于謙所作，但同于謙的關係，極為密切，需做余論。

第一，《石灰吟》的梳理。將于謙《石灰吟》之考疑，前面七條，綜結論述，梳理整合，歸結如下：《石灰吟》一詩，最早見之於明代萬曆年間錢塘文人孫高亮撰的《於少保萃忠全傳》。孫高亮在《於少保萃忠全傳》中，或借傳聞，或移他詩，或自創作，或為其他，經過藝術虛擬，成《石灰吟》一首，用于謙之口吟誦，而不是于謙之詩作。藝術家可以虛擬歷史使其成為藝術，史學家不能把虛擬藝術當作為歷史。作家與史家，虛構與史實，涇渭分明，不相混同。其後，明清之際，江陵文士，出於氣節，將其改動，鐫刻廟碑，以詩銘志。至清康熙年間，於繼先始將《石灰吟》移入《於忠肅公集》正文之中。說部他人之詩，經過切換，使其成為，史部于謙之作。爾後，各書相襲，不辨真偽，以訛傳訛，影響至今。以上見解，尚需討論，冀望切磋，探源求真。

第二，《石灰吟》的評點。今見最早評點《石灰吟》者是沈國元。沈國元，字仲飛，又字存仲，浙江秀水，明末諸生，會試下第，從事纂述。他撰《兩朝從信錄》[1698]《天啟從信錄》[1699] 等。今存明刻孤本《鐫於少保萃忠傳》，就是沈國元評點本。該本在前述《詠石灰》後，沈國元有一段評點。他評點道：「後人觀此詩，謂文章發自肝膽，詩賦關乎性情。觀公詠桑、詠灰，足見其憂國憂民、自甘廉潔、全忠全節之印證也。」[1700] 這段文字從「足見其」到「印

證也」共十九個字,字下加圈,是為沈國元圈點、評論[1701]。其評點如第一回《於少保韶年出類　蘭古春風鑒超群》,有曰:「公之父彥昭,字英復,篤厚君子也。隱德積行,好善喜施。」在「隱德積行,好善喜施」八個字下面,沈國元加上墨圈,並眉批曰:「於門之昌,實根於此。」[1702]總之,沈國元認為《石灰吟》印證于謙「憂國憂民、自甘廉潔、全忠全節」的高貴品質與高尚精神。

第三,《石灰吟》的價值。《石灰吟》一詩,雖不是于謙所作,卻反映出于謙的理念、志向、性格和風骨,映現出于謙的浩然正氣、精神境界、價值取向和人生歷程。《石灰吟》不僅體現於忠肅公、而且體現傑出人物一生歷程的四種境界:在其登上歷史舞臺之前,經歷千錘萬擊的磨練,艱難出世,成為人才;在其登上歷史舞臺之時,經受烈火焚燒的煎熬,驚世駭俗,成為人傑;在其登上歷史舞臺之巔,經受碎骨粉身的考驗,捨生取義,成為英雄;在其退出歷史舞臺之後,留下清白正氣在人間,名垂千古,薪火永傳[1703]!

第四,《石灰吟》的影響。在中國詩歌史上,就其影響而言,《石灰吟》同于謙與《滿江紅》同岳飛,一樣齊名,廣泛流傳,家喻戶曉,童叟皆知。因《滿江紅》流傳時間比《石灰吟》更為悠久,所以影響更為廣泛。于謙之所以影響比岳飛小一些,時間比岳飛晚是其一,身後時代變遷是其二。《於少保萃忠全傳》萬曆刻本今已不見,天啟刻本雕梓不久,明朝民變蜂起,滿洲鐵騎南逼。評點《鐫於少保萃忠傳》的沈國元,竟然落魄在玉溪舟中作《陷巢記》。甲申之變,清軍入關。于謙驅韃,滿洲諱忌。文字之獄,學人寒蟬。民國紀元,戰亂不已。而後歲月,帝王將相,橫加掃蕩,于謙蒙辱[1704]。近二十年以來,學術氛圍寬鬆,于謙研究,開始復甦。伴著于謙影響的擴大與深入,《石灰吟》的影響也在擴大與深入。

于謙是杭州人,也是中國人;于謙是杭州的驕傲,也是中國的驕傲。歷史不會以《石灰吟》不是于謙所作,而對于謙評價有絲毫影響。《石灰吟》借於少保而傳誦四海,於少保以《石灰吟》而更加輝煌。詩云:「日月雙懸於氏墓,乾坤半壁岳家祠。」[1705]又雲:「賴有岳於雙少保,人間始覺重西

湖。」[1706] 于謙的精神與德業，像西湖一樣美麗，像石灰一樣潔白。這是人的最高品格，也是人的最高境界。

明永樂帝遷都北京述議

中國自前燕至清朝奠都北京者都是塞北民族[1707]，僅明例外。明永樂帝朱棣由南京遷都北京，是中國都城史的一個轉折點。它承元大都而啟清京師，北京由是歷元、明、清三代，成為中國封建社會後期統一的多民族國家的政治中心，長達六個多世紀。茲據史籍所載，略加鉤稽，將永樂帝遷都北京的歷史淵源、錯綜原因、繁複過程和深巨影響，做如下述議。

一

京師是國家的政治中心，《公羊傳》載：「京師者何？天子之居也。京者何？大也。師者何？眾也。」[1708] 京師為帝王生活居住之所，實則是國家的政治重心。因此，建邦定鼎為一代盛事。如湯始居亳，作《帝誥》[1709]。武王克商，以思定都而夜不成寐。史載：

武王至於周，自夜不寐。周公旦即王所，曰：「曷為不寐？」王曰：「告女：……自洛汭延於伊汭，居易毋固，其有夏之居。我南望三塗，北望岳鄙，顧詹有河，粵詹雒、伊，毋遠天室。」[1710]

周公贊成，後經相勘、得卜，遂營東都洛陽[1711]。

及明洪武帝朱元璋起兵，詢取天下大計，馮國用對曰：「金陵龍蟠虎踞，帝王之都，先拔之以為根本」[1712]，因俾居幕府。朱元璋於至正十五年（1355年）渡江克太平後，欲取金陵，當塗儒士陶安進言：「金陵古帝王都，龍蟠虎踞，限以長江之險，若取而有之，據其形勝，以臨四方，何向不克？」[1713] 陶安所言合朱元璋意，因受禮遇甚厚。其後，海寧人葉兌獻書論取天下之大綱言：

今之規模，宜北絕李察罕（察罕帖木兒），南並張九四（士誠），扶溫、臺，取閩、越，定都建康，拓地江、廣，進則越兩淮以北征，退則畫長江而自守。夫金陵古稱龍蟠虎踞，帝王之都，藉其兵力、資財，以攻則克，以守則固。[1714]

明永樂帝遷都北京述議

朱元璋納葉兌之議，其時僅有半壁河山。元至正十六年（1356年）三月，他奪取集慶（金陵）後，周覽城郭，遍閱形勝，見鐘阜龍盤，石城虎踞，對徐達等言：

金陵險固，古所謂長江天塹，真形勝地也。倉廩實，人民足，吾今有之，諸公又能同心協力，以相左右，何功不成！[1715]

朱元璋命儒士賦鐘山詩，鄧伯言獻詩云：「鼇足立四極，鐘山一蟠龍。」[1716] 朱元璋拍案誦之，伯言誤以為明太祖震怒，驚死墀下，扶出東華門始蘇。

元至正十六年（1356年），朱元璋命「改集慶路為應天府」[1717]，準備奠都應天。至正二十六年（1366年），又命改築應天城。《明太祖實錄》載：

八月庚戌朔，拓建康城。初，建康舊城西北控大江，東進〔盡〕白下門外，距鐘山既闊遠，而舊內在城中，因元南臺為宮，稍卑隘。上乃命劉基等卜地定，作新宮於鐘山之陽，在舊城東白下門之外二〔三〕里許，故增築新城，東北盡鐘山之趾，延亙周回凡五十餘里。規制雄壯，盡據山川之勝焉。[1718]

翌年八月，圜丘、社稷、宮殿建成。

洪武元年（1368年）正月，朱元璋在金陵即皇帝位。三月，破汴梁[1719]。後朱元璋到汴梁巡視，並部署向大都進軍。時北方兵事頻繁，為轉輸軍餉，進兵朔漠，需要設置一個軍事後方基地，以作策應，於是仿周、漢兩京之制，下詔曰：

朕惟建邦基以成大業，興王之根本為先；居中夏而治四方，立國之規模最重。……朕觀中原土壤，四方朝貢，道裡適均，父老之言，乃合朕意。然立國之規模固重，而興王之根本不輕。其以金陵為南京，大梁為北京。[1720]

明太祖朱元璋詔以金陵為南京，汴梁為北京，兩京並稱。

洪武二年（1369年）九月，明除建南、北兩京外，以臨濠（鳳陽）為帝鄉[1721]，詔建中都，曰：「臨濠則前江後淮，以險可恃，以水可漕，朕欲以為中都，如何？」[1722] 群臣稱善。於是命有司如南京之制，建置中都城池宮闕。洪武五年（1372年）正月，「定中都城基址，周圍四十五里」[1723]。興

建之後，城週五十里，立九門，中為皇城，周九里，立四門[1724]。後誠意伯劉基乞歸鄉里，行前奏言：「鳳陽雖帝鄉，然非天子所都之地。雖已置中都，不宜居。」[1725]劉基之奏，受到朱元璋的重視[1726]。洪武八年（1375年）四月，以營建中都勞費繁重，「罷營中都」[1727]。

明初南、北、中三都，中都既罷，唯余兩京。洪武十一年（1378年）正月，詔「改南京為京師」[1728]，正式以南京為國都。南京雖偎山環江，地富民殷，但不便控馭大漠，反易為朔北所制，已為六朝、南唐和兩宋的歷史所證明。洪武帝征於歷史鑒戒和面臨北元威脅，時有國都北遷之意，遷都地點在長安、洛陽、汴梁和北平四城之間籌慮。

長安被山帶河，四塞為固。張良曾言：「夫關中左殽、函，右隴、蜀，沃野千里，南有巴蜀之饒，北有胡苑之利，阻三面而守，獨以一面東制諸侯。諸侯安定，河、渭漕挽天下，西給京師；諸侯有變，順流而下，足以委輸。此所謂金城千里，天府之國也。」[1729]長安昔為強漢盛唐都城，自然為明臣獻議遷都之所。早在洪武三年（1370年），御史鬍子祺上書「請都關中，帝稱善」[1730]。其理由略謂：

天下形勝地可都者四：河東地勢高，控制西北，堯嘗都之，然其地苦寒；汴梁襟帶河、淮，宋嘗都之，然其地平曠，無險可憑；洛陽周公卜之，周、漢遷之，然嵩、邙非有殽函、終南之阻，澗、瀍、伊、洛非有涇、渭、灞、滻之雄。夫據百二河山之勝，可以聳諸侯之望，舉天下莫關中若也。[1731]

朱元璋韙其言，遣皇太子朱標巡視陝西[1732]。後終以漕運不便等因而止。

洛陽周初為都邑，於「澗水東，瀍水西」[1733]。它東壓江淮，西挾關隴，北依邙山，南望伊闕，曾為九朝之都。皇太子朱標欲遷都洛陽。洪武二十四年（1391年）十月，「皇太子還自陝西」[1734]。朱標巡視關、洛之後，「志欲定都洛陽，歸而獻地圖」[1735]。不久太子標死，遷都洛陽之議擱置。

汴梁地處中州平原，曾為七朝都會。它北臨黃河，南襟平原，東有淮、潁，西扼函、崤，「華夷輻輳，水陸會通」[1736]。汴梁為宋之舊京，朱元璋諭若「建都於彼，供給力役，悉資江南，重勞其民」[1737]而罷。

明永樂帝遷都北京述議

北平之名始於洪武元年（1368年）：「詔改大都路為北平府。」[1738] 北平昔為元都，宮室完備；又「右擁太行，左注滄海，撫中原，正南面，枕居庸，奠朔方」[1739]，也為朱元璋議奠都之選。史載：

皇祖既克元都，置北平布政司，親策問廷臣：「北平建都可以控制胡虜，比南京何如？」翰林修撰鮑頻謂：「胡主起自沙漠，立國在燕，及是百年，地氣已盡。南京興王之地，不必改圖。」遂都南京。[1740]

洪武帝初欲建都北平之意，「以修撰鮑頻力諫而止」[1741]。

朱元璋雖不奠周、秦、漢、唐、宋、元之都——長安、洛陽、汴梁、北平，而定鼎金陵，但仍擬遷都：「本欲遷都，今朕年老，精力已倦；又天下新定，不欲勞民」[1742]，且太子標已死，心志頹沮，遂致遷都之議寖疏。

二

永樂帝發動「靖難之役」，攻占南京，奪取皇位後，「思繼志之所先，惟都邑之為重」[1743]，準備由南京遷都北平。他遷都北平並不完全是為著「繼高皇之先志」，而是在運籌地理與歷史、軍事與民族、政治與社會等諸種因素之後，做出的一項重大決策。

北京地理條件優越和建都歷史悠久，是永樂帝遷都的一個原因。《析津志》載：「自古建邦之國，先取地理之形勢。」[1744] 北京氣候溫和，位於三角形華北大平原的頂點，地當華北平原與西北蒙古高原和東北松遼平原之間各條通道的樞紐。正如《順天府志》所載：

燕環滄海以為池，擁太行以為險。枕居庸而居中以制外，襟河濟而舉重以馭輕。東西貢道，來萬國之朝宗；西北諸關，壯九邊之雄堞。萬年強禦，百世治安。[1745]

上述記載雖有張飾，但說明北京「內跨中原，外控朔漠」[1746] 的地理位置宜於定都。

然而，北京優越的地理位置古已有之。當其自然條件與歷史條件相結合時，才成為明朝建都的重要因素。在中國歷史上，自前燕以降，政治中心自

西趨東轉移,「慕容儁竊據平州,遂並河北;唐代漁陽倡亂,藩鎮之禍與李祚相終始;契丹既得燕、雲,遂以殘滅石晉;女真竊踞河北,遂以侵凌建康;自元以後,知其地險要,為國家命脈所繫,相因建都」[1747]。自慕容儁都薊城肇其端,安祿山以範陽為燕京繼其後,經遼南京、金中都,直至元大都,北京逐漸成為中國政治中心。朱元璋滅元之後定都金陵,既為形勢所趨,又有悖於大勢。

北京所處戰略地位和明初民族矛盾,是永樂帝遷都的另一原因。

洪武元年(1368年)八月,明右丞相徐達率師攻克大都[1748],元順帝北走。據《蒙兀兒史記》載:「失我大都兮,冬無寧處。」[1749]故元勢力不甘心於失敗,仍欲重踞北平,「元主北奔,命擴廓帖木兒復北平」[1750]。

明初蒙古貴族勢力的猖獗,同朱元璋對故元勢力的下述政策不無關係。即徐達率師直搗大都,行前達奏曰:「元都克,而其主北走,將窮追之乎?」明太祖答以「元運衰矣,行自漸滅,不煩窮兵。出塞之後,固守封疆,防其侵軼可也。」[1751]明軍奪得大都之後,元統雖亡而實力猶存,「引弓之士,不下百萬眾也」[1752]!朱元璋未能利用時機,命將出塞,林祭纛,三鼓而殲,是鑄成「邊境之禍,遂與明終始」[1753]的一個癥結。

明朝初年,北平「三面鄰虜」[1754]。明廷將主要兵力部署在以北平為中心的長城一線;政治中心在南京,而軍事重心實際上在北平。從洪武金陵肇基,至永樂金臺定鼎的半個世紀,北平在軍事衝突與民族矛盾中,逐漸地由全國軍事中心向政治中心過渡。

洪武年間,先後五次大規模地對蒙古用兵。洪武三年(1370年),徐達率軍攻王保保,克應昌後,還師北平[1755]。洪武五年(1372年),藍玉率師追擊王保保,至土剌河[1756]。洪武七年(1374年),藍玉率軍敗脫因帖木兒,拔興和[1757]。洪武十三年(1380年),沐英督師攻脫火赤,至和林[1758]。洪武二十年(1387年),馮勝率軍二十萬由北平出師,敗故元太尉納哈出[1759]。洪武時連年「西征敦煌,北伐沙漠」[1760],均以北平為軍事基地。在同故元勢力征戰中建樹功勳的魏國公徐達、曹國公李文忠、宋國公馮勝、衛國公鄧愈、鄭國公常茂、信國公湯和、潁川侯傅友德、永嘉侯朱亮祖、景川侯曹震、

營陽侯楊景、永城侯薛顯、淮安侯華雲龍等，均先後鎮守北平，「修理城池，練兵訓將，以備邊陲」[1761]。

永樂帝朱棣，曾先後七征蒙古。洪武二十三年（1390年），攻故元太尉乃兒不花[1762]。洪武二十九年（1396年），擒元將孛林帖木兒[1763]。永樂八年（1410年），征韃靼本雅失里，至斡難河[1764]。永樂十二年（1414年），征瓦剌馬哈木[1765]。永樂二十年（1422年）[1766]、二十一年（1423年）[1767]、二十二年（1424年）[1768]，三征韃靼阿魯臺。明初北征凡三路：東路出山海關，入遼東；中路出古北口，至土剌河；西路出居庸關，臨溺水——均以北平為始終點。

北平在上述軍事衝突與民族爭局中，戰略地位日趨重要。北平三面近塞，邊防大重。東起鴨綠，西抵嘉峪，綿亙萬里，分設九邊——遼東、宣府、大同、延綏、寧夏、甘肅、薊州、太原和固原[1769]。它以山海關和居庸關為東西門戶，聯結九邊，抵禦蒙古，北控朔漠，以固疆域。

燕京優越的地理位置和重要的戰略地位，加強了燕王的政治力量和軍事實力，為其「靖難之役」取勝提供了重要條件；而「靖難之役」的一個結果，則使北平成為明代的都城。

北京為燕王「龍興之地」及其「逆取皇位」之地，是永樂帝遷都又一個原因。

北平在洪武后期，實際上已在逐漸地向全國政治中心轉化。早在洪武三年（1370年），朱棣被封為燕王。燕王左相華雲龍即經畫「建燕邸，增築北平城」[1770]。洪武十三年（1380年），燕王就國之後，北平地位更為重要。洪武二十三年（1390年），朱棣敗故元太尉乃兒不花後，洪武帝詔曰：「清沙漠者，燕王也。」[1771]兩年之後，即洪武二十五年（1392年）三月，皇太子朱標死後第三日，明太祖欲立燕王朱棣為皇太子。他在東角門諭廷臣[1772]，三修《明太祖實錄》載：

「朕第四子賢明仁厚，英武似朕。朕欲立為太子，何如？」翰林〔院〕學士劉三吾進曰：「陛下言是，但置秦、晉二王於何地？」上不及對，因大哭而罷。[1773]

朱元璋納劉三吾議，立「皇孫世嫡承統」[1774]。

洪武二十六年（1393年），命北平屬衛將校悉聽燕王節制，所有軍務「一奏朝廷，一啟王知，永著於令」[1775]。時北方諸王中，秦王樉（治西安）、晉王棡（治太原）、代王桂（治大同）、遼王植（治廣寧）、谷王橞（治宣府）、寧王權（治大寧），燕王權最大且最重，似有分庭抗禮之勢。至朱元璋晚年，太子標、次子秦王、三子晉王[1776]相繼死去，其身後的政治權力重心已移向四子燕王朱棣。

洪武三十一年（1398年）五月，朱元璋病重，敕都督楊文等曰：

朕子燕王在北平。北平〔乃〕中國之門戶。今以爾為總兵，往北平參贊燕王。以北平都司、行都司並燕、谷、寧三府，護送選揀精銳馬步軍士，隨燕王往開平堤備。一切號令皆出自王，爾奉而行之。大小官軍，悉聽節制。[1777]

上述「燕王總帥諸王防邊」[1778]的敕諭，雖旨在防禦蒙古貴族騎兵乘難南犯，卻加強了燕王的政治與軍事的地位。半月之後，朱元璋病危。他在死前十天，頒詔曰：

朕之諸子，汝獨才智，克堪其任。秦、晉已薨，汝實為長，攘外安內，非汝而誰？已命楊文總北平都司、行都司等軍，郭英總遼東都司並遼府護衛，悉聽爾節制。爾其總率諸王，相機度勢，用防邊患，乂安黎民，以答上天之心，以副吾〔朕〕付託之意。[1779]

儘管上述史料對遼王是否亦在燕王節制中有著不同見解[1780]，但其時「燕王居長，故令之率六王防邊」[1781]，似無異議。然而，後來歷史發展出乎朱元璋之所料，邊境尚靖，禍起蕭牆。上引詔書說明，燕王封國北平，不僅為明初的軍事重心，而且在向著全國政治中心轉移。這一轉移的關鍵是燕王在「靖難之役」中攫取皇位。

明永樂帝遷都北京述議

洪武帝死後,南京與北平,在軍事力量的對比上,北平居於優勢。燕王朱棣抓住時機,由僧「道衍首贊密謀,發機決策」[1782],興師問難。相傳一日寒甚,道衍侍燕王宴。燕王命句云:「天寒地凍,水無一點不成冰。」道衍對曰:「國亂民愁,王不出頭誰作主!」[1783]自是「靖難」之謀遂決。燕王朱棣率師南進,受到建文帝的頑強抵拒,歷時四年,攻占南京,奪得皇位,改元永樂,是為明成祖。成祖即位,論功封爵者二公、十三侯[1784],均為其「熊羆之宿將,帷幄之謀臣」[1785]。他們多為北平都司屬下將校,尤以燕山三護衛將校為主[1786]。朱棣皇位依靠的主要力量,是其做燕王時的文臣武將和北方籍的勳貴縉紳。這些謀臣宿將與勳貴縉紳,久居燕土,受賜莊田,恆定產業,隨燕王起兵,功高爵顯,願意明都北遷。

與此相反,「靖難之役」使江淮縉紳與建文勳貴受到沉重打擊。先是,明初朱元璋對江淮豪富採取高壓政策。但是,建文帝即位後,一反其乃祖對江南地主的壓抑政策,而修好同他們的關係,並取得他們的支持。然而,朱棣奪取皇位後,對江淮縉紳與北方縉紳,採取抑前揚後之政策,而對燕邸宿將與建文諸臣,則採取獎前戮後之舉措。朱棣下令屠殺建文諸臣即為一例:

乃若受戮之最慘者,方孝孺之黨,坐死者八百七十人;鄒瑾之案,誅戮者四百四十人;練子寧之獄,棄市者一百五十人;陳迪之黨,杖戍者一百八十人;司中之系,姻婭從死者八十餘人。胡閏之獄,全家抄提者二百十七人;董鏞之逮,姻族死戍者二百三十人;以及卓敬、黃觀、齊泰、黃子澄、魏冕、王度、盧原質之徒,多者三族,少者一族也![1787]

但是,「一時忠義如林,蹈九死而不悔」[1788]。如御史景清,早朝懷刀而入,欲為故主報仇,被詔磔於市,清罵不絕口而死。永樂帝晝寐夢清繞樑犯駕[1789],以為其化為鬼厲,日夜惴恐不安。這促使其遷都至「龍興之地」北平,以鞏固「橫貪天位」[1790]後之統治。

前述永樂帝朱棣由南京遷都北京的地理、歷史、軍事、民族、政治與社會諸種因素,是既相聯繫又相區別的。北京的地理位置、明初的民族矛盾等,都是前已存在的客觀條件。燕王以北平起兵奪取皇位,則是利用上述諸種條

件，促成北京作為明代都城歷史命運的直接動因。這種歷史發展必然性和偶然性的統一，使永樂帝由南京遷都北京。

三

永樂帝由南京遷都北京，經過了十八年的曲折歷史過程。

朱棣南都北遷，始自禮部尚書李至剛「首發建都北平議」[1791]。永樂元年（1403年）正月，李至剛等疏言：

自昔帝王或起布衣平定天下，或由外藩入承大統，而於肇跡之地，皆有升崇。切見北平布政司，實皇上承運興王之地，宜遵太祖高皇帝中都之制，立為京都。制曰：「可，其以北平為北京。」[1792]

北平改名為北京，並升北京為陪都。

為著營建北京，遷移九鼎，進行了大規模的工作：

第一，移民充實北京。北京在元末明初，屢經戰亂，災疫頻仍，土地荒蕪，百姓流移。如洪武二年（1369年），順天府有一萬四千九百七十四戶，四萬八千九百七十三口；民地七百八十頃余[1793]。加上宛平、大興、昌平、良鄉和懷柔五縣，總計二萬二千戶，七萬零五百一十三口，官民地一千零八十七頃余。朱棣登極，即先後多次頒詔北京地區免賦、賑災、移民、墾田。如建文四年（1402年）九月，命「徙山西民無田者實北平，賜之鈔，復五年」[1794]。永樂元年（1403年）八月，定《罪囚北京為民種田例》[1795]；同年十一月，將罪人「悉發北京境內屯種」[1796]；又命「徙直隸、蘇州等十郡，浙江等九省富民實之」[1797]。

第二，治河通漕轉輸。先是北平轉漕東南，水陸兼挽，仍元之舊，參用海道。及營建北京，疏通大運河，以治衛、閘、河、湖等於轉輸尤急。永樂元年（1403年），開衛河，「令河南車伕由陸運入衛河，轉輸北京」[1798]。永樂五年（1407年），發民丁二十萬，疏修「自昌平縣東南白浮村至西湖景東流水河口一百里」[1799]淤塞河道，並增置閘門。永樂六年（1408年），設德州至北京陸路遞運所[1800]，除水路外增加陸路運輸。永樂九年（1411年），

發民工三十萬開閘河（即會通河），北至臨清與衛河會，南出茶城與黃河合，二百天工成。永樂十三年（1415年），鑿清江浦，導湖水入淮，漕船直航於河。「自是漕運直達通州，而海、陸運俱廢」[1801]。至永樂十六年（1418年），歲運北京糧四百六十四萬餘石[1802]，後多至五百萬石並磚木瓦石。

第三，伐木採石備料。永樂四年（1406年）閏七月，詔建北京宮殿[1803]，分遣大臣宋禮等采木於四川、湖廣、江西、浙江、山西等處。如派師逵往湖湘，以「十萬眾入山辟道路」[1804]，采木料；派古樸「采木江西」[1805]；派劉觀「采木浙江」[1806]等。並鑿石、燒灰、制磚、做瓦，運集京師。其時順天、河南、山東、山西、陝西等水旱頻仍，民至「剝樹皮、掘草根以食」[1807]，但備料轉輸、工程營建仍加緊進行。

第四，征發伕役工匠。自永樂五年（1407年），實始營建北京。其時興工大役，不減於洪武帝之創製南京宮闕城池。如永樂九年（1411年），譚廣以大寧都指揮僉事「董建北京」[1808]。永樂十五年（1417年），薛祿以行在後軍都督董理北京營造[1809]。是為軍兵營建北京之兩例。同年三月，因民夫、軍兵力役不足，又詔「雜犯死罪及徒、流以下，悉縱還家，營路費，赴京輸役贖罪」[1810]。民夫、軍兵、罪犯執役外，還有工匠。葉宗人為錢唐縣令。是年「督工匠往營北京」[1811]。是為工匠亦役及直省之例證。其時，營造北京，伕役鉅萬，勞作煩苦，多有病者，邝埜奉命稽省病者[1812]。在京鉅萬民夫、軍兵、工匠、罪役，營造宮殿城池。

第五，營建宮殿城闕。永樂四年（1406年）閏七月，詔建北京宮殿[1813]。永樂十二年（1414年）八月，朱棣車駕至北京，「御奉天殿，文武群臣上表賀」[1814]。永樂十三年（1415年）三月，「修北京城垣」[1815]。永樂十四年（1416年）十一月，復詔群臣議營建北京宮殿。其時，伕役征發，漕運通暢，磚木齊集，規劃已定。於是，六部尚書等文職官吏上疏，請大規模地興建北京宮殿，略謂：

伏惟北京，聖上龍興之地。北枕居庸，西峙太行，東連山海，南俯中原，沃壤千里，山川形勝，足以控四夷，制天下，誠帝王萬世之都也。……伏乞早賜聖斷，敕所司擇日興工，以成國家悠久之計，以副臣民之望。[1816]

明永樂帝允所奏。尋命「泰寧侯陳珪掌繕工事，安遠侯柳升、成山侯王通副之」[1817]，由吳中和阮安等規劃計算[1818]。阮安，《明史》記載：「阮安有巧思，奉成祖命，營北京城池宮殿及百司府廨，目量意營，悉中規制，工部奉行而已。」[1819] 由是，興建北京宮殿工程全面鋪開。

第六，北京宮殿告成。永樂十五年（1417年），建成北京西宮。永樂十七年（1419年），「拓北京南城」[1820]，即將原大都南城牆向南推展（至今東西長安街一線南）。但是，《明太宗實錄》記載修北京城之事過於疏略，致引出康熙帝的議論：「朕遍覽明代《實錄》，未錄實事，即如永樂修北京城之處，未記一字。」[1821] 至永樂十八年十一月初四日，即公曆1420年12月8日，北京宮殿告成[1822]。

④

據《明太宗實錄》記載：

初，營建北京，凡廟社、郊祀、壇場、宮殿、門闕，規制悉如南京，而高敞壯麗過之。[1823]

明永樂帝以北京壇廟、宮殿建成詔告天下。[1824]

永樂十九年（1421年）正月初一日，明成祖朱棣御奉天殿受賀，並升北京為京師。北京各衙門取消「行在」二字；同時應天各衙門皆加「南京」二字，南京變為陪都。時明代政治中心在北京，而經濟中心在南京，兩京並建，兼取其長：

④《明太宗實錄》，第187卷，永樂十五年四月癸未，臺北中研院歷史語言研究所校勘本，1962年，臺北。

蓋天下財賦出於東南，而金陵為其會；戎馬盛於西北，而金臺為其樞。並建兩京，用東南之財賦，會西北之戎馬，無敵於天下矣！[1825]

但是，永樂十九年（1421年）四月初八日，即明成祖朱棣在北京奉天殿行京師宮殿告成禮後九十七天，奉天、華蓋、謹身三大殿罹災盡毀[1826]。詔

求直言，廷臣多議遷都北京非便。翰林侍讀學士李時勉「言營建之非」忤旨，疏被「抵之地」[1827]，尋遭讒下獄，另一翰林侍讀鄒緝上疏言：

　　陛下肇建北京，焦勞聖慮，幾二十年。工大費繁，調度甚廣，冗官蠹食，耗費國儲。工作之夫，動以百萬，終歲供役，不得躬親田畝，以事力作。猶且徵求無藝，至伐桑棗以供薪，剝桑皮以為楮。加之官吏橫徵，日甚一日。如前歲買辦顏料，本非土產，動科千百。民相率斂鈔，購之他所。大青一斤，價至萬六千貫；及進納，又多留難，往復展轉，當須二萬貫鈔，而不足供一柱之用。……自營建以來，工匠、小人假托威勢，驅迫移徙，號令方施，廬舍已壞。孤兒寡婦，哭泣叫號，倉皇暴露，莫知所適。遷移甫定，又復驅令他徙，至有三四徙不得息者。及其既去，而所空之地，經月逾時，工猶未及。此陛下所不知，而人民疾怨者也！[1828]

　　時主事蕭儀疏言尤為激切。永樂帝曰：「方遷都時，與大臣密議，久而後定，非輕舉也！」[1829] 尋以蕭儀為書生之見，不「足以達英雄之略」[1830]，怒而殺之。

　　永樂帝怒殺蕭儀以箝制非議遷都者之口，卻未能指明遷都北京之重大意義。

四

　　明都北遷的利弊之議，自三殿首次被災[1831]，至崇禎帝自縊，時斷時續地爭論了十四朝，凡二百餘年。黃宗羲認為永樂帝遷都北京失算，其《明夷待訪錄》言：

　　或問：北都之亡忽焉，其故何也？曰：亡之道不一，而建都失算，所以不可救也。夫國祚中危，何代無之。安祿山之禍，玄宗幸蜀；吐番之難，代宗幸陝；朱泚之亂，德宗幸奉天。以汴京中原四達，就使有急，而形勢無所阻。當李賊之圍京城也，毅宗亦欲南下；而孤懸絕北，音塵不貫，一時既不能出，出亦不能必達，故不得已而身殉社稷。向非都燕，何遽不及三宗之事乎！

或曰：自永樂都燕，歷十有四代，豈可以一代之失，遂議始謀之不善乎？曰：昔人之治天下也，以治天下為事，不以失天下為事者也。有明都燕不過二百年，而英宗狩於土木，武宗困於陽和，景泰初京城受圍，嘉靖二十八年受圍，四十三年邊人闌入，崇禎間京城歲歲戒嚴。上下精神敝於寇至，日以失天下為事，而禮樂政教猶足觀乎！江南之民命，竭於輸挽，大府之金錢，靡於河道，皆都燕之為害也。

或曰：有王者起，將復何都？曰：金陵。……今關中人物不及吳、會久矣，又經流寇之亂，煙火聚落，十無二三，生聚教訓，故非一日之所能移也。而東南粟帛，灌輸天下；天下之有吳、會，猶富室之有倉庫匱篋也。今夫千金之子，其倉庫匱篋必身親守之，而門庭則以委之僕妾。舍金陵而勿都，而委僕妾以倉庫匱篋事；昔日之都燕，則身守夫門庭矣。曾謂治天下而智不千金之子若與！[1832]

黃宗羲論明亡於都失算，缺乏史據，斷不可取。戶樞自腐，而後生蠹。明廷專制腐朽，農民起義於西北，滿洲崛興於東北，二者撞擊，明朝滅亡。至於黃宗羲論都燕之害有三，即竭於轉漕、靡金河道、君守門庭，則有一二可取；但需補充一點是北京缺水。

明都北京之一弊是水源缺乏。北京不瀕臨大江巨河，是其作為大都會的嚴重缺陷。如金開金口河失敗[1833]，元鑿通惠河後淤塞，有明一代京畿屢逢災賑濟，流民塞路，均足資證。

明都北京之二弊是糧食不足。北京不是農業資源富庶之區，糧食不能自給。其時中國經濟重心在江南：「天下財賦，大半取給東南。」[1834]明至成化年間，「河、淮以南，以四百萬供京師；河、淮以北，八百萬供邊境」[1835]。京師和邊防所需大量糧食仰仗漕運。於是，漕運成為北京的經濟命脈：

今國家都燕，可謂百二山河，天府之國。但其間有少不便者，漕粟仰給東南，而運河自江而淮而黃，自黃而會，自汶而衛，盈盈衣帶，不絕如線。河流一涸，則西北之腹盡枵矣。元時亦輸粟以供上都，其後兼行海運。然當群雄干命之時，烽煙四起，運道梗絕，唯有束手就困。此京師之第一當慮者也。[1836]

明永樂帝遷都北京述議

明代政治中心與經濟中心相距過遠，糧食轉輸，疏通漕運，需用財物，耗費甚巨。

明都北京之三弊是靡金治河。明以前治河即治河，永樂移鼎北京後，「治河即以治漕」[1837]。因治河通運，「蓋四百萬之漕賴焉，固為國家之大計，社稷之重事」[1838]。後至清代，康熙帝嘗以「三藩及河務、漕運為三大事，書宮中柱上」[1839]。河務不當，必誤漕運。為漕挽轉輸，江、河、淮、運合匯，運道三千餘里，此通而彼塞，尤以清口為甚。意在清口蓄清敵黃，然淮勝則運堤不保，淮弱則有黃流倒灌之虞，僅「淮安、清口一隅，施工之勤，靡幣之巨，人民、田廬之頻歲受災，未有甚於此者」[1840]。有明一代，河患較前頻仍，治河耗銀尤巨。治河以通漕，與明相始終。至河事大壞，而明亡矣[1841]！

明都北京之四弊是離長城太近。北京「一牆之外，逼鄰大虜」[1842]。這固有其利（後面論述），也有其弊。明初國盛兵強，對蒙古貴族騎兵採取攻勢，建都北京便於進攻；後來國衰兵弱，蒙古、滿洲騎兵多次破牆而入，包圍京師，九門戒嚴，北京地理上的弱點暴露無遺。

但是，對明都北遷之非議，正統前重在漕糧轉輸，正統後則重在京城戒嚴。

永樂帝死，洪熙帝立。精於經畫而拙於遠略的尚書夏原吉，疏奏「今江南民力，困於漕運，請還南京，以省供應」。洪熙元年（1425年），命「諸司在北京者悉加『行在』二字」[1843]。北京又變作陪都。並命修南京皇城，於明春還都南京[1844]。但他兩個月後死去，遷都之議束閣。

宣德帝繼位後，行在禮部尚書胡濙力言漕運不便，奏請還都南京，曰：「建都北京非便，請還南都，省南北轉運供億之煩。」[1845]宣德帝雖嘉贊其疏，但尋以北京既有五府六部衙門，便命將「其行府、行部仍革之」[1846]。

至英宗正統四年（1439年），始命工部尚書吳中督工興修奉天、華蓋、謹身三殿和乾清、坤寧二宮[1847]。正統六年（1441年）九月，三殿二宮告成[1848]。同年十一月初一日詔告中外，並命廢北京各衙門署「行在」二字，南

京各衙門仍增「行在」二字[1849]。重新確定北京為國都，南京為陪都，南、北二京並稱。

自洪武至正統，歷六帝七十五年，定都北京之爭初得平息。不久正統帝被俘，其後正統、嘉靖、崇禎年間，仍有人以京城危急而請遷都南京。正統末徐珵以「天命已去，惟南遷可以紓難」[1850]奏；于謙以「言南遷者，可斬」[1851]斥之。崇禎己巳，廷臣有言南遷者[1852]；甲申，又有「三李」（邦華、明睿、建泰）等遷都南京之議[1853]。但終明一代，定都北京，未再遷鼎。

北京作為明代十四朝都城，雖有四弊，但有六利，利大於弊，其影響至為深巨。

永樂帝遷都北京，加強了明廷對北方邊疆的統治。顧祖禹言：

太宗靖難之勛既集，切切焉為北顧之慮，建行都於燕。因而整戈秣馬，四征弗庭，亦勢所不得已也。鑾輿巡幸，勞費實繁；易世而後，不復南幸。此建都所以在燕也。[1854]

建都在燕，為「地氣」東移所必然。趙翼說：自唐以後，「地氣」將自西趨東北[1855]，即北方，特別是東北少數民族迭興。而定都金陵，位置偏南，難於控制朔北。《五經要義》載：「王者受命，創始建國，立都必居中土」[1856]，以統制四方，控馭天下。其時明代疆域，南極海南，北至庫頁，北京約略居中，可以「兼制南北」[1857]。永樂帝雄才大略，高瞻遠矚，力排眾議，居中定鼎，將都城自南京北移近三千里，從而密切了同北方少數民族上層人物的聯繫，加強了對北疆和東北疆的統治。鯨海庫頁，西濛北漠，都置於明廷的統轄之下。

永樂帝遷都北京，加強了多民族國家的統一。朱棣戎馬不息，出塞征戰，其子孫也繼續「天子守邊」，這有利於鞏固明初的統治自不待言。但是，正統以降，國力漸衰，塞北蒙古、東北滿洲貴族不斷驅騎南犯京師。正統十四年（1449年）也先「土木之變」，嘉靖二十九年（1550年）俺答「庚戌之變」，崇禎二年（1629年）皇太極「己巳之變」，為京師困危突出三例。

明永樂帝遷都北京述議

明以「皇帝守門」，國都當敵，城堅池深，兵力雄厚，「天下勤王」之師迅集，均使之不能得其志，飽掠京畿後颺去。《帝京景物略》載：

> 中宅天下，不若虎眠天下；虎眠天下，不若挈天下為瓶，而身抵其口。雒不如關，關不如薊，守雒以天下，守關以關，守天下必以薊。文皇帝得天子自守邊之略，於厥初封，都燕陵燕，前萬世未破斯荒，後萬世無窮斯利，捶勒九邊，橐篋四海！[1858]

劉侗論述了「天子守邊」的意義。事實恰與黃宗羲所論相反，如果永樂帝當時不遷都北京，那麼黃河以北似不可守，可能重演南北朝國家分裂的歷史悲劇。而且朝鮮史籍也載述：明成祖遷都北京是一項「固國之策」[1859]。

永樂帝遷都北京，促進了北京地區的經濟開發。北京處於華北平原農業經濟和塞北高原牧業經濟的交接地區，其經濟不甚發達。明定都北京後，賑災、免稅、墾田、移民，僅永樂二、三兩年，即徙兩萬人戶、約十萬人實北京[1860]；又先後疏濬通濟河、通惠河、昌平河、渾河等，均有利於北京地區農業的發展。北京郊區的種植、園藝、花卉等業都有了發展，蔬菜中有蔓青（蘿蔔）和菘菜（白菜）等，甚至「南方蔬菜，無一不有」[1861]。同時，全國能工巧匠薈萃於京師，建築、燒造、軍器、織染、採礦、冶鑄、特藝等業大興，如武宗時造太素殿，「改作雕峻，用銀至二千萬餘兩」[1862]，除其奢靡和誇飾另論外，足見工藝之精絕。又如煤炭，邱濬載述「今京師軍民百萬之家，皆以石煤代薪」[1863]，可證九鼎北遷，加快了北京手工業發展的步伐。另外，北京為漕運終點和貢市之地，四方財貨會聚京師，並在京設店鋪、榻房和會同館。永樂二十一年（1423年），山東巡按陳濟言：「今都北平，百貨倍往時。」[1864] 爾後，京師商業更加繁榮，《皇都積勝圖》中描繪正陽門外商業情景，恰是北京商業繁盛的寫照。大明門前的棋盤街，「天下士民工賈，各以牒至，雲集於斯，肩摩轂擊，竟日喧囂」[1865]，即見一斑。總之，朱棣遷鼎燕京，於明代中國的南方與北方，綜匯其所長，互補其所短。丘文莊公言：「天下財賦，出於東南，而金陵為其會；戎馬盛於西北，而金臺為其樞。並建兩京，所以宅中圖治，足食足兵，據形勢之要，而為四方之極者也。」[1866] 是為識見者之言。

永樂帝遷都北京，使北京成為明代全國文化中心。明代京師設立欽天監、太醫院、觀象臺等，會集一批科學家，促進科學技術的發展。大科學家李時珍曾供職於太醫院，徐霞客曾旅居京城，宋應星赴京應試後，著《天工開物》，徐光啟則官至禮部尚書兼內閣大學士並著《農政全書》。明代京師設置國子監、翰林院，定期舉行會試、殿試，儒士雲集，疇人薈萃。自永樂十三年（1415年）乙未科，至崇禎十六年（1643年）癸未科，在京舉行會試七十八科，有二萬二千九百六十七人成進士。每屆會試，各地舉子從四面八方匯聚北京，把各地文化帶到京師，而後又分散各地，傳播京師文化到四域八方。還有許多外國留學生在北京肄業，後期耶穌會士來京，住留京師。徐光啟、李之藻等向耶穌會士學習西方科學技術，北京成為其時中西文化交流的中心。此外，著名的文學家、書畫家、戲劇家、工藝家等也薈萃京師，在北京廣泛地進行文化交流。

永樂帝遷都北京，北京城成為中華文化的奇觀。北京作為明代全國的政治心臟和文化大腦，在元大都殿閣圍囿的基礎上，興建宮殿城池、壇廟衙署、文廟學宮、亭臺園林，整座城市佈局嚴整，層次分明，規模宏巨，建築壯麗。北京城的核心紫禁城，其磅礡氣勢，其偉嚴格局，其瑰麗建築，其稀世珍寶，價值之大，未可言喻。整座北京城則是一部木頭、石頭、磚頭之書，它記錄了明代的科學技術水平與文化藝術風格。明北京城不僅是中華五千年文明史上的鴻篇巨製，而且是全世界人類文明史上的偉麗奇觀。

最後，永樂帝遷都北京，奠定了今天北京城的基本風貌。繼明遷都北京之後，清朝又移鼎燕京。北京經過明、清兩代五百年的經營，成為中華文明的重要像徵。下面引述恩格斯《巴黎到伯爾尼》中的一段話：「只有法國才有巴黎，在這個城市裡，歐洲的文明達到了登峰造極的地步。」[1867] 恩格斯在這裡講的是巴黎，卻啟迪人們思考永樂帝遷都的北京。似可以說，只有中國才有北京，只有中國這樣的偉大國家才能創造偉大的北京。在北京這座城市裡，中華民族五千年的精神文明和物質文明，達到了光輝燦爛、登峰造極的境地。北京已作為中國著名古都和歷史文化名城而載入史冊。

京師慈壽寺塔考

慈壽寺塔高聳於今北京阜成門外八里莊玲瓏園內崇岡之上，已四百一十六年。四百餘年來，掌故筆記，諸多載錄，文人騷客，亦多詩詠。但是，見仁見智，傳信傳疑，各書記述，頗多分歧。筆者寓居西八里莊，出入注目崔巍高塔，讀書所得，踏查所見，信手做卡，稿籠待文。茲就慈壽寺塔之正名、原委、旨趣、建築及其價值，粗作考略，加以評辨。

一

慈壽寺塔之正名。塔必有名，慈壽寺塔，名稱歧異，殊難適從。但塔在寺中，寺之興築，《穀城山館文集》[1868]記曰：

命內臣卜地於阜城門外八里，得太監谷大用故地一區，宏博奧敞，允稱靈域。遂出宮中供奉金若干，潞王、公主、宮眷、內侍各捐湯沐若干，仍擇內臣廉幹者，往董其役。率職庀工，罔敢後時。經始於萬曆四年二月，至六年仲秋既望落成。[1869]

寺始建於萬曆四年（1576年）二月，竣工於六年（1578年）八月十五日（9月16日），賜名曰「慈壽」。從此，京師又增添一座名刹——慈壽寺。

慈壽寺內建塔，然該塔之塔名，各書記載蘗歧：

其一，永安壽塔。張居正《敕建慈壽寺碑文》載：「外為山門、天王殿，左、右列鐘、鼓樓，內為永安壽塔。」[1870]是知此塔名為「永安壽塔」。明人劉侗、於奕正《帝京景物略》亦載：「寺成，賜名慈壽，敕大學士張居正撰碑。……有永安壽塔，十三級，崔巍雲中。」[1871]清乾隆《欽定日下舊聞考》於敏中等在修纂之時，除引述各書外，則稱「臣等謹按，慈壽寺及塔」[1872]，未及塔名。至清末《光緒順天府志》亦沿上說：慈壽寺「山門內天王殿後，有永安壽塔」[1873]。

其二，永安塔。明沈德符《萬曆野獲編》載：「慈壽寺去阜成門八里，則聖母慈聖皇太后所建，蓋正德間大璫谷大用故地。始於萬曆四年，凡二歲

告成。入山門即有窣堵坡，高入雲表，名永安塔，華煥精嚴。」[1874] 沈從小隨父祖居住北京，「餘生長京邸，孩時即聞朝家事，家庭間又竊聆父祖緒言」[1875]，故熟諳京師掌故。但是，上文所記慈壽寺內永安塔，恐為塔名之簡略俗稱，絕非此塔之敕定正名。

其三，永安萬壽塔。於慎行代擬《敕建慈壽寺碑文》，略述慈壽寺及塔的規制稱：「其制：外為山門、天王殿，左、右列鐘、鼓樓，其內為永安萬壽塔。」[1876] 在此塔第一層塔身南面門券上，鑲嵌石製橫額一方，上刻「永安萬壽塔」五字。至今保存完好，清晰可見。於日本文化二年即清朝嘉慶七年（1802年）刻印，由岡田玉山等編繪的《唐土名勝圖會》，稱上述匾額為「乾隆帝御書之額」[1877]。但是，此塔建成之後，乾隆二十二年（1757年）奉敕修葺。由是，原塔有否匾額，若有又如何題寫，修葺時御書匾額文字是否更動，均不得而知。

其四，慈壽寺塔。羅哲文著《中國的塔》、北京市文物工作隊編《北京名勝古蹟》以及《中國名勝辭典》等，均稱其為「慈壽寺塔」。因它在慈壽寺內，遂以寺名塔。今稱「天寧寺塔」、「妙應寺白塔」等均循此通例。然而，「慈壽寺塔」並非此塔之正名。

其五，八里莊塔。此塔「在海澱區玉淵潭鄉轄區內，八里莊東北隅」[1878]，以地名塔，故民間稱作「八里莊塔」[1879]。但是，八里莊塔僅為此塔之俗稱，而非此塔之正名。

其六，玲瓏塔。當地民眾因該塔玲瓏挺秀，便稱作「玲瓏塔」。附近的一條街巷，也稱作「玲瓏巷」。因此，近年以塔為中心闢建的園林，叫做「玲瓏園」。此也為俗稱。

在上述六種塔名中，「玲瓏塔」為以其姿名塔，「八里莊塔」為以其地名塔，「慈壽寺塔」為以其寺名塔，均是後來的俗稱或習稱，而不是此塔初始之正名。而「永安塔」為《萬曆野獲編》所僅見，是為塔名之省稱。至於「永安壽塔」與「永安萬壽塔」二名，孰正、孰奇？經查《敕建慈壽寺碑文》，為於慎行所代擬。慎行，字無垢，山東東阿人，「隆慶二年成進士。改庶吉士，授編修。萬曆初，《穆宗實錄》成，進修撰，充日講官」[1880]。他的《穀

城山館文集》收錄《敕建慈壽寺碑文（代）》，全文（含標題）共九百零五字（見文末附錄）。張居正對於慎行代擬之文稿，做了多處增刪與潤飾，成八百零二字（見文末附錄）。居正時任首輔，「慈聖徙居乾清宮，撫視帝，內任保，而大柄悉以委居正」[1881]。鑒於，於慎行草擬《敕建慈壽寺碑文》為草稿，張居正改定《敕建慈壽寺碑文》為定稿，因此，在二者關於塔名相差一字，又無其他力證之時，塔名應以居正定稿為是。

綜上，慈壽寺塔，以寺名塔，多書載錄，約定俗成，但非正名。依據《敕建慈壽寺碑文》，慈壽寺內之塔，以「永安壽塔」為其初始之正名。

二

慈壽寺塔之原委。慈壽寺及塔動工興建的原因，史書所載，歸結有四：

其一，為隆慶帝冥祉。《穀城山館文集》載：「聖母慈聖宣文皇太后，與我皇上永懷穆考在天之靈，思創福地，以薦冥祉。」[1882]張居正修定上文後，文字略有變通：「先是，我聖母慈聖宣文皇太后，常欲擇宇內名山靈勝，特建梵宇，為穆考薦冥祉。皇上祈允，遣使旁求，皆以地遠，不便瞻禮；乃命司禮監太監馮保，卜關外地營之。」[1883]以上說明，創建慈壽寺，始有為穆宗皇帝祈薦冥祉之意。但是，萬曆二年（1574年），重修了海會寺。

海會寺者，以其寺在都城之南，創於嘉靖乙未，穆宗皇帝嘗受釐於此。歷祀既久，棟宇弗葺，榱桷將毀。皇上即位之二年，函夏乂安，四民樂業，聖母慈聖皇太后思所以保艾聖躬、篤奕允祚者，惟佛寶是依，乃出內帑銀若干，俾即其地更建焉。[1884]

上文可見，萬曆帝登極不久，慈聖皇太后即為其亡夫隆慶帝重修海會寺，以薦冥祉。而慈壽寺以「慈壽」為名，代表它主要旨趣不是為隆慶帝興建的。

其二，為朱翊鈞祝齡。《長安客話》載：「黃村東十里，為八里莊，有寺曰慈壽，慈聖皇太后為今上祝齡建也。」[1885]其實，為萬曆帝朱翊鈞祝齡不是慈壽寺，而是承恩寺。萬曆二年（1574年），張居正《敕建承恩寺碑文》載：

皇朝凡皇太子、諸王生，率剃度幼童一人為僧，名「替度」。雖非雅制，而宮中率沿以為常。皇上替僧名志善，向居龍泉寺。慈聖皇太后、今上皇帝，追念先帝及其替僧，以寺居圮壞，欲一新之。而其地湫隘，且濱於河，勢難充拓，乃出帑儲千金，潞王、公主及諸宮眷所施數千金，命司禮監太監馮保，貿地於都城巽隅居賢坊，故太監王成住宅，特建梵剎。[1886]

　　上文可見，萬曆帝登極不久，慈聖皇太后即為朱翊鈞敕建承恩寺，以為十二歲的萬曆帝祝齡永壽。而慈壽寺以「慈壽」為名，標明它主要旨趣不是為萬曆帝祝齡的。

　　其三，為萬曆帝祈嗣。《帝京景物略》記載：「萬曆丙子，慈聖皇太后為穆考薦冥祉，神宗祈胤嗣，卜地阜成門外八里建寺焉。」[1887] 此說源自張居正《敕建五臺山大寶塔寺記》：

　　我聖母慈聖宣文皇太后，欲創寺於此，為穆考薦福，今上祈儲，以道遠中止，遂於都城建慈壽寺以當之。[1888]

　　興建慈壽寺的主因，既不是為穆宗薦冥福，上文已辨；也不是為神宗祈儲嗣，史文顯見。明穆宗死時，萬曆十歲。修建慈壽寺在萬曆四年（1576年），萬曆帝十四歲，尚未大婚，何以祈子？而慈壽寺以「慈壽」為名，標明它主要旨趣不是為萬曆帝祈嗣的。

　　其四，為李太后祝釐。《穀城山館文集》記載：「寺成，上賜之名曰慈壽，蓋以為聖母祝也。」[1889] 但是，張居正修定上文後，其定稿文曰：

　　寺成，上聞而喜曰：「我聖母齋心竭虔，懋建功德，其諸百靈崇護，萬年吉祥。」恭惟我皇上聖心嘉悅，因名曰慈壽。[1890]

　　上文可見，居正較慎行所作一項修改，是刪掉「蓋以為聖母祝也」一句。其刪劃原因，後文另述。

　　萬曆初年，京師為帝、後興修或重修四座名剎——海會寺為隆慶帝，承恩寺為萬曆帝，仁壽寺為陳太后[1891]，而慈壽寺為誰呢？

寺名可征。寺成，賜名曰「慈壽」。這表明慈聖皇太后動議修建此寺，究其主旨，既非為夫，亦非為子。但史文為何又載其為穆宗薦冥祉、為神宗祈胤嗣呢？這同李太后出身卑微攸關。《明史·后妃列傳二》載：

光宗之未冊立也，給事中姜應麟等疏請被謫，太后聞之弗善。一日，帝入侍，太后問故。帝曰：「彼都人子也。」太后大怒曰：「爾亦都人子！」帝惶恐，伏地不敢起。蓋內廷呼宮人曰「都人」，太后亦由宮人進，故云。[1892]

李太后出身宮人，生神宗，封貴妃，隆慶帝死後，母以子貴，尊為皇太后。但其宮人出身的影子，總伴隨著她，而使她有自卑感。她建佛寺亦打著為夫穆宗與為子神宗之旗號，而實則為自己建佛寺。寺名「慈壽」，即為明證。

塔名可征。塔成，賜名曰「永安壽塔」。這又表明慈聖皇太后動議修建此塔，究其主旨，既非為夫，亦非為子，但史冊為何又載其為穆宗薦冥祉、為神宗祈胤嗣呢？這同李太后處於側宮攸關。穆宗死，神宗立，內依太監馮保，外倚首輔居正，尊皇后為仁聖皇太后，尊貴妃為慈聖皇太后，名始無別矣。然而，名無別，實有別。下舉一例：

上初即位，宮中內宴，仁聖上座，慈聖猶在閣中，不敢同坐。其後稍久，乃並坐雲。[1893]

李太后雖與陳太后並尊為慈聖皇太后和仁聖皇太后，但其身處側宮的影子，總伴隨著她，並使其有自卑感。她建佛塔便打著為夫穆宗與親子神宗之旗號，而實則為自己建佛塔，塔名突出「壽」字，即為力證。

綜上，慈聖皇太后興建慈壽寺及塔，其內在涵蘊的旨趣，既不在於為先帝穆宗薦冥福，也不在於為兒子神宗祈胤嗣，那麼其隱旨是什麼呢？

三

慈壽寺塔之旨趣。探討興建慈壽寺及塔的內蘊旨趣，要分析其時經濟、政治、宮闈和個人等因素，做相關的考察。隆慶之治，萬曆初政，社會安定，經濟繁榮。明人史玄在《舊京遺事》中，評述萬曆盛時京師狀態言：

蓋居京師者云：當時道路無警守，狗不夜吠。中秋月明之夕，長安街笙曲哀曼，宮城鳥雀驚起復棲。二十年以前太平景象約略如此。[1894]

上述京師景象，時間或稍晚於興建慈壽寺之時，內容或有張飾之詞；但反映出隆、萬年間社會經濟繁盛，為敕建寺宇奠下經濟基礎。《明史·穆宗本紀》「贊曰」評述隆慶帝治績言：

穆宗在位六載，端拱寡營，躬行儉約，尚食歲省巨萬。許俺答封貢，減賦息民，邊陲寧謐。繼體守文，可稱令主矣。[1895]

穆宗的歷史地位，本文不作評價。但隆慶末、萬曆初，社會安定、內帑豐盈，亦為敕建寺宇奠下政治基礎。而兩宮間，仁聖皇太后與慈聖皇太后，其地位正偏抑揚與機權威勢消長呈現複雜的局面。其中的一個映現，是興建梵刹。《明史·后妃列傳二·孝定李太后傳》記載：

顧好佛，京師內外，多置梵刹，動費鉅萬，帝亦助施無算。居正在日，嘗以為言，未能用也。[1896]

孝定李太后好佛，自有心理性格原因。她宮人出身，地位卑微（前文已述），又早年喪夫，兒子幼小。隆慶帝三十六歲死，時李貴妃二十六歲[1897]。寡居內心悲寂，禮佛唸經以擺脫精神苦痛；宮人卑微身世，興建佛刹以提高政治地位。由是，慈壽皇太后便有一段九蓮菩薩的故事。這個故事為慈聖皇太后披上慈慧而神聖的佛衣。《帝京景物略》載記慈壽寺後殿，供奉九蓮菩薩道：

後殿奉九蓮菩薩，七寶冠帔，坐一金鳳，九首。太后夢中，菩薩數現，授太后經，曰《九蓮經》，覺而記憶，無所遺忘，乃入經大藏，乃審厥象，範金祀之。寺有僧自言：夢或告曰：「太后，菩薩後身也。」[1898]

同書引於慎行《慈壽寺觀新造浮圖》詩云：

鳳首蓮華九品標，十三層塔表岩嶢。

德先胎教人天母，道口坤寧海岳朝。

勢挾珠林雄禁苑，影分銀漢掛煙霄。

群生福果緣慈佑，華盡黃金此地銷。

於慎行時為日講官、知機務，並撰擬碑文，頗知些底里。其詩將九蓮菩薩同興建慈壽寺及塔相聯掛。《明史·悼靈王傳》載：

悼靈王慈煥，莊烈帝第五子。生五歲而病，帝視之，忽云：「九蓮菩薩言，帝待外戚薄，將盡殤諸子。」遂薨。九蓮菩薩者，神宗母，孝定李太后也。太后好佛，宮中像作九蓮座，故云。[1899]

明人楊士聰《玉堂薈記》亦載：

九蓮菩薩者，孝定皇后夢中授經者也。覺而一字不遺，因錄入佛大藏中。旋作慈壽寺，其後建九蓮閣。內塑菩薩像，跨一鳳而九首，乃孝定以夢中所見，語塑工而為之。寺僧相傳，菩薩為孝定前身，其來久矣。[1900]

萬曆年間敕建長椿寺，寺規模宏大，為京師名剎。寺中亦有九蓮菩薩像：

殿中舊有滲金塔，甚高大。旁山室內藏佛像十餘軸，中二軸黃綾裝裱，與他軸異：一繪九朵青蓮花，一牌題曰：九蓮菩薩，明神宗母李太后也。[1901]

身歷隆、萬等朝宮監劉尚忠熟悉宮中掌故，並建佛寺。天啟元年（1621年），《慈壽寺下院碑記》載：

今日者，安知不奉慈聖蓮花座上，而以身作文殊。[1902]

孫承澤著《春明夢余錄》載：

慈壽寺在阜成門外八里，萬曆丙子慈聖皇太后建。寺有塔十三級，高入雲表。後寧安閣榜太后手書，又後有九蓮菩薩像。[1903]

清嘉慶年間，日本出版的《唐土名勝圖會》亦載：

明孝定皇后夢見九蓮菩薩授經，夢醒後誦經文，一字不漏，因錄入大藏中。又有慈壽殿後建九蓮閣，塑菩薩像，九首而騎一鳳。寺僧云：「皇后系菩薩後身。」[1904]

上述九蓮菩薩的故事，流傳到東瀛日本。

以上八則有關九蓮菩薩的史料，可以得出幾點意見：

第一，慈聖皇太后夢見九蓮菩薩，跨一鳳而九首，授其《九蓮經》。

第二，慈聖皇太后因建慈壽寺，寺中建九蓮閣，內塑九蓮菩薩，供奉之。

第三，慈聖皇太后懿旨在慈壽寺建永安壽塔，鳳首蓮花，表峴京都。

第四，慈聖皇太后自詡為九蓮菩薩之後身，群生福果，皆緣慈佑。

第五，慈聖皇太后自披九蓮菩薩神衣，由禁苑超度佛國，從而提升自己的地位。

綜上，慈聖皇太后懿旨興建慈壽寺與永安壽塔，其表層原因是為隆慶帝祈薦冥祉，為萬曆帝祈嗣祝齡；其深層原因則是借自詡為九蓮菩薩，以昇華自身的價值。

四

慈壽寺塔之建築。慈壽寺區宇廣闊，殿堂壯麗；永安壽塔高入雲表，京華輝煌。

慈壽寺塔在慈壽寺中，其寺，張居正《敕建慈壽寺碑文》載：

外為山門、天王殿，左、右列鐘、鼓樓，內為永安壽塔，中為延壽殿，後為寧安閣，旁為伽藍、祖師、大士、地藏四殿，繚以畫廊百楹，禪堂、方丈有三所[1905]。又賜園一區，莊田三十餘頃，食其眾。以老僧覺淳主之，中官王臣等典領焉。

同文賦詞曰：「永延皇圖，冥資佛力。乃營寶刹，於兌之方。左瞰都城，右眺崇岡。力出於民，財出於府。費雖孔殷，民不與苦。厥制伊何，有殿有堂。丹題雕楹，玉瑩金相。繚以周廊，倚以飛闥。畫棟垂星，綺疏納月。有湧者塔，厥高入雲。泉[1906]彼不周，柱乾維坤。維大慈尊，先民有覺。普度恆沙，同歸極樂。」[1907]上引張居正文，源自於慎行稿。於稿較張文略異，贅引如下，以便比對：

其制：外為山門、天王殿，左、右列鐘、鼓樓，其內為永安萬壽塔，中為延壽寶殿，後為寧安閣，旁為伽藍、祖師、觀音、地藏四殿，繚以畫廊百楹，

禪堂、方丈十有三所。又為園一區，及賜莊田三十頃，以安食其眾。因剃度僧了寧、真相、真永焚修，祝贊老僧覺淳主之，內監王臣等典領焉。寺成，上賜之名曰慈壽。[1908]

慈壽寺規模宏巨，梵宇壯麗。其剎，為京都名剎；其塔，亦為京都名塔。

清興明亡，國祚鼎移，但慈壽寺與永安壽塔仍存。乾隆初期，勵宗萬受命訪查京師古蹟。勵宗萬，祖杜訥，官至刑部右侍郎，贈禮部尚書；父廷儀，中進士，授編修，在南書房行走，充經筵講官，兼掌院學士，官至吏部尚書。宗萬於康熙六十年（1721年）成進士，旋在南書房行走，充日講起居注官。乾隆初政，宗萬受劾，部議革職，閒居數年。乾隆七年（1742年），充武英殿總裁。後纂修《秘殿珠林》一書，受薦在懋勤殿行走編輯。勵宗萬受乾隆帝恩遇，「朕或召見，講論書籍」[1909]。乾隆帝命勵宗萬考察京師古蹟，勵對慈壽寺的考察記載是：

臣按：寺在阜成門外八里莊，明萬曆丙子，為慈聖皇太后建，賜名慈聖[1910]。敕大學士張居正撰碑。有塔十三級，又有寧安閣，閣榜慈聖手書。後殿有九蓮菩薩像。載《畿輔通志》。今查：寺共五層。山門、金剛二，東、西列鐘、鼓樓，次天王殿。殿後為塔，塔前角亭二：列韋馱、龍王像。塔後角亭二：觀音碑一，魚籃碑一，俱萬曆年建。殿供三世佛，旁列阿難、迦葉二尊，羅漢十八尊，俱銅像。殿前東、西碑二，亦萬曆年建。其配殿二：東為壯繆，西為達摩。殿後為毗廬閣，閣上為毗廬佛，閣下為觀音閣[1911]。前配殿東亦觀音，西則地藏。東西畫廊百間。由中儀門入，為彌陀殿；由東儀門入，為慈光閣，則九蓮菩薩畫像[1912]存焉；由西儀門入，則銅像觀音閣也。[1913]

上文考察乾隆十年（1745年）慈壽寺及塔之實況，殊為可貴。但寺中九蓮菩薩，《帝京景物略》作「乃審厥象，範金祀之」；《玉堂薈記》作「以夢中所見，語塑工而為之」；《唐土名勝圖會》作「後建九蓮閣，塑菩薩像，九首而騎一鳳」等，均作塑像，非為畫像。

寺內永安壽塔後，有二碑亭：

其一,「左碑:前刻紫竹觀音像並贊,明萬曆丁亥年造;後刻申時行、許國、王錫爵《瑞蓮賦》。」經筆者考察,左碑在塔東北,碑亭已毀,碑石尚存。碑座雕刻二龍戲珠。碑額篆書「御製」,其兩側及上刻二龍戲珠。碑身刻九蓮聖母像,端莊慈祥,項掛念珠。像座下刻九朵盛開蓮花。像左刻九枝紫竹。像右之上刻「慈聖宣文明肅皇太后之寶」篆書璽;之下為正書「贊曰:惟我聖母,慈仁格天。感斯嘉兆,厥產瑞蓮。加大士像,勒石流傳。延國福民,宵壤同堅。」其旁為正書「大明萬曆丁亥年造」。像右下刻童子觀音,腳踩蓮葉,雙手合十。碑身左、右、下各刻三龍。蓮、竹、龍之數,各為九。整個刻繪,線條流暢,細膩清晰。此碑造於萬曆十五年(1587 年)。萬曆帝即位年尊其母為「慈聖」;六年大婚,加尊號為「宣文」;十年,又加「明肅」,此與明制相符。碑陰:碑額刻篆書「瑞蓮賦碑」四字,旁刻二龍戲珠。碑身首題正書《瑞蓮賦有序》,序曰:「維瑞蓮產於慈寧新宮,既奉命作賦」云云。賦及序,文甚長,凡七十行,行九十三字,已漫漶不清。

其二,「右碑:前刻魚籃觀音像、贊同左,後刻關聖像並贊。明春坊諭德兼侍讀、南充黃輝撰,萬曆辛丑年[1914]立」[1915]。經筆者考察,右碑在塔西北,碑亭已毀,碑石尚存。碑座亦雕二龍戲珠。碑額正中刻框無字,其兩側及上亦刻二龍戲珠。碑身刻魚籃觀音像,袒胸赤足,髻髮慈面,右手提竹籃,內盛鯉魚一尾,右臂微曲。雙腳兩側刻蓮花七朵,腳下為草徑。像左刻正書「贊曰」,文同左碑。像右刻篆書「慈聖宣文明肅皇太后之寶」,文同左碑。其旁為正書「大明萬曆丁亥年造」。此可證《日下舊聞考》所載「萬曆辛丑年立」,蓋誤。碑陰:刻關公像,長髯威武,肅穆端嚴,右手摟髯,左手握青龍偃月刀。其左側刻周倉立像。像左上側刻篆書「慈聖宣文明肅皇太后之寶」,旁刻正書「萬曆歲次辛丑孟夏吉日造」。萬曆辛丑年為二十九年(1601 年),距刻魚籃觀音像時已十四年。像右上側刻行書《關聖像贊》:「許身非難,擇主何智。仁存一德,顛沛唯是。手扶漢鼎,目無吳魏。擔荷乾坤,具大根器。故能發心,受智者哉。役使鬼神,造玉泉寺。化毒龍居,立成佛地。如此學道,何堅不碎。操精進刃,被慈忍甲。以無畏力,施滿塵剎。糞掃魔魅,羊驅倭韃。神武所服,豈在必殺。出入幽顯,靡扣弗答。以此護國,

京師慈壽寺塔考

是真護法。」末署「明春坊諭德兼侍讀、南充黃輝頓首贊並書」。碑四邊刻龍，左、右邊各三，上、下邊各二。

以上雙碑，同年建造，規制相同，尺寸一樣。經筆者實測：碑座寬一百四十六點五釐米，高九十八釐米，厚七十四釐米；碑身高二百一十六釐米，寬一百零八釐米，厚三十八釐米[1916]。

慈壽寺及塔，至光緒十一年（1885年），《順天府志》成書時仍在。但此志在述及塔後右碑即魚籃觀音碑時，未做實地勘察，仍蹈襲《日下舊聞考》「萬曆辛丑年立」[1917]之誤。其後，慈壽寺焚燬。寺毀後，寺中「以瘦、露、透三者具備」[1918]的太湖石，亦不知下落矣。慈壽寺雖毀，永安壽塔卻存。

永安壽塔，雄偉壯麗，高入雲表。《長安客話》讚道：「其寶塔巍峨巉崒，不但為京師冠，暮鐘初動，神燈倒垂，普照八極，焰摩匪遙，佛光可接。」[1919]永安壽塔是一座八角十三層密簷式實心磚塔，高五十六點五米。全塔分為塔基、塔身、塔頂三部分：

塔基——分為上下兩層。下層，為平臺，八角形，分三級，以磚砌，邊角鑲石，均無雕飾，最下級每邊長十一米。上層，為須彌座，八角形，分三級，磚雕每邊下為六幅、中為七幅、上為六幅；其上為三層仰蓮瓣承托塔身，蓮瓣每邊上為十五個、下為十四個，相互錯置，井然有序。

塔身——第一層高十一點三米，為密簷塔範式結構。其正向四面有磚砌裝飾券門，門兩側立雕金剛[1920]，上為匾額，額上有兩層浮雕雲龍。正南面匾額題「永安萬壽塔」，正東面匾額題「鎮靜皇圖」，正北面匾額題「真慈洪範」，正西面匾額題「輝騰日月」。其餘四面為半圓形雕飾窗，窗兩側塑立木胎菩薩像，窗上各雕有神像。其上為八角形十三層密簷，簷下以磚砌斗拱支承，八面轉角處立浮雕盤龍圓柱。每層密簷每面設三個佛龕，內供銅佛像，共三百一十二個。角鈴每邊二十六至三十二個，每層各角又懸大鈴兩個，故小鈴三千零四十個，大鈴二百零八個，共三千二百四十八個。塔身密簷向上逐層遞縮，使塔身和緩收卷，直至塔頂。

塔頂——下為三層覆蓮座，上承摩尼珠式塔剎[1921]。

永安壽塔雄壯挺拔，秀冠京華。公鼐《慈壽寺詩》云：

郭外浮圖插太虛，空王臺殿逼宸居。

蓮花座與青山對，貝葉經傳白馬余。

燕地風沙飄客淚，漢朝陵墓想鑾輿。

鄉關有夢腸堪斷，東望誰傳尺素書。[1922]

慈壽寺在傳統節日，車水馬龍，簫鼓華燈，遊人如織。公鼐《元日後過慈壽寺》詩云：

驅車來寶地，法會值初元。

廣樂薰天盛，名花過臘繁。

玉田開淨域，金谷即祇園。

簫鼓闐街去，華燈競夜喧。[1923]

綜上，此塔之建築，過去、現在、未來，以其特殊價值，挺雄姿，放異彩。

五

慈壽寺塔之價值。它有著歷史與文物、藝術與文化的重要價值。

歷史的實證。慈壽寺與永安壽塔，以其金石與建築，為宮廷史、明代史、北京史、建築史和宗教史，提供了一個實物的證據。萬曆初政，京師興修或重修四寺——海會寺、承恩寺、仁壽寺和慈壽寺。這四座梵刹，是隆、萬之際內廷舞臺上四位重要人物——隆慶帝、萬曆帝、東宮仁聖皇太后、西宮慈聖皇太后，權力襲受、平衡、依存、爭局的象徵。其時，朝廷上的爭局，內廷東宮與西宮，外朝皇帝與宰輔，既相互依存，又激烈爭鬥。慈聖太后與萬曆皇帝是這場鬥爭的軸心。然而，她們母子的根本弱點是：慈聖太后出身宮人，萬曆皇帝沖齡登極。為著加強太后權力與幼帝權力，其辦法之一是借助於神權。慈聖皇太后借興建慈壽寺及永安壽塔，以提高自身與其子的權位。在元、明、清三代，北京作為全中國的政治中心，興寺建塔，繁不勝舉。元

京師慈壽寺塔考

妙應寺白塔高五十點九米，清北海白塔高三十五點九米，而明永安壽塔高五十六點五米。永安壽塔坐落在岡阜之上，被譽為京師諸塔之冠。

慈聖皇太后在創修慈壽寺與永安壽塔時，年僅三十歲。她頗為聰慧，內性嚴明，長於心計，善於韜略，以託夢的形式，自詡為九蓮菩薩化身，懿旨興建慈壽寺與永安壽塔，使皇權與神權結合，以鞏固與提升自己的地位與權威。而且，永安壽塔在元、明、清三代京師諸塔之中，浮屠最高，體量最大。由是，似可以說，以興建高達五十六點五米的密檐式塔，使皇權與神權結合，為皇太后披上神衣，作為自己權勢的象徵，進而提升自己的地位，這在中國歷史長河的女人中，慈聖皇太后是第一人，其後也無第二人。

文物的勝蹟。明代北京的建築文物，以宮殿、壇廟、皇陵、寺塔為其代表作。明代的寺塔，既繼承其前代的歷史風格，又展現其時代的文化風韻。京師的佛塔，自遼代以降，密檐式磚塔成為一種重要的浮屠形式。金代遼後，中都未出現浮屠高、體量大之塔。鎮崗塔通高僅十六米，後慶壽寺雙塔之特點在雙而不在高。到了元代，京師喇嘛教大倡，隨之覆缽式喇嘛塔應運而興，成為大都佛塔之典範。妙應寺白塔是其佼佼者。明代北京之塔，以金剛寶座式與密檐式並重，前者真覺寺金剛寶座塔為其代表，後者慈壽寺永安壽塔為其代表。到了清代，尤其是清初，喇嘛教佔有重要地位，其塔亦以覆缽式為典型。北海白塔是清代京師浮屠最高、體量最大之塔。在今存北京市級重點文物保護的四塔之中，鎮崗塔在豐臺，塔身不高，為多人所不曉；燃燈塔在通州，高五十餘米；良鄉塔在房山，高四十四點五米。以上三塔，均離城區較遠，其影響亦較小。唯慈壽寺塔即永安壽塔，挺拔秀麗，影響亦大。永安壽塔就其塔高與體量而言，是四塔中首屈一指的。

永安壽塔其浮屠之高、體量之大，為元、明、清三代京師諸塔之冠。它上承天寧寺塔並有所發展，而將密檐式磚塔推到頂峰。正如明何宇度《游慈壽寺》詩詠永安壽塔云：

層塔接遙天，芙蓉次第懸。

明君延福地，慈後布金年。

繡栱千尋接，瑤壇百尺連。

朝霞籠檜柏，如結鳳樓煙。[1924]

永安壽塔既是明代京師密檐式實心磚塔傑作，又是中國佛塔史上里程碑性作品，而具有特殊的重要的文物價值。

藝術的佳作。塔的選址、氛圍、形制、設計、結構、雕刻、裝飾、色彩都具有特色。其選址，「慈壽寺，在八里莊」[1925]。八里莊因在阜成門關外八里而得名。京師地勢，西北偏高，遞向東南傾斜。選取京城西北，高阜之丘，興建高塔，塔借地勢，愈加挺聳。其氛圍，「左連奧苑，右奠崇岡」[1926]，北瀕海澱，南俯沃野，山水形勝，甲於他塔。塔在慈壽寺天王殿後，殿閣畫廊櫛比，寶塔更加突兀。其旁「為園一區，及賜莊田三十頃」[1927]。京師著名萬壽寺，僅「寺地四頃有奇」[1928]。塔下樹綠禾香，一片秀色，襯托寶塔高聳的氣概。其形制，選擇為密檐式實心磚塔。京師諸塔，主要為覆鉢式、金剛寶座式和密檐式三種。覆鉢式塔雖塔身體量大，但不易太高。元妙應寺白塔，聞名於世，僅高五十點九米。金剛寶座塔雖塔座體量大，但塔身不易太高。明真覺寺金剛寶座塔即為實例。密檐式實心磚塔，塔基高大，塔身十三尋，直指蒼穹。這種高入雲表之密檐式塔，同慈聖皇太后身份、地位、性格、志趣均相符合。永安壽塔之形制，是明代建築藝術一件精品。其設計，吸收天寧寺塔、妙應寺白塔和真覺寺金剛寶座塔等諸塔之藝術優長。塔的基座，借鑑金剛寶座塔基座高固的特點，設計三層平臺為塔基，又設計三層須彌座為塔座，其上再設計以蓮花瓣為裝飾。塔基高大穩固而不呆板，變幻形式而不奢麗。塔身第一層借鑑覆鉢式塔身體高量大的特點，高十一點三米，占全塔總高的五分之一。它的塔身第一層，既不似燃燈塔下高四十米，顯得過高；又不似鎮崗塔高僅數米，顯得過矮。全塔的設計，借鑑諸塔，取其所長，造型優美，比例適當。卓明卿《慈壽寺》詩詠塔云：

梵剎凌霄漢，幡幢擁碧蓮。

法王開寶地，慈後布金年。

畫壁光常寂，神燈影倒懸。

京師慈壽寺塔考

> 臣民瞻大士，聖壽與綿延。[1929]

詩中詠誦了永安壽塔的藝術魅力。其結構，為密檐式實心磚塔。密檐式塔，以其塔身之虛實而言，有空心與實心之分。京師通州「佑聖教燃燈古佛舍利塔」即燃燈塔，塔中空，內供奉燃燈佛石雕像一尊。但永安壽塔為實心磚塔，塔築實心，較為穩固，經康熙十八年（1679年）與1976年兩次大地震，寶塔高聳，安然無損。這同其實心磚塔結構有著密切的關係。其雕刻，精麗典雅，豐富多彩。塔基浮雕，粗獷渾厚，風格協調。塔身雕刻，或門或窗，雕塑精細，極為生動。十六金剛，體態雄勁，身軀威武。《湧幢小品》載道：

> 一塔聳出雲漢，四壁金剛，攫拿如生可畏。[1930]

可見塔之八壁金剛栩栩如生。而須彌座上部，雕刻著笙、簫、琴、瑟、鼓、笛、雲板、銅鑼等樂器，雕工細膩，形象逼真，受到羅哲文先生之讚歎。其裝飾，如佛如鈴，皆極精工。全塔佛龕分層供奉三百一十二尊銅佛，在兩年多內鑄作，造型凝重，工藝精細。全塔塔檐八面十三層，綴以懸鈴，風定風作，鳴聲如蛩，音播四方。其色彩，藍天、白雲、綠樹、碧水、青草，映襯著灰色高塔，蒼穹與大地，天國與人間，永安壽塔藝術美與四維環境自然美，圓通和諧，融為一體。

文化的景觀。清初孫承澤《天府廣記》載：「慈壽寺在阜成門外八里。」[1931]清末民初震鈞則稱阜外八里莊為「前代未有稱之者」[1932]。此說誤矣。明萬曆時，即已稱之，《長安客話》記載可證。明萬曆年間，阜成門從慈慧寺，經釣魚臺、摩訶庵、慈壽寺，至定慧寺，十餘里，多梵剎。其寺其景，明蔣一葵《長安客話》載道：

> 丹牆碧瓦，鱗錯繡出。寺盡處人家稀闊，高垣頹圍，夾道皆是花果，藝植咸列。杏子肥時，纍纍壓牆外，行人可以手摘。蓋半村半郭，正不失郊園風味。[1933]

由此可見，阜成門外，十餘里間，文化景觀，文野兼勝。慈壽寺旁，有摩訶庵，上書引述汪其俊詩《摩訶庵》云：

> 聞說摩訶勝，迢遙結駟過。

綠陰初晝永，黃鳥好音多。

到處流清梵，穿岩滿碧蘿。

我生無住著，因此證多羅。[1934]

八里莊之壯麗寺塔與秀麗山色，入清之後，更為著名。震鈞記述清時八里莊情景云：

自國初，諸老時往看花而名著。故漁洋、初白皆有《摩訶庵詩》。其地有酒肆，良鄉酒為京師冠。大凡往者，皆與紅友論交耳。然寒風乍緊，微霰初零。二三知己，策蹇行吟。黃嬌半酣，紫絲徐引。望都門而競入，顧塔影而猶昒。此中風味，亦自不惡。正可與漢代新豐競爽。[1935]

清代文人墨客，訪慈壽寺及塔諸名勝，尋古探幽，賞花吟詩，史籍所載，不勝枚舉[1936]。他們將此地作為勝景，觀賞杏花，遊人如織。高士奇詩云：

青郊路轉見芳菲，日暖園林燕子飛。

別圃乍經山杏落，僧廚新煮藥苗肥。

繁花舞蝶迎人面，細草輕煙上客衣。

更向層臺高處望，千峰螺黛送春暉。[1937]

清代這裡是一片花繁蝶舞、塔聳景勝之地。但是，清末寺毀，高塔孤存，民國年間，一片荒涼。

近年來，京密引水渠從塔下東側穿流而過。永安壽塔背偎青山，面臨碧水。不久前，以高塔為中心，闢建映塔池，廣種樹，植草坪，興亭閣，繞圍垣，建成玲瓏園[1938]，為北京阜外的文化景區。

總上，考察與研究慈壽寺塔即永安壽塔，最重要的歷史文獻是於慎行的《敕建慈壽寺碑文（代）》和張居正的《敕建慈壽寺碑文》，後者查閱不便，前者則為善本。因此，將以上二文附錄，以便查考。

【後記】

一、永安壽塔即慈壽寺塔由北京市文物局主持、北京市文物古建工程公司經辦，於1994年5月至12月，進行了大修工程，用資人民幣八十萬元。筆者有幸登塔，直至塔頂，進行學術考察。

二、在修繕過程中，發現塔的第十二層北面中龕正面內壁，嵌著一塊石碑，碑寬二十五點五釐米、長二十九點五釐米。碑文雕刻楷書，凡十二行，行十七字。「大明萬曆四年二月起，至□年□月止，奉敕建造大護國慈壽寺⋯⋯」末署左衛百戶李仁及張恩、張付升等姓名。

三、塔之風鈴，書文曾載有小鈴三千一百二十個，大鈴二百零八個，共三千三百二十八個，其中小鈴數字有誤。經張阿祥先生統計，風鈴一面之數為：一層、二層、三層、四層各三十二個，五層、六層、七層各三十個，八層、九層、十層各二十八個，十層、十一層、十二層、十三層各二十六個，共四百零六個，八面總共三千零四十個；大風鈴每角二個，（外為方鈴、內為圓鈴），八面十三層共二百零八個。以上總計風鈴三千二百四十八個。

四、據張立生先生統計，現存小風鈴九百六十四個，大方鈴三十六個，大圓鈴十三個，中圓鈴三十七個，共一千零五十個；現存銅佛一百四十九尊、泥佛（後配）四尊、銅佛座九個。

五、以上資料蒙北京市文物古建工程公司總工程師、高級工程師張阿祥先生和大修工程項目經理張立生先生提供，謹此致謝。

附錄一：於慎行《敕建慈壽寺碑文（代）》

今京師內外，浮屠之宮，雖典制所不載，而間有先朝敕建者。其要歸於延禧祈祐，非無謂也。聖母慈聖宣文皇太后，與我皇上永懷穆考在天之靈，思創福地，以薦冥祉。乃命內臣卜地於阜城門外八里，得太監谷大用故地一區，宏博奧敞，允稱靈域。遂出宮中供奉金若干，潞王、公主、宮眷、內侍各捐湯沐若干，仍擇內臣廉幹者，往董其役。率職庀工，罔敢後時。經始於萬曆四年二月，至六年仲秋既望落成，而有司不知也。其制：外為山門、天

王殿,左、右列鐘、鼓樓,其內為永安萬壽塔,中為延壽寶殿,後為寧安閣,旁為伽藍、祖師、觀音、地藏四殿,繚以畫廊百楹,禪堂、方丈十有三所,又為園一區,及賜莊田三十頃,以安食其眾。因剃度僧了寧、真相、真永焚修,祝贊老僧覺淳主之,內監王臣等典領焉。寺成,上賜之名曰慈壽,蓋以為聖母祝也。而命臣某紀其事。

　　臣竊觀上之以天下養其孝,可謂至矣。毋論問安視膳,行古帝王之所難。即其承意順志,佩服慈訓,至於一言一動,皆不敢忘,此《詩》、《書》之所不能述也。猶若以為不足至大,建化宮標慈壽之名,以報恩祈貺。母以沖齡踐阼,負荷維難,所以啟佑擁持,一維聖母是賴。豐功厚德,雖竭人間可致之福,皆不足稱塞。而托之佛乘,以寓其無窮之心,此亦天下臣民之所同也。嘗繹佛氏之旨,大要主於慈悲普度,欲令一切眾生解脫沉苦,同證極樂。而聖母在深宮之中,日惟拯濟小民,惠鮮煢獨,孜孜於懷,有可施惠者,恆不厭瑣細為之。此佛之所謂慈悲也。上誠以是,推而廣之,俾海內蒼生,莫不餐和飲澤,陶沐聖化。罔或阽於流離,無小無大,咸稽首祝我聖母壽億萬年,保我天子與天無極,則是上以天下祝也。其為利益,豈直一剎宇之力哉。夫臣庶之果,止於一身,故有懺罪種福之說。帝王以天下為身,故必普濟群生,躋之仁壽,而後可以斂福於己,此佛之所謂無量功德,而亦聖母之志也歟。臣敢以是為願,而系之詩曰:

　　於昭我皇,乘乾御極。薄海內外,罔不承式。

　　誰其佑之,亦有文母。既邕皇風,紹休三五。

　　永惟穆考,神御在天。思憑法苑,以薦精虔。

　　我皇承之,以施靡惜。永延慈祐,其惟佛力。

　　乃營梵宇,於兌之方。左連奧苑,右奠崇岡。

　　力出於庸,財出於府。費雖孔多,民不勞苦,

　　厥制伊何,有殿有堂。丹題雕磶,玉甃金相。

　　珍衛靚深,規模大壯。香樂幡幢,莊嚴寶相。

繚以周廊，倚以飛闥。畫棟垂虹，綺疏棲月。

有湧窣波，厥高入雲。象彼不周，柱乾維坤。

維大覺尊，微言有托。普度恆沙，同遊極樂。

譬如我皇，博施群生。千萬億國，大小咸寧。

惠露旁流，慈雲廣濟。如是功德，不可思議。

亦既布德，以福我民。雖微此宇，福其有垠。

聖母之仁，我皇之孝，聊寄佛乘，匪資神教。

民庶咸祝，天子萬年。奉我聖母，既壽且安。

儒臣作詩，刻時樂石。志孝與仁，傳之無斁。

（《穀城山館文集》第13卷，第8—11頁）

附錄二：張居正《敕建慈壽寺碑文》

寺在都門阜城關外八里許。先是，我聖母慈聖宣文皇太后，常欲擇宇內名山靈勝，特建梵宇，為穆考薦冥祉。皇上祈允，遣使旁求，皆以地遠，不便瞻禮；乃命司禮監太監馮保，卜關外地營之。出宮中供奉金若干兩，潞王、公主暨諸宮眷助佐若干兩，委太監楊輝等董其役。時以萬曆丙子春二月始事，以 月 日既望告竣，而有司不知也。外為山門、天王殿，左、右列鐘、鼓樓，內為永安壽塔，中為延壽殿，後為寧安閣，旁為伽藍、祖師、大士、地藏四殿，繚以畫廊百楹，禪堂、方丈有三所。又賜園一區，莊田三十頃，食其眾。以老僧覺淳主之，中官王臣等典領焉。寺成，上聞而喜曰：「我聖母齋心竭虔，懋建功德，其諸百靈崇護，萬年吉祥。」恭惟我皇上聖心嘉悅，因名之曰慈壽，而詔臣紀其事。

臣惟佛氏之教，以毗盧檀那為體，以弘施普濟為用。本其要歸，惟於一心。心之為域，無有分界，無有際量。其所作功德，亦不住於有相，不可思議。故曰：洗劫有盡，而此心無盡；恆沙有量，而此心無量。至於標宮建剎，崇奉頂禮，特象教為然，以植人天之勝。因屬群生之瞻仰，則固未嘗廢焉。

惟我皇上，覺性圓明，妙契宿證。蓋自踐祚以來，所以維持之者惓惓焉，約己厚下，敬天勤民為訓。至如梁胡良河，以資利濟；減織造以寬抒柚；蠲積逋以拯民窮；慎審決以重民命。其一唸好生之心，恆欲舉一世而躋之仁壽。故六七年間，海宇蒼生，飫和飲澤，陶休玄化。無小無大，咸稽首仰祝我聖母億萬年，保我聖主與天無極。此之功德，寧可以算數計哉！猶且資佛力，以拔迷途；摽化城，以崇皈依。要使苦海，諸有悉度，無漏之舟，閻浮眾生，咸證菩提之果，斯又聖人所以神道設教微意也。臣謹拜手稽首，恭紀日月，而系之詞曰：

於昭我皇，秉乾建極。薄海內外，罔不承式。

誰其佑之，亦有文母。覃罨皇風，紹休三五。

永惟穆考，神御在天。思廣勝因，以植福田。

我皇承之，樂施靡惜。永延皇圖，冥資佛力。

乃營寶刹，於兌之方。左瞰都城，右眺崇岡。

力出於民，財出於府。費雖孔殷，民不與苦。

厥制伊何，有殿有堂。丹題雕楹，玉甃金相。

繚以周廊，倚以飛闥。畫棟垂星，綺疏納月。

有湧者塔，厥高入雲。泉彼不周，柱乾維坤。

維大慈尊，先民有覺。普度恆沙，同歸極樂。

譬如我皇，博施群生。千萬億國，小大畢寧。

惠路旁流，慈雲廣祏。如是功德，不可思議。

民庶咸祝，天子萬年，奉我聖母，慈禧永安。

臣庸作銘，勒茲貞石。志孝與仁，與天無極。

（《張太岳文集》第 12 卷、第 9—11 頁）

北京宮苑的民族特徵

北京在元、明、清三代，成為全中國的都城。本文的旨趣在於透過元大都與明北京、明北京與清京師的民族文化比較，探討北京宮殿苑林的民族文化特徵。

一

北京宮苑的民族特徵，綜合了民族地理、民族歷史和民族文化的因素。

民族地理環境是北京宮殿苑林具有民族文化特色的一個重要因素。北京的地理環境，劉侗以天象喻地理：「日東出，躔十有二；極北居，指十有二——以柄天下之魁杓。」[1939] 繆荃孫則以地望述形勝：「左負遼海，右引太行，喜峰、居庸，擁後翼衛，居高馭重，臨視六合。」[1940] 孫承澤又以八卦堪風水：「京師居乎艮位，成始成終之地。介乎震坎之間，出乎震而勞乎坎，以受萬物之所歸。體乎北極之尊，向乎離明之光，使夫萬方之廣，億兆之多，莫不面焉以相見。」[1941] 李開泰再以經濟述地利：「東枕遼海，沃野數千里，關山以外，直抵盛京。氣勢龐厚，文武之豐、鎬，不是過也。天津襟帶河海，運道咽喉，轉東南之粟，以實天庾。」[1942] 何承矩復以兵家議地陣：「兵家有三陣——日月風雲，天陣也；山林水泉，地陣也；兵車士卒，人陣也。今用地陣而設險，以水泉而設固，建為陂塘，亙連滄海，縱有突騎，何懼奔衝！」[1943] 劉侗、繆荃孫、孫承澤、李開泰與何承矩，其論述北京的地理條件，或重天象，或重地輿，或重哲理，或重經濟，抑或重軍陣，均未重民族。北京宮殿苑林的民族文化色彩，緣於它的民族地理環境。燕京的地理位置，「左環滄海，右擁太行，北枕居庸，南襟河濟，誠天府之國。而太行之山，自平陽之絳西來，北為居庸，東入於海，龍飛鳳舞，綿亙千里。重關峻口，一可當萬。獨開南面，以朝萬國」[1944]。這就是說，北京位於華北廣袤平原、西北蒙古高原和東北松遼莽原的接合部。此種民族地理環境，使北京文化既開敞多元——南向達中州，西北連朔漠，東北通松遼，中原漢族文化與塞外民族文化相交融；又閉合多元——「長城限夷夏」，山海、古北、居庸諸關隘

為京師鎖鑰，使中原漢族文化與塞外民族文化相阻隔。然而，自遼以降，中原漢族文化與塞外民族文化，在燕京更交融、呈多元。其要素在於它「右擁太行，左注滄海，撫中原，正南面，枕居庸，奠朔方」[1945]的民族文化地理形勢。北京的民族地理特點是，它恰處「丫」字的中點上——南面為中原漢族的農耕文化，西北為高原蒙古族的遊牧文化，東北為林莽契丹、女真、滿洲族的漁獵文化。西北遊牧民族、東北漁獵民族與中原農耕民族，其民族文化交會樞紐就在燕山之陽和長城腳下的北京。所以，北京的民族文化地理環境，使其在元、明、清三代，既承受中華民族多元文化之所歸，又呈現中華各族多元文化之異彩。

民族歷史契機是北京宮殿苑林具有民族文化特色的另一個重要因素。中國自秦統一六國以降，成為全國大一統政權的都城有四個，即西安、洛陽、南京和北京。在西安定都的王朝，主要為秦、西漢、隋、唐；在洛陽定都的王朝，主要為東漢；在南京定都的王朝，則為明初。以上三個大一統王朝，漢族居於主導民族地位；其都城的宮殿苑林，也均體現漢族為主導的文化色彩。北京則不然。北京史上第一個在薊城奠都稱朕的前燕主慕容儁，是鮮卑人。最早以燕京為大都、建元聖武的僭帝安祿山，則是胡人。在燕建都的遼、金、元、明、清五代，其中有四代——遼、金、元、清，分別是由契丹、女真、蒙古和滿洲建立的，而漢人建立的明朝其興同蒙古、其亡同滿洲攸關。北京作為元、明、清三代大一統王朝的京師，其中元和清是由蒙古族和滿族居於主導的地位，但明從南京遷都北京的一個原因是「天子守邊」，防止蒙古貴族復辟元統，結果被滿洲人建立的清朝所取代。所以，在中國都城史上，由一個少數民族建立中華大一統王朝的京師，只有北京；由兩個少數民族建立中華大一統王朝的京師，也只有北京。北京少數民族居於政治上的主導地位並同漢族相聯合，那麼它必然呈現歷史文化美與民族文化美的統一。燕京的宮殿苑林必然體現政治上居於主導地位之少數民族其民族的文化風韻。所以，北京的民族歷史嬗變契機，使其在元、明、清三代，既承受中華民族多元文化之所歸，又呈現中華各族多元文化之異彩。

民族文化傳承是北京宮殿苑林具有民族文化特色的又一個重要因素。民族文化有著歷史的傳承性，不能「抽刀斷流」，強行中止或延續。居於王朝

北京宮苑的民族特徵

主導民族地位的民族首領，在行政、法典、禮制和習俗上，施行以文教化，使其傳承不絕。其實，「文」與「化」二字，含有以文教化之義。《說文解字》：「文，錯畫也，象交文。」段註：「像兩紋交互也；紋者，文之俗字。」《說文解字》：「化，教行也，從匕人，匕亦聲。」段註：「教行於上，則化成於下。」[1946] 所謂文化，定義諸種，眾說不一。本文討論的民族文化，主要是指由元和清居於主導民族地位的蒙古族和滿洲族，在歷史演進中所形成的宗教、藝術、建築、禮儀、語言和習俗等之綜合體。在燕京奠都的大一統王朝，元、明、清皇帝，「以一人治天下，以天下奉一人」[1947]，都認為自身是「天下共主」，也是「各族共主」。其住居之宮殿、祭祀之壇廟、游幸之園囿、崇尚之禮俗，既要反映中華文化的共麗，也要展現民族文化的異彩。北京宮殿苑林的民族文化特色，是該王朝主導民族的產物。而此種民族文化的內涵，是由這個民族的歷史傳統、地理環境、物質條件、生活習俗和民族意識等所決定的。任何一個多民族國家王朝的主導民族，都要在宮殿苑林建築上強烈地體現本民族的文化特色，達到以文教化、禮俗傳承之目的。如紫禁城內的箭亭，不僅是滿洲族騎射習俗在宮殿建築上的表現；而且是清帝諭示其子孫，「咸知滿洲舊制，敬謹遵守，學習騎射，嫻熟國語」，以「共享無疆之庥」[1948] 的物證。所以，北京的民族文化歷史傳承，使其在元、明、清三代，既承受中華民族多元文化之所歸，又呈現中華各族多元文化之異彩。

綜上，北京宮殿苑林由於民族地理、民族歷史和民族文化的原因（還有其他原因），漢族同契丹、女真、蒙古、滿洲族進行交往，導致了各族都表現自身的民族文化特徵，又吸收異己的民族文化因素，從而使北京宮殿苑林具有民族文化的韻彩。北京宮苑的民族色彩，將在元與明、明與清的宮苑民族文化比較中，加以分析和論述。

二

蒙古族草原遊牧文化，在元大都的宮苑佈局、建築裝飾、皇家園囿和宮苑色調等方面，都有鮮明的表現，並同明北京宮苑形成民族文化的反差。

宮苑規劃佈局體現著草原遊牧文化的特徵。於農耕民族來說，待蠶而衣，待耕而食，農作以時，定區以居。農耕與遊牧、住居與遷徙是在不同時間、不同空間進行的。這反映在漢族農耕文化的燕京宮苑佈局上，其宮殿與苑囿在空間上是嚴格劃分的。漢族建立的大一統王朝，其宮殿和苑囿的總體規劃佈局取向是：宮殿為主，太液為客，分區設置，界限分明。但於遊牧民族來說，「不待蠶而衣，不待耕而食」[1949]，隨四時遷徙，逐水草移居。牧放與馳射、住帳與遊牧是在相同時間、相同空間進行的。這反映在蒙古族遊牧文化的宮苑佈局上，其宮殿與苑囿在空間上是渾然一體的。蒙古族建立的大一統王朝，其宮殿和苑囿的總體規劃佈局取向是：太液為主，宮殿為客，組合設置，渾然一區。元大都宮闕苑囿的佈局，以原金萬寧宮[1950]的湖泊[1951]即元太液池為中心，在其東岸為大內，其西岸南為隆福宮、北為興聖宮，三組宮殿環太液池而鼎足布設。這就形成大都宮苑以太液池為中心的苑主宮客的格局。此種宮苑佈局絕非偶然，而是同蒙古草原遊牧文化相關聯的。對一個草原遊牧民族來說，最重要的是水和草，而草又賴水以生，所以草原上的蒙古人視水如生命。試以蘇麻喇姑為例。蘇麻喇姑為蒙古人，幼年陪嫁作為博爾濟吉特氏即孝莊文皇后（順治帝生母）的侍女，曾對康熙帝「手教國書」，死時被葬以嬪禮。她「終歲不沐浴，惟除夕日，量為洗濯，將其穢水自飲，以為懺悔云」[1952]。拂去上文「懺悔」佛塵，則反映出雖身榮嬪禮的蒙古族婦女，尚保存化汙水為甘露的俗習，可見水在蒙古遊牧文化中的珍重位置。這個真實的歷史故事像一把鑰匙，它打開了元大都以太液池為中心的宮闕格局之謎。

　　由上可見，在都城總體佈局上，元大都佈局的特點是：「太液為主，宮殿為客」；明北京佈局的特點是：「宮殿為主，太液為客」。二者之所以主客關係做了顛倒，其根本原因在於，元朝蒙古草原文化與明朝漢族農耕文化——兩種不同文化類型，在都城宮殿與苑囿關係之佈局上的映現。

　　宮殿建築裝飾體現著草原遊牧文化的特徵。蒙古人居住的蒙古包，主要有單體式、集合式和院心式等種類。王公顯貴住居的蒙古包呈院心式，即中心設大帳，環列置小帳，再外有圍垣。這種建築形式反映在大內及隆福、興聖等主要宮殿建築上，在宮與殿之間，加築柱廊和角樓，成為周廡角樓之制。《南村輟耕錄》記載：大明殿「周廡一百二十間，高三十五尺，四隅角樓四

北京宮苑的民族特徵

間，重檐」；延春閣「周廡一百七十二間，四隅角樓四間」；隆福宮「周廡一百七十二間，四隅角樓四間」[1953]。於此，朱偰論道：「可見元代主要宮殿，皆有周廡及角樓。」[1954]似可以說，元大都宮殿周廡角樓之制，既是中原漢族宮闕廊廡傳統的繼承，更是草原蒙古氈帳形制在宮殿建築上的展現。這種規製為明代北京宮殿建築所承襲，並相沿至清——「自太和殿至保和殿，兩廡丹楹相接，四隅各有崇樓」[1955]。此外，宮殿多有採取蒙古式樣，如氈閣：「環以綠牆獸闥」[1956]；彩殿：「結綵為殿」[1957]；水晶圓殿：「起於水中，通用玻璃飾，日光回彩，宛若水宮」[1958]；紫檀殿：「草色髹漆，其皮為地衣」；以及金帳殿、棕毛殿[1959]等。不僅建築形式具有蒙古特色，而且建築裝飾頗具蒙古風格。大明殿「四壁立，至為高曠，通用絹素冒之，畫以龍鳳」[1960]。帝后寢宮內上懸「綴以彩雲金龍鳳，通壁皆冒絹素，畫以金碧山水」[1961]。至冬季，殿閣則為黃鼬皮壁幛，或銀鼠皮壁幛，或黑貂皮壁幛。隆福宮「四壁冒以絹素，上下畫飛龍舞鳳，極為明曠」[1962]。甚至延春閣的「闌楯皆塗黃金雲龍，冒以丹青絹素，上仰亦皆拱為攢頂，中盤金龍」[1963]。

皇家苑囿弋獵體現著草原遊牧文化的特徵。先是，遼定南京，在延芳澱，建長春宮。每年春季，遼帝弋獵於延芳澱[1964]。金定中都，在城內辟苑囿，在城郊建苑林。蒙古在陷燕京後、遷大都前，上都已建有園囿：「內有泉渠川流，草原甚多。亦見有種種野獸，惟無猛獸，是蓋君主用以供給籠中海青、鷹隼之食者也。海青之數二百有餘，鷹隼之數尚未計焉。」[1965]忽必烈定大都後，將獵場置於城內：

第二第三兩牆之間，有樹木草原甚麗。內有種種獸類，若鹿、麝、獐、山羊、松鼠等獸，繁殖其中，兩牆之間皆滿。此種草原草甚茂盛，蓋經行之道路鋪石，高出平地至少有二肘（三尺）也。所以雨後泥水不留於道，皆下注草中，草原因是肥沃茂盛。[1966]

園囿不僅辟在城裡，還設在城外。忽必烈下令在大都南郊設「飛放泊」即南苑，後有增廣，周垣一百二十里，內有叢林、草地、泉河、禽獸，並有虞仁院和鷹坊，以娛元主春蒐冬狩，彎弓射獵之樂。忽必烈化農田為獵場，是牧獵文化對農耕文化的巨大撞擊。

宮闕苑囿色調體現著草原遊牧文化的特徵。草原遊牧民族喜愛碧水青草與藍天白雲，並崇尚其綠色。忽必烈建大都，將草原綠色文明移植於大都宮苑，從而使其具有草原綠色文化的特點。《玉山雅集》載：「世祖建大內，移沙漠莎草於丹墀」；《草木子》又載：世祖「所居之地，青草植於大內丹墀之前」[1967]。《馬可·波羅行記》亦載：「忽必烈建築大都宮闕以後，命人取莎草於沙漠，種之宮中。」[1968] 由綠草及於綠樹：興聖宮「丹墀皆萬年枝」；延春堂「丹墀皆植青松，即萬年枝也」[1969]。又由綠樹及於綠山，其萬壽山，遍成綠色——樹綠：「滿植樹木，樹葉不落，四季常青。汗聞某地有美樹，則遣人取之，連根帶土拔起，植此山中，不論樹之大小，樹大則命象負之而來，由是世界最美之樹皆聚於此。」石綠：「君主並命人以琉璃礦石滿蓋此山，其色甚碧。由是不特樹綠，其山亦綠，竟成一色，故人稱此山曰綠山。」[1970] 不僅綠山，而且綠殿：「山頂有一大殿，甚壯麗，內外皆綠，致使山樹宮殿構成一色，美麗堪娛。」[1971] 元大都太液池萬壽山（又稱「萬歲山」，今瓊華島），山綠、水綠、樹綠、草綠、石綠、殿綠，成為一片綠色的世界。顯然，這是草原蒙古綠色文化在大都宮苑的鮮麗表現。此外，元代蒙古族尚白。在這裡贅述一句：漢族在各代崇尚顏色不同，殷尚白，周尚紅，秦尚黑，

明則尚黃。蒙古族崇尚白色，大內「女牆皆白色」[1972]。隆福宮「遍築女牆，女牆色白」[1973]。興聖宮的正殿，「覆以白瓷瓦」[1974]。甚至新年正旦稱為「白節」。正旦之日，「大汗及一切臣民皆衣白袍，至使男女老幼衣皆白色。蓋其似以白衣為吉服，所以元旦服之，俾此新年全年獲福」[1975]。後元亡明興，以黃易白。明永樂十九年（1421 年），沙哈魯使臣入朝明帝時，曾受預示，禁著白衣，蓋因其時漢族以白衣為喪服。

明朝興起，定都金陵，大都改稱北平。朱棣「靖難之變」後，永樂元年（1403 年）升北平為北京。後逐漸興建北京的宮殿與苑囿，至永樂十八年（1420 年）北京宮殿告成[1976]。明成祖朱棣生長於水鄉南國，並不視水草為生命。他詔建的北京宮殿苑林，其總體佈局較原大都宮殿苑林有著主客關係的置換。明朝北京宮殿苑林佈局最大的變化是，改變了元大都宮苑以太液池為中心、宮殿兩岸夾輔的格局，而將宮殿集中於太液池東岸。這一變局，體現了明代北京宮苑建築以宮殿為主、太液為客的文化旨趣，是為元代大都宮苑建築以太液為主、宮殿為客的文化反題。元大都與明北京的宮殿苑林佈局文化主題之變調，表明了以朱棣為代表的漢族農耕文化與以忽必烈為代表的蒙古草原文化之巨大反差。永樂時北京宮殿與苑林建築規制，奠定了明、清五百餘年皇城以內宮苑布設的格局。

三

滿洲族林莽騎射文化，在清京師的宮殿損益、堂閣裝飾和苑囿拓建等方面，都有鮮明的表現，並同明北京宮苑形成民族文化的差異。

清順治元年（1644 年），福臨入關，遷鼎燕京。清廷於故明的宮闕殿廟，多因循其舊，而有所損益。《國朝宮史》載論：清朝的「宮殿制度，自外朝以至內廷，多仍勝國之舊，而斟酌損益，皆合於經籍所傳」[1977]。然而，清廷於故明北京宮殿的斟酌損益，並未「皆合於經籍所傳」，內中沿襲了滿洲舊俗。滿洲信奉薩滿教，正宮祭神，立桿祀天，首崇騎射。《滿洲源流傳》記載：「我朝自發祥肇始，即恭設堂子，立桿以祀天，又於寢宮正殿，設位以祀神。其後定鼎中原，建立壇廟。禮文大備，而舊俗未嘗或改。」[1978] 滿

洲內廷祭祀濫觴於其第一個都城赫圖阿拉（今遼寧省新賓滿族自治縣永陵鎮赫圖阿拉村）。其都城於天命六年（1621年）遷至遼陽，天命十年（1625年）再遷至瀋陽。盛京瀋陽的清寧宮，同北京大內的坤寧宮，有著祭祀因襲的關係。《清史稿·禮志》載：「世祖定燕京，率循舊制，定坤寧宮祀神禮」，「宮西供朝祭神位，北夕祭神位，廷樹桿以祀天」[1979]。坤寧宮與清寧宮的祭祀沿襲，《養吉齋叢錄》載述更為明確：「坤寧宮每日祭神及春秋立竿大祭，皆依昔年盛京清寧宮舊制。」[1980] 所以，在探述坤寧宮祭祀之前，先簡述清寧宮：

盛京大內，有清寧宮，為清太宗時寢宮。大屋圍炕，門闢於偏東，左隔一間為內寢，外炕有大鐵鍋二，備煮肉。臨門則有大礅板一，備宰牲。而牆後則煙筒高矗，為火炕出煙洞。窗皆糊紙於外，而以油塗之，防風雪。此純乎關外舊俗也。北京有坤寧宮，皆仿其制。[1981]

坤寧宮，其在明朝為「皇后所居也」[1982]，是皇后的正宮。在清初，順治帝和康熙帝兩次重建坤寧宮。它雖仍為皇后之正宮，卻在建築上頗有損益。其損益之處，清官修《日下舊聞考》等書，均諱焉闕載。清重修坤寧宮在建築上之損益，朱偰《北京宮闕圖說》載錄：

坤寧宮，崇脊重檐，廣凡九楹。昔在朱明，為皇后正宮；滿制凡祭必於正寢，故中三間改為祭天跳神之所。東有長桌一，以宰牲；後有巨鍋三，以煮祭肉；西有布偶人及畫像，蓋其所祭之神。壁上懸布袋，俗名子孫袋，內儲幼年男女更換之舊鎖。此外銅鈴、拍板、布幔等物，均祭時女巫歌舞所用，尚存滿洲舊俗。其南（西）北沿邊各有長炕，則祭後侍衛賜胙處。宮外有神竿，俗名祖宗竿子，滿俗於祭天時懸所宰牲之骨肉於竿上，於竿下跳神。昔日莊嚴之（皇后）正宮，至清遂成祭神之屠宰場矣。東暖閣三間，祇〔衹〕作大婚時洞房，內有高閣供佛像，閣下有新莽嘉量。西間內有神亭，為儲放祭天神像之用。[1983]

上引關於清坤寧宮二百二十五字的記述，其疏誤、不確、待商有十五處之多。近著《清代宮廷史》，於坤寧宮載述較詳，且糾正朱文數處疏失[1984]。

清朝較明朝的北京坤寧宮，有多處重大變更。析述如下：

北京宮苑的民族特徵

第一，坤寧宮由明代皇后正宮，變為清代皇后正宮兼作滿洲內廷祭神祭天典禮之所。此沿襲於盛京清寧宮滿洲舊制。但是，清代內廷祭祀有堂子、坤寧宮、奉先殿和壽皇殿等多處[1985]。坤寧宮則為宮內祭祀之中心。至於「其未分府在紫禁城內居住之皇子，每月各於所居之處祭神祭天」[1986]。可見，滿洲並非祭祀在皇帝之正寢乾清宮，亦並非凡祭必於皇后之正寢坤寧宮。

第二，坤寧宮共九間，其正門明代在居中一間，門前尚有通往交泰殿石甬道舊跡。清則將正門改開在偏東一間，此間東北角隔出一小間，內設大鍋三口，以煮祭肉；外設包錫大桌二張，以備宰豬；並有做供品打糕之具等。其後門依原設居中，閉而不開[1987]。正門迤西三間，內南、西、北有聯通長炕，朝祭在西炕，夕祭在北炕，祭後皇帝在南炕食胙肉並召王公大臣於炕前同食。正門及其西三間共四間，為祭神之所。再西一間，為存放佛亭、神幔、神像及祭器之室。正門迤東二間，稱「東暖閣」，為皇帝結婚臨時居住的洞房。東頭和西頭各一間，均為通道。

第三，坤寧宮還是祭神時宰豬、打糕、釀酒和染織的場所。祭神前的宰豬，將以酒灌耳的活豬抬至炕沿前，致禱，奏樂，後移至桌上宰殺，並接豬血供奉。司俎將斷氣之豬去皮、節解，煮於大鍋裡。但豬的頭、蹄、尾不去皮，只燎毛、淨，亦煮於大鍋。宮內炕前還置缸，釀酒。司香等用槐子煎水染高麗布，裁為敬神布條，擰成敬神索繩[1988]。坤寧宮除具有皇后正宮和祭神場所功能外，還兼有屠宰和作坊之功能。

第四，坤寧宮窗戶格式和窗紙，背面為原明菱花櫺，正面上部仍為原明菱花櫺，下部按關外滿洲習俗加以改造，即改為直格吊窗，窗紙糊在窗外。

第五，坤寧宮前設立祭天神桿，即索摩桿子。大祀日，在宮的前庭宰豬、煮肉、獻禮。奉豬頸骨於桿頂，放豬膽及肉、米於桿上斗內。禮成，帝、後等受胙肉。每年四季獻神之祭，以良馬二、健牛二，牽之於坤寧宮前，陳馬於西，陳牛於東。[1989] 並奉供品於宮內神位前。將馬、牛牽於皇后正宮前祭神，是滿洲舊俗在宮廷之反映。祭後馬、牛俱交會計司售出，所得銀錢以備再購豬以祭，重現滿洲重戰、耕，惜馬、牛之古風。坤寧宮前還設求福祭祀

的插柳石，在「坤寧宮戶外廊下正中樹柳枝於石，柳枝上懸掛鏤錢淨紙條一張、三色戒綢三片，神位仍如朝祭儀」[1990]。

第六，坤寧宮右側西暖殿後牆矗立煙囪，以為宮內祭祀煮肉時走煙之用。此與盛京清寧宮後牆矗立煙囪不同，因皇后正宮後牆高聳煙囪建築不便，也有礙瞻觀，而將其移砌至宮的西暖殿後牆。此外，寧壽宮後亦有煙囪。

上列六端，可以看出在坤寧宮的建築、規制和功能上，滿洲騎射文化對漢族農耕文化的衝擊，也表現出二者極不協調的融合。此外，雨華閣的建築與裝飾，為滿洲騎射文化在宮廷的又一例證。

清在壽安宮之北，建雨華閣。其南為凝華門，北為昭福門，門北為寶華殿。雨華閣內，曾供有歡喜佛[1991]。閣分三層（內為四層），上層匾為「雨華閣」，中層匾為「普明圓覺」，下層匾為「智珠心印」。雨華閣以其異麗建築形式而在紫禁宮殿群中獨具一格。它的閣頂覆以銅瓦，中為銅塔，四角有四條銅龍[1992]。它的中層為黃琉璃瓦藍剪邊，下層為綠琉璃瓦黃剪邊。閣前抱廈，東西出廊。廊檐枋頭雕繪獸面圖形，金柱與檐柱上的挑尖梁[1993]，為挑龍。有如盛京大政殿蟠龍柱之狀。雨華閣為西藏喇嘛廟建築風格，而藏族與滿洲族有著共同的文化特徵，因此雨華閣的獸面圖形裝飾，為其牧獵文化的融通表現形式。由上可見，雨華閣枋頭獸面等建築的風格與裝飾，是滿洲長牧獵、善騎射的騎射文化，在北京宮廷建築上的映現。

清代北京皇家苑林的拓建，同滿洲騎射文化尤為相關。北京的皇家園囿，經歷了金代肇始、元代奠基、明代發展和清代鼎盛四個重要時期。元滅金並遷都燕京後，忽必烈喜架鷹捕獵，善彎弓射鵰，故置靈囿，擴建御園，修太液池，辟飛放泊──養飛禽走獸，以春蒐冬狩。但是，明代皇帝為漢族人，永樂帝以下，喜靜厭動，厚文薄武，或奉道教煉丹，或以聲色娛心。他們搜求宮女而不樂山水，故有明一代皇家苑林，較前朝雖有精麗之舉措，卻無宏廓之建樹。清代皇帝為滿洲人，喜涼爽，愛林莽，長弓射，善馳驅，故大興燕京皇家苑林。

清代是北京皇家苑林發展史上的鼎盛時期。固然，中國皇家苑林的發展不止於清朝。秦、漢、隋、唐的離宮苑囿，綿延聯絡，彌山跨谷，至十百所，

北京宮苑的民族特徵

宏巨可觀。然而，本文著重比較並探索北京皇家苑林在元、明、清三代，蒙古、漢、滿洲三種民族文化對其發展之影響。清朝前期皇家苑林之所以有巨大發展，原因固多：中華各族一統，是其政治因素；府庫財力充裕，是其經濟因素；汲取園冶經驗，是其歷史因素；借鑑南北優長，是其輿地因素；興造西洋建築，是其外在因素；滿洲文化習俗，則是其民族因素。下文側重闡述滿洲文化對北京皇家苑林發展產生影響的幾項要素。

其一，厭溽暑。滿洲皇室祖居的明遼東建州赫圖阿拉，冬季不甚嚴寒，夏季亦不甚炎熱。滿洲皇帝進關以後，難以忍受燕京盛夏之酷暑。明帝與清帝不同，朱棣由金陵就國北平，脫出金陵火爐，入於清涼之境。多爾袞則與朱棣相反，由盛京遷居燕京，尤難耐燕京之溽暑。他諭建喀喇避暑城曰：京城「春、秋、冬三季，猶可居止。至於夏月，溽暑難堪。但念京城乃歷代都會之地，營建匪易，不可遷移。稽之遼、金、元，曾於邊外上都等城，為夏日避暑之地。予思若仿前代造建大城，恐糜費錢糧，重累百姓。今擬止建小城一座，以便往來避暑」[1994]。後乾隆帝亦詩云：「宮居未園居，炎熱弗可當；圖茲境清涼，結宇頗幽邃。」[1995] 這也說的是園居清涼，以避盛暑之意。所以，清代南海子葺自順治帝，暢春園創自康熙帝，圓明園啟自雍正帝，清漪園則拓自乾隆帝，其動機都同避暑攸關。至於康熙帝為承德行宮題名「避暑山莊」，則點明了其避溽暑與建苑林的關係。

其二，尚騎射。滿洲累行大閱與畋獵，善騎射，習弓馬，並諭其官民勿「沉湎嬉戲，耽娛絲竹」[1996]。滿洲的大閱典禮，定期舉行，永著為例：「畋獵之制，歲有常期，地有常所。」[1997] 凡畋於近郊，初在南苑圍場；獵於京畿，後辟木蘭圍場。其「圍場布列：鑲黃、正白、鑲白、正藍四旗以次列於左，正黃、正紅、鑲紅、鑲藍四旗以次列於右，兩翼各建纛以為表，兩哨前隊用兩白，兩協用黃，中軍用鑲黃。既合圍，皇帝親御弓矢蒞圍所」[1998]。其時閱射情景，乾隆帝《大閱詩》云：「時狩由來武備修，特臨南苑肅貔貅。龍驤選將頗兼牧，天駟掄才驥共騮。組練光生殘雪映，旌旗影動朔雲浮。承平詎敢忘戎事，經國應知有大猷。」[1999] 上述圍獵儀和《大閱詩》說明，滿洲騎射文化對燕京苑囿發展之巨大影響。同時，康熙帝三次東巡、六次西巡、六次南巡、二十次巡幸塞外和乾隆帝六下江南，都同其遊獵喜動的滿洲文化有關。他們命人

將江南名勝繪圖，又融匯北國林莽氣勢，博采東西之優，兼取泰西之長，在北京大造園林。除紫禁城內御花園、慈寧宮花園、建福宮花園和寧壽宮花園即乾隆花園及皇城內景山和三海之外，在西郊增修或擴建「三山五園」——香山靜宜園、玉泉山靜明園、萬壽山清漪園（後改名為頤和園）和暢春園、圓明園。誠然，中國歷史上任何一個大一統王朝，都興建離宮別院、苑林靈囿。但是，像清代興造皇家苑囿數量之多、景緻之美、歷時之久、耗資之巨與策畫之機巧、規模之宏博、珍寶之琳瑯、建築之精麗，可謂盛冠歷朝矣。

其三，重滿文。滿洲於萬曆二十七年（1599年）創製滿文。滿語屬阿爾泰語系，滿文為拼音文字。中世紀東北亞阿爾泰語系的滿—通古斯語族，多為漁獵民族，作為滿語符號的滿文屬於漁獵文化。清入關後，滿洲漁獵文化在紫禁城裡的反映，除前文所述及大內設狗房、鷹房[2000]外，宮殿的殿額和門額，以滿文和漢文合璧書寫。在皇家苑林中鐫刻多通或滿、漢二體，或滿、蒙、漢三體，或滿、蒙、漢、藏四體文碑。此外，有清一代約二百萬件滿文檔案，其中包括內閣、軍機處、宮中、內務府、宗人府等全宗滿文檔案，則是北京宮苑中滿洲文化之佳證。

綜前，北京宮殿苑林的民族文化特徵，應當探討之點尚多。草茅之言，繭栗之析，闕漏孔多，企再求索。

感謝辭

　　我的學術旅程，既是嶮澀的，又是幸運的——繼《燕步集》《燕史集》《袁崇煥研究論集》《滿學論集》和《清史論集》之後，《閻崇年自選集》又出版了。這是我的第六本學術論文集，感謝九州出版社黃憲華社長、李勇副社長兼責編、曹環責編等，敬事敬業，盡心盡力。

　　感謝多年以來，各地各方師友，熱情關懷、真誠襄助、友善交流和肝膽諍言。貴人、恩人、友人、親人的不斷添加動力，促我彳亍前行。

　　感謝陳麗華先生、愛新覺羅·啟驤先生、張永和先生等給予的鼓勵和支持。

　　感謝著名書法家蘇士澍先生題寫書名。

　　感謝陳虎編審、劉揚資深編輯的費心審校樣稿。

　　感謝家人給予長期、全面的支持，特別是在飯間、茶餘之時，相與切磋，提供智慧。

　　本集問世，謹以此書，向已經作古的白壽彝先生、楊向奎先生、鄧廣銘先生、侯仁之先生、神田信夫先生，向已經過世的領導和朋友王光、高起祥、李培浩、王天有、李鴻彬諸位先生，敬默思恩，頓首致禮！

閻崇年

《閻崇年自選集》編輯札記

李勇

一

工作之餘，喜歡看些文史類書籍，尤其對明清之際及清末民初這兩段歷史感興趣。清史專家閻崇年先生的著作自然成了我的好夥伴。漸漸發現，閻先生對明亡清興歷史的論述頗為精到，自有特點，更引發了我的關注。凡閻先生的論著，無論厚薄長短，只要發現，便拿來讀，成了「閻迷」。也許冥冥之中自有緣分，大約九年前，曾因其某部論著得到過閻先生的教誨，這次他出版《自選集》，我又一次有緣且有幸，擔任了此書的責任編輯。

由於作者是熟悉的前輩，書中主要內容此前都曾拜讀，編輯工作的過程成了一次愉快地再學習。然而，由於這是作者的《自選集》，是從其半生治學心得中提煉出的近二百萬字的論著中再行擇精粹而集成，意義非同一般，無形中給自己增加了一點壓力：一定要按照編輯工作要求，嚴謹細緻，慎之又慎，莫出差錯，萬不能辜負作者對我們的信任。因而這次編輯工作也是一次艱苦的勞動。

還有，選編之前，閻老向我們談了一個想法：讓我社也提出一個文章選目，看與他自選的篇目能否合拍。我覺得，這既是對我社的信任，也是對我社的考試，同時還是在傾聽讀者意見，頗有讓讀者共同參與的民主精神。還好，我們建議的內容大都在作者所選篇目之中。我們經過了「考試」，也說明作者與讀者的想法還是很接近的。

二

這部《閻崇年自選集》共收文章二十九篇，約五十萬字。全書大體分為前後兩大部分，前十六篇文章從第一篇《森林文化之千年變局》到《遼西爭局兵略分析》，加上後面的一篇《明永樂帝遷都北京述議》，大體以滿洲雄起、明亡清興為經，把重要人物、關鍵事件編織其中，大致給出了明清交替、朝代興亡的脈絡。重要人物包括努爾哈赤、皇太極、順治、康熙、明珠、于謙、

從明末到清初的那些事：閻崇年自選集

《閻崇年自選集》編輯札記

戚繼光、袁崇煥等；關鍵事件主要包括明成祖遷都北京、遼西爭局中的寧遠之戰、覺華島之役、大凌河之戰以及明末北京保衛戰、清軍入關等。後半部分從《論滿學》起，除《于謙〈石灰吟〉考疑》和前面所提《明永樂帝遷都北京述議》這兩篇，其餘十一篇文章論述滿洲文化，內容涉及歷史、文學、典章制度、宗教習俗、文書檔案乃至宮室、火器等；最後一篇《北京宮苑的民族特徵》，說的是元、明、清三朝的北京，但以元、明為鋪墊，落腳點在清，展現的也是「滿洲文化」對中華歷史文化的傳承和蒙、漢民族文化的融合，因而也可放到「滿洲文化」中。

全書二十九篇文章，寫作時間不同（最早寫於上世紀60年代《康熙：千年一帝》，最遲寫於2015年《清朝歷史的文化記憶》），具體內容各異，從中可以看出作者在這較大的時間跨度中所關注的問題，這也使得這些篇章在作者的已有論著中具有一定的代表性。這些文章雖皆獨立成篇，但因其有「清史」這一線貫穿，無形中珠璣成串，自成系統。其內容宏大者涉及政治、經濟、文化、社會、軍事之大事，細微處則見一宮一室、一書一文、一村一府之細節。總體上讓人感到全書似有一個無形的整體框架，且脈絡清晰，血肉豐滿。在全書的篇目安排上，前兩篇《森林文化之千年變局》和《清朝歷史的文化記憶》，從滿洲先祖的漁獵文化講起，細述其如何雄發、興起於白山黑水之間，並從文化演變、文化自信和文化糾結三個方面概述二百九十六年的全清史，帶有全書開篇、總論的意味。以下全書主體細分為五小部分，大致可看成前後兩大部分。前半部分論及的事務、人物，映現的是金戈鐵馬、鼓角錚鳴，是「爭天下、創基業」；後半部分多涉及文化、宮室之類，讓人想起「坐天下」之事；全書最後一篇寫「北京宮苑」，則更讓人想到大清王朝已日落紫禁城了。總之，全書內容前後呼應，將滿洲民族千餘年的盛衰、大清王朝三百年的興亡盡現其中了。如此選文、佈局，亦可見作者思慮縝密、匠心獨具。

三

作者的這些文字，特點鮮明，給人留下深刻印象。

觀點鮮明，全局在胸。這個全局，就是經過數千年爭鋒、比較、交流最終融匯而成的統一的大中華國家和多元共成的大中華文化、文明。作者歌頌這大一統，並把所述一人一事放到這個大背景中，對其行為、成敗做出判斷。作者滿懷深情地寫道：「千年文化，發生巨變。大碰撞，大融合，大代價，大發展。」「歷史是勝利者與失敗者、融化者與被化者，共同參與、共同創造的。中華文化是中國各民族共同創造的。中國各個民族之間，中原農耕文化與西北草原文化、東北森林文化，漢藏語系與阿爾泰語系，多元文化相互交融，中原核心，一統政體，出現了中華大一統局面」（參見本書：《森林文化之千年變局》）。作者文字中寫了滿洲民族興起過程中經歷的艱難困苦，充分肯定了滿洲民族為統一的中華民族的形成、中華文明的發展所作的巨大貢獻；同時也深刻論述了，當初僅數十萬人的滿洲最終能「入主中華」「統一天下」，正是其善於學習、順應時代文明潮流、最終把自身融入大中華億萬人之中，融入大中華文明之中，才得以立足、發展，形成億萬人之「共主」。任何個人或民族，只有在為國家的統一、為中華文明的發展所作的貢獻中，才能找到自身的前途。書中諸文，無不透出這一主題。

　　有獨到見解和創新之處。比如，作者首次在史學領域提出中華五種經濟文化類型——中原農耕文化、西北草原文化、東北森林文化、西部高原文化和東部沿海及其島嶼的海洋文化；首次在史學領域論述森林文化的定義、特徵、演變及其作用，並論述其在中國有文字記載的三千年歷史演進中分合、盛衰的變局，闡述森林文化與中華多元文化的衝突與融合，特別論述滿洲興起的森林文化元素，最後統合於大中華文化（參見本書：《森林文化之千年變局》）。提出了滿洲文化具備「滿—蒙—漢」三元特徵，正因如此，才使其能應付來自蒙古草原文化和漢族農耕文化的兩種挑戰，兼容蒙古之獷武雄風和漢族之文化翰蘊（參見本書：《滿洲初期文化滿蒙二元性解析》）。這給人耳目一新之感。另外，作者關於「三個千年」之說，亦頗有氣勢：中國有文字記載的三千年歷史，經過三個千年大變局，進行三次文化大交融——第一次主要是農耕文化內部的交融；第二次主要是農耕文化與草原文化的交融；第三次主要是森林文化入主中原，農耕文化與森林文化、草原文化、高原文化大交融，開出中華文化之花，結出中華文化之果。三個千年變局的實

從明末到清初的那些事：閻崇年自選集

《閻崇年自選集》編輯札記

質是由變而合，由合而大，最終統合為大中華文化，生生不息，驟驟健行。三個千年變局所形成統一多民族的持久穩固的中華文化共同體，屹立於世界民族之林（參見本書第 16、17 頁）。

不跟風俯仰，務求實求真。通觀閻先生之論著，有一股寫史的正氣和較真的硬氣。在前些年一度「戲說」成風、迎合低俗的「大潮」前，閻先生反其道而「正說」，還歷史本來面目。又如對康熙歷史地位、歷史作用的評價，作者最初於上世紀下放勞動時在北京南口的田野、草棚裡寫就過《評康熙帝》，後於上世紀 60 年代投給《歷史研究》雜誌，因文中對某權威學者有不同學見而被壓未發。三十年後的上世紀 90 年代初，作者擬參加研究《論黃金時代——康乾盛世》這一課題，但課題未被透過，理由是：康乾時代不是歷史的盛世，而是專制黑暗時代。作者認為，應當用歷史的眼光看待古人。作者認為《清史稿聖祖本紀》「論曰」中的部分論斷：「早承大業，勤政愛民。經文緯武，寰宇一統。雖曰守成，實同開創焉」這二十五個字對康熙的評價，是比較符合歷史的。遂寫了此次收入書中的論文《康熙：千年一帝》。指出：康熙大帝奠下了清朝興盛的根基，開創出康熙盛世的大局面，至其孫乾隆時，中華的疆域已東瀕大海，西接蔥嶺，北達貝加爾湖以東、外興安嶺以南，東北至庫頁島（今薩哈林島），南及曾母暗沙，領土總面積達一千四百萬平方公里。康熙帝不僅創偉業豐功，而且內聖外王，修養品格，嚴於律己，為政勤慎，敬天恤民，崇經重道，學貫中西，知行知止。而且作為以滿語為母語的皇帝，其漢文書法、詩篇亦能著稱於史，也是其人格與學養的一個例證。最後結論：無論就中國歷史作縱向比較，或就世界歷史作橫向比較，都可以說康熙大帝是中國皇朝史上的千年一帝，也是世界歷史上的千年名君。他同當時俄國彼得大帝、法國太陽王路易十四，同列世界偉大的君王（《康熙：千年一帝》）。再如對權相明珠的評價，作者認為「舊史及前論多對其抑功揚過，均不足為訓」。1985 年作者專著長文，就明珠所處歷史條件與社會環境，從民族與家族、旗分與派別、武將與文臣、國君與權相等層面，分析了清初百年歷史的演變及明珠的功過是非，充分肯定了他在輔佐康熙開拓新政、能夠結交和推薦漢臣、奠下康雍乾百年「盛世」基石中所作的貢獻，稱其「不愧是中國皇朝社會史上的名相，清代傑出的滿族政治家」（《明珠論》）。

另外，對似乎已有定論的觀點，但凡自己有疑問，即能拿出依據，談出自己的看法。比如，他認為「皇太極經略索倫」，此役不是「平叛」，而是「建立統治」（《皇太極經略索倫辨》）。對於素有爭議的問題，亦不避繁難，勇於提出一家之言（參見：《順治繼位之謎新解》）。

　　考辨翔實，言必有據。作者之所以能言之成理、持之有故，是因其言必有據，以極為嚴謹的態度治學、撰文。作者對所論之領域的歷史文獻、檔案資料非常熟悉，從《〈無圈點老檔〉及乾隆鈔本名稱詮釋》一文即可見一斑（）。儘管如此，為求文字準確，他不僅查閱史料，只要有可能，他還要踏勘現場，親眼一觀，親身感受。這裡僅舉兩個「小例」。一是1626年明朝與後金進行的著名的寧遠之戰，其主戰場在寧遠，分戰場在覺華島。以往論者對覺華島之役多輕描淡寫，略語帶過。作者認為此役之影響極為重要，遂作文論證。為了弄清問題，作者親自乘船登島，認真踏勘，對這個面積十三點五平方公里的小島及存在於其上的當年明軍囤糧城遺址，做了詳細的勘查、記錄，結合史料進行研究（參見：《論覺華島之役》）。二是作者對京西慈壽寺塔（即今之北京阜成門外八里莊玲瓏園內高岡之上的古塔）做過一番考察，澄清了建塔四百多年來存留的一些疑問。為此，作者不僅查閱大量史料，而且借1994年5月至12月此塔進行大修的機會，到現場請教專家及工程技術人員，還得登上塔頂，進行學術考察，終於獲得翔實資料，對流行的不確切的傳聞進行了糾正（參見：《京師慈壽寺塔考》）。靠證據說話，決不取巧於道聽途說，這正是老一輩學者多有的風格。

　　夾敘夾議，分析精到。這是此書諸文共有的一個特點。文章開頭，皆開門見山、開宗明義；文中條分縷析，多夾敘夾議，述史實，也講觀點；文末則以綜述結論，這綜述有著「太史公曰」的味道，精到且每每發人深思。如《遼西爭局兵略分析》一文，開篇就直奔主題：「明清之際，爭局遼西。在二十二年之間，於寧錦狹短地帶，明與後金─清雙方集結二十餘萬軍隊，進行了中國古代史上最激烈、最殘酷、最集中、最精彩的爭戰。……其結果，明清爭局雙方，不是平局言和，而是一勝一敗──勝者太和殿登極，敗者退出歷史舞臺。乃勝乃敗，原因固多。揭櫫其要，首在兵略。謀略巧拙，成敗系焉。……本文討論，旨趣在於，就其兵略，加以分析。」文中作了多方面、

多角度的精到分析。文章結尾則是一段發人深思的分析:「……歷史的啟示:在帝制時代,一個軍隊,一個民族,一個國家,其勝敗,其榮辱,其盛衰,雖原因複雜,但並不多極。一個軍隊的兵略,一個民族的政略,一個國家的方略,對這個軍隊的勝敗,對這個民族的榮辱,對這個國家的盛衰,有著極其重要的意義。但是,軍隊的兵略、民族的政略、國家的方略,在很大程度上取決於這個軍隊的統帥、這個民族的領袖、這個國家的君主。因此,要取得軍事的勝利,就要有一個優秀的統帥及其好的兵略;要取得民族的繁榮,就要有一個傑出的領袖及其好的政略;要取得國家的強盛,就要有一個英明的君主及其好的方略……」其精到分析,懇切議論,隨處可見,不一一列舉。

文由心生,飽含真情。此書文字無應命之作,更無應景之作。文字發自作者內心,字裡行間充滿真情。寓情理以人事,發感慨於胸臆,是非分明,激濁揚清,斥奸佞宵小,頌忠烈賢良。本書在論及于謙、戚繼光、袁崇煥等篇章中,此點尤為明顯。這不僅是抒發作者個人情懷,更在弘揚民族正氣。

語言簡潔,有古史作之風。本書篇篇如此,不一一列舉。

徵引詳註出處,一絲不苟。對所有給自己的寫作、考察工作提供幫助者,均標名致謝。既對讀者負責,亦可見作者之人格與文品。

以上,是自己在此書編輯工作中的一點感想,談不到全面、深刻。但對我這個晚生、後學而言,確實受教多多,受益多多。

四

此書編輯工作告一段落之時,我又想起九年前的那件事。那段時間,廣大讀者對出版物質量嘖有煩言,許多人反映「無錯不成書」。作為一名出版人,深感「無光而有責」。恰巧看到一部自己喜歡的閻先生的新作,發覺書中似有錯訛。出於「吹毛求疵」的職業習慣,竟不知天高地厚正式寫出若干條,向閻先生求教。此信一發出,便感到頗為唐突,甚至有點年少輕狂,有失禮貌,很是自責!豈料閻先生胸懷大度,且經此一事,竟待我以忘年之交,經常給我以指導。此次在閻先生的關心與社領導的支持下,擔任本書責任編

輯，雖再三努力，但仍可能在編輯工作中存在錯訛，還請作者及熱心讀者批評指教。

參考文獻

[1] 白壽彝：《白壽彝民族宗教論集·題記》，北京師範大學出版社，1992年，北京。

[2] 蘇祖榮、蘇孝同、鄭小賢：《森林文化及其在中華文化體系中的地位》，載《北京林業大學學報》2007年第3期。

[3] 參見宋德金：《東北地域文化三題》，《光明日報·史學》2009年7月14日；田廣林：《遼海歷史與中華文明》，《光明日報·史學》2009年12月29日。

[4] 括號內的數字，以萬平方公里即萬平方千米為單位，下同。

[5] 盛清時新疆約215萬平方公里（今新疆166萬平方公里）土地的地域文化類型，有學者認為：北疆為草原文化，東疆和南疆為農耕文化。今與蒙古國、俄羅斯、哈薩克斯坦、吉爾吉斯斯坦、塔吉克斯坦、阿富汗、印度八國接壤，陸地邊境線長5600公里，占全國陸地邊境線的四分之一。

[6] 《滿洲實錄》，第2卷，第37葉，中華書局影印本，1986年，北京。

[7] 《後漢書·東夷列傳》，第85卷，第2819頁，中華書局校點本，1965年，北京。

[8] 《晉書·四夷列傳·肅慎氏傳》，第97卷，第2534頁，中華書局校點本，1974年，北京。

[9] 《欽定滿洲祭神祭天典禮》，第3卷，第18葉，臺灣商務印書館《景印文淵閣四庫全書》本，1986年，臺北。

[10] 《欽定滿洲源流考》，第18卷，第1葉，商務印書館《文津閣四庫全書》影印本，2005年，北京。

[11] [日]梅原猛：《森林思想——日本文化的原點》，卞立強、李力譯，第34頁、第129頁，中國國際廣播出版社，1993年，北京。

[12] 《滿洲實錄》，第3卷，第2葉，中國第一歷史檔案館。

[13] 《後漢書·東夷列傳·挹婁傳》，第85卷，第2808頁，中華書局校點本，1965年，北京。

[14] 《史記·周本紀》，第4卷，第124頁，中華書局校點本，1959年，北京。

[15] 《詩經·大雅·文王》，《十三經註疏附校勘記》，中華書局影印本，1980年，北京。

[16] 《漢書·敘傳上》，第100捲上，第4227頁，中華書局校點本，1962年，北京。

[17] 杜牧：《阿房宮賦》，《樊川文集》，第1頁，上海古籍出版社，2009年，上海。

[18] 《尚書·武成》，第11卷，第185頁上，《十三經註疏附校勘記》，中華書局影印本，1980年，北京。

[19]《史記·白起王翦列傳》，第 73 卷，第 2335 頁，中華書局校點本，1959 年，北京。

[20] 司馬遷：《報任安書》，《昭明文選》，第 41 卷，第 578—579 頁，世界書局影印本，民國二十四年（1935 年），上海。

[21]《尚書》，第 18 卷，第 236 頁中，《十三經註疏附校勘記》，中華書局影印本，1980 年，北京。

[22]《史記·五帝本紀》，第 1 卷，第 43 頁，中華書局校點本，1959 年，北京。

[23]《史記·孔子世家》記載：「有隼集於陳廷而死，楛矢貫之，石砮，矢長尺有咫。陳湣公使使問仲尼。仲尼曰：『隼來遠矣，此肅慎之矢也。昔武王克商，通道九夷百蠻，使各以其方賄來貢，使無忘職業。於是肅慎貢楛矢、石砮，長尺有咫。先王欲昭其令德，以肅慎矢分大姬，配虞胡公而封諸陳。分同姓以珍玉，展親；分異姓以遠方職，使無忘服。故分陳以肅慎矢。』試求之故府，果得之。」（《史記·孔子世家》，第 47 卷，第 2317 頁，中華書局校點修訂本，2013 年）

[24]《後漢書·烏桓鮮卑列傳》，第 90 卷，第 2992 頁，中華書局校點本，1965 年，北京。

[25]《後漢書·張堪傳》，第 31 卷，第 1100 頁，中華書局校點本，1965 年，北京。

[26]《後漢書·東夷列傳》，第 85 卷，第 2812 頁，中華書局校點本，1965 年，北京。

[27] 黑龍江省文物考古研究所：《黑龍江省雙鴨山市滾兔嶺遺址發掘報告》，載王學良主編：《荒原覓古蹤》，第 11—24 頁，雙鴨山市文物考古資料彙編委員會印本，2008 年。

[28]《晉書·慕容儁載記》，第 110 卷，第 2842 頁，中華書局校點本，1974 年，北京。

[29]《舊唐書·北狄列傳·渤海靺鞨傳》，第 199 卷下，第 5360—5363 頁，中華書局校點本，1975 年，北京。

[30] 金毓黻：《渤海國志長編》，上冊，第 149 頁，《社會科學戰線》雜誌社印，1982 年，長春。

[31]《新唐書·逆臣列傳上·史思明傳附朝義》，第 225 捲上，第 6434 頁，中華書局校點本，1975 年，北京。

[32]《明太祖實錄》，第 26 卷，第 10 頁，吳元年十月丙寅，臺北中研院歷史語言研究所校勘本，1962 年，臺北。

[33] 閻崇年：《大故宮》，第 3 冊，第 316 頁，長江文藝出版社，2013 年，武漢。

[34]《資治通鑒》，第 198 卷，貞觀十二年五月條，中華書局校點本，1956 年，北京。

[35]《清聖祖仁皇帝實錄》，第 151 卷，康熙三十年五月初七日，中華書局影印本，1985 年，北京。

參考文獻

[36]《康熙起居注冊》，康熙五十六年十一月二十六日丙子，中華書局影印本，2009年，北京。

[37]《西盟會議始末記》，第43頁，商務印書館，民國二年（1913年），上海。

[38]《五體清文鑒》，民族出版社影印本，1957年，北京。

[39]《元史·食貨志一》，第93卷，第2354頁，中華書局校點本，1976年，北京。

[40] 朱偰：《元大都宮殿圖考》，第4頁，北京古籍出版社，1990年，北京。

[41] 陶宗儀：《南村輟耕錄·宮闕制度》，第21卷，中華書局校點本，1959年，北京。

[42]《清世祖章皇帝實錄》，第49卷，順治七年七月乙卯，中華書局影印本，1985年，北京。

[43]《清聖祖仁皇帝實錄》，第6卷，康熙元年三月甲戌，中華書局影印本，1985年，北京。

[44] 清朝盛時新疆面積包括：今新疆面積166萬平方公里，加上同治三年（1864年）被割去44萬平方公里，再加上光緒七年（1881年）被割去11萬平方公里，共221萬平方公里，但需減去今阿勒泰地區原屬烏里雅蘇臺將軍轄區約6.1748萬平方公里，所以其時新疆總面積約215萬平方公里。

[45] 在國內，清朝盛時新疆面積，相當於今河北省（19萬平方公里）的約11倍；又約比今華東地區江蘇（10萬平方公里）、浙江（10.18萬平方公里）、安徽（14萬平方公里）、山東（15.7萬平方公里）、福建（12萬平方公里）五省，中南地區的河南（17萬平方公里）、廣東（18萬平方公里）、廣西（24萬平方公里）、湖北（19萬平方公里）、湖南（21萬平方公里）、海南（3.4萬平方公里）六省區，加上華北地區的河北（19萬平方公里）、山西（16萬平方公里），再加上北京（1.64萬平方公里）、上海（0.6萬平方公里）、天津（1.19萬平方公里）、重慶（8.24萬平方公里）四個直轄市，共176.04萬平方公里，總數為211.04萬平方公里，也就是說比中原十三個省區和四個直轄市共十七個省區市的面積總和還大。新疆今與蒙古、俄羅斯、哈薩克斯坦、吉爾吉斯斯坦、塔吉克斯坦、阿富汗、巴基斯坦、印度八國接壤，陸地邊境線長5600公里，占全國陸地邊境線的1/4。清朝重新統一新疆並將其劃為省，是一項重大的歷史貢獻。

[46]《清太祖高皇帝實錄》，第2卷，辛卯年（萬曆十八年）正月戊戌朔，中華書局影印本，1986年，北京。

[47]《清聖祖仁皇帝實錄》，第135卷，康熙二十七年五月癸酉，中華書局影印本，1985年，北京。

[48] 胡有兩解：一是胡人，即匈奴；一是胡亥。這裡取前解。

[49]《明太祖實錄》，第26卷，吳元年（元至元二十七年）十月丙寅，臺北中研院歷史語言研究所校勘本，1962年，臺北。

[50] 中國清代滿、蒙、疆、藏四地，今遼寧省（15）、吉林省（19）、黑龍江省（46）、內蒙古自治區（118）、新疆自治區（166）、西藏自治區（123）六省區，共487萬平方公里，約占中國34個行政單位（包括臺、港、澳）面積總和的51％。另有喀爾喀蒙古即外蒙古（156.65萬平方公里）未計。還有其他。這是不能、不應、也不該忽視的事實。

[51]《精彩一百　國寶總動員》，臺北故宮博物院印，2011年，臺北。

[52]《清世宗憲皇帝實錄》，第94卷，雍正八年五月甲戌，中華書局影印本，1985年，北京。

[53] 馮爾康：《清代歷史的特點》，載《明清史研究》（韓國）第33輯，2010年4月，首爾。

[54]《清高宗純皇帝實錄》，第632卷，乾隆二十六年三月丙午，中華書局影印本，1986年，北京。

[55]《清高宗純皇帝實錄》，第669卷，乾隆二十七年八月戊午，中華書局影印本，1986年，北京。

[56]《上諭檔·新疆設省諭旨》，光緒十年（1884年）九月三十日，第1377—2號，中國第一歷史檔案館藏。

[57] 祁韻士：《皇朝藩部要略》，第5卷，第1頁，浙江書局刻本，光緒十年（1884年）。

[58] 郭美蘭：《明清檔案與史地探微》，第214—215頁，遼寧民族出版社，2012年，瀋陽。

[59]《清聖祖仁皇帝實錄》，第151卷，康熙三十年五月壬辰，中華書局影印本，1985年，北京。

[60]《中國同盟會總章》第二條，載《中國近代史資料叢刊·辛亥革命（二）》，第7頁，中國史學會編，上海人民出版社、上海書店出版社，2000年，上海。

[61]《清史稿·范文程傳》，第232卷，第9353頁，中華書局，1977年，北京。

[62]《四庫全書總目·出版說明》，中華書局，1964年，北京。

[63]《清世祖章皇帝實錄》，第72卷，順治十年二月丙午，中華書局影印本，1985年，北京。

[64]《清聖祖仁皇帝實錄》，第270卷，康熙五十五年十月壬子，中華書局影印本，1985年，北京。

[65]《元史紀事本末·日本用兵》,第4卷,第27頁,中華書局,1979年,北京。

[66]《元史·外夷列傳一·日本傳》,第208卷,第4629頁,中華書局校點本,1976年,北京。

[67] 劉亞洲《精神》第60頁記述:「僅舉海軍為例,到第二次大戰爆發時,日本海軍總噸位為九十八萬噸,擁有十艘航空母艦。此時中國海軍全部艦船總噸位只有五萬九千噸,還沒有日本一艘『大和號』戰列艦的噸位(六萬五千噸)大。」(長江文藝出版社,2015年,北京。)

[68] [蘇] 列寧:《論民族自決權》,《列寧全集》,第20卷,第401頁,人民出版社,1955年,北京。

[69]《竹書紀年》,第2卷,上海中華書局據平津館校刊本,1936年,上海。

[70]《遼史·太祖本紀上》,第1卷,中華書局校點本,1974年,北京。

[71] 孟森:《明元清系通紀》正編,第6卷,北京大學刊印,1934年,北平。

[72] 黃道周:《博物典匯·四夷附奴酋》,第20卷,清刻本。

[73]《明太宗實錄》,第25卷,永樂元年十一月辛丑,臺北中研院歷史語言研究所校勘本,1962年,臺北。

[74]《李朝太宗實錄》,第7卷,四年四月甲戌,日本學習院東洋文化研究所,1959年,東京。

[75]《李朝太宗實錄》,第11卷,六年三月丙申,日本學習院東洋文化研究所,1959年,東京。

[76]《明英宗實錄》,第89卷,正統七年二月甲辰,臺北中研院歷史語言研究所校勘本,1962年,臺北。

[77]《李朝中宗實錄》,第27卷,十二年三月癸未,日本學習院東洋文化研究所,1959年,東京。

[78]《李朝世宗實錄》,第77卷,十九年六月己巳,日本學習院東洋文化研究所,1959年,東京。

[79]《李朝文宗實錄》,第13卷,二年四月癸未,日本學習院東洋文化研究所,1959年,東京。

[80]《清太祖武皇帝實錄》,第1卷,內府本,中國第一歷史檔案館藏。

[81]《皇明經濟文錄》,第34卷,清刻本,北京圖書館善本部藏。

[82] 海濱野史:《建州私志》(鈔本),上卷,中國科學院圖書館藏。

[83] 王一元:《遼左見聞錄》(鈔本),不分卷,謝國楨先生藏。

[84]《清朝開國方略》，第 1 卷，清刻本。

[85]《明史·流賊列傳》，第 309 卷，第 7948 頁，中華書局校點本，1974 年，北京。

[86]《清太祖高皇帝實錄》，第 1 卷，內府本，中國第一歷史檔案館藏。

[87] 苕上愚公：《東夷考略·建州》，不分卷，鈔本，北京圖書館善本部藏。

[88]《明神宗實錄》，第 215 卷，萬曆十七年九月乙卯，臺北中研院歷史語言研究所校勘本，1962 年，臺北。

[89]《明史·職官志一》，第 72 卷，中華書局校點本，1974，北京。

[90]《李朝宣祖實錄》，第 70 卷，二十八年十二月癸卯，日本學習院東洋文化研究所，1959 年，東京。

[91]《遼籌》，上冊，北京圖書館善本部藏。

[92]《清太祖高皇帝實錄》，第 1 卷，癸未年（萬曆十一年）二月，內府本，中國第一歷史檔案館藏。

[93]《滿洲實錄》，第 1 卷，遼寧通志館影印本，1930 年，瀋陽。

[94]《清太祖武皇帝實錄》，第 1 卷，丁亥年（萬曆十五年），北平故宮博物院影印本。

[95]《李朝宣祖實錄》，第 29 卷，二十二年七月丁巳，日本學習院東洋文化研究所，1959 年，東京。

[96]《清太祖高皇帝實錄》，第 2 卷，戊子年（萬曆十六年）。另見《大清歷朝實錄·太祖高皇帝實錄》，朱墨影印本，書高 23.1 釐米，寬 14.1 釐米，黃布龍紋函套，黃紙鳳紋封面。日本東京大藏株式會社影印本，1937 年，東京。首都圖書館善本部藏。

[97]《盛京吉林黑龍江等處標註戰跡輿圖》，二排四上，（日）和田清據大連滿鐵圖書館藏影印本，1935 年。

[98]《清太祖高皇帝實錄》，第 2 卷，癸巳年（萬曆二十一年）九月，中國第一歷史檔案館藏。

[99]《圖本檔》，清國史館檔案，編號 691，中國第一歷史檔案館藏。

[100]《清史列傳·費英東傳》，第 4 卷，上海中華書局，1928 年，上海。

[101]《李朝宣祖修正實錄》，第 41 卷，四十年二月甲午，日本學習院東洋文化研究所，1959 年，東京。

[102]《李朝宣祖實錄》，第 209 卷，四十年三月庚辰，日本學習院東洋文化研究所，1959 年，東京。

[103]《清太祖朝老滿文原檔》，第 1 冊，第 13 頁，廣祿、李學智譯註，臺北中研院歷史語言研究所刊，1970 年，臺北。

參考文獻

[104]《滿文老檔·太祖》，第 1 卷，庚戌年（萬曆三十八年）十二月，中國第一歷史檔案館藏。

[105]《滿洲實錄》，第 1 卷，辛亥年（萬曆三十九年）七月，中國第一歷史檔案館藏。

[106]《滿文老檔·太祖》，第 4 卷，乙卯年（萬曆四十三年）十二月二十日，中國第一歷史檔案館藏。

[107]《滿文老檔·太祖》，第 65 卷，天命十年四月初二日，中國第一歷史檔案館藏。

[108]《李朝宣祖實錄》，第 142 卷，三十四年十月壬辰，日本學習院東洋文化研究所，1959 年，東京。

[109][日]稻葉君山：《清朝全史》上（一），商務印書館，民國二年（1913 年），上海。

[110]《滿洲源流考》，第 13 卷，遼寧民族出版社校注本，1988 年，瀋陽。

[111]劉選民：《清開國初征服諸部疆域考》，載《燕京學報》，第 23 期。

[112]《滿文老檔·太祖》，第 5 卷，天命元年七月至十一月，中國第一歷史檔案館藏。

[113]《李朝光海君日記》，第 23 卷，元年十二月丙寅，日本學習院東洋文化研究所，1959 年，東京。

[114]《清朝文獻通考·輿地三》，第 271 卷，內府本，故宮博物院明清檔案部藏。

[115]羅福頤：《滿洲金石志》，第 6 卷，滿日文化協會印，1937 年。

[116]《庫頁島志略》，第 1 卷，榮城仙館本，1935 年。

[117][蘇]麥利霍夫：《滿洲人在東北》，黑龍江省哲學社會科學研究所第三室譯，第 3 頁，商務印書館，1976 年，北京。

[118]《清太祖高皇帝實錄》，第 2 卷，甲午年（萬曆二十二年），內府本，中國第一歷史檔案館藏。

[119]《清太祖實錄》（稿本）丙種，第 32 頁，史料整理處影印本。

[120]祁韻士：《皇朝藩部要略》（筠淥山房本）第 3 卷：「貢白駝一，白馬八，謂之九白年貢。」

[121]何秋濤：《朔方備乘》，第 15 卷，寶善書局石印本，光緒七年（1881 年）。

[122]孟森：《明清史論著集刊》，上冊，第 210 頁，中華書局，1959 年，北京。

[123]方孔炤：《全邊略記·遼東略》，第 10 卷，鈔本，北京圖書館善本部藏。

[124]《李朝光海君日記》，第 133 卷，十年十月戊辰，日本學習院東洋文化研究所，1959 年，東京。

[125]《滿洲實錄》，第 5 卷，天命四年二月，遼寧通志館影印本，1930 年，瀋陽。

[126] 傅國：《遼廣實錄》，上卷，北京圖書館藏。

[127] 王在晉：《三朝遼事實錄》，第 1 卷，江蘇省立國學圖書館藏本。

[128]《清高宗純皇帝實錄》，第 996 卷，乾隆四十年十一月癸未，中國第一歷史檔案館藏。

[129]《清太宗文皇帝實錄》，第 61 卷，崇德七年六月辛丑，中國第一歷史檔案館藏。

[130][蘇]列寧：《社會主義與戰爭》，《列寧全集》，第 21 卷，第 279 頁，人民出版社，1958 年，北京。

[131]《從出土文物看黑龍江地區的金代社會》，《文物》，1977 年第 4 期。

[132] 徐夢莘：《三朝北盟會編》，第 3 卷，明鈔本，北京圖書館善本部藏。

[133]《元史·世祖本紀十三》，第 16 卷，中華書局校點本，1976 年，北京。

[134]《李朝太宗實錄》，第 26 卷，十三年十一月丁酉，日本學習院東洋文化研究所，1959 年，東京。

[135][朝]申忠一：《建州紀程圖記》，圖版 17，《興京二道河子舊老城》，日文本，建國大學刊印，1939 年，長春。

[136]《興京二道河子舊老城》，日文本，建國大學刊印，1939 年，長春。

[137]《明檔》乙 107，東北檔案館藏。

[138]《李朝世祖實錄》，第 42 卷，十三年四月癸卯，日本學習院東洋文化研究所，1959 年，東京。

[139]《清太祖高皇帝實錄》，第 3 卷，辛丑年（萬曆二十九年），內府本，中國第一歷史檔案館藏。

[140][朝]申忠一：《建州紀程圖記》，圖版 17，《興京二道河子舊老城》，日文本，建國大學刊印，1939 年，長春。

[141]《遼籌》，上冊，北京圖書館善本部藏。

[142]《李朝宣祖修正實錄》，第 41 卷，四十年二月甲午，日本學習院東洋文化研究所，1959 年，東京。

[143]《清朝文獻通考》，第 271 卷，內府本，故宮博物院明清檔案部藏。

[144]《清太祖高皇帝實錄》，第 3 卷，己亥年（萬曆二十七年）九月，內府本，中國第一歷史檔案館藏。

[145] 何秋濤：《朔方備乘》，第 1 卷，寶善書局石印本，光緒七年（1881 年）。

[146]《清太祖高皇帝實錄》，第 5 卷，天命三年二月，內府本，中國第一歷史檔案館藏。

參考文獻

[147]《滿洲秘檔》,第 44 頁,金梁自刊本,民國十八年(1929 年),北京。

[148]《滿洲秘檔》,第 22 頁,金梁自刊本,民國十八年(1929 年),北京。

[149]《李朝宣祖實錄》,第 209 卷,四十年三月庚辰,日本學習院東洋文化研究所,1959 年,東京。

[150]《李朝光海君日記》,第 50 卷,四年二月癸酉,日本學習院東洋文化研究所,1959 年,東京。

[151]《清太祖朝老滿文原檔》,第 1 冊,第 51 頁,廣祿、李學智譯註,臺北中研院歷史語言研究所刊,1970 年,臺北。

[152]《清太宗文皇帝實錄》,第 7 卷,天聰四年五月壬辰,內府本,中國第一歷史檔案館藏。

[153][朝]李民寏:《建州聞見錄》,第 33 頁,影印本,日本天理大學圖書館藏今西春秋本。

[154]《清太祖武皇帝實錄》,第 2 卷,己亥年(萬曆二十七年)正月,內府本,中國第一歷史檔案館藏。

[155]《李朝宣祖實錄》,第 71 卷,二十九年正月丁酉,日本學習院東洋文化研究所,1959 年,東京。

[156]《李朝光海君日記》,第 139 卷,十一年四月壬申,日本學習院東洋文化研究所,1959 年,東京。

[157]《清太祖高皇帝實錄》,第 5 卷,天命三年四月乙卯,內府本,中國第一歷史檔案館藏。

[158][朝]李肯翊:《燃藜室記述》朝文本,第 21 卷,第 662 頁,朝鮮古書刊行會本,大正元年(1911 年)。

[159]《滿文老檔·太祖》,第 24 卷,天命六年七月十四日,內府本,中國第一歷史檔案館藏。

[160]《天聰朝臣工奏議》,上卷,羅振玉編:《史料叢刊初編》,東方學會印本,1924 年。

[161]《滿文老檔·太祖》,第 66 卷,天命十年十月初三日,內府本,中國第一歷史檔案館藏。

[162]《滿文老檔·太祖》,第 52 卷,天命八年五月二十日,內府本,中國第一歷史檔案館藏。

[163]《毛澤東選集》,第 1190 頁,人民出版社,1966 年,北京。

[164]《滿洲實錄》,第 3 卷,癸卯年(萬曆三十一年)九月,遼寧通志館影印本,1930 年,瀋陽。

[165]《滿文老檔·太祖》,第 56 卷,天命八年六月二十六日,內府本,中國第一歷史檔案館藏。

[166] 博穆博果爾又作奔博果爾、奔波果爾、博穆古里、博穆波果爾等,茲從《清太宗實錄》。

[167]《清太宗文皇帝實錄》,第 20 卷,第 25 頁,天聰八年十月庚戌,中華書局影印本,1985 年,北京。

[168] 阿敏「平壤之盟」《誓書》載於《清太宗實錄》第 2 卷,第 19 頁。但僅以《誓文》謄本於三月二十一日送朝鮮國王,故朝鮮《李朝仁祖實錄》及《承政院日記》等朝鮮官方文書所闕載。

[169]《清太宗文皇帝實錄》,第 3 卷,第 7 頁,天聰元年四月辛亥,中華書局影印本,1985 年,北京。

[170]《清太宗文皇帝實錄》,第 3 卷,第 16 頁,天聰元年五月癸巳,中華書局影印本,1985 年,北京。

[171]《清太宗文皇帝實錄》,第 20 卷,第 25—26 頁,天聰八年十月庚戌,中華書局影印本,1985 年,北京。

[172]《沙俄侵華史》,第 1 卷第 5 頁,作「黑」,疏誤。

[173]《清太宗文皇帝實錄》,第 17 卷,第 23 頁,天聰八年二月己巳,中華書局影印本,1985 年,北京。

[174]《清太宗文皇帝實錄》,第 18 卷,第 23 頁,天聰八年五月戊申,中華書局影印本,1985 年,北京。

[175] 黃維翰:《黑水先民傳·巴爾達齊》,第 11 卷,第 4 頁,崇仁黃氏刻本,1923 年,上海。

[176]《清太宗文皇帝實錄》,第 20 卷,第 21 頁,天聰八年十月壬辰,中華書局影印本,1985 年,北京。

[177]《清太宗文皇帝實錄》,天聰九年五月丙辰作「章京四十四員」。

[178]《清太宗文皇帝實錄》,第 21 卷,第 9 頁,天聰八年十二月壬辰,中華書局影印本,1985 年,北京。

[179]《清太宗文皇帝實錄》,第 21 卷,第 10 頁,天聰八年十二月壬辰,中華書局影印本,1985 年,北京。

[180]《清太宗文皇帝實錄》，第 21 卷，第 11 頁，天聰八年十二月壬辰，中華書局影印本，1985 年，北京。

[181] 魏源：《聖武記》，第 1 卷，第 9 頁，上海中華書局據古微堂原刻本校刊線裝本。

[182]《清太宗文皇帝實錄》，第 23 卷，第 5 頁，天聰九年四月癸巳，中華書局影印本，1985 年，北京。

[183]《清太宗文皇帝實錄》，第 23 卷，第 22 頁，天聰九年六月甲午，中華書局影印本，1985 年，北京。

[184] 額蘇里屯，位於今愛輝（璦琿）黑龍江北岸西北八十餘里處，今俄羅斯境內。見《盛京吉林黑龍江等處標註戰跡輿圖》第四排之四（[日]和田清據大連滿鐵圖書館藏影印本，1935 年）。

[185]《清太宗文皇帝實錄》，第 34 卷，第 10 頁，崇德二年二月丁亥，中華書局影印本，1985 年，北京。

[186] 何秋濤：《朔方備乘》，第 2 卷，第 1 頁，寶善書局石印本，光緒七年（1881 年）。

[187]《一等阿思哈番巴爾達齊碑》拓片，北京市文物研究所藏。

[188]《清太宗文皇帝實錄》，第 28 卷，第 11 頁，天聰十年四月庚辰，中華書局影印本，1985 年，北京。

[189]《沙俄侵華史》第 1 卷第 55 頁載：「巴爾達齊城的遺址恰好位於從托木河口至結雅河口中途的謝米奧傑爾克村附近。見《阿穆爾州考古圖資料》，載《阿穆爾州地誌博物館與方志學會論叢》第 3 冊、第 24 頁。」

[190]《黑龍江志稿》，第 54 卷，《博穆博果爾傳》，黑龍江人民出版社，1992 年，哈爾濱。

[191]《清太宗文皇帝實錄》，第 35 卷，第 3 頁，崇德二年閏四月庚戌，中華書局影印本，1985 年，北京。

[192]《清太宗文皇帝實錄》，第 36 卷，第 8 頁，崇德二年六月壬寅，中華書局影印本，1985 年，北京。

[193]《清太宗文皇帝實錄》，第 44 卷，第 10 頁，崇德三年十月丙午，中華書局影印本，1985 年，北京。

[194]《清太宗文皇帝實錄》，第 44 卷，第 24 頁，崇德三年十二月癸巳，中華書局影印本，1985 年，北京。

[195] 魏源《聖武記·開國龍興記一》作「五年，遣穆什哈等征索倫」云。誤，應作崇德四年十一月辛酉（初八日）。

[196]《清太宗文皇帝實錄》,第 49 卷,第 7—8 頁,崇德四年十一月辛酉,中華書局影印本,1985 年,北京。

[197] 雅克薩城,《盛京吉林黑龍江等處標註戰跡輿圖》第五排之四:位於黑龍江北岸。今名阿爾巴津,在俄羅斯境內。阿薩津(阿撒津)、鐸陳二城,在黑龍江北岸,今俄羅斯境內;烏庫爾、多金兩城,在黑龍江南岸,今中國一側。

[198]《清太宗文皇帝實錄》,第 51 卷,第 8—10 頁,崇德五年三月己醜,中華書局影印本,1985 年,北京。

[199]《清太宗文皇帝實錄》,第 51 卷,第 14—15 頁,崇德五年三月乙巳,中華書局影印本,1985 年,北京。

[200] 黃維翰:《黑水先民傳巴爾達齊》,第 11 卷,第 5 頁,崇仁黃氏刻本,1923 年,上海。

[201]《清太宗文皇帝實錄》,第 51 卷,第 10 頁,崇德五年三月己醜,中華書局影印本,1985 年,北京。

[202]《清太宗文皇帝實錄》,第 52 卷,第 7—12 頁,崇德五年七月癸未,中華書局影印本,1985 年,北京。

[203] 魏源《聖武記·開國龍興記一》作「六年,並征蒙古兵,征已降復叛之索倫博木果」云。誤,「征蒙古兵」事在崇德五年七月丙午(二十七日)。

[204]《清太宗文皇帝實錄》,第 52 卷,第 22 頁,崇德五年七月丙午,中華書局影印本,1985 年,北京。

[205]《清太宗文皇帝實錄》,第 53 卷,第 21 頁,崇德五年十二月庚申,中華書局影印本,1985 年,北京。

[206]《清太宗文皇帝實錄》,第 52 卷,第 20 頁,崇德五年十二月己未,中華書局影印本,1985 年,北京。

[207]《清太宗文皇帝實錄》,第 53 卷,第 21 頁,崇德五年十二月庚申,中華書局影印本,1985 年,北京。

[208]《清太宗文皇帝實錄》崇德六年四月甲寅記載薩穆什喀以獲罪辯奏:「臣率兵五十人,實曾戰敗博穆博果爾。方戰之時,伏兵適至。索海、譚布、拜等同黨,言系伊等所擊敗,而以臣為敗奔,加之以罪。今有博穆博果爾,請加質問。」據此,知博穆博果爾已被帶到盛京。

[209]《清太宗文皇帝實錄》,第 54 卷,第 10 頁,崇德六年正月癸巳,中華書局影印本,1985 年,北京。

參考文獻

[210]《清太宗文皇帝實錄》，第20卷，第23頁，天聰八年十月辛丑，中華書局影印本，1985年，北京。

[211]《清太宗文皇帝實錄》，第41卷，第7頁，崇德三年三月丁亥，中華書局影印本，1985年，北京。

[212] 黑龍江虎爾哈、索倫常混稱，這裡也包括索倫。

[213]《清太宗文皇帝實錄》，第53卷，第20頁，崇德五年十二月庚申，中華書局影印本，1985年，北京。

[214] 魏源此處記載錯誤。皇太極二征博穆博果爾，是在崇德五年七月（丙午）二十七日發兵，同年十二月（己未）十三日獲捷，翌年正月（壬辰）十六日大軍凱旋。

[215] 魏源：《聖武記》，第1卷，第8頁，上海中華書局據古微堂原刻本校刊線裝本，1920—1936年，上海。

[216] 何秋濤：《朔方備乘》，第2卷，第4頁，寶善書局石印本，光緒七年（1881年）。

[217] 蕭一山：《清代通史》，上卷，第42頁，商務印書館，1923年，上海。

[218] 戴逸主編：《簡明清史》，第1冊，第93頁，人民出版社，1980年，北京。

[219] 李洵、薛虹：《清代全史》，第1卷，第323頁，遼寧人民出版社，1991年，瀋陽。

[220] 李鴻彬：《清朝開國史略》，第233頁，齊魯書社，1997年，濟南。

[221] 黃維翰：《黑水先民傳博穆博果爾》，第10卷，第7頁，崇仁黃氏刻本，1923年，上海。

[222]《清太宗文皇帝實錄》，第35卷，第3頁，崇德二年閏四月庚戌，中華書局影印本，1985年，北京。

[223]《清太宗文皇帝實錄》，第36卷，第8頁，崇德二年六月壬寅，中華書局影印本，1985年，北京。

[224]《清太宗文皇帝實錄》，第36卷，第6頁，崇德二年六月辛丑，中華書局影印本，1985年，北京。

[225]《黑龍江志稿》，第54卷，《博穆博果爾傳》，黑龍江人民出版社，1992年，哈爾濱。

[226] 黃維翰：《黑水先民傳·博穆博果爾·論曰》，第10卷，第7頁，崇仁黃氏刻本，1923年，上海。

[227] 魏源：《聖武記》，第1卷，第8頁，上海中華書局據古微堂原刻本校刊線裝本，1920—1936年，上海。

[228] 何秋濤：《朔方備乘》，第1卷，第1頁，寶善書局石印本，光緒七年（1881年）。

[229]《清太宗文皇帝實錄》，第61卷，第3頁，崇德七年六月辛丑，中華書局影印本，1985年，北京。

[230] 俄羅斯學者格·瓦·麥利霍夫的《滿洲人在東北》一書中，說黑龍江流域及濱海地區各部落，「既不是滿洲國的藩屬，也不是它的臣民」云云。此說，沒有史據，實屬臆斷。

[231]《晉書·袁喬傳》：「夫經略大事，故非常情所具，智者了於胸心，然後舉無遺算耳！」

[232] 魏源：《聖武記》，第1卷，第9頁，中華書局點校本，1984年，北京。

[233] 朱誠如主編：《清朝通史·太宗朝》，第3卷，第581頁，紫禁城出版社，2003年，北京。

[234] 王思治：《清代皇位繼承製度嬗變與滿洲貴族間的矛盾》，《滿學研究》第3輯，民族出版社，1996年，北京。

[235] 周遠廉：《順治帝傳》，吉林文史出版社，1993年，長春。

[236] 李洵、薛虹主編：《清代全史》，第1卷，遼寧人民出版社，1991年，瀋陽。

[237] 李鴻彬：《孝莊文皇后》，王思治：《清代人物傳稿》，第1卷，中華書局，1984年，北京。

[238] 李格：《關於多爾袞擁立福臨問題的考察》，《清史論叢》，第2輯，中華書局，1980年，北京。

[239] 張玉興：《多爾袞擁立福臨考實》，《故宮博物院院刊》，1984年第1期。

[240]《瀋館錄》，第6卷，《遼海叢書》，遼瀋書社影印本，1985年，瀋陽；又《瀋陽狀啟》，遼寧大學歷史系刊印本，1983年。

[241] 大衙門，多書文作崇政殿。金毓黻先生在《瀋館錄·敘》中認為：「大衙門為清帝朝會治事之所，蓋即後來之大政殿，原稱為篤恭殿，《盛京通志》謂崇政殿舊名篤恭殿，此殊不然。《東華錄》天聰十年四月丁亥，定宮殿名大殿為篤恭殿，正殿為崇政殿。篤恭殿蓋為大政殿之舊名。」查《清太宗實錄》記載：天聰十年四月丁亥，定宮殿名：正殿為崇政殿，大殿為篤恭殿。皇太極於崇德八年八月庚午（初九日）死。辛未（初十日）其梓宮奉安在崇政殿。諸王貝勒大臣等朝夕哭臨三日。七日又哭臨祭奠。崇政殿連續齋戒七晝夜。蒙古諸王、三順王等，也到崇政殿焚香致哀。大衙門會議在皇太極死後第五天舉行，時皇太極死後未滿七日，尚在晝夜齋戒之期內。嚴肅而機密的諸王大臣皇位繼承會議，在崇政殿大殿舉行，既與史實不符，也與情理不合。《清史稿·索尼傳》記載：皇太極死後五日即十四日，「黎明，兩黃

旗大臣盟於大清門，令兩旗巴牙喇兵張弓挾矢，環立宮殿，率以詣崇政殿。諸王大臣列坐東西廡」云云。2001年9月22日，值紀念瀋陽故宮博物院建院七十五週年之際，筆者由馮秋雁副研究館員陪同，重新察看了崇政殿及其廡殿。崇政殿五間、三進，其東西分別為左翊門、右翊門各三間、一進。其東側原為一層、三間廡殿，西側原為二層、七間廡殿。乾隆八年（1743年）將東西廡殿加以改建——東為飛龍閣、西為翔鳳閣，均為兩層、五間、三進。其時崇政殿正中安設寶座，一側安放皇太極梓宮靈堂，另一側無法舉行諸王大臣最高軍國機要會議。是知議商皇太極遺位繼承的大衙門會議不是在崇政殿的大殿，而是在崇政殿的廡殿，諸王大臣列坐舉行。八月二十六日，順治帝登極大典則是在篤恭殿即大政殿前舉行。

[242]《清世祖章皇帝實錄》，第9卷，順治元年十月甲子，中華書局影印本，1985年，北京。

[243] 蕭一山：《清代通史》，上卷，商務印書館，1923年，上海。又，「帝之三子福臨」，「三」應作「九」。

[244]《清世祖章皇帝實錄》，第56卷，順治八年四月戊午載冷僧機奏言「兩旗大臣原誓立肅親王為君，睿王主立皇上」云云，只能說明多爾袞曾主張立福臨，而不能證明多爾袞首議立福臨。

[245]《清史稿·索尼傳》，第249卷，中華書局標點本，1976年，北京。

[246] 中國第一歷史檔案館藏《玉牒》第118冊載：清太宗第四子葉布舒，生於天聰元年十月十八日子時，即1627年11月25日。

[247] 中國第一歷史檔案館藏《玉牒》第118冊載：清太宗第五子碩塞，生於天聰二年十二月二十四亥時，即1629年1月17日。

[248]《清世祖章皇帝實錄》，第4卷，順治元年四月戊午朔，中華書局影印本，1985年，北京。

[249]《清世祖章皇帝實錄》，第63卷，順治九年三月癸巳，中華書局影印本，1985年，北京。

[250]《清世祖章皇帝實錄》，第1卷，崇德八年八月丁丑，中華書局影印本，1985年，北京。

[251]《瀋陽狀啟》，癸未年八月二十六日，遼寧大學歷史系刊印本，1983年，瀋陽。

[252]《清史稿·諸王二》，第276卷，第8990頁，中華書局標點本，1976年，北京。

[253]《清太宗文皇帝實錄》，第63卷，崇德七年十月甲子，中華書局影印本，1985年，北京。

[254] 崇德八年（1643年）八月乙亥（十四日）大衙門會議上，公議由皇九子福臨繼承皇位，而由鄭親王濟爾哈朗和睿親王多爾袞輔政。但是《清世祖章皇實錄》第2

卷崇德八年十二月乙亥（十五日）記載「攝政和碩鄭親王濟爾哈朗、和碩睿親王多爾袞定議」云云。這是《清世祖章皇帝實錄》出現「攝政王」之始。後來多爾袞和濟爾哈朗由輔政王而成為攝政王。

[255]《清國史·索尼傳》，第37卷，中華書局影印本，1993年，北京。

[256]《清世祖章皇帝實錄》，第37卷，順治五年三月己亥，中華書局影印本，1985年，北京。

[257]《清世祖章皇帝實錄》，第63卷，順治九年二月庚申，中華書局影印本，1985年，北京。

[258]《清世祖章皇帝實錄》，第1卷，崇德八年八月乙亥，中華書局影印本，1985年，北京。

[259] 高陽：《清朝的皇帝（一）》載：「世祖可能為多爾袞的私生子」，「至於選立六歲的福臨繼承皇位，自然是由於孝莊太后之故」云云。此為小說家言。

[260]《清史稿·諸王列傳一·景祖諸子傳》，第215卷，第8936頁，中華書局標點本，1976年，北京。

[261]《清高宗純皇帝實錄》，第14卷，乾隆元年三月乙巳，中華書局影印本，1985年，北京。

[262]《清史稿·聖祖本紀一》開宗文曰「聖祖合天弘運文武睿哲恭儉寬裕孝敬誠信功德大成仁皇帝」，在「誠信」之下脫「中和」二字。

[263]《清世宗憲皇帝實錄》，第1卷，康熙六十一年十一月乙巳二十四日，中華書局影印本，1985年，北京。

[264]《清世宗憲皇帝實錄》，第1卷，康熙六十一年十一月己酉二十八日，中華書局影印本，1985年，北京。

[265]《清史稿·聖祖本紀三》，第8卷，第305頁，中華書局標點本，1976年，北京。

[266]《清聖祖仁皇帝實錄》，第275卷，康熙五十六年十一月辛未，中華書局影印本，1985年，北京。

[267][法]白晉：《康熙皇帝》，趙晨譯，第2頁、第63頁，黑龍江人民出版社，1981年，哈爾濱。

[268]《李朝肅宗大王實錄》，第53卷，三十九年（康熙五十二年）三月丁未三十日，日本學習院東洋文化研究所，1959年，東京。

[269]《清高宗純皇帝實錄》，第1223卷，乾隆五十年正月丙寅，中華書局影印本，1986年，北京。

[270]《辭海》（上海辭書出版社，2010年，上海）「鄭成功」釋文：「康熙元年（1662年）二月一日，荷蘭總督揆一投降，臺灣重回祖國懷抱。」這種說法有欠缺：其一，二月一日應是陽曆，而不是陰曆；其二，1662年2月1日，實際上是順治十八年十二月十三日。康熙元年正月初一日應是1662年2月18日。事情雖發生在1662年2月1日，卻是順治十八年十二月十三日，本月末為二十九日，這時距康熙元年元日還有16天。因此，從帝王紀年方面，說鄭成功收復臺灣在順治十八年（1661年）可以，說鄭成功收復臺灣在康熙元年（1662年）不可以；從公元紀年方面，說鄭成功收復臺灣在1662年可以，說鄭成功收復臺灣在1661年不可以。

[271]《清聖祖仁皇帝實錄》，第151卷，康熙三十年五月壬辰，中華書局影印本，1985年，北京。

[272]《明史·韃靼傳》，第327卷，中華書局校點本，1974年，北京。

[273]《清史稿·藩部列傳一》，第518卷，中華書局標點本，1977年，北京。

[274] 苗日新：《熙春園·清華園考：清華園三百年記憶》（增訂本），清華大學出版社，2010年，北京。

[275]《清聖祖仁皇帝實錄》，第240卷，康熙四十八年十一月丙子，中華書局影印本，1985年，北京。

[276]《清聖祖仁皇帝實錄》，第235卷，康熙四十七年十二月是歲，中華書局影印本，1985年，北京。

[277]《清代起居注冊·康熙朝》，康熙十二年三月十一日辛巳，中華書局影印本，2009年，北京。

[278]《清代起居注冊·康熙朝》，康熙四十五年十二月三十日甲寅，中華書局影印本，2009年，北京。

[279]《清代起居注冊·康熙朝》，康熙十六年十二月三十日壬申，中華書局影印本，2009年，北京。

[280]《清聖祖仁皇帝實錄》，第219卷，康熙四十四年三月己亥，中華書局影印本，1985年，北京。

[281]《清聖祖仁皇帝實錄》，第219卷，康熙四十四年三月己未和庚子條，中華書局影印本，1985年，北京。

[282] 李斗《揚州畫舫錄》記載：乾隆帝南巡到揚州時，「兩岸支港汊河，橋頭村口，各安卡兵，禁民舟出入。纖道每里安設圍站兵丁三名。令村鎮民婦，跪伏瞻仰。於應迴避時，令男子退出村內，不禁婦女。」這說明：「舟車所經」是要戒嚴的，「橋頭村口」是有警蹕的，「夾道跪迎」是有組織的。

[283]《舊唐書·太宗本紀下》，第3卷，第63頁，中華書局校點本，1975年，北京。

[284]《明太祖實錄》，第 26 卷，吳王元年（元至正二十七年）十月丙寅，臺北中研院歷史語言研究所校勘本，1962 年，臺北。

[285]《中國同盟會總章》第二條，載《中國近代史資料叢刊·辛亥革命（二）》，第 7 頁，中國史學會編，上海人民出版社、上海書店出版社，2000 年，上海。

[286]《清聖祖仁皇帝實錄》，第 270 卷，康熙五十五年十月壬子，中華書局影印本，1985 年，北京。

[287]《滿洲實錄》，第 1 卷，遼寧通志館影印本，1930 年，瀋陽。

[288]《葉赫國貝勒家乘》，清鈔本，第 2 頁，國家圖書館善本部藏。

[289]《明神宗實錄》，第 528 卷，第 12 頁，萬曆四十三年正月乙亥，臺北中研院歷史語言研究所校勘本，1962 年，臺北。

[290]《正白旗滿洲葉赫納喇氏宗譜》，不分卷，同治庚午年（1870 年）鈔本。

[291]《清史稿·索尼傳》，第 249 卷，第 9672 頁，中華書局標點本，1977 年，北京。

[292]《索尼誥封碑文》拓片。

[293]《清史稿徐元文傳》「論曰」，第 250 卷，第 9780 頁，中華書局標點本，1976 年，北京。

[294]《清史稿·索額圖傳》載，「索額圖為索尼第二子」，誤。

[295]《清史稿·后妃列傳》載，「索尼孫領侍衛內大臣噶布喇」，誤。噶布喇為索尼之子。

[296]《清史稿·世祖本紀二》，第 5 卷，第 164 頁，中華書局標點本，1976 年，北京。

[297]《明珠及妻覺羅氏誥封碑文》拓片。

[298]《明珠及妻覺羅氏誥封碑文》拓片。

[299]《清史稿·明珠傳》，第 269 卷，第 9992 頁，中華書局標點本，1977 年，北京。

[300] 趙翼：《簷曝雜記》，第 2 卷，中華書局校點本，1982 年，北京。

[301]《清世祖章皇帝實錄》，第 71 卷，順治十年正月庚午，中華書局影印本，1985 年，北京。

[302]《東華貳臣傳·陳名夏傳》，第 11 卷，國史館原本，琉璃廠榮錦書坊刻本。

[303]《康熙起居注冊》，康熙十一年八月十二日，中華書局影印本，2009 年，北京。

[304]《康熙起居注冊》，康熙十一年六月二十日，中華書局影印本，2009 年，北京。

[305]《清史稿·王熙傳》，第 250 卷，第 9694 頁，中華書局標點本，1977 年，北京。

[306]《清史稿·李霨傳》，第 250 卷，第 9686 頁，中華書局標點本，1977 年，北京。

[307]《康熙起居注冊》，康熙十六年三月十四日，中國第一歷史檔案館藏。

參考文獻

[308]《康熙起居注冊》，康熙十二年八月二十二日，中國第一歷史檔案館藏。

[309]《通議大夫一等侍衛佐領納蘭君墓誌銘》拓片。

[310]《皇清誥授文端揆公墓誌銘》拓片。

[311]《皇清誥封一品夫人揆文端公元配永母耿太夫人墓誌銘》拓片。

[312]《皇清誥封和碩額駙納蘭揆公墓誌銘》拓片。

[313] 參見拙文《清初滿漢文化交流的新篇章》，《北京社會科學》，1986年第1期。

[314]《清史列傳·施琅傳》，第9卷，上海中華書局，1928年，上海。

[315]《清史稿·施琅傳》，第260卷，第9867頁，中華書局標點本，1977年，北京。

[316]《清史列傳·李霨傳》，第7卷，上海中華書局，1928年，上海。

[317]《康熙起居注冊》，康熙十年十月十四日，中國第一歷史檔案館藏。

[318]《清聖祖仁皇帝實錄》，第104卷，康熙二十一年八月庚寅，中華書局影印本，1985年，北京。

[319] 納蘭性德：《通志堂集》，第19卷，上海古籍出版社影印本，1979年，上海。

[320]《清史稿·靳輔傳》，第279卷，第10122頁，中華書局標點本，1977年，北京。

[321]《魏源集·籌河篇上》，中華書局校點本，1983年，北京。

[322]《康熙起居注冊》，康熙二十八年三月二十一日，中國第一歷史檔案館藏。

[323]《清史稿於成龍傳》，第279卷，第10126頁，中華書局標點本，1977年，北京。

[324]《明珠及妻覺羅氏誥封碑文》拓片。

[325] 蔣良騏：《東華錄》，第14卷，清木刻本。

[326]《康熙起居注冊》，康熙二十七年二月初九日，中國第一歷史檔案館藏。

[327]《清史稿·陳鵬年傳》，第277卷，中華書局標點本，1977年，北京。

[328]《清史稿·龔翔麟傳》，第282卷，中華書局標點本，1977年，北京。

[329]《清史稿·楊方興傳》，第279卷，中華書局標點本，1977年，北京。

[330]《清史稿·於成龍傳》，第277卷，中華書局標點本，1977年，北京。

[331] 福格：《聽雨叢談》，第1卷，中華書局校點本，1984年，北京。

[332]《皇清冊封郡主覺羅氏墓誌銘》拓片。

[333]《清史稿·明珠傳》，第269卷，中華書局標點本，1977年，北京。

[334]《清史稿·索額圖傳》，第269卷，中華書局標點本，1977年，北京。

[335] 鄧之誠：《清詩紀事初編》，第6卷，上海古籍出版社，1984年，上海。

[336]《清史稿·李光地傳》，第262卷，中華書局標點本，1977年，北京。

[337]《清史稿·徐乾學傳》，第 271 卷，中華書局標點本，1977 年，北京。

[338]《清史稿·諸王列傳六》，第 220 卷，中華書局標點本，1976 年，北京。

[339]《清史稿·王鴻緒傳》，第 271 卷，中華書局標點本，1977 年，北京。

[340]《清聖祖仁皇帝實錄》，第 335 卷，康熙四十七年十月丙午，中華書局影印本，1985 年，北京。

[341]《清高宗純皇帝實錄》，第 1067 卷，乾隆四十三年九月丁未，中華書局影印本，1986 年，北京。

[342]《清史稿·高士奇傳》，第 271 卷，中華書局標點本，1977 年，北京。

[343] 孫高亮：《於少保萃忠全傳》，第五回，道光十五年刻本，北京圖書館善本部藏。但于謙《忠肅集》（四庫全書本）第 11 卷載其詩：雜體 60 首、五絕 40 首、五律 46 首、七律 193 首、七絕 71 首，共 410 首；于謙《節庵存稿》（成化刻本）載其詩：雜體 61 首、五律 46 首、七律 195 首、五絕 40 首、七絕 172 首，共 414 首；于謙《於肅愍公集》（嘉靖刻本）載其詩：雜體 73 首、五律 61 首、七律 346 首、五絕 53 首，七絕 87 首，共 620 首。《忠肅集》《四庫全書》《節庵存稿》（成化本）和《於肅愍公集》（嘉靖本）均闕《石灰吟》。

[344] 參見孫高亮：《于謙全傳》，浙江人民出版社，1981 年，杭州。

[345] 于謙：《讀悟真篇》，《於肅愍公集》，第 6 卷，明嘉靖刻本，北京圖書館善本部藏。

[346] 葉盛：《水東日記》，第 30 卷，第 297—298 頁，中華書局校點本，1980 年，北京。

[347]《皇明大政記》，第 17 卷，載鄭曉：《吾學編》，第 69 卷，第 1 葉，明萬曆二十七年（1599 年）刻本，北京圖書館善本部藏。

[348] 于謙：《憶老婢》，《於肅愍公集》，第 1 卷，第 22 頁，明嘉靖刻本，北京圖書館善本部藏。

[349]《明熹宗實錄》，第 75 卷，天啟六年八月丁巳，臺北中研院歷史語言研究所校勘本，1962 年，臺北。

[350] 于謙：《二月初三日出使》，《忠肅集》，第 11 卷，第 77 葉，《景印文淵閣四庫全書》本，臺灣商務印書館，1986 年，臺北。

[351] 于謙：《過中牟魯恭祠》，《忠肅集》，第 11 卷，第 4 葉，《景印文淵閣四庫全書》本，臺灣商務印書館，1986 年，臺北。

[352]《于謙行狀》載述：「公在河南，屢布大政。其一，勸糴糧米；其二，備物堰水；其三，減價糶賣；其四，摅誠祈禱；其五，稅糧折請；其六，種樹浚井；其七，

分豁差遣；其八，修築堤岸；其九，撫賑流民；其十，減徵糧布。」見《忠肅集附錄》，第5—6葉，《景印文淵閣四庫全書》本，臺灣商務印書館，1986年，臺北。

[353]《成化山西通志》，第8卷，第35葉，明成化十一年（1475年）刻本，北京圖書館善本部藏。

[354]《江西通志》，第58卷，第6葉，《景印文淵閣四庫全書》本，臺灣商務印書館，1986年，臺北。

[355]《明史·于謙傳》，第170卷，第4544頁，中華書局校點本，1974年，北京。

[356] 倪岳：《神道碑》，《忠肅集·附錄》，《景印文淵閣四庫全書》本，臺灣商務印書館，1986年，臺北。

[357] 王源：《居業堂文集》，第1卷，第5頁，上海商務印書館，1936年，上海。

[358] 王世貞：《弇州山人續稿》，第207卷，第12葉，明刻本，北京圖書館善本部藏。

[359]《山西通志》，第85卷，第6葉，《景印文淵閣四庫全書》本，臺灣商務印書館，1986年，臺北。

[360]《明宣宗實錄》，第76卷，宣德六年二月戊午，臺北中研院歷史語言研究所校勘本，1962年，臺北。

[361]《明史·于謙傳》，第170卷，第4544頁，中華書局校點本，1974年，北京。

[362]《嘉靖河南通志》，第24卷，第18葉，明嘉靖三十四年（1555年）刻本，北京圖書館善本部藏。

[363] 于謙撰《鐵犀銘》：「百煉玄金，熔為金液。變幻靈犀，雄威赫奕。鎮厥堤防，波濤永息。安若泰山，固如磐石。水怪潛形，馮夷斂跡。城府堅完，民無墊溺。雨順風調，男耕女織。四時循序，百神效職。億萬閭閻，措之枕席。惟天之休，惟帝之力。爾亦有庸，傳之無極。」（《嘉靖河南通志》第41卷，明嘉靖三十四年 [1555年] 刻本）。

[364]《明宣宗實錄》，第3卷，宣德十年三月辛巳，臺北中研院歷史語言研究所校勘本，1962年，臺北。

[365] 余繼登：《典故紀聞》，第11卷，第197頁，中華書局校點本，1981年，北京。

[366] 郎瑛：《七修類稿》，第13卷，《於肅愍詩》云：「手帕蘑菇及線香，本資民用反為殃。清風兩袖朝天去，免得鄉間話短長。」瑛為謙同裡，而比謙稍晚。《辭海》清風兩袖條載：「於少保（謙）嘗為兵部侍郎，巡撫河南，其還京日，不持一物，人傳其詩云：『絹帕蘑姑與線香，本資民用反為殃。清風兩袖朝天去，免得閭閻話短長。』」

[367]《嘉靖河南通志》，第 24 卷，第 18 葉，明嘉靖三十四年刻本。又見于謙同裡郎瑛《七修類稿·於肅愍詩》，但其末句略有不同，為「免得鄉閭話短長」；另見《萬曆杭州府志》，但其末句亦略有不同，為「免得閭閻說短長」。另見葉盛：《水東日記·於節庵遺亭》，第 5 卷，第 56 頁，中華書局，1980 年，北京。

[368] 林寒、王季編選：《于謙詩選》（修訂增補本），第 110 頁，浙江人民出版社，1982 年，杭州。又郎瑛《七修類稿》第 37 卷引述《桑》《犬》二詩之後論說，意二詩不類於公本集之句，予問之先輩云云，「或曰《犬》詩乃先正李時勉者，未知孰是」。

[369]《於節庵疏》第 4 卷《教習功臣子孫疏》載：「國家隆古崇德報功之典，凡勳臣之家前代既加褒錫，後世子孫得以承襲爵祿，或遇蒙任使管理軍務。然彼皆出自膏粱，素享富貴，惟務安佚，不習勞苦。賢智者少，荒惰者多。當有事之際，輒欲委以機務，莫不張惶失措，一籌莫展。不唯有負朝廷恩遇之隆，抑且恐誤天下要切之事。評其所自，皆平日養成驕惰，不學無術之所致也。」

[370] 查繼佐：《罪惟錄》，第 11 捲上，第 1635 頁，浙江古籍出版社，1986 年，杭州。

[371]《山西通志》，第 85 卷，第 7 葉，《景印文淵閣四庫全書》本，臺灣商務印書館，1986 年，臺北。

[372] 黃宗羲：《明夷待訪錄·原君》，第 1 頁，中華書局，1981 年，北京。

[373] 張瀚：《松窗夢語》，第 7 卷，第 129—130 頁，中華書局校點本，1985 年，北京。

[374] 于謙：《兵部為備邊保民事疏》，《忠肅集》，第 1 卷，第 15 葉，《景印文淵閣四庫全書》本，臺灣商務印書館，1986 年，臺北。

[375] 陳學霖教授《李賢與「土木之變」史料》考證：「李賢以御史扈從，在大軍起行不數日，已察覺形勢不利，大難臨頭，曾與三數同僚謀議，僱用一武士捽殺主謀宦官王振，然後班師回朝。此計雖未實現，但深具意義，對整個事件極為重要，宜為史官大書於篇。不過，近人對此事的認識卻為夏燮《明通鑑》貽誤，因為夏氏誤書其主謀為吏部尚書曹鼐，張冠李戴，湮沒李賢的功勞，影響後人視聽。」上文揭載於《明代人物與傳說》，香港中文大學出版社，1977 年，香港。

[376]《明英宗實錄》，第 181 卷，正統十四年八月壬戌，臺北中研院歷史語言研究所校勘本，1962 年，臺北。

[377] 谷應泰：《明史紀事本末》，第 32 卷，第 474 頁，中華書局校點本，1977 年，北京。

[378]《李朝世宗實錄》，第 126 卷，三十一年十月乙醜，日本學習院東洋文化研究所，1959 年，東京。

參考文獻

[379] 于謙：《連日燈花鵲噪漫成》，《忠肅集》，第 11 卷，第 44 葉，《景印文淵閣四庫全書》本，臺灣商務印書館，1986 年，臺北。

[380] 陸容：《菽園雜記》，第 4 卷，第 45 頁，中華書局，1985 年，北京。

[381] 《明史·徐有貞傳》，第 171 卷，第 4561 頁，中華書局校點本，1974 年，北京。

[382] 鄭曉：《吾學編》，第 69 卷，第 3 葉，明萬曆二十七年（1599 年）刻本，北京圖書館善本部藏。

[383] 《明史·于謙傳》，第 170 卷，第 4545 頁，中華書局校點本，1974 年，北京。

[384] 《嘉靖浙江通志》，第 46 卷，第 28 葉，明嘉靖年間刻本，北京圖書館善本部藏。

[385] 《明英宗實錄》，第 181 卷，正統十四年八月戊辰，臺北中研院歷史語言研究所校勘本，1962 年，臺北。

[386] 葉向高：《於忠肅公集·序》，《於忠肅公集》卷首，明萬曆年間刻本，收入《武林往哲遺著叢書》，中國科學院圖書館藏。

[387] 谷應泰：《明史紀事本末》，第 22 卷，第 458 頁，中華書局校點本，1977 年，北京。

[388] 李贄：《太傅於忠肅公》，《續藏書經濟名臣》，第 15 卷，第 307 頁，中華書局，1959 年，北京。

[389] 何良俊《四友齋叢說》第 6 卷載：「己巳之變，議者請燒通州倉以絕虜望。於肅愍曰：國之命脈，民之膏脂，顧不惜耶！傳示城中有力者恣取之。數日粟盡入城矣。」

[390] 《明史·于謙傳》，第 170 卷，第 4547 頁，中華書局校點本，1974 年，北京。

[391] 《明史·于謙傳》，第 170 卷，第 4546 頁，中華書局校點本，1974 年，北京。

[392] 《萬曆杭州府志》，第 77 卷，第 2 葉，明萬曆七年（1579 年）刻本，北京圖書館善本部藏。

[393] 于謙：《兵部為邊務事疏》，《忠肅集》，第 2 卷，第 31 葉，《景印文淵閣四庫全書》本，臺灣商務印書館，1986 年，臺北。

[394] 《明英宗實錄》，第 184 卷，正統十四年十月辛酉，臺北中研院歷史語言研究所校勘本，1962 年，臺北。

[395] 朱國禎：《湧幢小品》，第 20 卷，第 5 頁，上海進步書局，1936 年，上海。

[396] 沈德符：《萬曆野獲編》，英宗「先以正統十四年八月十五日壬戌車駕北狩，至次年八月十五日丙戌還京。凡蒙塵恰一年，不差一日。自是居南宮者七年，以天順元年正月十七日壬午復辟登極，至天順八年正月十七日己巳晏駕，前後不差一日」。見同書第 1 卷，第 21 頁，中華書局點校本，1959 年，北京。

[397] 周復俊：《涇川詩文集》，第 6 卷，第 56 葉，明萬曆二十年（1592 年）刻本，北京圖書館善本部藏。

[398] 于謙：《兵部為整點軍伍疏》《兵部為禁約操軍疏》，《忠肅集》，第 5 卷、第 41 葉，第 6 卷、第 11 葉，《景印文淵閣四庫全書》本，臺灣商務印書館，1986 年，臺北。

[399]《明史·兵志一》，第 89 卷，第 2177 頁，中華書局校點本，1974 年，北京。

[400]《明史·兵志一》，第 89 卷，第 2179 頁，中華書局校點本，1974 年，北京。

[401] 查繼佐：《罪惟錄》，第 11 捲上，第 1368 頁，浙江古籍出版社，1986 年，杭州。

[402]《明英宗實錄》正統十四年十月丙辰載：「賴有盔甲軍士但不出城者斬。是時有盔甲者僅十之一云。」

[403]《康熙錢塘縣誌》，第 18 卷，第 4 葉，清康熙五十七年（1718 年）刻本，北京圖書館善本部藏。

[404] 談遷：《國榷》，第 32 卷，第 2024 頁，中華書局影印本，1958 年，北京。

[405] 于謙：《和何知州交趾死節韻》，《忠肅集》，第 2 卷，第 31 葉，《景印文淵閣四庫全書》本，臺灣商務印書館，1986 年，臺北。

[406] 郎瑛：《七修類稿》，第 13 卷，第 190 頁，中華書局，1959 年，北京。但其標點「去矣歸耶，人不鬼歸」，錯斷，蓋誤。夏燮《明通鑒》第 27 卷、第 1089 頁：「有貞焚香祝天，與家人訣，曰：『事成社稷利，不成門族，禍歸人不歸，鬼矣。』」引文見中華書局 1959 年版。此段標點有誤，似應作：「有貞焚香祝天，與家人訣曰：『事成，社稷利；不成，門族禍。歸，人；不歸，鬼矣！』」

[407]《明史·李賢傳》載：「及亨得罪，帝復問賢『奪門』事。賢曰：『迎駕』則可，『奪門』豈可示後。天位乃陛下固有，奪即非順。……帝悟曰：『然』。」

[408] 王源：《居業堂文集》，第 1 卷，第 10 頁，上海商務印書館，1936 年，上海。

[409] 談遷：《國榷》，第 32 卷，第 2025 頁，中華書局影印本，1958 年，北京。又，禮部尚書姚夔後將其議稿出示於郎中陸昶，昶再言及王錡。錡著《寓圃雜記英宗復辟》載述其事。

[410] 于謙：《趙尚書詩集·序》，《忠肅集》，第 11 卷，第 1 葉，《景印文淵閣四庫全書》本，臺灣商務印書館，1986 年，臺北。

[411] 于謙：《祭亡妻淑人董氏文》，《忠肅集》，第 12 卷，第 18 葉，《景印文淵閣四庫全書》本，臺灣商務印書館，1986 年，臺北。

[412]《明英宗實錄》，第 274 卷，天順元年正月丙寅，臺北中研院歷史語言研究所校勘本，1962 年，臺北。

[413] 于謙：《田舍翁》，《忠肅集》，第 11 卷，第 8 葉，《景印文淵閣四庫全書》本，臺灣商務印書館，1986 年，臺北。

[414] 于謙：《憫農》，《於節庵詩集》，第 1 卷，第 13 葉，明刻本，北京大學圖書館善本室藏。

[415] 于謙：《無題》，《於肅愍公集》，第 1 卷，第 20 葉，明嘉靖刻本，北京圖書館善本部藏。

[416] 于謙：《初度》，《忠肅集》，第 10 卷，第 39 葉，《景印文淵閣四庫全書》本，臺灣商務印書館，1986 年，臺北。

[417] 于謙：《還京述懷》，《忠肅集》，第 11 卷，第 40 葉，《景印文淵閣四庫全書》本，臺灣商務印書館，1986 年，臺北。

[418]《萬曆杭州府志》，第 77 卷，第 6 葉，明萬曆七年（1579 年）刻本，北京圖書館善本部藏。

[419] 尹守衡：《明史竊》，第 51 卷，明崇禎十年（1637 年）刻本，臺北「中央圖書館善本部」藏。

[420] 于謙：《初度日》，《於肅愍公集》，第 3 卷，第 10 葉，明嘉靖刻本，北京圖書館善本部藏。

[421] 于謙：《收麥詩》，《於節庵詩集》，第 1 卷，第 14 葉，明刻本，北京大學圖書館善本室藏。

[422] 于謙：《晉祠禱雨曉行》，《於肅愍公集》，第 3 卷，第 11 葉，明嘉靖刻本，北京圖書館善本部藏。

[423] 于謙：《春水》，《於肅愍公集》，第 3 卷，第 6 葉，明嘉靖刻本，北京圖書館善本部藏。

[424]《明史·劉球傳》，第 162 卷，第 4406 頁，中華書局校點本，1974 年，北京。

[425] 于謙：《劉侍講畫像贊》，《於肅愍公集》，第 8 卷，第 1 葉，明大梁書院嘉靖丁亥（1527 年）刻本（清光緒重刻本），中國科學院圖書館藏。

[426] 于謙：《詠煤炭》，《忠肅集》，第 11 卷，第 45 葉，《景印文淵閣四庫全書》本，臺灣商務印書館，1986 年，臺北。

[427] 于謙：《孤雲》，《於肅愍公集》，第 6 卷，第 1 葉，明嘉靖刻本，北京圖書館善本部藏。

[428] 于謙：《無題》，《於節庵詩集》，第 1 卷，第 14 葉，明刻本，北京大學圖書館善本室藏。

[429]《嘉靖河南通志》,第 18 卷,第 8—9 葉,明嘉靖三十四年(1555 年)刻本,北京圖書館善本部藏。該志記載:「庇民祠在府治西,祀侍郎于謙。成化中,汴父老建,即公之寓廊所也。正德十年重修,每歲春秋有司致祭。」李夢陽記注曰:「開封城馬軍衙橋西,故有於少保祠云。初,公以定傾保大之功,居無何而死。於是天下人聞公死,咸驚而疑,而涕泣,語曰:鷺鷥冰上走,何處覓魚嫌。而公前巡撫河南時,實廨馬軍衙橋西,而梁父老於是聞公死咸涕泣,日相率潛詣公廨為位哭奠焉。會純皇帝立詔曰:少保謙冤,宥其家而遣(官)祭其墓。乃梁父老則又咸涕泣相率私起祠故廨,傍祠公伏臘忌。梁父老則把香曳箑跛履若少壯,咸翼如不期而至,稽首祠下哭,填門塞戶!又敬皇帝立詔曰:少保謙特進光祿大夫、柱國、太傅,諡肅愍,立祠歲春秋祀之。而日旌功祠焉。於是梁父老則又咸涕相率數百千人詣闕門伏訴:少保謙前兵部侍郎時巡撫功云,願立祠如杭祠,不報。而梁父老歸,伏臘忌歲,乃聚哭公於私祠,今三十年餘矣!」

[430] 孫承澤:《春明夢餘錄》,第 22 卷,第 14 葉,廣陵古籍刻印社,1990 年,揚州。

[431]《日下舊聞考》,第 46 卷,第 720 頁,北京古籍出版社,1981 年,北京。

[432] 劉侗、於奕正:《帝京景物略》,第 2 卷,第 51 頁,北京古籍出版社,1980 年,北京。

[433] 查慎行《人海記》(清鈔本)上卷載:「崇文門內舊有於忠肅公祠,萬曆乙未二月己未敕建。額曰『忠節』。本朝順治中,公之像被毀。吾邑人談孺木作《吊於太傅祠文》以憫之。今相傳為京師城隍神。」

[434] 京師於少保祠,清初孫承澤《春明夢餘錄》載其「在崇文門內東裱背巷,公故賜宅也。祠三楹,祀少保兵部尚書于謙,塑公像危坐,歲春秋遣太常官致祭。」朱一新《京師坊巷志稿》載:「於忠肅祠,萬曆乙未二月己未敕建。順治中,公像被毀。」乾隆中,勵宗萬奉命對京城古蹟做調查,其《京城古蹟考》云:「乃遍訪故巷,悉為居民,求所謂忠肅祠者,皆曰不知。」清末,震鈞《天咫偶聞》載:「於忠肅祠,在裱背胡同,蕪廢已久,近始重修,浙人逢春秋闈,居為試館。」1984 年 5 月 24 日,北京市人民政府決定「于謙祠」為北京市重點文物保護單位,其址今為北京市東城區西裱褙胡同 23 號。

[435] 孫承澤:《天府廣記》,第 9 卷,第 104 頁,北京古籍出版社,1984 年,北京。

[436]《明孝宗實錄》,第 33 卷,弘治二年十二月辛卯,臺北中研院歷史語言研究所校勘本,1962 年,臺北。

[437] 趙其昌主編《明實錄北京史料》(北京古籍出版社)第 581 頁,引錄《明孝宗實錄》弘治二年十二月辛卯于謙條,脫「懇」字;《明神宗實錄》萬曆十七年十二月丙子于謙條,缺漏。

[438]《明神宗實錄》，第218卷，萬曆十七年十二月丙子，臺北中研院歷史語言研究所校勘本，1962年，臺北。

[439]《萬曆邸鈔》，中冊，第882頁，萬曆二十三年二月，廣陵古籍刻印社，1991年，揚州。

[440] 人民文學出版社1988年出版孫一珍校點的《於少保萃忠全傳》，書首頁有于謙畫像一幅，像下題「於肅公像」。于謙死後，弘治二年（1489年）諡「肅愍」，萬曆十七年（1589年）改諡「忠肅」。所以，于謙畫像下題「於忠肅公像」為是，而題「於肅公像」為錯。

[441]《於忠肅集補遺》，《李卓吾評於節集》，「補遺卷」，第18葉，明刻本，北京大學圖書館善本室藏。

[442] 黃宗羲：《明夷待訪錄·原君》，第2頁，中華書局，1981年，北京。

[443] 於慎行：《穀山筆麈》，第3卷，第23頁，中華書局校點本，1984年，北京。

[444]《明史·戚繼光傳》，第212卷，第5627頁，中華書局校點本，1974年，北京。

[445]《元史·順帝本紀九》，第46卷，中華書局校點本，1976年，北京。

[446]《明史·劉榮傳》，第155卷，中華書局校點本，1974年，北京。

[447] 洪平健：《日本歷史的發展》，《史學專刊》，第1卷，第4期，國立中山大學出版部，1936年，廣州。

[448]《明會典》，第105卷，商務印書館《萬有文庫》排印本，1936年，上海。

[449] 查繼佐：《罪惟錄·劉江傳》，第19卷，浙江古籍出版社，1986年，杭州。

[450]《李朝宣祖實錄》，第42卷，二十六年九月己未，日本學習院東洋文化研究所，1959年，東京。

[451]《李朝宣祖實錄》，第40卷，二十六年七月辛酉，日本學習院東洋文化研究所，1959年，東京。

[452]《李朝宣祖實錄》，第27卷，二十五年六月乙卯，日本學習院東洋文化研究所，1959年，東京。

[453]《清聖祖仁皇帝實錄》，第141卷，康熙二十八年八月戊子，中華書局影印本，1985年，北京。

[454]《明史·日本傳》，第322卷，中華書局校點本，1974年，北京。

[455]《嘉靖東南平倭通錄》，附錄二，《國朝典匯》，臺灣學生書局據臺灣「中央圖書館」藏善本影印，1965年，臺北。

[456]《嘉靖東南平倭通錄·柳跋》，神州國光社，1946年，上海。

[457]《明史·任環傳》，第 205 卷，中華書局校點本，1974 年，北京。

[458] 采九德：《倭變事略·序》，《中國歷史研究資料叢書》，上海書店出版社，1982 年，上海。

[459] 玉壘山人：《金山倭變小志》，不分卷，《中國歷史研究資料叢書》，上海書店出版社，1982 年，上海。

[460]《明史·韃靼傳》，第 327 卷，中華書局校點本，1974 年，北京。

[461]《張給諫奏議一》，《明經世文編》，第 364 卷，中華書局影印本，1962 年，北京。

[462] 汪道昆：《薊鎮善後事宜疏》，《明經世文編》，第 337 卷，中華書局影印本，1962 年，北京。

[463]《明史·王崇古傳》，第 222 卷，中華書局校點本，1974 年，北京。

[464]《萬曆宣府鎮志》，第 20 卷，萬曆二年（1574 年）增刻本，北京圖書館藏（膠片）。

[465]《明史·李成梁傳》，第 238 卷，中華書局校點本，1974 年，北京。

[466]《戚少保年譜耆編》，第 1 卷，崇勳祠重刻本，道光二十七年（1847 年），福建仙遊。

[467]《籌海圖編》，第 7 卷，明嘉靖四十一年（1562 年）刻本。

[468]《汪太函集》，第 27 卷，明萬曆辛卯年（1591 年）刻本。

[469] 查繼佐：《罪惟錄》，第 19 卷，浙江古籍出版社，1986 年，杭州。

[470] 李贄：《續藏書都司戚公傳附子繼光傳》，第 14 卷，中華書局，1959 年，北京。

[471]《戚少保年譜耆編·沈序》，卷首，崇勳祠重刻本，道光二十七年（1847 年），福建仙遊。

[472]《戚少保年譜耆編》，第 1 卷，崇勳祠重刻本，道光二十七年（1847 年），福建仙遊。

[473]《明史·戚繼光傳》，第 212 卷，中華書局校點本，1974 年，北京。

[474]《止止堂集·愚愚稿上》，第 4 卷，清光緒十四年（1888 年）山東書局重刊本。

[475]《止止堂集·橫槊稿上》，第 1 卷，清光緒十四年（1888 年）山東書局重刊本。

[476]《明史·戚繼光傳》，第 212 卷，中華書局校點本，1974 年，北京。

[477]《明史·嚴嵩傳》，第 308 卷，中華書局校點本，1974 年，北京。

[478]《明史·朱紈傳》，第 205 卷，中華書局校點本，1974 年，北京。

[479]《明史·盧鏜傳》，第 212 卷，中華書局校點本，1974 年，北京。

[480] 谷應泰：《明史紀事本末》，第 55 卷，中華書局校點本，1977 年，北京。

[481] 《明史·張經傳》，第 205 卷，中華書局校點本，1974 年，北京。

[482] 《明史·曹邦輔傳》，第 205 卷，中華書局校點本，1974 年，北京。

[483] 《明史·俞大猷傳》，第 212 卷，中華書局校點本，1974 年，北京。

[484] 《明史·趙文華傳》，第 308 卷，中華書局校點本，1974 年，北京。

[485] 孫承澤：《山書》，第 7 卷，清鈔本。

[486] 谷應泰：《明史紀事本末》，第 24 卷，中華書局校點本，1977 年，北京。

[487] 《嘉靖東南平倭通錄》，不分卷，臺灣學生書局據臺灣「中央圖書館」藏善本影印，1965 年，臺北。

[488] 《明史·阮鶚傳》，第 205 卷，中華書局校點本，1974 年，北京。

[489] 《戚少保年譜耆編》，第 1 卷，崇勛祠重刻本，道光二十七年（1847 年），福建仙遊。

[490] 《明宣宗實錄》，第 99 卷，宣德八年二月甲辰，臺北中研院歷史語言研究所校勘本，1962 年，臺北。

[491] 1978 年 10 月紀念戚繼光逝世四百週年學術討論會開幕式即在復建太平樓前舉行。

[492] 《明代遼東檔案彙編》，下冊，第 1156 頁，遼寧省檔案館藏。

[493] 《戚少保年譜耆編》，第 1 卷，崇勛祠重刻本，道光二十七年（1847 年），福建仙遊。

[494] 《新建敵臺碑記》，浙江省臨海市博物館錄示碑文。

[495] 谷應泰：《明史紀事本末》，第 55 卷，中華書局校點本，1977 年，北京。

[496] 《戚少保年譜耆編》，第 1 卷，崇勛祠重刻本，道光二十七年（1847 年），福建仙遊。

[497] 《戚少保年譜耆編》，第 1 卷，崇勛祠重刻本，道光二十七年（1847 年），福建仙遊。

[498] 谷應泰：《明史紀事本末》，第 55 卷，中華書局，1977 年，北京。

[499] 《明史·胡宗憲傳》，第 205 卷，中華書局校點本，1974 年，北京。

[500] 《大參戎南塘戚公表功記》，碑藏浙江省臨海市東湖小瀛洲，臨海市博物館見示碑文。

[501] 《光緒臺州府志》，第 29 卷，光緒二十三年（1897 年）修，民國鉛印本，首都圖書館藏。

[502]《康熙臨海縣誌》,第 2 卷,清康熙二十二年(1683 年)刻本,故宮博物院圖書館藏。

[503]《戚少保年譜耆編》,第 2 卷,崇勛祠重刻本,道光二十七年(1847 年),福建仙遊。

[504]《明史·戚繼光傳》作「瓜陵江」。

[505] 李贄:《續藏書·都司戚公附子繼光傳》,第 14 卷,中華書局,1959 年,北京。

[506]《籌海圖編》,第 9 卷,明嘉靖四十一年(1562 年)刻本。

[507]《明史·胡宗憲傳》,第 205 卷,中華書局校點本,1974 年,北京。

[508]《明史·譚綸傳》,第 222 卷,中華書局校點本,1974 年,北京。

[509]《戚少保年譜耆編》第 3 卷、《明史·戚繼光傳》作「人持草一束,填壕進」,「壕」似應為「泥」字。

[510]《閩書·武軍志》,第 67 卷,明刻本,北京圖書館善本部藏。

[511]《戚少保年譜耆編》,第 6 卷,崇勛祠重刻本,道光二十七年(1847 年),福建仙遊。

[512]《明史·劉顯傳》,第 212 卷,中華書局校點本,1974 年,北京。

[513]《譚襄敏公奏議》,第 2 卷,明刻本,北京圖書館善本部藏。

[514] 谷應泰:《明史紀事本末》,第 55 卷,中華書局校點本,1977 年,北京。

[515] 金安清:《東倭考》,不分卷,《中國歷史研究資料叢書》,上海書店出版社,1982 年,上海;又見《明史·日本傳》。

[516] 采九德:《倭變事略》,不分卷,《中國歷史研究資料叢書》,上海書店出版社,1982 年,上海。

[517]《戚少保年譜耆編》,第 2 卷,崇勛祠重刻本,道光二十七年(1847 年),福建仙遊。

[518]《明史·戚繼光傳》,第 212 卷,中華書局校點本,1974 年,北京。

[519] 王世貞:《北虜始末志》,《明經世文編》,第 332 卷,中華書局影印本,1962 年,北京。

[520]《明史·韃靼傳》,第 327 卷,中華書局校點本,1974 年,北京。

[521]《戚少保年譜耆編》,第 11 卷,崇勛祠重刻本,道光二十七年(1847 年),福建仙遊。

[522] 黃道周:《廣名將傳》,第 20 卷,書目文獻出版社,1986 年,北京。

[523]《止止堂集·橫槊稿上》,第 1 卷,清光緒十四年(1888 年)山東書局重刊本。

參考文獻

[524]《戚少保年譜耆編》，第1卷，崇勛祠重刻本，道光二十七年（1847年），福建仙遊。

[525]《明史·戚繼光傳》，第212卷，中華書局校點本，1974年，北京。

[526]《戚少保年譜耆編》，第7卷，崇勛祠重刻本，道光二十七年（1847年），福建仙遊。

[527]《修長城邊牆碑記》，北京圖書館善本部藏拓片。

[528]《戚少保年譜耆編》，第6卷，崇勛祠重刻本，道光二十七年（1847年），福建仙遊。

[529]《止止堂集·橫槊稿上》，第1卷，清光緒十四年（1888年）山東書局重刊本。

[530]《戚少保文集三》，《明經世文編》，第348卷，中華書局影印本，1962年，北京。

[531]《戚少保年譜耆編》，第9卷，崇勛祠重刻本，道光二十七年（1847年），福建仙遊。

[532] 萬曆三年二月，敵臺增至一千三百三十七座。見《戚少保年譜耆編》，第11卷。

[533] 汪道昆：《邊務疏》，《明經世文編》，第338卷，中華書局影印本，1962年，北京。

[534]《明史·戚繼光傳》，第212卷，中華書局校點本，1974年，北京。

[535]《戚少保年譜耆編》，第7卷，崇勛祠重刻本，道光二十七年（1847年），福建仙遊。

[536]《春防分修黃花鎮本鎮關邊牆碑記》拓片，北京圖書館善本部藏。

[537]《戚少保年譜耆編》，第11卷，崇勛祠重刻本，道光二十七年（1847年），福建仙遊。

[538]《戚繼光白龍潭詩並序》，北京圖書館善本部藏拓片。

[539] 董承詔：《戚大將軍孟諸公小傳》，《重訂批點類輯練兵諸書》。

[540]《重訂批點類輯練兵諸書·吳序》，卷首，明天啟二年（1622年）董承詔刻本。

[541]《練兵實紀雜集·敵臺解》，第6卷，明萬曆二十五年（1597年）刻本，現藏南京圖書館。

[542]《戚少保年譜耆編》，第12卷，崇勛祠重刻本，道光二十七年（1847年），福建仙遊。

[543]《止止堂集·橫槊稿上》，第1卷，清光緒十四年（1888年）山東書局重刊本。

[544] 汪道昆：《孟諸戚公墓誌銘》，《汪太函集》，第 59 卷，明萬曆辛卯（1591 年）刻本。

[545] 《戚少保年譜耆編》，第 12 卷，崇勳祠重刻本，道光二十七年（1847 年），福建仙遊。

[546] 黃宗羲：《明儒學案》引《傳習錄》，世界書局本，民國二十年（1936 年），上海。

[547] 《史記·太史公自序》，第 130 卷，中華書局校點本，1959 年，北京。

[548] 《戚少保年譜耆編》，第 12 卷，崇勳祠重刻本，道光二十七年（1847 年），福建仙遊。

[549] 《戚少保年譜耆編》，第 1 卷，崇勳祠重刻本，道光二十七年（1847 年），福建仙遊。

[550] 《紀效新書·自序》，卷首，《景印文洲閣四庫全書》本，臺灣商務印書館，1986 年，臺北。

[551] 《四庫全書總目·陣紀提要》，第 99 卷，中華書局影印本，1965 年，北京。

[552] 《四庫全書總目·紀效新書提要》，第 99 卷，中華書局影印本，1965 年，北京。

[553] 《戚少保年譜耆編》，第 12 卷，崇勳祠重刻本，道光二十七年（1847 年），福建仙遊。

[554] 《練兵實紀·公移》，卷首，萬曆二十五年（1597 年）刻本，現藏南京圖書館。

[555] 《練兵實紀雜集三·將官到任寶鑒》，第 3 卷，萬曆二十五年（1597 年）刻本，現藏南京圖書館。

[556] 《練兵實紀雜集一·儲將》，第 1 卷，萬曆二十五年（1597 年）刻本，現藏南京圖書館。

[557] 《四庫全書總目·練兵實紀提要》，第 99 卷，中華書局影印本，1965 年，北京。

[558] 《戚少保年譜耆編》，第 12 卷，崇勳祠重刻本，道光二十七年（1847 年），福建仙遊。

[559] 《明史·兵志四》，第 92 卷，中華書局校點本，1974 年，北京。

[560] 《練兵實紀雜集·登壇口授》，第 4 卷，萬曆二十五年（1597 年）刻本，現藏南京圖書館。

[561] 袁崇煥：《邊中送別》，《袁督師事跡》，道光三十年（1850 年）南海伍氏粵雅堂刻本。

[562] 程本直：《漩聲記》，載《袁督師事跡》，道光三十年（1850 年）南海伍氏粵雅堂刻本。

參考文獻

[563] [蘇] 列寧著：《列寧全集》，第1卷，第139頁，人民出版社，1955年，北京。

[564] [德] 馬克思等著：《馬克思恩格斯全集》，第4卷，第471頁，人民出版社，1953年，北京。

[565] 《清太祖武皇帝實錄》，第1卷，癸未年（萬曆十一年）五月，臺北廣文書局影印本，1970年，臺北。

[566] 《滿文老檔·太祖》，第5卷，天命元年正月壬申朔。

[567] 王在晉：《三朝遼事實錄》，第1卷，江蘇省立國學圖書館藏本。

[568] 《清太祖高皇帝實錄》，第5卷，天命三年四月壬寅，中國第一歷史檔案館。

[569] 傅國：《遼廣實錄》，上卷，人民大學出版社，1984年，北京。

[570] 《明熹宗實錄》，第20卷，天啟二年三月乙卯，臺北中研院歷史語言研究所校勘本，1962年，臺北。

[571] 《神廟留中奏疏匯要》兵部類，第1卷，明鈔本，北京圖書館善本部藏。

[572] 《明史·食貨志六》，第82卷，中華書局校點本，1974年，北京。

[573] 《明史·食貨志二》，第78卷，中華書局校點本，1974年，北京。

[574] 何爾健：《按遼御璫疏稿·直陳困憊》，何茲全、郭良玉校編本，中州書畫社，1982年，鄭州。

[575] 《明神宗實錄》，第594卷，萬曆四十八年五月己卯，臺北中研院歷史語言研究所校勘本，1962年，臺北。

[576] 《明熹宗實錄》，第1卷，泰昌元年九月丁亥，臺北中研院歷史語言研究所校勘本，1962年，臺北。

[577] 民國《續修陝西通志稿》，第86卷，民國二十三年（1934年）鉛印本，西安。

[578] 畢自嚴：《度支奏議·題復加派數目疏》，明崇禎刻本，北京圖書館善本部藏。

[579] 文秉：《烈皇小識》，第2卷，上海書店出版社，1982年，上海。

[580] 金日昇：《頌天臚筆》，第21卷，明崇禎二年（1629年）刻本。

[581] 孫承澤：《山書》，第1卷，清鈔本。

[582] 吳偉業：《鹿樵紀聞》，下卷，《中國內亂外禍歷史叢書》本，神州國光社，1936年。

[583] 吳偉業：《綏寇紀略》，第1卷，《叢書集成》本，商務印書館，1936年，上海。

[584] 《明史·朱燮傳》，第219卷，中華書局校點本，1974年，北京。

[585] 《明史·宰輔年表二》，第20卷，中華書局校點本，1974年，北京。

[586] 《明史·趙煥傳》，第225卷，中華書局校點本，1974年，北京。

[587]《明熹宗實錄》，第 18 卷，天啟二年正月甲子，臺北中研院歷史語言研究所校勘本，1962 年，臺北。

[588]《明史·顧秉謙傳》，第 306 卷，中華書局校點本，1974 年，北京。

[589] 文秉：《先撥志始》，《中國歷史研究資料叢書》本，上海書店印行，1982 年，上海。

[590] 周文郁：《邊事小紀》，第 1 卷，《玄覽堂叢書續集》本，南京國立中央圖書館影印本，民國三十六年（1947 年），南京。

[591]《明史·劉鴻訓傳》，第 251 卷，中華書局校點本，1974 年，北京。

[592]《明史·閹黨列傳》，第 306 卷，中華書局校點本，1974 年，北京。

[593]《明史·錢龍錫傳》，第 251 卷，中華書局校點本，1974 年，北京。

[594]《明史·外國六》，第 325 卷，中華書局校點本，1974 年，北京。

[595] 譚綸：《戰守長策事疏》，《明經世文編》（四），中華書局影印本，1962 年，北京。

[596]《明史·徐光啟傳》，第 251 卷，中華書局校點本，1974 年，北京。

[597] 茅元儀：《督師紀略》，第 20 卷，北京圖書館善本部藏。

[598]《明熹宗實錄》，第 68 卷，天啟六年二月甲戌朔，臺北中研院歷史語言研究所校勘本，1962 年，臺北。

[599]《崇禎梧州府志》，第 13 卷，明崇禎四年（1631 年）刻本，清鈔本，北京圖書館善本部藏。

[600]《萬曆己未科進士題名碑記》，碑藏北京首都博物館。

[601]《乾隆邵武府志》，第 15 卷，清乾隆三十五年（1770 年）刻本，故宮博物院圖書館藏。

[602] 夏允彝：《倖存錄》，上卷，清鈔本，北京圖書館善本部藏。

[603]《明熹宗實錄》，第 75 卷，天啟六年八月乙卯，臺北中研院歷史語言研究所校勘本，1962 年，臺北。

[604]《崇禎長編》，第 25 卷，崇禎二年八月乙卯，臺北中研院歷史語言研究所校勘本，1962 年，臺北。

[605]《崇禎長編》，第 12 卷，崇禎元年八月丙辰，臺北中研院歷史語言研究所校勘本，1962 年，臺北。

[606]《明熹宗實錄》，第 68 卷，天啟六年二月戊戌，臺北中研院歷史語言研究所校勘本，1962 年，臺北。

[607]《明熹宗實錄》，第 71 卷，天啟六年五月庚申，臺北中研院歷史語言研究所校勘本，1962 年，臺北。

[608] 熊廷弼：《熊襄愍公集》，第 3 卷，清道光二十一年（1841 年）刻本。

[609] 佚名：《今史》，第 4 卷，清刻本。

[610][德] 克勞塞維茨：《戰爭論》（精華）中譯本，第一章第二節，商務印書館，1978 年，北京。

[611]《明熹宗實錄》，第 70 卷，天啟六年四月己亥，臺北中研院歷史語言研究所校勘本，1962 年，臺北。

[612]《明史·袁崇煥傳》，第 259 卷，中華書局校點本，1974 年，北京。

[613]《明熹宗實錄》，第 70 卷，天啟六年四月辛卯，臺北中研院歷史語言研究所校勘本，1962 年，臺北。

[614]《崇禎長編》，第 12 卷，崇禎元年八月丙辰，臺北中研院歷史語言研究所校勘本，1962 年，臺北。

[615]《明熹宗實錄》，第 75 卷，天啟六年八月丁巳，臺北中研院歷史語言研究所校勘本，1962 年，臺北。

[616]《明熹宗實錄》，第 40 卷，天啟三年閏十月丁亥朔，臺北中研院歷史語言研究所校勘本，1962 年，臺北。

[617]《明熹宗實錄》，第 79 卷，天啟六年十二月丁未，臺北中研院歷史語言研究所校勘本，1962 年，臺北。

[618]《明熹宗實錄》，第 68 卷，天啟六年二月戊戌，臺北中研院歷史語言研究所校勘本，1962 年，臺北。

[619]《崇禎長編》，第 12 卷，崇禎元年八月丙辰，臺北中研院歷史語言研究所校勘本，1962 年，臺北。

[620]《明熹宗實錄》，第 78 卷，天啟六年十一月乙未，臺北中研院歷史語言研究所校勘本，1962 年，臺北。

[621]《明熹宗實錄》，第 71 卷，天啟六年五月庚申，臺北中研院歷史語言研究所校勘本，1962 年，臺北。

[622]《明熹宗實錄》，第 84 卷，天啟六年五月甲申，臺北中研院歷史語言研究所校勘本，1962 年，臺北。

[623]《明熹宗實錄》，第 79 卷，天啟六年十二月庚申，臺北中研院歷史語言研究所校勘本，1962 年，臺北。

[624] 參見拙著《努爾哈赤傳》，文史哲出版社，第 339—340 頁，1992 年版，臺北。

[625]《天聰朝臣工奏議》，中卷，遼寧大學歷史系編，鉛印本，1980年，瀋陽。

[626]《中國歷代戰爭史》，第15冊，第161頁，黎明文化事業股份有限公司出版，1979年，臺北。

[627]《明史·外國列傳六·佛朗機》，第326卷，中華書局校點本，1974年，北京。

[628]《明史·外國列傳七·意大里亞》，第326卷，中華書局校點本，1974年，北京。

[629]《中國歷代戰爭史》，第15冊，第161頁，黎明文化事業股份有限公司出版，1979年，臺北。

[630]《明太祖實錄》，第31卷，洪武元年四月乙酉，臺北中研院歷史語言研究所校勘本，1962年，臺北。

[631]《明熹宗實錄》，第84卷，天啟七年五月戊辰，臺北中研院歷史語言研究所校勘本，1962年，臺北。

[632]《明熹宗實錄》，第84卷，天啟七年五月丙戌，臺北中研院歷史語言研究所校勘本，1962年，臺北。

[633]《清太宗文皇帝實錄》，第3卷，天聰元年五月丁丑，中華書局影印本，1985年，北京。

[634]《滿文老檔·太宗》，第5卷，天聰元年五月丁丑。

[635] 王在晉：《三朝遼事實錄》，第17卷，江蘇省立國學圖書館藏本。

[636] 沈國元：《兩朝從信錄》，第34卷，明崇禎刻本，國家圖書館善本部藏。

[637]《清太宗文皇帝實錄》，第3卷，天聰元年五月癸巳，中華書局影印本，1985年，北京。

[638] 沈國元：《兩朝從信錄》，第34卷，明崇禎刻本，國家圖書館善本部藏。

[639] 沈國元：《兩朝從信錄》，第34卷，明崇禎刻本，國家圖書館善本部藏。

[640]《清太宗文皇帝實錄》，第3卷，天聰元年五月癸巳，中華書局影印本，1985年，北京。

[641]《明熹宗實錄》，第87卷，天啟七年八月乙未，臺北中研院歷史語言研究所校勘本，1962年，臺北。

[642]《清太宗文皇帝實錄》，第5卷，天聰三年六月乙醜，中華書局影印本，1985年，北京。

[643] 程本直：《白冤疏》，載《袁督師事跡》，清道光三十五年（1850年）南海伍氏粵雅堂刻本。

參考文獻

[644] 周文郁：《邊事小紀》，第1卷，《玄覽堂叢書續集》本，南京國立中央圖書館影印本，民國三十六年（1947年），南京。

[645]《滿文老檔·太宗》，第20卷，天聰三年十二月壬申，中國第一歷史檔案館藏。

[646]《明史·袁崇煥傳》，第259卷，中華書局校點本，1974年，北京。

[647]《清太宗文皇帝實錄》，第5卷，天聰三年十一月庚戌，中華書局影印本，1985年，北京。

[648] 趙翼：《廿二史劄記》，第31卷，中華書局，1984年，北京。

[649]《明懷宗實錄》，第2卷，崇禎二年十二月辛亥朔，臺北中研院歷史語言研究所校勘本，1962年，臺北。

[650] 談遷：《國榷》，第90卷，中華書局影印本，1958年，北京。

[651]《崇禎實錄》，第3卷，崇禎三年八月癸亥，臺北中研院歷史語言研究所校勘本，1962年，臺北。

[652]《滿文老檔·太宗》，第19卷，天聰三年十一月庚戌，中國第一歷史檔案館藏。

[653]《清太宗文皇帝實錄》，第5卷，天聰三年十一月戊申，中華書局影印本，1985年，北京。

[654]《資治通鑑綱目三編》，第19卷，清同治刻本。

[655]《明熹宗實錄》，第70卷，天啟六年四月己亥，臺北中研院歷史語言研究所校勘本，1962年，臺北。

[656]《明清史料》，甲編，第8本，第707頁，中央研究院歷史語言研究所刊印，1931年，上海。

[657]《明熹宗實錄》，第72卷，天啟六年六月戊子，臺北中研院歷史語言研究所校勘本，1962年，臺北。

[658]《明清史料》，甲編，第8本，第707頁，中央研究院歷史語言研究所刊印，1931年，上海。

[659]《明熹宗實錄》，第72卷，天啟六年六月戊子，臺北中研院歷史語言研究所校勘本，1962年，臺北。

[660]《明清史料》，甲編，第8本，第707頁，中央研究院歷史語言研究所刊印，1931年，上海。

[661] 喀喇沁是哈喇慎的分支。

[662]《清太宗文皇帝實錄》，第5卷，天聰三年六月丁卯，中華書局影印本，1985年，北京。

[663]《清太宗文皇帝實錄》,第 5 卷,天聰三年八月庚申,中華書局影印本,1985 年,北京。

[664]《清太宗文皇帝實錄》,第 5 卷,天聰三年九月癸卯,中華書局影印本,1985 年,北京。

[665]《光明日報·史學》,1984 年 6 月 6 日。

[666]《明熹宗實錄》,第 76 卷,天啟六年九月戊戌,臺北中研院歷史語言研究所校勘本,1962 年,臺北。

[667]《清太宗文皇帝實錄》,第 1 卷,天命十一年十月癸醜,中華書局影印本,1985 年,北京。

[668] 佚名:《今史》,第 4 卷,清刻本。

[669]《滿文老檔·太宗》,第 16 卷,天聰三年閏四月丁巳,中國第一歷史檔案館藏。

[670]《滿文老檔·太宗》,第 16 卷,天聰三年七月丙戌,中國第一歷史檔案館藏。

[671]《滿文老檔·太宗》,第 17 卷,天聰三年七月己亥,中國第一歷史檔案館藏。

[672] 談遷:《國榷》,第 91 卷,中華書局影印本,1958 年,北京。

[673] 張岱:《石匱書後集》,第 10 卷,中華書局校點本,1959 年,北京。

[674] 谷應泰:《明史紀事本末》,第 4 卷,中華書局校點本,1977 年,北京。

[675][朝] 李肯翊:《燃藜室記述》朝文本,第 25 卷,朝鮮古書刊行會本,大正元年(1911 年),東京。

[676] 孟森:《明清史論著集刊》上冊,第 24 頁,中華書局,1959 年,北京。

[677]《清太宗文皇帝實錄》,第 1 卷,天命十一年十月癸醜、十一月乙酉,中華書局影印本,1985 年,北京。

[678] 孟森:《明清史論著集刊》上冊,第 20 頁,中華書局,1959 年,北京。

[679] 沈國元:《兩朝從信錄》,第 31 卷,明崇禎刻本,國家圖書館善本部藏。

[680] 佚名:《今史》,第 4 卷,清刻本。

[681] 談遷:《國榷》,第 91 卷,中華書局影印本,1958 年,北京。

[682]《清太宗文皇帝實錄》卷五,天聰三年十二月丁丑,中華書局影印本,1985 年,北京。

[683]《明史·食貨志一》,第 77 卷,中華書局校點本,1974 年,北京。

[684] 文秉:《烈皇小識》,第 2 卷,《明季稗史初編》本,商務印書館,民國元年(1912 年),上海。

參考文獻

[685] 李遜之：《崇禎朝記事》，第 1 卷，清光緒二十三年（1897 年）武進盛氏據舊鈔刊本。

[686] 《明熹宗實錄》，第 70 卷，天啟六年四月己亥，臺北中研院歷史語言研究所校勘本，1962 年，臺北。

[687] 《明史·滿桂傳》，第 271 卷，中華書局校點本，1974 年，北京。

[688] 談遷：《國榷》，第 91 卷，中華書局影印本，1958 年，北京。

[689] 《滿文老檔·太祖》，第 5 冊，天命元年正月，中華書局譯註本，1990 年，北京。

[690] 《滿洲實錄》，第 4 卷，第 184 葉，中華書局影印本，1986 年，北京。

[691] 《李朝光海君日記》，第 127 卷，十年閏四月甲戌，日本學習院東洋文化研究所，1959 年，東京。

[692] 黃道周：《博物典匯》，第 20 卷，第 18 葉，明崇禎八年（1635 年）刻本。

[693] 閻崇年：《努爾哈赤傳》（修訂本）第八章《薩爾滸大戰》，文史哲出版社，1992 年，臺北。

[694] 王在晉：《三朝遼事實錄》，第 8 卷，天啟二年三月，江蘇省立國學圖書館據私藏本影印，1930 年，南京。

[695] 《明史·食貨志一》，第 7 冊，第 77 卷，第 185 頁，中華書局校點本，1974 年，北京。

[696] 王在晉：《三朝遼事實錄》，第 1 卷，萬曆四十六年七月，江蘇省立國學圖書館據私藏本影印，1930 年，南京。

[697] 徐光啟：《遼左阽危已甚疏》，《明經世文編》，第 6 冊，第 5381 葉，中華書局影印本，1962 年，北京。

[698] 《滿洲實錄》，第 4 卷，第 165 葉，中華書局影印本，1986 年，北京。

[699] 《滿文老檔·太祖》，第 10 冊，天命四年六月，中華書局譯註本，1990 年，北京。

[700] 《明史·韃靼傳》，第 28 冊，第 327 卷，第 8494 頁，中華書局校點本，1974 年，北京。

[701] 《李朝燕山君日記》，第 19 卷，二年十一月甲辰，日本學習院東洋文化研究所，1959 年，東京。

[702] 《明憲宗實錄》，第 47 卷，成化三年十月壬戌，臺北中研院歷史語言研究所校勘本，1962 年，臺北。

[703] 《東江疏揭塘報節抄》，第 2 卷，第 12 頁，浙江古籍出版社，1986 年，杭州。

[704]《明熹宗實錄》，第 13 卷，天啟元年八月庚午，臺北中研院歷史語言研究所校勘本，1962 年，臺北。

[705] 葉向高：《編》，第 12 卷，第 2 葉，美國國會圖書館藏本。

[706] 王在晉：《三朝遼事實錄》，第 15 卷，天啟五年十月，江蘇省立國學圖書館據私藏本影印，1930 年，南京。

[707] 周文郁：《邊事小紀》，第 1 卷，第 19 葉，《玄覽堂叢書續集》本，南京國立中央圖書館影印本，民國三十六年（1947 年），南京。

[708]《明熹宗實錄》，第 68 卷，天啟六年二月戊戌，臺北中研院歷史語言研究所校勘本，1962 年，臺北。

[709]《明熹宗實錄》，第 68 卷，天啟六年二月乙亥，臺北中研院歷史語言研究所校勘本，1962 年，臺北。

[710] 王在晉：《三朝遼事實錄》，第 15 卷，天啟六年正月，江蘇省立國學圖書館據私藏本影印，1930 年，南京。

[711]《明史·袁崇煥傳》，第 22 冊，第 259 卷，第 6709 頁，中華書局校點本，1974 年，北京。

[712]《清太祖武皇帝實錄》，第 4 卷，第 8 葉，北平故宮博物院印本，1932 年，北平。

[713] 茅元儀：《督師紀略》，第 12 卷，第 14 頁，北京圖書館善本部藏。

[714]《明熹宗實錄》，第 67 卷，天啟六年正月辛未，臺北中研院歷史語言研究所校勘本，1962 年，臺北。

[715] 張岱：《石匱書後集》，第 11 卷，第 91 頁，中華書局校點本，1959 年，北京。

[716]《明熹宗實錄》，第 70 卷，天啟六年四月辛卯，臺北中研院歷史語言研究所校勘本，1962 年，臺北。

[717]《清太祖武皇帝實錄》，第 4 卷，第 24 葉，臺北故宮博物院藏本，廣文書局影印，1970 年，臺北。

[718]《明熹宗實錄》，第 68 卷，天啟六年二月丙子，臺北中研院歷史語言研究所校勘本，1962 年，臺北。

[719] 張岱：《石匱書後集》，第 11 卷，第 91 頁，中華書局校點本，1959 年，北京。

[720]《清太祖武皇帝實錄》，第 4 卷，第 9 葉，中華書局影印本，1986 年，北京。

[721]《明熹宗實錄》，第 70 卷，天啟六年四月辛卯，臺北中研院歷史語言研究所校勘本，1962 年，臺北。

[722] 覺華島，遼金時島上高僧法名覺華，因以名島。後因島上菊花聞名，而改稱菊花島。今為遼寧省興城市菊花島鄉。

參考文獻

[723]《明熹宗實錄》,第40卷,天啟三年閏十月丁亥朔,臺北中研院歷史語言研究所校勘本,1962年,臺北。

[724] 安德才主編:《興城縣誌》,第67頁,遼寧大學出版社,1991年,瀋陽。

[725] 筆者同解立紅女士、安德才主任等實地踏查與親自測量的記錄。

[726] 楊嗣昌:《楊文弱先生集》,第4卷,第12葉,鈔本,北京圖書館善本部藏。

[727]《滿文老檔·太祖》,第48冊,天命八年三月二十四日,中華書局譯註本,1990年,北京。

[728] 孫銓:《孫文正公年譜》,第2卷,天啟三年九月初八日,清乾隆年間孫爾然師儉堂刻本。

[729] 談遷:《國榷》,第86卷,第5258頁,中華書局影印本,1958年,北京。

[730] 王在晉:《三朝遼事實錄》,第10卷,天啟二年七月,江蘇省立國學圖書館據私藏本影印,1930年,南京。

[731] 以往論者,忽略此役。查《中國近八十年明史論著目錄》和《清史論文索引》,均無著錄覺華島之役的專題論文。

[732] 孫承宗於天啟三年閏十月丁亥奏報巡歷關外情形記為「龍宮寺」,下同,不注。

[733]《明熹宗實錄》,第67卷,天啟六年正月辛未,臺北中研院歷史語言研究所校勘本,1962年,臺北。

[734] 王在晉:《三朝遼事實錄》,第15卷,天啟六年正月,江蘇省立國學圖書館據私藏本影印,1930年,南京。

[735]《清國史·武訥格傳》,第5冊,第3卷,第142葉,嘉業堂鈔本,中華書局影印本,1993年,北京。

[736] 後金軍出師覺華島之兵數,《清太祖高皇帝實錄》作「吳訥格率所部八旗蒙古、更益滿兵八百」;《明熹宗實錄》作「奴眾數萬」,又作四萬,亦作「五萬餘騎」;《明史袁崇煥傳》作「分兵數萬,略覺華島」。但是,天啟二年即天命七年後金始設蒙古旗,至崇禎二年即天聰三年已有蒙古二旗,又至崇禎八年即天聰九年始分設蒙古八旗,故其時並無八旗蒙古。

[737]《滿洲實錄》作「金冠」,「冠」為是,而「觀」為誤,且金冠時已死。

[738] 覺華島明軍之兵數,《清太祖高皇帝實錄》作「四萬」;《明熹宗實錄》作四營、七千餘人。應以後者為是。

[739]《清太祖高皇帝實錄》,第10卷,天命十一年正月庚午,中華書局影印本,1986年,北京。

[740] 王在晉：《三朝遼事實錄》，第15卷，天啟六年正月，江蘇省立國學圖書館據私藏本影印，1930年，南京。

[741]《明熹宗實錄》，第70卷，天啟六年四月辛卯，臺北中研院歷史語言研究所校勘本，1962年，臺北。

[742] 王在晉：《三朝遼事實錄》，第15卷，天啟六年正月，江蘇省立國學圖書館據私藏本影印，1930年，南京。

[743] 王在晉：《三朝遼事實錄》，第15卷，天啟六年正月，江蘇省立國學圖書館據私藏本影印，1930年，南京。

[744]《明熹宗實錄》天啟六年正月庚午條載：「右屯儲米三十萬石。」

[745]《明熹宗實錄》，第70卷，天啟六年四月辛卯，臺北中研院歷史語言研究所校勘本，1962年，臺北。

[746]《清太祖高皇帝實錄》，第10卷，天命十一年正月，中華書局影印本，1986年，北京。

[747]《明熹宗實錄》，第70卷，天啟六年四月辛卯，臺北中研院歷史語言研究所校勘本，1962年，臺北。

[748]《明熹宗實錄》，第70卷，天啟六年四月己亥，臺北中研院歷史語言研究所校勘本，1962年，臺北。

[749]《明熹宗實錄》，第81卷，天啟七年二月辛酉，臺北中研院歷史語言研究所校勘本，1962年，臺北。

[750]《明熹宗實錄》，第84卷，天啟七年五月甲申，臺北中研院歷史語言研究所校勘本，1962年，臺北。

[751] 參見《滿文老檔·太祖》，天命十一年三月十九日，中華書局譯註本，1990年，北京。

[752]《東莞五忠傳》，上卷，第21—22頁，《東莞縣誌》，民國十六年（1927年）鉛印本。

[753] 王化貞後於崇禎五年（1632年）「始伏誅」。

[754] 孫銓：《孫文正公年譜》，第2卷，天啟二年，清乾隆間孫爾然師儉堂刻本。

[755]《明史袁崇煥傳》，第22冊，第259卷，第6708頁，中華書局校點本，1974年，北京。

[756] 吳九龍主編：《孫子校釋》，軍事科學出版社，1990年，北京。

[757] 王兆春：《中國火器史》，第228頁，軍事科學出版社，1991年，北京。

[758] 徐光啟：《徐光啟集》，上冊，第175頁，中華書局，1963年，北京。

[759]《明熹宗實錄》，第70卷，天啟六年四月辛卯，臺北中研院歷史語言研究所校勘本，1962年，臺北。

[760]《明熹宗實錄》，第69卷，天啟六年三月甲子，臺北中研院歷史語言研究所校勘本，1962年，臺北。

[761]《明熹宗實錄》，第69卷，天啟六年三月甲子，臺北中研院歷史語言研究所校勘本，1962年，臺北。

[762] 李之藻：《為制勝務須西銃乞敕速取疏》，《徐光啟集》，上冊，第178頁，中華書局，1963年，北京。

[763] 紅夷大砲，後金諱「夷」字而易之為「衣」字，故稱「紅夷大砲」為「紅衣大砲」。

[764]《清太宗文皇帝實錄》，第8卷，天聰五年十月壬子，中華書局影印本，1985年，北京。

[765]《明熹宗實錄》，第79卷，天啟六年十二月丁未，臺北中研院歷史語言研究所校勘本，1962年，臺北。

[766]《明熹宗實錄》，第68卷，天啟六年二月戊戌，臺北中研院歷史語言研究所校勘本，1962年，臺北。

[767]《崇禎長編》，第25卷，崇禎元年八月乙亥，臺北中研院歷史語言研究所校勘本，1962年，臺北。

[768] 王在晉：《三朝遼事實錄》，第17卷，天啟七年六月，江蘇省立國學圖書館據私藏本影印，1930年，南京。

[769]「七便」：「計伍開屯，計屯核伍，而虛冒之法不得行，便一。兵以屯為生，可生則亦可世，久之化客兵為土著，而無徵調之騷擾，便二。屯則人皆作苦，而游手之輩不汰自清，屯之即為簡之，便三。伍伍相習，坐作技擊，耕之即所以練之，便四。屯則有草、有糧，而人馬不饑困，兵且得剩其草干、月糧，整修廬舍，鮮衣怒馬，為一鎮富強，便五。屯之久而軍有餘積，且可漸減乾草、月糧以省餉，便六。城堡關連，有洤有溝，有封有植，決水沖樹，高下縱橫，胡騎不得長驅，便七。」（《明熹宗實錄》，第78卷，天啟六年十一月乙未，臺北中研院歷史語言研究所校勘本，1962年，臺北。）

[770]「七不便」：「今日全遼兵食所仰藉者，天津截漕耳，國儲外分，京庾日減，一不便。海運招商，那移交卸，致北直、山東為之疲累，二不便。米入海運，船戶、客官沿海為奸，添水和沙，苫蓋失法，米爛不堪炊，賤賣釀酒之家，而另市本色，有名無實，三不便。遼地新復，土無所出，而以數十年之坐食，故食價日貴，且轉販而奪薊門之食，薊且以遼窘，四不便。今調募到者，俱游手也，不以屯系之，而久居世業，倏忽逃亡，日後更能為調募乎？五不便。兵不屯則著身無所，既乏恆產，

安保恆心？故前之見賊輒逃者，皆烏合無家之眾也，六不便。兵每月二兩餉，豈不厚？但不屯無粟，百貨難通，諸物嘗貴，銀二兩不得如他處數錢之用，兵以自給不敷而逃亡，七不便。」（《明熹宗實錄》，第 78 卷，天啟六年十一月乙未，臺北中研院歷史語言研究所校勘本，1962 年，臺北）

[771]《明史袁崇煥傳》，第 22 冊，第 259 卷，第 6709 頁，中華書局校點本，1974 年，北京。

[772]《明熹宗實錄》，第 70 卷，天啟六年四月己亥，臺北中研院歷史語言研究所校勘本，1962 年，臺北。

[773] 周文郁：《邊事小紀》，第 1 卷，《玄覽堂叢書續集》本，南京國立中央圖書館影印本，民國三十六年（1947 年），南京。

[774]《明熹宗實錄》，第 68 卷，天啟六年二月乙亥，臺北中研院歷史語言研究所校勘本，1962 年，臺北。

[775] 戚繼光：《練兵實紀》，第 9 卷，《練將》，明萬曆刻本，北京圖書館善本部藏。

[776] 閻崇年：《論天命汗》，《袁崇煥研究論集》，文史哲出版社，1994 年，臺北。

[777]《李朝光海君日記》，第 144 卷，十一年九月甲申，日本學習院東洋文化研究所，1959 年，東京。

[778]《孫子兵法》各本作「兵無常勢，水無常形。」但銀雀山漢墓竹簡《孫子兵法》，即漢簡本《孫子兵法》作「兵無成埶（勢），無恆刑（形）」。吳九龍《孫子校釋》曰：「漢簡本此句以『兵』為兩『無』之主語，言兵既無常勢，又無常形。唯上文一言『水之行避高而趨下』，又言『水因地而制行』，漢簡本皆作『行』而不作『形』。故此句之『形』無『水』字，而將『行』字屬之於『兵』。故今依漢簡本，且無『水』字。」此注臆斷也，因為：第一，銀雀山漢簡本《孫子兵法》，僅為漢代《孫子兵法》之一種版本，雖實屬珍貴，卻屢有衍、脫，此為一例，故不能據此孤證定讞。第二，各本俱有「水」字，不宜輕率刪削之。第三，「形」與「行」字在古漢語中，同音通假，故「形」字屬之於「水」。第四，此段話凡四句：首句「水」與「兵」駢列，以「水」喻「兵」；次句亦「水」與「兵」駢列，亦以「水」喻「兵」；再句首為「故」字，即此句承上二句小結，亦應「水」與「兵」駢列；末句為結論。所以，「水」字砍刪不當。

[779] 吳九龍主編：《孫子校釋》，第 102 頁，軍事科學出版社，1990 年，北京。

[780] 王在晉：《三朝遼事實錄》，第 15 卷，天啟六年正月，江蘇省立國學圖書館據私藏本影印，1930 年，南京。

[781]《明熹宗實錄》，第 67 卷，天啟六年正月辛未，臺北中研院歷史語言研究所校勘本，1962 年，臺北。

[782]《明熹宗實錄》，第 40 卷，天啟三年閏十月丁亥，臺北中研院歷史語言研究所校勘本，1962 年，臺北。

[783] 王在晉：《三朝遼事實錄》，第 10 卷，天啟二年七月，江蘇省立國學圖書館據私藏本影印，1930 年，南京。

[784]《明史袁崇煥傳》，第 22 冊，第 259 卷，第 6710 頁，中華書局校點本，1974 年，北京。

[785]《明熹宗實錄》，第 70 卷，天啟六年四月辛卯，臺北中研院歷史語言研究所校勘本，1962 年，臺北。

[786] 王在晉：《三朝遼事實錄》，第 15 卷，天啟六年正月，江蘇省立國學圖書館據私藏本影印，1930 年，南京。

[787] 楊嗣昌：《楊文弱先生集》，第 4 卷，第 13 葉，鈔本，北京圖書館善本部藏。

[788]《明熹宗實錄》，第 29 卷，天啟二年十二月丙戌，臺北中研院歷史語言研究所校勘本，1962 年，臺北。

[789]《明史袁崇煥傳》，第 22 冊，第 259 卷，第 6710 頁，中華書局校點本，1974 年，北京。

[790]《明熹宗實錄》，第 70 卷，天啟六年四月辛卯，臺北中研院歷史語言研究所校勘本，1962 年，臺北。

[791]《袁崇煥資料集錄》，上冊，第 28 頁，廣西民族出版社，1984 年，南寧。

[792] 閻崇年：《論覺華島之役》，《清史研究》，1995 年第 2 期。

[793]《明熹宗實錄》，第 68 卷，天啟六年二月丁丑，臺北中研院歷史語言研究所校勘本，1962 年，臺北。

[794]《明熹宗實錄》，第 68 卷，天啟六年二月乙亥，臺北中研院歷史語言研究所校勘本，1962 年，臺北。

[795]《明史袁崇煥傳》，第 22 冊，第 259 卷，第 6710 頁，中華書局校點本，1974 年，北京。

[796]《清太祖武皇帝實錄》，第 4 卷，第 25 葉，臺北故宮博物院藏本，廣文書局影印，1970 年，臺北。

[797] 閻崇年：《寧錦防線與寧錦大捷》，《袁崇煥研究論集》，文史哲出版社，1994 年，臺北。

[798] 閻崇年：《論袁崇煥》，《袁崇煥研究論文集》，廣西民族出版社，1984 年，南寧。

[799]《明熹宗實錄》，第79卷，天啟六年十二月庚申，臺北中研院歷史語言研究所校勘本，1962年，臺北。

[800]《明史袁崇煥傳》，第22冊，第259卷，第6707頁，中華書局校點本，1974年，北京。

[801]《明熹宗實錄》，第67卷，天啟六年正月丁卯，臺北中研院歷史語言研究所校勘本，1962年，臺北。

[802]《清太祖高皇帝實錄》，第10卷，天命十一年四月丙子至五月壬寅朔，華文書局，臺北。

[803]《清太宗文皇帝實錄》，第3卷，天聰元年五月癸巳，中華書局影印本，1985年，北京。

[804]《舊滿洲檔譯註》（太宗朝一），天聰元年十二月，臺北故宮博物院印本，1977年，臺北。

[805]《清太宗文皇帝實錄》，第3卷，天聰元年七月己巳，中華書局影印本，1985年，北京。

[806]《清太宗文皇帝實錄》，第4卷，天聰二年九月丁丑，中華書局影印本，1985年，北京。

[807]《清太宗文皇帝實錄》，第6卷，天聰四年二月甲寅，中華書局影印本，1985年，北京。

[808] 閻崇年：《論明代保衛北京的民族英雄袁崇煥》，《北京史論文集》，北京史研究會編印，1980年，北京。

[809] 皇太極於崇禎九年即崇德元年（1636年），改元崇德，建國號清，故拙文於崇德元年始稱清軍，此前則稱後金軍。

[810]《清太宗文皇帝實錄》，第8卷，天聰五年正月壬午，中華書局影印本，1985年，北京。

[811]《兵部呈為王道題報大凌河之役明軍損失情形本》（崇禎四年閏十一月十九日），《歷史檔案》，1981年第1期；另見《清太宗文皇帝實錄》，第10卷，天聰五年十一月癸酉。

[812] 解立紅：《紅衣大砲與滿洲興衰》，《滿學研究》，第2輯，民族出版社，1994年，北京。

[813] 閻崇年：《抗禦後金名將袁崇煥——在臺灣淡江大學歷史系的演講稿》，《袁崇煥研究論集》，文史哲出版社，1994年，臺北。

參考文獻

[814]《明熹宗實錄》,第 70 卷,天啟六年四月己亥,臺北中研院歷史語言研究所校勘本,1962 年,臺北。

[815]「揚榷」,又作「揚權」,見於《莊子·徐無鬼》《淮南子·俶真訓》和《漢書·敘傳下》等。《漢書·敘傳下》曰:「揚榷古今」,師古曰:「揚,舉也;榷,引也。揚榷者,舉而引之,陳其趣也。」

[816]《滿文老檔·太祖》,第 5 冊,天命元年正月,中華書局譯註本,1990 年,北京。

[817]《滿洲實錄》,第 4 卷,第 184 葉,中華書局影印本,1986 年,北京。

[818]《李朝光海君日記》,第 127 卷,十年閏四月甲戌,日本學習院東洋文化研究所,1959 年,東京。

[819] 黃道周:《博物典匯》,第 20 卷,第 18 頁,明崇禎八年(1635 年)刻本。

[820] 參見拙著《努爾哈赤傳》第 8 章《薩爾滸大戰》,文史哲出版社,1992 年,臺北。

[821] 王在晉:《三朝遼事實錄》,第 8 卷,天啟二年三月,江蘇省立國學圖書館據私藏本影印,1930 年,南京。

[822]《明史·食貨志一》,第 77 卷,第 1885 頁,中華書局校點本,1974 年,北京。

[823] 王在晉:《三朝遼事實錄》,第 1 卷,萬曆四十六年七月,江蘇省立國學圖書館據私藏本影印,1930 年,南京。

[824] 徐光啟:《遼左阽危已甚疏》,《明經世文編》,第 6 冊,第 5381 葉,中華書局影印本,1962 年,北京。

[825]《滿洲實錄》,第 4 卷,第 165 葉,中華書局影印本,1986 年,北京。

[826]《滿文老檔·太祖》,第 13 卷,天命四年九月,中華書局譯註本,1990 年,北京。

[827]《明史·韃靼傳》,第 327 卷,第 8489 頁,中華書局校點本,1974 年,北京。

[828]《燕山君日記》,第 19 卷,二年十一月甲辰,日本學習院東洋文化研究所,1959 年,東京。

[829]《明憲宗實錄》,第 47 卷,成化三年十月壬戌,臺北中研院歷史語言研究所校勘本,1962 年,臺北。

[830]《東江疏揭塘報節抄》,第 2 卷,第 12 頁,浙江古籍出版社,1986 年,杭州。

[831]《明熹宗實錄》,第 13 卷,天啟元年八月庚午,臺北中研院歷史語言研究所校勘本,1962 年,臺北。

[832] 葉向高:《編》,第 12 卷,第 2 頁,美國國會圖書館藏本。

[833] 王在晉:《三朝遼事實錄》,第 15 卷,天啟五年十月,江蘇省立國學圖書館據私藏本影印,1930 年,南京。

[834] 周文郁：《邊事小紀》，第 1 卷，第 19 頁，《玄覽堂叢書續集》本，南京國立中央圖書館影印本，民國三十六年（1947 年），南京。

[835]《明熹宗實錄》，第 68 卷，天啟六年二月戊戌，臺北中研院歷史語言研究所校勘本，1962 年，臺北。

[836]《明熹宗實錄》，第 68 卷，天啟六年二月乙亥，臺北中研院歷史語言研究所校勘本，1962 年，臺北。

[837] 王在晉：《三朝遼事實錄》，第 15 卷，天啟六年正月，江蘇省立國學圖書館據私藏本影印，1930 年，南京。

[838]《明史·袁崇煥傳》，第 259 卷，第 6709 頁，中華書局校點本，1974 年，北京。

[839]《清太祖武皇帝實錄》，第 4 卷，第 8 頁，北平故宮博物院影印本，1932 年，北平。

[840] 茅元儀：《督師紀略》，第 12 卷，第 14 頁，北京圖書館善本部藏。

[841]《明熹宗實錄》，第 67 卷，天啟六年正月辛未，臺北中研院歷史語言研究所校勘本，1962 年，臺北。

[842] 張岱：《石匱書後集》，第 11 卷，第 91 頁，中華書局標點本，1959 年，北京。

[843]《明熹宗實錄》，第 70 卷，天啟六年四月辛卯，臺北中研院歷史語言研究所校勘本，1962 年，臺北。

[844]《清太祖武皇帝實錄》，第 4 卷，第 9 頁，北平故宮博物院影印本，1932 年，北平。

[845] 王在晉：《三朝遼事實錄》，第 15 卷，天啟六年一月，江蘇省立國學圖書館據私藏本影印，1930 年，南京。

[846]《明熹宗實錄》，第 68 卷，天啟六年二月丙子，臺北中研院歷史語言研究所校勘本，1962 年，臺北。

[847]《清太宗文皇帝實錄》，第 3 卷，第 12 頁，中華書局影印本，1985 年，北京。

[848] 沈國元：《兩朝從信錄》，第 34 卷，天啟七年六月，明崇禎刻本，國家圖書館善本部藏。

[849]《清太宗文皇帝實錄》，第 3 卷，第 12 頁，中華書局影印本，1985 年，北京。

[850]《清太宗文皇帝實錄》，第 3 卷，第 23 頁，華文書局影印本，1964 年，臺北。

[851]《明史·袁崇煥傳》，第 259 卷，第 6707 頁，中華書局校點本，1974 年，北京。

[852]《明熹宗實錄》，第 81 卷，天啟七年二月辛酉，臺北中研院歷史語言研究所校勘本，1962 年，臺北。

參考文獻

[853]《明熹宗實錄》，第 84 卷，天啟七年五月甲申，臺北中研院歷史語言研究所校勘本，1962 年，臺北。

[854]《東莞五忠傳》，上卷，第 21—22 頁，《東莞縣誌》，民國十六年（1927 年）鉛印本。

[855] 孫銓：《孫文正公年譜》，第 2 卷，天啟二年，清乾隆間孫爾然師儉堂刻本。

[856]《明史·袁崇煥傳》，第 259 卷，第 6708 頁，中華書局校點本，1974 年，北京。

[857] 吳九龍主編：《孫子校釋》，軍事科學出版社，1990 年，北京。

[858] 王兆春：《中國火器史》，第 228 頁，軍事科學出版社，1991 年，北京。

[859] 徐光啟：《徐光啟集》，上冊，175 頁，中華書局，1963 年，北京。

[860]《明熹宗實錄》，第 70 卷，天啟六年四月辛卯，臺北中研院歷史語言研究所校勘本，1962 年，臺北。

[861]《明熹宗實錄》，第 69 卷，天啟六年三月甲子，臺北中研院歷史語言研究所校勘本，1962 年，臺北。

[862]《明熹宗實錄》，第 69 卷，天啟六年三月甲子，臺北中研院歷史語言研究所校勘本，1962 年，臺北。

[863] 李之藻：《為制勝務須西銃乞敕速取疏》，《徐光啟集》，上冊，第 178 頁，中華書局，1963 年，北京。

[864]《清太宗文皇帝實錄》，第 8 卷，第 2 頁，華文書局影印本，1964 年，臺北。

[865]《明熹宗實錄》，第 79 卷，天啟六年十二月丁未，臺北中研院歷史語言研究所校勘本，1962 年，臺北。

[866]《明熹宗實錄》，第 68 卷，天啟六年二月戊戌，臺北中研院歷史語言研究所校勘本，1962 年，臺北。

[867]《崇禎長編》，第 25 卷，崇禎元年八月乙亥，臺北中研院歷史語言研究所校勘本，1962 年，臺北。

[868] 王在晉：《三朝遼事實錄》，第 17 卷，天啟七年六月，江蘇省立國學圖書館據私藏本影印，1930 年，南京。

[869]《明史·袁崇煥傳》，第 259 卷，第 6714 頁，中華書局校點本，1974 年，北京。

[870]「七便」：「計伍開屯，計屯核伍，而虛冒之法不得行，便一。兵以屯為生，可生則亦可世，久之化客兵為土著，而無徵調之騷擾，便二。屯則人皆作苦，而游手之輩，不汰自清，屯之即為簡之，便三。伍伍相習，坐作技擊，耕之即所以練之，便四。屯則有草、有糧，而人馬不饑困，兵且得剩其草干、月糧，整修廬舍，鮮衣怒馬，為一鎮富強，便五。屯之久而軍有餘積，且可漸減乾草、月糧以省餉，便六。

城堡關連，有浍有溝，有封有植，決水沖樹，高下縱橫，胡騎不得長驅，便七。」（《明熹宗實錄》，第 78 卷，天啟六年十一月乙未）

[871]「七不便」：「今日全遼兵食所仰藉者，天津截漕耳，國儲外分，京庾日減，一不便。海運招商，那移交卸，致北直、山東為之疲累，二不便。米入海運，船戶、客官沿海為奸，添水和沙，苦蓋失法，米爛不堪炊，賤賣釀酒之家，而另市本色，有名無實，三不便。遼地新復，土無所出，而以數十年之坐食，故食價日貴，且轉販而奪薊門之食，薊且以遼窘，四不便。今調募到者，俱游手也，不以屯系之，而久居世業，倏忽逃亡，日後更能為調募乎？五不便。兵不屯則著身無所，既乏恆產，安保恆心？故前之見賊輒逃者，皆烏合無家之眾也，六不便。兵每月二兩餉，豈不厚？但不屯無粟，百貨難通，諸物嘗貴，銀二兩不得如他處數錢之用，兵以自給不敷而逃亡，七不便。」（《明熹宗實錄》，第 78 卷，天啟六年十一月乙未）

[872]《明熹宗實錄》，第 70 卷，天啟六年四月己亥，臺北中研院歷史語言研究所校勘本，1962 年，臺北。

[873] 周文郁：《邊事小紀》，第 1 卷，《玄覽堂叢書續集》本，南京國立中央圖書館影印本，民國三十六年（1947 年），南京。

[874]《明熹宗實錄》，第 68 卷，天啟六年二月乙亥，臺北中研院歷史語言研究所校勘本，1962 年，臺北。

[875]《明熹宗實錄》，第 68 卷，天啟六年二月丙子，臺北中研院歷史語言研究所校勘本，1962 年，臺北。

[876]《明熹宗實錄》，第 68 卷，天啟六年二月乙亥，臺北中研院歷史語言研究所校勘本，1962 年，臺北。

[877]《清太祖武皇帝實錄》，第 4 卷，第 9 頁，北平故宮博物院影印本，1932 年，北平。

[878]《明熹宗實錄》，第 67 卷，天啟六年正月丁卯，臺北中研院歷史語言研究所校勘本，1962 年，臺北。

[879] 明兵科都給事中羅尚忠疏言：「虜眾五六萬人攻圍寧遠，關門援兵，並無一至。豈畫地分守，不須被纓？抑兵將驕橫，勿聽節制？據小塘報云：關內道臣劉詔、鎮臣楊麒，要共統兵二千出關應援。未幾，經略將道臣發出兵馬撤回矣。」（《明熹宗實錄》，第 68 卷，天啟六年二月丙子）。

[880] 安德才主編：《興城縣誌》，第 67 頁，遼寧大學出版社，1991 年，瀋陽。

[881] 孫銓：《孫文正公年譜》，第 2 卷，天啟二年，清乾隆間孫爾然師儉堂刻本。

[882]《明史·孫承宗傳》，第 250 卷，第 6468 頁，中華書局校點本，1974 年，北京。

參考文獻

[883]《明熹宗實錄》，第70卷，天啟六年四月辛卯，臺北中研院歷史語言研究所校勘本，1962年，臺北。

[884]《明熹宗實錄》，第68卷，天啟六年二月丁丑，臺北中研院歷史語言研究所校勘本，1962年，臺北。

[885] 覺華島，今遼寧省興城市菊花島鄉。民國十一年（1922年），因島上菊花聞名，而改稱菊花島。

[886]《明熹宗實錄》，第19卷，天啟二年二月己醜，臺北中研院歷史語言研究所校勘本，1962年，臺北。

[887]《明熹宗實錄》，第40卷，天啟三年閏十月丁亥朔，臺北中研院歷史語言研究所校勘本，1962年，臺北。

[888] 沈國元：《兩朝從信錄》，第29卷，天啟六年正月，清刻本。

[889] 安德才主編：《興城縣誌》，第67頁，遼寧大學出版社，1991年，瀋陽。

[890] 筆者實地踏查記錄。

[891] 楊嗣昌：《楊文弱先生集》，第4卷，第12葉，鈔本，北京圖書館善本部藏。

[892]《滿文老檔·太祖》，第48冊，天命八年三月二十四日，中華書局譯註本，1990年，北京。

[893]《明熹宗實錄》，第40卷，天啟三年閏十月丁亥朔，臺北中研院歷史語言研究所校勘本，1962年，臺北。

[894] 王在晉：《三朝遼事實錄》，第10卷，天啟二年七月，江蘇省立國學圖書館據私藏本影印，1930年，南京。

[895] 孫銓：《孫文正公年譜》，第2卷，天啟三年九月初八日，清乾隆年間孫爾然師儉堂刻本。

[896] 孫銓：《孫文正公年譜》，第2卷，天啟三年九月初三日，清乾隆年間孫爾然師儉堂刻本。

[897] 周文郁：《邊事小紀》，第1卷，《遼西復守紀事》，《玄覽堂叢書續集》本，南京國立中央圖書館影印本，民國三十六年（1947年），南京。

[898] 周文郁：《邊事小紀》，第1卷，《玄覽堂叢書續集》本，南京國立中央圖書館影印本，民國三十六年（1947年），南京。

[899] 談遷：《國榷》，第86卷，第5258頁，中華書局影印本，1958年，北京。

[900] 王在晉：《三朝遼事實錄》，第10卷，天啟二年七月，江蘇省立國學圖書館據私藏本影印，1930年，南京。

[901]《明熹宗實錄》，第 70 卷，天啟六年四月辛卯，臺北中研院歷史語言研究所校勘本，1962 年，臺北。

[902]《明熹宗實錄》，第 70 卷，天啟六年四月辛卯，臺北中研院歷史語言研究所校勘本，1962 年，臺北。

[903]《明熹宗實錄》，第 68 卷，天啟六年二月甲戌朔，臺北中研院歷史語言研究所校勘本，1962 年，臺北。

[904]《明熹宗實錄》，第 68 卷，天啟六年二月丙子，臺北中研院歷史語言研究所校勘本，1962 年，臺北。

[905] 張岱：《石匱書後集》，第 11 卷，第 91 頁，中華書局校點本，1959 年，北京。

[906]《清太祖武皇帝實錄》，第 4 卷，第 25 葉，臺北故宮博物院藏本，廣文書局影印，1970 年，臺北。

[907]《袁崇煥資料集錄》，上冊，第 27 頁，廣西民族出版社，1984 年，南寧。

[908] 孫承宗於天啟三年閏十月丁亥奏報巡歷關外情形記其為「龍宮寺」，下同，不注。

[909]《明熹宗實錄》，第 67 卷，天啟六年正月辛未，臺北中研院歷史語言研究所校勘本，1962 年，臺北。

[910] 王在晉：《三朝遼事實錄》，第 15 卷，天啟六年正月，江蘇省立國學圖書館據私藏本影印，1930 年，南京。

[911]《清國史·武訥格傳》，第 5 冊，第 3 卷，第 142 葉，中華書局影印嘉業堂鈔本，1993 年，北京。

[912] 後金軍出師覺華島之兵數，《清太祖高皇帝實錄》作「吳訥格率所部八旗蒙古、更益滿兵八百」；《明熹宗實錄》作「奴眾數萬」，又作四萬。但是，天啟二年即天命七年後金始設蒙古旗，至崇禎二年即天聰三年已有蒙古二旗，又至崇禎八年即天聰九年始分設蒙古八旗，故其時並無八旗蒙古。

[913]《滿洲實錄》作「金冠」，「冠」為是，而「觀」為誤，且金冠時已死。

[914] 覺華島明軍之兵數，《清太祖高皇帝實錄》作「四萬」；《明熹宗實錄》作四營、七千餘人。應以後者為是。

[915]《清太祖努爾哈赤實錄》，第 10 卷，天命十一年正月庚午，北平故宮博物院印本，1931 年，北京。

[916] 王在晉：《三朝遼事實錄》，第 15 卷，天啟六年正月，江蘇省立國學圖書館據私藏本影印，1930 年，南京。

[917]《明熹宗實錄》，第70卷，天啟六年四月辛卯，臺北中研院歷史語言研究所校勘本，1962年，臺北。

[918] 王在晉：《三朝遼事實錄》，第15卷，天啟六年正月，江蘇省立國學圖書館據私藏本影印，1930年，南京。

[919] 王在晉：《三朝遼事實錄》，第15卷，天啟六年正月，江蘇省立國學圖書館據私藏本影印，1930年，南京。

[920]《明熹宗實錄》天啟六年正月庚午條載：「右屯儲米三十萬石。」

[921]《明熹宗實錄》，第70卷，天啟六年四月辛卯，臺北中研院歷史語言研究所校勘本，1962年，臺北。

[922]《清太祖高皇帝實錄》，第10卷，天命十一年正月，中華書局影印本，1986年，北京。

[923]《明熹宗實錄》，第70卷，天啟六年四月辛卯，臺北中研院歷史語言研究所校勘本，1962年，臺北。

[924]《明熹宗實錄》，第70卷，天啟六年四月己亥，臺北中研院歷史語言研究所校勘本，1962年，臺北。

[925]《明熹宗實錄》，第72卷，天啟六年六月甲戌，臺北中研院歷史語言研究所校勘本，1962年，臺北。

[926]《明會典》，第105卷，中華書局影印本，1989年，北京。

[927]《李朝光海君日記》，第164卷，十三年四月甲申，日本學習院東洋文化研究所影印本，1959年，東京。

[928]《李朝仁祖實錄》，第20卷，七年閏四月丙子，日本學習院東洋文化研究所影印本，1959年，東京。

[929]《崇禎實錄》，第2卷，崇禎二年三月，臺北中研院歷史語言研究所校勘本，1962年，臺北。參見《崇禎長編》，第20卷，崇禎二年四月甲辰，臺北中研院歷史語言研究所校勘本，1962年，臺北。

[930]《孫子兵法》各本作「兵無常勢，水無常形」。但銀雀山漢墓竹簡《孫子兵法》即漢簡本《孫子兵法》作「兵無成埶（勢），無恆刑（形）」。吳九龍《孫子校釋》曰：「漢簡本此句以『兵』為兩『無』之主語，言兵既無常勢，又無常形。唯上文一言『水之行避高而趨下』，又言『水因地而制行』，漢簡本皆作『行』，而不作『形』。故此句之『形』無『水』字，而將『行』字屬之於『兵』。故今依漢簡本，且無『水』字。」此注臆斷也，因為：第一，銀雀山漢簡本《孫子兵法》，僅為漢代《孫子兵法》之一種版本，雖實屬珍貴，卻屢有衍、脫，此為一例，故不能以此定讞。第二，各本俱有「水」字，不宜輕率刪削之。第三，「形」與「行」字在古漢語中，同音通假，

故「形」字屬之於「水」。第四，此段話凡四句：首句「水」與「兵」駢列，以「水」喻「兵」；次句亦「水」與「兵」駢列，亦以「水」喻「兵」；再句首為「故」字，即此句承上二句小結，亦應「水」與「兵」駢列；末句為結論。所以，「水」字砍削不當。

[931] 吳九龍主編：《孫子校釋》，第102頁，軍事科學出版社，1990年，北京。

[932] 王在晉：《三朝遼事實錄》，第15卷，天啟六年正月，江蘇省立國學圖書館據私藏本影印，1930年，南京。

[933] 《明熹宗實錄》，第67卷，天啟六年正月辛未，臺北中研院歷史語言研究所校勘本，1962年，臺北。

[934] 《明熹宗實錄》（梁本），第39卷，天啟四年二月丁亥，臺北中研院歷史語言研究所校勘本，1962年，臺北。

[935] 《明熹宗實錄》，第40卷，天啟三年閏十月丁亥朔，臺北中研院歷史語言研究所校勘本，1962年，臺北。

[936] 王在晉：《三朝遼事實錄》，第10卷，天啟二年七月，江蘇省立國學圖書館據私藏本影印，1930年，南京。

[937] 《明熹宗實錄》，第67卷，天啟六年正月丁卯，臺北中研院歷史語言研究所校勘本，1962年，臺北。

[938] 楊嗣昌：《楊文弱先生集》，第4卷，第13頁，鈔本，北京圖書館善本部藏。

[939] 《明熹宗實錄》，第29卷，天啟二年十二月丙戌，臺北中研院歷史語言研究所校勘本，1962年，臺北。

[940] 《明熹宗實錄》，第70卷，天啟六年四月辛卯，臺北中研院歷史語言研究所校勘本，1962年，臺北。

[941] 《袁崇煥資料集錄》，上冊，第28頁，廣西民族出版社，1984年，南寧。

[942] 明人稱大凌河城（今遼寧錦州大凌屯），或大凌城、凌城。此役之戰場，包括城外廣大地域。此戰全稱為大凌河城之戰，今約定俗成而稱為大凌河之戰。

[943] 《明熹宗實錄》，第79卷，第19頁，臺北中研院歷史語言研究所校勘本，1962年，臺北。

[944] 《清太宗文皇帝實錄》，第3卷，第16頁，中華書局影印本，1985年，北京。

[945] 閻崇年：《袁崇煥研究論集》，第181頁，文史哲出版社，1994年，臺北。

[946] 顧祖禹：《讀史方輿紀要》，第37卷，第36頁，上海書店出版社，1998年，上海。

[947] 李輔：《全遼志·圖考》，第1卷，第13頁，《遼海叢書》本，1984年，瀋陽。

[948] 王在晉在《三朝遼事實錄》中,將天命三年即萬曆四十六年「奴兒哈赤計襲撫順」,作為「遼事」之起端。

[949]《明史·張鳳翼傳》,第 257 卷,第 6631 頁,中華書局校點本,1974 年,北京。

[950]《明史·袁崇煥傳》,第 259 卷,第 6708 頁,中華書局校點本,1974 年,北京。

[951]《崇禎長編》,第 62 卷,第 6 頁,臺北中研院歷史語言研究所校勘本,1962 年,臺北。

[952] 明以舉人而官至巡撫者,隆慶朝只海瑞,萬曆朝只張守中、艾穆,天啟朝沒有,崇禎朝則丘禾嘉等。

[953]《明史·丘禾嘉傳》,第 261 卷,第 6770 頁,中華書局校點本,1974 年,北京。

[954] 李光濤:《明清檔案論文集》,第 494—495 頁,聯經出版實業公司,1986 年,臺北。

[955]《兵部呈為王道直題報大凌河城之役明軍損失情形本》,《歷史檔案》,1981 年第 1 期。

[956]《清太宗文皇帝實錄》,第 9 卷,第 2 頁,中華書局影印本,1985 年,北京。

[957]《清太宗文皇帝實錄》,第 9 卷,第 12 頁,中華書局影印本,1985 年,北京。

[958]《崇禎長編》,第 49 卷,第 14 頁,臺北中研院歷史語言研究所校勘本,1962 年,臺北。

[959]《清太宗文皇帝實錄》,第 9 卷,第 14 頁,中華書局影印本,1985 年,北京。

[960]《清太宗文皇帝實錄》,第 9 卷,第 19 頁,中華書局影印本,1985 年,北京。

[961]《清史列傳·冷僧機》,第 4 卷,第 33 頁,上海中華書局,1928 年,上海。

[962]《崇禎長編》,第 50 卷,第 6 頁,臺北中研院歷史語言研究所校勘本,1962 年,臺北。

[963]《明清史料》,乙編,第 1 本,第 70 頁,中央研究院歷史語言研究所刊印本,1936 年,上海。

[964]《清太宗文皇帝實錄》,第 9 卷,第 23 頁,中華書局影印本,1985 年,北京。

[965]《清太宗文皇帝實錄》,第 9 卷,第 25 頁,中華書局影印本,1985 年,北京。

[966]《崇禎長編》,第 50 卷,第 11 頁,臺北中研院歷史語言研究所校勘本,1962 年,臺北。

[967]《清太宗文皇帝實錄》,第 9 卷,第 28 頁,中華書局影印本,1985 年,北京。

[968]《明清史料》,乙編,第 1 本,第 81 頁,中央研究院歷史語言研究所刊印,1936 年,上海。

[969]《滿文老檔·太宗》，冊V，第566頁，東洋文庫本，1961年，東京。

[970]《明清史料》，乙編，第1本，第79頁，中央研究院歷史語言研究所刊印，1936年，上海。

[971]《清太宗文皇帝實錄》，第9卷，第29頁，「張繼綏」誤作「張吉甫」，「汪子靜」誤作「王之敬」，「海參代」誤作「海三代」。

[972]《清太宗文皇帝實錄》，第9卷記載：時「大雨滂沱，前陣獲總兵黑雲龍乘隙單騎而逃」。

[973]《崇禎長編》，第50卷，第17頁，崇禎四年九月戊戌，臺北中研院歷史語言研究所校勘本，1962年，臺北。

[974]《明清史料》，乙編，第1本，第67頁，中央研究院歷史語言研究所刊印，1936年，上海。

[975]《李朝仁祖實錄》，第25卷，第51頁，日本學習院東洋文化研究所影印本，1959年，東京。

[976]《明史·張春傳》，第291卷，第7464頁，中華書局校點本，1974年，北京。

[977]《清史稿校注》，第238卷，第8064頁，臺灣商務印書館，1999年。其「翼」字，《清史稿·佟養性傳》（中華書局本）作「翌」。

[978]《清史稿佟養性傳》，第231卷，第9324頁，中華書局標點本，1977年，北京。

[979]《清太宗文皇帝實錄》，第10卷，第3—4頁，中華書局影印本，1985年，北京。

[980]《明清史料》，乙編，第1本，第66頁，中央研究院歷史語言研究所刊印，1936年，上海。

[981]黃一農：《紅夷大砲與明清戰爭——以火砲測準技術之演變為例》，《清華學報》新二十六卷第一期，1996年，新竹。

[982]《清太宗文皇帝實錄》，第10卷，第3頁，中華書局影印本，1985年，北京。

[983]《清太宗文皇帝實錄》，第9卷，第27頁，中華書局影印本，1985年，北京。

[984]《清太宗文皇帝實錄》，第10卷，第3頁，中華書局影印本，1985年，北京。

[985]《清太宗文皇帝實錄》，第10卷，第4頁，中華書局影印本，1985年，北京。

[986]《兵部呈為王道直題報大凌河城之役明軍損失情形本》，《歷史檔案》，1981年第1期。

[987]《崇禎長編》，第52卷，第3頁，臺北中研院歷史語言研究所校勘本，1962年，臺北。

[988]《清太宗文皇帝實錄》，第10卷，第6頁，中華書局影印本，1985年，北京。

參考文獻

[989]《清太宗文皇帝實錄》，第60卷，第4頁，中華書局影印本，1985年，北京。

[990]《清太宗文皇帝實錄》，第10卷，第10頁，中華書局影印本，1985年，北京。

[991]《崇禎長編》，第51卷，第33頁，臺北中研院歷史語言研究所校勘本，1962年，臺北。

[992]《崇禎長編》，第53卷，第16頁，臺北中研院歷史語言研究所校勘本，1962年，臺北。

[993]《清太宗文皇帝實錄》，第10卷，第11頁，中華書局影印本，1985年，北京。

[994]《通鑒輯覽》，第114卷，第8頁，湖南崇文書局重刊本，光緒壬申年（1872年）。

[995]《崇禎長編》，第52卷，第3頁，臺北中研院歷史語言研究所校勘本，1962年，臺北。

[996]《清太宗文皇帝實錄》，第10卷，第13頁，中華書局影印本，1985年，北京。

[997]《明史·孫承宗傳》，第250卷，第6476頁，中華書局校點本，1974年，北京。

[998]《崇禎長編》，第50卷，第15頁，臺北中研院歷史語言研究所校勘本，1962年，臺北。

[999]《崇禎長編》，第46卷，第26頁，臺北中研院歷史語言研究所校勘本，1962年，臺北。

[1000]《崇禎長編》，第53卷，第6頁，臺北中研院歷史語言研究所校勘本，1962年，臺北。

[1001]《明史·袁崇煥傳》，第259卷，第6713頁，中華書局校點本，1974年，北京。

[1002] 陳鶴：《明紀》，第53卷，《莊烈紀二》，清刻本。

[1003]《崇禎長編》，第50卷，第7頁，臺北中研院歷史語言研究所校勘本，1962年，臺北。

[1004]《崇禎長編》，第51卷，第10頁，臺北中研院歷史語言研究所校勘本，1962年，臺北。

[1005]《崇禎長編》，第51卷，第15頁，臺北中研院歷史語言研究所校勘本，1962年，臺北。

[1006]《崇禎長編》，第53卷，第7頁，臺北中研院歷史語言研究所校勘本，1962年，臺北。

[1007]《崇禎長編》，第53卷，第10頁，臺北中研院歷史語言研究所校勘本，1962年，臺北。

[1008]《孫子·計篇》，上卷，第 18 頁，中華書局校點本，1986 年，北京。

[1009]《清太宗文皇帝實錄》，第 9 卷，第 2 頁，中華書局影印本，1985 年，北京。

[1010]《清太宗文皇帝實錄》，第 14 卷，第 13 頁，中華書局影印本，1985 年，北京。

[1011]《清太宗文皇帝實錄》，第 14 卷，第 18 頁，中華書局影印本，1985 年，北京。

[1012]《清初內國史院滿文檔案譯編》，上冊，第 9 頁，光明日報出版社，1989 年，北京。

[1013]《清太宗文皇帝實錄》，第 10 卷，第 4 頁，中華書局影印本，1985 年，北京。

[1014] 見拙文《袁崇煥籍貫考》，《歷史研究》，1982 年第 1 期。

[1015]《李朝光海君日記》，第 133 卷，十年十月戊辰，日本學習院東洋文化研究所，1959 年，東京。

[1016]《明史·熊廷弼傳》，第 259 卷，中華書局校點本，1974 年，北京。

[1017]《明進士題名碑記》萬曆己未科，首都博物館藏。

[1018] 夏允彝：《倖存錄·遼事雜誌》，上卷，《明末十家集》，北京圖書館藏舊鈔本。

[1019]《明史·袁崇煥傳》，第 259 卷，中華書局校點本，1974 年，北京。

[1020]《袁崇煥傳》鈔本：「《明史》記侯恂請破格用袁崇煥在單騎出關之前，不知崇煥時以大計至都，故得自由往視關外；及歸而上策暢言形勢，故侯恂遂請破格用之。」

[1021]《明熹宗實錄》，第 68 卷，天啟六年二月乙亥，臺北中研院歷史語言研究所校勘本，1962 年，臺北。

[1022]《清史稿·太祖本紀》，第 1 卷，中華書局標點本，1976 年，北京。

[1023]《滿洲實錄》，第 8 卷，天命十一年二月初九日，遼寧通志館影印本，1930 年，瀋陽。

[1024] 沈國元：《兩朝從信錄》，第 34 卷，明崇禎刻本，北京圖書館善本部藏。

[1025]《清太宗文皇帝實錄》，第 3 卷，天聰元年五月癸巳，中國第一歷史檔案館藏本。

[1026] 昭槤：《嘯亭雜錄》，第 1 卷，中華書局校點本，1980 年，北京。

[1027]《清太宗文皇帝實錄》，第 5 卷，天聰三年十一月丙申，中國第一歷史檔案館藏本。

[1028]《日下舊聞考》第 33 卷：「建極殿後曰雲臺門，東曰後左門，西曰後右門，亦名曰平臺。」

[1029]《崇禎長編》，第11卷，崇禎元年七月乙亥，臺北中研院歷史語言研究所校勘本，1962年，臺北。

[1030]《明熹宗實錄》，第5卷，元年正月乙亥，臺北中研院歷史語言研究所校勘本，1962年，臺北。

[1031]《崇禎實錄》，第1冊，元年六月丁未，臺北中研院歷史語言研究所校勘本，1962年，臺北。

[1032]《明史·莊烈帝紀一》，第23卷，中華書局校點本，1974年，北京。

[1033]《崇禎實錄》，第11卷，元年七月甲申，臺北中研院歷史語言研究所校勘本，1962年，臺北。

[1034]《懷陵流寇始終錄》，第1卷，《玄覽堂叢書》本，國立中央圖書館影印，1941年，上海。

[1035] 夏允彝：《倖存錄·流寇大略》，下卷，《明季野史叢編》本，商務印書館，民國元年（1912年），上海。

[1036] 夏允彝：《倖存錄》，第1卷，《明季野史叢編》本，商務印書館，民國元年（1912年），上海。

[1037]《明懷宗實錄》，第1卷，崇禎元年十月丁卯，臺北中研院歷史語言研究所校勘本，1962年，臺北。

[1038]《明懷宗實錄》，第1卷，崇禎元年十月甲戌，臺北中研院歷史語言研究所校勘本，1962年，臺北。

[1039]《明懷宗實錄》，第2卷，崇禎三年正月己酉，臺北中研院歷史語言研究所校勘本，1962年，臺北。

[1040]《明懷宗實錄》，第3卷，崇禎三年十二月己巳，臺北中研院歷史語言研究所校勘本，1962年，臺北。

[1041]《明懷宗實錄》，第3卷，崇禎三年十月乙醜，臺北中研院歷史語言研究所校勘本，1962年，臺北。

[1042] 談遷：《國榷》，第9卷，崇禎元年十二月癸酉，中華書局影印本，1958年，北京。

[1043]《崇禎實錄》，第1冊，崇禎二年十一月庚戌，臺北中研院歷史語言研究所校勘本，1962年，臺北。

[1044]《明史·莊烈帝本紀一》，第23卷，中華書局校點本，1974年，北京。

[1045]《明史·魏忠賢傳》，第305卷，中華書局校點本，1974年，北京。

[1046] 佚名：《快世忠言》，中冊，清刻本。

[1047]《明史·閹黨列傳》，第 306 卷，中華書局校點本，1974 年，北京。

[1048]《明史·韓爌傳》，第 240 卷，中華書局校點本，1974 年，北京。

[1049] 談遷：《棗林雜俎·智集》，第 1 卷，中華書局影印本，1958 年，北京。

[1050]《袁督師遺集·天啟七年七月二十二日乞休疏》，第 1 卷，清道光伍氏刻本。

[1051] 佚名：《今史》，第 4 卷，崇禎元年七月十七日，清刻本。

[1052]《明史·錢龍錫傳》，第 251 卷，中華書局校點本，1974 年，北京。

[1053]《明史·劉鴻訓傳》，第 251 卷，中華書局校點本，1974 年，北京。

[1054] 蔣平階：《東林始末》，不分卷，《學海類編》本，上海涵芬樓影印本，1920 年，上海。

[1055]《明史·宦官列傳二》，第 305 卷，中華書局校點本，1974 年，北京。

[1056] 黃宗羲：《弘光實錄鈔》，第 1 卷，商務印書館，1911 年，上海。

[1057] 蔣平階：《東林始末》，不分卷，《學海類編》本，上海涵芬樓影印本，1920 年，上海。

[1058]《明史·孫承宗傳》，第 250 卷，中華書局校點本，1974 年，北京。

[1059]《李朝仁祖實錄》，第 18 卷，六年五月戊寅，日本學習院東洋文化研究所，1959 年，東京。

[1060]《明清史料》，甲編，第 8 本《兵部題薊遼督師袁崇煥塘報殘稿》，中央研究院歷史語言研究所刊印，1936 年，上海。

[1061]《明清史料》，乙編，第 1 本《兵部題薊遼督師袁崇煥塘報殘稿》，中央研究院歷史語言研究所刊印，1936 年，上海。

[1062]《清太宗文皇帝實錄》，第 5 卷，天聰三年十月癸醜，偽滿影印本，1937 年，東京。

[1063]《清太宗文皇帝實錄》，第 5 卷，天聰三年十月辛未，偽滿影印本，1937 年，東京。

[1064] 李霨：《內秘書院大學士范文肅公墓誌銘》，《碑傳集》，第 4 卷，江蘇書局刊行，清光緒十九年（1893 年），南京。

[1065]《袁崇煥傳》，《新明史列傳》之一，稿本。

[1066]《清太宗文皇帝實錄》，第 5 卷，天聰三年十月乙亥，偽滿影印本，1937 年，東京。

[1067] 余大成：《剖肝錄》，載《袁督師事跡》，清道光伍氏刻本。

[1068]《清太宗文皇帝實錄》，第5卷，天聰三年十月丁丑、十一月壬午，偽滿影印本，1937年，東京。

[1069]《明史紀事本末·補遺》，第6卷，中華書局校點本，1977年，北京。

[1070]《崇禎實錄》第1卷、《明懷宗實錄》第2卷、《國榷》第90卷和《崇禎長編》崇禎二年十月戊寅等，均作「王純臣」；《清太宗實錄》第5卷作「王遵臣」，「遵」字誤。

[1071]《弘光實錄鈔》第1卷載：「臣按：逆閹魏忠賢既誅，其從逆者先帝定為逆案，頒行天下，逆黨合謀翻之。己巳之變，馮銓用數萬金導北兵至喜峰口，欲以疆場之事翻案；溫體仁訐錢謙益而代之，欲以科場之事翻案，小人計無不至。」

[1072]《崇禎實錄》，第1卷，崇禎二年十一月壬午朔，臺北中研院歷史語言研究所校勘本，1962年，臺北。

[1073]《明史·趙率教傳》和《國榷》等書均作十一月初四日；但《清太宗實錄》卻作初一日，《明懷宗實錄》又作初十日，疑後二者誤。

[1074]《崇禎實錄》，第1卷，崇禎二年十一月丙戌，臺北中研院歷史語言研究所校勘本，1962年，臺北。

[1075]《明史·王元雅傳》，第291卷，中華書局校點本，1974年，北京。

[1076]《明懷宗實錄》第2卷和《國榷》第90卷載遵化城陷為「初五日」；而《清太宗實錄》第5卷記為「初三日」，疑後者誤。

[1077] 談遷：《國榷》，第90卷，崇禎二年十一月，中華書局影印本，1958年，北京。

[1078] 孫銓：《孫文正公年譜》，第4卷，清乾隆年間孫爾然師儉堂刻本。

[1079] 周文郁：《邊事小紀》，第1卷，《玄覽堂叢書續集》本，南京國立中央圖書館影印本，民國三十六年（1947年），南京。

[1080] 程本直：《白冤疏》，載《袁督師事跡》，清道光年間伍氏刻本。

[1081] 錢謙益：《初學集·孫承宗行狀》，第47卷，《四部叢刊》據崇禎原刻影印本。

[1082]《清太宗文皇帝實錄》，第5卷，天聰三年十一月壬辰，偽滿影印本，1937年，東京。

[1083]《明懷宗實錄》，第3卷，崇禎二年十一月癸巳，據《崇禎實錄》補正。

[1084] 周文郁：《邊事小紀》，第1卷，《玄覽堂叢書續集》本，南京國立中央圖書館影印本，民國三十六年（1947年），南京。

[1085] 梁啟超：《袁督師傳》，《飲冰室集》，第20卷，上海中華書局，1941年，上海。

[1086] 周文郁：《邊事小紀》，第1卷，《玄覽堂叢書續集》本，南京國立中央圖書館影印本，民國三十六年（1947年），南京。

[1087]《明史·孫承宗傳》，第250卷，中華書局校點本，1974年，北京。

[1088]《崇禎實錄》，第1卷，崇禎二年十一月辛卯，臺北中研院歷史語言研究所校勘本，1962年，臺北。

[1089]《崇禎實錄》，第1卷，崇禎二年十二月甲寅，臺北中研院歷史語言研究所校勘本，1962年，臺北。

[1090] 周文郁：《邊事小紀》，第1卷，《玄覽堂叢書續集》本，南京國立中央圖書館影印本，民國三十六年（1947年），南京。

[1091] 周文郁：《邊事小紀》，第1卷，《玄覽堂叢書續集》本，南京國立中央圖書館影印本，民國三十六年（1947年），南京。

[1092]《滿文老檔太宗》，第19卷，天聰三年十一月二十日，中國第一歷史檔案館藏。

[1093] 陳鶴：《明紀》，第52卷，清刻本。

[1094] 周文郁：《邊事小紀》，第1卷，《玄覽堂叢書續集》本，南京國立中央圖書館影印本，民國三十六年（1947年），南京。

[1095]《明懷宗實錄》，第3卷，崇禎二年十一月庚子，據《崇禎實錄》補正。

[1096] 袁軍的數目，《清太宗實錄》和《明懷宗實錄》作「二萬人」；《剖肝錄》和《白冤疏》作「九千人」，從後者。

[1097]《清史列傳·阿濟格傳》，第1卷，上海中華書局，1928年，上海。

[1098]《邊事小紀》載「傷東奴偽六王子」；努爾哈赤第六子塔拜，未參加這次戰役；其十二子「阿濟格馬創，乃還」。疑受傷者為「十二王子」阿濟格。

[1099]《清史稿·恩格德爾傳》，第229卷，中華書局標點本，1977年，北京。

[1100]《崇禎實錄》，第1卷，崇禎二年十一月庚子，臺北中研院歷史語言研究所校勘本，1962年，臺北。

[1101] 周文郁：《邊事小紀》，第1卷，《玄覽堂叢書續集》本，南京國立中央圖書館影印本，民國三十六年（1947年），南京。

[1102]《明史紀事本末補遺》，第6卷。又《邊事小紀》第1卷載：「一賊輪刀砍值公，適傍有材官袁升高以刀架隔，刃相對而折，公獲免。」兩書所載歧異，應以後者為是。

[1103] 周文郁：《邊事小紀》，第1卷，《玄覽堂叢書續集》本，南京國立中央圖書館影印本，民國三十六年（1947年），南京。

[1104] 程本直：《漩聲記》，載《袁督師事跡》，清道光伍氏刻本。

[1105]《帝京景物略》第3卷：「南海子，城南二十里，有囿，曰南海子。方一百六十里。海中殿，瓦為之。」

[1106]《清太宗文皇帝實錄》，第5卷，天聰三年十一月戊申，偽滿影印本，1937年，東京。

[1107] 周文郁：《邊事小紀》，第1卷，《玄覽堂叢書續集》本，南京國立中央圖書館影印本，民國三十六年（1947年），南京。

[1108]《明熹宗實錄》，第75卷，天啟六年八月丁巳，臺北中研院歷史語言研究所校勘本，1962年，臺北。

[1109] 黃宗羲：《南雷文定》，第1卷，《四部備要》本。

[1110]《李朝仁祖實錄》第22卷：「樸蘭英馳啟：『袁經略亦系獄雲。』越數日，忽哈、龍骨大、仲男等謂臣曰：『……龍骨大辟左右，附耳語曰：袁公果與我同心，而事泄被逮耳！』此必行間之言也。」按，此條系於仁祖八年二月，即崇禎三年二月。故皇太極當時可能不知道其計得逞。

[1111] 王先謙：《東華錄》，第5卷，天聰三年十二月丙寅，光緒二十五年（1899年）石印本。

[1112]《光緒順天府志·孫祖壽傳》，第98卷，清光緒十二年（1886年）刻本，北京。

[1113] 蔣良騏：《東華錄》，第2卷，天聰三年十二月丁卯，清木刻本。

[1114] 夏燮：《明通鑒》，第81卷，崇禎三年十二月丁卯，中華書局校點本，1959年，北京。

[1115]《清太宗文皇帝實錄》，第5卷，天聰二年十二月丁卯，偽滿影印本，1937年，東京。

[1116]《明史·孫承宗傳》，第250卷，中華書局校點本，1974年，北京。

[1117] 文秉：《烈皇小識》，第2卷，《中國歷史研究資料叢書》本，上海書店印行，1951年，上海。

[1118]《清太宗文皇帝實錄》，第5卷，天聰三年十二月壬子，偽滿影印本，1937年，東京。

[1119]《清太宗文皇帝實錄》，第5卷，天聰三年十一月丙午，偽滿影印本，1937年，東京。

[1120]《清太宗文皇帝實錄》，第5卷，天聰三年十二月丁丑，偽滿影印本，1937年，東京。

[1121]《清太宗文皇帝實錄》，第5卷，天聰三年十二月乙卯，偽滿影印本，1937年，東京。

[1122]《李朝仁祖實錄》，第 22 卷，八年二月丁丑，日本學習院東洋文化研究所，1959 年，東京。

[1123]《崇禎長編》，第 29 卷，崇禎二年十二月丁巳，臺北中研院歷史語言研究所校勘本，1962 年，臺北。

[1124] 孫承宗：《高陽集》，第 5 卷，清刻本。

[1125]《李朝仁祖實錄》，第 24 卷，八年四月癸醜，臺北中研院歷史語言研究所校勘本，1962 年，臺北。

[1126] 程本直：《白冤疏》，載《袁督師事跡》，清道光伍氏刻本。

[1127] 孫承澤：《畿輔人物誌·李若璉傳》，第 16 卷，清順治己亥年（1659 年）刻本。

[1128] 錢家修：《白冤疏》，載《袁督師事跡》，清道光伍氏刻本。

[1129]《明清史料》，丙編，第 1 冊《高鴻中奏本》，中央研究院歷史語言研究所刊印，1936 年，上海。

[1130]《大陸》雜誌第 7 卷第 1 期載李光濤：《袁崇煥與明社》文曰：「己巳之冬，大安口失守，兵鋒直指闕下，崇煥提援師至。先是，崇煥守寧遠，大兵屢攻不得志，太祖患之。範相國文程時為章京，謂太祖曰：『昔漢王用陳平計，間楚君臣，使項羽卒疑範增，而去楚。今獨不可蹈其故智乎？』太祖善之，使人掠得小奄數人，置之帳後，佯欲殺之。範相國乃曰：『袁督師既許獻城，則此輩皆吾臣子，不必殺也！』陰縱之去。奄人得是語，密聞於上。上頷之，而舉朝不知也。崇煥戰東便門，頗得利，然兵已疲甚，約束諸將不妄戰，且請入城少憩。上大疑焉，復召對，縋城以入，下之詔獄。」此計應為太宗之時。

[1131]《清史稿·鮑承先傳》，第 232 卷。又見《清太宗實錄》第 5 卷、《滿文老檔·太宗》第 19 卷、《清朝開國方略》第 12 卷、《嘯亭雜錄》第 1 卷、蔣良騏《東華錄》第 2 卷、《李朝仁祖實錄》第 24 卷、《明史》第 259 卷和《鮚埼亭集》等。

[1132]《明史稿·王永光傳》，第 240 卷，敬慎堂刻本，清雍正元年（1723 年），北京圖書館善本部藏。

[1133]《明史·文震孟傳》，第 251 卷，中華書局校點本，1974 年，北京。

[1134] 夏允彝：《倖存錄》，下卷，《明季稗史初編》本，商務印書館，民國元年（1912 年），上海。

[1135]《明史稿·錢龍錫傳》，第 235 卷，敬慎堂刻本，清雍正元年（1723 年），北京圖書館善本部藏。

[1136] 柏宗起：《東江始末》，不分卷，鈔本，北京圖書館藏。

參考文獻

[1137] 文秉：《烈皇小識》，第2卷，《中國歷史研究資料叢書》本，上海書店印行，1951年，上海。

[1138] 荊駝逸史：《袁督師計斬毛文龍始末記》，上卷，鈔本，北京圖書館藏。

[1139]《明史·溫體仁傳》，第308卷，中華書局校點本，1974年，北京。

[1140] 葉廷琯：《鷗陂漁話·溫體仁家書》，第4卷，清刻本。

[1141] 余大成：《剖肝錄》，載《袁督師事跡》，清道光伍氏刻本。

[1142]《袁崇煥傳》稿本，不分卷。

[1143]《崇禎長編》，第29卷，崇禎三年十二月丁巳，臺北中研院歷史語言研究所校勘本，1962年，臺北。

[1144]《汰存錄紀辨》，不分卷，《中國歷史研究資料叢書》本，上海書店印行，1951年，上海。

[1145]《明懷宗實錄》，第2卷，崇禎二年十一月辛卯，臺北中研院歷史語言研究所校勘本，1962年，臺北。

[1146]《明史·七卿年表二》，第112卷，中華書局校點本，1974年，北京。

[1147]《明史·周延儒傳》，第308卷，中華書局校點本，1974年，北京。

[1148]《明史·成基命傳》，第251卷，中華書局校點本，1974年，北京。

[1149] 康有為：《題袁督師廟詩》，北京圖書館善本部藏拓片。

[1150] 梁章鉅：《三管英靈集》，第7卷，清道光刻本。

[1151]《崇禎長編》，第29卷，崇禎二年十二月甲戌，臺北中研院歷史語言研究所校勘本，1962年，臺北。

[1152] 余大成：《剖肝錄》，載《袁督師事跡》，清道光伍氏刻本。

[1153] 錢家修：《白冤疏》，載《袁督師事跡》，清道光伍氏刻本。

[1154] 佚名：《明亡述略》，上卷，《中國歷史研究資料叢書》本，上海書店印行，1951年，上海。

[1155]《民國藤縣誌》稿本，藤縣檔案館藏。

[1156] 文秉：《先撥志始》，捲上，影印本，民國九年（1920年），上海。

[1157]《明臣奏議》，第40卷，刻本。

[1158]《李朝純宗實錄》，第28卷，二十七年三月辛丑，日本學習院東洋文化研究所影印本，1959年，東京。

[1159]《李朝英宗實錄》，第30卷，六年十一月辛未，日本學習院東洋文化研究所影印本，1959年，東京。

[1160] 張伯楨：《佘義士墓誌銘》，北京圖書館善本部藏拓片。

[1161] 民國《東莞縣誌》，第 20 卷，鉛印本，民國十六年（1927 年），東莞。

[1162] 筆者採訪記。

[1163] 余大成：《剖肝錄》，載《袁督師事跡》，清道光伍氏刻本。

[1164] 李濟深：《重修明督師袁崇煥祠墓碑記》，北京圖書館善本部藏拓片。

[1165]《袁督師遺集·邊中送別》，清道光伍氏刻本。

[1166] 程本直：《漩聲記》，載《袁督師事跡》，清道光伍氏刻本。

[1167]《明史熊廷弼傳》，第 22 冊，第 259 卷，第 6696 頁，中華書局校點本，1974 年，北京。

[1168]《明熹宗實錄》，第 13 卷，天啟元年八月庚午朔，臺北中研院歷史語言研究所校勘本，1962 年，臺北。

[1169]《明熹宗實錄》，第 11 卷，天啟元年六月辛未朔載：「為恢復遼左，須三方佈置：廣寧用騎步對壘於河上，以形勢格之，而綴其全力；海上督舟師，乘虛入南衛，以風聲下之，而動其人心；奴必反顧，而亟歸巢穴，則遼陽可復。」

[1170] 閻崇年《清淨化城塔名辨正》一文，據《妙法蓮華經化城喻品第七》詮釋：「化城」出自佛典。化城，是指一時化作之城郭。其喻意是，一切眾生成佛之所為清淨寶所，到此寶所，路途遙遠險惡，為恐眾生疲倦退卻，於途中變化一座城郭，舍宅莊嚴，樓閣高聳，園林蔥蔥，渠流淙淙，使之在此止息。眾生到此止息，即滅幻化之城。文載《燕步集》，北京燕山出版社，1989 年，北京。

[1171]《明史·熊廷弼傳附王化貞傳》，第 22 冊，第 259 卷，第 6697 頁，中華書局校點本，1974 年，北京。

[1172]《明史·方震孺傳》，第 21 冊，第 248 卷，第 6428—6429 頁，中華書局校點本，1974 年，北京。

[1173]《孫子·謀攻》，杜牧注，廣益書局，1922 年，上海。

[1174] 王在晉：《三朝遼事實錄》，第 8 卷，天啟二年三月，江蘇省立國學圖書館據私藏本影印，1934 年，南京。

[1175]《明史·王洽傳附高第傳》，第 22 冊，第 257 卷，第 6626 頁，中華書局校點本，1974 年，北京。

[1176]《明史袁崇煥傳》，第 22 冊，第 259 卷，第 6709 頁，中華書局校點本，1974 年，北京。

[1177] 閻崇年：《袁崇煥「死因」辨》，《歷史檔案》，1995 年第 4 期。

參考文獻

[1178]　此三則引文，均見《明史·袁崇煥傳》（第 259 卷，第 6708—6709 頁，中華書局校點本，1974 年，北京），筆者對標點略有改動。

[1179]　閻崇年：《論寧遠爭局》，《故宮博物院院刊——建院七十週年紀念專刊》，紫禁城出版社，1995 年，北京。

[1180]　《明熹宗實錄》，第 68 卷，天啟六年二月乙亥，臺北中研院歷史語言研究所校勘本，1962 年，臺北。

[1181]　皇太極在寧錦之戰中犯下的兵家「五忌」是：一為天時不合，二為地利不占，三為火器不精，四為準備不夠，五為指揮不當（參見閻崇年《寧錦防線與寧錦大捷》，載《袁崇煥研究論集》，文史哲出版社，1994 年，臺北）。

[1182]　此間明兵部尚書先後有：王洽、申懋用、梁廷棟、熊明遇、張鳳翼、楊嗣昌、傅宗龍和陳新甲。其中清兵第一次入口時王洽在任並因此下獄死，第二和第三次入口時張鳳翼在任，第四次入口時楊嗣昌在任，第五次入口時陳新甲在任，梁廷棟、熊明遇、申懋用、傅宗龍各次入口時不在任且在職時間甚短。

[1183]　《清太宗文皇帝實錄》，第 2 卷，天聰元年五月癸巳，中華書局影印本，1985 年，北京。

[1184]　《明史紀事本末·補遺》，第 6 卷，《東兵入口》，中華書局校點本，1977 年，北京。

[1185]　《瀋館錄》，第 1 卷，第 17 葉，《遼海叢書》本，遼瀋書社影印本，1985 年，瀋陽。

[1186]　《明清史料》，甲編，第 1 本，第 785 頁，中央研究院歷史語言研究所，1930 年，上海。

[1187]　《清太宗文皇帝實錄》，第 44 卷，崇德三年十一月己未朔，中華書局影印本，1985 年，北京。

[1188]　《瀋館錄》，第 1 卷，第 19 葉，《遼海叢書》本，遼瀋書社影印本，1985 年，瀋陽。

[1189]　《清太宗文皇帝實錄》，第 22 卷，天聰九年二月戊子，中華書局影印本，1985 年，北京。

[1190]　《清太宗文皇帝實錄》，第 22 卷，天聰九年二月己亥，中華書局影印本，1985 年，北京。

[1191]　《中國歷代戰爭史（十五）》（修訂一版），第 205 頁，黎明文化事業股份有限公司出版，1979 年，臺北。

[1192] 魏源：《聖武記開國龍興記三》，第1卷，第32頁，中華書局校點本，1984年，北京（參見《清高宗純皇帝實錄》乾隆四十三年九月丁亥朔）。

[1193]《清太宗文皇帝實錄》，第18卷，天聰八年五月丙申，中華書局影印本，1985年，北京。

[1194] 李新達：《洪承疇》，王思治主編《清代人物傳稿》上編，第2卷，第300頁，中華書局，1986年，北京。

[1195]《清太宗文皇帝實錄》，第56卷，崇德六年七月丁酉，中華書局影印本，1985年，北京。

[1196]《清太宗文皇帝實錄》，第55卷，崇德六年三月壬寅，中華書局影印本，1985年，北京。

[1197]《清太宗文皇帝實錄》，第56卷，崇德六年七月乙酉，中華書局影印本，1985年，北京。

[1198]《李朝仁祖實錄》，第42卷，十九年十月庚戌，日本學習院東洋文化研究所影印本，1959年，東京。

[1199] 談遷：《國榷》，第97卷，第5903頁，中華書局影印本，1958年，北京。

[1200] 計六奇：《明季北略》，第38卷，《洪承疇降清》，中華書局，1984年，北京。

[1201]《清太宗文皇帝實錄》，第57卷崇德六年八月壬戌：「上行急，鼻衄不止，承以椀，行三日，衄方止。」

[1202] 明軍八鎮總兵數十三萬餘人，被困在錦州者約二萬餘人，總計約十五萬人。清軍的總兵數，計六奇《明季北略·洪承疇降大清》說有二十四萬人，實際上沒有這麼多；《清太宗實錄》沒有記載其兵數；據估算，是役清軍總數包括滿洲、蒙古、漢軍八旗以及徵調的蒙古兵馬等約十二三萬人。雙方投入的總兵力接近三十萬人。

[1203] 談遷：《國榷》，第97卷，第5904—5905頁，中華書局影印本，1958年，北京。

[1204]《孫子·謀攻》、《孫子·地形》，廣益書局，1922年，上海。

[1205]《李朝仁祖實錄》，第42卷，十九年九月甲午：「軍門洪承疇，年少自用，不聽群言，以至於敗。」

[1206][美] 陸西華：《美國的滿洲學》，美國夏威夷大學，1989年，夏威夷。

[1207]《四庫全書總目·滿洲源流考提要》，第68卷，第604葉，中華書局影印本，1965年，北京。

[1208]《清太宗文皇帝實錄》，第25卷，天聰九年十月庚寅，中華書局影印本，1985年，北京。

參考文獻

[1209] 圍場為今河北省承德市滿族蒙古族自治縣。

[1210] 國務院人口普查辦公室、國家統計局人口司編：《中國1990年人口普查資料》，第1冊，第305頁；《省、自治區、直轄市各民族人口數·滿族》，第4冊，第496頁，《中國人民解放軍現役軍人的民族構成·滿族》，中國統計出版社，1993年，北京。

[1211]《滿洲實錄》，第3卷，己亥年（萬曆二十七年）二月，遼寧通志館鉛印本，1930年，瀋陽。

[1212]《滿文老檔·太宗》，天聰六年正月十七日，《東洋文庫》本，1961年，東京。

[1213]《清史稿達海傳》，第31冊，第228卷，第9256頁，中華書局標點本，1977年，北京。

[1214] 閻崇年：《〈無圈點老檔〉及乾隆鈔本名稱詮釋》，《歷史研究》，1998年第3期，北京；陳捷先：《〈舊滿洲檔〉述略》，《舊滿洲檔》，第1冊，第2頁，臺北故宮博物院，1969年，臺北。

[1215] 陳捷先：《滿文傳習的歷史與現狀》，《滿族文化》，1983年第4期，臺北。

[1216] [日]船木繁：《末代皇弟溥傑傳》，第11頁，戰憲斌譯，民族出版社，1998年，北京。

[1217] 屈六生：《六十年來的滿文檔案工作概述》，《明清檔案與歷史研究》（上），中華書局，1988年，北京。

[1218]《滿族文化》，1982年第2期，第47頁，臺灣滿族協會編印，臺北。

[1219]《滿洲時代》，1987年，威斯巴登（Michael Weiers：「Konrordaez Zum Aktenmaterial」.「Aetas Manjurica」1987.Wiesbaden）。

[1220] Giovanni Stary，Manchu Studics an international Bibliography，Kommissionsverlag Otto Harrassowitz·Wiesbaden，1990.

[1221] Pamela Kyle Crossley，Orphan Warriors—Three Manchu Generations and the End of the Qing World，Princeton University Press，1990.

[1222] [日]松村潤：《滿學家神田信夫》，《滿學研究》，第一輯，吉林文史出版社，1992年，長春。

[1223] [日]河內良弘：《明代女真史の研究》，同朋捨出版，1992年，京都。

[1224] [日]神田信夫：《滿學五十年》，刀水書房出版，1992年，東京。

[1225] [韓]成百仁：《〈舊滿洲檔〉의 jisami 와〈滿文老檔〉의 kijimi》，《阿爾泰學報》，1996年第6期，漢城。

[1226] 劉厚生：《開發電子計算機滿文處理系統》，未刊稿，1991年，長春。

[1227] 廣定遠、張華克：《滿文內碼與排版印刷》，影印稿，1992年，臺北。

[1228]《欽定滿洲祭神祭天典禮》，第 4 卷，第 1 葉，臺灣商務印書館《景印文淵閣四庫全書》本，1986 年，臺北。

[1229] 福格：《聽雨叢談》，第 1 卷，第 7 頁，中華書局校點本，1984 年，北京。

[1230] 黃維翰纂修：《呼蘭府志》，第 10 卷，第 13 葉，宣統年間刻本。

[1231] 震鈞：《天咫偶聞》，第 2 卷，第 21 頁，北京古籍出版社，1982 年，北京。

[1232] 班固：《白虎通·社稷》，上卷，第 15 葉，康熙七年（1668 年）刻本。

[1233] 阿桂、於敏中：《奏摺》，《欽定滿洲祭神祭天典禮》卷首，第 2 葉，《遼海叢書》本，遼瀋書社影印本，1985 年，瀋陽。

[1234] 姚元之：《竹葉亭雜記》，第 3 卷，第 61 頁，中華書局校點本，1982 年，北京。

[1235]《清史稿禮志四》，第 10 冊，第 85 卷，第 2553 頁，中華書局標點本，1976 年，北京。

[1236] 吳桭臣：《寧古塔紀略》，第 248 頁，黑龍江人民出版社，1985 年，哈爾濱。

[1237] 田廣金、郭素新：《鄂爾多斯式青銅器》，第 178 頁，文物出版社，1986 年，北京。

[1238]《阿魯柴登發現的金銀器》，《鄂爾多斯式青銅器》，第 343 頁，同上揭書。

[1239][俄]M.A. 戴甫列特：《西伯利亞的腰飾牌》（俄文），引自《鄂爾多斯式青銅器》，第 80 頁，同上揭書。

[1240][韓] 韓炳三：《先史時代農耕文青銅器》，《考古美術》（一一二），第 5 頁，第 2 圖，拓片，1971 年，漢城。

[1241][韓] 金在先：《韓國錦江與榮山江流域青銅祭儀器之研究》，《陳奇祿院士七秩榮慶論文集》，第 224 頁，聯經出版事業公司，1992 年，臺北。

[1242][韓] 金在先：《韓國錦江與榮山江流域青銅祭儀器之研究》，《陳奇祿院士七秩榮慶論文集》，第 228 頁，聯經出版事業公司，1992 年，臺北。

[1243]《史記匈奴列傳》，第 9 冊，第 110 卷，第 2892 頁，中華書局校點本，1959 年，北京。

[1244] 常征：《關於「滿洲神桿考釋」的信》，原件筆者收藏。

[1245]《後漢書·東夷列傳》，第 10 冊，第 85 卷，第 2819 頁，中華書局校點本，1965 年，北京。

[1246]《三國志·魏書》，第 3 冊，第 30 卷，第 852 頁，中華書局校點本，1959 年，北京。

[1247] 金梁：《奉天古蹟考》，第 2 頁，自刊本。

參考文獻

[1248][韓]金在先：《韓國韓江與榮山江流域青銅祭儀器之研究》，《陳奇祿院士七秩榮慶論文集》，第228頁，聯經出版事業公司，1992年，臺北。

[1249]《後漢書·東夷列傳》，第10冊，第85卷，第2812頁，中華書局校點本，1965年，北京。

[1250]《晉書·四夷列傳》，第8冊，第97卷，第2534頁，中華書局校點本，1974年，北京。

[1251]《欽定滿洲祭神祭天典禮》，第3卷，第18葉，臺灣商務印書館《景印文淵閣四庫全書》本，1986年，臺北。

[1252]徐珂輯：《清稗類鈔》，第5冊，第1984頁，中華書局，1986年，北京。

[1253]吳長元：《宸垣識略》，第5卷，第88頁，北京古籍出版社校點本，1983年，北京。

[1254]《光緒大清會典事例》，第1182卷，第3葉，清光緒二十五年（1899年）刻本。

[1255]《清文總匯》，第6卷，第14葉，清光緒二十三年（1897年）荊州駐防翻譯總學刻本。

[1256]《清文總匯》，第12卷，第16葉，清光緒二十三年（1897年）荊州駐防翻譯總學刻本。

[1257]《清太祖高皇帝實錄》，第1卷，第2葉，中華書局影印本，1986年，北京。

[1258]《清太祖高皇帝實錄稿本三種》，甲種，第3葉，史料整理處影印本，1933年。

[1259]《清太祖高皇帝實錄》第1卷第3葉載：「後世子孫俱德鵲，誠勿加害云」；《清太祖武皇帝實錄》第1卷第1葉載：「滿洲後世子孫，俱以鵲為祖，故不加害」；《滿洲實錄》第1卷第18葉載：「滿洲後世子孫，俱以鵲為神，故不加害。」

[1260]閻崇年：《努爾哈赤傳》（修訂本），第25頁，文史哲出版社，1992年，臺北。

[1261]王瑞年主編：《燕京傳說·神桿的傳說》，第110頁，農業出版社，1990年，北京。

[1262]《滿洲實錄》，第2卷，第71—72葉，中華書局影印本，1986年，北京。

[1263]《清太祖高皇帝實錄》，第2卷，第14葉，中華書局影印本，1986年，北京。

[1264]《欽定滿洲祭神祭天典禮》，第1卷，第45葉，臺灣商務印書館《景印文淵閣四庫全書》本，1986年，臺北。

[1265]杜亞泉等編：《動物學大辭典》，第1036頁，商務印書館，1932年，上海。

[1266]徐守銘：《烏賦》，《古今圖書集成》，第22卷，《禽蟲典》，中華書局、巴蜀書社影印本，1985年，成都。

[1267] 楊賓：《柳邊紀略》，第4卷，第3葉，《遼海叢書》本，遼瀋書社影印本，1985年，瀋陽。

[1268] 姚元之：《竹葉亭雜記》，第3卷，第62頁，中華書局校點本，1982年，北京。

[1269] 杜亞泉等編：《動物學大辭典》，第1037頁，商務印書館，1932年，上海。

[1270]《古今圖書集成·禽蟲典》，第22卷，《鳥部》，中華書局、巴蜀書社影印本，1985年，成都。

[1271]《清高宗純皇帝實錄》，第294卷，乾隆十二年七月丁酉，中華書局影印本，1985年，北京。

[1272]《欽定滿洲祭神祭天典禮》，第3卷，第26葉，臺灣商務印書館《景印文淵閣四庫全書》本，1986年，臺北。

[1273]《欽定滿洲祭神祭天典禮》，第4卷，第16葉，臺灣商務印書館《景印文淵閣四庫全書》本，1986年，臺北。

[1274] 陳春欽：《向天湖賽夏族的故事》，《民族學研究所集刊》，第21期，第163頁，1966年，臺北。

[1275] 石光偉、劉厚生編著：《滿族薩滿跳神研究》，第271頁，吉林文史出版社，1992年，長春。

[1276]《民國興京縣誌》，第11卷，民國十四年（1925年）鉛印本。

[1277]《興京二道河子舊老城》，日文本，第1頁，建國大學刊印，1939年，長春。

[1278]《清太祖高皇帝實錄》，第3卷，癸卯年（1603年）正月，中華書局影印本，1986年，北京。

[1279] 光緒《興京廳鄉土志》，第3卷，第27葉，光緒三十二年（1906年）修，民國年間油印本。

[1280][朝] 申忠一：《建州紀程圖記》，圖版5，《興京二道河子舊老城》，日文本，建國大學刊印，1939年，長春。

[1281]《興京二道河子舊老城》，日文本，第17頁，建國大學刊印，1939年，長春。

[1282]《清太祖武皇帝實錄》，第1卷，丁亥年，北平故宮博物院印本，1932年，北平。

[1283]《滿洲實錄》（滿文），丁亥年，中國第一歷史檔案館藏。

[1284]《皇朝開國方略》，第2卷，清光緒丁亥（1887年）廣百宋齋刻本。

[1285]《康熙盛京通志·京城志》，康熙二十三年（1684年）刻本，瀋陽。

[1286][朝] 申忠一：《建州紀程圖記》，圖版8，《興京二道河子舊老城》，日文本，建國大學刊印，1939年，長春。

[1287]《歷代宅京記》，第30卷，轉引，中華書局校點本，1984年，北京。

[1288][朝]申忠一：《建州紀程圖記》，圖版10，《興京二道河子舊老城》，日文本，建國大學刊印，1939年，長春。

[1289]《光緒興京廳鄉土志》，第3卷，第28葉，光緒三十二年（1906年）修，民國年間油印本。

[1290][朝]申忠一：《建州紀程圖記》，圖版9，《興京二道河子舊老城》，日文本，建國大學刊印，1939年，長春。

[1291]《詩經·大雅·公劉》，《十三經註疏附校勘記》本，中華書局影印本，1980年，北京。

[1292]《公羊傳》，桓公九年，《十三經註疏附校勘記》本，中華書局影印本，1980年，北京。

[1293]蔡邕：《獨斷》上篇，《子書叢書》本，廣益書局，1935年，上海。

[1294]慧苑：《新譯大方廣佛華嚴經音義》卷下，清光緒間南海伍氏《粵雅堂叢書》本。

[1295]《明神宗實錄》，第222卷，萬曆十八年四月庚子，臺北中研院歷史語言研究所校勘本，1962年，臺北。

[1296]《李朝宣祖實錄》，第71卷，二十九年正月丁酉，日本學習院東洋文化研究所，1959年，東京。

[1297]《明神宗實錄》，第194卷，萬曆十六年正月己酉，臺北中研院歷史語言研究所校勘本，1962年，臺北。

[1298]《東國史略事大文軌》，第46卷，轉引自黃彰健：《明清史研究叢稿》，第491頁。

[1299]《左傳》，莊公二十八年，《十三經註疏附校勘記》本，中華書局影印本，1980年，北京。

[1300]段玉裁：《說文解字注》，篇六下，中華書局影印本，1980年，北京。

[1301]杜正勝：《周秦城市的發展與特質》，臺北中研院歷史語言研究所集刊，第51本，第4分冊，臺北。

[1302]《周禮考工記》，《十三經註疏附校勘記》本，中華書局影印本，1980年，北京。

[1303]《雍正盛京通志》，卷2，《山陵志》，清雍正十二年（1734年）刻本。

[1304]《清太宗文皇帝實錄》，第18卷，天聰八年四月辛酉，中華書局影印本，1985年，北京。

[1305]《清太祖武皇帝實錄》,第 4 卷,第 5 葉,臺北故宮博物院藏本,廣文書局影印,1970 年,臺北。
[1306]《康熙盛京通志》,卷 1,《京城志》,清康熙二十三年(1684 年)年刻本。
[1307]《雍正盛京通志》,卷 2,《京城志》,清雍正十二年(1734 年)刻本。
[1308]《乾隆盛京通志》,卷 18,《京城志》,清乾隆元年(1736 年)刻本。
[1309]《光緒興京廳鄉土志》,第 3 卷,光緒三十二年(1906 年)修,民國年間油印本。
[1310]《興京縣小志》,第 11 卷,民國油印本。
[1311]《清史稿地理志二》,第 8 冊,第 55 卷,第 1934 頁,中華書局校點本,1977 年,北京。
[1312]《詩經·大雅·公劉》,《十三經註疏附校勘記》本,中華書局影印本,1980 年,北京。
[1313][朝]申忠一:《建州紀程圖記》,圖版 10,《興京二道河子舊老城》,日文本,建國大學刊印,1939 年,長春。
[1314]《乾隆盛京通志》,卷 18,《京城志》,清乾隆元年(1736 年)刻本。
[1315]《長白匯征錄》,第 1 卷,成文出版社,1974 年,臺北。
[1316]《金史·地理上》,第 2 冊,第 24 卷,第 549 頁,中華書局校點本,1975 年,北京。
[1317]《遼史·營衛志中》,第 2 冊,第 32 卷,第 377 頁,中華書局校點本,1974 年,北京。
[1318]《遼史·營衛志中》,第 2 冊,第 32 卷,第 373 頁,中華書局校點本,1974 年,北京。
[1319]《遼史·營衛志上》,第 2 冊,第 31 卷,第 361 頁,中華書局校點本,1974 年,北京。
[1320]《遼史·營衛志中》,第 2 冊,第 32 卷,第 375 頁,中華書局校點本,1974 年,北京。
[1321] 遼南京析津府,《金史·地理上》載:遼會同元年(938 年)升幽州為南京,府曰幽都。開泰元年(1012 年)更為析津府。
[1322]《金史·世紀》,第 1 冊,第 1 卷,第 3 頁,中華書局校點本,1975 年,北京。引文標點有改變。
[1323]《金史·太祖本紀》,第 1 冊,第 2 卷,第 19—20 頁,中華書局校點本,1975 年,北京。

參考文獻

[1324]《元史·地理志二》，第5冊，第59卷，第1400頁，中華書局校點本，1976年，北京。

[1325]《建州考》，附載《剿奴議撮》，中央大學國學圖書館印，1928年，南京。

[1326]《金史·地理上》：遼析津府，金天會七年析河北為東、西路時屬河北東路。遼開泰元年（1012年）更為析津府。金貞元元年（1153年）改為永安府，二年改為大興府。

[1327]《遼史·地理志四》，第2冊，第40卷，第496頁，中華書局校點本，1974年，北京。

[1328] 太寧宮（今北海公園）的始建時間，傳統看法據《金史·地理志》為大定十九年（1179年）。但王燦熾先生在《金中都宮苑考略》一文（載《王燦熾史志論文集》北京燕山出版社，1991年出版）中，根據《金史·張覺傳附子僅言傳》記載：張僅言於金大定「六年，提舉修內役事……護作太寧宮，引宮左流泉灌田，歲獲稻萬斛」。對太寧宮即萬寧宮的始建時間，做出考斷：「萬寧宮始建於大定六年（1166年），建成於大定十九年（1179年），主持萬寧宮營建工程的是金代營建家張僅言。」

[1329]《金史·地理上》，第2冊，第24卷，第573頁，中華書局校點本，1975年，北京。

[1330]《金史·地理上》，第2冊，第24卷，第573頁，中華書局校點本，1975年，北京。

[1331][朝] 申忠一：《建州紀程圖記》，圖版八，《興京二道河子舊老城》，日文本，建國大學刊印，1939年，長春。

[1332] 顧炎武：《歷代宅京記》，第20卷，轉引，中華書局校點本，1984年，北京。

[1333] 閻崇年：《後金都城佛阿拉駁議》，《清史研究通訊》，1988年第1期。

[1334] 盧瓊：《東成見聞錄》，《遼東志》，第7卷，《遼海叢書》本，遼瀋書社影印本，1985年，瀋陽。

[1335]《詩經·大雅·公劉》，《十三經註疏附校勘記》本，中華書局影印本，1980年，北京。

[1336]《滿洲實錄》，第4卷，乙卯年（萬曆四十三年）四月，遼寧通志館影印線裝本，1930年，瀋陽。

[1337]《滿文老檔》，太祖九，天命四年五月初五日，東洋文庫本，1955年，東京。

[1338]《遼史·地理志二》，第2冊，第38卷，第457頁，中華書局校點本，1974年，北京。

[1339]《清太祖高皇帝實錄》，第8卷，天命七年三月己亥，中華書局影印本，1986年，北京。

[1340] 周文郁：《邊事小紀》，第1卷，《玄覽堂叢書續集》本，南京國立中央圖書館影印本，民國三十六年（1947年），南京。

[1341]《遼史·地理志一》，第2冊，第37卷，第441頁，中華書局校點本，1974年，北京。

[1342]《遼史·地理志二》，第2冊，第38卷，第456頁，中華書局校點本，1974年，北京。

[1343]《清太祖高皇帝實錄》，第7卷，天命六年三月丙寅，中華書局影印本，1986年，北京。

[1344]《清太祖武皇帝實錄》，第4卷，第3葉，北平故宮博物院印本，1932年，北平。

[1345]《清太宗文皇帝實錄》，第18卷，天聰八年四月辛酉，中華書局影印本，1985年，北京。

[1346]《盛京城闕圖》（滿文），康熙年間繪製，中國第一歷史檔案館藏。

[1347] 王仲傑：《試論和璽彩畫的形成與發展》，《禁城營繕記》，第80頁，紫禁城出版社，1992年，北京。

[1348]《明太宗實錄》，第232卷，永樂十八年十二月癸亥，臺北中研院歷史語言研究所校勘本，1962年，臺北。

[1349]《史記·項羽本紀》，第1冊，第7卷，第315頁，中華書局校點本，1959年，北京。

[1350] 兩宋均未成為中國大統一的王朝，現從習慣，故亦列之。

[1351]《李朝仁祖實錄》，第45卷，二十二年八月戊寅，日本學習院東洋文化研究所影印本，1959年，東京。

[1352]《清世祖章皇帝實錄》，第5卷，順治元年六月丁卯，中華書局影印本，1985年，北京。

[1353]《清世祖章皇帝實錄》，第9卷，順治元年十月乙卯朔載：「設御座於皇極門階上，陳諸王表文於階東，諸王及文武各官以次列於階下」云云，是知清之燕京開國大典未在皇極殿（今太和殿）舉行。《李朝仁祖實錄》第45卷，二十二年八月戊寅載：「上曰：宮室之燒燼者幾何？對曰：皇極、文淵（文淵似為文華之誤——筆者注）兩殿，並皆灰燼，唯武英一殿，巋然獨存，故九王在武英列立軍卒，作為軍門矣。」由上可見，其時皇極殿（今太和殿）確已遭焚燬。

[1354]《日下舊聞考》，第9卷，第127頁，北京古籍出版社，1981年，北京。

[1355] 瀋陽故宮博物院編：《盛京故宮》，第 67 頁，紫禁城出版社，1987 年，北京。

[1356]《滿洲源流考》，第 18 卷，第 330 頁，奉天大同學院鉛字排印線裝本，1932 年，瀋陽。

[1357] 1995 年 12 月 19 日，筆者在故宮博物院陳列部陸成蘭館員和保管部羅文華、劉盛館員陪同下，和楊珍副研究員一起，考察了坤寧宮內灶臺、大鍋和包錫大案。經測量：坤寧宮內祭祀時煮蒸祭品用的灶臺，長為 602.5 釐米，寬為 222 釐米，高為 43 釐米。

[1358] 又經測量：坤寧宮內灶臺上的三口大鍋，其西鍋，鍋口內徑為 103.5 釐米，鍋深為 33.5 釐米；其中鍋，鍋口內徑為 132.5 釐米，鍋深為 78 釐米；其東鍋，鍋口內徑為 110.5 釐米，鍋深為 77 釐米。

[1359] 再經測量：今存坤寧宮內包錫大案一張，長為 140.5 釐米，寬為 86.5 釐米，高為 73 釐米。

[1360] 參見拙文《滿洲貴族與薩滿文化》，《滿學研究》第二輯，民族出版社，1994 年，北京。

[1361] 梁思成：《清式營造則例》，第 27 頁，中國建築出版社，1981 年，北京。

[1362] 閻崇年：《論北京宮苑的民族特徵》，《禁城營繕記》，第 235 頁，紫禁城出版社，1992 年，北京。

[1363]《清世祖章皇帝實錄》，第 8 卷，順治元年九月己亥，中華書局影印本，1985 年，北京。

[1364]《欽定滿洲祭神祭天典禮》，第 2 卷，第 18—19 葉，臺灣商務印書館《景印文淵閣四庫全書》本，1986 年，臺北。

[1365]《清宮述聞》，第 377 頁，北京古籍出版社，1988 年，北京。

[1366] 1995 年 12 月 25 日，筆者在故宮博物院保管部王寶光副研究館員、羅文華館員陪同下，察看了寧壽宮內小隔間，見祭祀用的鍋灶已拆除。

[1367] 1995 年 12 月 25 日，筆者在故宮博物院保管部王寶光副研究館員、羅文華館員陪同下，察看了寧壽宮，見其西炕尚存留一長條炕的舊跡。

[1368] 1995 年 7 月 13 日，筆者在故宮博物院古建部周蘇琴副研究館員陪同下，考察了寧壽宮的建築，並著重察看了其建築的滿洲特徵。

[1369]《清宮述聞》（初續編合編本），第 303 頁，紫禁城出版社，1990 年，北京。

[1370]《清宮內務府奏銷檔》，第 69 號，中國第一歷史檔案館藏。

[1371]《清宮述聞》（初續編合編本），第 944 頁，紫禁城出版社，1990 年，北京。

[1372] 參見拙文《〈國朝宮史〉對讀史料一則》,此段史料共 802 字,《清高宗實錄》《國朝宮史》《文淵閣四庫全書》本均有脫字和倒乙之誤;《日下舊聞考》北京古籍出版社校點本則有 30 處待商(文載《清代宮史叢談》,紫禁城出版社,1996 年)。

[1373]「後世」二字,《國朝宮史》(北京古籍出版社校點本)卷 11、《日下舊聞考》(北京古籍出版社校點本)卷 13、《清太宗實錄》卷 32 和《清高宗實錄》卷 411 均作「日後」。

[1374]《國朝宮史》,第 11 卷,第 39 葉,臺灣商務印書館《景印文淵閣本四庫全書》,1986 年,臺北。

[1375] 王仲傑:《故宮古建築彩畫保護七十年》,《紫禁城建築研究與保護》,第 358 頁,紫禁城出版社,1995 年,北京。

[1376]《日下舊聞考》,第 13 卷,第 172 頁,北京古籍出版社,1981 年,北京。

[1377]《國朝宮史》,第 11 卷,第 198 頁,北京古籍出版社,1987 年,北京。

[1378]《李朝仁祖實錄》,第 45 卷,二十二年八月戊寅;又《清宮述聞》卷 3 引《有學集》載:「明藏閣(文淵閣——筆者注)二百餘年圖籍,消沉於闖賊之一炬。」

[1379]《清宮述聞》(初續編合編本),第 947 頁,紫禁城出版社,1990 年,北京。

[1380]《順康兩朝大婚禮節成案單》,軍機處雜件,雜 67 號,中國第一歷史檔案館藏。

[1381][日] 加藤直人:《滿學家松村潤教授》,《滿學研究》第三輯,民族出版社,1996 年,北京。

[1382] 1995 年 12 月 19 日,筆者在故宮博物院古建部黃希明館員、陳列部陸成蘭館員陪同下,考察了南三所「口袋房」、「萬字炕」的故跡。南三所東所中院北房共五間,其西二間現存有南、西、北三面聯通的「萬字炕」;其西山牆外聳立煙囱一座;其門開在中間偏東,呈「口袋房」樣式,但臺級仍保持明代居中的原貌。南三所中所中院北房,西山牆外煙囱已毀,仍可見牆上的走煙道口;其門也開在中間偏東,呈「口袋房」樣式,但臺級亦保持明代居中的原貌。

[1383]《清世祖章皇帝實錄》,第 49 卷,順治七年七月乙卯,中華書局影印本,1985 年,北京。

[1384] 閻崇年:《康熙皇帝與木蘭圍場》,《故宮博物院院刊》,1994 年第 2 期。

[1385] 滿洲文化吸取漢、蒙、藏、朝等多種文化的營養,具有多元性;但其主要吸取的是漢、蒙文化,故本文只論其滿、蒙二元性特徵。

[1386]《元史·地理志二》,第 5 冊,第 59 卷,第 1400 頁,中華書局校點本,1976 年,北京。

參考文獻

[1387] 沈節甫：《記錄彙編》，第20卷，《正統北狩事跡》，商務印書館，1937年，上海。

[1388]《李朝世宗實錄》，第116卷，二十九年閏四月戊子，日本學習院東洋文化研究所，1959年，東京。

[1389]《滿洲源流考國俗一》，臺灣商務印書館《景印文淵閣四庫全書》本，1986年，臺北。

[1390]《滿文老檔》，太祖十三，天命四年十月，東洋文庫本，1955年，東京。

[1391] 福格：《聽雨叢談》，第1卷，第1頁，中華書局校點本，1984年，北京。

[1392]《清太祖武皇帝實錄》，第1卷，第3葉，北平故宮博物院印本，1932年，北平。

[1393]《清太宗文皇帝實錄》，第15卷，天聰七年九月癸卯，中華書局影印本，1985年，北京。

[1394]《李朝成宗實錄》，第57卷、六年七月癸醜：「李滿住三妻：一則斡朵裡，一則兀良哈，一則火剌溫。」

[1395]《金史完顏尹希傳》，第5冊，第73卷，第1684頁，中華書局校點本，1975年，北京。

[1396]《金史·熙宗本紀》，第1冊，第4卷，第72頁，中華書局校點本，1975年，北京。

[1397] 金啟孮：《女真文字研究概況》，《沈水集》，內蒙古大學出版社，1992年，呼和浩特。

[1398] [朝] 李民寏：《建州聞見錄》，第33葉，玉版書屋本，日本天理圖書館藏。

[1399]《滿洲實錄》，第3卷，第2葉，遼寧通志館影印線裝本，1930年，瀋陽。

[1400]《清史稿·額爾德尼傳》，第31冊，第228卷，第9253頁，中華書局標點本，1977年，北京。

[1401]《清太祖高皇帝實錄》，第3卷，第2葉，中華書局影印本，1986年，北京。

[1402] 福格：《聽雨叢談》，第8卷，第181頁，中華書局校點本，1984年，北京。

[1403]《清太祖高皇帝實錄》，第4卷，第21葉，中華書局影印本，1986年，北京。

[1404]《清史稿明安傳》，第31冊，第229卷，第9272頁，中華書局標點本，1977年，北京。

[1405]《後漢書·東夷列傳》，第10冊，第85卷，第2819頁，中華書局校點本，1965年，北京。

[1406] [朝] 李民寏：《建州聞見錄》，第32葉，玉版書屋本，日本天理圖書館藏。

[1407] [朝] 李民寏：《建州聞見錄》，第32葉，玉版書屋本，日本天理圖書館藏。

[1408]《大喇嘛墳塔碑記》，《遼陽碑誌選》，第2集，第37頁，鉛印本，1978年，瀋陽。

[1409]《大金喇嘛法師寶記》，《遼陽碑誌選》，第1集，第30頁，鉛印本，1976年，瀋陽。

[1410] 劉潞：《清太祖太宗時滿蒙婚姻考》，《故宮博物院院刊》，1995年第3期，北京。

[1411] 莊吉發：《清太祖太宗時期滿蒙聯姻的過程及其意義》，《海峽兩岸清史文學研討會論文集》，歷史文學學會出版社，1998年，臺北。

[1412]《漢譯蒙古黃金史綱》載：布顏徹辰可汗四十九歲，兔年（癸卯，萬曆三十一年，1603年）逝世。子林丹呼圖克圖可汗，龍年（甲辰，萬曆三十二年，1604年）十三歲，即了大位。崇禎七年、天聰八年即1634年死，年四十三歲。明人稱林丹汗作「虎墩兔」，系「呼圖克圖」的音譯。

[1413]《清太宗文皇帝實錄》，第23卷，天聰九年五月丙子，中華書局影印本，1985年，北京。

[1414] 薩囊徹辰：《欽定蒙古源流》，第8卷，第14頁，臺灣商務印書館《景印文淵閣四庫全書》本。

[1415] 薩囊徹辰著、沈曾植籤證、張爾田校補：《蒙古源流籤證》，第8卷，第13葉，海日樓遺書之一（沈氏藏版），屛守齋校補本，1932年刊印。

[1416]《明史韃靼傳》，第28冊，第327卷，第8494頁，中華書局校點本，1974年，北京。

[1417]《蒙古源流》記載：「太祖系有大福之人，此星系大力汗之威力星。由是觀之，非常人也。由是遐邇地方，俱稱為大力八圖魯太祖汗。」

[1418]《清史稿·恩格德爾傳》，第31冊，第229卷，第9276頁，中華書局標點本，1977年，北京。

[1419]《清太宗文皇帝實錄》，第24卷，天聰九年八月庚辰，中華書局影印本，1985年，北京。

[1420] 魏源：《聖武記》，第1卷，《開國龍興記一》，中華書局校點本，1984年，北京。

[1421] 閻崇年：《論覺華島之役》，《清史研究》，1995年第2期。

[1422]《清史稿·布顏代傳》，第31冊，第229卷，第9275頁，中華書局標點本，1977年，北京。

[1423] 張穆：《蒙古遊牧記·序》，卷首，清同治六年（1867年）壽陽祁氏刻本。

[1424] 王之誥：《全遼志敘》，《遼海叢書》本，第1冊，第496葉，遼瀋書社影印本，1985年，瀋陽。

[1425]《明史韃靼傳》，第28冊，第327卷，第8494頁，中華書局校點本，1974年，北京。

[1426] 松筠：《綏服紀略》，《蒙古遊牧記》，第7卷，清同治六年（1867年）壽陽祁氏刻本。

[1427]《清聖祖仁皇帝實錄》，第151卷，康熙三十年五月壬辰，中華書局影印本，1985年，北京。

[1428]《清史稿·范文程傳》載錄文程疏言：「治天下在得民心。士為秀民，士心得，則民心得矣。」見第31冊，第232卷，第9353頁，中華書局標點本，1977年，北京。

[1429]《金史·粘哥荊山傳》載：元兵石總管入亳州，「改州為順天府」。是知除北京曾稱順天府外，亳州亦曾稱順天府。

[1430]《八旗通志初集·學校志一》，第46卷，第904頁，東北師範大學出版社標點本，1985年，長春。其「雲貴」於明洪、永間，雲、貴已各置布政使司，故「雲貴」不應連點，而應破點。

[1431]《八旗通志初集·學校志一》，第46卷，第910頁，東北師範大學出版社校點本，1985年，長春。

[1432]《康熙順天府志》，第6卷，第141頁，北京圖書館善本部藏。

[1433]《乾隆玉田縣誌》，第6卷，第6頁，清乾隆二十一年（1756年）刻本。

[1434]《康熙玉田縣誌》，第4卷，第12頁，清康熙二十年（1681年）刻本。

[1435]《清史稿·職官志二》：順治初，又有督理陝甘洮宣等處茶馬御史一人，康熙七年省，三十四年復故，四十二年又省。

[1436]《清聖祖仁皇帝實錄》，第8卷，康熙二年二月丙午，中華書局影印本，1985年，北京。

[1437]《清聖祖仁皇帝實錄》，第11卷，康熙三年二月壬寅，中華書局影印本，1985年，北京。

[1438]《清史稿聖祖本紀一》，第6卷，第170頁，中華書局標點本，1976年，北京。

[1439]《康熙起居注冊》，康熙二十年五月二十一日（癸酉），中國第一歷史檔案館藏。

[1440]《康熙起居注冊》，康熙二十年五月二十二日（甲戌），中國第一歷史檔案館藏。

三

[1441]《清聖祖仁皇帝實錄》,第 96 卷,康熙一十年五月甲戌,中華書局影印本,1985 年,北京。

[1442]《清進士題名碑記》,康熙甲辰科(1664 年),北京孔廟和國子監博物館藏。

[1443] 錢實甫:《清代職官年表》(二),第 1151 頁注為「五(月)甲戌廿」,誤;甲戌為二十二日。中華書局,1980 年,北京。

[1444]《清史稿·職官志二》:「漢左僉都御史一人,先用漢軍,後用漢人,乾隆十三年省。」

[1445]《康熙起居注冊》,康熙二十年十月二十七日(丙午),中國第一歷史檔案館藏。

[1446] 錢實甫:《清代職官年表》(二),第 1152 頁作張吉午「右僉遷」,誤;《清史稿職官志二》:「右都御史、右副都御史、右僉都御史為督、撫坐銜」,應作「左」。同頁「癸午」誤,應作「癸未」。中華書局,1980 年。

[1447]《清聖祖仁皇帝實錄》,第 103 卷,康熙二十一年六月癸未,中華書局影印本,1985 年,北京。

[1448]《康熙順天府志》,第 6 卷,第 8 頁,北京圖書館善本部藏。

[1449]《清聖祖仁皇帝實錄》,第 128 卷,康熙二十五年十二月己巳,中華書局影印本,1985 年,北京。

[1450]《清聖祖仁皇帝實錄》,第 133 卷,康熙二十七年二月己未,中華書局影印本,1985 年,北京。

[1451] 張吉午:《請盛興教化疏》,《康熙順天府志》,第 8 卷,無頁數,北京圖書館善本部藏。

[1452] 張吉午:《請豁年遠無徵地價疏》,《康熙順天府志》,第 8 卷,無頁數,北京圖書館善本部藏。

[1453] 張吉午:《請換貢院號房瓦椽疏》,《康熙順天府志》,第 8 卷,無頁數,北京圖書館善本部藏。

[1454] 張吉午:《請停圈民地疏》,《康熙順天府志》,第 8 卷,無頁數,北京圖書館善本部藏。

[1455]《康熙起居注冊》,康熙二十四年四月初九日(戊戌),中國第一歷史檔案館藏。

[1456]《八旗通志初集·田土志一》,第 18 卷,第 320 頁,東北師範大學出版社,1985 年,長春。

參考文獻

[1457] 吳振棫：《養吉齋叢錄·余錄》，第1卷，第286頁，北京古籍出版社校點本，1983年，北京。

[1458]《康熙順天府志》，第2卷書封簽注，北京圖書館善本部藏。

[1459] 朱士嘉：《中國地方志綜錄》（增訂本），第1頁，商務印書館，1958年，北京。

[1460] 馮秉文主編：《北京方志概述》，第30頁，長春第六印刷廠印，1985年，長春。

[1461] 莊威風等編：《中國地方志聯合目錄》，第1頁，中華書局，1985年，北京。

[1462] 王燦熾：《王燦熾史志論文集》，第58頁，北京燕山出版社，1991年，北京。

[1463]《清高宗純皇帝實錄》，第900卷，乾隆三十七年正月庚子，中華書局影印本，1986年，北京。

[1464] 李清照：《金石錄後序》，《金石錄》卷末，順治七年（1650年）刻本。

[1465]《辭海》（縮印本），第671頁，上海辭書出版社，1980年，上海。

[1466] 周文駿主編：《圖書館學情報學辭典》，第56頁，書目文獻出版社，1991年，北京。

[1467] 諸奇偉等著：《簡明古籍整理辭典》，第97頁，黑龍江人民出版社，1990年，哈爾濱。

[1468]《清宣宗成皇帝實錄》，第157卷，道光九年六月戊辰，中華書局影印本，1986年，北京。

[1469] 閻崇年：《北京方志探述》，《學習與研究》，1982年第8期。

[1470]《四庫全書總目·〈順天府志〉提要》，第74卷，第646頁，中華書局影印本，1965年，北京。

[1471]《光緒順天府志·周序》卷首，光緒十二年（1886年）刻本。

[1472]《康熙順天府志》，第2卷「書封簽注」，北京圖書館善本部藏。

[1473]《光緒順天府志·李序》卷首，光緒十二年（1886年）刻本。

[1474]《光緒順天府志·沈序》卷首，光緒十二年（1886年）刻本。

[1475] 繆荃孫：《光緒順天府志恭引書目》和《光緒順天府志引用書目》，《光緒順天府志》卷末，光緒十二年（1886年）刻本。

[1476]《中國地方志聯合目錄·前言》，第1頁，中華書局，1985年，北京。

[1477] 朱士嘉：《國會圖書館中國地方志目錄》，第212頁，新文豐出版公司印行，1985年，臺北。

[1478]《康熙順天府志》，第6卷，第16葉，北京圖書館善本部藏。

[1479] 薛所蘊：《請頒清字禁約疏》，未列標題，以禮部覆疏具題著錄，《康熙順天府志》，第 8 卷，第 13—15 頁，北京圖書館善本部藏。

[1480] 張吉午：《請停圈民地疏》，《清聖祖仁皇帝實錄》載述其事，但未錄原疏。

[1481] 魏象樞：《小民遷徙最艱疏》，《康熙順天府志》，第 8 卷，第 32—33 頁，北京圖書館善本部藏。

[1482] 郝惟訥：《條陳圈地疏》，《康熙順天府志》，第 8 卷，第 30 頁，北京圖書館善本部藏。

[1483] 郝惟訥：《請杜賣身挾詐疏》，《康熙順天府志》，第 8 卷，第 28 頁，北京圖書館善本部藏。

[1484]《清朝文獻通考》，第 195 卷，第 6601 頁，浙江古籍出版社影印本，1988 年，杭州。

[1485] 章雲鷺：《請別逃人之地鄰情罪疏》，《康熙順天府志》，第 8 卷，第 35 頁，北京圖書館善本部藏。

[1486] 郝惟訥：《請杜告首詩文疏》，《康熙順天府志》，第 8 卷，第 27 頁，北京圖書館善本部藏。

[1487] 張國憲：《亟禁訪役疏》，《康熙順天府志》，第 8 卷，第 20 頁，北京圖書館善本部藏。

[1488] 蔣超：《請酌復進取舊額疏》，《康熙順天府志》，第 8 卷，第 42 頁，北京圖書館善本部藏。

[1489] 洲，原作「州」，誤，今正之。

[1490] 郝傑：《請開經筵闕裡疏》，《康熙順天府志》，第 8 卷，第 9 頁，北京圖書館善本部藏。

[1491] 薛所蘊：《請頒清字禁約疏》，《康熙順天府志》，第 8 卷，第 13 頁，北京圖書館善本部藏。

[1492] 王登聯：《請禁約疏》，《康熙順天府志》，第 8 卷，第 15—16 頁，北京圖書館善本部藏。

[1493] 高爾位：《貢院禁止搶奪疏》，《康熙順天府志》，第 8 卷，第 38 頁，北京圖書館善本部藏。

[1494]《清世祖章皇帝實錄》，第 28 卷，順治三年十月乙酉，中華書局影印本，1985 年，北京。

參考文獻

[1495]《光緒順天府志》，第 81 卷，第 3332—3334 頁，北京古籍出版社，1987 年，北京。如魏象樞於康熙十三年二月丙申，以左僉都御史授順天府府尹，該書誤作「十二年」。

[1496] 錢實甫《清代職官年表·順天府府尹》有多處疏誤，此不一一列舉。

[1497] 參見楊珍：《清朝皇位繼承製度》，第 312—313 頁，學苑出版社，2001 年，北京。

[1498]《清聖祖仁皇帝實錄》，第 297 卷，第 876—877 頁，中華書局影印本，1985 年，北京。

[1499] 鄭各莊，康熙朝滿文奏摺中為「鄭家莊」，雍正朝滿文奏摺中為「鄭各莊」，《清聖祖仁皇帝實錄》中為鄭格莊、鄭家莊。今名為鄭各莊。清昌平人麻兆慶在《昌平外志》中認為：「鄭各莊」的「各」，舊均作「家」云云。本文在引文中照原文引用，但在行文中用「鄭各莊」。

[1500]《上駟院郎中尚之勛等奏報鄭家莊行宮工程用銀數折》（滿文），康熙六十年十月十六日，郭美蘭譯，臺北故宮博物院文獻處藏。

[1501]《內務府等奏為核計鄭家莊馬房城地方建房所需錢糧事折》（滿文），康熙五十七年十二月初五日，郭美蘭譯，中國第一歷史檔案館藏。

[1502]《內務府等奏為經欽天監敬謹看得可於康熙五十八年正式動工折》，康熙五十七年十二月初八日，郭美蘭譯，中國第一歷史檔案館藏。

[1503] 中國第一歷史檔案館編譯：《康熙朝滿文硃批奏摺全譯》，第 1489 頁，中國社會科學出版社，1996 年，北京。

[1504]《史記》第 27 卷《天官書》載：「狼比地有大星，曰南極老人。老人見，治安；不見，兵起。」《集解》曰：「比地，近地也。」《正義》曰：「老人一星，在弧南，一曰南極，為人主占壽命延長之應。」又曰：「見，國長命，故謂之壽昌，天下安寧；不見，人主憂也。」（中華書局，1959 年，第 1308 頁）《史記》第 28 卷《封禪書》載：「杜、亳有壽星祠。」《索隱》曰：「壽星，蓋南極老人星也，見則天下理安，故祠之以祈福壽。」（第 1376 頁）戲曲中則有南極仙翁的故事。

[1505]《中文大辭典》，第 5 冊，第 267—268 頁，中國文化研究所印行，1968 年，臺北。

[1506]《明宣宗實錄》，第 58 卷，第 3 頁，宣德四年九月辛亥，臺北中研院歷史語言研究所校勘本，1962 年，臺北。

[1507]《萬曆順天府志》，第 4 卷，第 21 頁，萬曆二十一年（1593 年）刻本。

[1508]《清世祖章皇帝實錄》，第 95 卷，第 748 頁，順治十二年十一月戊申，中華書局影印本，1985 年，北京。

[1509] 蔣國震：《鄭家莊皇城》，影印稿，2008年。

[1510]《康熙昌平州志昌平總圖》，第1卷，第1頁，澹然堂刻本，康熙十二年（1673年）。

[1511] 顧祖禹：《讀史方輿紀要》，第11卷，第23頁，上海書店出版社，1998年，上海。

[1512] 蕭奭：《永憲錄》，第1卷，第41頁，中華書局，1959年，北京。

[1513]《永樂順天府志》，第14卷，第5頁，北京大學出版社，1982年，北京。

[1514] 玄燁：《溫泉行》，第62頁，《康熙詩詞集注》，內蒙古人民出版社，1994年，呼和浩特。

[1515]《雍正朝滿文硃批奏摺全譯》（上），第148頁，黃山書社，1998年，合肥。

[1516] 黃培：《明代的高牆制度》，《中國文化研究所學報》，2004年第44期，香港。

[1517]《日下舊聞考》，第134卷，第2164頁，北京古籍出版社，1981年，北京。

[1518]《後漢書·王霸傳》，第20卷，第737頁，中華書局校點本，1965年，北京。

[1519]《畿輔通志》，第480頁，第15卷，河北人民出版社，1985年，石家莊。

[1520]《清高宗純皇帝實錄》，第735卷，第91頁，乾隆三十年四月丙寅，中華書局影印本，1986年，北京。

[1521] 汪灝：《隨鑾紀恩》，不分卷，《小方壺齋輿地叢鈔》第一帙，第286頁，上海著易堂鉛印本，光緒十七年（1891年），上海。

[1522] 康熙帝三次駐蹕鄭各莊行宮的時間是：康熙五十八年十月丙午（初七日）、五十九年四月戊申（十二日）和五十九年十月壬寅（初九日）。

[1523]《清世宗憲皇帝實錄》，第2卷，第53頁，康熙六十一年十二月壬戌，中華書局影印本，1985年，北京。

[1524]《李朝景宗實錄》，第10卷，第151頁，景宗二年十二月戊辰（十七日），《李朝實錄》第42冊，日本學習院東洋文化研究所，1959年，東京。

[1525]《和碩恆親王等議奏修整房屋為理王弘晳下榻處折》，雍正元年六月二十七日，郭美蘭譯，臺北故宮博物院文獻處藏。

[1526]《清世宗憲皇帝實錄》，第7卷，第141—142頁，雍正元年五月乙酉，中華書局影印本，1985年，北京。

[1527]《和碩恆親王允祺等奏理王弘晳遷居鄭各莊事宜折》，雍正元年五月二十二日，郭美蘭譯，臺北故宮博物院文獻處藏。

[1528]《和碩恆親王允祺等奏請理王弘晳遷居折》，雍正元年六月二十日，郭美蘭譯，臺北故宮博物院文獻處藏。

[1529]《欽定八旗通志》，第24卷，第2000—2001頁，《營建志六》，吉林文史出版社，2002年，長春。

[1530] 韓光輝：《清康熙敕建鄭家莊王府考辨》，《中國歷史地理論叢》，1996年第2期。

[1531]《和碩恆親王允祺等奏議理王弘晳移居諸事折》，雍正元年九月十六日，郭美蘭譯，臺北故宮博物院文獻處藏。

[1532]《清世宗憲皇帝實錄》，第27卷，第416頁，雍正二年十二月壬午，中華書局影印本，1985年，北京。

[1533]《清世宗憲皇帝實錄》，第27卷，第417頁，雍正二年十二月癸未，中華書局影印本，1985年，北京。

[1534]《雍正朝起居注冊》，第397頁，雍正二年十二月十六日乙酉，中華書局影印本，1993年，北京。

[1535]《清世宗憲皇帝實錄》，第94卷，第268頁，雍正八年五月乙未，中華書局影印本，1985年，北京。

[1536]《清高宗純皇帝實錄》，第103卷，第546頁，乾隆四年十月己醜，中華書局影印本，1986年，北京。

[1537]《清高宗純皇帝實錄》，第103卷，第547頁，乾隆四年十月己醜，中華書局影印本，1986年，北京。

[1538]《清高宗純皇帝實錄》，第106卷，第588頁，乾隆四年十二月戊寅，中華書局影印本，1986年，北京。

[1539]《清史稿·皇子世表四》，第164卷，第5083頁，中華書局標點本，1976年，北京。

[1540] 馮其利：《尋訪京城清王府》，第111—112頁，文化藝術出版社，2006年，北京。

[1541]《清高宗純皇帝實錄》，第704卷，第864頁，乾隆二十九年二月甲申，中華書局影印本，1986年，北京。

[1542]《清高宗純皇帝實錄》，第706卷，第882—883頁，乾隆二十九年三月壬子朔，中華書局影印本，1986年，北京。

[1543] 王梓：《王府》，第97頁，北京出版社，2005年，北京。

[1544] 鄭各莊村委會實際測量的數據。

[1545] 黃福水主編：《中國·鄭各莊》，第27—29頁，影印本，2007年，北京。

[1546]《清聖祖仁皇帝實錄》，第297卷，第876—877頁，康熙六十一年三月乙未（初十日），中華書局影印本，1985年，北京。

[1547]《漢書·律歷志上》記載：「量者，龠、合、升、斗、斛也。」顏師古註：「龠音籥。合音閤。」按：籥音 yuè；閤音 gé。閤是多音字，讀 gé、hè、hé，山東和東北方言讀 guō。谷、黍中粒一千二百粒為一龠，合龠為合，十合為升，十升為斗，十斗為斛，是為五量。

[1548] 原文為滿文，由中國第一歷史檔案館滿文部郭美蘭研究員譯，中國第一歷史檔案館藏。

[1549] 參見本書《清鄭各行宮、王府與城池考》一文。

[1550]《上駟院郎中尚之勳等奏報鄭家莊行宮工程用銀數折》（滿文），康熙六十年十月十六日，郭美蘭譯，臺北故宮博物院文獻處藏。

[1551]《清史稿·諸王列傳六》，第30冊，第220卷，第9067頁，中華書局標點本，1976年，北京。

[1552]《清史稿校注·諸王列傳六》，第10冊，第227卷，第7827頁，臺灣商務印書館修訂本，1999年，臺北。

[1553]《清史稿災異志三》，第6冊，第42卷，第1588頁，中華書局標點本，1976年，北京。

[1554]《清史稿地理志一》，第8冊，第54卷，第2023頁，中華書局標點本，1976年，北京。

[1555]《清聖祖實錄》第213卷、《清史稿聖祖本紀三》均系於康熙四十二年，故《清史稿·傅爾丹傳》系年誤。

[1556]《清史稿·傅爾丹傳》，第34冊，第297卷，第10389頁，中華書局標點本，1977年，北京。

[1557]《清史稿校注·傅爾丹傳》，第11冊，第304卷，第8923頁，臺灣商務印書館修訂本，1999年，臺北。

[1558]《清聖祖仁皇帝實錄》，第214卷，第168頁，康熙四十二年十月辛丑（二十九日），中華書局影印本，1985年，北京。

[1559]《清聖祖仁皇帝實錄》，第180卷、康熙三十六年二月辛丑和第213卷、康熙四十二年十月辛丑。

[1560]《清高宗純皇帝實錄》，第101卷、乾隆四年九月癸亥條和第387卷、乾隆十六年四月丁亥條。

參考文獻

[1561]《清聖祖仁皇帝實錄》，第78卷，康熙十七年十一月戊午；第95卷，康熙二十年三月乙亥；第240卷，康熙四十八年十二月甲寅。

[1562]《清史稿世宗本紀九》，第3冊，第9卷，第309頁，中華書局標點本，1976年，北京。

[1563]《康熙大興縣誌·輿地》記載：大興縣疆域，「正北，縣基至安定門計一里，安定門至燕丹村計二十五里，燕丹村至海青廟計六里，接昌平界」。康熙朝汪灝在《隨鑾紀恩》中說：「鄭家莊渡河，入昌平州界。」昭槤也說：「德勝門外鄭家莊。」可見當時鄭家莊隸屬順天府大興縣轄。後改屬昌平州轄。今為昌平區北七家鎮鄭各莊村。

[1564]《光緒昌平州志》，第3卷，第50葉，光緒十二年（1886年）刻本。

[1565]《和碩恆親王允祺等奏請理王弘晳遷移鄭各莊折》，雍正元年六月二十五日，《雍正朝滿文硃批奏摺全譯》，第194頁，黃山書社，1998年，合肥。

[1566] 王梓：《王府》，第97頁，北京出版社，2005年，北京。

[1567] 鄭家莊村委會實際測量的數據。

[1568] 黃福水主編：《中國·鄭各莊》，第27—29頁，影印本，2007年，北京。

[1569] 蔣國震：《鄭家莊皇城》，影印稿，2008年。

[1570]《光緒昌平州志》，第11卷，第4葉，光緒十二年（1886年）刻本。

[1571] 昭槤：《嘯亭雜錄續錄京師王公府第》，第2卷，第21葉，上海鴻章書局石印本，光緒六年（1880年），上海。

[1572]「長子」應作「次子」。

[1573] 朱一新：《京師坊巷志稿》，上卷，第175頁，北京古籍出版社，1982年。

[1574]《清世宗憲皇帝實錄》，第1卷，第35頁，康熙六十一年十一月丁酉（十六日），中華書局影印本，1985年，北京。

[1575]《八旗通志初集·營建志二》，第24卷，第447—450頁，東北師範大學出版社標點本，1985年，長春。

[1576]《欽定八旗通志營建志六》，第117卷，第1992頁，吉林文史出版社，2002年，長春。

[1577] 王道成：《關於「家」與「各」讀音的意見》，手稿未刊印，2009年。

[1578] 昭槤：《嘯亭雜錄續錄》，第4卷，第509—510頁，中華書局校點本，1980年，北京。

[1579]《清史稿·皇子世表四》記載：弘系允礽第十子。

[1580]《光緒順天府志》，第 2 冊，《京師志》，第 13 卷，第 385—386 頁，北京古籍出版社，1987 年，北京。

[1581]《清世宗憲皇帝實錄》，第 12 卷，第 222 頁，雍正元年十月壬戌（十六日），中華書局影印本，1985 年，北京。

[1582] 黃培：《史料、史學和雍正帝的即位疑案》，《陶希聖先生八秩榮慶論文集》，食貨出版社有限公司，1979 年，臺北。

[1583]《雍正朝上諭八旗》，雍正元年十月十六日，內府本，雍正九年（1731 年），北京。

[1584]《清史稿·地理志》記載：直隸順天府領五州、十九縣，五州包括通州、昌平州、涿州、霸州和薊州。薊州西北的盤山、桃花山、葛山，有行宮三。

[1585] 吳長垣：《宸垣識略》，第 119 頁，北京古籍出版社，1981 年，北京。

[1586] 黃培：《明代的高牆制度》，《中國文化研究所學報》，2004 年第 44 期，香港。

[1587]《清世宗憲皇帝實錄》，第 41 卷，第 606 頁，雍正四年二月癸酉（初十日），中華書局影印本，1985 年，北京。

[1588] 本文未用「發現」二字，而用「見到」二字。

[1589][日] 神田信夫：《〈滿文老檔〉から〈滿文老檔〉へ》，《滿學五十年》，第 12 頁，刀水書房，1992 年，東京。

[1590][日] 內藤虎次郎《讀史叢錄》載：「大正七年（1917 年），余承趙爾巽氏之厚意，觀覽清史館史料，看見《滿文老檔原檔》。」載《內藤湖南全集》，第 7 卷，第 344 頁；見神田信夫《從〈滿文老檔〉到〈舊滿洲檔〉》，《滿學研究》第 3 輯，民族出版社，1996 年，北京。筆者按：上文《滿文老檔原檔》似指《無圈點老檔》即《舊滿洲檔》，但內藤湖南之所述，未見其他史料佐證。

[1591] 李學智著《老滿文原檔論輯》云：「據我詳檢原檔，知其中前一張為『洪字號原檔』之第一頁。後一張為『盈字號原檔』之第七十四頁。」

[1592]《文獻叢編》，第 10 輯，北平故宮博物院文獻館出版，1934 年，北平。

[1593] 李學智著《老滿文原檔論輯》云：「兩張原檔影片一為『寒字號原檔』之第二十七頁，一為同號原檔之第七十七頁。」

[1594] 謝國楨：《清開國史料考補》，《清開國史料考》，北平圖書館刊印，1934 年，北平。筆者按：「三十一」當為「三十七」，可能是排印疏誤。

[1595] 方甦生：《清內閣舊檔輯刊·敘錄》，《清內閣舊檔輯刊》，國立北平故宮博物院文獻館刊印，1935 年，北平。

[1596] 張玉全：《述〈滿文老檔〉》，《文獻論叢》，國立北平故宮博物院刊印，1936 年，北平。

[1597] 李德啟：《〈滿文老檔〉之文字及史料》，《文獻論叢》，國立北平故宮博物院刊印，1936 年，北平。

[1598] 單士元：《整理滿文老檔記》，《我在故宮七十年》，北京師範大學出版社，1997 年，北京。

[1599] 廣祿、李學智：《清太祖朝老滿文原檔譯註·序》，第 58 輯，臺北中研院歷史語言研究所專刊，1960 年，臺北。

[1600] 李學智：《評故宮博物院出版之所謂〈舊滿洲檔〉》，《老滿文原檔論輯》，文友印刷紙業公司印，1971 年，臺北。

[1601] 廣祿、李學智：《清太祖朝〈老滿文原檔〉與〈滿文老檔〉之比較研究》，《中國東亞學術研究計劃委員會年報》，第 4 期，1965 年，臺北。

[1602] 陳捷先：《〈舊滿洲檔〉述略》，《舊滿洲檔》，臺北故宮博物院影印，1969 年，臺北。

[1603]《清高宗純皇帝實錄》，第 996 卷，乾隆四十年十一月壬午，中華書局影印本，1986 年，北京。

[1604] 李光濤、李學智：《明清檔案存真選輯》（二集），臺北中研院歷史語言研究所專刊，第 38 本，1973 年，臺北。

[1605]《康熙起居注冊》，康熙五十四年九月二十五日，中國第一歷史檔案館藏。

[1606]《清史稿·徐元夢傳》，第 34 冊，第 289 卷，第 10248 頁，中華書局標點本，1977 年，北京。

[1607]《宮中檔雍正朝奏摺》（滿文），第 31 輯，第 778—779 葉，臺北故宮博物院影印本，1980 年，臺北。

[1608]《無圈點字書·卷首》，天津古籍出版社影印內府鈔本，1987 年，天津。

[1609]《國史館·編纂檔》，中國第一歷史檔案館藏。

[1610]《加圈點字檔》（內閣本）的 410 則書眉黃簽中，有 64 則黃簽共 68 次出現「老檔」的字樣。

[1611]《清高宗純皇帝實錄》，第 976 卷，乾隆四十年二月庚寅，中華書局影印本，1986 年，北京。

[1612]《清折檔·乾隆四十年春季》，中國第一歷史檔案館藏。

[1613]《國史館·人事檔》，《國史館為議敘辦理老檔興圖官員事》，第 742 卷，中國第一歷史檔案館藏。

[1614]《國史館·人事檔》,第742卷,中國第一歷史檔案館藏。

[1615]《軍機處·議復檔》(滿文),第922號,中國第一歷史檔案館藏。

[1616]《黑圖檔·乾隆京行檔》,第376卷,第19頁,遼寧省檔案館藏。

[1617]《國史館·人事檔》,《國史館為議敘辦理老檔興圖官員事》,第742卷,中國第一歷史檔案館藏。

[1618]《黑圖檔·乾隆京行檔》,第376卷,第19頁,遼寧省檔案館藏。

[1619] 閻崇年:《〈無圈點老檔〉乾隆朝辦理鈔本始末》,載《國學研究》,第5卷,北京大學出版社,1998年,北京。

[1620] 趙志強、江橋:《〈無圈點檔〉及乾隆朝抄本補絮》,《歷史檔案》,1996年,第3期,北京。

[1621] 林寒、王季編選:《于謙詩選》,浙江人民出版社,1958年,杭州。

[1622] 林寒、王季編選,林寒修訂增補:《于謙詩選》,浙江人民出版社,1982年,杭州。

[1623] 杭州市政協文史和學習委員會、杭州于謙祠:《于謙》,杭州出版社,1998年,杭州。

[1624] 賴家度、李光璧:《于謙和北京》,北京出版社,1961年,北京。

[1625] 蕭滌非、劉乃昌主編:《中國文學名篇鑒賞辭典》,山東大學出版社,1992年,濟南。

[1626] 王洪主編:《古代詩歌精萃鑒賞辭典》,北京燕山出版社,1989年,北京。

[1627] 人民教育出版社語文一室編:《古代詩歌選》(九年制教育初級中學自讀課本),第3冊,人民教育出版社,1994年,北京。

[1628] 曹余章主編:《歷代文學名篇辭典》,上海教育出版社,1990年,上海。

[1629] 錢仲聯、傅璇琮、王運熙、章培恆、陳泊海、鮑克怡總主編:《中國文學大辭典》,上海辭書出版社,1997年,上海。

[1630]《明史·藝文志四》,第8冊,第99卷,第2467頁,中華書局校點本,1974年,北京。

[1631] 丁丙:《於肅愍公集·拾遺·附言》,《於肅愍公集》,拾遺卷,第4葉,光緒二十五年(1899年),《武林往哲遺著》本,中國科學院圖書館文獻部藏。

[1632]《康熙錢塘縣誌·於冕傳》,第19卷,第10葉,康熙五十七年(1718年)刊本。

[1633]《節庵存稿·王序》,不分卷,兩冊,明成化十二年(1476年)於冕刻本,上海圖書館古籍部藏,孤本。

參考文獻

[1634]《節庵存稿·夏序》，不分卷，兩冊，明成化十二年（1476年）於冕刻本，上海圖書館古籍部藏，孤本。

[1635] 于謙：《於肅愍公集》，八卷，附錄一卷，明嘉靖六年（1527年）大梁書院刻本，上海圖書館古籍部藏。

[1636] 丁丙：《於肅愍公集·拾遺·附言》，《於肅愍公集》，拾遺卷，第5葉，光緒二十五年（1899年），《武林往哲遺著》本，中國科學院圖書館文獻部藏。

[1637] 于謙：《於肅愍公集》，五卷，附錄一卷，明隆慶刻本、配清刻本，浙江寧波天一閣博物館藏，孤本。此本《中國古籍善本書目》等著錄為《於忠肅公集》，蓋錯，詳見文中辨析。

[1638] 于謙：《於忠肅公集》，十二卷，附錄四卷，明天啟元年（1621年）孫昌裔刻本，中國科學院圖書館文獻部藏。

[1639]《李卓吾評於節闇集》，明刻本，北京大學圖書館善本室藏。

[1640]《三異人文集》中的于謙集，其書名為《徐文長評於節闇集》，內容與《李卓吾評於節闇集》基本相同。

[1641] 于謙：《於忠肅公集》，十卷，清於繼先輯，康熙六十年（1721年）刻本，福建省圖書館特藏部善本室藏，孤本。

[1642] 丁丙：《於肅愍公集·拾遺·附言》，《於肅愍公集》拾遺卷，第5葉，光緒二十五年（1899年），《武林往哲遺著》本，中國科學院圖書館文獻部藏。

[1643] 于謙：《忠肅集》，《景印文淵閣四庫全書》本，臺灣商務印書館，1986年，臺北。

[1644]《四庫全書總目忠肅集提要》，第170卷，第486葉，中華書局影印本，1965年，北京。

[1645] 丁丙：《於肅愍公集·拾遺》，第4葉，光緒二十五年（1899年），《武林往哲遺著》本，中國科學院圖書館文獻部藏。

[1646]《中國古籍善本書目·集部上》，第26頁，上海古籍出版社，1996年，上海。

[1647]《於肅愍公集·賀於君子雲新成大廈序》，明隆慶刻本、配清刻本，浙江寧波天一閣博物館藏，孤本。

[1648] 于謙：《於忠肅公集》，第7卷，第17葉下、18葉上，康熙六十年（1721年）刻本，福建省圖書館特藏部善本室藏，孤本。

[1649] 於繼先：《於忠肅公集·謹識》，康熙六十年（1721年）刻本，福建省圖書館特藏部善本室藏，孤本。

[1650]《於肅愍公集·拾遺》中，丁丙將其增補之詩，於每篇詩後，都用小字註明其出處。

[1651]《於忠肅公集·蔣序》，康熙六十年（1721年）刻本，福建省圖書館特藏部善本室藏，孤本。

[1652]《於忠肅公集》第8卷《年譜》，康熙六十年（1721年）刻本，福建省圖書館特藏部善本室藏，孤本。

[1653] 丁丙：《於肅愍公集·拾遺·附言》，《於肅愍公集》，拾遺卷，第5葉，光緒二十五年（1899年），《武林往哲遺著》本，中國科學院圖書館文獻部藏。

[1654]《於忠肅公集·王跋》，康熙六十年（1721年）刻本，福建省圖書館特藏部善本室藏，孤本。

[1655] 於冕：《節庵存稿·識記》，不分卷，明成化十二年（1476年）於冕刻本，上海圖書館古籍部藏，孤本。

[1656] 王世貞：《弇州山人續稿》，第85卷，第22葉，明刻本，北京圖書館善本部藏。

[1657]《於肅愍公集·簡序》，卷首，明嘉靖六年（1527年）大梁書院刻本，上海圖書館古籍部藏。

[1658] 孫一珍《於少保萃忠全傳·校點後記》：「這部小說融會了歷史演義小說、神魔小說和傳記文學的特點，出脫為一種新的小說形式，即長篇傳記體小說。」

[1659] 林梓，浙江錢塘人，嘉靖四十一年（1562年）壬戌科進士。《明清進士題名碑錄索引》，中冊，第1632頁，上海古籍出版社，1980年，上海。

[1660]《於少保萃忠全傳》又稱《鐫於少保萃忠傳》《於少保旌功萃忠全傳》《萃忠全傳》《旌功萃忠錄》《萃忠錄》《于謙全傳》和《於公少保演義傳》等。

[1661] 蘇道明：《于謙傳·前言》，浙江人民出版社，1981年，杭州。

[1662] 現能見到最早的《於少保萃忠全傳》為明天啟刻本。孫楷第《中國通俗小說書目》說《於少保萃忠全傳》云有「明萬曆刻本，未見」。據載：有明刻《於少保萃忠全傳》七十回本，為馬彥祥先生收藏。馬彥祥先生已過世，據說其書在中國藝術研究院。經查中國藝術研究院戲曲研究所資料室，馬先生之書已經捐獻給首都圖書館。再查首都圖書館古籍部，馬先生家屬捐獻其圖書目錄中沒有著錄此書，館藏馬先生家屬捐獻其圖書中也沒有插架此書。據《於少保萃忠全傳》人民文學出版社校點本的校點者孫一珍教授說，她曾長期精心查詢《於少保萃忠全傳》明刻七十回本，但沒有找到。她說：「所謂《於少保萃忠全傳》明刻七十回本，都是人云亦云，還沒有聽說有誰見到過。」

[1663]《鐫於少保萃忠傳》，十卷，十二冊，七十回，明孫高亮撰，明沈國元評，明天啟刻本，有圖四十幅，浙江省圖書館古籍部藏，孤本。

參考文獻

[1664]《於少保萃忠全傳》，十卷，五冊，四十傳，明孫高亮撰，明末刻本，浙江省圖書館古籍部藏，孤本。

[1665] 江蘇省社會科學院明清小說研究中心編：《中國通俗小說總目提要·於少保萃忠全傳》，中國文聯出版公司，1990年，北京。

[1666]《於少保萃忠全傳林敍》，清道光二年（1822年）刻本，北京圖書館善本部藏。

[1667] 孫高亮：《于謙全傳》，第17頁，蘇道明校注，浙江人民出版社，1981年，杭州。

[1668] 成化《水東日記·於節庵遺事》載：「其入京議事，獨不持土物賄當路。汴人嘗誦其詩曰：『手帕蘑菇與線香，本資民用反為殃；清風兩袖朝天去，免得閭閻話短長。』」後《嘉靖河南通志》，第24卷、第18葉載于謙此詩文句相同。但是，文化藝術出版社1998年版校點本《七修類稿》，此處標點有誤：「若《手帕》《蘑菇》之詩亦然」云云。「手帕」與「蘑菇」是一首詩，而不是兩首詩。

[1669] 郎瑛：《七修類稿》，第37卷，第558頁，中華書局，1959年，北京。

[1670] 王世貞：《弇州山人續稿》，第85卷，第22葉，明刻本，北京圖書館善本部藏。

[1671] 孫高亮：《於少保萃忠全傳》，孫一珍校點，第163頁，人民文學出版社，1988年，北京。

[1672]《嘉靖河南通志》，第24卷，第18葉，北京圖書館善本部藏。

[1673] 明代北京刑場在西市，故「東市」應作「西市」，「東」字為誤，「西」字為正。

[1674] 尹守衡：《明史竊》，第51卷，第4葉，明崇禎十年（1637年）刻本，臺北中央圖書館善本部藏。

[1675] 林梓：《鐫於少保萃忠傳序》，卷首，明刻七十回本，浙江省圖書館古籍部藏，孤本。

[1676] 孫高亮：《鐫於少保萃忠傳·凡例》，卷首，明刻七十回本，浙江省圖書館古籍部藏，孤本。

[1677]《於少保萃忠全傳》人民文學出版社1988年本扉頁有于謙畫像一幅，題名為「於肅公像」，脫「忠」字；應作「於忠肅公像」。

[1678] 孫一珍：《於少保萃忠全傳校點後記》，第216頁，人民文學出版社，1999年，北京。

[1679] 富陽縣，今屬浙江省杭州市，距杭州市三十公里。

[1680] 孫高亮：《鐫於少保萃忠傳》，第1卷，第36葉，沈國元評點，明刻本，浙江省圖書館古籍部藏，孤本。

[1681] 孫高亮：《於少保萃忠全傳》，第5回，第2卷，第1葉，清道光二年（1822年）刻本，北京圖書館善本部藏。

[1682] 林寒、王季編選：《于謙詩選·前言》，浙江人民出版社，1958年，杭州；又見郭永學等著：《于謙大傳》，長春出版社，1999年，長春。

[1683] 《萬曆錢塘縣誌》，第5卷，第2葉，萬曆三十七年（1609年）刻本，浙江省圖書館古籍部藏。

[1684] 王其煌先生在于謙研究會第二屆年會上，發言贊同本文見解，並口示此見。

[1685] 於冕：《節庵存稿·識記》，不分卷，明成化十二年（1476年）於冕刻本，上海圖書館古籍部藏，孤本。

[1686] 查臺灣中央圖書館編印《公藏善本書目人名索引》（1972年版），著錄于謙詩文集僅有嘉靖本、天啟本、評點本、《四庫》本和光緒本五種。

[1687] 承蒙吳文濤女史見告，始知有《〈詠石灰〉的作者》一文，謹此致謝。

[1688] 黃瑞雲：《〈詠石灰〉的作者》，載《湖北師範學院學報》，1996年，第4期。

[1689] 黃瑞雲作「慹節」，《江陵志余》和《江陵縣誌》也作「慹節」；《明史劉儶傳》作「節慹」。

[1690] 孔自來：《江陵志余》，第8卷，第8—9葉，上海鴻文書局石印本。

[1691] 《明史·劉儶傳》，第14冊，第154卷，第4228頁，中華書局校點本，1974年，北京。

[1692] 《明史·方賓傳》，第14冊，第151卷，第4183頁，中華書局校點本，1974年，北京。

[1693] 《明仁宗實錄》，第12卷，洪熙元年三月辛巳，臺北中研院歷史語言研究所校勘本，1962年，臺北。

[1694] 孔自來：《江陵志余·自籤》，《江陵志余》卷首，上海鴻文書局石印本。

[1695] 《江陵志余·王文南敘》，《江陵志余》卷首，上海鴻文書局石印本。

[1696] 《江陵志余·曹國樸小引》，《江陵志余》卷首，上海鴻文書局石印本。

[1697] 劉士璋：《江陵縣誌刊誤》，第4卷，第10葉，道光十九年（1839年）刊本。

[1698] 謝國楨《晚明史籍考》載：沈國元訂、陳建輯《皇明從信錄》，撰《兩朝從信錄》《流寇陷巢記》和《甲申大事記》四書，上海古籍出版社，1981年，上海。

[1699] 《明史·藝文志》，第8冊，第97卷，第2380頁，中華書局校點本，1974年，北京。

[1700] 孫高亮：《鐫於少保萃忠傳》，第 1 卷，第 36 葉，沈國元評點，明刻本，浙江省圖書館古籍部藏，孤本。

[1701] 人民文學出版社校點本《於少保萃忠全傳》，誤將這段沈國元評點的文字，竄入正文。

[1702] 孫高亮：《鐫於少保萃忠傳》，第 1 卷，第 1 葉，沈國元評點，明刻本，浙江省圖書館古籍部藏，孤本。

[1703] 閻崇年：《于謙六百年祭》，《于謙研究》，中國文史出版社，1998 年，北京。

[1704] 時有《抬出于謙來幹什麼？》《為右傾機會主義分子招魂的一株毒草——批判吳晗〈明代民族英雄于謙〉一文》等。

[1705] 張煌言：《入武林》，《張蒼水全集》，《四明叢書》本，揚州古籍刻印社，1934 年，揚州。

[1706] 袁枚：《謁岳王墓作十五絕句》，《小倉山房詩文集》，第 26 卷，第 634 頁，上海古籍出版社校點本，1988 年，上海（此注蒙章明斐館員幫助查核原文，謹致謝意）。

[1707] 此係指前燕、遼，金、元、明、清而言。

[1708]《公羊傳》，桓公九年，《十三經註疏附校勘記》本，中華書局影印本，1980 年，北京。

[1709]《史記·殷本記》，第 3 卷，中華書局校點本，1959 年，北京。

[1710]《史記·周本記》，第 4 卷，中華書局校點本，1959 年，北京。

[1711]《尚書·大誥》，《十三經註疏附校勘記》，中華書局影印本，1980 年，北京。

[1712]《明史·馮勝傳附兄國用傳》，第 129 卷，中華書局校點本，1974 年，北京。

[1713]《明史稿·陶安傳》，清鈔本。

[1714]《明史·葉兌傳》，第 135 卷，中華書局校點本，1974 年，北京。

[1715]《明太祖實錄》，第 4 卷，丙申年（至正十六年）三月辛卯，臺北中研院歷史語言研究所校勘本，1962 年，臺北。

[1716] 郎瑛：《七修類稿》，第 12 卷，中華書局，1959 年，北京。

[1717]《明史·太祖本紀一》，第 1 卷，中華書局校點本，1974 年，北京。

[1718]《明太祖實錄》，第 21 卷，丙午年（至正二十六年）八月庚戌朔，臺北中研院歷史語言研究所校勘本，1962 年，臺北。

[1719]《明太祖實錄》，第 31 卷，洪武元年三月己亥，臺北中研院歷史語言研究所校勘本，1962 年，臺北。

[1720]《明太祖實錄》，第34卷，洪武元年八月己巳朔，臺北中研院歷史語言研究所校勘本，1962年，臺北。

[1721] 黃光昇：《昭代典則》，萬卷樓刊本，明萬曆二十八年（1600年）。

[1722]《明太祖實錄》，第45卷，洪武二年九月癸卯，臺北中研院歷史語言研究所校勘本，1962年，臺北。

[1723]《明太祖實錄》，第71卷，洪武五年正月甲戌，臺北中研院歷史語言研究所校勘本，1962年，臺北。

[1724]《明史·地理志一》，第40卷，中華書局校點本，1974的，北京。

[1725]《明太祖實錄》，第99卷，洪武八年四月丁巳，臺北中研院歷史語言研究所校勘本，1962年，臺北。

[1726]《明史·劉基傳》，第128卷，中華書局校點本，1974年，北京。

[1727]《明史·太祖本紀二》，第2卷，中華書局校點本，1974年，北京。

[1728]《明史·地理志一》，第40卷，中華書局校點本，1974年，北京。

[1729]《史記·留侯世家》，第55卷，中華書局校點本，1974年，北京。

[1730]《明史·胡廣傳》，第147卷，中華書局校點本，1974年，北京。

[1731]《明史·興宗孝康皇帝傳》，第115卷，中華書局校點本，1974年，北京。

[1732]《明太祖實錄》，第211卷，洪武二十四年八月乙醜，臺北中研院歷史語言研究所校勘本，1962年，臺北。

[1733]《尚書·洛誥》，《十三經註疏附校勘記》，中華書局影印本，1980年，北京。

[1734]《明太祖實錄》，第214卷，洪武二十四年十一月庚戌，臺北中研院歷史語言研究所校勘本，1962年，臺北。

[1735] 姜清：《姜氏秘史》，第2卷，《金陵全書》（乙編）本。

[1736]《五代會要》，第26卷，上海古籍出版社，1978年，上海。

[1737]《明太祖實錄》，第45卷，洪武二年九月癸卯，臺北中研院歷史語言研究所校勘本，1962年，臺北。

[1738]《明太祖實錄》，第34卷，洪武元年八月壬午，臺北中研院歷史語言研究所校勘本，1962年，臺北。

[1739] 陶宗儀：《南村輟耕錄》，第21卷，中華書局校點本，1959年，北京。

[1740] 蔣一葵：《長安客話》，第1卷，北京古籍出版社，1980年，北京。

[1741] 孫承澤：《春明夢余尋》，第1卷，清乾隆內府刻本。

[1742] 顧炎武：《天下郡國利病書》，第13卷，北京圖書館藏本。

參考文獻

[1743] 楊榮：《楊文敏集·皇都大一統賦》，《日下舊聞考》，北京古籍出版，1981年，北京。

[1744] 熊夢祥：《析津志輯佚》輯鈔本，北京古籍出版社，1983年，北京。

[1745] 《萬曆順天府志》，第1卷，中國書店影印本，1959年，北京。

[1746] 孫承澤：《天府廣記》，清鈔本，第37卷，北京古籍出版社，1983年，北京。

[1747] 鄭定謨：《北京建都考》，《地理雜誌》，1916年第7卷第3期。

[1748] 《永樂順天府志》，第11卷，清光緒十二年（1886年）江陰繆氏藝風堂抄《永樂大典》本。

[1749] 《蒙兀兒史記》，第17卷，中華書局，1962年，北京。

[1750] 《明太祖實錄》，第37卷，洪武元年十二月丁卯朔，臺北中研院歷史語言研究所校勘本，1962年，臺北。

[1751] 《明史·徐達傳》，第125卷，中華書局校點本，1974年，北京。

[1752] 谷應泰：《明史紀事本末》，第10卷，中華書局校點本，1977年，北京。

[1753] 《明史·韃靼傳》，第327卷，中華書局校點本，1974年，北京。

[1754] 《明神宗實錄》，第576卷，萬曆四十六年十一月乙卯，臺北中研院歷史語言研究所校勘本，1962年，臺北。

[1755] 《明太祖實錄》，第52卷，洪武三年五月丁酉，臺北中研院歷史語言研究所校勘本，1962年，臺北。

[1756] 《明太祖實錄》，第70卷，洪武五年三月丁卯，臺北中研院歷史語言研究所校勘本，1962年，臺北。

[1757] 《明太祖實錄》，第88卷，洪武七年四月己亥，臺北中研院歷史語言研究所校勘本，1962年，臺北。

[1758] 《明太祖實錄》，第130卷，洪武十三年三月壬子，臺北中研院歷史語言研究所校勘本，1962年，臺北。

[1759] 《明太祖實錄》，第182卷，洪武二十年六月丁未，臺北中研院歷史語言研究所校勘本，1962年，臺北。

[1760] 《明史·太祖本紀二》，第2卷，中華書局校點本，1974年，北京。

[1761] 《明太祖實錄》，第78卷，洪武六年正月壬子，臺北中研院歷史語言研究所校勘本，1962年，臺北。

[1762] 《明太祖實錄》，第200卷，洪武二十三年三月乙醜，臺北中研院歷史語言研究所校勘本，1962年，臺北。

[1763]《明太祖實錄》,第245卷,洪武二十九年三月甲子,臺北中研院歷史語言研究所校勘本,1962年,臺北。

[1764]《明太宗實錄》,第71卷,永樂八年七月癸未,臺北中研院歷史語言研究所校勘本,1962年,臺北。

[1765]《明太宗實錄》,第91卷,永樂十二年三月庚寅,臺北中研院歷史語言研究所校勘本,1962年,臺北。

[1766]《明太宗實錄》,第122卷,永樂二十年三月戊寅,臺北中研院歷史語言研究所校勘本,1962年,臺北。

[1767]《明太宗實錄》,第126卷,永樂二十一年三月庚寅,臺北中研院歷史語言研究所校勘本,1962年,臺北。

[1768]《明太宗實錄》,第129卷,永樂二十二年四月己酉,臺北中研院歷史語言研究所校勘本,1962年,臺北。

[1769]《明史·兵志三》,第91卷,中華書局校點本,1974年,北京。

[1770]《明史·華雲龍傳》,第130卷,中華書局校點本,1974年,北京。

[1771]《明太祖實錄》,第201卷,洪武二十三年閏四月癸亥朔,臺北中研院歷史語言研究所校勘本,1962年,臺北。

[1772] 夏燮:《明通鑒義例》載:「《永樂實錄》中有『皇考本欲立朕』語,則預改《太祖實錄》東閣門召諭群臣,增入『國有長君,吾欲立燕王』,又增入劉三吾對『置秦、晉二王於何地』語;以肅清沙漠為一人之功,則預於《太祖實錄》中竄入『晉王無功』及『欲構陷成祖』之語……種種偽撰,無非欲以《太祖實錄》為之張本,此再修、三修之所由來也。王氏《史稿》不察其偽,據以入之二祖《本紀》及齊、黃諸人傳中,而至於東閣門召對所云『欲立燕王』者,明人野史皆知其偽而刪之。《史稿》乃於《三吾傳》中,據《成祖實錄》又增入『燕王神武似朕』之語,凡此之類,後修《明史》大半刪去,可謂謹嚴之筆,今一依之。」

[1773]《明太祖實錄》,第217卷,洪武二十五年三月戊寅,臺北中研院歷史語言研究所校勘本,1962年,臺北。

[1774]《明史·劉三吾傳》,第137卷,中華書局校點本,1974年,北京。

[1775]《明太祖實錄》,第226卷,洪武二十六年三月丙辰,臺北中研院歷史語言研究所校勘本,1962年,臺北。

[1776]《明太祖實錄》,第256卷,洪武三十一年三月己未,臺北中研院歷史語言研究所校勘本,1962年,臺北。

參考文獻

[1777]《明太祖實錄》，第 257 卷，洪武三十一年五月戊午，臺北中研院歷史語言研究所校勘本，1962 年，臺北。

[1778] 谷應泰：《明史紀事本末》，第 10 卷，中華書局校點本，1977 年，北京。

[1779]《明太祖實錄》，第 257 卷，洪武三十一年五月乙亥，臺北中研院歷史語言研究所校勘本，1962 年，臺北。

[1780] 夏燮《明通鑒》第 11 卷，洪武三十一年五月戊午：「詔都督楊文從燕王棣，武定侯郭英從遼王植，備禦開平，均命聽二王節制。」《考異》曰：《三編發明》云：「考《明太祖實錄》，是年四月乙酉，敕燕王防秋；五月甲寅，帝不豫；戊午，敕都督楊文、郭英；乙亥，再敕燕王節制諸軍，此皆重修之《太祖實錄》，不可盡信。」又云：「二十八年，秦王卒；是年三月，晉王卒。燕雖勢居寵逼，然節制之命，豈足為易儲之據哉！」「據此，則防邊之敕，出自《實錄》之後改者。今考洪武二十三年，命晉、燕二王防邊，令傅友德從燕王，王弼從晉王，俱聽節制，是聽晉、燕二王節制也，是年書法同，則謂楊文之從燕王，郭英之從遼王，亦是聽燕、遼二王節制耳，非與遼王共聽燕王節制也。今據《太祖實錄》，出於四、五兩月，而刪去『燕王總制諸軍』語」。又見《明太祖實錄校勘記》本卷。

[1781] 夏燮：《明通鑒》，第 11 卷，洪武三十一年四月「考異」，中華書局校點本，1959 年，北京。

[1782]《明史·姚廣孝傳》，第 145 卷，中華書局校點本，1974 年，北京。

[1783] 蔣一葵：《長安客話》，第 2 卷，北京古籍出版社，1980 年，北京。

[1784]《明史·功臣世表二》，第 106 卷，中華書局校點本，1974 年，北京。

[1785]《明史·功臣世表一》，第 105 卷，中華書局校點本，1974 年，北京。

[1786]《明史·兵志二》，第 90 卷，中華書局校點本，1974 年，北京。

[1787] 谷應泰：《明史紀事本末》，第 18 卷，中華書局校點本，1977 年，北京。

[1788]《御製通鑒綱目三編》，第 3 卷，《四部叢刊》本。

[1789] 夏燮：《明通鑒》，第 13 卷，建文四年八月丙寅，中華書局校點本，1959 年，北京。

[1790] 谷應泰：《明史紀事本末》，第 16 卷，中華書局校點本，1977 年，北京。

[1791]《明史·李至剛傳》，第 151 卷，中華書局校點本，1974 年，北京。

[1792]《明太宗實錄》，第 16 卷，永樂元年正月辛卯，臺北中研院歷史語言研究所校勘本，1962 年，臺北。

[1793]《永樂順天府志》，第 8 卷，清光緒十二年（1886 年）江陰繆氏藝風堂抄《永樂大典》本，北京大學圖書館藏。

[1794] 夏燮：《明通鑒》，第 13 卷，建文四年九月乙未，中華書局校點本，1959 年，北京。

[1795]《明太宗實錄》，第 22 卷，永樂元年八月己巳，臺北中研院歷史語言研究所校勘本，1962 年，臺北。

[1796]《明太宗實錄》，第 25 卷，永樂元年十一月戊戌，臺北中研院歷史語言研究所校勘本，1962 年，臺北。

[1797]《御製通鑒綱目三編》，第 4 卷。又見《明太宗實錄》永樂元年八月甲戌：「簡直隸、蘇州等十郡，浙江等九布政司富民實北京」；永樂二年九月丁卯：「徙山西太原、平陽、澤、潞、遼、沁、汾民一萬戶實北京。」

[1798]《明史·郁新傳》，第 150 卷，中華書局校點本，1974 年，北京。

[1799]《明太宗實錄》，第 67 卷，永樂五年五月丁卯，臺北中研院歷史語言研究所校勘本，1962 年，臺北。

[1800]《明太宗實錄》，第 86 卷，永樂六年十二月辛丑，臺北中研院歷史語言研究所校勘本，1962 年，臺北。

[1801]《明史·河渠志三》，第 85 卷，中華書局校點本，1974 年，北京。

[1802]《明太宗實錄》，第 207 卷，永樂十六年十二月乙巳，臺北中研院歷史語言研究所校勘本，1962 年，臺北。

[1803]《明太宗實錄》，第 57 卷，永樂四年閏七月壬戌，臺北中研院歷史語言研究所校勘本，1962 年，臺北。

[1804]《明史·師逵傳》，第 150 卷，中華書局校點本，1974 年，北京。

[1805]《明史·古樸傳》，第 150 卷，中華書局校點本，1974 年，北京。

[1806]《明史·劉觀傳》，第 51 卷，中華書局校點本，1974 年，北京。

[1807]《明史·鄒緝傳》，第 164 卷，中華書局校點本，1974 年，北京。

[1808]《明史·譚廣傳》，第 155 卷，中華書局校點本，1974 年，北京。

[1809]《明史·薛祿傳》，第 155 卷，中華書局校點本，1974 年，北京。

[1810]《明太宗實錄》，第 186 卷，永樂十五年三月丙申，臺北中研院歷史語言研究所校勘本，1962 年，臺北。

[1811]《明史·葉宗人傳》，第 2 卷，中華書局校點本，1974 年，北京。

[1812]《明史·邝埜傳》，第 281 卷，中華書局校點本，1974 年，北京。

[1813]《明太宗實錄》，第 57 卷，永樂四年閏七月壬戌，臺北中研院歷史語言研究所校勘本，1962 年，臺北。

參考文獻

[1814]《明太宗實錄》,第154卷,永樂十二年八月辛丑朔,臺北中研院歷史語言研究所校勘本,1962年,臺北。

[1815]《明太宗實錄》,第162卷,永樂十三年三月丁巳,臺北中研院歷史語言研究所校勘本,1962年,臺北。

[1816]《明太宗實錄》,第182卷,永樂十四年十一月壬寅,臺北中研院歷史語言研究所校勘本,1962年,臺北。

[1817]《明太宗實錄》,第185卷,永樂十五年二月壬申,臺北中研院歷史語言研究所校勘本,1962年,臺北。

[1818]《明史·吳中傳》,第151卷,中華書局校點本,1974年,北京。

[1819]《明史·金英傳附阮安傳》,第304卷,中華書局校點本,1974年,北京。

[1820]《明太宗實錄》,第218卷,永樂十七年十一月甲子,臺北中研院歷史語言研究所校勘本,1962年,臺北。

[1821]《清聖祖仁皇帝實錄》,第273卷,康熙五十六年八月乙酉,日本東京大藏株式會社影印本,1937年,東京。

[1822]《明太宗實錄》,第231卷,永樂十八年十一月戊辰,臺北中研院歷史語言研究所校勘本,1962年,臺北。

[1823]《明太宗實錄》,第232卷,永樂十八年十二月癸亥,臺北中研院歷史語言研究所校勘本,1962年,臺北。

[1824]《明太宗實錄》,第233卷,永樂十九年正月戊寅,臺北中研院歷史語言研究所校勘本,1962年,臺北。

[1825]《日下舊聞考》,第5卷,引《圖書編》,北京古籍出版社,1981年,北京。

[1826]《明太宗實錄》,第236卷,永樂十九年四月庚子,臺北中研院歷史語言研究所校勘本,1962年,臺北。

[1827]《明史·李時勉傳》,第163卷,中華書局校點本,1974年,北京。

[1828]《明史·鄒緝傳》,第164卷,中華書局校點本,1974年,北京。

[1829]《明史·夏原吉傳》,第149卷,中華書局校點本,1974年,北京。

[1830]《日下舊聞考》,第5卷,引《衣生集》,北京古籍出版社,1981年,北京。

[1831] 趙翼《廿二史劄記》第32卷《明宮殿凡數次被災》載,「統計明代北京三殿兩宮,各四次被災」:永樂十九年四月,奉天、華蓋、謹身三殿災。二十年,乾清宮亦毀。正統六年九月,乾清、坤寧二宮及三殿俱告成。正德九年正月,乾清宮災。十六年十一月,乾清宮造成。嘉靖三十六年,三殿又災。四十一年九月,三殿告成。萬曆二十四年,乾清、坤寧兩宮災。二十五年,三殿復災。三十年,重建乾清、坤

寧二宮。三十二年三月,乾清宮成。天啟六年九月,皇極殿成。七年八月,中極、建極殿成。崇禎十七年四月,宮殿又災。

[1832] 黃宗羲:《明夷待訪錄·建都》,不分卷,中華書局校點本,1981年,北京。

[1833]《金史·河渠志》,第27卷,中華書局校點本,1975年,北京。

[1834] 孫承澤:《山書》,第7卷,清鈔本。

[1835] 谷應泰:《明史紀事本末》,第24卷,中華書局校點本,1977年,北京。

[1836] 謝肇淛:《五雜俎》,燕京大學國學圖書館重刊本,1930年,北京。

[1837] 王錫爵:《王文肅公文集》,第8卷,《明經世文編》,中華書局影印本,1962年,北京。

[1838] 董份:《泌園集》,第11卷,《四庫全書》本。

[1839]《清史稿·靳輔傳》,第279卷,中華書局標點本,1977年,北京。

[1840]《清史稿·河渠志二》,第127卷,中華書局標點本,1976年,北京。

[1841]《明史·河渠志三》,第85卷,中華書局校點本,1974年,北京。

[1842]《明神宗實錄》,第32卷,萬曆三十二年十一月癸未,臺北中研院歷史語言研究所校勘本,1962年,臺北。

[1843]《明仁宗實錄》,第8卷下,洪熙元年三月戊戌,臺北中研院歷史語言研究所校勘本,1962年,臺北。

[1844]《明仁宗實錄》,第9捲上,洪熙元年四月癸卯,臺北中研院歷史語言研究所校勘本,1962年,臺北。

[1845]《明史·胡濙傳》,第169卷,中華書局校點本,1974年,北京。

[1846]《明宣宗實錄》,第46卷,宣德三年八月辛卯,臺北中研院歷史語言研究所校勘本,1962年,臺北。

[1847]《明英宗實錄》,第62卷,正統四年十二月乙亥朔,臺北中研院歷史語言研究所校勘本,1962年,臺北。

[1848]《明英宗實錄》,第83卷,正統六年九月甲午朔,臺北中研院歷史語言研究所校勘本,1962年,臺北。

[1849]《明英宗實錄》,第85卷,正統六年十一月甲午朔,臺北中研院歷史語言研究所校勘本,1962年,臺北。

[1850]《明史·徐有貞傳》,第171卷,中華書局校點本,1974年,北京。

[1851]《明史·于謙傳》,第170卷,中華書局校點本,1974年,北京。

[1852] 葉盛:《水東日記》,第7卷,中華書局校點本,1980年,北京。

參考文獻

[1853] 計六奇：《明季北略》，第 20 卷，清光緒十三年（1887 年）刻本。
[1854] 顧祖禹：《讀史方輿紀要》，第 10 卷，《萬有文庫》本，商務印書館，1937 年，上海。
[1855] 趙翼：《廿二史劄記》，第 20 卷，中華書局，1984 年，北京。
[1856] 雷次宗：《五經要義》，不分卷，藝文印書館影印本，臺北。
[1857] 納蘭性德：《通志堂集》，第 15 卷，上海古籍出版社影印本，1979 年，上海。
[1858] 劉侗、於奕正：《帝京景物略劉敘》，卷首，北京古籍出版社，1980 年，北京。
[1859]《李朝宣祖實錄》，第 108 卷，三十二年正月丙戌，日本學習院東洋文化研究所，1959 年，東京。
[1860] 夏燮：《明通鑒》，第 14 卷，中華書局校點本，1959 年，北京。
[1861] 陸容：《菽園雜記》，第 6 卷，中華書局，1985 年，北京。
[1862]《明史·食貨志二》，第 178 卷，中華書局校點本，1974 年，北京。
[1863]《明經世文編·守邊議》，第 73 卷，中華書局影印本，1962 年，北京。
[1864]《明史·食貨志五》，第 81 卷，中華書局校點本，1974 年，北京。
[1865] 蔣一葵：《長安客話》，第 1 卷，北京古籍出版社，1980 年，北京。
[1866] 顧起元：《客座贅語》，第 2 卷，《金陵叢刻》本，清光緒三十二年（1906 年），南京大學圖書館藏。
[1867] [德] 馬克思等著：《馬克思恩格斯全集》，第 5 卷，第 550 頁，人民出版社，1953 年，北京。
[1868]《日下舊聞考》，北京古籍出版社，1981 年版，第 97 卷，第 1613 頁，第 2 行《穀城山房集》，誤；「房」應作「館」，其集全稱《穀城山館文集》。
[1869] 於慎行：《敕建慈壽寺碑文（代）》，《穀城山館文集》，第 13 卷，第 8—9 頁，明萬曆刻本。
[1870] 張居正：《敕建慈壽寺碑文》，《張太岳文集》，第 12 卷，第 9 頁，清江陵鄧氏翻明刻本。
[1871] 劉侗、於奕正：《帝京景物略》，第 5 卷，第 216 頁，北京古籍出版社，1980 年，北京。
[1872]《日下舊聞考》，第 97 卷，第 1611 頁，北京古籍出版社，1981 年，北京。
[1873]《光緒順天府志》，第 17 卷，第 545 頁，北京古籍出版社，1987 年，北京。
[1874] 沈德符：《萬曆野獲編》，第 27 卷，第 686 頁，中華書局校點本，1959 年，北京。

[1875]《萬曆野獲編·序》，卷首，清道光七年（1827年）刻本。

[1876] 於慎行：《穀城山館文集》，第13卷，第9頁，明萬曆三十八年（1610年）刻本。

[1877] 岡田玉山、岡熊岳、大原東野：《唐土名勝圖會》，第4卷，第42頁，北京古籍出版社影印本，1985年，北京。

[1878]《海澱區地名志》編輯委員會編：《北京市海澱區地名志》，第362頁，北京出版社，1992年，北京。

[1879] 王屹：《慈壽寺塔、天寧寺塔保護規劃》，《北京規劃建設》，1992年第2期。

[1880]《明史·於慎行傳》，第217卷，第5737頁，中華書局校點本，1974年，北京。

[1881]《明史·張居正傳》，第213卷，第5645頁，中華書局校點本，1974年，北京。

[1882] 於慎行：《穀城山館文集》，第13卷，第8頁，明萬曆三十八年（1610年）刻本。

[1883] 張居正：《敕建慈壽寺碑文》，《張太岳文集》，第12卷，第9頁，清江陵鄧氏翻明刻本。

[1884] 張居正：《敕建海會寺碑文》，《張太岳文集》，第12卷，第5頁，清江陵鄧氏翻明刻本。

[1885] 蔣一葵：《長安客話》，第3卷，第60頁，北京古籍出版社，1980年，北京。

[1886] 張居正：《敕建承恩寺碑文》，《張太岳文集》，第12卷，第4頁，清江陵鄧氏翻明刻本。

[1887] 劉侗、於奕正：《帝京景物略》，第5卷，第216頁，北京古籍出版社，1980年，北京。

[1888] 張居正：《敕建五臺山大寶塔寺記》，《張太岳文集》，第12卷，第13頁，清江陵鄧氏翻明刻本。

[1889] 於慎行：《穀城山館文集》，第13卷，第9頁，明萬曆三十八年（1610年）刻本。

[1890] 張居正：《敕建慈壽寺碑文》，《張太岳文集》，第12卷，第9頁，清江陵鄧氏翻明刻本。

[1891]《明史·后妃列傳二》：「孝安皇后陳氏，通州人。嘉靖三十七年（1558年）九月選為裕王繼妃。隆慶元年冊為皇后。後無子多病，居別宮。神宗即位，上尊號曰仁聖皇太后。」

[1892]《明史后妃列傳二》，第114卷，第3535頁，中華書局校點本，1974年，北京。

[1893] 於慎行：《穀山筆麈》，第2卷，第15頁，中華書局校點本，1984年，北京。

參考文獻

[1894] 史玄：《舊京遺事》，不分卷，第 8 頁，北京古籍出版社，1986 年，北京。

[1895]《明史穆宗本紀贊曰》，第 19 卷，第 256 頁，中華書局校點本，1974 年，北京。

[1896]《明史后妃列傳二》，第 114 卷，第 3536 頁，中華書局校點本，1974 年，北京。

[1897] 參見《明神宗實錄》，第 517 卷，萬曆四十二年辛丑，臺北中研院歷史語言研究所校勘本，1962 年，臺北。

[1898] 劉侗、於奕正：《帝京景物略》，第 5 卷，第 216 頁，北京古籍出版社，1980 年，北京。

[1899]《明史諸王列傳五悼靈王傳》，第 120 卷，第 3658—3659 頁，中華書局校點本，1974 年，北京。

[1900] 楊士聰：《玉堂薈記》，上卷，第 22—23 頁，《借月山房匯鈔》本，清嘉慶年間張氏刻。

[1901] 北平市政府秘書處編：《舊都文物略·名蹟略上》，第 15 頁，北平故宮印刷所，民國二十四年（1935 年）。

[1902]《慈壽寺下院碑記》拓片，北京圖書館善本部藏。

[1903] 孫承澤：《春明夢余錄》，第 66 卷，第 16 頁，龍門書店影印古香齋本，1965 年，北京。

[1904][日] 岡田玉山、岡熊岳、大原東野：《唐土名勝圖會》，第 4 卷，第 97 頁，北京古籍出版社影印本，1985 年，北京。

[1905] 於慎行《敕建慈壽寺碑文（代）》作「十有三所」。《穀城山館文集》，第 13 卷，第 9 頁，明萬曆三十八年（1610 年）刻本。

[1906]「泉」，於慎行《敕建慈壽寺碑文（代）》作「象」，《穀城山館文集》，第 13 卷，第 11 頁，明萬曆三十八年（1610 年）刻本。

[1907] 張居正：《敕建慈壽寺碑文》，《張太岳文集》第 12 卷，第 10 頁，清江陵鄧氏翻明刻本。

[1908] 於慎行：《敕建慈壽寺碑文（代）》，《穀城山館文集》，第 13 卷，第 9 頁，明萬曆三十八年（1610 年）刻本。

[1909]《漢名臣傳勵廷儀列傳子宗萬附》，第 15 卷，第 1847 頁，黑龍江人民出版社，1991 年，哈爾濱。

[1910]「聖」誤，應作「壽」，見《敕建慈壽寺碑文》。

[1911]「閣」疑誤，似應作「佛」。

[1912]「九蓮菩薩畫像」疑誤，應作「九蓮菩薩塑像」。

[1913] 勵宗萬：《京城古蹟考》不分卷，第16—17頁，北京古籍出版社，1981年，北京。

[1914]「萬曆辛丑年立」，誤；應作「萬曆丁亥年造」。《光緒順天府志》引此，蓋誤。

[1915]《日下舊聞考》，第97卷，第1611頁，北京古籍出版社，1981年，北京。

[1916] 1993年8月5日，玲瓏園丁志崑先生陪同測量。

[1917]《光緒順天府志》，第17卷，第545頁，北京古籍出版社，1987年，北京。

[1918] 姚元之：《竹葉亭雜記》，第7卷，第150頁，中華書局校點本，1982年，北京。

[1919] 蔣一葵：《長安客話》，第3卷，第60—61頁，北京古籍出版社，1980年，北京。

[1920] 據筆者1989年調查，居住八里莊的八十一歲關姓老人講：民國十四年（1925年），有一和尚在塔附近賣佛水為人治病，將所得銅錢用笸籮裝；以此錢僱人、購料，將塔壺門兩側十六尊金剛像，用水泥重塑；今所見金剛水泥塑像就是這時所做。

[1921] 參見《北京名勝古蹟》，第176—177頁，北京旅遊出版社，1988年，北京。

[1922] 公鼐：《慈壽寺詩》，《卜東園詩集》，見《日下舊聞考》，第97卷，第1613頁，北京古籍出版社，1981年。又，鼐，《日下舊聞考》北京古籍出版社本、《文津閣四庫全書》影印本均作「鼏」，查《康熙字典》《中文大辭典》《中華字海》均無此字。其兄公鼐《問次齋稿》卷17《為表弟秦生、弟鼐讀書齋中賦》和卷19《辛卯試青州，弟鼐……》清鈔本均作「鼐」。

[1923] 公鼐：《問次齋稿·元日後過慈壽寺》，第14卷，明萬曆刻本。

[1924] 何宇度：《游慈壽寺》，《宛署雜記》，第20卷，第280頁，北京古籍出版社，1980年，北京。

[1925]《康熙宛平縣誌》，第2卷，第50頁，清康熙二十四年（1685年）刻本。

[1926] 於慎行：《敕建慈壽寺碑文（代）》，《穀城山館文集》，第13卷，第10頁，明萬曆三十八年（1610年）刻本。

[1927] 於慎行：《敕建慈壽寺碑文（代）》，《穀城山館文集》，第13卷，第9頁，明萬曆三十八年（1610年）刻本。

[1928] 張居正：《敕建萬壽寺碑文》，《張太岳文集》，第12卷，第11頁，清江陵鄧氏翻明刻本。

[1929] 卓明卿：《慈壽寺》，《帝京景物略》，第5卷，第217頁，北京古籍出版社，1980年。

[1930] 朱國禎：《湧幢小品》，第28卷，第6頁，上海進步書局，1936年，上海。

[1931] 孫承澤：《天府廣記》，第38卷，第589頁，北京古籍出版社，1982年，北京。

參考文獻

[1932] 震鈞：《天咫偶聞》，第9卷，第199頁，北京古籍出版社，1982年，北京。
[1933] 蔣一葵：《長安客話》，第3卷，第61頁，北京古籍出版社，1980年，北京。
[1934] 汪其俊：《摩訶庵》，《長安客話》，第3卷，第61頁，北京古籍出版社，1980年，北京。
[1935] 震鈞：《天咫偶聞》，第9卷，第199頁，北京古籍出版社，1982年，北京。
[1936] 戴璐：《藤陰雜記》，第12卷，第112頁，北京古籍出版社，1982年，北京。
[1937] 吳長元：《宸垣識略》，第13卷，第276頁，北京古籍出版社，1983年，北京。
[1938] 玲瓏園的中心建築是慈壽寺塔即永安壽塔。此塔高度，諸說不一。1993年8月5日，北京地名辦公室主任王海岐先生和孫陸原先生等協助，對塔高進行實測，取得準確數據，特此致謝。
[1939]《帝京景物略·劉敘》，第3頁，北京古籍出版社，1980年，北京。
[1940]《光緒順天府志》，第1卷，第1頁，北京古籍出版社，1987年，北京。
[1941] 孫承澤：《天府廣記》，第1卷，第7頁，北京古籍出版社，1982年，北京。
[1942]《康熙大興縣誌》，第1卷，康熙二十四年（1685年）刻本。
[1943]《太平治跡統類》，《日下舊聞考》，第5卷，第71—72頁，北京古籍出版社，1981年，北京。
[1944]《讀書一得》，《日下舊聞考》，第5卷，第75頁，北京古籍出版社，1981年，北京。
[1945] 陶宗儀：《南村輟耕錄》，第21卷，第250頁，中華書局校點本，1959年，北京。
[1946] 段玉裁：《說文解字注》，第9篇上、第8篇上，上海古籍出版社據經韻樓原刻本校刊影印本，1981年，上海。
[1947]《日下舊聞考》卷17作：「惟以一人治天下，豈為天下奉一人。」
[1948]《清高宗純皇帝實錄》，第411卷，乾隆十七年三月辛巳，中華書局影印本，1986年，北京。
[1949]《元史·食貨志一》，第8冊，第93卷，第2354頁，中華書局校點本，1976年，北京。
[1950]《金史·地理志上》：「京城北離宮有太寧宮，大定十九年建。後更為壽寧，又更為壽安。明昌二年更為萬寧宮。」
[1951]《宸垣識略》，第4卷：太液池「金時名西華潭」，今學人或對此持異詞。

[1952] 昭槤：《嘯亭雜錄·續錄》，第4卷，第476頁，中華書局校點本，1980年，北京。

[1953] 陶宗儀：《南村輟耕錄》，第21卷，第252—253頁，中華書局校點本，1959年，北京。

[1954] 朱偰：《元大都宮殿圖考》，第4頁，商務印書館，1947年，上海。

[1955]《國朝宮史續編》，第53卷，第421頁，清內府刻本，北京。

[1956] 蕭洵：《故宮遺錄》，第77頁，北京古籍出版社，1980年，北京。

[1957] 佚名：《北平考》，第4卷，第38頁，北京古籍出版社，1980年，北京。

[1958] 蕭洵：《故宮遺錄》，第76頁，北京古籍出版社，1980年，北京。

[1959]《元史泰定帝本紀》，第3冊，第29卷，第652頁，中華書局校點本，1976年，北京。

[1960] 蕭洵：《故宮遺錄》，第73頁，北京古籍出版社，1980年，北京。

[1961] 蕭洵：《故宮遺錄》，第73—74頁，北京古籍出版社，1980年，北京。

[1962] 蕭洵：《故宮遺錄》，第76頁，北京古籍出版社，1980年，北京。

[1963] 蕭洵：《故宮遺錄》，第74頁，北京古籍出版社，1980年，北京。

[1964]《遼史·地理四》，第2冊，第40卷，第496頁，中華書局校點本，1974年，北京。

[1965] 馬可·波羅：《馬可·波羅行紀》，馮承鈞譯，第277頁，商務印書館，1936年，上海。

[1966] 馬可·波羅：《馬可·波羅行紀》，馮承鈞譯，第327頁，商務印書館，1936年，上海。

[1967]《草木子》，《日下舊聞考》，第30卷，第437頁，北京古籍出版社，1981年，北京。

[1968] 馬可·波羅：《馬可·波羅行紀》，馮承鈞譯，第333頁，注10，商務印書館，1936年，上海。

[1969] 蕭洵：《故宮遺錄》，第74頁，北京古籍出版社，1980年，北京。

[1970] 馬可·波羅：《馬可·波羅行紀》，馮承鈞譯，第325頁，商務印書館，1936年，上海。

[1971] 馬可·波羅：《馬可·波羅行紀》，馮承鈞譯，第325頁，商務印書館，1936年，上海。

參考文獻

[1972] 馬可·波羅：《馬可·波羅行紀》，馮承鈞譯，第326頁，商務印書館，1936年，上海。

[1973] 馬可·波羅：《馬可·波羅行紀》，馮承鈞譯，第334頁，商務印書館，1936年，上海。

[1974] 朱偰：《元大都宮殿圖考》，第48頁，商務印書館，1947年，上海。

[1975] 馬可·波羅：《馬可·波羅行紀》，馮承鈞譯，第356頁，商務印書館，1936年，上海。

[1976]《明太宗實錄》，第231卷，永樂十八年十一月戊辰，臺北中研院歷史語言研究所校勘本，1962年，臺北。

[1977]《國朝宮史》，第11卷，第177頁，北京古籍出版社，1987年，北京。

[1978]《滿洲源流考》，第18卷，第330頁，遼寧民族出版社校注本，1988年，瀋陽。

[1979]《清史稿·禮志四》，第10冊，第85卷，中華書局標點本，1976年，北京。

[1980] 吳振棫：《養吉齋叢錄》，第7卷，第66頁，北京古籍出版社，1983年，北京。

[1981] 金梁：《光宣小紀》，不分卷，第129頁，自刊本。

[1982]《明宮史·金集》，第14頁，北京古籍出版社，1980年，北京。

[1983] 朱偰：《北京宮闕圖說》，第49—50頁，商務印書館，1947年，上海。

[1984] 萬依、王樹卿、劉潞：《清代宮廷史》，第260—261頁，遼寧人民出版社，1990年，瀋陽。

[1985]《國朝宮史》，第6卷，北京古籍出版社，1987年，北京。

[1986]《欽定滿洲祭神祭天典禮》，第1卷，第7葉，臺灣商務印書館《景印文淵閣四庫全書》本，1962年，臺北。

[1987] 朱偰：《明清兩代宮苑建置沿革圖考》，第44頁，商務印書館，1947年，上海。

[1988]《光緒大清會典事例》，第1184卷，光緒二十五年（1899年）刻本。

[1989]《欽定滿洲祭神祭天典禮》，第2卷，第18葉，臺灣商務印書館《景印文淵閣四庫全書》本，1962年，臺北。

[1990]《欽定滿洲祭神祭天典禮》，第4卷，第1葉，臺灣商務印書館《景印文淵閣四庫全書》本，1962年，臺北。

[1991] 章乃煒、王藹人：《清宮述聞》（初續編合編本），第944頁，紫禁城出版社，1990年，北京。

[1992]《內務府奏銷檔》，《清宮述聞》（正續編合編本），第945頁，紫禁城出版社，1990年，北京。

[1993] 梁思成：《清式營造則例》，第 27 頁載：挑尖梁——「梁的功用是承受由上面桁檁轉下的屋頂的重量，再向下轉到柱上，然後下到地上去。在有廊的建築上，主要的梁多半由前後兩金柱承住；在金柱與檐柱之間，另有次要的短梁，在大式中叫挑尖梁，在小式中叫抱頭梁。這短梁並不承受上面的重量，其功用乃在將金柱上還可以再加一根瓜柱、一條梁和一條桁。在這種情形之下，下層的叫雙步梁，上層的叫單步梁。」中國建築工業出版社，1981 年，北京。

[1994]《清世祖章皇帝實錄》，第 49 卷，順治七年七月乙卯，中華書局影印本，1985 年，北京。

[1995]《日下舊聞考》，第 16 卷，第 223 頁，北京古籍出版社，1981 年，北京。

[1996]《清世祖章皇帝實錄》，第 48 卷，順治七年三月戊寅，中華書局影印本，1985 年，北京。

[1997]《八旗通志初集》，第 32 卷，東北師範大學出版社校點本，1985 年，長春。

[1998]《光緒大清會典事例》，第 708 卷，第 2 葉，光緒二十五年（1899 年）刻本。

[1999] 弘曆：《大閱詩》，《日下舊聞考》，第 74 卷，第 1240 頁，北京古籍出版社，1981 年，北京。

[2000] 昭槤：《嘯亭雜錄續錄》，第 1 卷，第 393—394 頁，中華書局校點本，1980 年，北京。

國家圖書館出版品預行編目（CIP）資料

從明末到清初的那些事：閻崇年自選集 / 閻崇年 著. -- 第一版.
-- 臺北市：崧燁文化，2019.08
　　面；　　公分
POD 版

ISBN 978-957-681-831-8(平裝)

1. 清史 2. 文集

627.007　　　　　　　　　　　　　　　　108008920

書　　名：從明末到清初的那些事：閻崇年自選集
作　　者：閻崇年 著
發 行 人：黃振庭
出 版 者：崧燁文化事業有限公司
發 行 者：崧燁文化事業有限公司
E-mail：sonbookservice@gmail.com
粉 絲 頁：　　　　　　　網　址：
地　　址：台北市中正區重慶南路一段六十一號八樓 815 室
8F.-815, No.61, Sec. 1, Chongqing S. Rd., Zhongzheng Dist., Taipei City 100, Taiwan (R.O.C.)
電　　話：(02)2370-3310　傳　真：(02) 2370-3210
總 經 銷：紅螞蟻圖書有限公司
地　　址：台北市內湖區舊宗路二段 121 巷 19 號
電　　話：02-2795-3656　傳真:02-2795-4100　網址：
印　　刷：京峯彩色印刷有限公司（京峰數位）

本書版權為九州出版社所有授權崧博出版事業股份有限公司獨家發行電子書及繁體書繁體字版。若有其他相關權利及授權需求請與本公司聯繫。

定　　價：950 元
發行日期：2019 年 08 月第一版
◎ 本書以 POD 印製發行